2021

广西调查年鉴

GUANGXI SURVEY YEARBOOK

国家统计局广西调查总队 编
Compiled by Survey Office of the National Bureau of Statistics in Guangxi

图书在版编目（CIP）数据

广西调查年鉴. 2021 = Guangxi Survey Yearbook 2021：汉、英 / 国家统计局广西调查总队编. — 北京：中国统计出版社，2021.10
ISBN 978-7-5037-9631-9

Ⅰ. ①广… Ⅱ. ①国… Ⅲ. ①统计资料—广西—2021—年鉴—汉、英 Ⅳ. ①C832.67-54

中国版本图书馆CIP数据核字（2021）第172933号

广西调查年鉴 2021

作　　者/ 国家统计局广西调查总队
责任编辑/ 佘竞雄
封面设计/ 韦含锡
校　　对/ 王雪梅　文　著
出版发行/ 中国统计出版社有限公司
地　　址/ 北京市丰台区西三环南路甲6号
邮政编码/ 100073
电　　话/ 邮购（010）63376909　　书　店（010）68783171
网　　址/ http://www.zgtjcbs.com
印　　刷/ 广西民族印刷包装集团有限公司
经　　销/ 新华书店
开　　本/ 890mm × 1240mm　1/16
字　　数/ 950千字
印　　张/ 29.75
版　　别/ 2021年10月第1版
版　　次/ 2021年10月第1次印刷
定　　价/ 350.00元

本书附同版本CD-ROM一张，光盘内容以书面文字为准。

如有印装差错，由本社发行部调换。

《广西调查年鉴 2021》

编委会和编辑工作人员

Guangxi Survey Yearbook 2021

EDITORIAL BOARD AND STAFF

编者说明

一、《广西调查年鉴 2021》是国家统计局广西调查总队编辑出版的大型资料性年刊。本年鉴系统收录了广西全自治区及各市、县（区）2020年城乡居民生活，居民消费价格与生产者价格，农业生产发展与农村贫困监测等方面的各项统计调查数据；同时，收录了历年广西主要社会经济指标和近年全国及各省（直辖市、自治区）主要统计指标的统计调查数据。

二、本年鉴正文内容分为6个篇章，即：1.综述；2.人民生活；3.农村贫困监测；4.价格调查；5.农业生产；6.分析资料；另外，还有附录篇章，即：附录一.广西主要社会经济指标；附录二.全国及各省（直辖市、自治区）主要统计调查指标。

为方便读者使用，各篇章前设有《简要说明》，对本篇章的主要内容、资料来源、统计范围、统计方法予以简要说明，主要篇章末附有《主要统计指标解释》。

三、本年鉴所使用的度量衡单位均采用国际统一标准计量单位，并统一使用最新颁布实施的产品目录。

四、本年鉴总量指标计算所采用的价格均为现行价格。

五、本年鉴中涉及到的历史数据，均以最新出版的本年鉴数据为准；本年鉴中部分数据合计数或相对数由于单位取舍不同而产生的计算误差，均未做机械调整。

六、本年年鉴中广西主要社会经济指标，由广西壮族自治区统计局提供。

七、资料中部分药品、化学、矿产品名称采用中文汉语拼音拼写。

八、符号使用说明：

“...”表示数据不足本表最小计量单位数；

“#”表示其中的主要项；

“空格”表示该项统计指标数据不详或无该项数据；

“①”表示本表下有注解。

九、在本年鉴的编辑过程中，得到了许多单位和同志的大力支持，在此我们深表谢意。限于我们的水平，年鉴中的错误和不足之处在所难免，恳请广大读者给予批评指正。

国家统计局广西调查总队

二〇二一年九月

Editor's Explanatory Notes

Ⅰ. Guangxi Survey Yearbook 2021 is an annual statistical publication compiled by Survey Office of the National Bureau of Statistics in Guangxi. The Yearbook covers income and consumption expenditure of urban and rural residents, consumption price and producer price, agricultural production development and rural poverty, etc of Guangxi, Cities and counties (districts) in 2020. At the same time, it collects the statistical survey data of the main socio–economic indicators of Guangxi and the main statistical indicators of the whole country and provinces (municipality and autonomous region) .

Ⅱ. The Yearbook contains the following five chapters: 1.Review; 2. People's Livelihood; 3. Poverty Monitoring in Rural Areas; 4. Price Survey; 5.Agriculture Production; 6.Analytical Data; In addition, there are appendix chapters:Appendix Ⅰ.Main Social and Economic indicators of Guangxi, Appendix Ⅱ.Main Statistical Survey Indicators by Region.

To facilitate readers, the Brief Introduction at the beginning of each chapter provides a summary of the main contents of the chapter, data sources, statistical scope, statistical methods. At the end of each chapter, Explanatory Notes on Main Statistical Indicators are included.

Ⅲ. The units of measurement used in the Yearbook are internationally standard measurement units, and newly published and implemented Product Categories are uniformly used.

Ⅳ. The computation of all the gross indicators in the Yearbook is equipped with current prices.

Ⅴ. Please refer to the newly published version of the Yearbook for updated historical data. Statistical discrepancies on totals and relative figures due to runding are not adjusted in the Yearbook.

Ⅵ. The Yearbook in main social and economic indicator of Guangxi from the Compiled by Guangxi Statistical Bureau.

Ⅶ. Some of the materia medica, chemistry, mining product is adopted by Chinese spelling translation.

Ⅷ. Description of signs or symbols in the Yearbook:

"…" for data with insufficient decimal place;

"#" indicates a major breakdown of the total;

"blank space" indicates that the data are unknown, or are not available;

"①" indicates footnotes at the end of the table.

Ⅸ.During the editions of this Yearbook, we have won wide support from many departments and comrades, and we deeply thanks for this all. Based on our limited level, perhaps there are some mistakes in the book, we welcome all candid comments and criticism from our readers.

Survey Office of the National bureau of Statistics in Guangxi

September 2021

目 录

CONTENTS

第一篇 综 述
Chapter 1 Review

第二篇 人民生活
Chapter 2 People's Livelihood

第三篇 农村贫困监测
Chapter 3 Poverty Monitoring in Rural Areas

第四篇 价格调查
Chapter 4 Price Survey

第五篇 农业生产
Chapter 5 Agriculture Production

第六篇 分析资料
Chapter 6 Analysis of Data

附录一：广西主要社会经济指标
APPENDIX I. Main Social and Economic Indicators of Guangxi

附录二：全国及各省（直辖市、自治区）主要统计调查指标
APPENDIX II. Main Statistical Survey Indicators by Region

第一篇　综述

Chapter　1　Review

国家统计局广西调查总队概况

【机构沿革】

国家统计局广西调查总队（以下简称广西调查总队）既是政府统计调查机构，也是统计执法机构，依法独立行使统计调查、统计监督的职权，独立向国家统计局上报调查结果，并对上报的调查资料的真实性负责。同时，承担地方政府委托的各项统计调查任务。主要有：组织实施国家统计局布置的各项常规性统计调查；组织实施国家统计快速反应制度；参与组织实施国家有关普查项目；根据国家统计局的授权，管理和公布有关统计数据；依法查处调查队系统及其调查对象的统计违法案件；与地方统计局一起完成统计信息化的有关工作；负责调查总队机关人事、财务工作，管理下属各级调查队人事财务工作；负责调查总队机关党的建设、纪检监察工作，指导下属各级调查队纪检监察工作；受国家统计局委托管理下属各级调查队，组织指导地方调查队的业务工作；接受地方政府、有关部门委托，开展统计调查，提供统计数据处理服务；完成国家统计局交办的其他事项。

2005年根据《国务院办公厅关于印发国家统计局直属调查队管理体制改革方案的通知》（国办发〔2005〕14号）、中央编办《关于国家统计局各级调查队机构设置和人员编制的批复》（中央编办复字〔2005〕149号）和《国家统计局直属调查队管理体制改革实施方案》（国统字〔2005〕158号），设立国家统计局广西调查总队。广西调查总队是国家统计局的派出机构，为正厅级单位。广西调查总队事业编制108名。2005年12月为了加强对统计工作的领导，成立总队党组。2006年4月，经自治区

2020年1月15日，广西调查总队召开广西国家调查队系统“不忘初心、牢记使命”主题教育总结视频会

2020年3月11日，广西调查总队向市县级调查队捐赠疫情防控物资

直属机关工委批准，成立广西调查总队机关党委。广西调查总队内设：办公室、执法监督处、制度方法处、综合处、农业调查处、农村调查处、居民收支调查处、住户监测处、劳动力调查处、生产价格调查处、消费价格调查处、专项调查处、社会调查处、信息技术应用处、人事教育处、财务管理处、纪检监察室（巡察办）、机关党委办公室、业务应用处、系统运维管理处。目前广西国家调查队系统共有44个市县级调查队，其中市级调查队14个，县级调查队30个，全系统在职在编人员602人。

【工作情况】

2020年，广西调查总队坚持以习近平新时代中国特色社会主义思想和党的十九大及十九届二中、三中、四中、五中全会精神为指导，认真贯彻中央关于统计工作重大决策部署和全国统计工作会议各项工作安排，在国家统计局的正确领导下，以党建工作为统领，以提高数据真实性为目标，围绕构建新时代现代化统计体系，砥砺前行、奋力争先，开启广西国家调查事业高质量发展新篇章。

2020年，广西调查总队突出抓好中央关于统计改革发展重大决策部署的贯彻落实，统筹完成中央和地方的各项统计调查任务，统计调查发展取得新突破。其中，统计调查数据质量监管精细高效，积极应对新冠疫情和经济社会发展变化，不断创新对9个业务处室对应的29项调查业务方式方法，抓实统计调查数据质量。脱贫攻坚普查取得显著成效，广西完成对33个县，4510个行政村，64.18万建档立卡户开展的第一批脱贫攻坚普查工作，经过事后质量抽查，脱贫攻坚普查结果获得国家脱贫攻坚普查办肯定；有序推进第二批脱贫攻坚普查工作，开展第二批普查的动员和人员培训，组织开展清查摸底工作，开展普查现场登记。价格调查权数测算及住户调查样本轮换工作扎实有序，与自治区发展和改革委员会联合发文部署消价权数专项调查工作；取得京东商城广西居民购物大数据，广西卫生健康委员会全国医疗服务价格和成本监测网络系统医疗保健类价格数据，住建部门新建商品住宅和二手住宅成交情况及其基本分类成交结构等权数资料。电子记账进一步推广，广西12970户记账户中，电子记账户11496户，电子记账户比例达88.6%。“基于无人机高分影像的农作物高精度智能识别系统V1.0”获国家版权局颁发计算机软件著作权登记证书，广西住户调查监控平台不断完善，广西消费价格调查数据质量管理系统上线使用，采购经理调查指数计算软件投

2020年5月15日，广西调查总队和南宁调查队青年干部志愿者在办公区域进行疫情防控检测

入使用。开展文明城市测评、农村党员调查、广西青年发展状况调查等为地方有关部门提供专业调查服务，高效服务地方中心工作。

2020年6月9日，广西调查总队党组书记、总队长、自治区脱贫攻坚普查领导小组副组长赵太想参加广西脱贫攻坚普查工作培训班并作开班讲话

一、深化粮食畜牧业统计调查归口管理统计改革

建立《广西粮食统计调查数据质量管理办法》等6项粮食畜牧业统计调查数据归口管理制度，落实规范化管理。开展粮食畜牧业基层基础工作检查，对市队、县局队的监管扎实有效。推广“e农调”系统在县区统计局、调查队中应用，开发畜牧业分市县数据报送系统，调查质效明显提升。利用农业农村经济形势联席会议平台，与自治区农业农村厅、统计局共同研判生产形势，扎实抓好数据质量评估。国家统计局桂林调查队在5个非粮食大县建立调查点，利用100个监测样方地块的信息开展粮食产量数据质量评估，开辟了新路子。国家统计局崇左调查队在各县（市、区）选聘24名农情观察员，助力粮食畜牧业统计监测工作。广西粮食和畜牧业统计调查数据及时保质保量上报，粮食畜牧业统计归口管理改革取得初步成果。

二、“党旗红·数据真”党建品牌创建

广西调查总队持续推进“党旗红·数据真”品牌创建工作，不断加强支部建设、增强党员意识、以党建引领调查工作高质量发展。经过三年的创建，党支部的战斗堡垒作用明显增强，涌现出先进党支部14个、五星级党支部和“四强”党支部5个、“党建+业务”示范岗25个、文明处（科、股）室91个。党员的先锋模范作用愈发明显，涌现优秀共产党员45名、优秀党务工作者28名、最美家庭和五好家庭27户，评选党员业务标兵10名、优秀青年党员10名、党员写作标兵18名、优秀党员辅助调查员85名、文明职工66名，广西调查总队一名党员获评2020年自治区优秀党务工作者，一对党员夫妻获评2020年广西“最美家庭”，一名党员获评自治区直机关“身边好人”荣誉称号。党建和业务深度融合，创建“党建+业务”示范点241个，成立6个辅助调查员临时党支部，与62个企业、227个调查网点开展支部共建活动，推动住户调查等7个专业与党建工作深度融合，各业务调查网点党支部、党员辅助调查员、党员调查对象主动作为，查实情、报实数，有效提高统计调查数据质量。

2020年5月19日，自治区文明办到广西调查总队进行区文明单位授牌仪式，广西总队获评第十七批自治区文明单位

广西调查总队把争创自治区和全国文明单位纳入全面从严治党治队系统工程和“党旗红·数据真”党建工作品牌创建活动，积极动员党工青妇同向发力、干部职工全员

2020年7月1日，广西调查总队举办总队机关迎“七一”党章党规党纪知识竞赛

参与，奋力打造与新时代现代化统计调查体系相适应的模范机关、文明机关，机关环境面貌和干部职工精神风貌大为改观，群众性精神文明创建活动取得良好成效，获得中央文明委授予第六届全国文明单位荣誉称号。

三、打好防疫阻击战

在抗疫过程中，广西调查总队指挥部反映迅速、组织有序，认真贯彻落实习近平总书记关于统筹推进新冠肺炎疫情防控和经济社会发展的重要讲话精神，严格按照国家统计局、自治区有关要求扎实采取防控措施确保干部职工生命安全。全系统广大干部守土有责、守土尽责，充分利用现代信息网络技术平台灵活开展调查，全力保障统计数据不断档、统计调查不放松、重点任务不延误；发挥主观能动性，撰写疫情影响调研信息57篇，为中央和自治区党委政府打好防疫阻击战助力。青年干部勇挑重担开展“抗疫常态化 青年勇当先”等多种形式的志愿者活动，展现出新时代青年人的担当精神。广西调查总队办公室、国家统计局都安调查队获国家统计局抗击新冠肺炎疫情集体嘉奖，19名同志获个人嘉奖，3名党员获评优秀共产党员，全系统20多篇抗疫先进典型故事获国家统计局内网宣传报道。

四、持续完善数据质量管控机制

制定完善《广西房地产价格调查现场核查源头统计资料管理办法》《广西住户调查数据质量控制实施细则》等12项制度，健全劳动力调查考核台账，推行工价调查“七必访”制度，规范各专业工作记录和流程。结合现代信息技术强化数据生产全程监督，充分利用广西住户调查监控平台预警信息定期开展电话回访核查，经常性开展工价调查规格品“价格长期无波动”分类排查工作，上线广西消费价格调查数据质量管理系统，对数据质量进行实时监控。狠抓调查数据质量的检查整改，部署开展采购经理调查数据质量核查抽查、消费价格调查基层基础工作检查、劳动力调查问题社区整改工作，加强数据基础工作。

五、推进信息化建设

对应制度管理要求进一步完善OA办公系统，提高效率，规范行政行为，降低廉政风险；建成国家统计局——广西调查总队——市级调查队——县级调查队的高清视频会议系统，有力保障疫情期间

2020年7月3日，自治区脱贫攻坚普查办公室揭牌仪式在广西调查总队举行

2020年7月8日，广西调查总队开展“分享抗疫故事 凝聚爱国力量”主题活动

工作的开展，有效降低时间空间成本；完成VPN网络架构部署，广西调查总队和国家统计局桂林调查队、国家统计局河池调查队等市县队建设无纸化会议室，提高无纸化办公水平；开展高危漏洞排查，OA系统、内网站群系统、移动终端管理系统、财务一体化管理系统顺利通过等级保护测评，网络安全不断加强；保障华南数据中心运行安全，为脱贫攻坚普查等重大统计工作贡献力量。

六、强化统计执法检查监督

抓实执法检查，抽调广西调查总队和市县级调查队执法骨干组成10个检查组，执法检查15个调查队、5个县区统计局，执法检查内容实现23个常规专业全覆盖，注重突破各专业风险点，执法检查更加精准。抓实对基层统计机构的监管，出台《广西统计调查报表质量通报制度》，定期通报基层调查队及统计局业务工作情况，加强对基层统计机构的监管；开展统计执法检查“回头看”工作，确保各项整改工作落到实处；组织市县队开展统计调查工作自查工作，不断夯实源头数据基础。抓实违规干预登记工作，建立市县队统计执法检查处理信息和领导干部违规干预统计工作记录台账，按季度及时登录联网直报平台报送有关情况，营造良好统计调查生态。

七、强化系统管理体制建设

全面提升档案管理水平，完成基建档案、会计档案的整理归档，完成约10100册图书的整理、上架工作，数据资料中心建设工作积极推进。继续精简公文数量和篇幅，提高文件质量，切实减轻基层队负担。推行绿色办公，提高能源资源利用效率，构建节约型机关。实现对内部控制体系预算、收支、资产、项目、采购、合同等“六大业务”全过程各环节的信息化管理，切实提升了财务信息的综合开发利用水平；进一步完善“县账省管”模式，提高了县级队财务工作质量和效率和系统财务管控水平；建立审计审理会议机制，实现审计监督与纪检监察巡察、组织人事、行政管理等监督机制的贯通，强化经济责任监督。开展年轻干部专项调研，制定5～10年干部建设长远规划，分类建立各层级、各类别年轻干部人才库，涌现出一批首席统计师、统计执法专业人才。科学制定干部职级晋升量化评分体系，四级调研员以上职级实行“全自治区排名”；

2020年7月23日，国家统计局党组成员、副局长毛有丰（第二排左三）一行到广西现场督导普查工作

2020年8月21日，广西调查总队与定点帮扶弄那村、多那村联合举办定点帮扶村特色农产品展销暨第一书记现场带货活动

印发《关于进一步激励统计调查干部新时代新担当新作为工作实施办法》激励干部担当作为，充分调动广大干部干事创业的积极性。

八、提升科研能力服务水平

申报14个经济类课题、9个制度类课题，数量创历史新高；《新冠肺炎疫情对居民收入消费影响的统计测度》论文参加2020年全国统计建模大赛获得二等奖，创广西调查总队历史最好成绩。围绕中心工作，聚焦民生热点，关注疫情影响，围绕“六稳”“六保”，加大利用调研成果服务党政决策的力度。截止到10月底，编发调查信息366篇，调查报告269篇。其中，获中央领导批示5篇次；中共中央办公厅采用5篇次；国务院办公厅采用2篇次；自治区领导批示及圈阅24篇次；自治区“两办”采用量同比增长59.9%；在自治区党委、政府分类考核榜单中稳居第一。广西调查总队与广西日报社、广西电视台等主流媒体达成战略合作协议，加强意识形态和统计调查工作宣传，走上宣传报道快车道；广西调查总队撰写的两篇通讯文章分别获得2020年度中国信息报“好新闻”二等奖、三等奖；“广西调查统计”微信公众号关注量破万，多月位列全国调查系统微信公众号排行榜前十。国家统计局南宁调查队10个月保持在全国统计调查系统市级微信公众号综合影响力前50名月榜榜单。

【调查数据】

据国家统计局广西调查总队调查统计，2020年，广西居民消费价格总体温和上涨、工业生产者出厂价格小幅下降、农产品生产者价格延续上涨的态势，但呈现涨幅逐季下降；居民收入平稳增长；主要畜禽生产持续保持稳定恢复态势；粮食生产形势较好；农民工总量减少。

一、价格运行态势

（一）居民消费价格总体温和上涨

2020年，广西居民消费价格比上年上涨2.8%，涨幅比上年回落0.9个百分点。其中，城市上涨2.5%，农村上涨3.5%。分类别看，食品烟酒价格比上年上涨9.2%，医疗保健价格上涨5.5%，其他用品和服务价格上涨2.7%，教育文化和娱乐价格上涨0.5%；交通和通信价格下降4.0%，居住价格下降1.1%，生活用品及服务价格下降0.3%，衣着价格下降0.1%。

2020年广西居民消费价格涨幅高于全国平均水

2020年9月28日，广西调查总队联合国家统计局南宁调查队开展“我们的节日——庆中秋 迎国庆”主题活动

平（上涨2.5%）0.3个百分点，在全国31个省（区、市）涨幅从高到低的排序中，与山东、河南省并列全国第4位，较上年排位（第1位）相比，下降3个位次。

2020年11月10日，国家统计局总统计师曾玉平（左二）在广西总队查看了解农业调查工作情况

（二）工业生产者价格小幅下降

2020年工业生产者出厂价格比上年下降0.6%，处于负增长区间。从2020年广西PPI（工业生产者出厂价格指数）月同比和环比变动情况来看，2月份受到疫情影响，价格开始下降，疫情有效控制后，4月价格开始震荡回升，环比很快回正且多数月份处于上涨态势，随后受原料价格上涨及市场需求持续回暖的影响，11—12月回升速度加快，12月同比回正。

2020年，广西工业生产者出厂价格比上年下降0.6%，降幅高于出厂价格0.9个百分点。从2020年广西IPI（工业生产者购进价格指数）月同比和环比变动情况来看，2月份受到疫情影响，价格开始下降，疫情有效控制后，4月价格开始平稳回升，6月环比回正，随后保持了7个月的上涨势头，受原料、燃料价格持续上涨的影响，12月同比在年内首次回正。

（三）农产品生产者价格延续上涨的态势，但呈现涨幅逐季下降

2020年广西农产品生产者价格比2019年上涨15.5%，总体上延续2019年的大幅上涨的态势，但呈现涨幅逐季下降，四季度转为下跌的特点。其中一至三季度分别上涨45.4%、36.0%和19.7%，四季度下跌2.4%。

2020年11月20日，广西调查总队党组书记、总队长廖金昌（中左二）到国家统计局南宁调查队指导调研座谈会

二、居民收入情况

2020年，广西居民人均可支配收入24562 元，比上年名义增长5.3%，扣除价格因素实际增长2.4%。按常住地分，城镇居民人均可支配收入35859元，比上年名义增长3.2%，扣除价格因素实际增长0.7%；农村居民人均可支配收入14815元，比上年名义增长8.3%，扣除价格因素实际增长4.6%。城乡居民人均可支配收入比值为2.42：1，比上年缩小0.12。广西居民人均可支配收入中位数19823元，比上年名义增长3.9%。

2020年，广西居民人均消费支出16357元，比上年名义下降0.4%，扣除价格因素实际下降3.1%。其中，城镇居民人均消费支出20907元，名义下降3.2%；农村居民人均消费支出12431元，名义增长3.2%。

三、农业生产形势

（一）主要畜禽生产持续保持稳定恢复态势

2020年底广西生猪存栏、能繁母猪存栏分别为1908.2万头和217.0

2020年11月24日，国家统计局基层统计人员技能培训班在南宁开班

2020年12月1—2日，广西调查总队干部职工赴靖西市开展扶贫活动

万头，同比增长14.3和16.8%，双双呈现较大幅度上涨的趋势。自2019年四季度以来，广西生猪生产保持平稳恢复态势，目前已实现5个季度连续增长；生猪调出大县月度监测数据也显示，广西生猪存栏和能繁母猪存栏已保持15个月连续环比上涨。

2020年，广西家禽四季度末存栏37932.3万只，同比减少1%，全年家禽累计出栏114571.5万只，同比增加12.7 %。

2020年，广西活牛、活羊年底存栏分别为349.1万头 和239.2万只，同比分别增长3.6%和3.5%，全年累计出栏量分别为131.2万头和228.0万只，同比分别增长5.3%和4.8%。虽然近年来市场上牛、羊肉价格一直较高，但广西牛、羊产业规模仍相对较小，产业规模快速发展的各项条件尚不具备，所以整体上生产一直处于平稳发展的态势。

（二）粮食生产形势较好

2020年广西粮食播种面积4209万亩，比上年增加88.5万亩，增长2.2%，增速比全国高1.6个百分点；亩产325.5公斤，比上年增加2.3公斤，增长0.7%，增速比全国高0.5百分点；总产量1370万吨，比上年增加38万吨，增长2.9%，增速比全国高2个百分点。在全国31个省（区）中，广西粮食播种面积、总产量均列第17位，单位面积产量列第25位；与2019年相比，广西粮食种植面积、总产量、单产的排位没有变化。

四、农民工外出务工情况

2020年，广西农民工总量1258.1万人，比上年1287.2万人减少29.1万人，下降2.3%。其中，本地农民工404.4万人，比上年393.0万人增加11.4万人，增长2.9%；外出农民工（离开本乡镇）853.7万人，比上年894.2万人减少40.5万人，下降4.5%。外出农民工中，举家外出的农民工243.5万人，比上年253.0万人减少9.5万人，下降3.8%。

五、贫困监测情况

据国家统计局核定，2020年广西贫困地区（指33个国家贫困监测县，下同）农村居民人均可支配收入13140.8元，比上年增长9.9%，高于广西农村平均水平1.6个百分点，高于全国农村平均水平3.0个百分点。

2020年12月24–26日，广西调查总队党组书记、总队长廖金昌（中）到百色、平果、乐业、隆林开展工业企业和脱贫攻坚普查工作调研

城镇居民家庭人均可支配收入(元)

Per Capita Disposal Income of Urban Households (RMB)

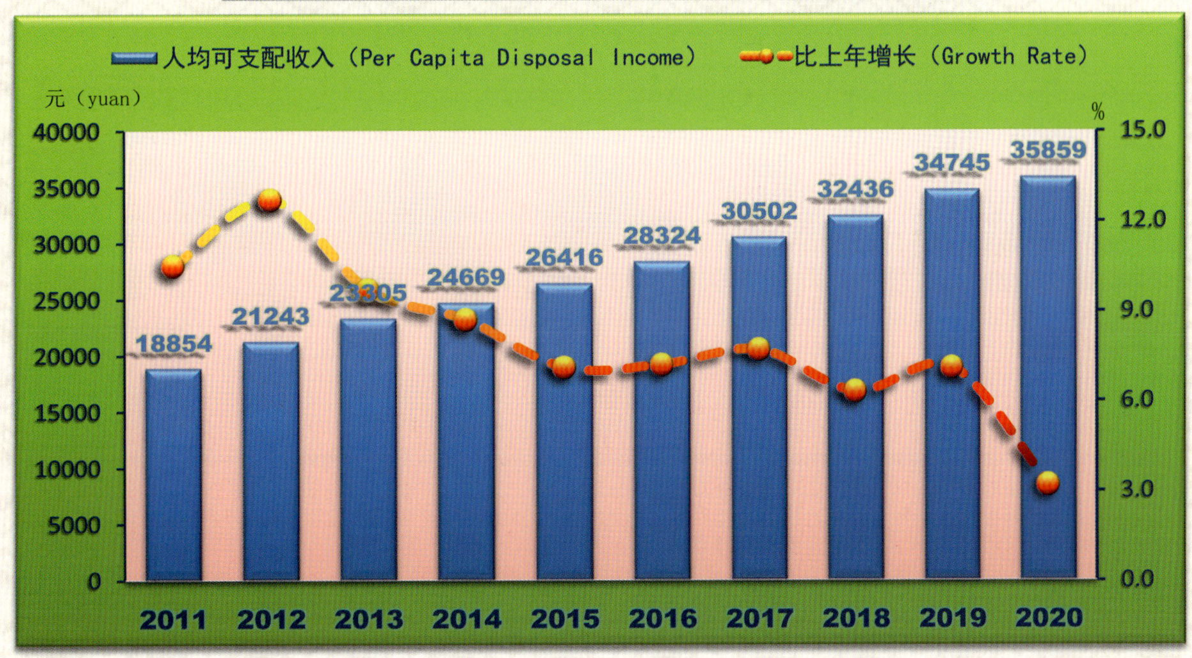

城镇居民家庭人均消费支出(元)

Per Capita Consumer Expenditure of Urban Households (RMB)

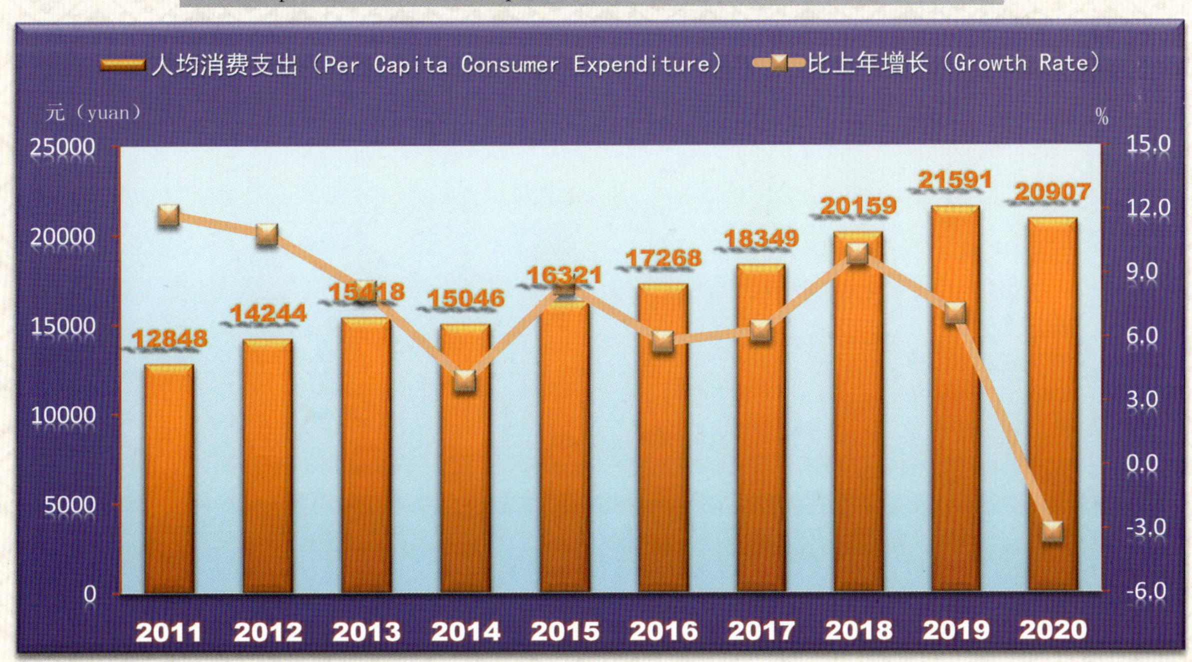

说明：从2014年起，开展城乡一体化的住户收支与生活状况调查，与2013年及以前分别开展的城镇和农村住户调查的调查范围、调查方法、指标口径有所不同。

Note: Started an integrated household income and expenditure survey in 2014.The coverage, methodology and definitions used in the survey are different from those used for the separated urban and rural household surveys prior to 2013.

农村居民家庭人均可支配收入（元）

Per Capita Disposal Income of Rural Households (RMB)

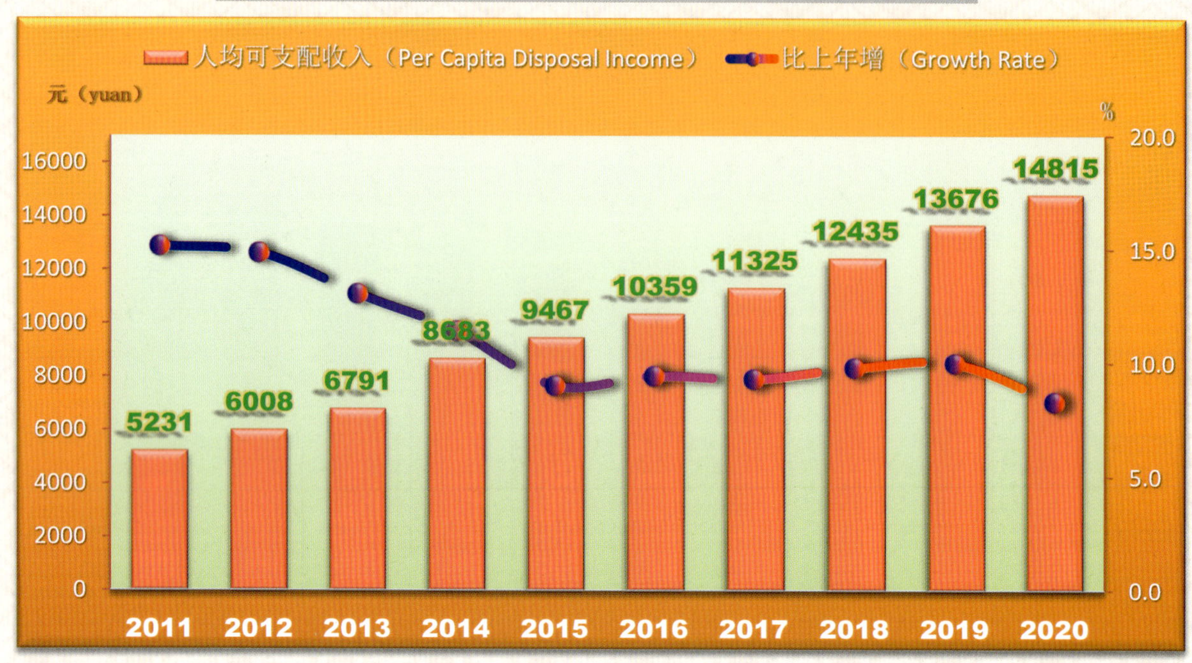

农村居民家庭人均生活消费支出（元）

Per Capita Living Expenditure of Rural Households (RMB)

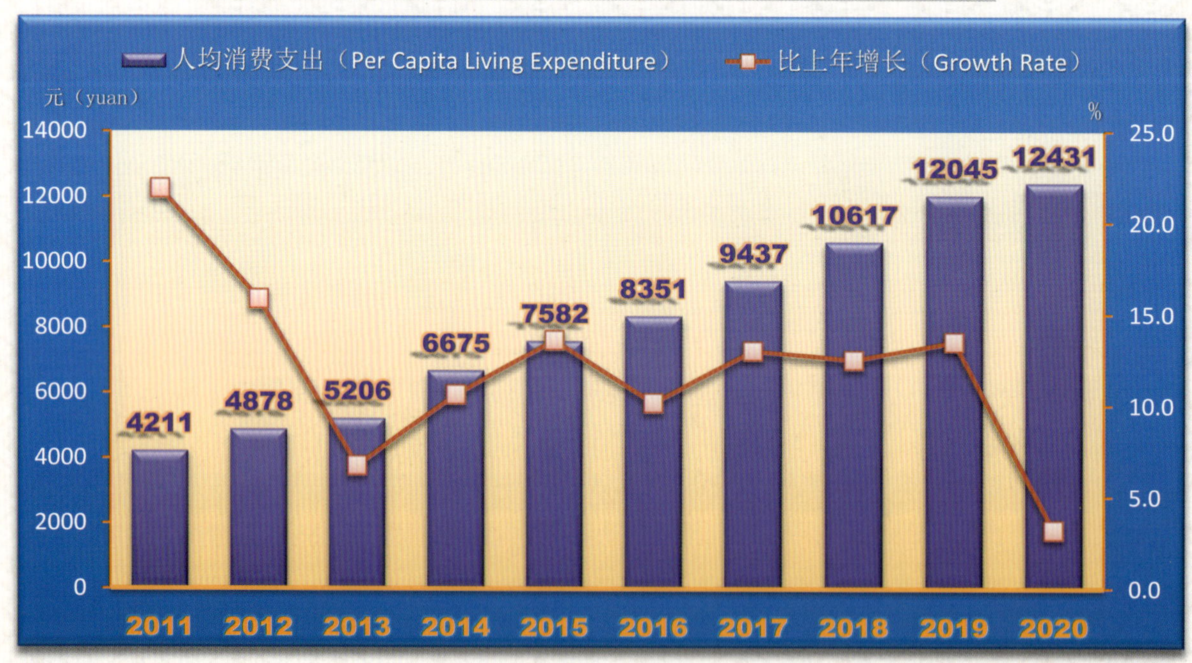

说明：从2014年起，开展城乡一体化的住户收支与生活状况调查，与2013年及以前分别开展的城镇和农村住户调查的调查范围、调查方法、指标口径有所不同（从2014年起农村居民家庭人均纯收入改为农村居民家庭人均可支配收入）。

Note: Started an integrated household income and expenditure survey in 2014.The coverage, methodology and definitions used in the survey are different from those used for the separated urban and rural household surveys prior to 2013 (From 2015, the per capita net income of rural households is the per capita disposable income of rural households).

物价指数（上年=100）

Price Indices (Preceding Year=100)

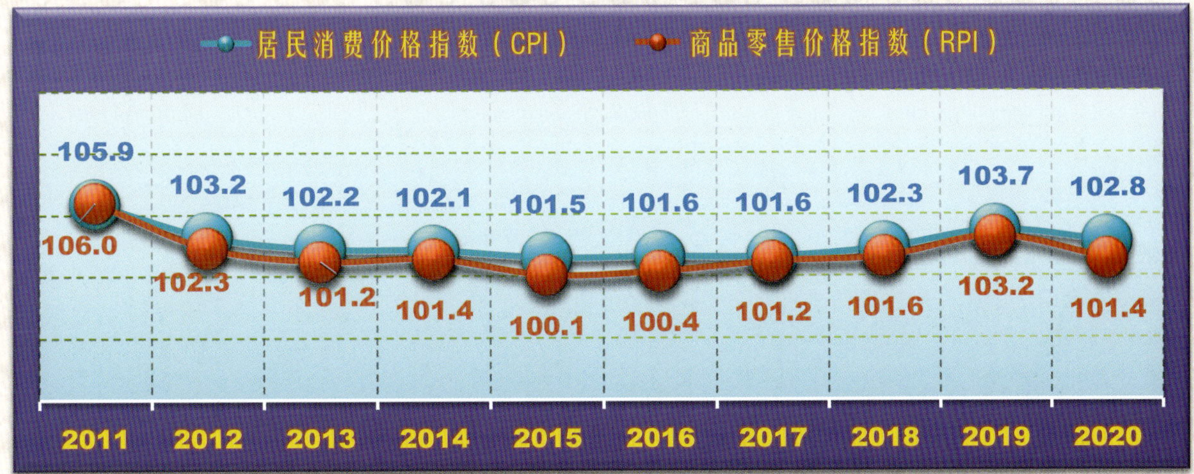

居民消费价格指数（上年=100）

Consumer Price Indices (Preceding Year=100)

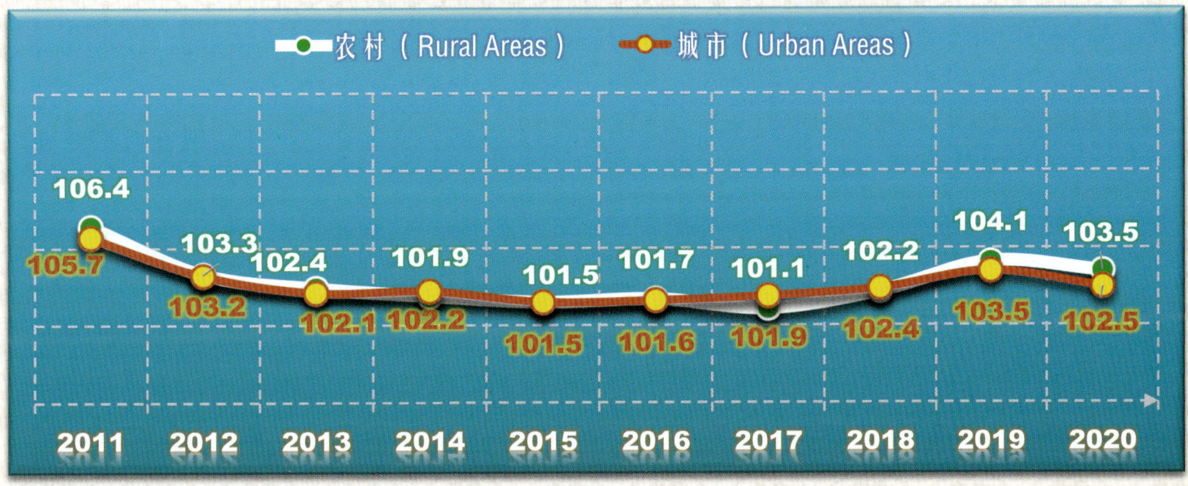

商品零售价格指数（上年=100）

Retail Price Indices (Preceding Year=100)

工业生产者出厂价格指数（上年=100）

Producer Price Indices for Industrial Products (Preceding Year=100)

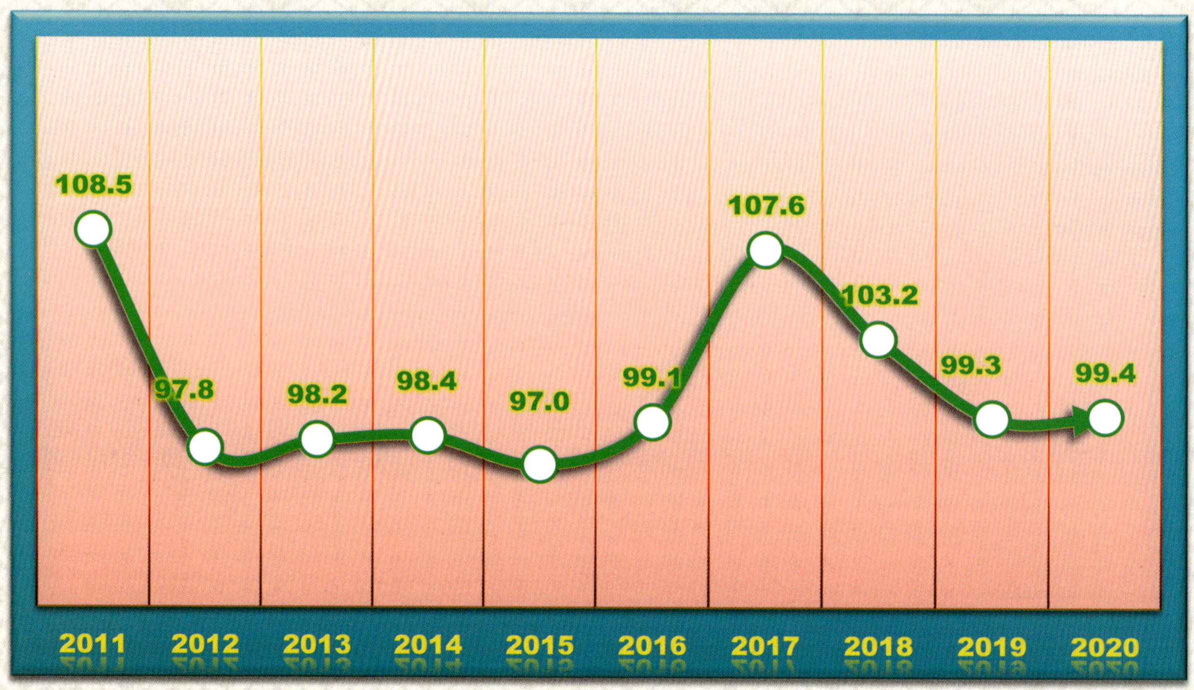

工业生产者购进价格指数（上年=100）

Purchasing Price Indices for Industrial Producers (Preceding Year=100)

农业生产资料价格指数（上年=100）
Price Indices of Farming Production Material (Preceding Year=100)

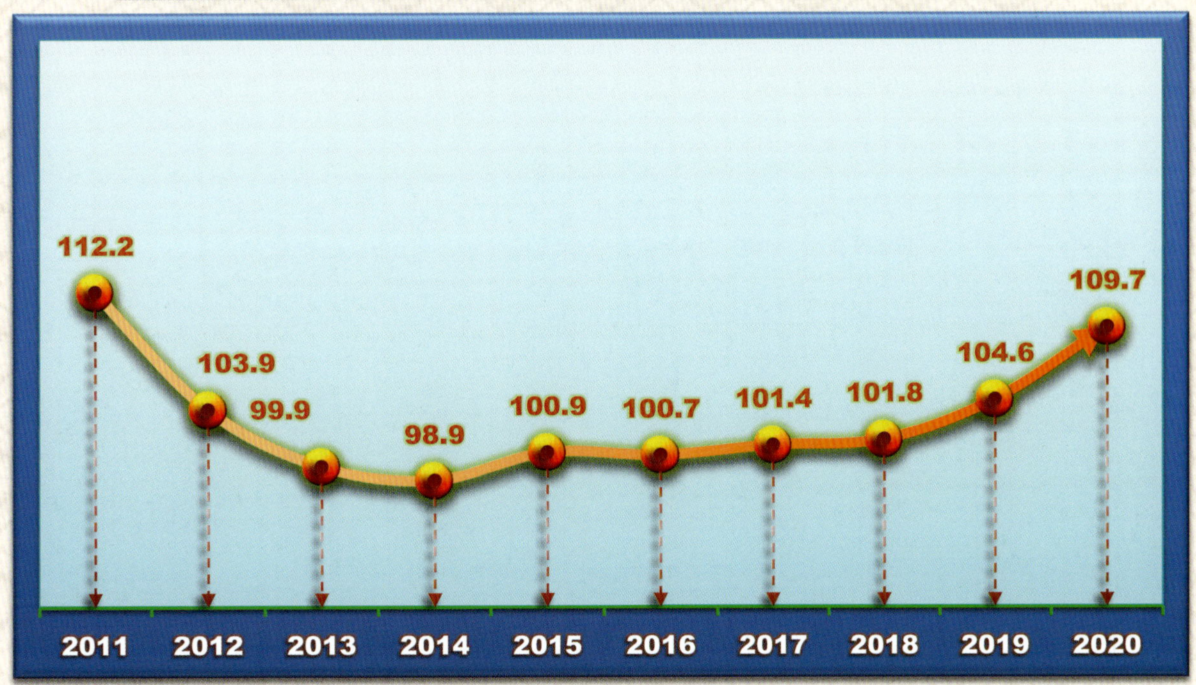

农产品生产价格指数（上年=100）
Indices of Producers' Prices for Farm Products (Preceding Year=100)

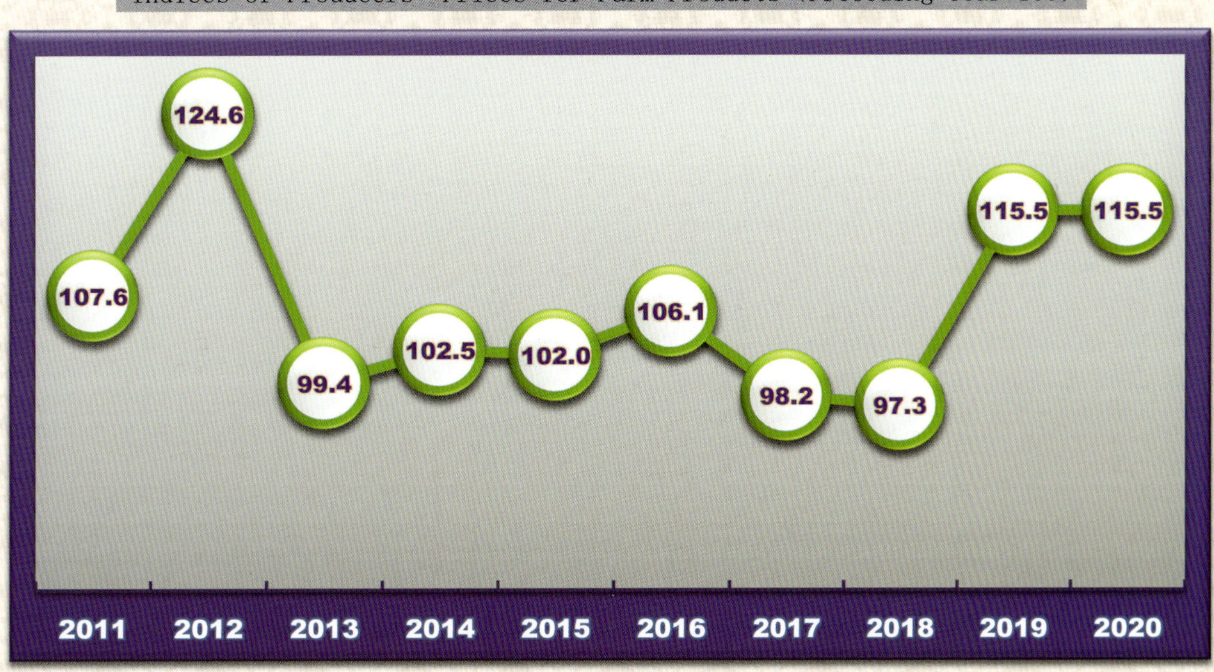

粮食作物播种面积（千公顷）

Sown Area of Grain Crops (1000 hectares)

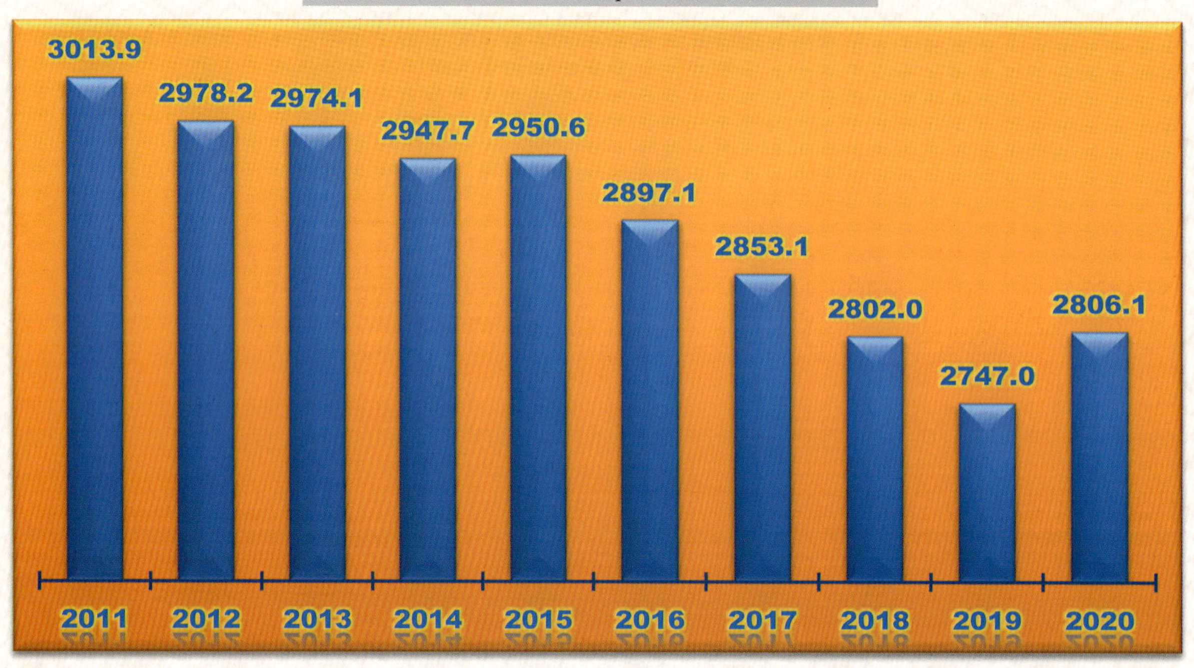

粮食作物总产量（万吨）

Total Output of Grain Crops (10 000 tons)

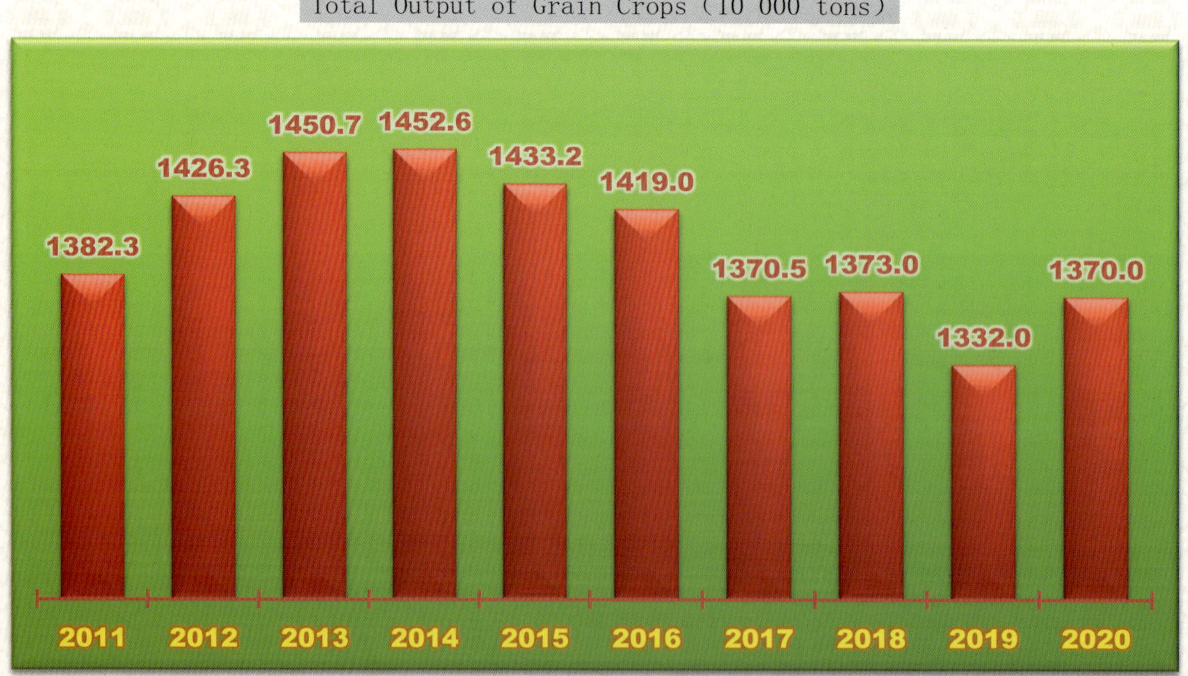

第二篇　人民生活

Chapter 2　People's Livelihood

简要说明

一、本篇资料的主要内容

本篇资料反映广西人民生活现状及变化情况，分为2013年及以后的城乡一体化住户收支与生活状况调查（简称住户调查），2012年及以前分别开展的城镇住户调查和农村住户调查。

二、城乡一体化住户收支与生活状况调查数据来源及调查方法

国家统计局住户调查办公室从2012年四季度起实施城乡一体化住户收支与生活状况抽样调查。主要内容包括：居民收入和消费情况，同时收集反映居民就业、社会保障参与、住房状况、家庭经营和生产投资以及收入分配影响因素等调查内容。

城乡一体化住户收支与生活状况调查是以各省（区、市）为总体，采用分层、多阶段、与人口规模大小成比例的概率抽样方法，随机抽选调查住宅，确定调查户。全国共抽选出1650个县(市、区)的1.6万个调查小区进行全面摸底调查，在此基础上随机等距抽选出住户参加记账调查。其中广西共抽选出约13000户参与住户调查，调查小区和调查户定期进行轮换。

城乡一体化住户收支与生活状况调查是在95%的置信度下，采用调查户记日记账的方式采集居民收支数据，同时辅之以统一的调查问卷，收集与收入支出有关的其他调查内容。所有调查工作由国家统计局派驻各地的调查队及各地统计局完成。各地统计机构使用统一的方法和数据处理程序对原始调查资料进行编码、审核、录入，然后将分户基础数据直接传输至国家统计局广西调查总队统一汇总计算，汇总计算出各地居民可支配收入、城镇居民可支配收入、农村居民可支配收入等收支数据。

根据城乡一体化住户收支与生活状况调查，新口径的城镇和农村居民人均可支配收入等数据的覆盖人群主要变化：一是计算城镇居民人均可支配收入时分母包括了在城镇地区常住的农民工，计算农村居民人均可支配收入时分母不包括在城镇地区常住的农民工；二是由本户供养的在外大学生视为常住人口。新口径的城镇居民和农村居民人均可支配收入及消费等指标口径变化主要是：计算城镇居民和农村居民人均可支配收入和消费支出时，包括了自有住房折算租金。

三、城镇住户调查数据来源及调查方法

2012年及以前，国家统计局城市司组织开展城镇住户调查。调查内容主要包括家庭人口及其构成、家庭现金收支、主要商品购买数量及支出金额、劳动就业状况、居住状况和耐用消费品的拥有量等。

调查对象在2001年以前为全国非农业住户，2002至2012年改为全国城市市区和县城关镇区住户。

城镇住户调查采用分层随机抽样的方法确定，首先，按照城镇规模将全国所有省（自治区、直辖市）的城镇划分为三层：第一，大中城市（地级和地级以上的城市）、县级市和县城（镇）。第二，按各层人口占全省（自治区、直辖市）人口的比例来分配每层的样本量。第三，按城镇就业者年人均工资从高到低排队，依次计算各城镇人口累计数，然后根据样本量的大小随机起点等距抽取所需数量的调查城镇。

城镇调查户的抽选工作分两步进行。第一步进行一次性的大样本调查；第二步从大样本调查中抽出一个小样本，作为经常性调查户，开展记账工作。

大样本调查每三年进行一次，其目的主要是为经常性调查提供抽样框和为经常性调查数据评估提供基础资料。在大样本调查中，各调查市、县采取分层、二（多）阶段、与大小成比例（PPS方法）的随机等距方法选取调查样本。即先按区分层，在层内按照PPS方法随机等距抽选调查社区/居委会，在抽中社区/居委会内随机等距抽选调查住宅。部分大城市根据需要可以采用三阶段抽样，即先抽选社区/居委会，再抽选调查小区，最后抽选调查住宅。对选出的大样本或一相样本开展调查，取得调查户家庭人口、就业人口、收入等辅助资料，然后，根据这些资料进行分组，从中按比例抽出一个小样本也称二相样本，作为经常性调查户，开展日记账工作。每年轮换三分之一的经常性调查户。

四、农村住户调查数据来源及调查方法

2012年及以前，国家统计局农村司组织开展农村住户调查。主要内容包括农村居民家庭基本情况、住房情况、收入、生活消费支出、主要食品消费量、耐用消费品拥有量等。

农村住户调查是以各省(自治区、直辖市)为总体，直接抽选调查村，在抽中村中抽选调查户。综合运用多种抽样方法确定住户调查网点，农村住户调查在95%的概率把握程度下要求抽样误差不得超过±3%。

为解决调查户的厌烦情绪及样本老化问题，增强抽样调查网点的代表性，更加准确、及时地反映农村社会经济情况，对农村住户调查网点实行样本轮换制度，每五年为一个周期。

2-1　城镇居民人均收支及恩格尔系数（1981—2020年）

Per Capita Income and Expenditure & Engle's Coefficient of Urban Households（1981—2020）

年　份 Year	城镇居民人均可支配收入 Per Capita Disposable Income of Urban Households		城镇居民人均消费支出 Per Capita Consumption Expenditure of Urban Households		城镇居民恩格尔系数（%） Engel's Coefficient of Urban Households（%）
	绝对数（元） Value（yuan）	比上年±% Growth Rate Over Preceding Year（%）	绝对数（元） Value（yuan）	比上年±% Growth Rate Over Preceding Year（%）	
1981	429		423		58.7
1982	427	-0.6	442	4.5	60.4
1983	444	4.1	466	5.3	61.4
1984	563	26.8	542	16.4	57.9
1985	683	21.4	664	22.5	56.6
1986	784	14.7	740	11.4	58.0
1987	899	14.7	861	16.4	59.1
1988	1159	28.9	1198	39.2	54.6
1989	1304	12.5	1296	8.2	59.3
1990	1448	11.0	1338	3.2	58.6
1991	1614	11.4	1584	18.4	55.3
1992	2104	30.4	1740	9.9	55.9
1993	2895	37.6	2303	32.4	53.7
1994	3981	37.5	3327	44.5	50.4
1995	4792	20.4	4046	21.6	51.0
1996	5033	5.0	4339	7.3	50.4
1997	5110	1.5	4453	2.6	47.5
1998	5412	5.9	4381	-1.6	46.3
1999	5620	3.8	4587	4.7	44.3
2000	5834	3.8	4852	5.8	39.9
2001	6666	14.3	5225	7.7	37.7
2002	7315	9.8	5413	3.6	40.7
2003	7785	6.4	5763	6.5	40.0
2004	8177	5.0	5862	1.7	44.0
2005	8917	9.0	6424	9.6	42.5
2006	9899	11.0	6792	5.7	42.1
2007	12200	23.2	8151	20.0	41.7
2008	14146	16.0	9627	18.1	42.4
2009	15451	9.2	10352	7.5	39.9
2010	17064	10.4	11490	11.0	38.1
2011	18854	10.5	12848	11.8	39.5
2012	21243	12.7	14244	10.9	39.0
2013	23305	9.7	15418	8.2	37.9
2014	24669	8.7	15046	4.0	35.2
2015	26416	7.1	16321	8.5	34.4
2016	28324	7.2	17268	5.8	34.4
2017	30502	7.7	18349	6.3	33.2
2018	32436	6.3	20159	9.9	30.7
2019	34745	7.1	21591	7.1	30.5
2020	35859	3.2	20907	-3.2	33.9

注：1. 1992年及以前可支配收入为生活费收入；2. 从2014年起，开展城乡一体化的住户收支与生活状况调查，与2013年及以前分别开展的城镇和农村住户调查的调查范围、调查方法、指标口径有所不同（以下相关表同）。

Note: 1.Disposable income is income from living expenses before 1992 and before; 2.Started an integrated household income and expenditure survey in 2014.The coverage,methodology and definitions used in the survey are different from those used for the separated urban and rural household surveys prior to 2013 (The same applies to the relevant tables following).

2-2 城镇居民家庭基本情况

Basic Conditions of Urban Households

单位：人 (person)

指 标	Item	2019	2020
年末住户常住成员数（人）	**Number of Permanent Residents Per Households（person）**	**8245**	**8225**
调查样本住户数（户）	**Number of Households Surveyed Sample（household）**	**2330**	**2330**
年末人均自有现住房面积（平方米）	**Per Capita Floor Space of Houses（sq.m）**	**41.7**	**42.3**
常住成员从业人数	**Number of Employed by Permanent Residents**	**3983**	**3845**
户主文化程度	**Degree of Education of Householder**		
未上过学	Not in School	15	15
小学	Primary School	385	376
初中	Junior Secondary Schools	873	875
高中	Senior Secondary School	566	577
大学专科	Junior College	308	303
大学本科	Undergraduate College	170	172
研究生	Graduate Student	13	12
常住从业人员就业类型	**Employed Types of Permanent Residents**		
雇主	Employer	44	22
公职人员	Public Officers	135	112
事业单位人员	Business Unit Personnel	295	247
国有企业雇员	State-owned Enterprises Employee	151	130
其他雇员	Other Employees	2160	2177
农业自营	Agricultural Own Business	616	552
非农自营	Non Agricultural Own Business	582	605
常住从业人员从事主要行业	**Engaged in Major Industries of Permanent Residents**		
第一产业	Primary Industry	686	624
第二产业	Secondary Industry	754	735
第三产业	Tertiary Industry	2543	2486

2-3 城镇居民人均收入与支出

Per Capita Disposable Income and Consumption Expenditure of Urban Households

单位：元 (yuan)

指 标	Item	2019	2020
可支配收入	**Disposable Income**	**34745**	**35859**
工资性收入	Income from Wages and Salaries	19344	20241
工资	Wages	18138	18833
实物福利	Benefit in Kind	156	212
其他	Other	1050	1196
经营净收入	Net Business Income	5965	5375
第一产业经营净收入	Net Business Income of Primary Industry	966	680
农业	Agriculture	567	437
林业	Forestry	104	51
牧业	Animal Husbandry	280	181
渔业	Fishery	15	11
第二产业经营净收入	Net Business Income of Secondary Industry	822	1004
第三产业经营净收入	Net Business Income of Tertiary Industry	4177	3691
财产净收入	Property Net Income	2932	3217
转移净收入	Transfer Net Income	6504	7026
转移性收入	Income form Transfer	8519	9143
# 养老金或离退休金	# Pensions and Retirement Pay	6054	6452
转移性支出	Transfer Expenditure	2015	2117
# 社会保障支出	# Social Secuity Expenditure	1666	1793
城镇居民按收入五等份分组的人均可支配收入	**Per Capita Disposable Income of Urban Households by Income Quintile**		
20%低收入组家庭人均可支配收入	Low 20% Households	12891	13084
20%中间偏下收入组家庭人均可支配收入	Second 20% Households	22432	22749
20%中间收入组家庭人均可支配收入	Third 20% Households	31752	32599
20%中间偏上收入组家庭人均可支配收入	Fourth 20% Households	44710	47035
20%高收入组家庭人均可支配收入	Highest 20% Households	81383	85901
消费支出	**Consumption Expenditure**	**21591**	**20907**
食品烟酒	Food, Tobacco and Liquor	6578	7092
衣着	Clothing	974	874
居住	Residence	4468	4645
生活用品及服务	Household Facilities, Articles and Services	1256	1233
交通通信	Transport and Communications	3176	2602
教育文化娱乐	Education, Cultural and Recreation	2609	2181
医疗保健	Health Care and Medical Services	2071	1904
其他用品和服务	Other Goods and Services	459	376

2-4 城镇居民人均现金收入与支出

Per Capita Cash Income and Expenditure of Urban Households

单位：元 (yuan)

指 标	Item	2019	2020
现金可支配收入	**Cash Disposable Income**	**32596**	**33602**
现金工资性收入	Cash Income from Wages and Salaries	19187	20029
工资	Wages	18138	18833
其他	Other	1049	1196
现金经营净收入	Cash Net Business Income	6165	5620
第一产业现金经营净收入	Cash Net Business Income of Primary Industry	841	538
农业	Agriculture	470	335
林业	Forestry	93	47
牧业	Animal Husbandry	266	148
渔业	Fishery	12	8
第二产业现金经营净收入	Cash Net Business Income of Secondary Industry	978	1154
第三产业现金经营净收入	Cash Net Business Income of Tertiary Industry	4346	3928
现金财产净收入	Cash Property Net Income	1528	1695
现金转移净收入	Cash Transfer Net Income	5716	6258
现金转移性收入	Cash Income form Transfer	7731	8375
# 养老金或离退休金	# Pensions and Retirement Pay	6054	6452
现金转移性支出	Cash Transfer Expenditure	2015	2117
# 社会保障支出	# Social Secuity Expenditure	1666	1793
现金消费支出	**Cash Consumption Expenditure**	**17910**	**16996**
食品烟酒	Food, Tobacco and Liquor	6305	6749
衣着	Clothing	973	873
居住	Residence	1844	1857
生活用品及服务	Household Facilities, Articles and Services	1197	1174
交通通信	Transport and Communications	3173	2599
教育文化娱乐	Education, Cultural and Recreation	2608	2181
医疗保健	Health Care and Medical Services	1361	1202
其他用品和服务	Other Goods and Services	449	361

2-5　城镇居民人均消费支出

Per Capita Consumption Expenditure of Urban Households

单位：元　　　　(yuan)

指　标	Item	2019	2020
消费支出	**Consumption Expenditure**	**21591**	**20907**
食品烟酒	Food, Tobacco and Liquor	6578	7092
食品	Food	4657	5275
烟酒	Tobacco and Liquor	328	352
饮料	Beverages	101	108
饮食服务	Catering Services	1492	1357
衣着	Clothing	974	874
衣类	Clothes	808	731
鞋类	Footwear	166	143
居住	Residence	4468	4645
租赁房房租	Rental Housing Accommodation	144	115
住房维修及管理	Housing Maintenance and Management	881	868
水电燃料及其他	Water, Electricity and Other Fuels	834	887
自有住房折算租金	Owned Housing of Convert Rent	2609	2775
生活用品及服务	Household Facilities, Articles and Services	1256	1233
家具及室内装饰品	Furniture and Interior Decorations	175	208
家用器具	Household Appliances	336	306
家用纺织品	Home Textiles	112	93
家庭日用杂品	The Family Daily Sundry Goods	288	287
个人用品	Personal Products	231	245
家庭服务	Household Service	114	94
交通通信	Transport and Communications	3176	2602
交通	Transport	2514	1910
通信	Communications	662	692
教育文化娱乐	Education, Cultural and Recreation	2609	2181
教育	Education	1779	1635
文化娱乐	Cultural and Recreation	830	546
医疗保健	Health Care and Medical Services	2071	1904
医疗器具及药品	Medical Apparatus and Drugs	417	439
医疗服务	Medical Services	1654	1465
其他用品和服务	Other Goods and Services	459	376
其他用品	Other Goods	185	146
其他服务	Other Services	274	230

2-6 城镇居民人均现金消费支出

Per Capita Cash Consumption Expenditure of Urban Households

单位：元 (yuan)

指 标	Item	2019	2020
现金消费支出	**Cash Consumption Expenditure**	**17910**	**16996**
食品烟酒	Food, Tobacco and Liquor	6305	6749
食品	Food	4475	5057
烟酒	Tobacco and Liquor	328	352
饮料	Beverages	101	107
饮食服务	Catering Services	1401	1233
衣着	Clothing	973	873
衣类	Clothes	808	730
鞋类	Footwear	165	143
居住	Residence	1844	1857
租赁房房租	Rental Housing Accommodation	143	115
住房维修及管理	Housing Maintenance and Management	881	869
水电燃料及其他	Water, Electricity and Other Fuels	820	873
生活用品及服务	Household Facilities, Articles and Services	1197	1174
家具及室内装饰品	Furniture and Interior Decorations	176	205
家用器具	Household Appliances	336	306
家用纺织品	Home Textiles	112	93
家庭日用杂品	The Family Daily Sundry Goods	228	231
个人用品	Personal Products	231	245
家庭服务	Household Service	114	94
交通通信	Transport and Communications	3173	2599
交通	Transport	2511	1907
通信	Communications	662	692
教育文化娱乐	Education, Cultural and Recreation	2608	2181
教育	Education	1779	1635
文化娱乐	Cultural and Recreation	829	546
医疗保健	Health Care and Medical Services	1361	1202
医疗器具及药品	Medical Apparatus and Drugs	416	438
医疗服务	Medical Services	945	764
其他用品和服务	Other Goods and Services	449	361
其他用品	Other Goods	182	144
其他服务	Other Services	267	217

2-7 城镇居民人均主要食品消费量

Per Capita Consumption of Major Foods of Urban Households

指 标	Item	单位	Unit	2019	2020
粮食	Grain	千克	kg	95.6	103.3
谷物	Cereal	千克	kg	87.3	95.1
薯类	Tuber	千克	kg	1.3	1.3
豆类	Beans and the Products	千克	kg	7.0	6.9
大豆	Soybean	千克	kg	0.4	0.3
油脂类	Grease	千克	kg	7.9	8.3
植物油	Vegetable Oil	千克	kg	7.3	7.9
蔬菜及菜制品	Vegetable and Vegetable Products	千克	kg	94.6	96.9
鲜菜	Fresh Vegetables	千克	kg	90.7	93.2
肉类	Meat	千克	kg	31.5	27.4
猪肉	Pork	千克	kg	25.2	21.7
牛肉	Beef	千克	kg	3.2	3.0
羊肉	Mutton	千克	kg	0.8	0.7
禽类	Poultry	千克	kg	24.8	29.0
水产品	Aquatic Products	千克	kg	16.6	16.5
蛋类及蛋制品	Eggs and Egg Products	千克	kg	6.9	8.2
奶和奶制品	Milk and Milk Products	千克	kg	8.1	9.0
干鲜瓜果类	Dried and Fresh Melons and Fruits	千克	kg	52.2	50.4
鲜瓜果	Fresh Melons and Fruits	千克	kg	48.8	47.2
坚果类	Nuts and Processed Products	千克	kg	2.6	2.5
糖果糕点类	Sweets and Cakes	千克	kg	5.5	5.0
# 食糖	# Suger	千克	kg	1.2	1.3

2-8 城镇居民平均每百户年末主要耐用消费品拥有量

Main Durable Goods Owned Per 100 Urban Households

指 标	Item	单位	Unit	2019	2020
家用汽车	Automobile	辆	unit	43.3	45.4
摩托车	Motorcycle	辆	unit	31.8	31.2
助力车	Electric Bicycle	辆	unit	98.8	104.9
洗衣机	Washing Machine	台	set	101.5	103.2
电冰箱（柜）	Refrigerator	台	set	105.1	106.3
微波炉	Microwave Oven	台	set	67.6	70.2
彩色电视机	Color Television Set	台	set	112.4	112.8
空调	Air Conditioner	台	set	170.0	177.0
热水器	Water Heater	台	set	107.0	109.5
排油烟机	Vacuum Cleaner	台	set	69.3	71.4
固定电话	Telephone	部	set	9.1	8.5
移动电话	Mobile Telephone	部	set	277.0	276.2
计算机	Computer	台	set	79.2	79.4
照相机	Camera	架	set	18.8	19.2

2-9 农村居民人均收支及恩格尔系数（1981—2020年）

Per Capita Income and Expenditure & Engle's Coefficient of Rural Households（1981—2020）

年份 Year	农村居民人均可支配收入（元） Per Capita Disposable Income of Rural Households（yuan）	比上年±% Growth Rate Over Preceding Year（%）	农村居民人均消费支出（元） Per Capita Consumption Expenditure of Rural Households（yuan）	比上年±% Growth Rate Over Preceding Year（%）	# 食品消费支出（元） # Food Expenditure（yuan）	比上年±% Growth Rate Over Preceding Year（%）	农村居民恩格尔系数（%） Engel's Coefficient of Rural Households（%）
1981	204	17.6	171	13.6	116	20.9	67.6
1982	235	15.4	210	22.6	139	20.0	66.2
1983	262	11.2	224	6.6	148	6.6	66.2
1984	267	2.1	238	6.1	154	3.6	64.6
1985	303	13.4	268	12.9	167	8.6	62.2
1986	316	4.3	284	5.8	176	5.3	61.9
1987	354	12.0	309	9.0	192	9.2	62.1
1988	424	19.9	362	17.0	216	12.4	59.6
1989	483	13.9	419	15.8	244	13.2	58.3
1990	639	32.4	537	28.1	346	41.6	64.4
1991	658	2.9	581	8.2	360	4.1	62.0
1992	732	11.2	616	6.1	381	5.8	61.8
1993	885	21.0	705	14.4	448	17.6	63.6
1994	1107	25.1	926	31.4	552	23.2	59.6
1995	1446	30.6	1143	23.4	700	26.9	61.3
1996	1703	17.8	1399	22.4	795	14.6	56.8
1997	1875	10.1	1376	-1.7	800	0.6	58.2
1998	1972	5.2	1415	2.8	809	1.1	57.2
1999	2048	3.9	1457	3.0	849	5.0	58.3
2000	1865	-9.0	1488	2.1	825	-2.9	55.4
2001	1944	4.3	1551	4.2	811	-1.7	52.3
2002	2013	3.5	1686	8.7	875	7.9	51.9
2003	2095	4.1	1751	3.9	899	2.7	51.3
2004	2305	10.1	1929	10.1	1048	16.5	54.3
2005	2495	8.2	2350	21.8	1187	13.3	50.5
2006	2771	11.1	2414	2.7	1196	0.8	49.6
2007	3224	16.4	2747	13.8	1379	15.3	50.2
2008	3690	14.5	2985	8.7	1595	15.7	53.4
2009	3980	7.9	3231	8.2	1573	-1.4	48.7
2010	4543	14.1	3455	6.9	1675	6.5	48.5
2011	5231	15.1	4211	21.9	1845	10.1	43.8
2012	6008	14.8	4878	15.8	2086	13.1	42.8
2013	6791	13.0	5206	6.7	2085	-0.1	40.1
2014	8683	11.4	6675	10.6	2463	11.2	36.9
2015	9467	9.0	7582	13.6	2681	8.8	35.4
2016	10359	9.4	8351	10.2	2880	7.5	34.5
2017	11325	9.3	9437	13.0	3043	5.6	32.2
2018	12435	9.8	10617	12.5	3195	5.0	30.1
2019	13676	10.0	12045	13.5	3724	16.6	30.9
2020	14815	8.3	12431	3.2	4297	15.4	34.6

注：从2014年起，开展城乡一体化的住户收支与生活状况调查，与2013年及以前分别开展的城镇和农村住户调查的调查范围、调查方法、指标口径有所不同（2014年及以前农村居民家庭人均可支配收入为农村居民家庭人均纯收入）。

Note: Started an integrated household income and expenditure survey in 2014. The coverage, methodology and definitions used in the survey are different from those used for the separated urban and rural household surveys prior to 2013（In 2014 and before, the per capita disposable income of rural households was the per capita net income of rural households）.

2-10　农村居民家庭基本情况

Basic Conditions of Rural Households

单位：人 (person)

指　标	Item	2019	2020
年末住户常住成员数（人）	**Number of Permanent Residents Per Households（person）**	**9643**	**9663**
调查样本住户数（户）	**Number of Households Surveyed Sample（household）**	**2670**	**2670**
年末人均自有现住房面积（平方米）	**Per Capita Floor Space of Houses（sq.m）**	**52.5**	**53.0**
常住成员从业人数	**Number of Employed by Permanent Residents**	**5144**	**5063**
户主文化程度	**Degree of Education of Householder**		
未上过学	Not in School	29	29
小学	Primary School	833	824
初中	Junior Secondary Schools	1340	1353
高中	Senior Secondary School	423	421
大学专科	Junior College	41	39
大学本科	Undergraduate College	4	4
研究生	Graduate Student		
常住从业人员就业类型	**Employed Types of Permanent Residents**		
雇主	Employer	10	4
公职人员	Public Officers	14	9
事业单位人员	Business Unit Personnel	77	69
国有企业雇员	State-owned Enterprises Employee	10	8
其他雇员	Other Employees	1630	1785
农业自营	Agricultural Own Business	2915	2668
非农自营	Non Agricultural Own Business	488	520
常住从业人员从事主要行业	**Engaged in Major Industries of Permanent Residents**		
第一产业	Primary Industry	3032	2899
第二产业	Secondary Industry	901	936
第三产业	Tertiary Industry	1211	1228

2-11 农村居民人均收入与支出

Per Capita Disposable Income and Consumption Expenditure of Rural Households

单位：元 （yuan）

指 标	Item	2019	2020
可支配收入	**Disposable Income**	**13676**	**14815**
工资性收入	Income from Wages and Salaries	4259	4638
工资	Wages	4055	4524
实物福利	Benefit in Kind	52	60
其他	Other	152	54
经营净收入	Net Business Income	5619	5868
第一产业经营净收入	Net Business Income of Primary Industry	4016	4066
农业	Agriculture	2405	2409
林业	Forestry	626	594
牧业	Animal Husbandry	830	908
渔业	Fishery	155	155
第二产业经营净收入	Net Business Income of Secondary Industry	220	278
第三产业经营净收入	Net Business Income of Tertiary Industry	1383	1524
财产净收入	Property Net Income	340	352
转移净收入	Transfer Net Income	3458	3957
转移性收入	Income form Transfer	3871	4390
# 养老金或离退休金	# Pensions and Retirement Pay	856	905
转移性支出	Transfer Expenditure	413	433
# 社会保障支出	# Social Security Expenditure	328	363
农村居民按收入五等份分组的人均可支配收入	**Per Capita Disposable Income of Rural Households by Income Quintile**		
20%低收入组家庭人均可支配收入	Low 20% Households	6866	7414
20%中间偏下收入组家庭人均可支配收入	Second 20% Households	9258	10024
20%中间收入组家庭人均可支配收入	Third 20% Households	12818	13611
20%中间偏上收入组家庭人均可支配收入	Fourth 20% Households	17466	18457
20%高收入组家庭人均可支配收入	Highest 20% Households	30118	33066
消费支出	**Consumption Expenditure**	**12045**	**12431**
食品烟酒	Food, Tobacco and Liquor	3724	4297
衣着	Clothing	373	354
居住	Residence	2669	2659
生活用品及服务	Household Facilities, Articles and Services	680	667
交通通信	Transport and Communications	1716	1682
教育文化娱乐	Education, Cultural and Recreation	1498	1408
医疗保健	Health Care and Medical Services	1231	1228
其他用品和服务	Other Goods and Services	154	136

2-12　农村居民人均现金收入与支出

Per Capita Cash Income and Expenditure of Rural Households

单位：元　　(yuan)

指　标	Item	2019	2020
现金可支配收入	**Cash Disposable Income**	**12449**	**13625**
现金工资性收入	Cash Income from Wages and Salaries	4207	4578
工资	Wages	4055	4524
其他	Other	152	53
现金经营净收入	Cash Net Business Income	4905	5256
第一产业现金经营净收入	Cash Net Business Income of Primary Industry	3135	3288
农业	Agriculture	1739	1806
林业	Forestry	485	577
牧业	Animal Husbandry	765	766
渔业	Fishery	146	139
第二产业现金经营净收入	Cash Net Business Income of Secondary Industry	244	307
第三产业现金经营净收入	Cash Net Business Income of Tertiary Industry	1526	1661
现金财产净收入	Cash Property Net Income	340	352
现金转移净收入	Cash Transfer Net Income	2997	3440
现金转移性收入	Cash Income form Transfer	3410	3873
# 养老金或离退休金	# Pensions and Retirement Pay	856	905
现金转移性支出	Cash Transfer Expenditure	413	433
# 社会保障支出	# Social Secuity Expenditure	328	363
现金消费支出	**Cash Consumption Expenditure**	**9297**	**9591**
食品烟酒	Food, Tobacco and Liquor	2964	3365
衣着	Clothing	373	353
居住	Residence	1081	1192
生活用品及服务	Household Facilities, Articles and Services	605	607
交通通信	Transport and Communications	1713	1681
教育文化娱乐	Education, Cultural and Recreation	1497	1408
医疗保健	Health Care and Medical Services	921	856
其他用品和服务	Other Goods and Services	143	129

2-13 农村居民人均消费支出

Per Capita Consumption Expenditure of Rural Households

单位：元 （yuan）

指 标	Item	2019	2020
消费支出	**Consumption Expenditure**	**12045**	**12431**
食品烟酒	Food, Tobacco and Liquor	3724	4297
食品	Food	3027	3596
烟酒	Tobacco and Liquor	332	341
饮料	Beverages	69	73
饮食服务	Catering Services	296	287
衣着	Clothing	373	354
衣类	Clothes	295	282
鞋类	Footwear	78	72
居住	Residence	2669	2659
租赁房房租	Rental Housing Accommodation	39	26
住房维修及管理	Housing Maintenance and Management	605	715
水电燃料及其他	Water, Electricity and Other Fuels	605	464
自有住房折算租金	Owned Housing of Convert Rent	1420	1454
生活用品及服务	Household Facilities, Articles and Services	680	667
家具及室内装饰品	Furniture and Interior Decorations	115	100
家用器具	Household Appliances	174	180
家用纺织品	Home Textiles	42	38
家庭日用杂品	The Family Daily Sundry Goods	236	226
个人用品	Personal Products	96	107
家庭服务	Household Service	17	16
交通通信	Transport and Communications	1716	1682
交通	Transport	1307	1244
通信	Communications	409	438
教育文化娱乐	Education, Cultural and Recreation	1498	1408
教育	Education	1287	1222
文化娱乐	Cultural and Recreation	211	186
医疗保健	Health Care and Medical Services	1231	1228
医疗器具及药品	Medical Apparatus and Drugs	219	201
医疗服务	Medical Services	1012	1027
其他用品和服务	Other Goods and Services	154	136
其他用品	Other Goods	84	68
其他服务	Other Services	70	68

2–14　农村居民人均现金消费支出

Per Capita Cash Consumption Expenditure of Rural Households

单位：元　　　　(yuan)

指　标	Item	2019	2020
现金消费支出	**Cash Consumption Expenditure**	**9297**	**9591**
食品烟酒	Food, Tobacco and Liquor	2964	3365
食品	Food	2307	2715
烟酒	Tobacco and Liquor	332	341
饮料	Beverages	67	71
饮食服务	Catering Services	258	238
衣着	Clothing	373	353
衣类	Clothes	295	281
鞋类	Footwear	78	72
居住	Residence	1081	1192
租赁房房租	Rental Housing Accommodation	39	26
住房维修及管理	Housing Maintenance and Management	605	715
水电燃料及其他	Water, Electricity and Other Fuels	437	451
生活用品及服务	Household Facilities, Articles and Services	605	607
家具及室内装饰品	Furniture and Interior Decorations	113	99
家用器具	Household Appliances	174	180
家用纺织品	Home Textiles	42	38
家庭日用杂品	The Family Daily Sundry Goods	163	167
个人用品	Personal Products	96	107
家庭服务	Household Service	17	16
交通通信	Transport and Communications	1713	1681
交通	Transport	1305	1243
通信	Communications	408	438
教育文化娱乐	Education, Cultural and Recreation	1497	1408
教育	Education	1287	1222
文化娱乐	Cultural and Recreation	210	186
医疗保健	Health Care and Medical Services	921	856
医疗器具及药品	Medical Apparatus and Drugs	219	201
医疗服务	Medical Services	702	655
其他用品和服务	Other Goods and Services	143	129
其他用品	Other Goods	83	67
其他服务	Other Services	60	62

2-15 农村居民人均主要食品消费量

Per Capita Consumption of Major Foods of Rural Households

指　标	Item	单位	Unit	2019	2020
粮食	Grain	千克	kg	165.7	175.1
谷物	Cereal	千克	kg	158.9	167.7
薯类	Tuber	千克	kg	0.8	0.8
豆类	Beans and the Products	千克	kg	6.0	6.6
大豆	Soybean	千克	kg	0.5	0.5
油脂类	Grease	千克	kg	8.7	9.7
植物油	Vegetable Oil	千克	kg	7.2	8.4
蔬菜及菜制品	Vegetable and Vegetable Products	千克	kg	79.0	83.5
鲜菜	Fresh Vegetables	千克	kg	77.6	82.1
肉类	Meat	千克	kg	27.5	21.8
猪肉	Pork	千克	kg	24.8	19.8
牛肉	Beef	千克	kg	1.1	0.9
羊肉	Mutton	千克	kg	0.4	0.3
禽类	Poultry	千克	kg	24.9	32.2
水产品	Aquatic Products	千克	kg	10.6	10.9
蛋类及蛋制品	Eggs and Egg Products	千克	kg	5.7	7.1
奶和奶制品	Milk and Milk Products	千克	kg	2.3	2.6
干鲜瓜果类	Dried and Fresh Melons and Fruits	千克	kg	30.8	29.6
鲜瓜果	Fresh Melons and Fruits	千克	kg	28.9	27.8
坚果类	Nuts and Processed Products	千克	kg	1.7	1.6
糖果糕点类	Sweets and Cakes	千克	kg	4.1	3.7
# 食糖	# Suger	千克	kg	1.1	1.1

2-16 农村居民平均每百户年末主要耐用消费品拥有量

Maio Durable Goods Owned Per 100 Rural Households

指　标	Item	单位	Unit	2019	2020
家用汽车	Automobile	辆	unit	20.4	20.0
摩托车	Motorcycle	辆	unit	92.7	89.4
助力车	Electric Bicycle	辆	unit	67.1	69.5
洗衣机	Washing Machine	台	set	82.8	84.8
电冰箱（柜）	Refrigerator	台	set	100.0	101.4
微波炉	Microwave Oven	台	set	26.3	32.4
彩色电视机	Color Television Set	台	set	108.8	107.3
空调	Air Conditioner	台	set	53.3	55.5
热水器	Water Heater	台	set	84.0	88.1
排油烟机	Vacuum Cleaner	台	set	16.9	17.4
固定电话	Telephone	部	set	5.1	2.6
移动电话	Mobile Telephone	部	set	295.2	283.4
计算机	Computer	台	set	22.8	20.8
照相机	Camera	架	set	0.9	0.7

2-17　农村居民家庭固定资产投资情况

Fixed Assets Investment of Rural Households

单位：亿元　　(100 million yuan)

项　目	Item	2017	2018	2019	2020
新增固定资产原值	**New Original Value of Fixed Assets**	**575.44**	**580.62**	**612.48**	**584.54**
固定资产投资完成额	**Finished Value of Investment of the Fixed Assets**	**590.08**	**596.16**	**619.39**	**585.57**
按投资来源分	Investment by Source				
国内贷款	Domestic Loans	18.06	17.19	18.17	17.88
自筹资金	Self-raising Funds	565.25	570.90	591.51	558.95
其他资金	Others	7.53	8.06	9.71	8.74
按投资构成分	According to Constitute Sub-investment				
建筑工程	Construction	451.71	454.87	437.58	431.14
设备工、器具购置	For Equipment, the Purchase of Equipment	81.70	83.28	103.15	77.51
其他	Others	57.43	58.01	78.66	76.91
按投资方向分	According to the Investment Direction Pm				
农业	Agriculture	125.68	128.63	156.12	145.25
采矿业	Mining	…	…	…	…
制造业	Manufacturing	2.32	2.09	2.29	1.45
建筑业	Construction	0.84	0.82	1.01	1.39
交通运输、仓储和邮政业	Transport, Storage and Post	24.04	25.24	31.61	4.57
批发和零售业	Wholesale and Retail Trades	2.91	3.25	4.21	34.99
住宿和餐饮业	Hotels and Catering Services	0.28	…	…	…
房地产业	Real Estate	420.87	423.40	408.77	385.06
租赁和商务服务业	Leasing and Business Services	0.43	0.46	0.51	0.43
居民服务和其他服务业	Serices to Households and Other Services	13.47	12.27	14.87	12.42
按具体投资项目分	Based on specific investment projects pm				
房屋	Housing	433.80	436.75	420.02	375.78
设备	Equipment	81.70	83.28	103.15	93.72
水利	Water	0.90	0.88	0.94	0.87
其他	Others	74.44	75.25	95.28	115.20
施工房屋面积（万平方米）	**Acreage of House Construction（10 000 sq.m）**	**6638.34**	**6684.81**	**6423.49**	**6106.01**
竣工房屋面积（万平方米）	**Acreage of House Completion（10 000 sq.m）**	**6051.62**	**6142.39**	**6020.09**	**5747.40**
竣工房屋投资完成额	**Completion Amount of Investment in House**	**365.67**	**372.62**	**365.20**	**383.74**

2-18 各市城镇居民人均可支配收入（1981—2020年）

单位：元

年 份 Year	南宁市 Nanning	柳州市 Liuzhou	桂林市 Guilin	梧州市 Wuzhou	北海市 Beihai	防城港市 Fangchenggang
1981	445	385	442	438	432	
1982	478	420	498	459	486	
1983	513	447	505	436	491	
1984	624	540	621	545	701	
1985	716	668	757	708	751	
1986	851	761	884	849	895	
1987	949	871	1033	991	990	
1988	1166	1226	1228	1189	1296	
1989	1274	1307	1335	1327	1376	
1990	1454	1515	1501	1545	1591	
1991	1658	1794	1829	1790	1910	
1992	2105	2306	2453	2315	2727	
1993	3081	3544	3168	3246	4516	
1994	4544	4243	4672	4309	5649	
1995	5544	4884	5506	4909	6365	
1996	5973	5243	5977	4945	6396	
1997	5931	5457	6025	4934	6558	
1998	6570	5552	6230	4838	6306	
1999	6947	5328	6494	5415	6483	
2000	7448	5740	6997	5221	6167	
2001	7906	7547	7547	5837	7013	
2002	8796	7928	7852	6282	7692	
2003	9162	8369	8246	7062	8007	
2004	9531	9155	8803	7325	8773	
2005	10078	9986	9502	8190	9520	
2006	10905	10592	10244	8855	11071	
2007	12955	11919	11514	10123	13090	
2008	14983	14536	13665	13351	14625	
2009	16531	15395	15001	14617	15536	
2010	17741	17532	16566	16578	16612	
2011	19972	18631	17915	18531	18347	
2012	22024	22261	19450	21416	20296	
2013	24817	24355	24552	22537	23407	24423
2014	27075	26693	26811	24272	25818	26523
2015	29106	28722	28768	25898	27729	28433
2016	30728	30270	30124	27260	29412	29758
2017	33217	32661	32534	29359	31912	32079
2018	35276	34849	34649	31209	33954	34325
2019	37675	37358	37178	33518	36602	36385
2020	38542	38479	38145	34591	37956	37185

注：1. 1992年及以前可支配收入为生活费收入；2. 从2016年起，各市人均可支配收入为新口径数据，2015年及以前的数据不可比。

Per Capita Disposable Income of Urban Households by Cities（1981—2020）

（yuan）

钦州市 Qinzhou	贵港市 Guigang	玉林市 Yulin	百色市 Baise	贺州市 Hezhou	河池市 Hechi	来宾市 Laibin	崇左市 Chongzuo
	416		442	401			
	525		549	520			
	695		663	653			
	787		784	776			
	981		947	926			
	1179		1163	1251			
	1304		1288	1521			
	1410		1421	1590			
	1523		1427	1615			
	1876		2002	2060			
	2417		2703	2536			
	4241		4017	3494			
	5258		5035	4355			
	4987		5180	4542			
	4927		5049	4520			
	5235		5495	4940			
	5590		5607	5199			
	5468		5747	5549			
	6118		6807	5997			
	6927		7215	7030			
	7607		7362	7869			
	7906		8532	10530			
	8253		9510	10105			
	8965		10116	10612			
	9880		11685	12020			
	11414		12984	13643			
	12455		14219	15013			
	14447		15554	16761			
	16276		16929	18612			
	18595		19242	21442			
23695	21361	24366	21458	21682	19653	23563	21288
25425	23262	26681	23282	23590	21363	25401	23184
27281	24890	28842	24958	25194	22752	27077	24668
29360	26771	30083	26919	26883	23660	28962	26605
31415	28806	32159	29126	28899	25647	31047	28813
33488	30506	33960	30611	30864	27468	32910	30916
35732	32916	36133	32784	33179	29665	34950	33297
37126	34002	37362	33964	34075	30881	36173	34562

Note: 1.1992 disposable income before income for living expenses; 2.From 2016 onwards, the per capita disposable income of each city is a new caliber of data, which is incomparable from 2015 and before.

2-19 各市城镇居民人均消费支出（1981—2020年）

单位：元

年 份 Year	南宁市 Nanning	柳州市 Liuzhou	桂林市 Guilin	梧州市 Wuzhou	北海市 Beihai	防城港市 Fangchenggang
1981	440	398	423	414	428	
1982	456	394	458	461	447	
1983	499	435	480	440	450	
1984	566	503	568	512	508	
1985	724	645	813	691	713	
1986	825	718	883	794	855	
1987	944	862	1031	956	933	
1988	1229	1367	1366	1224	1257	
1989	1293	1357	1320	1333	1327	
1990	1360	1462	1445	1418	1449	
1991	1667	1755	1807	1780	1860	
1992	1852	1936	2179	1916	2091	
1993	2624	2916	2595	2510	3483	
1994	4288	3708	3935	3794	4482	
1995	5055	4385	4531	4405	5014	
1996	5425	4577	5082	4580	5302	
1997	5456	4732	5221	4455	5394	
1998	5800	4273	5358	4424	5214	
1999	6321	4351	5786	4475	5693	
2000	6705	4458	5893	4604	5092	
2001	7107	6010	6111	5116	5407	
2002	6970	5992	6123	5129	5898	
2003	7217	6033	6326	6136	5865	
2004	7329	7117	6755	6417	6681	
2005	7882	7850	7186	6670	7128	
2006	8160	7245	7915	7100	8447	
2007	9459	8723	8252	7914	9289	
2008	10268	11351	8992	9552	9917	
2009	11120	11276	9880	9965	12414	
2010	12867	11978	10934	11126	11746	
2011	14834	13720	11890	12995	13176	
2012	15292	14115	14470	13630	14224	
2013	17128	15398	15555	14748	15191	14792
2014	19032	16970	16930	15899	16461	16058
2015	20897	18314	17998	17008	17959	17452
2016	15886	19360	17649	17969	18861	19005
2017	17279	20909	19005	19017	20238	20538
2018	18724	22421	20465	21215	21152	22752
2019	20143	24023	22450	23602	22875	24815
2020	19237	23254	21507	22870	22326	24071

注：从2016年起，各市人均消费支出为新口径数据，与2015年及以前的数据不可比。

Per Capita Consumption Expenditure of Urban Households by Cities（1981—2020）

（yuan）

钦州市 Qinzhou	贵港市 Guigang	玉林市 Yulin	百色市 Baise	贺州市 Hezhou	河池市 Hechi	来宾市 Laibin	崇左市 Chongzuo
	375		431	377			
	417		485	447			
	608		632	634			
	667		776	762			
	840		886	904			
	1215		1153	1258			
	1337		1259	1672			
	1344		1334	1336			
	1479		1355	1558			
	1470		1622	1633			
	1845		2094	1879			
	3257		3213	2786			
	4092		4396	3562			
	3923		4647	3515			
	4198		4639	3902			
	4120		4661	3813			
	4739		4785	3791			
	4134		5409	4076			
	4677		5701	4610			
	4563		5635	5075			
	5661		5766	5287			
	5143		6405	6230			
	5997		7245	6792			
	6313		7615	7545			
	6692		8176	8529			
	8189		9079	8063			
	7979		10268	9129			
	9686		11528	11084			
	11505		12344	11493			
	13123		12327	11706			
14361	14646	14938	13448	12635	12021	14676	12378
15316	15779	15996	14474	13493	14203	15654	13219
16446	16650	17299	15531	14322	14867	16757	14026
17173	15995	17207	16488	15206	15708	17389	15953
18392	17791	18306	17985	16335	16784	18619	17453
19513	19329	19596	19009	17564	18301	19325	18814
20898	21029	21535	19977	18736	19592	20195	20291
20543	20293	20954	19298	17987	19043	19529	19763

Note: Since 2016, the per capita consumption expenditure of each city is a new caliber data, which is incomparable with the data of 2015 and before.

2-20 各市城镇居民恩格尔系数（1981—2020年）

单位：%

年 份 Year	南宁市 Nanning	柳州市 Liuzhou	桂林市 Guilin	梧州市 Wuzhou	北海市 Beihai	防城港市 Fangchenggang
1981	57.7	57.4	58.2	62.4	60.5	
1982	59.6	60.4	61.4	60.3	60.7	
1983	58.3	60.9	62.2	63.2	64.7	
1984	56.6	58.0	55.4	62.5	64.0	
1985	54.5	59.3	54.4	63.8	59.4	
1986	58.6	61.1	57.6	67.7	59.1	
1987	59.3	63.8	57.7	65.7	64.1	
1988	58.9	51.1	55.8	56.4	58.9	
1989	63.7	64.1	60.5	64.4	65.8	
1990	62.1	61.0	57.5	62.0	60.4	
1991	56.1	57.9	56.6	53.9	56.8	
1992	57.0	54.8	52.7	56.9	58.8	
1993	52.9	48.3	54.0	56.6	50.1	
1994	49.2	48.4	48.8	50.4	51.8	
1995	49.9	53.3	52.3	54.6	55.9	
1996	49.7	51.0	49.8	53.7	57.0	
1997	46.5	46.4	48.0	53.2	55.2	
1998	42.4	48.5	43.5	50.2	52.0	
1999	37.5	45.9	41.6	49.5	48.9	
2000	36.5	43.8	38.7	44.4	47.1	
2001	34.7	35.3	37.2	43.3	46.9	
2002	37.5	38.8	40.3	47.6	45.3	
2003	37.5	40.8	40.4	46.5	46.3	
2004	40.1	44.0	42.1	45.5	48.0	
2005	40.5	39.1	39.1	48.0	42.7	
2006	39.0	39.3	39.7	46.8	41.3	
2007	39.6	40.3	45.2	50.4	44.1	
2008	41.0	39.7	50.8	51.9	44.9	
2009	38.8	37.4	49.4	47.5	37.5	
2010	35.1	37.6	46.0	48.4	43.3	
2011	36.0	37.9	43.3	47.2	45.1	
2012	39.2	41.5	41.0	45.1	46.9	
2013	39.0	40.8	41.1	43.8	46.3	40.4
2014	38.8	40.5	40.6	42.8	46.1	40.9
2015	37.9	40.6	40.2	42.3	44.9	40.9
2016	35.9	40.4	36.7	42.3	44.8	41.0
2017	35.3	40.2	36.4	40.8	43.0	33.5
2018	31.1	39.4	35.4	36.6	41.6	30.9
2019	32.0	39.0	34.3	33.0	39.9	31.4
2020	32.7	36.8	33.9	31.4	38.6	34.6

注：从2016年起，各市城镇居民恩格尔系数采用新口径数据进行计算，2015年及以前为老口径数据计算。

Engle's Coefficient of Urban Households by Cities（1981—2019）

（%）

钦州市 Qinzhou	贵港市 Guigang	玉林市 Yulin	百色市 Baise	贺州市 Hezhou	河池市 Hechi	来宾市 Laibin	崇左市 Chongzuo
	61.9		56.1	56.7			
	58.6		55.5	55.7			
	49.9		57.8	59.2			
	54.0		55.5	56.0			
	53.4		59.5	57.1			
	49.3		52.9	49.8			
	53.2		59.7	46.4			
	57.1		59.4	59.1			
	53.4		59.5	54.1			
	55.3		57.9	57.4			
	58.0		57.0	58.6			
	48.3		49.9	51.1			
	48.3		47.5	50.9			
	50.2		45.8	55.1			
	47.2		45.8	49.3			
	48.0		45.8	47.9			
	41.1		44.9	49.9			
	42.0		36.4	46.8			
	36.5		35.8	39.6			
	40.8		39.2	41.3			
	35.9		39.0	42.0			
	42.3		39.0	40.1			
	40.3		40.3	42.1			
	40.4		38.1	39.9			
	47.9		42.2	38.7			
	43.8		42.4	46.3			
	46.1		37.3	41.9			
	39.9		35.0	36.2			
	38.8		40.6	40.2			
	42.3		40.0	39.8			
45.8	41.8	39.5	39.6	39.5	40.0	37.8	41.1
45.7	41.7	40.0	39.1	38.9	33.8	37.6	39.2
45.6	41.6	40.0	38.4	38.7	33.3	37.1	40.3
35.4	41.3	40.5	31.1	38.7	33.5	36.5	41.4
35.3	39.4	39.3	34.2	38.4	32.4	35.8	40.6
34.5	38.1	38.0	33.2	37.3	32.2	35.7	40.3
34.7	36.9	36.0	32.7	35.0	32.3	34.6	41.2
35.0	35.0	33.1	34.4	34.1	34.1	37.1	35.8

Note: Since 2016, the Engel coefficient of urban residents in various cities has been calculated with the new caliber data, and calculated for the old caliber data before 2015.

2-21 各市城镇居民人均收支情况（2020年）

单位：元

项　目	Item	南宁市 Nanning	柳州市 Liuzhou	桂林市 Guilin	梧州市 Wuzhou
城镇居民人均收入	**Per Capita Income of Urban Households**				
可支配收入	Disposable Income	38542	38479	38145	34591
工资性收入	Income from Wages and Salaries	21435	23728	21056	20090
经营净收入	Net Business Income	6133	3840	4577	4895
财产性收入	Income from Properties	4847	1494	2594	2490
转移性收入	Income from Transfers	6127	9417	9918	7116
城镇居民人均支出	**Per Capita Expenditure of Urban Households**				
消费性支出	Consumption Expenditure	19237	23254	21507	22870
食品烟酒	Food, Tobacco and Liquor	6290	8568	7301	7190
衣着	Clothing	803	1567	1172	1754
居住	Residence	4779	2802	4539	3136
生活用品及服务	Household Facilities, Articles and Services	1168	1801	1318	2041
交通和通信	Transport and Communications	2269	3877	2199	3156
教育文化娱乐	Education, Culture and Recreation	2023	2498	2511	2934
医疗保健	Health Care and Medical Services	1561	1466	2077	2105
其他用品和服务	Other Goods and Services	345	675	390	554

Per Capita Income and Consumption Expenditure of Urban Households by Cities（2020）

（yuan）

北海市 Beihai	防城港市 Fangchenggang	钦州市 Qinzhou	贵港市 Guigang	玉林市 Yulin	百色市 Baise	贺州市 Hezhou	河池市 Hechi	来宾市 Laibin	崇左市 Chongzuo
37956	37185	37126	34002	37362	33964	34075	30881	36173	34562
22346	19749	19463	23004	21687	21812	20950	17433	21358	19251
5552	7288	7356	3936	6157	5083	3565	5157	6194	8364
1949	3074	2608	1366	2157	2160	3228	1981	1848	1866
8109	7073	7699	5696	7361	4909	6332	6310	6773	5081
22326	24071	20543	20293	20954	19298	17987	19043	19529	19763
8618	8335	7180	7107	6927	6641	6138	6495	7243	7083
936	925	795	1557	1403	1166	1345	806	1228	850
3077	5738	4999	1746	2305	3802	2033	3914	4121	4061
1229	2082	1042	1514	1651	1228	1130	1310	906	1285
4716	2684	2885	4299	3156	2724	3585	2507	2247	2670
2104	1752	2054	2735	3152	2029	2212	1997	2007	1798
1173	2015	1237	936	1738	1385	1229	1601	1506	1601
473	539	351	399	622	323	315	413	271	415

2-22 各市农村居民人均收支情况（2020年）

单位：元

项目	Item	南宁市 Nanning	柳州市 Liuzhou	桂林市 Guilin	梧州市 Wuzhou
农村居民人均收入	**Per Capita Income of Rural Households**				
可支配收入	Disposable Income	16130	15848	17345	14660
工资性收入	Income from Wages and Salaries	7116	4892	7545	6348
经营净收入	Net Business Income	5789	7994	7025	4609
第一产业	Primary Industry	4610	7015	4419	2721
第二产业	Secondary Industry	107	106	709	299
第三产业	Tertiary Industry	1072	873	1897	1589
财产性收入	Income from Properties	694	146	364	335
转移性收入	Income from Transfers	2531	2816	2411	3368
农村居民人均支出	**Per Capita Expenditure of Rural Households**				
消费支出	Consumption Expenditure	12804	11185	11064	9340
食品烟酒	Food, Tobacco and Liquor	4151	4177	3927	2979
衣着	Clothing	384	474	366	322
居住	Residence	3251	2964	2387	2289
生活用品及服务	Household Facilities, Articles and Services	686	616	739	669
交通和通信	Transport and Communications	1528	649	1320	1233
教育文化娱乐	Education, Culture and Recreation	1358	722	1055	770
医疗保健	Health Care and Medical Services	1296	1342	1099	852
其他用品和服务	Other Goods and Services	151	241	171	226

Per Capita Income and Consumption Expenditure of Rural Households by Cities（2020）

（yuan）

北海市 Beihai	防城港市 Fangchenggang	钦州市 Qinzhou	贵港市 Guigang	玉林市 Yulin	百色市 Baise	贺州市 Hezhou	河池市 Hechi	来宾市 Laibin	崇左市 Chongzuo
16797	17223	15352	16619	17721	13305	13832	11074	13950	14306
5304	5564	6053	7194	4897	3795	6368	3850	3796	3433
9217	7566	5346	7829	8151	6347	6131	4473	7103	8727
6666	6079	3035	5672	5711	4960	4661	3064	5113	7077
314	97	568	758	192	219	260	329	145	183
2237	1390	1743	1330	2248	1168	1210	1080	1845	1466
472	521	218	288	219	93	231	115	165	186
1804	3572	3735	1308	4454	3070	1102	2636	2886	1960
11310	13591	9496	10404	12374	9335	9519	8333	11243	8937
4140	4947	3530	3795	4183	3253	3313	2953	3896	3208
382	369	275	235	435	389	348	312	319	250
2850	2887	2276	1949	3084	1784	2516	1703	2404	1913
647	761	550	604	931	472	628	557	588	536
1166	1457	1080	1834	1347	1436	819	859	1595	1296
1168	1221	1013	907	1016	1225	816	1050	1287	956
816	1644	624	863	1094	658	876	763	1027	661
141	305	148	217	284	118	203	136	127	116

2-23 各市城镇居民家庭基本情况（2020年）

Basic Statistics of Urban Households by Cities（2020）

地 区	Region	平均每户家庭人口（人） Average Households Size（person）	平均每户就业人口（人） Average Number of Employed Persons per Households（person）	平均每一就业者负担人数（人） Average Number of Persons Supported by a Laborer（person）	平均每人年末拥有房屋面积（平方米） Per Capita Have House Space at Year-end（sq.m）	平均每百户拥有家用汽车（辆） Average per 100 Households of Ownership of Automobile（unit）
南 宁 市	Nanning	3.4	1.7	2.1	47.1	25.4
柳 州 市	Liuzhou	3.3	1.6	2.1	42.1	39.6
桂 林 市	Guilin	3.2	1.6	2.1	48.9	26.0
梧 州 市	Wuzhou	3.7	1.8	2.1	51.5	16.9
北 海 市	Beihai	3.8	1.8	2.1	47.9	23.2
防城港市	Fangchenggang	4.0	1.8	2.2	50.3	31.0
钦 州 市	Qinzhou	4.0	1.8	2.2	60.8	13.8
贵 港 市	Guigang	4.1	1.8	2.3	51.4	19.6
玉 林 市	Yulin	4.1	1.9	2.1	56.3	29.5
百 色 市	Baise	3.7	1.9	1.9	49.2	22.6
贺 州 市	Hezhou	3.8	1.8	2.1	57.2	16.8
河 池 市	Hechi	3.5	1.7	2.1	49.4	22.2
来 宾 市	Laibin	3.4	1.6	2.1	48.2	25.1
崇 左 市	Chongzuo	3.5	1.7	2.1	47.8	16.9

2-24　各市农村居民家庭基本情况（2020年）

Basic Statistics of Rural Households by Cities（2020）

地　区	Region	平均每户家庭人口（人）Average Households Size（person）	平均每户整半劳动力（人）Average Number of Full/Semi Labour Force Per Household（person）	平均每一劳动力负担人数（人）Average Number of Dependents per Labour Force（person）	平均每人年末拥有房屋面积（平方米）Per Capita Have House Space at Year-end（sq.m）	平均每百户拥有生活用汽车（辆）Average per 100 Households of Life for Automobile（unit）
南宁市	Nanning	3.5	2.0	1.8	54.9	30.1
柳州市	Liuzhou	3.7	2.0	1.8	52.6	41.9
桂林市	Guilin	3.5	1.9	1.8	54.6	27.5
梧州市	Wuzhou	3.9	1.9	2.0	51.1	17.4
北海市	Beihai	3.9	1.9	2.0	53.9	27.3
防城港市	Fangchenggang	4.1	2.1	1.9	42.1	27.6
钦州市	Qinzhou	4.1	2.0	2.0	50.1	25.0
贵港市	Guigang	4.0	1.8	2.2	51.7	19.6
玉林市	Yulin	4.0	1.9	2.1	54.4	28.4
百色市	Baise	3.7	2.0	1.8	46.0	27.7
贺州市	Hezhou	3.9	2.0	2.0	60.7	23.5
河池市	Hechi	3.5	1.8	1.9	55.8	22.6
来宾市	Laibin	3.4	2.0	1.7	49.3	28.0
崇左市	Chongzuo	3.5	2.1	1.7	52.9	20.8

2-25 各市县（区）居民人均可支配收入

Per Capita Disposable Income of Households by Cities & County（District）

单位：元 （yuan）

地　区	Region	2016	2017	2018	2019	2020
全　区	**Guangxi Total**	**18305**	**19905**	**21485**	**23328**	**24562**
南宁市	**Nanning**	**22862**	**24984**	**26798**	**28929**	**30114**
兴宁区	Xingning District	30299	32749	34859	37520	38592
青秀区	Qingxiu District	36424	39614	42863	45655	47219
江南区	Jiangnan District	26060	28388	30658	33113	33928
西乡塘区	Xixiangtang District	27033	29292	31724	33969	34929
良庆区	Liangqing District	22270	24228	26044	27933	29064
邕宁区	Yongning District	17475	19264	20983	22874	24129
武鸣区	Wuming District	20046	22075	23723	25774	26977
隆安县	Long’an	13825	15173	16364	17818	18985
马山县	Mashan	12686	13966	15034	16409	17560
上林县	Shanglin	13527	14910	16026	17491	18553
宾阳县	Binyang	18640	20520	21984	23961	24945
横州市	Hengzhou	18163	19955	21407	23347	24658
柳州市	**Liuzhou**	**23009**	**25075**	**27041**	**29209**	**30500**
城中区	Chengzhong District	36704	39567	42201	45260	46544
鱼峰区	Yufeng District	33162	35767	38249	41075	42054
柳南区	Liunan District	34838	37710	40127	42980	43927
柳北区	Liubei District	32779	35436	37846	40363	41949
柳江区	Liujiang District	19826	21846	23777	25895	27718
柳城县	Liucheng	18171	19936	21947	23943	25257
鹿寨县	Luzhai	20191	22317	24007	25950	27467
融安县	Rong’an	15746	17292	18938	20745	21829
融水苗族自治县	Rongshui	15008	16632	18212	19850	21197
三江侗族自治县	Sanjiang	13630	15224	16683	18328	19565
桂林市	**Guilin**	**20543**	**22480**	**24289**	**26381**	**27745**
秀峰区	Xiufeng District	30564	32888	35486	37828	39076
叠彩区	Diecai District	28765	31129	33184	35766	37124
象山区	Xiangshan District	30815	33293	35566	38129	38995
七星区	Qixing District	31597	34168	36625	39700	40656
雁山区	Yanshan District	22653	24860	27130	29241	30763
临桂区	Lingui District	20637	22597	24981	27903	29476
阳朔县	Yangshuo	20559	22781	24433	25917	27569

2-25　续表 1　continued

单位：元　(yuan)

地　区	Region	2016	2017	2018	2019	2020
灵川县	Lingchuan	20773	22582	24666	26776	27934
全州县	Quanzhou	16920	18648	20480	22392	24241
兴安县	Xing'an	20134	21933	23790	25980	27698
永福县	Yongfu	17193	19028	21212	23079	24554
灌阳县	Guanyang	15089	16661	18300	20175	21235
龙胜各族自治县	Longsheng	15176	16827	18308	20106	21412
资源县	Ziyuan	14280	15750	17539	19319	20576
平乐县	Pingle	16460	18140	19859	21778	23085
荔浦市	Lipu	20004	22028	23982	25911	27183
恭城瑶族自治县	Gongcheng	15253	16992	18810	20517	21658
梧州市	**Wuzhou**	**18657**	**20330**	**21936**	**23827**	**25140**
万秀区	Wanxiu District	26737	28720	30742	33026	34319
长洲区	Changzhou District	26539	29033	31081	33527	34777
龙圩区	Longxu District	16572	18011	19506	21269	22581
苍梧县	Cangwu	11134	12214	13316	14603	15554
藤　县	Tengxian	15965	17418	18869	20656	22005
蒙山县	Mengshan	14129	15456	16808	18276	19453
岑溪市	Cenxi	20448	22320	23893	25847	27239
北海市	**Beihai**	**21467**	**23536**	**25374**	**27684**	**29196**
海城区	Haicheng District	29887	32594	34784	37677	39035
银海区	Yinhai District	24207	26627	28744	31378	32839
铁山港区	Tieshangang District	17316	19049	20798	22869	24489
合浦县	Hepu	18149	19951	21619	23764	25230
防城港市	**Fangchenggang**	**21841**	**23916**	**25824**	**27679**	**28880**
港口区	Gangkou District	28185	30898	33394	35717	36891
防城区	Fangcheng District	22094	24251	26082	27885	28970
上思县	Shangsi	13074	14377	15625	16896	18036
东兴市	Dongxing	28857	31275	33694	35936	37088
钦州市	**Qinzhou**	**17765**	**19215**	**20749**	**22556**	**24061**
钦南区	Qinnan District	22063	23793	25564	27538	29078
钦北区	Qinbei District	18888	20298	21877	23745	25180
灵山县	Lingshan	16165	17529	18994	20728	22323
浦北县	Pubei	16088	17485	18938	20652	22062

2-25 续表 2 continued

单位：元 (yuan)

地 区	Region	2016	2017	2018	2019	2020
贵港市	**Guigang**	**18642**	**20344**	**21894**	**23930**	**25326**
港北区	Gangei District	24441	26482	28350	30600	31965
港南区	Gangnan District	17981	19457	20942	23048	24641
覃塘区	Qintang District	18595	20549	22358	24552	26091
平南县	Pingnan	18084	19919	21241	23289	24696
桂平市	Guiping	17626	19200	20875	22811	24148
玉林市	**Yulin**	**20726**	**22371**	**24041**	**25882**	**27401**
玉州区	Yuzhou District	29579	32071	34169	36652	38386
福绵区	Fumian District	19639	21271	22927	24782	26312
容 县	Rongxian	18305	19914	21535	23192	24668
陆川县	Luchuan	18319	19677	21284	22924	24205
博白县	Bobai	16934	18234	19634	21321	22776
兴业县	Xingye	16580	17994	19352	20787	22135
北流市	Beiliu	23519	25229	26977	29052	30646
玉东新区	Yudongxin District	26862	28977	30954	32960	34590
百色市	**Baise**	**15340**	**16841**	**18065**	**19669**	**20962**
右江区	Youjiang District	22767	24807	26305	28612	29916
田阳区	Tianyang District	17477	19111	20404	22121	23532
田东县	Tiandong	18692	20359	21699	23656	25031
平果市	Pingguo	19175	20947	22481	24554	26012
德保县	Debao	13709	15731	16902	18468	20035
那坡县	Napo	10618	11688	12629	13783	14792
凌云县	Lingyun	11803	12957	13947	15159	16159
乐业县	Leye	12135	13408	14444	15676	16806
田林县	Tianlin	12887	14167	15285	16864	18099
西林县	Xilin	12586	13760	14840	16064	17333
隆林各族自治县	Longlin	12316	13415	14398	15640	16809
靖西市	Jingxi	12795	14165	15307	16793	17965

2-25 续表 3 continued

单位：元 (yuan)

地 区	Region	2016	2017	2018	2019	2020
贺州市	**Hezhou**	**16940**	**18590**	**20160**	**21975**	**23185**
八步区	Babu District	18629	20410	22140	24129	25390
平桂管理区	Pinggui District	16994	18569	20156	22011	23320
昭平县	Zhaoping	16192	18002	19435	21188	22098
钟山县	Zhongshan	15357	16879	18430	20122	21468
富川瑶族自治县	Fuchuan	15123	16548	17973	19596	20758
河池市	**Hechi**	**13175**	**14529**	**15865**	**17379**	**18637**
金城江区	Jinchengjiang District	17418	19285	21222	23199	25058
宜州区	Yizhou District	16933	18626	20294	22241	24313
南丹县	Nandan	17384	19301	20868	22805	17555
天峨县	Tian'e	12688	13883	15136	16479	14015
凤山县	Fengshan	9796	10825	11850	13012	13789
东兰县	Donglan	9697	10628	11639	12798	14977
罗城仫佬族自治县	Luocheng	10530	11537	12607	13845	17716
环江毛南族自治县	Huanjiang	12463	13689	15077	16551	15539
巴马瑶族自治县	Bama	10312	11613	12794	14146	16385
都安瑶族自治县	Du'an	10724	12707	13930	15237	14937
大化瑶族自治县	Dahua	10329	11357	12396	13708	23697
来宾市	**Laibin**	**17607**	**19269**	**20844**	**22498**	**23849**
兴宾区	Xingbin District	18817	20650	22433	24259	25687
忻城县	Xincheng	15018	16655	17921	19373	20765
象州县	Xiangzhou	17231	18787	20335	21939	23279
武宣县	Wuxuan	17321	18940	20503	22101	23471
金秀瑶族自治县	Jinxiu	15532	16998	18432	19817	21186
合山市	Heshan	22095	23563	25028	26732	27901
崇左市	**Chongzuo**	**15897**	**17541**	**19140**	**20967**	**22253**
江州区	Jiangzhou District	19114	21104	23004	25131	26893
扶绥县	Fusui	18198	20071	21912	24106	25430
宁明县	Ningming	13639	15051	16469	18004	19142
龙州县	Longzhou	14402	15945	17401	18916	19875
大新县	Daxin	14842	16463	17955	19871	21087
天等县	Tiandeng	12361	13738	15004	16518	17817
凭祥市	Pingxiang	20208	22363	24435	26953	28289

2-26 各市县（区）城乡居民人均收入

Per Capita Income of Urban and Rural Households by Cities & County（District）

地 区	Region	城镇居民人均可支配收入（元）Per Capita Disposable Income of Urban Households（yuan）		农村居民人均可支配收入（元）Per Capita Disposable Income of Rural Households（yuan）	
		2019	2020	2019	2020
南宁市	**Nanning**	**37675**	**38542**	**15047**	**16130**
兴宁区	Xingning District	41158	41940	16256	17280
青秀区	Qingxiu District	48286	49638	16811	17803
江南区	Jiangnan District	37264	37823	16552	17562
西乡塘区	Xixiangtang District	35940	36731	15147	16026
良庆区	Liangqing District	32658	33442	16234	17598
邕宁区	Yongning District	34652	35206	15460	16790
武鸣区	Wuming District	36309	37071	17483	18777
隆安县	Long'an	29197	30044	12876	13958
马山县	Mashan	29031	29960	11844	12851
上林县	Shanglin	28528	29241	12251	13268
宾阳县	Binyang	35544	36255	15470	16321
横州市	Hengzhou	35720	36684	15091	16253
柳州市	**Liuzhou**	**37358**	**38479**	**14715**	**15848**
城中区	Chengzhong District	45342	46612	24835	26698
鱼峰区	Yufeng District	41573	42488	25453	27286
柳南区	Liunan District	42988	43934	23215	24910
柳北区	Liubei District	41357	42846	18614	20047
柳江区	Liujiang District	37733	39129	15090	16267
柳城县	Liucheng	35290	36243	15436	16625
鹿寨县	Luzhai	37690	39009	15510	16766
融安县	Rong'an	31285	32098	14280	15337
融水苗族自治县	Rongshui	31040	32282	13909	15077
三江侗族自治县	Sanjiang	31110	32074	13572	14698
桂林市	**Guilin**	**37178**	**38145**	**16045**	**17345**
秀峰区	Xiufeng District	37828	39076		
叠彩区	Diecai District	37808	38942	16341	17567
象山区	Xiangshan District	38133	39010	16038	17161
七星区	Qixing District	40047	40848	19542	21086
雁山区	Yanshan District	35213	36622	15118	16206
临桂区	Lingui District	40678	41736	19003	20485
阳朔县	Yangshuo	40436	41851	18354	19859

2-26　续表 1　continued

地　区	Region	城镇居民人均可支配收入（元） Per Capita Disposable Income of Urban Households（yuan）		农村居民人均可支配收入（元） Per Capita Disposable Income of Rural Households（yuan）	
		2019	2020	2019	2020
灵川县	Lingchuan	38452	39067	16933	18169
全州县	Quanzhou	35545	36860	16233	17759
兴安县	Xing'an	37431	38966	19252	20811
永福县	Yongfu	37820	38463	15454	16629
灌阳县	Guanyang	34603	35122	11950	12942
龙胜各族自治县	Longsheng	35315	36304	12816	13931
资源县	Ziyuan	34892	35764	12227	13327
平乐县	Pingle	36024	36708	15339	16643
荔浦市	Lipu	37263	37934	16369	17859
恭城瑶族自治县	Gongcheng	34846	35578	14115	15160
梧州市	**Wuzhou**	**33518**	**34591**	**13474**	**14660**
万秀区	Wanxiu District	34914	36171	17238	18807
长洲区	Changzhou District	35495	36489	16556	17963
龙圩区	Longxu District	30972	31870	13040	14188
苍梧县	Cangwu	25250	26134	9990	10859
藤　县	Tengxian	30714	31758	13406	14613
蒙山县	Mengshan	30213	31210	11524	12550
岑溪市	Cenxi	34925	36043	15981	17323
北海市	**Beihai**	**36602**	**37956**	**15510**	**16797**
海城区	Haicheng District	37700	39057	16633	17964
银海区	Yinhai District	36181	37375	17293	18728
铁山港区	Tieshangang District	35779	37317	16189	17581
合浦县	Hepu	35906	37127	15263	16545
防城港市	**Fangchenggang**	**36385**	**37185**	**15962**	**17223**
港口区	Gangkou District	38900	39756	17158	18599
防城区	Fangcheng District	37843	38524	16404	17536
上思县	Shangsi	24967	25766	13152	14296
东兴市	Dongxing	42704	43430	19659	21173
钦州市	**Qinzhou**	**35732**	**37126**	**14149**	**15352**
钦南区	Qinnan District	36492	37879	14627	15841
钦北区	Qinbei District	35387	36696	14197	15404
灵山县	Lingshan	35691	37119	14108	15335
浦北县	Pubei	35438	36891	13850	15041

2-26 续表 2 continued

地　区	Region	城镇居民人均可支配收入（元）Per Capita Disposable Income of Urban Households（yuan）		农村居民人均可支配收入（元）Per Capita Disposable Income of Rural Households（yuan）	
		2019	2020	2019	2020
贵港市	**Guigang**	**32916**	**34002**	**15289**	**16619**
港北区	Gangbei District	35087	36210	15992	17415
港南区	Gangnan District	33939	35059	15573	16975
覃塘区	Qintang District	33129	34289	16235	17631
平南县	Pingnan	32863	34046	14975	16248
桂平市	Guiping	32396	33400	15592	16949
玉林市	**Yulin**	**36133**	**37362**	**16348**	**17721**
玉州区	Yuzhou District	41680	42972	18688	20202
福绵区	Fumian District	38569	39842	15994	17385
容　县	Rongxian	33641	34852	15604	16915
陆川县	Luchuan	32744	33759	15410	16689
博白县	Bobai	30415	31540	15504	16868
兴业县	Xingye	30789	31959	14675	15937
北流市	Beiliu	38316	39657	17512	19001
玉东新区	Yudongxin District	37142	38405	18019	19461
百色市	**Baise**	**32784**	**33964**	**12195**	**13305**
右江区	Youjiang District	35937	36943	16205	17663
田阳区	Tianyang District	34050	35106	14466	15710
田东县	Tiandong	35369	36430	16146	17518
平果市	Pingguo	35966	37405	13734	15011
德保县	Debao	34458	35940	11291	12386
那坡县	Napo	26372	27242	9138	10043
凌云县	Lingyun	29803	31055	9789	10601
乐业县	Leye	31239	32332	9899	10869
田林县	Tianlin	30776	31884	12354	13491
西林县	Xilin	27103	28296	11213	12233
隆林各族自治县	Longlin	32508	33711	9972	10929
靖西市	Jingxi	30699	31866	11347	12334

2-26　续表 3　continued

地　区	Region	城镇居民人均可支配收入（元）Per Capita Disposable Income of Urban Households（yuan）		农村居民人均可支配收入（元）Per Capita Disposable Income of Rural Households（yuan）	
		2019	2020	2019	2020
贺州市	**Hezhou**	**33179**	**34075**	**12737**	**13832**
八步区	Babu District	35482	36405	13560	14713
平桂管理区	Pinggui District	31778	32922	12820	13974
昭平县	Zhaoping	32081	32723	12159	13059
钟山县	Zhongshan	31744	32601	12274	13403
富川瑶族自治县	Fuchuan	30968	31835	12196	13306
河池市	**Hechi**	**29665**	**30881**	**10141**	**11074**
金城江区	Jinchengjiang District	37775	39437	11976	13054
宜州区	Yizhou District	37240	37656	12930	13036
南丹县	Nandan	35931	28551	11982	10713
天峨县	Tian'e	27506	26315	9784	9665
凤山县	Fengshan	25254	26745	8818	9692
东兰县	Donglan	25692	26072	8859	9789
罗城仫佬族自治县	Luocheng	24902	30386	8915	11900
环江毛南族自治县	Huanjiang	29245	29317	10927	9941
巴马瑶族自治县	Bama	28189	26775	9112	9825
都安瑶族自治县	Du'an	25622	26446	8956	9991
大化瑶族自治县	Dahua	25552	38618	9141	14042
来宾市	**Laibin**	**34950**	**36173**	**12810**	**13950**
兴宾区	Xingbin District	35624	36942	13483	14696
忻城县	Xincheng	34677	35925	12218	13379
象州县	Xiangzhou	35498	36634	13238	14390
武宣县	Wuxuan	34628	35771	13389	14594
金秀瑶族自治县	Jinxiu	35339	36541	11105	12116
合山市	Heshan	33808	34991	13292	14395
崇左市	**Chongzuo**	**33297**	**34562**	**13320**	**14306**
江州区	Jiangzhou District	35421	37369	15181	16320
扶绥县	Fusui	35118	36417	15566	16578
宁明县	Ningming	29831	30607	12988	14053
龙州县	Longzhou	31030	31806	11889	12709
大新县	Daxin	34918	35966	14042	15081
天等县	Tiandeng	29058	30627	11588	12550
凭祥市	Pingxiang	37539	39078	13354	14315

主要统计指标解释

从2012年四季度起，国家统计局对分别进行的城乡住户调查实施了一体化改革，统一了城乡居民收入指标名称、分类和统计标准，建立了城乡统一的一体化住户调查《住户收支与生活状况调查》。广西从2014年开始，正式发布此项改革后的一体化城乡住户收支与生活状况调查数据。

住户 指居住在一个住宅内，共同分享生活开支或收入的一群人。居住在同一房间内、不共同分享生活开支的人群，每个人都视为一个住户。住家保姆、住家家庭工视为单独的住户。

常住居民 指住户成员中，经常在家居住、或者调查期内居住时间超过一半的人员，以及本住户供养的学生。常住居民是住户收支的调查对象。

居民可支配收入 指居民可用于最终消费支出和储蓄的总和，即居民可用于自由支配的收入，既包括现金收入，也包括实物收入。按照收入的来源，可支配收入包含四项，分别为：工资性收入、经营净收入、财产净收入、转移净收入。

工资性收入 指就业人员通过各种途径得到的全部劳动报酬和各种福利，包括受雇于单位或个人、从事各种自由职业、兼职和零星劳动得到的全部劳动报酬和福利。

经营净收入 指住户或住户成员从事生产经营活动所获得的净收入，是全部经营收入中扣除经营费用、生产性固定资产折旧和生产税净额（生产税减去生产补贴）之后得到的净收入。计算公式具体为：

经营净收入=经营收入-经营费用-生产性固定资产折旧-生产税净额（生产税-生产补贴）

财产净收入 指住户或住户成员将其所拥有的金融资产和自然资源交由其他机构单位、住户或个人支配而获得的回报并扣除相关的费用之后得到的净收入。计算公式为：

财产净收入=财产性收入-财产性支出

转移净收入 指国家、单位、社会团体对住户的各种经常性转移支付和住户之间的经常性收入转移。包括政府、非行政事业单位、社会团体对居民转移的养老金或退休金、社会救济和补助、政策性生活补贴、救灾款、经常性捐赠和赔偿以及报销医疗费等；住户之间的赡养收入、经常性捐赠和赔偿以及农村地区（村委会）在外（含国外）工作的本住户非常住成员寄回的收入等。计算公式为：

转移净收入=转移性收入-转移性支出

居民收入五等份分组 指将所有调查户按人均收入水平从低到高顺序排列，平均分为五个等份，处于最高20%的收入群体为高收入组，依此类推依次为中高收入组、中等收入组、中低收入组、低收入组。

居民消费支出 指居民用于满足家庭日常生活消费需要的全部支出，既包括现金消费支出，也包括实物消费支出。根据用途不同，消费支出可划食品烟酒、衣着、居住、生活用品及服务、交通通信、教育文化娱乐、医疗保健、其他用品及服务八大类。

食品烟酒 指用于各种食品和烟草、酒类的支出。

衣着 指与居民穿着有关的支出，包括服装、服装材料、鞋类、其他衣类及配件、衣着相关加工服务的支出。

居住 指与居住有关的支出，包括房租、水、电、燃料、物业管理等方面的支出，也包括自有住房折算租金。

生活用品及服务 指家庭及个人的各类生活品及家庭服务。包括家具及室内装饰品、家用器具、家用纺织品、家庭日用杂品、个人用品和家庭服务。

交通通信 指用于交通和通信工具及相关的各种服务费、维修费和车辆保险等支出。

教育文化娱乐 指用于教育、文化和娱乐方面的支出。

医疗保健 指用于医疗和保健的药品、用品和服务的总费用。包括医疗器具及药品，以及医疗服务。

其他用品及服务 指无法直接归入上述各类支出的其他用品与服务支出。

Explanatory Notes on Main Statistical Indicators

In the fourth quarter of 2012, the NBS launched its reform on the household survey programme in order to produce aggregates with the same concepts and definitions for the urban and rural population. This new survey Programme is an integrated one whereas there had existed two separate household surveys ofr the urban and rural households. The reform took a number of measures, including the integration of concepts, classifications and standards, which provided a basis for producing data covering all households. Guangxi from 2014, officially announced the integration of urban and rural household income and expenditure survey data after the reform.

Households A group of people who live in a house and share their living expenses or incomes. Living in the same room, not to share the living expenses of the crowd, everyone is considered as a household. Nanny, home family work as a separate household.

Permanent Resident Of the members of the household, who often live at home, or have more than half the residence time of the survey period, and the students who are supporting the residents. Residents are residents of household income and expenditure survey.

Disposable Income of Households refers to the income of households for purpose of final expenditure and savings. It includes income both in cash and in kind. By sources of income, disposable income includes four categories: income from wages and salaries, net business income, net income from properties and net income from transfer.

Income from Household Operations refers to all the labor remuneration and various benefits obtained by the employed persons through various means, including all the labor remuneration and benefits obtained from the employment of the unit or individual, in various kinds of free occupations, part-time, and sporadic work.

Net Business Income refers to the net income received by the household or household members engaged in the production and operation activities, and the net income after deducting operating expenses, depreciation of productive fixed assets, and net production tax (net income of production tax). Calculation formula is concrete:

Net Business Income = Operating Income – Operating Expenses – Depreciation of Productive Fixed Assets – Net Production Tax（Production Tax – Production Subsidies）

Property Net Income refers to the net income of the household or household members of the financial assets and natural resources owned by the financial assets and natural resources by other institutional units, households or individuals to obtain the return and deduct the relevant expenses. Calculation formula:

Property Net Income = Property Income – Property Expenses

Transfer Net Income refers to the country, the unit, the social group to the resident's each kinds of regular transfer payment and the inhabitant's regular income transfer. Including the government, non administrative institutions, social groups on the transfer of pension or pension, social relief and subsidies, policy of living subsidies, relief funds, regular donations and compensation and reimbursement of medical expenses, etc.. Calculation formula:

Transfer Net Income = Transfer Income – Transfer Expenditure

Per Capita Disposable Income of Households by Income Quintile refers to all households surveyed by per capita income level from high to low order arrangement, the average score for five equal parts, 20% of the highest income groups in the high income group, by analogy in order to high income group, medium income group and low income group and low income group.

Consumption Expenditure of Households refers to all expenditure of households for living expenditure to satisfy family daily living. It includes expenditure in cash and in kind. It includes eight categories: food, tobacco and liquor; clothing; residence; household facilities, articles and services; transport and communications; education, cultural and recreational activities; health care and medical services, and miscellaneous goods and services.

Food, Tobacco and Liquor refers to expenditure for food, tobacco and liquor of all kinds.

Clothing refers to expenditure related to clothing, including clothes, clothing materials, footwear, other clothing and accessories, processing services related to clothing.

Residence refers to expenditure related to residence, including housing rents, water, electricity, fuel, property management, and including converted self-owned housing rents.

Household Facilities, Articles and Services refers to expenditure for family and individual articles for living purpose and family services. It includes furniture and interior decoration, home appliances, home textiles, household miscellaneous daily articles, personal articles, and family services.

Transport and Communications refers to expenditure for transport and communication and related services, maintenance and repairs, and vehicle insurance.

Education, Cultural and Recreational Activities refers to expenditure on education, cultural and recreational activities.

Health Care and Medical Services refers to expenditure on drugs, supplies and services of medical and health care. It includes medical appliances and drugs, and medical services.

Miscellaneous Goods and Services refers to expenditure of all kinds of expenditure of other articles and services that can not divided into the category above.

第三篇　农村贫困监测

Chapter 3　Poverty Monitoring in Rural Areas

简要说明

一、本篇资料的主要内容

本篇资料是根据国家统计局开展的农村贫困监测调查收集反映广西贫困地区（共33个国家贫困监测县，其中28个国家扶贫开发工作重点县和29个滇桂黔石漠化片区县，大部分县交叉，既是扶贫开发工作重点县，又是滇桂黔石漠化片区县）农村居民收支与生活现状、变化趋势和扶贫成效等情况。

二、农村贫困监测调查数据来源及调查方法

在国家统计局统一领导下，广西调查总队具体负责本地区的农村贫困监测调查工作。有国家调查队的县，现场调查工作由县级调查队承担；没有国家调查队的县，由县级统计局承担。所有基础数据由市县调查队、县统计局直接上报调查总队，经调查总队审核后，上报国家统计局住户调查办公室。

调查对象为广西贫困地区的县（市、区），即28个国家扶贫开发工作重点县和29个滇桂黔石漠化片区县以及抽中行政村、农村住户及住户成员。

农村贫困监测调查户样本抽选是以省(区、市)为总体，采用分层、多阶段、与人口规模大小成比例（PPS）的概率抽样方法，随机抽选调查住宅，确定调查户。广西共抽选出33个县(市、区)的271个调查小区，2710个住户参加记账调查。

农村贫困监测调查内容主要包括居民现金和实物收入、住户及劳动力从业情况、居民家庭住房和耐用消费品拥有情况，家庭经营和生产投资情况、县（市、区）社会经济基本情况和到县扶贫项目实施情况以及村和户的扶贫参与情况等。

农村贫困监测调查内容由两部分组成，分别为住房收支与生活状况调查内容和贫困监测补充调查内容。贫困监测调查县在统一开展住户收支与生活状况调查的基础上，补充调查与贫困高度相关的内容。

农村贫困监测调查主要是采用调查户记日记账的方式采集居民收支数据，同时辅之以统一的调查问卷，收集与收入支出有关的其他调查内容。数据采集工作由县级国家调查队或统计局使用统一的方法和数据处理程序对原始调查资料进行编码、审核、录入，然后将分户基础数据上报广西调查总队，经调查总队审核，上报国家统计局住户调查办公室统一汇总计算。

国家统计局根据分户基础数据、采用加权汇总方式生成贫困地区、连片特困地区和扶贫开发工作重点县等不同区域数据，并对各级数据进行审核评估。

3-1　贫困地区农村居民家庭基本情况

Basic Conditions of Rural Households in Poor Areas

项　目	Item	2019	2020
调查户类别（户）	**Household Survey Categories（household）**		
调查户数	Number of Household Surveyed	2710	2710
低保户	Low Income Households	248	252
五保户	Households Enjoying Five Guarantees	8	8
建档立卡户	Cardholder Archiving Legislation	787	744
退耕还林户	Grain for Green by Households	397	365
种养业大户	Large Breeding Industry	184	175
当年参加专业性合作经济组织的户	Specialized Cooperative Economic Organizations of Households	180	214
当年家中是否发生大事	The Occurrence of Events at Home		
没有大事	No Big Thing	2264	2315
盖房买房	Build a House Buy a House	99	93
婚丧嫁娶	Wedding and Funeral	49	59
子女上大学（含大中专）	Their Children to University（Including College）	129	115
大病治疗	Serious Illness Treatment	168	125
家庭成员基本情况（人）	**Basic Statistics of Family Members（person）**		
家庭全部人口	Family Entire Population	12726	12897
常住人口	Resident Population	9908	9662
男	Male	5025	4955
女	Female	4800	4707
少数民族人口	Minority Population	7960	9978
有病是否能及时就医	Whether Prompt Medical Illness		
是	Yes	12140	12155
否	No	121	30
不能及时就医的主要原因	Main Reasons for Not Timely Medical Treatment		
经济困难	Economic Difficulties	19	9
医院太远	Hospitals Too Far	86	18
没有时间	No Time		
本人不重视	I Do Not Pay Attention		
小病不用医	Minor Ailments Without Doctors		2
其他	Other	16	1
5周岁及以下人口是否接受计划免疫人数	Whether to Accept the Number of Planned Immunization	918	825
劳动力素质及就业状况（人）	**Quality of Labor Force and Employment Status（person）**		
常住从业人员中劳动力人数	Number of Permanent Employees	6045	6180
女性劳动力文化程度	Level of Education by Female Labour Force		
不识字或识字不多	Illiterate or Semi-literate	271	302
小学	Primary Schools	1271	1334
初中	Junior Secondary Schools	1089	1078
高中	Senior Secondary Schools	189	186

3-1 续表 1 continued

项 目	Item	2019	2020
大专及以上	College Degree or Above	102	110
# 第一产业就业劳动力	# Primary Industry Employment Labor	1911	1835
第二产业就业劳动力	Secondary Industry Employment Labor	181	163
第三产业就业劳动力	Tertiary Industry Employment Labor	424	440
曾受过技能培训人数	Number of Received Skills Training	445	489
# 接受农业技术培训	# Accept Agricultural Technical Training	339	377
接受非农技能培训	Accept Non-agricultural Skills Training	239	241
就业劳动力人数	Number of Employed Labor Force	2521	2441
当年从事的主要行业	Engage of Major Sectors		
第一产业	Primary Industry	1911	1835
第二产业	Secondary Industry	181	163
第三产业	Tertiary Industry	424	440
学生就学情况（人）	**Situations on Schooling（person）**		
他/她在本年度的主要居住地点	His/Her Principal Place of Residence During the Year		
本村	Village	2245	2148
村外乡内	Village Outside and Township Inside	198	193
乡外县内	Township Outside and Country Inside	333	348
县外省内	Country Outside and Province Inside	135	150
省外	Province Outside	63	68
其他	Other		
他/她本年度主要和谁居住在一起	His/Her is This Year the Main and Who Live Together		
父母双方	Both Parents	1548	1464
父亲一方	Father’s Side	178	207
母亲一方	Mother’s Side	320	352
（外）祖父母	（Outside）Grandparents	531	538
兄弟姐妹	Brothers and Sisters	4	2
亲属	Relatives	17	8
独自居住	Living Alone	147	99
其他	Other	230	237
住房及生活设施情况（户）	**Household and Living Facilities（household）**		
居住住房主要建筑材料	Residential Housing Construction Materials	2710	2710
钢筋混凝土	Reinforced Concrete	623	622
砖混材料	Masonry Materials	1859	1881
砖瓦砖木	Brick and Tile Brick	211	190
竹草土坯	Bamboo Grass Adobe	1	3
其他	Other	15	11
住宅外道路路面情况	Road Surface State of the Road Outside the House	2710	2710
水泥或柏油路面	Cement or Road Surface of Pitch	2367	2379
沙石或石板等硬质路面	Stone, Sand gravel or Other Hard-surface	290	278
其他	Other	53	53

3-1　续表 2　continued

项　目	Item	2019	2020
对家庭饮用水所采取的主要处理措施	Main Treatment Measures for Domestic Drinking Water	2710	2710
煮沸	Boiled	2369	2424
加漂白剂/氯等	Add Bleach/Chlorine	14	14
使用水过滤器	Use Water Filter	50	47
其他处理措施	Other Treatment Measures	79	54
没有任何水处理措施	No Water Treatment Measures	198	171
厕所类型	Toilet Type	2710	2710
水冲式卫生厕所	Water Flush Sanitary Toilet	2622	2628
水冲式非卫生厕所	Water Flush Non-sanitary Toilet	47	49
卫生旱厕	Sanitary Toilet	24	16
普通旱厕	Ordinary Toilet	14	11
无厕所	No Toilet	3	6
厕所使用情况	Situation of Toilet Use	2710	2710
本住户独用	Household Use Alone	2552	2566
几户合用	Several Families Sharing	158	144
公用厕所	Communal Lavatories		
洗澡设施	Facilities for Bathing	2710	2710
统一供热水	Unity of Hot Water Supply	59	37
家庭自装热水器	Families Install Their Own Water Heater	2007	2069
其他	Other	396	373
无洗澡设施	No Bathing Facilities	248	231
主要炊用能源状况	Mainly to Cooking Energy Situation	2710	2710
柴草	Firewood	917	704
煤炭	Coal	2	
罐装液化石油气	Bottled Liquefied Petroleum Gas	1027	1455
电	Electricity	715	515
沼气	Biogas	30	22
其他	Other	10	5
使用照明电的	Use of Lighting Electricity	2710	2710

3-1 续表 3 continued

项 目 Item	2019	2020
社会事务参与情况（户） **Statistics of Participation in Social Affairs（household）**		
当年有人参加过村务会议的户 Households of Participated in Village meetings This Year	1142	1170
当年有人为村级公共事务提过建议的户 Households of Village-level Public Affairs When Someone Mentioned Recommendations This Year	683	727
本村的低保户是如何确定的 The Village is How to determine the minimal Assurance Households		
村民公开评议 Public Comment by Villagers	2540	2435
村干部指定 Specified by Village Cadres	26	20
大家轮流 Everyone Take Turns	1	2
关系户优先 Priority of Family Relations	4	3
其他 Other	139	250
本村的扶贫项目户如何确定的 The Village is How Poverty Alleviation Project Households to Determine		
村民公开评议 Public Comment by Villagers	2525	2426
村干部指定 Specified by Village Cadres	24	20
大家轮流 Everyone Take Turns	3	3
关系户优先 Priority of Family Relations	3	3
其他 Other	155	258
所在的行政村有村级扶贫规划的户 Where Administrative Village of Village Poverty Alleviation Planning Households	1246	1197
了解规划内容的户 Understanding of the Planning Content of Households	753	705
参与村级扶贫规划的制定的户 To Participate in the Village Poverty Alleviation Planning Households	371	361
您家当年面临的主要问题 The Main Problem That Faces in Your Home		
缺乏致富技术 Lack of Enrichment Technology	741	725
缺乏资金 Lack of Funds	1066	1086
缺乏劳动力 Lack of Labour Force	256	239
家中有人患大病 Someone Suffering From a Serious Illness by Households	110	93
家中有人残疾 Someone Disability by Households	44	47
容易遭受自然灾害 Vulnerable to Natural Disasters	8	23
其他 Other	485	497

3-1　续表 4　continued

项　目 Item	2019	2020
扶贫活动参与情况（户） Statistics of Participation in Poverty Reduction Activities（households）		
所在村已落实新的扶贫项目或新到位扶贫资金的户 The Village has Implemented New Project or Position Poverty Alleviation Fund Families	1218	1121
您如何知道本村参加了扶贫项目 How Do You Know the Village Took Part in the Poverty Alleviation Project		
通过村务公开公告栏或通知 Through Making Village Affairs Public Bulletin Boards or Notice	2107	2081
通过村干部个别通知 Informed Individually Through the village Cadres	244	249
通过亲朋好友 Through Friends and Family	141	122
其他 Other	218	258
参与村级扶贫项目选定的户 Poverty Alleviation Project in selected Households	484	481
本村的扶贫项目是如何分配的 The Village Poverty Alleviation Project is How to Allocate		
贫困户优先得到项目 Poor Households Receive Priority Projects	2293	2157
先给有偿还能力或脱贫能力强的户 The First to Have Repayment Ability, or Ability of Households Out of Poverty	182	155
优先考虑关系户 Priority of Family Relations	5	7
其他 Other	230	391
参与扶贫项目户的确定的户 Participation in Poverty Alleviation Project Households Identified Households	457	459
当年参加扶贫项目的户数 Number of households That Took Part in Poverty Alleviation Projects	389	517
您家参加的扶贫项目类型 Your Home in Poverty Alleviation Project Type		
种植业 Crop Farming	125	245
林业 Forestry	9	11
养殖业 Aquaculture	110	152
农产品加工业 Agricultural Product Processing Industry	2	1
人畜饮水工程 Drinking Water Project	6	5

3-1 续表 5 continued

项 目 Item	2019	2020
危房改造 Repair of Dangerous Buildings	20	19
沼气等新能源建设 Construction of New Energy Sources Such as Biogas	23	9
教育免费 Education is Free	39	16
卫生 Health	10	2
专业技能培训 Professional Skills Training	4	4
其他 Other	389	514
当年得到的扶贫资金总额（元） Total of get Alleviation Funds in This Year（yuan）	3988892	5094233
当年得到扶贫资金来源（户） Then get Help Alleviation Funds Source in This Year（households）		
扶贫贴息贷款 Poverty Alleviation Loans	39	45
财政扶贫专项资金 Special Funds to Finance Poverty Alleviation	287	399
国内无偿政策性补贴 The Domestic Gratuitous Policy-related Subsidies	31	30
外资项目贷款 Foreign Project Loans	9	3
外资无偿赠款 Gratuitous Donated of Foreign Funds	1	
其他 Other	22	37
您最希望得到的扶贫项目（户） You Want Most of the Poverty Alleviation Project（households）		
种植业 Crop Farming	751	840
林业 Forestry	90	59
养殖业 Aquaculture	655	616
农产品加工业 Agricultural Product Processing Industry	48	33
人畜饮水工程 Drinking Water Project	69	52
危房改造 Repair of Dangerous Buildings	44	28
沼气等新能源建设 Construction of New Energy Sources Such as Biogas	4	1
免费教育 Education is Free	166	175
卫生 Health	11	14
专业技能培训 Professional Skills Training	190	205
其他 Other	391	343

3-2　贫困地区农村居民家庭人均总收入及构成

Per Capita Income and Composition of Rural Households of Poor Areas

项　目	Item	2019	2020
总收入（元）	**Total Income（yuan）**	**15762.8**	**17084.6**
工资性收入	Wages Income	3376.6	3774.1
家庭经营收入	Household Business Income	8411.6	8624.6
第一产业	Primary Industry	6083.6	6344.1
农业	Farming	3383.0	3656.2
林业	Forestry	747.7	655.9
牧业	Animal Husbandry	1854.9	1904.1
渔业	Fishery	98.1	127.9
第二产业	Secondary Industry	490.7	640.7
工业	Industry	239.1	306.7
建筑业	Construction	251.6	334.0
第三产业	Tertiary Industry	1837.3	1639.8
批发和零售业	Wholesale & Retail Trade	868.1	611.7
交通、运输、邮电业	Transport and Telecommunications Industries	494.0	554.4
住宿和餐饮业	Hotel & Catering Trade	36.8	30.7
居民服务修理和其他服务业	Residents Service Repair & Other Services	195.8	211.4
其他行业	Other Industry	242.7	231.6
财产性收入	Property Income	169.5	173.4
转移性收入	Transferred Income	3805.0	4512.5
总收入构成（%）	**Composition of Total Income（%）**		
工资性收入	Wages Income	21.4	22.1
家庭经营收入	Household Business Income	53.4	50.5
第一产业	Primary Industry	38.6	37.1
农业	Farming	21.5	21.4
林业	Forestry	4.7	3.8
牧业	Animal Husbandry	11.8	11.2
渔业	Fishery	0.6	0.8
第二产业	Secondary Industry	3.1	3.8
工业	Industry	1.5	1.8
建筑业	Construction	1.6	2.0
第三产业	Tertiary Industry	11.7	9.6
批发和零售业	Wholesale & Retail Trade	5.5	3.6
交通、运输、邮电业	Transport and Telecommunications Industries	3.1	3.2
住宿和餐饮业	Hotel & Catering Trade	0.2	0.2
居民服务修理和其他服务业	Residents Service Repair & Other Services	1.2	1.2
其他行业	Other Industry	1.5	1.4
财产性收入	Property Income	1.1	1.0
转移性收入	Transferred Income	24.1	26.4

3-3 贫困地区农村居民家庭人均可支配收入及构成

Per Capita Disposable Income and Composition of Rural Households of Poor Areas

项 目	Item	2019	2020
可支配收入（元）	**Disposable Income（yuan）**	**11957.6**	**13140.8**
工资性收入	Wages Income	3376.6	3774.1
经营净收入	Net Business Income	4900.9	5042.7
第一产业	Primary Industry	3499.2	3579.7
农业	Farming	2021.9	2170.8
林业	Forestry	683.6	584.7
牧业	Animal Husbandry	732.6	767.3
渔业	Fishery	61.2	57.1
第二产业	Secondary Industry	233.8	256.6
工业	Industry	100.7	87.7
建筑业	Construction	131.1	169.0
第三产业	Tertiary Industry	1167.9	1206.4
批发和零售业	Wholesale & Retail Trade	564.4	547.6
交通、运输、邮电业	Transport and Telecommunications Industries	266.9	333.5
住宿和餐饮业	Hotel & Catering Trade	33.8	27.5
居民服务修理和其他服务业	Residents Service Repair & Other Services	131.8	150.8
其他行业	Other Industry	171.1	147.0
财产净收入	Net Income from Property	145.1	152.6
转移净收入	Net Income from Transfer	3534.9	4171.4
可支配收入构成（%）	**Composition of Disposable Income（%）**		
工资性收入	Wages Income	28.2	28.7
经营净收入	Net Business Income	41.0	38.4
第一产业	Primary Industry	29.3	27.2
农业	Farming	16.9	16.5
林业	Forestry	5.7	4.5
牧业	Animal Husbandry	6.1	5.8
渔业	Fishery	0.5	0.4
第二产业	Secondary Industry	2.0	2.0
工业	Industry	0.8	0.7
建筑业	Construction	1.1	1.3
第三产业	Tertiary Industry	9.8	9.2
批发和零售业	Wholesale & Retail Trade	4.7	4.2
交通、运输、邮电业	Transport and Telecommunications Industries	2.2	2.5
住宿和餐饮业	Hotel & Catering Trade	0.3	0.2
居民服务修理和其他服务业	Residents Service Repair & Other Services	1.1	1.2
其他行业	Other Industry	1.4	1.1
财产净收入	Net Income from Property	1.2	1.2
转移净收入	Net Income from Transfer	29.6	31.7

3-4 贫困地区农村居民家庭人均现金可支配收入及构成

Per Capita Cash Disposable Income and Composition of Rural Households of Poor Areas

项 目	Item	2019	2020
现金收入（未扣除生产费用）（元）	**Cash Income（Production Cost is not Deducted）（yuan）**	**13768.7**	**15152.1**
工资性收入	Wages Income	3343.0	3748.4
经营性收入	Net Business Income	6944.3	7270.3
第一产业	Primary Industry	4616.3	4989.9
农业	Farming	2516.7	2752.4
林业	Forestry	507.9	624.7
牧业	Animal Husbandry	1505.1	1498.9
渔业	Fishery	86.6	113.9
第二产业	Secondary Industry	490.7	640.7
工业	Industry	239.1	306.7
建筑业	Construction	251.6	334.0
第三产业	Tertiary Industry	1837.3	1639.8
批发和零售业	Wholesale & Retail Trade	868.1	611.7
交通、运输、邮电业	Transport and Telecommunications Industries	494.0	554.4
住宿和餐饮业	Hotel & Catering Trade	36.8	30.7
居民服务修理和其他服务业	Residents Service Repair & Other Services	195.8	211.4
其他行业	Other Industry	242.7	231.6
财产性收入	Property Income	169.5	173.4
转移性收入	Transferred Income	3311.9	3960.0
现金收入构成（%）	**Composition of Cash Income（%）**		
工资性收入	Wages Income	24.3	24.7
经营性收入	Net Business Income	50.4	48.0
第一产业	Primary Industry	33.5	32.9
农业	Farming	18.3	18.2
林业	Forestry	3.7	4.1
牧业	Animal Husbandry	10.9	9.9
渔业	Fishery	0.6	0.8
第二产业	Secondary Industry	3.6	4.2
工业	Industry	1.7	2.0
建筑业	Construction	1.8	2.2
第三产业	Tertiary Industry	13.3	10.8
批发和零售业	Wholesale & Retail Trade	6.3	4.0
交通、运输、邮电业	Transport and Telecommunications Industries	3.6	3.7
住宿和餐饮业	Hotel & Catering Trade	0.3	0.2
居民服务修理和其他服务业	Residents Service Repair & Other Services	1.4	1.4
其他行业	Other Industry	1.8	1.5
财产性收入	Property Income	1.2	1.1
转移性收入	Transferred Income	24.1	26.1

3-5 贫困地区农村居民家庭人均总支出及构成

Per Capita Total Expenditure and Composition of Rural Households of Poor Areas

项　目	Item	2019	2020
总支出（元）	**Total Expenditure（yuan）**	**16757.8**	**17360.4**
生活消费支出	Consumption Expenditure	10368.0	11065.7
食品	Food	3211.9	3180.5
衣着	Clothing	359.1	360.6
居住	Residence	2335.6	2364.0
家庭设备、用品及服务	Household Facilities, Articles and Services	589.5	592.6
医疗保健	Medicines and Medical Services	1067.0	1076.4
交通通信	Transport and Communications	1307.1	1401.3
文化娱乐用品及服务	Stationery & Recreation Goods and Services	1354.8	1310.6
其他商品和服务	Other Commodities and Services	143.1	137.8
家庭经营费用支出	Expenditure for Household Business	3252.8	3301.5
第一产业	Primary Industry	2433.2	2586.8
农业	Farming	1279.4	1400.8
林业	Forestry	63.2	70.1
牧业	Animal Husbandry	1056.2	1047.1
渔业	Fishery	34.4	68.7
第二产业	Secondary Industry	234.5	368.8
工业	Industry	124.2	211.2
建筑业	Construction	110.4	157.6
第三产业	Tertiary Industry	585.1	346.0
批发和零售业	Wholesale & Retail Trade	284.5	47.2
交通、运输、邮电业	Transport and Telecommunications Industries	183.5	174.1
住宿和餐饮业	Hotel & Catering Trade	1.2	1.7
居民服务修理和其他服务业	Residents Service Repair & Other Services	58.6	53.0
其他行业	Other Industry	57.2	69.9
财产性支出	Expenditure for Property	24.4	20.8
转移性支出	Transferred Expenditure	270.0	341.1
购置生产性固定资产支出	Expenditure for Productive Fixed Assets	2308.2	2242.9

3-5　续表　continued

项　目	Item	2019	2020
总支出构成（%）	**Composition of Total Expenditure（%）**		
生活消费支出	Consumption Expenditure	61.9	63.7
食品	Food	19.2	18.3
衣着	Clothing	2.1	2.1
居住	Residence	13.9	13.6
家庭设备、用品及服务	Household Facilities, Articles and Services	3.5	3.4
医疗保健	Medicines and Medical Services	6.4	6.2
交通通信	Transport and communications	7.8	8.1
文化娱乐用品及服务	Stationery & Recreation Goods and Services	8.1	7.6
其他商品和服务	Other Commodities and Services	0.9	0.8
家庭经营费用支出	Expenditure for Household Business	19.4	19.0
第一产业	Primary Industry	14.5	14.9
农业	Farming	7.6	8.1
林业	Forestry	0.4	0.4
牧业	Animal Husbandry	6.3	6.0
渔业	Fishery	0.2	0.4
第二产业	Secondary Industry	1.4	2.1
工业	Industry	0.7	1.2
建筑业	Construction	0.7	0.9
第三产业	Tertiary Industry	3.5	2.0
批发和零售业	Wholesale & Retail Trade	1.7	0.3
交通、运输、邮电业	Transport and Telecommunications Industries	1.1	1.0
住宿和餐饮业	Hotel & Catering Trade	…	…
居民服务修理和其他服务业	Residents Service Repair & Other Services	0.4	0.3
其他行业	Other Industry	0.3	0.4
财产性支出	Expenditure for Property	0.2	0.1
转移性支出	Transferred Expenditure	1.6	2.0
购置生产性固定资产支出	Expenditure for Productive Fixed Assets	13.8	12.9

3-6 贫困地区农村居民家庭人均现金支出及构成

Per Capita Cash Expenditure and Composition of Rural Households of Poor Areas

项 目	Item	2019	2020
现金支出（元）	**Cash Expenditure（yuan）**	**13847.5**	**14442.4**
生产费用现金支出	Cash Expenditure of Productive Costs	3023.5	3041.8
第一产业	Primary Industry	2203.9	2327.0
农业	Farming	1237.6	1319.2
林业	Forestry	63.1	70.1
牧业	Animal Husbandry	872.2	869.7
渔业	Fishery	31.0	68.0
第二产业	Secondary Industry	234.5	368.8
工业	Industry	124.2	211.2
建筑业	Construction	110.4	157.6
第三产业	Tertiary Industry	585.1	346.0
批发和零售业	Wholesale & Retail Trade	284.5	47.2
交通、运输、邮电业	Transport and Telecommunications Industries	183.5	174.1
住宿和餐饮业	Hotel & Catering Trade	1.2	1.7
居民服务修理和其他服务业	Residents Service Repair & Other Services	58.6	53.0
其他行业	Other Industry	57.2	69.9
购置生产性固定资产支出	Expenditure for Productive Fixed Assets	283.7	
生活消费支出	Consumption Expenditure	7687.1	8407.4
财产性支出	Expenditure for Property	24.4	20.8
转移性支出	Transferred Expenditure	270.0	341.1
现金支出构成（%）	**Composition of Cash Expenditure（%）**		
生产费用现金支出	Cash Expenditure of Productive Costs	21.8	21.1
第一产业	Primary Industry	15.9	16.1
农业	Farming	8.9	9.1
林业	Forestry	0.5	0.5
牧业	Animal Husbandry	6.3	6.0
渔业	Fishery	0.2	0.5
第二产业	Secondary Industry	1.7	2.6
工业	Industry	0.9	1.5
建筑业	Construction	0.8	1.1
第三产业	Tertiary Industry	4.2	2.4
批发和零售业	Wholesale & Retail Trade	2.1	0.3
交通、运输、邮电业	Transport and Telecommunications Industries	1.3	1.2
住宿和餐饮业	Hotel & Catering Trade	…	…
居民服务修理和其他服务业	Residents Service Repair & Other Services	0.4	0.4
其他行业	Other Industry	0.4	0.5
购置生产性固定资产支出	Expenditure for Productive Fixed Assets	2.1	
生活消费支出	Consumption Expenditure	55.5	58.2
财产性支出	Expenditure for Property	0.2	0.1
转移性支出	Transferred Expenditure	2.0	2.4

3–7　贫困地区农村居民家庭人均主要食品消费量

Per Capita Main Food Consumption of Rural Households of Poor Areas

单位：公斤　　　　(kg)

项　目	Item	2019	2020
谷物消费量	Cereal Consumption	148.39	157.80
# 稻谷	# Rice	114.90	126.85
玉米	Corn	23.16	20.01
薯类消费量	Potato Consumption	0.61	0.57
豆类消费量	Soy Consumption	6.66	7.43
油脂类消费量	Oil and Fats Consumption	6.37	7.11
蔬菜及菜制品消费量	Vegetables and Food Products Consumption	72.84	76.98
# 鲜菜	# Fresh Vegetables	71.76	75.93
肉禽及其制品	Meat, Poultry and Related Products	53.98	56.26
# 猪肉	# Pork	28.13	23.06
牛肉	Beef	1.22	1.29
羊肉	Mutton	0.42	0.31
家禽	Poultry	23.51	30.89
蛋类及蛋制品	Eggs and Eggs Products	5.06	6.19
奶和奶制品	Milk and Dairy Products	2.11	2.43
水产品	Aquatic Products	7.53	8.66
# 鱼类	# Fish	7.05	8.12
虾、贝、蟹类	Shrimp, Shells, Crabs	0.28	0.36
干鲜瓜果类	Dried and Fresh Melons and Fruits	28.06	31.14
鲜瓜果	Fresh Fruits	26.91	29.71
坚果类	Nuts	1.03	1.28
消费茶叶	Tea Consumption	0.12	0.16
食糖	Sugar	1.19	1.07
烟叶消费量	Tobacco Consumption	25.31	29.76
酒	Wine	13.51	12.19
# 白酒	# Liquor	8.84	7.89
啤酒	Beer	4.66	4.28

3-8 贫困地区社区基本情况

Basic Situation of Community of Poor Areas

项目 Item	2019	2020
社区情况（个） **Situation of community（unit）**		
调查村个数 Number of Surveyed Villages	271	271
少数民族村 National Minority Village	202	202
政府确定的贫困村 Poor Villages Identified by the Government	120	123
有卫生站（室）的行政村个数 Number of Administrative Villages in There Are Health Stations（Room）	247	253
拥有合法行医证医生/卫生员的行政村个数 Number of Administrative Villages in Have Legitimate License to Practice Medicine Doctors/Hygienist	243	251
自然村个数 Number of Natural Village	3219	3226
通公路的自然村 Natural Village to Build Up Roads	3070	3208
主干道路面经过硬化处理的自然村 Natural Village by Trunk Road Through Hardened	2931	3119
通客运班车的自然村 Natural Village Through Passenger Bus	1741	1806
通电的自然村 Electricity Came to Natural village	3213	3223
通电话的自然村 Telephone Came to Natural Village	3162	3223
通有线电视信号的自然村 Cable Tv Signal Came to Natural Village	2951	3022
通宽带的自然村 Broadband Came to Natural Village	2603	2861
被通信信号覆盖的自然村 Natural Village Covered by the Communication Signal	3079	3127
有健身器材的自然村 There Are Fitness Equipment of Natural Village	372	556
饮用水经过集中净化处理的自然村 Purified Drinking Water Treatment of Natural Village	1363	1747
进村道路的路面状况 Condition of Go Into Village by Road Pavement		
水泥或柏油路面 Cement or Asphalt Pavement	252	262
沙石或石板等硬质路面 Sand or Slate etc Hard Road Surface	9	9
其他 Other	10	
有文化活动室的行政村个数 Number of Administrative Village Cultural Activity Room	250	253
有畜禽集中饲养区的行政村个数 Number of Administrative Villages in Have concentrated Livestock Feeding Area	60	63

3-8　续表 1　continued

项　目 Item	2019	2020
上幼儿园或学前班的便利程度如何 How to Facilitate the Extent Kindergarten or Preschool		
村内有，且便利 Village Have, and Convenient	164	160
村内无，但入园较便利 Village Not Have, But More Convenient to Go to Kindergarten	74	84
不便利 Not Convenient	33	27
上小学的便利程度 Convenience Degree of go Elementary School		
村内有，且便利 Village Have, and Convenient	176	175
村内无，但入学校便利 Village Not Have, But More Convenient to Go to School	73	76
不便利 Not Convenient	22	20
年内召开村民大会或村民代表大会次数（次） Number of Village Assembly Held During or Villager Congress Views in the Year（times）	1293	1396
有专业合作经济组织或行业协会的行政村个数 Number of Administrative Villages of Cooperative Economic Organizations or Industry Associations	200	210
人口和资源情况 **Condition of Population and Resource**		
年末户籍人口（人） Household Population at Year-end（person）	755677	763820
年末常住户数（户） Number of Resident Households at Year-end（household）	199774	191885
年末常住人口数（人） Number of Usual Residents（person）	667037	670944
耕地面积（亩） Area of Cultivated Land（mu）	1023304	1046923
# 有效灌溉面积（亩） # Irrigated Area（mu）	424537	427698
园地面积（亩） Area of Garden Plot（mu）	202410	162146
林地面积（亩） Area of Forests Land（mu）	2843869	2854778
牧草地面积（亩） Area of Grassland（mu）	33348	33170
养殖水面面积（亩） Water Area of Breeding Aquatics（mu）	24619	33170
救济及社会保障情况 **Situation of Relief and Social Security**		
年内收到救济、救灾款物（包括实物折价）（元） Receive Relief, Relief Funds and Materials（Including In-kind Discounts）（yuan）	4214443	2427606
年内收到过救济、救灾款物的户数（户） Number of Households by Received Relief, Relief Funds and Materials（household）	7527	8676
年内缺粮需要救济的户数（户） Number of Households by Due to Lack of Food in Need of Relief（household）	2027	1834
享受农村最低生活保障人数（人） Number of Rural Residents with Minimum Living Allowance（person）	48814	58876

3-8 续表 2 continued

项 目 Item	2019	2020
参加新型农村合作医疗人数（人） Number of New Cooperative Medical System（person）	702275	723723
参加农村社会养老保险人数（人） Number of Rural Social Endowment Insurance（person）	341374	369796
村级扶贫活动情况 **Situation of Poverty Alleviation Activities by Village-level**		
有小额信贷组织或村民互助资金组织的村（个） Villages with Micro Credit Organizations or Mutual Fund Organizations of Villagers（unit）	153	168
有村级扶贫规划的村（个） There Poverty Alleviation Plan of Village-level by Villages（unit）	233	228
扶贫规划为村民讨论共同决定的村（个） Poverty Reduction Program for the Villagers to Discuss the Decision of the Village（unit）	231	226
参加过扶贫开发项目的村（个） Participated in Poverty Alleviation and Development Projects the Villages（unit）	228	223
扶持农户数或公共项目成果（户） Support is Number of Rural Households or Public Project Results（households）		
农业 Agriculture	40477	37924
林业 Forestry	32587	12521
畜牧业 Stockbreeding	7022	10683
农产品加工业 Agricultural Product Processing Industry	795	4701
农村饮水安全工程 Drinking Water Safety Project of Rural	40193	40167
小型农田水利及农村水电（亩） Irrigation and Water Conservancy of Small-scale and hydropower of Rural（mu）	15688	22720
病险水库除险加固（平方米） Dangerous Reservoir Reinforcement（sq.m）	37532	147363
村通公路（通畅、通达工程等）（公里） Open Up Roads of Village（Smooth, Tongda Engineering Etc）（km）	4135	5258
农网完善及无电地区电力设施建设 Perfect Power Network of Rural and Building of Power Facilities of Areas Without Electricity	24905	21929
村村通电话、互联网覆盖等信息化建设 Village Phone, Internet coverage Information Construction	34056	34120
农村沼气等清洁能源建设（个） Rural Biogas and so on Clean Energy Construction（unit）	4220	3776
农村危房改造（平方米） Repair of Dangerous Buildings by Rural（sq.m）	267617	68358
中低产田改造、土地开发整理（亩） Low-yielding Farmland, Land Development and consolidation（mu）	8161	8393
村卫生站（室）建设及设施（平方米） Construction and Facilities of Village Health Station（Room）（sq.m）	25271	3941
农村中小学建设（平方米） Construction of Rural Primary and Secondary	38760	40957
劳动力职业技能培训（人次） Workforce Occupational Skill Training（person-times）	44302	15417
易地扶贫搬迁 Places as a Poverty Removal	2746	1332

第四篇 价格调查

Chapter 4 Price Survey

简要说明

一、本篇资料的主要内容

本篇价格指数资料，反映生产、流通、消费与投资等环节的价格变动趋势和变动幅度。主要包括居民消费价格指数、商品零售价格指数、农业生产资料价格指数、农产品生产者价格指数、工业生产者出厂价格指数、工业生产者购进价格指数、固定资产投资价格指数、房地产价格指数、农产品集贸市场价格及指数等。

二、本篇的资料来源

价格指数编制由国家统计局城市社会经济调查司和农村社会经济调查司组织实施。由各省、自治区、直辖市及抽选出的市、县调查队依据国家统计局统一制定的价格统计调查制度从基层采集原始数据汇总后上报。

三、居民消费、商品零售价格指数、农业生产资料价格指数

编制居民消费、商品零售价格、农业生产资料价格指数的资料采用抽样调查和重点调查相结合的方法取得，即在广西壮族自治区选择不同经济区域和分布合理的地区，以及有代表性的商品作为样本，对其市场价格进行定期调查，以样本推断总体。目前，参加广西省级数据汇总的调查市、县21个。编制过程按下列几个步骤进行：

1. 选择调查地区和调查点。调查地区按照经济区域和地区分布合理等原则，选出具有代表性的大、中、小城市和县作为广西的调查地区，在此基础上选定经营规模大、商品种类多的商场（店）、超市、农贸市场、服务网点等作为调查点。

2. 选择代表规格品。代表规格品是选择那些消费量大、价格变动有代表性的商品；代表规格品的确定是根据商品零售资料和城乡居民的消费支出记账资料，按照有关规定筛选的。筛选原则：（1）与社会生产和人民生活关系密切；（2）消费（销售）数量（金额）大；（3）市场供应稳定；（4）价格变动趋势有代表性；（5）所选的代表规格品之间性质差异大，价格变动特征的相关性低。

目前，居民消费价格调查按用途划分为8大类，262个基本分类，各调查市县每月调查800种以上的规格品价格；商品零售价格按用途划分为16个大类，197个基本分类，各调查市县每月调查500种以上的规格品价格；农业生产资料价格调查按用途划分为10个大类，26个基本分类，各调查市县每月调查70种以上的规格品价格。

3. 价格调查方法。通过手持数据采集器，采用定人、定点、定时的方法直接调查。

4. 权数的确定。居民消费价格指数的权数主要根据城乡居民家庭消费支出构成确定。商品零售价格指数的权数主要根据社会商品零售额资料确定；农业生产资料价格指数权数主要根据农村居民家庭消费支出构成确定。

四、工业生产者出厂价格指数

工业生产者出厂价格是工业品第一次出售时的出厂价格。该项调查采用重点调查与典型调查相结合的调查方法。重点调查对象为年主营业务收入2000万元及以上的工业法人企业；典型调查对象为年主营业务收入2000万元以下的工业法人企业。

1. 选择代表企业的原则：（1）按工业行业选择调查企业，各中类行业原则上都要有调查企业；（2）大型企业应尽量都选上（或占相当大比重）；（3）选择生产正常、稳定的企业作为调查对象。

2. 选择代表产品的原则：（1）按工业行业选择代表产品；（2）选择对国计民生影响大的产品；（3）选择生产较为稳定的产品；（4）选择有发展前景的产品；（5）选择具有地方特色的产品。

目前《工业生产者出厂价格调查目录》包括11000多种产品，并将其划分为1638个基本分类；《工业生产者购进价格调查目录》包括6000多种产品，并划分为900多个基本分类。

3. 价格调查方式。采用企业报表形式，每月约1000家工业企业上报数据资料。

4. 权数的确定。工业生产者出厂价格统计中，工业小类及小类以上的权数资料来源于工业统计中分行业工业销售产值数据资料；基本分类的权数资料来源于独立的工业企业产品权数调查。权数一般五年更换一次。

五、房地产价格指数

房地产价格指数由新建住宅销售价格指数和二手住宅销售价格指数组成。调查周期为月度。

1. 调查城市。全国调查城市共70个。其中：直辖市、省会城市、自治区首府城市（不含拉萨市）和计划单列市35个；唐山、秦皇岛等其他城市35个。广西壮族自治区的调查城市有南宁市、桂林市和北海市等3个。

2. 调查范围。调查范围为南宁市、桂林市和北海市的市辖区，不包括县。

3. 指标设置。（1）新建商品住宅设置90平方米及以下、90～144平方米、144平方米以上三个基本分类。（2）二手住宅设置90平方米及以下、90～144平方米、144平方米以上三个基本分类。

4. 二手住宅价格调查房地产经纪机构和住宅样本选取原则：

（1）选取房地产经纪机构要注重代表性。统筹考虑各种因素，选择规模大、实力强、营业额占当地总营业额比重较大、经营状况比较稳定的房地产经纪机构，并尽量兼顾内资、港澳台商投资、外商投资等不同注册登记类型。选取的房地产经纪机构的总营业额一般应占当地二手住宅总营业额的75%以上。房地产经纪机构应按规定内容和要求填报调查表。

（2）选取住宅样本要兼顾不同地理位置。综合考虑住宅类型、区域、地段、结构等统计口径的一致性，保证上月、本月价格同质可比。在选取住宅样本时，要分区域（辖区）、分类型从上月及本月销售的住宅中分别选取销售量（套数）所占比重最（较）大、同质可比性和代表性强且交易时间最接近每月15日的一套住宅。

5. 价格调查方式。新建住宅销售价格直接采用当地房地产管理部门的网签数据。二手住宅价格为非全面调查，采用重点调查与典型调查相结合的方法，按照房地产经纪机构上报、房地产管理部门提供与调查员实地采价相结合的方式收集基础数据。

六、农产品生产者价格指数

农产品生产者价格是农产品生产者直接出售其产品时实际获得的单位产品价格。农产品生产价格调查采用抽样调查和重点调查相结合的方法。内容包括被调查单位生产并出售的主要农产品。农产品代表产品的选择涵盖农、林、牧、渔四大类、各中类以及90%以上的小类，一般是生产量和销售量大的对国计民生影响大、稳定性强的产品，具有发展前景的新产品和具有地方特色的产品。代表品一般稳定五年。

（1）农产品生产者价格：在广西41个调查市县内，由国家调查队通过对抽样确定的农业生产经营单位和农户生产并出售的主要农产品进行登记台账取得。调查周期为季报。

（2）农产品集贸市场价格：在全国选中的农产品主产县的集贸市场调查农牧渔业31种主要产品价格取得。调查周期为月报。

4-1 居民消费、商品零售、农业生产资料价格总指数（1985—2020年）

Consumer Goods Retail, Agricultural Production Materials Price Index（1985—2020）

（上年=100） (preceding year=100)

年 份 Year	居民消费价格指数 Consumer Price Index			商品零售价格指数 Retail Price Index			农业生产资料价格指数 Price Indices of Farming Production Material
	全 区 Province	城 市 Urban Areas	农 村 Rural Areas	全 区 Province	城 市 Urban Areas	农 村 Rural Areas	
1985	113.0	114.7	111.8	111.2	114.5	109.3	104.6
1986	106.2	106.2	106.2	105.1	106.0	104.4	101.1
1987	108.2	110.2	105.8	108.0	110.5	105.5	105.5
1988	120.8	123.3	118.4	121.0	123.2	119.4	126.7
1989	121.1	119.7	123.3	121.3	119.1	123.5	125.8
1990	101.1	98.3	104.4	100.1	97.4	102.4	99.2
1991	102.8	102.7	103.0	102.5	102.5	102.5	101.3
1992	105.9	107.0	105.4	104.6	106.2	103.9	104.0
1993	122.0	123.3	119.1	118.9	121.9	114.8	110.6
1994	126.0	125.4	126.5	124.4	122.7	125.6	118.1
1995	118.4	118.0	118.6	116.4	115.0	117.7	130.1
1996	106.5	105.5	107.4	104.5	104.1	104.9	103.8
1997	100.8	100.7	100.8	99.6	99.9	99.4	100.3
1998	97.0	97.1	96.8	96.3	96.7	95.9	92.1
1999	97.7	97.2	98.2	97.2	96.8	97.6	96.4
2000	99.7	100.0	99.5	98.6	98.4	98.8	99.9
2001	100.6	101.3	99.6	97.8	97.3	99.0	97.7
2002	99.1	98.9	99.3	98.1	98.2	98.0	98.2
2003	101.1	100.9	101.3	100.2	99.6	100.8	102.4
2004	104.4	104.1	104.9	103.9	103.4	104.4	115.3
2005	102.4	103.0	101.6	101.1	101.3	101.0	110.5
2006	101.3	101.6	100.9	100.3	100.8	99.8	101.0
2007	106.1	105.6	106.8	104.8	104.2	105.3	114.4
2008	107.8	107.6	108.5	107.6	107.6	108.3	124.0
2009	97.9	97.9	97.5	98.0	98.1	96.9	94.2
2010	103.0	102.9	103.4	103.0	103.0	103.2	101.9
2011	105.9	105.7	106.4	106.0	105.7	106.6	112.2
2012	103.2	103.2	103.3	102.3	102.2	102.4	103.9
2013	102.2	102.1	102.4	101.2	101.1	101.3	99.9
2014	102.1	102.2	101.9	101.4	101.5	101.1	98.9
2015	101.5	101.5	101.5	100.1	100.1	100.1	100.9
2016	101.6	101.6	101.7	100.4	100.4	100.3	100.7
2017	101.6	101.9	101.1	101.2	101.2	100.8	101.4
2018	102.3	102.4	102.2	101.6	101.6	101.7	101.8
2019	103.7	103.5	104.1	103.2	103.1	103.5	104.6
2020	102.8	102.5	103.5	101.4	101.3	102.1	109.7

4-2 居民消费价格分类指数（2020年）

Consumer Price Indices by Category（2020）

（上年＝100） (preceding year=100)

指 标	Item	全 区 Province	城 市 Urban Areas	农 村 Rural Areas
居民消费价格总指数	**Consumer Price Index**	**102.8**	**102.5**	**103.5**
服务价格指数	**Service Price Index**	**101.3**	**101.0**	**101.7**
工业品价格指数	**Industrial Product Price Index**	**98.4**	**98.4**	**98.5**
消费品价格指数	**Consumer Price Index**	**103.7**	**103.2**	**104.5**
非食品价格指数	**Non-food Price Index**	**100.4**	**100.3**	**100.6**
扣除食品和能源价格指数	**Excluding Food and Energy Price Index**	**101.0**	**100.9**	**101.2**
扣除鲜菜鲜果价格指数	**Excluding Fresh Vegetables Fresh Fruit Price Index**	**103.1**	**102.7**	**103.8**
食品烟酒	**Food, Tobacco and Liquor**	**109.2**	**108.5**	**110.4**
食品	Food	111.6	110.8	113.0
粮食	Grain	100.9	100.7	101.1
大米	Rice	100.1	99.7	100.6
面粉	Flour	100.8	100.7	101.0
其他粮食	Other Grain	108.7	107.7	110.4
粮食制品	Grain Products	101.6	102.0	100.9
薯类	Tubers	103.2	104.7	101.6
豆类	Beans	106.9	105.9	108.3
干豆	Dried Beans	106.5	105.6	107.6
豆制品	Beans Products	107.0	106.0	108.5
食用油	Edible Oil and Fats	103.7	103.8	103.6
食用植物油	Oil of Plant	102.6	102.7	102.3
食用动物油	Edible Animal Oil	115.5	118.3	113.4
菜	Vegetables	103.3	103.6	102.8
鲜菜	Fresh Vegetables	103.6	103.9	103.0
干菜及菜制品	Dried Vegetables and Vegetable Products	100.7	100.4	101.3
畜肉类	Neat of Livestock	143.1	141.6	145.5
猪肉	Pork	148.9	147.6	150.6
牛肉	Beef	120.0	120.4	118.8
羊肉	Mutton	111.2	112.3	107.7
畜肉副产品	Edible Meat and By-products	142.2	145.5	136.9
其他畜肉及制品	Other Meat and Products	128.7	127.7	131.6
禽肉类	Meat of Poultry	99.6	99.6	99.7
鸡	Chicken	98.2	98.2	98.1
鸭	Duck	97.4	98.4	95.3
其他禽肉及制品	Other Poultry and Products	108.7	107.4	111.2
水产品	Aquatic Products	103.0	103.5	102.1
淡水鱼	Freshwater Fish	102.9	103.5	101.4
海水鱼	Saltwater Fish	107.1	106.6	108.0
虾蟹类	Shrimps and Crabs	93.8	94.0	93.4
其他水产品及制品	Other Aquatic Products and Products	106.3	107.9	102.2

4-2　续表 1　continued

（上年=100）　　　(preceding year=100)

指　标	Item	全　区 Province	城　市 Urban Areas	农　村 Rural Areas
蛋类	Eggs	94.2	94.5	93.6
鸡蛋	Egg	93.6	93.8	93.2
其他蛋及制品	Other Eggs and Products	96.2	96.9	94.9
奶类	Milk	100.9	101.5	99.9
鲜奶	Fresh Milk	101.6	103.1	99.0
酸奶	Yogurt	99.4	99.3	99.8
奶粉	Milk Powder	100.5	100.8	100.0
其他奶制品	Other Dairy Products	102.0	101.9	102.2
干鲜瓜果类	Dried and Fresh Melons and Fruits	91.0	91.0	91.0
鲜瓜果	Fresh Melons and Fruits	89.3	89.1	89.7
坚果	Nut	103.3	103.4	103.1
瓜果制品	Melon and Fruit Products	98.8	98.5	99.7
糖果糕点类	Candy and Cake	100.4	101.0	99.4
食糖	Sugar	101.5	102.4	100.4
糖果	Candy	100.4	100.8	99.8
糕点	Cakes and Pastries	100.1	100.7	99.2
其他糖果糕点	Other Sweets and Pastries	100.3	101.2	99.0
调味品	Flavoring	100.7	100.8	100.6
食用盐	Edible Salt	100.0	99.7	100.4
酱油	Soy Sauce	99.4	99.3	99.6
食醋	Vinegar	100.9	100.6	101.2
调味酱	Sauces	102.2	102.4	101.9
味精	Monosodium Glutamate	101.3	102.6	99.7
其他调味品	Other Condiments	101.4	101.7	101.2
其他食品类	Other Foods	101.3	101.3	101.3
方便食品	Convenience Food	102.8	102.6	103.0
淀粉及制品	Starch and Products	100.6	100.7	100.4
膨化食品	Puffed Food	99.2	99.4	98.8
茶及饮料	Tea and Beverages	100.4	100.3	100.6
茶叶	Tea	101.2	101.0	101.6
固体咖啡	Solid Coffee	100.6	100.8	99.9
其他固体饮料	Other Solid Drinks	99.6	98.9	100.6
饮用水	Drinking Water	100.0	99.6	101.0
果汁饮料	Fruit Juice Beverage	98.7	98.6	98.8
其他液体饮料	Other Liquid Beverages	101.4	101.8	100.6

4-2 续表 2 continued

（上年＝100） (preceding year=100)

指 标	Item	全 区 Province	城 市 Urban Areas	农 村 Rural Areas
烟酒	Tobacco and Liquor	100.7	101.1	100.1
烟草	Tobacco	100.0	100.0	100.0
酒类	Liquor	101.6	102.7	100.2
白酒	Liquor	103.3	105.4	100.7
葡萄酒	Wine	99.5	99.8	98.8
啤酒	Beer	99.2	98.9	99.6
其他酒类	Other Wines	101.6	102.9	100.3
在外餐饮	Dining Out	106.0	105.7	106.7
正餐	Dinner	104.8	104.1	107.0
快餐	Fast Food	105.8	105.9	105.3
地方小吃	Local Snack	109.5	109.5	109.6
其他在外餐饮	Other Outside Catering	103.1	103.0	103.4
衣着	**Clothing**	**99.9**	**99.6**	**100.6**
服装	Garments	99.7	99.4	100.5
男式服装	Men's Clothing	100.1	100.0	100.4
男式西服	Men's Suits	98.9	98.8	99.2
男式冬衣	Men's Clothes	98.6	98.6	98.6
男式夹克衫	Men's Jacket	101.9	102.4	100.7
男式毛线衣	Men's Sweater	101.9	102.3	101.2
男式运动装	Men's sportswear	100.3	100.3	100.2
男式衬衫T恤	Men's Shirt T-shirt	100.0	99.8	100.6
男式裤子	Men's Dress Pants	100.1	99.7	101.1
男式内衣	Men's Underwear	99.5	99.4	99.7
女式服装	Women's Clothing	99.6	99.3	100.3
女式外套	Women's Coat	100.3	99.6	103.0
女式冬衣	Women's Clothes	98.8	98.3	100.3
女式毛线衣	Women's Sweater	99.5	98.5	102.3
女式运动装	Women's Sportswear	99.0	98.7	99.7
女式衬衫T恤	Women's Shirt T-shirt	99.2	99.2	99.1
女式裤子	Women's Pants	100.0	99.8	100.5
女式裙子	Women's Ladies Skirt	100.0	100.4	98.7
女式内衣	Women's Lingerie	99.6	99.2	100.5
儿童服装	Children's Clothing	99.5	98.8	101.4
婴幼服装	Infant & Toddlers Clothing	99.2	98.9	100.3
儿童上衣	Children's Coat	98.5	97.1	102.8
儿童裤子	Children's Trousers	100.5	100.2	101.5
儿童裙子	Children's Skirt	100.4	100.3	100.6

4-2 续表 3 continued

（上年＝100） (preceding year=100)

指 标	Item	全 区 Province	城 市 Urban Areas	农 村 Rural Areas
服装材料	Garments Material	100.6	100.4	101.4
其他衣着及配件	Other Clothing and Parts	99.3	99.1	100.1
袜子	Socks	99.7	99.5	100.5
帽子	Cap	100.0	100.0	100.0
其他衣着配件	Other Clothing Accessories	98.6	98.2	99.8
衣着加工服务费	Clothing Manufacturing Services	101.1	101.0	101.2
衣着洗涤保养	Scrubbing Maintenance	100.9	101.1	100.3
衣着加工	Clothing Processing	101.7	100.9	103.1
鞋类	Footwear	100.2	100.0	100.7
鞋	Shoes	99.5	99.4	99.8
男鞋	Men's Shoes	97.9	97.3	99.5
女鞋	Women's Shoes	100.1	100.3	99.8
童鞋	Children's Shoes	100.3	100.2	100.6
鞋类加工服务	Footwear Processing Services	105.5	104.7	107.6
居住	**Residence**	**98.9**	**98.7**	**99.2**
租赁房房租	Rent of Rental Housing	99.1	99.0	99.6
公房房租	Rent by Public Houses	99.1	99.0	100.0
私房房租	Private House Rent	99.1	99.0	99.6
住房保养维修及管理	Housing Maintenance and Management	100.5	100.6	100.4
住房装潢材料	Housing Decoration Materials	100.3	100.2	100.3
木地板	Wood Floor	99.4	99.4	99.3
瓷砖	Tile	97.8	97.5	98.3
水泥	Cement	104.8	103.9	106.4
涂料	Paint	100.9	101.0	100.6
板材	Board	100.6	100.4	100.9
管材	Pipe	99.7	99.3	100.4
厨卫设备	Kitchen & Bath Fixtures	100.6	101.2	99.8
门窗	Doors and Windows	99.9	99.6	100.3
其他住房装潢材料	Other Housing Decoration Materials	102.0	103.6	99.2
物业管理费	Property Management Fee	100.2	100.3	100.1
住房装潢维修	Housing Decoration Maintenance	100.8	101.0	100.6
装潢维修费	Upholstery Maintenance Fee	101.0	101.3	100.4
其他住房费用	Other Housing Costs	99.8	99.1	101.5

4-2 续表 4 continued

（上年＝100） (preceding year=100)

指 标	Item	全 区 Province	城 市 Urban Areas	农 村 Rural Areas
水电燃料	Water, Electricity and Fuels	97.5	97.2	98.0
水	Water	100.5	100.0	101.7
电	Electricity	99.9	99.9	100.0
燃气	Gas	92.5	91.8	93.9
管道燃气	Pipeline Gas	95.3	94.3	99.7
液化石油气	Liquefied Petroleum Gas	92.0	91.2	93.3
取暖费	Heating Fee	100.0	100.0	100.0
其他燃料	Other Fuels	98.5	98.2	98.6
自有住房	Private Housing	98.8	98.6	99.3
生活用品及服务	**Articles for Daily Use and Services**	**99.7**	**99.9**	**99.4**
家具及室内装饰品	Furniture and Interior Decorations	99.6	99.5	99.9
家具	Furniture	99.5	99.2	99.9
柜	Cabinet	98.9	98.4	99.6
床	Bed	99.4	99.0	100.1
桌	Table	98.7	98.2	99.7
椅	Chair	99.3	98.7	100.3
沙发	Sofa	100.3	100.4	100.2
其他家具	Other Furniture	100.9	101.4	99.9
室内装饰品	Upholstery	101.0	101.5	100.0
灯具	Lamps and Lanterns	101.6	103.0	99.1
其他室内装饰品	Other Interior Decorations	100.2	99.8	101.3
家用器具	Home Appliances	98.2	98.2	98.3
大型家用器具	Large Household Appliances	98.0	98.0	98.1
洗衣机	Washing Machine	98.2	98.8	97.4
电冰箱（柜）	Refrigerator	98.2	97.5	99.1
抽油烟机	Smoke Lampblack Machine	98.7	98.3	99.3
空调器	Air Conditioner	97.1	97.0	97.3
热水器	Water Heating	97.8	97.7	98.0
炉具灶具	Stove and Cookers	98.0	98.0	98.1
微波炉	Microwave Oven	98.9	99.5	98.3
其他大型家用器具	Other Large Household Appliances	98.8	99.1	98.2
小家电	Small Home Appliances	99.1	98.9	99.3
厨房小家电	Kitchen Appliances	98.7	98.7	98.8
生活小家电	Small Household Electrical Appliances	99.4	99.2	99.8

4-2　续表 5　continued

（上年=100）　　(preceding year=100)

指　标	Item	全　区 Province	城　市 Urban Areas	农　村 Rural Areas
家用纺织品	Home Textiles	99.2	99.4	98.8
床上用品	Bedding Article	99.1	99.3	98.9
被子	Quilt	99.6	100.0	98.8
床单被套	Bed Sheet & Duvet Cover	97.8	97.4	98.6
其他床上用品	Other Bedding	101.6	102.1	100.1
窗帘门帘	Curtain	99.9	100.8	98.3
其他家用纺织品	Other Household Textiles	98.9	98.8	99.3
家庭日用杂品	Daily Use Household Articles	99.9	100.2	99.6
洗涤卫生用品	Washing Sanitary Articles	99.9	100.3	99.3
清洗用品	Cleaning Supplies	100.5	100.3	100.8
清洁用具	Cleaning Appliances	100.9	101.5	99.9
清洁用纸	Cleaning Paper	98.4	99.5	96.3
厨具餐具茶具	Kitchenware, Tableware, Tea set	99.5	99.7	99.2
厨具	Kitchenware	99.8	100.1	99.4
餐具	Tableware	99.0	99.3	98.6
茶具	Tea Set	99.9	99.7	100.1
家用手工工具	Hand Tools for Household Use	101.1	101.7	100.5
其他家庭日用杂品	Other Family Daily Sundry Goods	100.0	99.8	100.1
配电附件	Distribution Accessories	100.3	100.3	100.4
雨具	Rain Gear	99.8	99.3	100.3
其他日用杂品	Other Daily Sundry Goods	99.8	99.8	99.9
个人护理用品	Personal-care Supplies	101.2	101.7	99.8
化妆品	Cosmetics	101.1	101.4	100.3
清洁化妆品	Cleaning Cosmetics	101.2	101.4	100.7
护肤化妆品	Skin Care Cosmetics	101.5	101.9	100.1
彩妆化妆品	Make Up Cosmetics	100.4	100.6	100.0
化妆器具	Cosmetic Equipment	100.3	100.4	100.0
其他护理用品类	Other Types of Care Products	101.2	101.9	99.6
清洁类护理用品	Cleaning Supplies	101.8	102.5	99.9
护发美发用品	Hair Care Products	101.5	102.3	99.5
护理器具	Nursing Appliance	99.9	100.4	98.8
其他护理用品	Other Nursing Supplies	100.2	100.6	99.2
家庭服务	Household Services	101.6	101.5	101.8
家政服务	Household Management Services	102.6	102.8	101.2
家庭维修服务	Home Maintenance Services	100.8	100.1	102.1

4-2 续表 6 continued

（上年=100） (preceding year=100)

指 标	Item	全 区 Province	城 市 Urban Areas	农 村 Rural Areas
交通和通信	**Transport and Communications**	**96.0**	**95.9**	**96.3**
交通	Transport	94.6	94.3	95.3
交通工具	Transport Facility	96.6	96.2	97.4
小型汽车	Compact Car	95.1	95.1	95.3
电动自行车	Electric Bicycle	97.2	96.3	98.2
自行车	Bicycle	101.3	101.2	101.4
其他交通工具	Other Means of Transportation	101.3	101.6	100.9
交通工具用燃料	Fuels for Transport Facility	86.3	86.5	86.0
汽油	Steam-oil	85.8	85.9	85.8
柴油	Diesel Oil	84.7	84.7	84.7
其他车用能源	Other Vehicle Energy	100.7	101.0	99.6
交通工具使用和维修	Use and Maintenance of Transport Facility	100.2	99.9	100.7
停车费	Parking Rate	99.6	99.5	99.7
车辆使用费	Vehicle Usage fee	99.9	100.3	99.2
交通工具零配件	Vehicle Spare Parts	98.9	98.5	99.7
车辆修理与保养	Vehicle Repair and Maintenance	101.5	101.1	102.2
交通费	Traffic Fee	101.4	100.2	103.9
市内公共交通	City Public Transport	99.8	99.5	100.4
出租汽车	Taxi	100.2	100.0	100.7
飞机票	Airplane Ticket	92.5	92.6	92.2
火车票	Train Tickets	100.5	100.6	100.2
长途汽车	Long Distance Bus	108.4	104.7	113.1
其他交通费	Other Transportation Charges	100.3	101.0	99.0
通信	Communications	98.5	98.8	98.0
通信工具	Communication Tools	94.7	95.7	92.9
固定电话机	Fixed Telephone Set	100.3	100.4	100.3
移动电话机	Mobile Telephone Set	93.9	95.2	91.4
通信工具零配件	Communication Tools Parts and Accessories	98.4	97.6	99.8
通信服务	Communication Services	99.5	99.5	99.4
固定电话费	Fixed Telephone Fee	100.1	100.0	100.4
移动通信费	Mobile Communication Fee	99.9	100.4	98.9
上网费	Internet Fee	98.1	96.9	100.5
其他通信服务	Other Communication Services	99.8	99.8	99.9
邮递服务	Postal Services	98.5	98.9	97.4
邮政邮寄	Post Mail	98.1	97.7	98.9
快递服务	Express Services	98.6	99.2	97.0

4-2　续表 7　continued

（上年＝100）　　(preceding year=100)

指　标	Item	全　区 Province	城　市 Urban Areas	农　村 Rural Areas
教育文化和娱乐	**Education, Culture and Recreation**	**100.5**	**100.3**	**101.0**
教育	Education	101.2	101.0	101.5
教育用品	Education Articles	100.8	100.8	100.7
工具书	Reference Book	100.3	100.5	100.0
教材	Textbooks	99.7	99.7	99.7
参考资料	Reference Material	101.8	101.8	101.9
其他教育用品	Other Educational Supplies	98.6	98.6	98.6
教育服务	Education Services	101.3	101.1	101.6
学前教育	Preschool Education	103.0	101.8	104.9
小学初中教育	Primary and Secondary Education	101.1	101.3	100.8
高中中职教育	Secondary Vocational Education	100.3	100.0	100.7
高等教育	Higher Education	100.4	100.3	100.6
课外教育	Extracurricular Education	102.6	103.0	102.0
专业技能培训	Professional Skills Training	99.2	100.0	98.4
文化娱乐	Culture and Recreation	99.2	99.2	99.4
文娱耐用消费品	Durable Consumer Goods for Culture and Recreation	98.5	98.5	98.2
电视机	Television	96.8	97.0	96.6
照相机	Camera	99.6	99.8	98.9
台式计算机	Desktop Computer	98.8	98.8	99.0
笔记本平板	Notebook Computer	100.6	100.5	101.1
乐器	Musical Instruments	100.7	100.9	99.9
音响	Acoustics	96.9	96.4	98.8
其他文娱耐用消费品	Other Recreational and Durable Goods	99.8	99.7	100.2
其他文娱用品	Other Articles	100.9	100.8	101.1
书报杂志	Newspapers and Magazines	104.0	103.9	104.4
纸张文具	Paper Stationery	100.5	100.5	100.5
体育户外用品	Sports Outdoor Products	100.4	100.4	100.4
游戏用品和玩具	Game Supplies and Toys	100.0	100.0	100.0
园艺花卉及用品	Garden Flowers and Supplies	99.8	98.8	102.7
宠物及用品	Pets and Supplies	100.6	100.8	100.2
其他文化娱乐用品	Other Cultural and Recreational Products	99.5	99.0	100.1
文化娱乐服务	Services for Culture and Recreation	99.4	99.5	99.1
电影票	Cinema Ticket	97.2	96.9	98.8
景点门票	Scenic Spot Ticket	94.7	95.0	93.5
有线电视	Cable Television	100.9	101.2	100.0
健身活动	Fitness Activities	100.8	100.7	101.2
其他文娱服务	Other Recreational Services	99.7	99.8	99.2

4-2 续表 8 continued

（上年＝100） (preceding year=100)

指 标	Item	全 区 Province	城 市 Urban Areas	农 村 Rural Areas
旅游	Touring and Outing	98.7	98.5	99.6
旅行社收费	Travel Service Charges	98.5	98.3	99.5
其他旅游	Other Travel	100.0	100.0	100.1
医疗保健	**Health Care**	**105.5**	**105.6**	**105.4**
药品及医疗器具	Medicine and Medical Instrument	100.3	100.0	100.8
中药	Traditional Chinese Medicine	101.2	101.4	100.9
中药材	Chinese Medicinal Materials	101.5	102.9	99.4
中成药	Chinese Patent Medicine	101.1	100.8	101.6
西药	Western Medicines	99.3	98.6	100.3
抗微生物药	Antimicrobial Agents	97.6	97.2	98.2
消化系统用药	Digestive System Drugs	98.8	97.7	100.6
呼吸系统用药	Respiratory System Durgs	100.3	100.1	100.6
解热镇痛药	Antipyretic Analgesics	102.2	101.0	104.0
抗肿瘤药	Antineoplastic Agents	98.2	96.4	100.8
激素及影响内分泌药	Hormones and Endocrine Drugs	93.6	92.5	95.4
心血管系统用药	Cardiovascular System Drugs	95.8	95.5	96.3
血液系统用药	Blood System Drugs	100.0	98.3	101.9
治疗精神障碍药	PSYCHOTHERAPEUTICAGENTS	100.3	100.2	100.4
神经系统用药	Drugs for Nervous System	100.8	99.7	102.2
消毒防腐及创伤外科用药	Antiseptic, Antiseptic and Trauma Surgical Drugs	102.6	103.1	102.0
泌尿系统用药	Urinary System Drugs	101.8	100.6	103.2
维生素、矿物质类药	Vitamins and Minerals	100.2	99.7	101.0
调节水、电解质及酸碱平衡药	Adjust Water, Electrolyte and Acid-base Balance	103.6	105.6	101.0
滋补保健品	Nourishing Health Care Products	101.4	101.3	101.7
医疗卫生器具	Medical Sanitation	101.1	99.8	104.4
保健器具	Health Care Appliance	99.5	100.3	98.5
医疗服务	Medical Services	108.6	109.2	107.8
综合医疗类	Synthetic Medicine	115.1	114.8	115.6
一般医疗服务	General Medical Service	102.0	101.5	103.1
一般治疗操作	General Treatment Procedure	125.6	125.4	126.0
护理	Nursing	121.1	120.1	123.5
其他综合医疗服务	Other Comprehensive Medical Services	101.8	100.2	103.9
诊断类	Diagnostic Class	101.9	101.6	102.2
病理学诊断	Pathological Diagnosis	110.8	110.8	110.9
实验室诊断	Laboratory Diagnosis	99.6	99.7	99.4
影像学诊断	Imaging Diagnosis	100.0	99.4	100.9
临床诊断	Clinical Diagnosis	110.7	112.7	109.0

4-2 续表 9 continued

（上年＝100） (preceding year=100)

指 标	Item	全 区 Province	城 市 Urban Areas	农 村 Rural Areas
治疗类	Therapeutic Category	111.0	113.7	107.6
临床手术治疗	Clinical Surgical Treatment	114.4	116.7	111.5
临床非手术治疗	Clinical Non-surgical Treatment	106.4	109.8	102.2
康复类	Rehabilitation Class	100.5	100.1	101.6
中医医疗服务类	Chinese Medicine Medical Service	112.5	110.4	114.9
其他医疗服务	Other Medical Services	107.4	104.4	111.0
其他用品和服务	**Other Articles and Services**	**102.7**	**102.9**	**102.2**
其他用品类	Other Articles	105.6	106.4	103.7
首饰手表	Jewellery Watches	114.7	115.9	111.7
金饰品	Gold Jewelry	123.7	125.6	118.8
银饰品	Silver Jewelry	102.5	102.6	102.5
铂金饰品	Platinum Jewelry	102.3	102.3	102.4
手表	Wrist Watch	98.3	98.2	98.6
其他杂项用品	Other Miscellaneous Goods	99.3	99.6	98.5
箱包	Luggage and Bags	99.2	99.6	98.2
母婴用品	Mother and Baby Supplies	99.2	99.8	98.0
眼镜	Glasses	99.3	99.1	99.8
其他服务类	Other Services	100.5	100.2	101.2
旅馆住宿	Hotel Accommodation	97.7	95.9	101.3
宾馆住宿	Hotel Accommodation	99.6	98.0	102.3
其他住宿	Other Accommodation	95.2	93.2	99.8
美容美发洗浴	Hairdressing & Beauty and Bath	100.4	100.7	99.9
美容	Hairdressing	99.9	99.7	100.4
美发	Hairdressing	100.7	101.1	99.8
洗浴	Bath	101.2	102.2	98.9
养老服务	Pension Services	102.1	101.7	103.0
金融保险	Financial Insurance	100.9	100.7	101.4
金融服务	Financial Service	100.0	100.0	100.0
车辆保险	Vehicle Insurance	98.1	98.2	98.0
旅行保险	Travel Insurance	100.6	100.8	100.0
其他保险	Other Insurance	102.9	102.2	104.3
其他服务类	Other Services	99.8	99.7	100.0
中介服务	Intermediary Services	100.1	100.2	100.0
其他服务	Other Services	99.2	98.8	100.0

4–3 分月居民消费价格指数（2020年）

（上年同期=100）

指　标	Item	1 月 January	2 月 February	3 月 March
居民消费价格总指数	**Consumer Price Index**	**105.9**	**106.2**	**105.0**
服务价格指数	**Service Price Index**	**100.8**	**100.0**	**101.0**
工业品价格指数	**Industrial Product Price Index**	**99.7**	**99.3**	**98.3**
消费品价格指数	**Consumer Price Index**	**108.7**	**109.7**	**107.3**
非食品价格指数	**Non-food Price Index**	**100.9**	**100.3**	**100.3**
扣除食品和能源价格指数	**Excluding Food and Energy Price Index**	**100.8**	**100.4**	**101.0**
扣除鲜菜鲜果价格指数	**Excluding Fresh Vegetables Fresh Fruit Price Index**	**106.1**	**106.3**	**105.6**
食品烟酒	**Food, Tobacco and Liquor**	**118.8**	**121.2**	**117.4**
食品	Food	125.5	129.1	123.4
粮食	Grain	100.1	100.3	100.0
大米	Rice	99.6	99.6	99.1
面粉	Flour	99.7	99.3	99.9
其他粮食	Other Grain	102.3	103.1	104.5
粮食制品	Grain Products	101.1	102.4	102.1
薯类	Tubers	104.1	112.8	111.3
豆类	Beans	104.8	105.3	106.0
干豆	Dried Beans	101.9	101.9	102.3
豆制品	Beans Products	105.4	106.1	106.8
食用油	Edible Oil and Fats	103.4	103.5	103.5
食用植物油	Oil of Plant	100.9	101.0	101.0
食用动物油	Edible Animal Oil	131.4	131.8	131.7
菜	Vegetables	103.1	110.4	93.3
鲜菜	Fresh Vegetables	103.3	111.3	92.5
干菜及菜制品	Dried Vegetables and Vegetable Products	101.3	101.6	101.5
畜肉类	Neat of Livestock	202.1	216.1	206.7
猪肉	Pork	238.4	260.7	244.2
牛肉	Beef	129.7	133.2	135.1
羊肉	Mutton	117.2	119.2	119.7
畜肉副产品	Edible Meat and By-products	162.9	167.3	170.9
其他畜肉及制品	Other Meat and Products	145.1	146.9	146.8
禽肉类	Meat of Poultry	117.9	115.6	115.5
鸡	Chicken	118.8	116.6	116.2
鸭	Duck	112.7	110.0	110.4
其他禽肉及制品	Other Poultry and Products	122.1	120.5	120.5
水产品	Aquatic Products	106.9	104.6	104.8
淡水鱼	Freshwater Fish	106.4	107.0	105.8
海水鱼	Saltwater Fish	109.5	109.2	109.2
虾蟹类	Shrimps and Crabs	105.9	89.6	91.7
其他水产品及制品	Other Aquatic Products and Products	105.5	105.7	107.5

Consumer Price Indices by Month（2020）

（preceding year=100）

4 月 April	5 月 May	6 月 June	7 月 July	8 月 August	9 月 September	10 月 October	11 月 November	12 月 December
104.6	**103.5**	**103.4**	**103.0**	**101.3**	**101.3**	**100.6**	**99.5**	**100.3**
101.4	**101.5**	**101.5**	**101.4**	**101.2**	**101.6**	**101.7**	**101.8**	**101.8**
97.7	**97.4**	**97.7**	**98.0**	**98.2**	**98.2**	**98.3**	**98.8**	**99.2**
106.4	**104.6**	**104.5**	**103.8**	**101.4**	**101.1**	**99.9**	**98.3**	**99.5**
100.3	**100.2**	**100.3**	**100.3**	**100.2**	**100.4**	**100.4**	**100.5**	**100.7**
101.1	**101.2**	**101.1**	**101.1**	**100.8**	**101.1**	**101.1**	**101.2**	**101.3**
105.0	**104.4**	**104.4**	**103.7**	**101.5**	**101.1**	**100.2**	**99.3**	**100.0**
115.9	**112.6**	**112.0**	**109.9**	**104.6**	**104.0**	**101.5**	**97.8**	**99.8**
121.3	116.3	115.5	112.5	105.2	104.3	101.0	96.1	99.1
100.4	101.3	101.6	101.0	101.0	101.1	100.8	101.6	101.3
99.4	100.5	100.8	100.1	100.3	100.4	100.1	101.2	100.7
100.3	101.0	101.2	100.7	101.3	100.9	100.9	101.9	103.0
107.3	110.6	112.1	112.4	111.4	111.6	110.9	109.8	109.0
102.1	101.9	101.9	101.6	100.9	101.0	101.0	101.2	101.4
113.5	109.7	103.7	96.1	95.2	97.2	98.9	97.9	98.9
105.6	107.8	107.9	108.1	107.5	107.5	107.2	107.1	107.8
104.4	107.8	107.0	106.9	107.5	108.4	109.0	110.0	110.3
105.8	107.8	108.1	108.4	107.5	107.3	106.8	106.5	107.2
103.7	104.6	105.4	104.5	102.6	102.3	103.1	103.2	105.1
101.2	102.2	103.1	103.1	102.3	102.4	103.3	104.1	105.8
131.8	132.9	132.8	119.6	105.2	101.1	100.7	95.1	98.5
99.9	90.4	100.8	102.7	105.4	109.3	114.3	105.0	107.9
99.8	89.4	100.6	102.8	105.9	110.3	116.0	105.6	108.7
101.5	101.2	102.2	101.4	100.3	99.7	99.0	99.1	99.8
196.2	192.6	194.0	163.7	119.8	113.5	100.0	90.2	96.5
228.7	225.2	226.6	175.2	117.0	110.5	94.0	84.6	93.1
132.0	126.4	121.5	118.4	114.6	112.1	111.2	107.5	107.1
117.6	114.9	112.2	110.1	108.1	105.9	105.2	103.2	103.6
166.7	169.8	175.5	163.2	136.7	128.9	119.8	103.3	105.2
145.2	141.8	140.2	137.5	126.0	118.8	115.6	104.2	102.2
112.2	103.1	96.1	95.4	94.2	91.1	90.6	86.4	88.0
112.9	103.2	95.7	93.7	91.6	87.4	86.8	83.2	85.6
105.9	95.6	88.1	91.7	94.5	94.5	94.5	88.6	88.9
119.6	114.7	110.3	108.2	104.0	101.1	100.5	96.2	95.8
104.1	103.8	103.3	101.5	100.6	100.9	102.9	101.4	102.0
104.7	104.2	103.1	101.1	99.9	100.1	100.8	100.7	101.4
108.4	107.1	106.4	106.0	105.8	106.1	107.4	105.4	104.9
91.9	92.0	93.4	89.1	88.8	91.0	101.5	94.3	97.0
108.7	110.0	108.8	107.3	105.5	104.8	104.5	103.9	104.1

4-3 续表 1

（上年同期＝100）

指　标	Item	1 月 January	2 月 February	3 月 March
蛋类	Eggs	102.5	102.6	102.6
鸡蛋	Egg	103.1	103.6	103.5
其他蛋及制品	Other Eggs and Products	100.9	99.7	99.9
奶类	Milk	101.3	101.9	100.9
鲜奶	Fresh Milk	101.9	102.4	101.9
酸奶	Yogurt	100.1	100.7	100.4
奶粉	Milk Powder	101.6	102.4	100.0
其他奶制品	Other Dairy Products	100.4	100.5	101.7
干鲜瓜果类	Dried and Fresh Melons and Fruits	96.4	95.3	94.4
鲜瓜果	Fresh Melons and Fruits	95.5	94.2	93.1
坚果	Nut	102.0	103.4	103.7
瓜果制品	Melon and Fruit Products	100.1	100.4	99.9
糖果糕点类	Candy and Cake	100.0	101.1	100.9
食糖	Sugar	102.4	104.1	103.3
糖果	Candy	98.8	100.8	100.3
糕点	Cakes and Pastries	100.2	101.0	101.2
其他糖果糕点	Other Sweets and Pastries	98.9	99.6	99.1
调味品	Flavoring	100.5	100.6	100.5
食用盐	Edible Salt	100.7	101.2	100.5
酱油	Soy Sauce	99.2	98.8	98.9
食醋	Vinegar	101.1	100.7	100.4
调味酱	Sauces	101.2	101.5	101.6
味精	Monosodium Glutamate	101.3	102.0	102.2
其他调味品	Other Condiments	100.6	100.7	100.6
其他食品类	Other Foods	101.4	101.9	101.2
方便食品	Convenience Food	103.1	104.5	103.3
淀粉及制品	Starch and Products	100.1	100.4	100.1
膨化食品	Puffed Food	99.5	98.6	98.5
茶及饮料	Tea and Beverages	100.1	100.4	99.9
茶叶	Tea	100.7	99.9	99.5
固体咖啡	Solid Coffee	100.1	100.5	99.8
其他固体饮料	Other Solid Drinks	99.3	100.4	99.6
饮用水	Drinking Water	99.8	100.2	100.0
果汁饮料	Fruit Juice Beverage	99.5	100.6	99.1
其他液体饮料	Other Liquid Beverages	100.3	101.1	100.9

continued

(preceding year=100)

4 月 April	5 月 May	6 月 June	7 月 July	8 月 August	9 月 September	10 月 October	11 月 November	12 月 December
101.0	93.6	90.7	89.7	92.4	89.4	89.1	88.3	91.1
101.3	92.3	89.4	88.7	91.9	88.0	87.6	86.8	90.3
99.9	97.6	94.9	93.0	93.9	93.9	94.1	93.1	93.8
100.6	100.9	100.9	101.1	101.1	100.8	100.5	100.6	100.2
101.6	102.7	100.8	101.7	102.1	101.7	100.6	101.5	100.7
99.5	98.5	99.6	99.3	98.1	99.7	99.0	99.6	98.8
99.8	100.0	100.9	100.7	100.8	100.0	100.7	99.7	99.7
101.6	102.1	103.4	103.2	103.0	102.2	101.4	102.3	102.1
91.6	85.8	73.2	74.9	87.6	97.7	101.4	103.1	103.6
89.8	83.3	69.5	71.4	85.4	97.3	101.6	103.5	104.1
104.8	105.6	104.5	103.0	103.1	101.9	101.9	103.0	103.3
101.5	101.3	99.9	98.7	98.8	95.4	96.6	96.3	96.6
100.5	100.2	100.0	100.1	100.0	100.3	100.7	100.1	100.7
103.2	101.6	101.8	101.7	100.9	101.5	99.5	99.1	99.5
99.4	99.5	99.6	100.2	100.7	100.4	101.9	101.5	102.0
100.7	100.4	99.7	99.6	99.1	99.6	100.0	99.7	100.3
99.3	99.4	100.3	100.8	101.3	101.3	102.1	100.3	101.0
100.7	100.9	100.9	100.6	100.8	100.7	101.0	100.8	100.7
99.3	99.9	100.2	100.2	101.0	99.8	99.9	98.8	99.0
99.4	99.8	98.6	98.8	99.6	99.2	100.5	100.3	100.1
101.1	101.7	102.4	100.9	100.5	100.8	100.7	100.2	100.6
102.6	102.8	102.9	102.7	102.2	102.5	102.6	102.2	101.8
102.3	102.0	101.9	100.8	100.5	100.6	100.5	100.6	100.4
100.6	100.0	100.8	101.1	101.6	102.4	102.5	103.3	102.9
101.8	101.7	102.0	102.3	101.5	101.1	100.8	100.1	99.5
104.4	103.9	104.2	104.2	103.1	102.7	100.6	100.2	99.2
100.4	100.7	100.8	100.5	100.2	100.4	101.1	100.9	101.2
98.4	98.5	99.1	100.2	99.4	98.9	101.0	99.5	98.9
100.2	100.4	100.2	100.2	100.5	100.9	100.4	101.0	100.7
99.9	100.6	100.6	101.9	101.5	103.0	101.9	102.3	102.6
100.5	100.5	100.3	100.5	100.0	100.6	101.1	101.6	101.6
99.4	99.8	99.1	100.3	99.0	99.7	99.2	99.8	99.6
100.4	100.4	99.4	98.5	100.2	100.2	99.6	100.7	100.0
99.6	99.3	98.7	98.4	97.5	97.7	97.8	98.0	98.0
100.8	100.9	101.8	101.5	102.1	102.0	101.8	102.0	101.6

4-3 续表 2

（上年同期＝100）

指 标	Item	1 月 January	2 月 February	3 月 March
烟酒	Tobacco and Liquor	101.2	101.2	101.0
烟草	Tobacco	100.0	100.0	100.0
酒类	Liquor	103.0	102.9	102.5
白酒	Liquor	104.5	104.4	104.2
葡萄酒	Wine	101.8	101.9	101.3
啤酒	Beer	100.6	100.0	99.7
其他酒类	Other Wines	102.6	104.5	102.9
在外餐饮	Dining Out	107.7	107.7	107.9
正餐	Dinner	106.6	106.3	106.5
快餐	Fast Food	107.0	107.3	107.4
地方小吃	Local Snack	113.0	112.5	113.1
其他在外餐饮	Other Outside Catering	102.7	103.8	103.8
衣着	**Clothing**	**96.8**	**97.5**	**98.6**
服装	Garments	96.4	97.2	98.3
男式服装	Men's Clothing	97.4	98.3	99.3
男式西服	Men's Suits	94.6	96.9	98.7
男式冬衣	Men's Clothes	93.8	97.1	98.1
男式夹克衫	Men's Jacket	97.8	99.8	101.7
男式毛线衣	Men's Sweater	98.8	99.8	102.1
男式运动装	Men's sportswear	96.5	96.9	98.8
男式衬衫T恤	Men's Shirt T-shirt	98.7	98.9	98.8
男式裤子	Men's Dress Pants	97.5	98.6	99.7
男式内衣	Men's Underwear	97.6	97.3	97.9
女式服装	Women's Clothing	96.3	97.1	98.2
女式外套	Women's Coat	97.1	97.3	99.4
女式冬衣	Women's Clothes	94.0	97.2	98.5
女式毛线衣	Women's Sweater	96.5	97.3	99.0
女式运动装	Women's Sportswear	93.9	94.7	96.1
女式衬衫T恤	Women's Shirt T-shirt	98.3	97.8	98.6
女式裤子	Women's Pants	96.9	97.8	98.0
女式裙子	Women's Ladies Skirt	95.3	96.4	97.2
女式内衣	Women's Lingerie	97.4	98.1	98.8
儿童服装	Children's Clothing	95.1	95.8	96.9
婴幼服装	Infant & Toddlers Clothing	95.3	95.5	97.0
儿童上衣	Children's Coat	93.0	93.9	94.9
儿童裤子	Children's Trousers	96.2	97.0	98.2
儿童裙子	Children's Skirt	97.5	98.5	98.7

continued

（preceding year=100）

4 月 April	5 月 May	6 月 June	7 月 July	8 月 August	9 月 September	10 月 October	11 月 November	12 月 December
100.8	100.6	100.6	100.4	100.6	100.6	100.3	100.3	100.3
100.0	100.0	100.0	100.0	100.0	100.0	100.0	100.0	100.0
102.0	101.4	101.4	101.0	101.3	101.4	100.6	100.6	100.7
104.0	103.4	103.0	102.9	103.2	103.3	102.1	102.2	101.9
100.8	99.5	99.8	98.4	98.7	98.6	97.3	98.2	97.7
98.9	98.5	99.0	98.6	99.0	99.0	99.0	98.6	99.3
101.6	101.3	101.4	100.6	100.6	100.8	100.8	100.7	101.3
107.8	107.9	107.6	107.1	105.3	104.5	103.8	102.6	102.2
106.0	106.5	106.3	105.8	104.5	103.7	102.9	101.8	101.6
108.2	108.1	107.4	107.1	105.1	104.0	103.5	102.6	102.1
112.7	112.2	112.2	111.6	107.9	107.4	105.8	104.0	103.2
103.3	103.5	103.0	102.5	102.6	103.3	103.4	103.0	102.5
98.4	**99.0**	**99.3**	**99.4**	**100.4**	**101.2**	**101.6**	**102.9**	**103.5**
98.2	98.9	99.2	99.2	100.3	101.1	101.5	103.0	103.5
99.1	99.9	100.1	99.6	100.6	101.1	101.0	102.1	102.8
98.8	98.6	98.6	98.7	98.7	99.8	99.4	100.7	103.2
98.1	98.1	98.1	98.1	98.1	98.1	97.9	103.1	104.7
101.9	101.6	101.6	101.9	101.9	103.0	102.9	103.5	104.9
102.4	102.1	102.1	102.1	102.2	103.4	102.2	102.7	103.7
97.7	99.8	100.0	100.0	101.5	102.7	102.8	103.4	103.6
98.7	100.2	100.3	99.4	101.0	100.8	100.7	101.5	101.5
99.2	99.7	100.3	99.0	100.9	101.5	101.3	101.5	101.9
98.0	98.6	98.9	99.4	99.3	99.9	100.7	102.7	103.2
98.0	98.7	99.1	99.2	99.9	100.9	101.4	102.8	103.3
98.8	98.9	99.1	100.0	100.7	101.6	103.5	104.0	103.9
98.5	98.5	98.5	98.5	98.5	98.5	98.1	102.0	104.4
99.3	99.4	99.4	99.4	99.6	99.8	99.5	101.7	102.6
95.3	98.1	97.7	98.1	99.8	102.0	103.0	104.8	105.1
97.9	98.6	99.0	98.1	99.0	100.1	100.8	101.0	101.0
97.5	98.8	99.2	99.7	101.1	101.8	102.4	103.6	103.9
97.6	99.1	100.2	99.7	100.7	102.7	102.8	104.0	104.3
98.6	98.1	98.6	99.6	99.8	100.5	100.8	102.1	102.5
97.2	98.0	98.3	98.9	100.8	101.4	102.2	104.8	105.2
97.5	97.7	97.3	97.7	100.1	101.5	102.5	104.6	105.0
95.4	96.4	97.0	97.6	99.9	101.2	102.5	105.2	106.0
98.3	99.2	99.5	100.7	102.2	101.6	102.3	105.4	105.4
98.8	99.9	100.7	100.5	101.4	101.2	101.0	103.2	103.7

4-3 续表 3

（上年同期=100）

指 标	Item	1 月 January	2 月 February	3 月 March
服装材料	Garments Material	100.8	100.8	100.9
其他衣着及配件	Other Clothing and Parts	98.2	98.9	99.3
袜子	Socks	99.2	99.4	99.9
帽子	Cap	99.6	100.1	99.4
其他衣着配件	Other Clothing Accessories	96.3	97.6	98.4
衣着加工服务费	Clothing Manufacturing Services	101.4	99.7	101.7
衣着洗涤保养	Scrubbing Maintenance	101.1	98.9	101.6
衣着加工	Clothing Processing	102.4	101.8	101.9
鞋类	Footwear	97.3	97.8	98.9
鞋	Shoes	96.0	96.5	97.9
男鞋	Men's Shoes	93.8	94.4	95.7
女鞋	Women's Shoes	96.8	97.3	98.9
童鞋	Children's Shoes	97.8	97.7	98.6
鞋类加工服务	Footwear Processing Services	106.9	108.2	106.8
居住	**Residence**	**100.0**	**99.9**	**99.0**
租赁房房租	Rent of Rental Housing	101.2	100.6	100.4
公房房租	Rent by Public Houses	98.8	98.8	98.8
私房房租	Private House Rent	101.6	100.8	100.6
住房保养维修及管理	Housing Maintenance and Management	101.5	101.5	101.0
住房装潢材料	Housing Decoration Materials	101.6	101.4	100.7
木地板	Wood Floor	100.0	100.5	99.8
瓷砖	Tile	100.8	100.2	98.5
水泥	Cement	110.5	110.1	106.9
涂料	Paint	101.5	101.1	101.5
板材	Board	100.6	100.7	101.0
管材	Pipe	100.2	99.9	99.6
厨卫设备	Kitchen & Bath Fixtures	101.2	101.0	101.5
门窗	Doors and Windows	100.7	100.3	99.7
其他住房装潢材料	Other Housing Decoration Materials	101.7	101.7	101.3
物业管理费	Property Management Fee	100.2	100.2	100.2
住房装潢维修	Housing Decoration Maintenance	101.7	102.0	101.5
装潢维修费	Upholstery Maintenance Fee	101.9	102.2	101.7
其他住房费用	Other Housing Costs	100.4	100.4	100.4

continued

(preceding year=100)

4 月 April	5 月 May	6 月 June	7 月 July	8 月 August	9 月 September	10 月 October	11 月 November	12 月 December
100.7	100.5	100.4	100.2	100.3	100.5	100.3	101.0	100.9
99.1	98.7	98.2	99.0	99.0	99.9	100.1	100.6	101.0
99.2	99.0	98.2	99.3	99.2	100.6	100.7	100.6	100.8
99.6	98.6	98.6	99.5	100.1	100.6	100.7	101.7	101.6
98.7	98.4	98.1	98.5	98.4	98.7	99.2	100.2	101.0
101.2	101.4	101.6	101.3	101.2	101.1	100.9	100.6	100.9
100.9	101.1	101.3	101.3	101.3	100.9	100.9	100.4	100.8
102.3	102.1	102.2	101.2	100.9	101.6	101.1	101.1	101.2
98.8	98.9	99.4	99.6	101.0	101.7	102.2	103.2	104.0
97.8	98.2	98.7	98.9	100.5	101.2	101.8	103.0	103.9
95.8	96.4	96.7	97.1	98.4	99.4	100.6	103.3	104.7
98.9	99.1	99.5	99.5	100.9	101.8	102.4	103.0	103.7
98.1	98.8	99.5	100.2	102.9	102.8	102.3	102.8	103.0
106.5	104.2	104.8	104.8	104.8	104.9	104.8	104.9	105.1
98.6	**98.0**	**98.2**	**98.1**	**98.4**	**98.6**	**98.9**	**99.2**	**99.2**
99.5	99.1	98.7	97.8	97.9	98.3	98.4	98.6	98.8
98.8	98.8	98.5	99.4	99.4	99.4	99.4	99.8	99.8
99.6	99.1	98.7	97.5	97.6	98.2	98.2	98.4	98.6
100.8	100.9	100.8	100.3	100.0	100.0	99.8	99.7	99.7
100.5	100.7	100.6	100.0	99.7	99.6	99.5	99.3	99.5
99.8	99.7	98.9	98.5	98.8	99.6	99.1	99.2	98.7
98.1	96.8	96.9	96.4	96.9	96.3	97.3	97.5	97.9
105.0	109.8	112.0	107.8	104.2	103.3	100.0	95.7	94.9
101.6	102.0	101.2	100.6	100.5	100.4	100.0	99.9	100.0
101.1	100.7	100.5	100.1	100.3	100.3	100.4	100.6	100.9
99.8	99.8	99.9	99.9	99.5	99.3	99.3	99.7	100.1
100.8	101.2	101.2	101.0	100.1	99.8	99.8	100.0	99.8
100.3	100.1	99.7	99.6	99.2	99.2	99.4	100.1	100.2
101.5	101.3	101.4	100.4	101.6	102.3	102.8	103.0	105.3
100.2	100.2	100.2	100.2	100.2	100.2	100.2	100.2	100.2
101.3	101.2	101.1	100.7	100.4	100.3	100.0	100.0	99.8
101.5	101.4	101.2	100.9	100.6	100.5	100.1	100.1	99.9
100.4	100.4	100.4	99.1	99.1	99.1	99.1	99.1	99.1

4-3 续表 4

（上年同期=100）

指 标	Item	1 月 January	2 月 February	3 月 March
水电燃料	Water, Electricity and Fuels	99.8	99.9	97.7
水	Water	100.2	100.2	100.2
电	Electricity	100.0	100.0	100.0
燃气	Gas	99.6	99.6	93.6
管道燃气	Pipeline Gas	94.6	94.6	94.6
液化石油气	Liquefied Petroleum Gas	100.5	100.6	93.4
取暖费	Heating Fee	100.0	100.0	100.0
其他燃料	Other Fuels	99.0	99.6	98.5
自有住房	Private Housing	99.3	99.1	98.6
生活用品及服务	**Articles for Daily Use and Services**	**99.7**	**99.7**	**99.9**
家具及室内装饰品	Furniture and Interior Decorations	100.0	100.0	99.5
家具	Furniture	100.0	99.9	99.4
柜	Cabinet	99.6	99.9	99.4
床	Bed	100.8	100.5	99.7
桌	Table	98.4	98.2	97.7
椅	Chair	99.2	99.5	99.0
沙发	Sofa	100.5	100.1	99.7
其他家具	Other Furniture	100.8	101.3	100.6
室内装饰品	Upholstery	100.2	100.1	100.6
灯具	Lamps and Lanterns	99.5	99.6	100.6
其他室内装饰品	Other Interior Decorations	101.2	100.8	100.7
家用器具	Home Appliances	98.4	98.6	98.7
大型家用器具	Large Household Appliances	98.3	98.4	98.5
洗衣机	Washing Machine	98.0	98.6	98.4
电冰箱（柜）	Refrigerator	98.8	99.0	99.0
抽油烟机	Smoke Lampblack Machine	97.7	96.9	96.9
空调器	Air Conditioner	97.5	98.1	98.6
热水器	Water Heating	98.3	98.7	99.0
炉具灶具	Stove and Cookers	99.1	98.5	97.8
微波炉	Microwave Oven	100.0	100.1	99.8
其他大型家用器具	Other Large Household Appliances	98.6	98.3	98.1
小家电	Small Home Appliances	98.8	99.2	99.7
厨房小家电	Kitchen Appliances	98.2	98.3	99.0
生活小家电	Small Household Electrical Appliances	99.5	100.1	100.3

continued

(preceding year=100)

4 月 April	5 月 May	6 月 June	7 月 July	8 月 August	9 月 September	10 月 October	11 月 November	12 月 December
97.1	95.1	96.1	96.6	96.8	96.6	97.4	98.2	98.0
100.2	100.2	100.2	100.2	100.0	101.2	101.2	101.2	101.2
100.0	100.0	100.0	100.0	100.0	99.8	99.8	99.8	99.8
91.6	86.0	88.7	89.9	90.6	89.5	92.2	94.4	93.8
94.6	94.6	95.8	95.8	95.9	96.0	95.9	95.9	95.7
91.1	84.2	87.3	88.6	89.5	88.2	91.4	94.1	93.4
100.0	100.0	100.0	100.0	100.0	100.0	100.0	100.0	100.0
98.4	97.7	96.9	97.6	97.7	98.3	98.7	98.9	100.4
98.3	98.2	98.2	98.0	98.6	99.1	99.3	99.6	99.6
100.1	**99.9**	**99.7**	**99.6**	**99.5**	**99.6**	**99.6**	**99.7**	**99.8**
99.4	99.8	99.5	99.9	99.3	99.2	99.4	99.8	99.7
99.2	99.7	99.3	99.7	99.2	99.0	99.3	99.7	99.6
99.1	99.1	98.9	98.8	98.5	97.9	98.2	98.7	98.6
99.4	99.7	99.0	99.1	98.6	98.4	98.9	99.3	99.2
97.7	98.5	98.1	99.3	98.9	98.8	99.5	99.8	99.7
98.5	98.6	98.7	100.1	99.4	99.3	99.5	100.0	100.3
99.7	100.9	100.7	100.9	100.3	100.1	100.2	100.4	100.4
100.7	100.9	100.5	101.2	100.0	101.0	101.2	101.2	101.1
102.0	101.6	101.6	101.6	100.5	101.2	100.9	101.2	100.3
103.0	102.5	102.7	102.6	101.7	101.9	101.7	102.2	101.4
100.7	100.5	100.4	100.5	99.2	100.3	99.8	99.9	99.0
98.8	98.4	98.2	97.9	97.8	97.7	98.0	98.1	98.4
98.6	98.1	97.9	97.7	97.7	97.4	97.7	97.9	98.3
98.8	97.9	97.3	97.4	97.5	98.5	98.7	98.3	98.4
98.5	97.7	98.0	98.1	98.0	97.2	97.5	98.1	98.4
96.8	97.4	97.8	98.0	98.9	99.4	101.4	101.9	101.2
98.8	97.3	97.6	96.8	95.9	95.4	96.0	96.3	97.5
99.4	99.1	98.0	97.7	97.6	96.4	96.2	96.4	97.4
98.2	98.3	97.6	97.4	97.6	97.9	98.2	97.7	97.8
99.8	100.2	98.8	98.5	98.9	98.7	97.6	97.0	97.5
98.5	99.2	99.1	98.9	99.4	98.5	98.8	98.9	98.8
99.5	99.6	99.1	98.6	98.5	98.9	99.0	99.0	99.1
99.0	99.0	98.4	97.9	98.2	98.5	98.9	99.4	99.9
100.0	100.1	99.9	99.3	98.8	99.3	99.0	98.5	98.3

4-3 续表 5

（上年同期＝100）

指 标	Item	1 月 January	2 月 February	3 月 March
家用纺织品	Home Textiles	97.7	98.6	99.8
床上用品	Bedding Article	97.3	98.4	99.7
被子	Quilt	97.3	98.4	99.5
床单被套	Bed Sheet & Duvet Cover	96.4	97.6	99.2
其他床上用品	Other Bedding	99.9	100.5	102.0
窗帘门帘	Curtain	100.5	100.5	100.4
其他家用纺织品	Other Household Textiles	98.4	98.5	99.5
家庭日用杂品	Daily Use Household Articles	100.1	99.6	99.9
洗涤卫生用品	Washing Sanitary Articles	100.4	99.3	100.0
清洗用品	Cleaning Supplies	100.1	100.1	100.7
清洁用具	Cleaning Appliances	101.3	100.9	101.0
清洁用纸	Cleaning Paper	100.2	97.0	98.2
厨具餐具茶具	Kitchenware, Tableware, Tea set	99.3	99.5	99.4
厨具	Kitchenware	99.6	99.6	99.3
餐具	Tableware	98.6	98.9	99.0
茶具	Tea Set	100.0	100.5	100.6
家用手工工具	Hand Tools for Household Use	100.3	100.4	100.6
其他家庭日用杂品	Other Family Daily Sundry Goods	100.1	100.1	100.1
配电附件	Distribution Accessories	99.8	99.6	99.6
雨具	Rain Gear	98.9	99.8	100.2
其他日用杂品	Other Daily Sundry Goods	100.9	100.6	100.3
个人护理用品	Personal-care Supplies	101.0	101.3	101.2
化妆品	Cosmetics	101.8	101.8	101.5
清洁化妆品	Cleaning Cosmetics	101.8	101.6	101.1
护肤化妆品	Skin Care Cosmetics	102.7	102.7	102.5
彩妆化妆品	Make Up Cosmetics	100.3	101.1	100.3
化妆器具	Cosmetic Equipment	100.1	99.8	100.0
其他护理用品类	Other Types of Care Products	100.4	101.0	101.0
清洁类护理用品	Cleaning Supplies	100.5	101.9	101.3
护发美发用品	Hair Care Products	100.6	100.3	101.8
护理器具	Nursing Appliance	100.8	99.7	99.9
其他护理用品	Other Nursing Supplies	99.2	100.1	99.7
家庭服务	Household Services	101.6	101.0	102.1
家政服务	Household Management Services	101.8	99.8	102.9
家庭维修服务	Home Maintenance Services	101.4	102.1	101.5

continued

(preceding year=100)

4 月 April	5 月 May	6 月 June	7 月 July	8 月 August	9 月 September	10 月 October	11 月 November	12 月 December
99.7	99.9	99.2	99.3	99.1	99.2	99.0	99.5	99.4
99.9	100.2	99.3	99.1	99.0	99.1	98.9	99.4	99.4
100.0	100.5	100.3	99.8	99.7	99.8	99.3	100.1	100.3
98.9	99.1	97.3	97.5	97.6	97.3	97.5	97.7	97.8
102.4	102.1	102.5	101.6	101.3	101.7	101.6	102.1	101.0
99.0	99.2	99.7	99.9	99.8	100.2	99.8	99.8	99.9
99.0	98.5	97.4	100.1	98.5	98.9	99.4	99.9	98.9
100.5	100.0	100.0	100.1	99.4	100.0	99.7	99.8	100.1
100.7	100.1	99.9	100.3	99.0	100.1	99.7	99.6	99.9
101.5	101.0	101.0	101.1	100.0	101.0	99.8	99.5	100.0
101.8	101.4	100.6	100.7	100.2	100.7	100.4	100.2	101.1
98.9	97.9	97.7	98.7	96.5	98.3	99.0	99.4	99.0
100.1	99.6	99.6	99.0	99.1	99.5	99.4	99.7	99.9
100.4	100.4	99.9	99.7	99.4	100.0	99.6	99.7	99.9
99.6	98.5	99.0	98.4	98.3	98.8	98.9	99.6	100.1
100.2	99.9	99.9	98.7	99.9	99.7	99.7	99.8	99.5
101.1	101.2	101.2	101.1	101.0	101.3	101.4	101.4	101.5
100.0	99.7	100.1	100.2	100.2	99.7	99.7	99.6	100.0
99.7	99.9	100.7	100.8	101.0	100.4	100.5	100.5	101.6
100.9	100.3	100.6	100.6	100.4	99.3	98.9	98.1	99.1
99.7	99.4	99.4	99.7	99.5	99.4	99.6	99.8	99.4
101.0	101.1	101.0	100.6	101.8	101.6	101.3	101.3	101.2
101.1	101.0	101.1	101.2	101.3	100.8	100.6	100.9	100.5
99.9	100.9	101.6	101.3	100.4	100.6	100.9	102.2	102.5
102.3	101.4	100.8	101.5	102.3	101.1	100.7	100.5	99.4
100.0	100.6	101.3	100.5	101.1	100.5	99.6	99.9	100.0
100.8	100.5	100.4	100.8	100.3	100.5	100.3	99.8	100.1
100.9	101.1	100.9	100.2	102.1	102.2	101.8	101.7	101.8
101.5	101.5	101.5	100.3	102.7	102.5	102.1	102.1	103.3
101.1	101.5	100.7	100.4	102.0	103.1	102.9	102.2	101.0
99.6	99.5	99.7	100.1	101.3	99.7	99.6	100.0	99.0
99.9	100.1	100.3	100.0	101.0	101.1	100.4	100.6	100.3
102.2	102.0	101.7	101.5	101.3	101.3	101.4	101.4	101.5
103.4	102.9	102.9	102.7	102.7	102.7	102.8	103.2	103.2
101.3	101.3	100.7	100.6	100.1	100.3	100.2	99.9	100.0

4-3 续表 6

（上年同期=100）

指 标	Item	1 月 January	2 月 February	3 月 March
交通和通信	**Transport and Communications**	**100.5**	**97.9**	**96.0**
交通	Transport	101.9	97.9	95.2
交通工具	Transport Facility	98.4	98.1	97.7
小型汽车	Compact Car	97.0	96.6	96.1
电动自行车	Electric Bicycle	100.6	100.4	100.4
自行车	Bicycle	100.1	100.5	100.6
其他交通工具	Other Means of Transportation	101.4	101.3	100.8
交通工具用燃料	Fuels for Transport Facility	107.5	97.9	85.2
汽油	Steam-oil	107.3	97.4	84.8
柴油	Diesel Oil	108.2	97.5	83.5
其他车用能源	Other Vehicle Energy	111.3	111.3	99.5
交通工具使用和维修	Use and Maintenance of Transport Facility	101.0	97.6	100.2
停车费	Parking Rate	100.0	96.9	100.0
车辆使用费	Vehicle Usage fee	99.8	99.8	99.8
交通工具零配件	Vehicle Spare Parts	98.5	98.6	98.6
车辆修理与保养	Vehicle Repair and Maintenance	103.8	96.1	101.8
交通费	Traffic Fee	102.2	97.8	105.1
市内公共交通	City Public Transport	100.1	99.4	97.8
出租汽车	Taxi	101.0	99.8	100.2
飞机票	Airplane Ticket	103.2	95.3	104.2
火车票	Train Tickets	100.6	100.7	100.6
长途汽车	Long Distance Bus	107.8	97.3	125.0
其他交通费	Other Transportation Charges	98.1	91.6	93.3
通信	Communications	97.9	97.9	97.5
通信工具	Communication Tools	91.9	91.8	89.8
固定电话机	Fixed Telephone Set	100.5	98.7	100.3
移动电话机	Mobile Telephone Set	90.7	90.6	88.1
通信工具零配件	Communication Tools Parts and Accessories	98.3	97.9	98.0
通信服务	Communication Services	99.7	99.8	99.6
固定电话费	Fixed Telephone Fee	99.9	99.9	99.9
移动通信费	Mobile Communication Fee	100.0	100.0	100.0
上网费	Internet Fee	98.5	99.0	98.4
其他通信服务	Other Communication Services	99.7	99.8	99.8
邮递服务	Postal Services	95.6	95.4	96.9
邮政邮寄	Post Mail	90.5	90.8	98.1
快递服务	Express Services	97.0	96.6	96.6

continued

(preceding year=100)

4 月 April	5 月 May	6 月 June	7 月 July	8 月 August	9 月 September	10 月 October	11 月 November	12 月 December
94.8	**94.2**	**94.8**	**95.5**	**95.5**	**96.0**	**95.6**	**95.3**	**96.1**
92.5	91.8	92.5	93.6	93.8	94.5	93.8	93.5	94.4
96.7	96.1	95.4	95.8	95.3	96.4	96.4	96.5	96.2
94.7	93.8	93.6	94.4	93.6	95.3	95.3	95.9	95.5
99.8	98.8	96.1	95.5	95.4	95.7	95.2	94.2	93.8
100.9	101.5	101.0	101.0	101.4	102.0	102.0	102.2	102.0
100.9	101.9	101.8	101.4	101.3	101.2	101.1	100.9	101.3
79.9	78.2	81.0	84.5	86.1	85.2	83.1	82.7	85.7
79.3	77.6	80.5	84.1	85.7	84.8	82.6	82.2	85.4
77.6	75.8	78.8	82.6	84.4	83.6	81.1	80.5	84.1
98.9	98.7	98.3	98.4	98.7	98.7	98.8	97.8	98.2
100.3	100.4	100.4	100.5	100.4	100.4	100.4	100.3	100.4
100.0	100.0	100.0	100.0	100.0	99.6	99.4	99.6	99.6
99.8	100.1	99.7	100.0	100.0	100.0	100.0	100.0	100.0
99.2	99.2	99.2	99.6	99.0	98.8	98.7	98.9	99.0
101.6	101.8	101.8	101.7	101.9	102.1	102.3	102.0	102.0
100.3	101.8	101.6	99.9	99.3	102.6	102.9	101.6	102.3
97.9	100.1	100.1	100.1	100.3	100.3	100.6	100.6	100.6
100.2	100.2	100.2	100.2	100.2	100.2	100.0	100.0	100.0
81.7	96.3	89.0	80.0	78.3	96.2	101.9	92.9	100.5
100.5	100.3	100.5	100.5	100.6	100.6	100.6	100.6	100.0
113.1	111.1	109.9	106.3	104.6	108.0	107.2	106.7	107.0
95.3	95.5	100.6	104.1	104.4	107.4	106.8	102.8	104.1
98.9	98.5	99.0	99.0	98.6	98.7	98.6	98.5	99.0
96.1	96.3	95.7	96.2	95.6	95.8	95.7	94.8	97.7
100.5	101.0	100.7	100.7	100.5	100.7	100.7	100.1	99.6
95.6	95.8	95.0	95.5	94.9	95.1	94.9	94.0	97.5
98.0	97.8	98.6	99.4	98.8	98.9	98.6	98.5	97.5
99.8	99.1	99.9	99.7	99.3	99.3	99.3	99.3	99.3
99.9	100.0	101.6	100.0	100.0	100.0	100.0	100.0	100.0
100.0	99.4	100.5	100.5	99.6	99.6	99.6	99.6	99.6
99.3	97.6	97.6	97.3	97.9	97.9	97.9	97.9	97.9
99.8	99.8	99.8	99.9	99.9	99.9	99.9	99.9	99.9
97.2	97.5	98.6	99.4	100.4	100.4	100.4	100.4	100.2
99.5	99.7	99.7	100.0	100.0	100.0	100.0	100.0	100.0
96.6	96.9	98.3	99.2	100.4	100.4	100.5	100.5	100.3

4-3 续表 7

（上年同期＝100）

指　标	Item	1 月 January	2 月 February	3 月 March
教育文化和娱乐	**Education, Culture and Recreation**	**101.5**	**100.3**	**100.9**
教育	Education	101.9	101.8	100.9
教育用品	Education Articles	101.8	101.9	100.7
工具书	Reference Book	100.2	100.4	100.2
教材	Textbooks	99.5	99.5	99.5
参考资料	Reference Material	104.2	104.2	102.0
其他教育用品	Other Educational Supplies	97.9	97.9	98.1
教育服务	Education Services	101.9	101.8	100.9
学前教育	Preschool Education	104.4	104.4	102.1
小学初中教育	Primary and Secondary Education	102.9	102.8	101.0
高中中职教育	Secondary Vocational Education	100.0	100.0	99.9
高等教育	Higher Education	100.2	100.2	100.2
课外教育	Extracurricular Education	103.6	103.6	102.5
专业技能培训	Professional Skills Training	99.7	99.6	99.6
文化娱乐	Culture and Recreation	100.9	97.8	100.9
文娱耐用消费品	Durable Consumer Goods for Culture and Recreatior	97.4	97.7	98.1
电视机	Television	95.9	95.8	96.3
照相机	Camera	99.1	97.8	98.1
台式计算机	Desktop Computer	98.1	99.0	99.5
笔记本平板	Netbooks and Tablets	97.1	98.8	99.6
乐器	Musical Instruments	101.0	101.0	101.1
音响	Acoustics	96.4	97.9	97.6
其他文娱耐用消费品	Other Recreational and Durable Goods	99.6	99.3	99.3
其他文娱用品	Other Articles	100.8	100.7	101.0
书报杂志	Newspapers and Magazines	103.5	103.8	105.3
纸张文具	Paper Stationery	100.2	100.3	99.7
体育户外用品	Sports Outdoor Products	99.4	99.3	101.1
游戏用品和玩具	Game Supplies and Toys	100.7	100.9	99.7
园艺花卉及用品	Garden Flowers and Supplies	100.9	99.7	100.4
宠物及用品	Pets and Supplies	101.4	100.0	100.5
其他文化娱乐用品	Other Cultural and Recreational Products	99.6	99.0	99.3
文化娱乐服务	Services for Culture and Recreation	99.6	97.7	99.6
电影票	Cinema Ticket	98.6	87.1	97.4
景点门票	Scenic Spot Ticket	91.6	93.6	95.1
有线电视	Cable Television	100.9	100.8	100.7
健身活动	Fitness Activities	101.8	101.8	101.0
其他文娱服务	Other Recreational Services	101.7	96.9	100.8

continued

(preceding year=100)

4 月 April	5 月 May	6 月 June	7 月 July	8 月 August	9 月 September	10 月 October	11 月 November	12 月 December
100.9	**101.1**	**101.3**	**100.6**	**99.3**	**99.7**	**100.2**	**100.1**	**100.1**
100.9	101.2	101.2	101.1	101.0	101.2	101.3	101.2	101.2
100.4	100.4	100.6	100.9	100.2	100.2	100.9	100.8	100.7
99.4	99.4	99.4	99.7	100.1	100.7	101.8	101.4	101.5
99.5	99.5	99.5	99.5	99.5	100.0	100.0	100.0	100.0
101.5	101.5	101.9	102.2	100.6	100.3	101.3	101.3	101.1
98.5	98.3	99.1	99.5	99.6	99.0	98.5	98.1	98.2
100.9	101.3	101.3	101.1	101.1	101.3	101.3	101.3	101.3
102.1	103.5	103.4	103.4	103.5	102.3	102.3	102.3	102.3
101.0	101.0	101.0	101.0	101.0	100.5	100.5	100.5	100.5
99.9	99.9	99.9	99.9	99.9	101.0	101.0	101.0	101.0
100.2	100.2	100.2	100.2	100.2	100.8	100.8	100.8	100.8
102.3	102.3	102.8	101.9	101.7	102.9	102.8	102.8	102.6
99.9	99.7	99.3	98.5	98.6	98.9	99.0	98.8	99.0
100.8	100.9	101.4	99.9	96.4	97.2	98.5	98.2	98.2
98.1	98.2	98.0	98.4	98.1	98.4	99.0	99.8	100.3
96.2	95.9	96.0	96.2	96.2	96.9	97.7	99.3	99.9
98.6	99.1	99.7	100.1	99.6	99.3	101.2	101.1	101.4
99.7	100.2	99.4	99.6	98.0	97.1	97.3	98.7	99.5
100.0	100.2	100.6	101.4	101.5	102.1	102.4	101.8	101.5
101.1	101.1	98.8	100.9	100.8	100.8	100.8	100.8	100.7
95.8	96.2	95.3	95.4	95.2	97.4	97.9	98.7	99.8
99.4	99.7	99.3	99.5	99.8	100.3	100.4	100.4	100.7
100.8	100.8	100.9	100.9	100.6	100.6	100.7	101.4	101.1
103.7	103.7	103.7	103.7	103.5	103.5	104.1	106.3	103.9
100.0	100.3	100.4	100.6	100.8	100.7	100.9	100.9	101.0
101.2	101.5	101.6	100.9	99.1	99.4	99.3	100.9	101.2
99.8	99.7	99.5	99.9	100.0	99.9	99.6	100.0	100.1
99.9	99.0	99.6	100.0	99.5	99.9	99.6	99.4	99.8
101.2	100.8	100.6	100.8	100.9	100.9	100.3	100.1	100.2
99.3	99.2	99.6	99.7	99.4	98.9	99.7	100.0	100.1
99.6	98.8	99.1	99.2	99.1	99.9	99.9	100.3	100.3
96.9	98.0	100.3	96.7	90.3	98.9	101.7	101.0	100.6
95.5	89.9	91.3	93.9	96.9	96.3	95.3	98.9	99.1
100.7	101.0	101.0	101.0	101.0	101.0	101.0	100.8	100.8
101.0	100.3	100.2	100.5	100.5	100.8	100.6	100.5	100.7
100.6	99.8	99.1	99.3	99.8	99.8	99.6	99.5	99.5

4-3 续表 8

（上年同期=100）

指　标	Item	1 月 January	2 月 February	3 月 March
旅游	Touring and Outing	105.2	96.1	104.2
旅行社收费	Travel Service Charges	105.8	95.6	104.7
其他旅游	Other Travel	100.5	99.9	100.0
医疗保健	**Health Care**	**101.1**	**101.1**	**103.4**
药品及医疗器具	Medicine and Medical Instrument	102.4	102.2	101.9
中药	Traditional Chinese Medicine	102.3	102.0	101.9
中药材	Chinese Medicinal Materials	99.4	99.8	100.2
中成药	Chinese Patent Medicine	103.6	103.0	102.7
西药	Western Medicine	102.7	102.6	101.8
抗微生物药	Antimicrobial Agents	100.4	100.3	99.2
消化系统用药	Digestive System Drugs	102.3	102.0	101.2
呼吸系统用药	Respiratory System Durgs	101.1	100.5	100.6
解热镇痛药	Antipyretic Analgesics	103.8	104.0	104.2
抗肿瘤药	Antineoplastic Agents	101.7	100.3	99.1
激素及影响内分泌药	Hormones and Endocrine Drugs	96.9	97.7	98.1
心血管系统用药	Cardiovascular System Drugs	111.3	110.9	105.3
血液系统用药	Blood System Drugs	102.4	103.4	102.6
治疗精神障碍药	PSYCHOTHERAPEUTICAGENTS	100.9	100.9	101.3
神经系统用药	Drugs for Nervous System	102.1	101.4	102.2
消毒防腐及创伤外科用药	Antiseptic, Antiseptic and Trauma Surgical Drugs	103.3	103.6	103.7
泌尿系统用药	Urinary System Drugs	101.5	101.1	102.2
维生素、矿物质类药	Vitamins and Minerals	100.4	100.6	100.4
调节水、电解质及酸碱平衡药	Adjust Water, Electrolyte and Acid-base Balance	105.2	104.5	105.8
滋补保健品	Nourishing Health Care Products	103.1	103.1	102.7
医疗卫生器具	Medical Sanitation	99.9	100.1	101.3
保健器具	Health Care Appliance	100.8	100.8	100.4
医疗服务	Medical Services	100.4	100.4	104.3
综合医疗类	Synthetic Medicine	100.6	100.6	109.0
一般医疗服务	General Medical Service	100.4	100.4	103.0
一般治疗操作	General Treatment Procedure	101.6	101.6	114.3
护理	Nursing	99.4	99.4	111.9
其他综合医疗服务	Other Comprehensive Medical Services	99.8	99.8	99.8
诊断类	Diagnostic Class	100.2	100.1	100.6
病理学诊断	Pathological Diagnosis	100.0	100.0	100.7
实验室诊断	Laboratory Diagnosis	100.3	100.3	100.4
影像学诊断	Imaging Diagnosis	100.1	99.8	99.8
临床诊断	Clinical Diagnosis	100.0	100.0	102.9

continued

(preceding year=100)

4 月 April	5 月 May	6 月 June	7 月 July	8 月 August	9 月 September	10 月 October	11 月 November	12 月 December
104.2	105.2	106.6	101.0	90.4	91.9	95.6	93.2	92.9
104.7	105.9	107.4	101.1	89.2	91.0	95.1	92.4	92.0
100.0	99.9	100.0	100.0	100.0	100.0	100.0	100.0	100.0
106.1	**106.2**	**105.8**	**106.7**	**106.9**	**107.0**	**107.1**	**107.3**	**107.3**
101.3	100.7	100.4	100.0	99.0	99.0	98.9	99.0	98.8
101.1	101.2	101.1	101.0	100.8	100.7	101.0	100.9	100.6
100.3	100.3	101.0	101.3	103.1	103.6	103.6	103.5	102.3
101.4	101.6	101.1	100.9	99.8	99.6	100.0	99.8	99.9
100.9	99.9	99.2	98.5	97.4	97.4	97.2	97.2	97.1
96.7	96.5	96.9	96.8	97.1	97.1	96.8	96.7	96.6
100.1	100.0	99.7	97.4	96.9	96.8	96.9	96.5	96.2
100.3	100.6	100.1	100.3	100.0	100.0	100.1	100.1	100.1
102.0	102.3	101.9	101.6	101.3	101.4	101.3	101.3	101.6
98.6	99.9	96.7	98.1	97.1	96.8	96.8	97.4	96.2
97.6	98.2	94.7	90.9	89.8	89.6	89.5	89.4	91.0
104.6	96.6	95.3	93.7	87.9	88.0	87.2	87.5	86.0
102.7	100.6	100.1	98.4	97.9	97.8	97.8	98.0	98.4
100.7	100.7	99.7	99.8	99.9	99.8	99.8	99.6	100.4
100.8	100.7	100.4	101.1	100.3	100.5	99.7	100.4	100.7
103.9	103.8	103.1	103.3	101.5	101.6	101.4	101.1	101.0
101.9	101.5	101.2	101.9	101.8	102.4	102.0	101.8	102.2
100.5	100.2	100.3	99.3	99.8	100.4	100.2	100.4	100.5
104.6	104.7	103.9	103.1	102.8	102.9	101.8	101.6	102.2
103.0	102.1	102.2	102.2	100.1	99.8	99.7	99.8	99.3
101.8	100.9	102.0	101.4	100.8	100.8	101.0	101.6	101.8
100.1	99.9	99.3	99.7	98.7	98.5	98.4	98.5	99.0
108.9	109.5	108.9	110.7	111.7	111.7	112.0	112.3	112.4
118.1	118.9	118.0	117.7	118.6	119.0	119.3	120.5	120.7
102.2	102.2	101.8	102.6	102.4	102.4	102.4	102.4	102.4
128.4	130.5	130.0	130.0	132.1	133.0	133.8	135.7	135.9
130.0	129.8	126.8	124.5	125.3	125.5	125.5	127.5	128.2
100.4	102.5	102.5	102.8	102.8	102.8	102.8	102.8	102.8
101.4	101.7	101.7	102.8	103.0	102.8	102.8	102.8	102.9
101.4	104.6	104.5	112.3	119.6	120.6	122.0	122.0	122.1
100.4	100.4	100.5	100.2	99.3	98.4	98.1	98.1	98.1
99.8	100.2	100.2	100.0	100.0	100.1	100.1	100.1	100.1
108.2	108.6	107.9	114.1	116.2	117.0	117.8	117.8	118.2

4-3 续表 9

（上年同期=100）

指 标	Item	1 月 January	2 月 February	3 月 March
治疗类	Therapeutic Category	100.6	100.6	104.3
临床手术治疗	Clinical Surgical Treatment	100.3	100.3	104.7
临床非手术治疗	Clinical Non-surgical Treatment	100.9	100.9	103.8
康复类	Rehabilitation Class	100.1	100.1	100.2
中医医疗服务类	Chinese Medicine Medical Service	100.7	100.7	109.8
其他医疗服务	Other Medical Services	100.0	100.0	102.7
其他用品和服务	**Other Articles and Services**	**103.7**	**102.5**	**103.5**
其他用品类	Other Articles	106.0	106.0	107.0
首饰手表	Jewellery Watches	116.0	116.4	118.4
金饰品	Gold Jewelry	122.8	122.3	128.8
银饰品	Silver Jewelry	98.9	99.2	95.9
铂金饰品	Platinum Jewelry	115.3	118.8	111.1
手表	Wrist Watch	98.6	98.5	98.5
其他杂项用品	Other Miscellaneous Goods	99.4	99.2	99.6
箱包	Luggage and Bags	98.6	98.6	99.2
母婴用品	Mother and Baby Supplies	100.2	100.0	100.0
眼镜	Glasses	99.7	99.4	99.8
其他服务类	Other Services	102.1	99.9	101.0
旅馆住宿	Hotel Accommodation	104.5	94.6	98.7
宾馆住宿	Hotel Accommodation	108.1	96.5	101.4
其他住宿	Other Accommodation	99.9	92.1	95.4
美容美发洗浴	Hairdressing & Beauty and Bath	102.1	98.8	101.2
美容	Hairdressing	102.2	100.3	100.3
美发	Hairdressing	101.9	97.6	101.8
洗浴	Bath	102.6	100.5	101.2
养老服务	Pension Services	103.0	102.4	102.7
金融保险	Financial Insurance	101.6	101.2	101.2
金融服务	Financial Service	100.0	100.0	100.0
车辆保险	Vehicle Insurance	100.6	100.6	100.6
旅行保险	Travel Insurance	105.4	100.2	100.2
其他保险	Other Insurance	102.2	102.2	102.2
其他服务类	Other Services	99.9	100.0	100.0
中介服务	Intermediary Services	100.0	100.3	100.2
其他服务	Other Services	99.8	99.6	99.7

continued

(preceding year=100)

4 月 April	5 月 May	6 月 June	7 月 July	8 月 August	9 月 September	10 月 October	11 月 November	12 月 December
109.6	109.7	109.1	114.3	116.4	116.5	116.9	116.9	116.9
112.3	112.5	111.4	119.1	121.7	121.9	122.6	122.6	122.6
105.9	105.9	105.9	107.7	109.1	109.2	109.2	109.2	109.2
100.2	100.6	100.6	100.8	100.8	100.8	100.8	100.8	100.8
117.2	117.5	116.7	114.7	114.0	114.2	114.2	114.5	115.5
107.7	111.8	110.6	108.9	109.2	109.3	109.3	109.6	109.6
102.5	**102.9**	**102.7**	**103.1**	**103.8**	**102.0**	**101.5**	**102.1**	**102.1**
105.2	106.3	105.9	106.4	107.7	103.9	103.6	104.7	104.7
114.3	117.0	116.0	116.7	119.6	110.4	109.7	111.8	112.0
129.2	131.4	125.9	126.5	129.2	118.9	116.6	120.0	116.3
96.7	99.8	100.0	99.9	104.2	104.3	109.0	109.4	112.8
89.3	94.3	103.3	104.6	107.8	93.2	94.6	93.6	105.5
98.7	98.7	98.6	97.8	97.4	97.5	97.2	99.2	99.3
99.2	99.3	99.1	99.3	99.0	99.0	99.1	99.5	99.4
99.5	99.7	99.7	99.8	98.7	99.0	98.9	99.3	99.7
98.9	99.0	99.1	98.5	99.0	98.5	99.1	99.7	99.0
99.1	98.9	98.3	99.5	99.4	99.7	99.4	99.6	99.5
100.5	100.3	100.3	100.7	100.7	100.6	99.8	100.0	100.1
95.7	95.0	95.6	97.1	97.6	97.4	99.3	98.9	98.4
99.0	98.6	97.0	98.1	98.7	99.3	100.4	99.0	99.2
91.4	90.3	93.6	95.8	96.1	94.9	97.8	98.7	97.2
100.6	100.4	100.3	100.3	100.2	99.7	99.4	100.9	101.4
100.0	100.0	100.0	99.9	99.9	98.1	97.4	99.8	101.3
101.0	100.7	100.5	100.4	100.2	100.5	100.6	101.5	101.5
100.8	100.6	100.2	101.6	101.6	101.3	101.1	101.5	101.5
102.6	102.5	102.3	102.3	101.9	101.6	101.5	101.4	101.5
101.2	101.2	101.2	101.5	101.8	101.8	99.7	99.6	99.6
100.0	100.0	100.0	100.0	100.0	100.0	100.0	100.0	100.0
100.6	100.6	100.6	100.6	100.6	100.6	90.5	90.5	90.5
100.2	100.2	100.2	100.2	100.2	100.2	100.2	100.2	100.2
102.2	102.2	102.2	102.9	103.5	103.7	103.8	103.6	103.6
100.2	100.1	99.9	99.8	99.5	99.5	99.5	99.5	99.4
100.5	100.5	100.5	100.3	99.9	99.9	99.9	99.9	99.9
99.8	99.3	99.0	99.1	98.9	98.9	98.9	99.0	98.6

4-4 居民消费价格分类指数

Consumer Price Indices by Category

（上年=100） (preceding year=100)

指　标	Item	2018	2019
居民消费价格总指数	**Consumer Price Index**	**102.3**	**103.7**
服务项目价格指数	**Items of Service Price Index**	**103.7**	**101.7**
工业品价格指数	**Industrial Product Price Index**	**102.1**	**100.7**
非食品价格指数	**Non-food Price Index**	**102.8**	**101.4**
扣除食品和能源价格指数	**Deduction Food and Energy Price Index**	**102.5**	**101.7**
扣除鲜菜鲜果总指数	**Deduction Fresh Vegetables Fresh Fruit General Index**	**102.3**	**103.4**
食品烟酒	**Food, Tobacco and Liquor**	**101.0**	**109.5**
食品	Food	100.4	112.9
粮食	Grain	100.9	100.5
薯类	Tubers	101.6	106.3
豆类	Beans	101.8	101.8
食用油	Edible Oil and Fats	97.4	100.3
菜	Vegetables	103.0	107.2
畜肉类	Neat of Livestock	93.2	138.4
禽肉类	Meat of Poultry	107.0	112.5
水产品	Aquatic Products	104.2	104.7
蛋类	Eggs	108.5	104.7
奶类	Milk	102.1	101.3
干鲜瓜果类	Dried and Fresh Melons and Fruits	100.3	113.1
糖果糕点类	Candy and Cake	101.5	101.9
调味品	Flavoring	101.9	100.5
其他食品类	Other Foods	100.8	101.0
茶及饮料	Tea and Beverages	102.3	101.2
烟酒	Tobacco and Liquor	100.5	100.8
烟草	Tobacco	99.9	100.0
酒类	Liquor	101.4	101.9
在外餐饮	Dining Out	103.0	104.1

4-4 续表 1 continued

（上年=100） (preceding year=100)

指 标	Item	2018	2019
衣着	**Clothing**	**101.5**	**101.7**
服装	Garments	101.1	101.6
男式服装	Men's Clothing	101.2	101.5
女式服装	Women's Clothing	100.9	101.6
儿童服装	Children's Clothing	101.1	101.7
服装材料	Garments Material	100.3	99.9
其他衣着及配件	Other Clothing and Parts	100.0	100.5
衣着加工服务费	Clothing Manufacturing Service Fees	106.9	106.6
鞋类	Footwear	102.8	101.5
鞋	Shoes	101.5	100.9
鞋类加工服务	Footwear Processing Services	114.0	106.4
居住	**Residence**	**104.3**	**101.7**
租赁房房租	Rent of Rental Housing	105.2	103.0
住房保养维修及管理	Housing Maintenance and Management	104.6	102.1
住房装潢材料	Housing Decoration Materials	103.2	101.6
物业管理费	Property Management Fee	102.8	102.2
住房装潢维修	Housing Decoration Maintenance	106.7	102.5
水电燃料	Water, Electricity and Fuels	103.1	100.9
水	Water	100.5	100.2
电	Electricity	100.0	100.0
燃气	Gas	109.1	102.1
取暖费	Heating Fee	100.0	100.0
其他燃料	Other Fuels	106.4	105.2
自有住房	Private Housing	104.6	101.8

4-4 续表 2 continued

（上年=100） (preceding year=100)

指　标	Item	2018	2019
生活用品及服务	**Articles for Daily Use and Services**	**101.9**	**101.1**
家具及室内装饰品	Furniture and Interior Decorations	101.3	100.7
家具	Furniture	101.4	100.8
室内装饰品	Upholstery	101.0	100.0
家用器具	Home Appliances	100.8	99.6
大型家用器具	Large Household Appliances	100.9	99.5
小家电	Small Home Appliances	100.4	100.2
家用纺织品	Home Textiles	100.6	100.6
床上用品	Bedding Article	100.5	100.4
窗帘门帘	Curtain	102.5	103.3
其他家用纺织品	Other Household Textiles	99.2	99.3
家庭日用杂品	Daily Use Household Articles	102.0	101.7
洗涤卫生用品	Washing Sanitary Articles	102.2	102.0
厨具餐具茶具	Kitchenware, Tableware, Tea set	99.9	100.9
家用手工工具	Hand Tools for Household Use	106.5	103.1
其他家庭日用杂品	Other Family Daily Sundry Goods	102.3	100.9
个人护理用品	Personal-care Supplies	101.2	100.8
化妆品	Cosmetics	100.9	100.3
其他护理用品类	Other Types of Care Products	101.4	101.1
家庭服务	Family Services	107.4	105.0
交通和通信	**Transport and Communications**	**101.6**	**98.1**
交通	Transport	103.0	98.1
交通工具	Transport Facility	97.8	99.3
交通工具用燃料	Fuels for Transport Facility	112.3	94.3
交通工具使用和维修	Use and Maintenance of Transport Facility	102.8	101.1
交通费	Traffic Fee	101.0	100.1
通信	Communications	99.2	98.3
通信工具	Communication Tools	98.2	95.4
通信服务	Communication Services	99.4	99.1
邮递服务	Postal Services	100.5	98.4

4-4　续表 3　continued

（上年=100）　(preceding year=100)

指　标	Item	2018	2019
教育文化和娱乐	**Education, Culture and Recreation**	**102.5**	**102.1**
教育	Education	103.3	103.3
教育用品	Education Articles	102.1	103.0
教育服务	Education Services	103.4	103.4
文化娱乐	Culture and Recreation	101.4	100.2
文娱耐用消费品	Durable Consumer Goods for Culture and Recreation	99.0	99.4
其他文娱用品	Other Articles	102.3	101.9
文化娱乐服务	Services for Culture and Recreation	101.3	101.0
旅游	Touring and Outing	103.0	99.1
医疗保健	**Health Care**	**104.5**	**101.8**
药品及医疗器具	Medicine and Medical Instrument	104.6	104.2
中药	Traditional Chinese Medicine	106.6	105.5
西药	Western Medicine	105.3	104.8
滋补保健品	Nourishing Health Care Products	103.5	103.2
医疗卫生器具	Medical Sanitation	100.2	100.8
保健器具	Health Care Appliance	101.0	101.0
医疗服务	Medical Services	104.5	100.4
综合医疗类	Synthetic Medicine	112.8	100.5
诊断类	Diagnostic Class	100.3	100.4
治疗类	Therapeutic Category	102.8	100.5
康复类	Rehabilitation Class	101.6	100.1
中医医疗服务类	Chinese Medicine Medical Services	111.3	100.4
其他医疗服务	Other Medical Services	102.6	100.7
其他用品和服务	**Other Articles and Services**	**101.3**	**103.0**
其他用品类	Other Articles	98.5	103.1
首饰手表	Jewellery Watches	96.8	107.8
其他杂项用品	Other Miscellaneous Goods	99.7	100.1
其他服务类	Other Services	103.5	102.9
旅馆住宿	Hotel Accommodation	101.4	99.9
美容美发洗浴	Hairdressing & Beauty and Bath	105.6	104.6
养老服务	Pension Services	106.8	103.8
金融保险	Financial Insurance	101.5	102.6
其他服务类	Other Services	107.1	103.8

4-5 各市居民消费价格总指数（1985—2020年）

（上年=100）

年 份 Year	南宁市 Nanning	柳州市 Liuzhou	桂林市 Guilin	梧州市 Wuzhou	北海市 Beihai	防城港市 Fangchenggang
1985	118.3	115.7	114.4	117.4	116.5	
1986	105.2	105.3	105.6	105.1	105.1	
1987	111.1	109.1	113.2	112.7	112.1	
1988	121.6	127.8	124.5	123.4	128.4	
1989	119.4	119.1	119.8	116.2	120.8	
1990	98.0	99.7	99.0	98.7	96.9	
1991	104.1	102.3	101.6	104.8	104.5	
1992	106.7	106.1	109.5	110.2	107.2	
1993	125.1	124.6	120.3	122.2	134.8	
1994	124.8	126.0	128.9	125.8	123.1	
1995	118.6	120.0	119.3	116.1	114.8	
1996	103.3	106.1	108.2	106.8	105.4	
1997	100.2	100.3	101.5	102.1	100.7	
1998	96.7	98.2	95.3	99.9	99.1	
1999	95.9	96.8	98.6	100.1	97.0	
2000	100.0	99.8	99.5	100.5	100.4	
2001	102.8	99.7	102.2	100.3	100.5	
2002	99.4	100.6	100.0	97.8	99.9	
2003	100.8	100.6	100.6	101.3	99.9	
2004	104.2	105.4	104.0	104.3	104.7	
2005	101.1	103.3	104.0	102.8	101.6	
2006	102.5	101.0	100.7	101.4	101.6	
2007	104.5	106.1	106.8	105.8	105.1	
2008	108.4	107.9	105.9	107.5	107.3	112.7
2009	98.2	97.8	99.2	97.6	97.4	97.5
2010	102.5	103.5	102.2	103.5	103.1	104.5
2011	105.7	105.4	105.8	105.4	105.5	106.0
2012	102.9	104.0	103.5	102.9	102.6	102.6
2013	102.1	101.9	102.5	102.3	102.0	102.6
2014	101.6	102.6	102.0	102.1	102.8	102.6
2015	101.9	101.7	101.9	101.0	100.4	101.1
2016	101.4	101.8	102.3	101.2	101.1	101.1
2017	102.3	101.3	101.6	102.3	102.9	102.7
2018	102.5	102.5	102.2	102.3	101.4	103.4
2019	103.4	103.1	103.4	103.9	103.1	103.6
2020	102.3	102.4	102.6	103.0	102.7	102.6

Consumer Price Indices by Cities（1985—2020）

（preceding year=100）

钦州市 Qinzhou	贵港市 Guigang	玉林市 Yulin	百色市 Baise	贺州市 Hezhou	河池市 Hechi	来宾市 Laibin	崇左市 Chongzuo
	114.4		117.9	115.1			
	104.4		110.4	105.8			
	107.7		109.1	114.8			
	123.9		120.5	123.3			
	125.0		123.7	121.3			
	95.8		95.4	96.7			
	103.2		102.5	101.6			
	104.6		109.5	108.5			
	123.1		119.9	120.2			
	127.5		128.0	125.1			
	119.9		121.4	119.5			
	107.6		106.8	107.7			
	100.2		103.0	102.5			
	93.8		99.3	97.3			
	98.1		99.1	97.4			
	98.9		100.0	99.2			
	98.1		102.2	100.3			
	100.7		97.6	98.2			
	102.5		101.4	101.2			
	104.6		104.2	104.6			
	102.0		103.4	101.8			
	100.8		102.9	102.6			
	106.5		105.7	106.9			
110.9	108.0		109.8	108.6	106.8	107.9	110.1
99.7	97.2	97.4	98.5	97.9	98.3	97.9	96.9
103.3	103.8	102.3	103.7	104.4	101.8	103.2	102.9
105.4	105.9	105.5	106.5	106.8	105.6	105.5	105.5
103.1	103.5	103.4	103.0	102.8	103.2	102.6	103.1
102.1	102.7	101.6	102.5	102.0	101.9	102.0	102.5
102.5	101.8	102.6	102.3	101.9	102.8	101.5	102.4
101.1	101.4	101.7	101.9	101.8	100.7	101.2	100.4
101.6	101.2	102.4	101.1	101.4	101.0	102.0	101.6
102.1	101.6	102.2	101.4	101.4	101.3	101.4	101.6
102.2	103.0	102.2	102.5	102.5	102.5	101.9	101.7
103.7	104.1	103.6	103.4	103.0	103.7	104.2	103.8
102.5	102.8	102.4	102.1	102.6	101.9	102.0	102.4

4-6 各市居民消费价格分类指数（2020年）

（上年＝100）

指 标	Item	南宁市 Nanning	柳州市 Liuzhou	桂林市 Guilin
居民消费价格总指数	**Consumer Price Index**	**102.3**	**102.4**	**102.6**
服务价格指数	**Service Price Index**	**100.8**	**100.8**	**100.7**
工业品价格指数	**Industrial Product Price Index**	**97.9**	**98.9**	**98.0**
消费品价格指数	**Consumer Price Index**	**103.2**	**103.3**	**103.6**
非食品价格指数	**Non-food Price Index**	**100.1**	**100.1**	**100.0**
扣除食品和能源价格指数	**Excluding Food and Energy Price Index**	**100.7**	**100.8**	**100.8**
扣除鲜菜鲜果价格指数	**Excluding Fresh Vegetables Fresh Fruit Price Index**	**102.6**	**102.6**	**102.8**
食品烟酒	**Food, Tobacco and Liquor**	**109.1**	**108.1**	**110.0**
食品	Food	111.4	111.2	112.4
粮食	Grain	100.4	100.8	101.0
薯类	Tubers	102.8	106.8	107.5
豆类	Beans	103.9	107.8	104.1
食用油	Edible Oil and Fats	101.9	102.0	105.8
菜	Vegetables	103.4	107.0	108.1
畜肉类	Meat of Livestock	143.6	140.1	141.5
禽肉类	Meat of Poultry	101.2	101.3	105.5
水产品	Aquatic Products	106.4	101.5	103.5
蛋类	Eggs	93.7	91.6	91.8
奶类	Milk	104.3	102.6	103.6
干鲜瓜果类	Dried and Fresh Melons and Fruits	89.1	88.1	89.5
糖果糕点类	Candy and Cake	100.8	101.6	99.4
调味品	Flavoring	101.3	100.2	103.0
其他食品类	Other Foods	103.4	100.9	104.9
茶及饮料	Tea and Beverages	99.4	103.0	100.1
烟酒	Tobacco and Liquor	100.5	101.4	103.2
烟草	Tobacco	100.0	100.0	100.0
酒类	Liquor	101.2	104.4	107.4
在外餐饮	Dinging Out	107.1	102.0	106.0
衣着	**Clothing**	**98.9**	**101.2**	**98.7**
服装	Garments Material	99.0	101.7	98.2
男式服装	Men's Clothing	100.9	103.8	98.3
女式服装	Women's Clothing	99.1	100.9	98.3
儿童服装	Children' Clothing	95.6	100.8	97.6
服装材料	Garments Material	100.3	100.5	99.6
其他衣着及配件	Other Clothing and Parts	96.7	100.9	98.1
衣着加工服务费	Clothing Manufacturing Services	98.7	102.7	96.0
鞋类	Footwear	98.8	99.3	100.5
鞋	Shoes	97.2	98.4	100.3
鞋类加工服务	Footwear Processing Services	106.5	104.5	110.8

Consumer Price Indices by Category and Cities（2020）

（preceding year=100）

梧州市 Wuzhou	北海市 Beihai	防城港市 Fangchenggang	钦州市 Qinzhou	贵港市 Guigang	玉林市 Yulin	百色市 Baise	贺州市 Hezhou	河池市 Hechi	来宾市 Laibin	崇左市 Chongzuo
103.0	**102.7**	**102.6**	**102.5**	**102.8**	**102.4**	**102.1**	**102.6**	**101.9**	**102.0**	**102.4**
101.4	**101.1**	**98.2**	**101.6**	**101.6**	**101.9**	**100.7**	**100.7**	**101.1**	**102.3**	**100.0**
99.1	**98.9**	**98.9**	**99.1**	**99.0**	**98.0**	**99.0**	**98.8**	**97.6**	**97.0**	**97.9**
103.7	**103.5**	**104.9**	**102.9**	**103.4**	**102.6**	**102.8**	**103.5**	**102.3**	**101.9**	**103.7**
100.9	**100.8**	**99.3**	**100.7**	**100.9**	**100.6**	**100.2**	**100.3**	**99.8**	**100.0**	**99.7**
101.4	**101.3**	**99.9**	**101.3**	**101.6**	**101.3**	**100.7**	**100.8**	**100.4**	**101.0**	**100.3**
103.2	**102.9**	**102.4**	**102.7**	**103.0**	**102.8**	**102.3**	**103.0**	**102.0**	**102.4**	**102.5**
108.7	**108.5**	**111.4**	**107.1**	**108.3**	**107.8**	**106.9**	**108.3**	**107.4**	**107.3**	**109.7**
110.8	110.0	115.0	109.0	110.0	109.0	108.9	110.4	109.7	109.4	112.7
99.1	99.8	101.9	101.7	99.5	104.4	100.1	100.3	98.2	100.9	101.2
98.5	105.2	105.3	106.0	107.4	101.1	101.3	104.8	105.4	104.4	101.0
109.4	109.4	103.7	105.7	102.6	107.8	111.9	104.0	109.1	109.2	102.1
104.7	102.4	103.4	103.3	106.4	103.3	105.9	104.5	104.4	103.6	105.5
105.7	105.6	108.6	100.7	104.1	94.2	99.7	99.3	104.1	105.7	104.5
140.1	136.5	155.2	143.4	140.5	140.2	134.8	143.6	137.4	140.5	145.5
96.8	101.2	100.1	93.3	101.9	97.0	97.0	97.5	94.6	96.3	98.5
101.2	105.8	101.4	102.1	98.8	102.4	104.4	102.4	104.6	99.8	100.4
95.3	95.9	98.3	96.4	94.8	90.3	96.2	100.5	90.4	97.9	95.1
101.5	102.3	99.4	100.9	101.4	99.6	95.1	98.4	98.9	98.4	101.0
88.7	91.1	103.5	93.0	92.0	95.0	95.8	90.3	90.0	83.4	98.1
102.9	100.1	102.5	103.9	101.3	100.0	100.6	99.7	99.9	101.2	99.9
101.1	98.9	101.0	102.3	100.5	96.5	101.9	100.5	101.6	100.9	99.9
106.0	99.0	101.9	99.6	99.4	96.0	102.4	99.9	101.0	96.4	99.6
102.5	100.8	101.7	100.2	100.5	98.8	100.5	98.9	100.5	100.7	99.9
101.5	99.2	100.3	102.0	100.5	100.2	102.2	100.7	101.2	100.8	100.5
100.0	100.0	100.0	100.0	100.0	100.0	100.0	100.1	100.0	100.0	100.0
105.5	98.3	100.8	104.3	101.3	100.5	104.2	101.9	102.8	101.8	101.2
106.1	108.8	105.6	104.1	106.5	107.8	103.4	105.2	103.8	103.9	105.9
99.7	**99.2**	**101.9**	**100.0**	**100.3**	**99.6**	**100.0**	**100.4**	**99.6**	**97.9**	**100.1**
98.9	99.2	101.2	99.9	99.4	99.2	100.2	100.5	99.3	97.3	99.6
100.9	101.0	100.8	98.2	96.4	99.6	100.3	100.5	100.7	97.6	99.3
96.9	99.1	102.1	100.2	100.7	99.1	99.3	100.4	97.5	96.9	99.4
100.6	96.3	99.3	102.1	101.8	98.9	102.3	100.8	101.9	98.0	100.6
98.3	100.3	100.0	98.3	100.3	99.4	99.7	105.5	110.1	100.0	100.0
100.5	97.7	101.9	99.9	99.5	103.4	100.3	99.3	100.7	99.6	99.0
100.8	101.2	101.2	100.8	102.2	104.3	101.6	111.1	102.9	101.3	107.3
102.2	99.1	104.8	100.1	103.5	99.8	99.1	98.8	99.5	99.1	101.1
99.5	98.9	104.8	100.6	103.5	99.8	98.9	98.4	99.5	98.4	101.2
117.8	100.0	103.6	95.8	101.8	99.6	100.5	104.7	100.0	104.1	100.0

4-6 续表 1

（上年＝100）

指 标	Item	南宁市 Nanning	柳州市 Liuzhou	桂林市 Guilin
居住	**Residence**	**98.7**	**98.5**	**97.4**
租赁房房租	Rent of Rental Housing	99.1	100.0	98.8
住房保养维修及管理	Housing Maintenance and Management	99.8	99.5	101.4
住房装潢材料	Housing Decoration Materials	100.1	100.4	100.9
物业管理费	Property Management Fee	100.0	100.0	100.0
住房装潢维修	Housing Decoration Maintenance	99.6	98.8	102.9
水电燃料	Water, Electricity and Fuels	97.0	97.1	94.5
水	Water	100.0	100.0	100.0
电	Electricity	100.0	100.0	100.0
燃气	Gas	92.1	93.0	84.7
取暖费	Heating Fee	100.0	100.0	100.0
其他燃料	Other Fuels	94.9	100.1	97.4
自有住房	Home-ownership	99.1	98.4	97.0
生活用品及服务	**Articles for Daily Use and Services**	**99.8**	**100.0**	**100.8**
家具及室内装饰品	Furniture and Interior Decorations	98.8	98.2	100.6
家具	Furniture	98.4	98.0	99.9
室内装饰品	Upholstery	101.8	99.9	109.1
家用器具	Home Appliances	96.3	99.4	100.9
大型家用器具	Large Household Appliances	95.3	99.1	101.2
小家电	Small Home Appliances	98.8	100.7	99.8
家用纺织品	Home Textiles	98.0	99.8	97.5
床上用品	Bedding Article	97.7	100.1	96.7
窗帘门帘	Curtain	100.0	100.0	101.0
其他家用纺织品	Other Household Textiles	98.8	97.2	99.4
家庭日用杂品	Daily Use Household Articles	101.8	100.1	99.9
洗涤卫生用品	Washing Sanitary Articles	102.2	100.4	99.7
厨具餐具茶具	Kitchenware, Tableware, Tea set	99.9	100.2	101.1
家用手工工具	Hand Tools for Household Use	102.2	106.0	99.0
其他家庭日用杂品	Other Family Daily Sundry Goods	101.2	98.4	99.0
个人护理用品	Personal-care Supplies	103.2	101.3	101.8
化妆品	Cosmetics	102.7	101.3	101.9
其他护理用品类	Other Types of Care Products	103.4	101.3	101.7
家庭服务	Household Services	101.2	101.2	102.6
交通和通信	**Transport and Communications**	**95.2**	**96.0**	**95.3**
交通	Transport	93.6	94.3	93.9
交通工具	Transport Facility	93.9	96.3	94.5
交通工具用燃料	Fuels for Transport Facility	87.0	86.1	86.3
交通工具使用和维修	Use and Maintenance of Transport Facility	100.3	100.0	100.0
交通费	Traffic Fee	100.5	101.4	101.3

continued

(preceding year=100)

梧州市 Wuzhou	北海市 Beihai	防城港市 Fangchenggang	钦州市 Qinzhou	贵港市 Guigang	玉林市 Yulin	百色市 Baise	贺州市 Hezhou	河池市 Hechi	来宾市 Laibin	崇左市 Chongzuo
100.3	**98.2**	**94.9**	**99.0**	**98.7**	**100.1**	**99.1**	**99.7**	**99.4**	**98.5**	**98.5**
100.4	97.9	90.9	97.4	97.5	101.5	100.8	99.1	100.0	99.3	101.0
99.3	100.5	100.7	100.8	103.3	100.1	100.0	102.0	100.5	101.4	101.6
99.2	100.4	100.6	101.6	101.1	98.0	99.9	100.4	101.2	100.1	99.7
104.6	100.0	100.0	100.8	100.0	100.0	100.0	100.0	100.0	100.0	100.0
97.7	100.7	100.9	99.7	107.4	102.3	100.2	104.3	100.0	103.0	104.1
100.2	98.5	95.9	97.1	98.6	97.5	99.2	99.8	97.2	93.1	96.2
100.0	100.0	100.0	100.0	100.0	100.0	100.0	100.0	100.1	100.0	100.0
100.0	100.0	100.0	100.0	100.0	100.0	100.0	100.0	100.0	100.0	97.1
100.5	96.0	85.0	89.5	95.3	93.4	96.1	99.1	90.7	81.2	92.9
100.0	100.0	100.0	100.0	100.0	100.0	100.0	100.0	100.0	100.0	100.0
100.0	100.0	104.5	97.3	99.1	96.5	103.8	101.7	100.0	100.0	100.0
100.7	97.2	92.1	99.6	97.2	101.5	98.3	98.8	100.0	100.3	98.2
99.8	**99.0**	**99.9**	**100.0**	**100.9**	**98.6**	**100.3**	**99.4**	**99.1**	**99.4**	**98.9**
102.2	99.3	100.1	100.3	98.0	98.9	99.7	99.6	100.7	100.3	97.3
102.4	99.2	100.0	100.4	97.8	99.1	99.6	99.6	100.6	100.3	97.1
100.4	99.5	100.2	99.0	101.2	97.3	100.8	99.3	102.1	100.1	99.3
95.7	98.2	100.9	98.6	100.4	94.7	97.5	98.5	97.9	100.1	97.7
94.9	97.9	101.1	97.8	100.9	95.3	97.4	98.1	97.5	100.3	97.7
99.0	99.8	100.0	102.1	96.9	92.0	98.1	100.8	99.6	99.5	97.4
98.6	98.7	103.5	103.8	99.1	100.4	99.5	99.8	97.1	99.5	99.8
98.3	98.1	104.1	104.5	99.2	99.8	100.0	99.8	96.5	99.3	99.6
102.5	100.4	101.5	100.4	98.6	104.6	100.1	99.8	98.9	100.0	101.7
99.5	103.0	100.3	100.7	99.0	97.2	93.9	99.7	101.5	100.0	99.9
100.8	98.9	97.7	99.9	99.9	99.8	101.0	99.3	98.8	97.8	99.4
101.5	99.1	93.6	100.2	100.0	101.6	100.9	98.9	97.7	96.6	98.7
100.0	97.9	101.0	99.2	99.9	98.8	100.9	99.6	100.0	98.2	99.5
102.6	102.3	100.0	100.0	102.1	101.8	100.4	100.4	99.8	100.2	100.0
99.5	99.0	103.6	100.0	98.9	96.3	102.1	99.8	100.0	99.0	101.2
101.7	99.2	100.4	101.4	104.5	99.1	102.6	99.3	100.4	99.1	100.0
102.5	99.7	101.5	101.6	103.5	99.2	101.3	99.5	101.0	99.6	97.6
101.1	98.6	99.7	101.2	106.0	98.6	103.2	99.1	100.1	98.8	102.1
100.7	100.8	99.8	98.0	105.8	102.1	102.2	101.3	100.0	100.7	100.9
97.6	**97.3**	**96.0**	**96.1**	**96.5**	**94.7**	**96.1**	**96.1**	**95.1**	**96.0**	**95.9**
95.9	96.4	93.3	94.8	95.0	93.0	95.0	94.8	94.2	94.2	94.5
100.4	98.6	95.7	97.2	99.9	94.4	97.3	97.1	95.9	96.1	96.8
86.4	86.6	85.3	86.7	86.1	86.4	85.8	86.2	86.1	86.4	86.5
100.2	102.0	100.0	99.4	99.1	97.9	99.1	101.3	99.7	98.6	100.7
99.9	101.2	97.0	98.9	100.9	98.1	100.9	101.6	99.7	101.4	98.1

4-6 续表 2

（上年=100）

指 标	Item	南宁市 Nanning	柳州市 Liuzhou	桂林市 Guilin
通信	Communications	98.3	99.2	98.0
通信工具	Communication Tools	100.0	93.0	92.2
通信服务	Communication Services	97.7	101.3	99.8
邮递服务	Postal Service	100.5	93.2	100.1
教育文化和娱乐	**Education, Cultural and Recreation**	**100.0**	**99.9**	**100.4**
教育	Education	100.3	100.7	100.3
教育用品	Eduction Articles	100.9	101.5	99.7
教育服务	Education Services	100.3	100.6	100.4
文化娱乐	Culture and Recreation	99.4	98.9	100.5
文娱耐用消费品	Durable Consumer Goods for Culture and Recreation	97.2	99.7	100.7
其他文娱用品	Other Articles	100.4	99.5	100.3
文化娱乐服务	Services for Culture and Recreation	102.0	98.1	100.3
旅游	Touring and Outing	98.7	98.7	100.5
医疗保健	**Health Care**	**104.4**	**106.1**	**106.8**
药品及医疗器具	Medicine and Medical Instrument	98.4	100.8	101.0
中药	Traditional Chinese Medicines	101.6	101.5	102.5
西药	Western Medicines	93.3	99.7	100.1
滋补保健品	Nourishing Health Care Products	103.8	100.0	101.6
医疗卫生器具	Medical Sanitation	99.6	105.4	100.6
保健器具	Health Care Appliance	100.4	99.7	100.0
医疗服务	Medical Services	108.0	109.8	114.3
综合医疗类	Synthetic Medicine	114.1	112.3	111.0
诊断类	Diagnostic Class	101.9	104.1	102.3
治疗类	Therapeutic Category	109.0	115.7	127.9
康复类	Rehabilitation Class	100.0	100.0	100.0
中医医疗服务类	Chinese Medicine Medical Services	117.5	114.3	131.8
其他医疗服务	Other Medical Services	100.0	108.4	115.3
其他用品和服务	**Other Articles and Services**	**102.5**	**103.0**	**102.6**
其他用品类	Other Articles	107.4	108.8	106.5
首饰手表	Jewellery Watches	114.9	118.3	111.3
其他杂项用品	Other Miscellaneous Goods	97.7	99.3	101.1
其他服务类	Other Services	98.7	98.7	99.2
旅馆住宿	Hotel Accommodation	93.1	92.1	93.3
美容美发洗浴	Hairdressing & Beauty and Bath	100.6	98.6	99.9
养老服务	Pension Services	100.0	100.0	103.3
金融保险	Financial Insurance	99.5	99.3	99.1
其他服务类	Other Services	98.4	100.0	100.9

continued

(preceding year=100)

梧州市 Wuzhou	北海市 Beihai	防城港市 Fangchenggang	钦州市 Qinzhou	贵港市 Guigang	玉林市 Yulin	百色市 Baise	贺州市 Hezhou	河池市 Hechi	来宾市 Laibin	崇左市 Chongzuo
100.9	98.9	100.5	98.7	100.0	97.8	98.6	98.5	96.8	99.5	98.5
105.3	92.6	92.9	100.5	102.7	89.2	92.1	93.8	88.2	97.4	93.4
100.0	100.3	102.5	98.1	100.1	100.8	100.0	99.3	100.0	100.0	99.5
98.8	97.6	99.6	99.5	91.1	102.6	99.6	99.2	99.7	100.0	100.8
99.9	**99.5**	**100.2**	**101.6**	**100.8**	**100.4**	**100.5**	**99.6**	**99.8**	**100.3**	**99.6**
101.4	102.1	100.4	103.7	101.2	102.1	101.6	100.6	101.0	101.0	100.4
98.9	101.1	101.6	100.7	102.5	103.7	99.7	99.4	93.6	99.9	100.6
101.8	102.2	100.3	104.1	101.1	101.8	101.9	100.8	101.6	101.1	100.4
97.7	99.1	100.0	99.4	100.1	97.8	98.8	97.9	98.1	99.3	98.2
96.1	99.1	99.8	99.4	99.9	95.8	98.5	99.3	95.6	99.9	98.6
101.6	101.2	101.7	100.3	102.3	99.4	101.6	100.0	100.7	100.7	100.0
99.9	99.4	100.0	99.8	98.9	96.2	96.4	95.6	99.7	100.7	94.3
95.3	97.1	98.8	98.8	98.4	100.1	98.8	97.1	96.9	97.2	99.5
103.7	**107.9**	**102.6**	**106.6**	**107.0**	**105.4**	**104.2**	**103.7**	**104.4**	**107.8**	**101.0**
100.5	100.3	101.6	101.7	96.9	103.6	101.9	99.8	100.5	99.0	99.7
103.5	100.8	103.3	101.8	95.7	104.4	103.3	101.3	103.3	98.6	100.0
96.2	100.6	100.4	102.2	98.1	105.9	102.4	99.6	98.0	99.5	99.0
105.1	99.4	105.6	101.0	97.4	101.7	100.0	99.4	100.8	96.7	101.9
105.1	100.8	97.6	99.1	93.7	96.3	99.7	98.5	102.9	100.8	99.4
100.0	99.3	100.0	106.0	98.3	100.1	100.0	99.5	99.3	100.2	100.0
105.9	113.8	103.0	110.4	114.4	106.5	105.7	106.1	106.5	113.9	101.8
106.8	123.0	109.2	107.8	124.8	111.8	112.2	111.3	119.6	131.3	103.6
101.0	104.2	98.4	100.7	100.1	100.9	101.7	104.0	101.3	102.0	101.0
110.8	116.5	103.3	126.7	130.1	107.0	107.1	109.9	102.5	115.1	101.1
100.0	100.5	99.3	100.0	100.0	100.0	100.0	102.2	100.8	100.0	100.0
100.0	113.1	106.3	100.0	110.7	111.4	100.0	88.4	107.1	126.1	102.7
108.9	100.0	104.7	102.7	110.9	117.7	100.0	98.8	106.9	100.0	102.4
103.8	**105.1**	**102.9**	**103.3**	**103.8**	**104.5**	**102.2**	**103.1**	**100.4**	**101.2**	**102.3**
105.2	109.0	106.4	106.2	107.4	108.0	105.5	106.6	100.6	101.7	103.8
115.2	118.1	110.7	118.6	114.0	116.4	117.6	121.5	106.7	109.2	111.8
99.2	98.2	104.1	98.5	103.1	101.8	99.0	98.0	99.5	96.8	100.0
102.7	101.8	100.2	101.4	100.6	102.2	99.5	100.5	100.3	100.8	101.3
97.7	100.6	100.8	101.7	97.0	98.8	93.4	101.4	95.7	97.2	98.8
104.7	103.3	99.7	100.9	105.1	97.5	100.5	100.0	100.2	99.4	99.3
109.4	109.6	100.0	101.9	100.1	100.0	103.3	99.5	101.8	108.2	104.8
101.7	100.5	99.6	101.5	99.0	105.5	99.1	100.9	101.5	101.4	103.2
100.0	100.3	103.0	100.7	100.0	101.3	100.4	100.0	100.0	100.0	96.9

4-7 商品零售价格分类指数（2020年）

Retail Price Indices by Category（2020）

（上年=100） （preceding year=100）

指　标	Item	全　区 Province	城　市 Urban Areas	农　村 Rural Areas
商品零售价格指数	**Retail Price Index**	**101.4**	**101.3**	**102.1**
食品	**Food**	**110.2**	**109.8**	**112.9**
粮食	Grain	100.9	100.8	101.3
大米	Rice	100.0	99.8	100.8
面粉	Flour	101.0	101.0	101.0
其他粮食	Other Grain	109.8	109.7	110.8
粮食制品	Grain Products	101.7	101.9	101.1
薯类	Tubers	104.1	104.8	100.1
豆类	Beans	106.5	106.1	109.2
干豆	Dried Bean	106.0	105.7	107.5
豆制品	Bean Products	106.6	106.1	109.6
食用油	Edible Oil and Fats	103.8	103.7	104.5
食用植物油	Edible Vegetable Oil	102.6	102.6	103.0
食用动物油	Edible Animal Oil	116.6	117.1	114.8
菜	Vegetables	103.7	103.7	104.0
鲜菜	Fresh Vegetables	104.0	104.0	104.3
干菜及菜制品	Dried Vegetables and Vegetable Products	100.9	100.8	101.5
畜肉类	Meat of Livestock	142.4	141.7	146.6
猪肉	Pork	147.9	147.1	151.7
牛肉	Beef	120.2	120.2	119.9
羊肉	Mutton	111.4	111.4	111.2
畜肉副产品	Edible Meat and By-products	146.2	147.6	137.0
其他畜肉及制品	Other Livestock Meat and Products	127.9	127.0	135.4
禽肉类	Meat of Poultry	99.6	99.8	98.5
鸡	Chicken	98.3	98.4	97.2
鸭	Duck	98.4	99.2	93.0
其他禽肉及制品	Other Poultry Meat and Products	107.9	107.5	110.3
水产品	Aquatic Products	103.6	103.8	101.2
淡水鱼	Freshwater Fish	104.0	104.1	102.5
海水鱼	Marine Fish	106.5	106.7	104.5
虾蟹类	Shrimp and Crab	93.9	94.1	91.3
其他水产品及制品	Other Aquatic Products and Products	108.1	109.1	99.9

4-7 续表 1 continued

（上年=100） (preceding year=100)

指　标	Item	全　区 Province	城　市 Urban Areas	农　村 Rural Areas
蛋类	Eggs	93.4	93.6	91.9
鸡蛋	Egg	92.6	92.8	91.1
其他蛋及制品	Other Eggs and Products	96.1	96.4	94.4
奶类	Milk	101.9	102.1	100.3
鲜奶	Fresh Milk	103.6	103.9	99.9
酸奶	Yogurt	99.5	99.5	99.9
奶粉	Milk Powder	101.4	101.5	100.3
其他奶制品	Other Dairy Products	101.9	101.9	101.9
干鲜瓜果类	Dried and Fresh Melons and Fruits	90.5	90.5	90.7
鲜瓜果	Melons and Fruits	88.6	88.6	89.1
坚果	Nut	103.3	103.4	102.4
瓜果制品	Melon and Fruit Products	98.3	98.1	100.6
糖果糕点类	Candy and Cake	100.7	100.9	99.4
食糖	Sugar	102.0	102.3	100.3
糖果	Candy	100.4	100.5	100.1
糕点	Cakes and Pastries	100.6	100.8	99.1
其他糖果糕点	Other Sweets and Pastries	100.7	101.1	98.4
调味品	Flavoring	100.6	100.5	100.6
食用盐	Edible Salt	99.1	98.8	100.0
酱油	Soy Sauce	99.1	99.0	99.5
食醋	Vinegar	100.2	100.1	100.8
调味酱	Sauces	102.8	102.8	102.7
味精	Monosodium Glutamate	102.4	103.4	99.4
其他调味品	Other Condiments	101.4	101.4	101.5
其他食品类	Other Foods	101.7	101.9	101.0
方便食品	Convenience Food	103.3	103.4	103.1
淀粉及制品	Starch and Products	101.1	101.1	100.8
膨化食品	Puffed Food	99.1	99.5	97.4
在外餐饮	Dining Out	105.8	105.7	107.2
正餐	Dinner	104.5	104.1	108.0
快餐	Fast Food	106.1	106.1	106.0
地方小吃	Local Snack	109.6	109.6	109.0
其他在外餐饮	Other Outside Catering	102.8	102.8	103.1

4-7 续表 2 continued

（上年＝100） (preceding year=100)

指　标	Item	全　区 Province	城　市 Urban Areas	农　村 Rural Areas
饮料、烟酒	**Beverages, Tobacco and Liquor**	**101.1**	**101.2**	**100.3**
茶及饮料	Tea and Beverages	100.6	100.5	100.9
茶叶	Tea	101.5	101.5	101.4
固体咖啡	Solid Coffee	100.7	100.8	99.9
其他固体饮料	Other Solid Drinks	99.5	99.2	101.0
饮用水	Drinking Water	99.7	99.5	101.2
果汁饮料	Fruit Juice Beverage	98.2	98.0	99.3
其他液体饮料	Other Liquid Beverages	102.0	102.1	101.5
烟草	Tobacco	100.0	100.0	100.0
酒类	Liquor	102.7	103.0	100.1
白酒	Liquor	105.5	106.3	100.5
葡萄酒	Wine	99.9	100.0	98.9
啤酒	Beer	98.4	98.2	99.7
其他酒类	Other Wines	102.9	103.5	100.0
服装、鞋帽	**Garments, Shoes and hats**	**99.4**	**99.4**	**99.7**
服装	Garments	99.5	99.5	99.9
男士服装	Men's Clothing	100.3	100.3	99.8
男式西服	Men's Suits	99.0	99.0	98.5
男式冬衣	Men's Clothes	98.1	98.1	98.6
男式夹克衫	Men's Jacket	101.7	102.0	99.5
男式毛线衣	Men's Sweater	102.2	102.4	100.8
男式运动装	Men's sportswear	101.2	101.3	100.0
男式衬衫T恤	Men's Shirt T-shirt	100.4	100.4	100.0
男式裤子	Men's Dress Pants	100.2	100.1	100.8
男式内衣	Men's Underwear	99.5	99.6	98.3
女士服装	Women's Clothing	99.3	99.3	99.4
女式外套	Women's Coat	100.1	99.8	102.5
女式冬衣	Women's Clothes	98.5	98.4	99.8
女式毛线衣	Women's Sweater	98.7	98.3	101.2
女式运动装	Women's Sportswear	99.2	99.3	99.0
女式衬衫T恤	Women's Shirt T-shirt	98.8	99.0	97.8

4-7　续表 3　continued

（上年＝100）　　(preceding year=100)

指　标	Item	全　区 Province	城　市 Urban Areas	农　村 Rural Areas
女式裤子	Women's Pants	100.0	99.9	100.5
女式裙子	Women's Ladies Skirt	99.8	100.0	97.7
女式内衣	Women's Lingerie	99.3	99.2	99.8
儿童服装	Children's Clothing	98.9	98.7	101.0
婴幼服装	Infant & Toddlers Clothing	98.6	98.5	99.6
儿童上衣	Children's Coat	97.8	97.3	102.5
儿童裤子	Children's Trousers	100.0	99.8	101.7
儿童裙子	Children's Skirt	99.9	100.0	99.7
鞋帽袜	Footgear and Hat	99.2	99.2	99.2
鞋	Shoes	99.2	99.2	99.0
男鞋	Men's Shoes	97.2	97.1	98.3
女鞋	Women's Shoes	100.2	100.3	99.3
童鞋	Children's Shoes	99.6	99.6	99.3
袜子	Socks	99.2	99.1	100.3
帽子	Cap	99.7	99.5	100.3
其他衣着配件	Other Clothing Accessories	98.7	98.6	99.8
纺织品	**Textiles**	**99.4**	**99.3**	**100.2**
服装材料	Clothing	100.4	100.1	102.3
床上用品	Bedding	98.9	98.9	99.0
被子	Quilt	99.6	99.7	98.8
床单被套	Bed Sheet & Duvet Cover	97.0	96.8	98.8
其他床上用品	Other Bedding	101.9	102.1	99.9
家用电器及音像器材	**Household Appliances, Music and Video Equipment**	**97.7**	**97.6**	**98.0**
家庭设备	Household Equipment	98.0	97.9	98.4
洗衣机	Washing Machine	98.4	98.6	97.0
电冰箱（柜）	Refrigerator	97.9	97.7	99.1
抽油烟机	Smoke Lampblack Machine	97.7	97.4	99.7
空调器	Air Conditioner	96.7	96.6	97.6
热水器	Water Heating	97.2	97.1	97.9
炉具灶具	Stove and Cookers	97.7	97.5	99.1
微波炉	Microwave Oven	98.8	98.8	98.9

4-7 续表 4 continued

（上年＝100） (preceding year=100)

指 标	Item	全 区 Province	城 市 Urban Areas	农 村 Rural Areas
厨房小家电	Kitchen Appliances	98.8	98.8	98.5
生活小家电	Small Household Electrical Appliances	99.6	99.5	100.3
其他大型家用器具	Other Large Household Appliances	99.4	99.5	98.4
文娱用耐用消费品	Durable Consumer Goods for Culture and Recreation	97.0	97.0	97.1
电视机	Television	96.0	96.0	96.0
照相机	Camera	99.3	99.3	98.7
音响	Acoustics	97.1	96.8	99.1
其他文娱耐用消费品	Other Recreational and Durable Goods	99.6	99.5	100.1
专业音像器材	Professional Audio and Video Equipment	99.5	99.5	99.4
专业音响器材	Professional Audio Equipment	100.1	100.2	99.0
专业声像器材	Professional Audio-visual Equipment	98.5	98.4	100.0
文化办公用品	**Cultural and Office Appliances**	**99.8**	**99.7**	**100.2**
纸张文具	Paper Stationery	100.4	100.4	100.4
台式计算机	Desktop Computer	98.9	98.9	99.0
笔记本平板	Notebook Computer	100.6	100.5	101.3
电脑附件	Computer Accessories	98.8	98.7	99.9
打印复印机	Print Copy Machine	99.7	99.5	100.8
教学设备	Teaching Equipment	100.9	100.9	100.5
日用品	**Articles for Daily Use**	**99.8**	**99.9**	**99.1**
日用百货	General Merchandise for Daily Use	99.2	99.4	98.2
电动自行车	Electric Bicycle	97.2	97.2	97.3
自行车	Bicycle	101.8	101.7	102.2
雨具	Rain Gear	99.2	98.9	100.5
护理器具	Nursing Instrument	99.7	100.1	97.6
清洁用纸	Hygiene Paper	100.4	100.9	95.1
化妆器具	Make-up Appliances	100.0	100.0	100.0
厨具餐具茶具	Kitchenware, Tableware, Tea Set	99.8	99.9	99.0
厨具	Kitchenware	100.2	100.3	99.1
餐具	Tableware	99.2	99.3	98.2
茶具	Tea Set	99.8	99.7	100.0
清洗用品	Cleaning Supplies	100.4	100.4	100.6

4-7 续表 5 continued

（上年=100） (preceding year=100)

指 标	Item	全 区 Province	城 市 Urban Areas	农 村 Rural Areas
其他日用品	Other Daily Necessities	100.0	100.1	98.8
灯具	Lamps and Lanterns	102.1	102.6	99.7
箱包	Luggage and Bags	99.8	99.9	98.7
母婴用品	Mother and Baby Supplies	99.2	99.6	96.0
眼镜	Glasses	99.4	99.4	99.6
其他护理用品	Other Nursing Supplies	101.2	101.6	99.4
其他日用杂品	Other Daily Sundry Goods	99.1	98.9	99.9
体育娱乐用品	**Sports and Recreation Articles**	**99.7**	**99.6**	**100.5**
体育户外用品	Sports Outdoor Products	99.5	99.5	100.0
娱乐用品	Amusement Articles	99.8	99.8	100.8
乐器	Musical Instrument	101.3	101.4	100.0
游戏用品和玩具	Game Supplies and Toys	100.0	100.0	100.0
园艺花卉及用品	Garden Flowers and Supplies	99.5	99.1	103.5
宠物及用品	Pets and Supplies	100.5	100.4	100.9
其他文化娱乐用品	Other Cultural and Recreational Products	98.9	98.8	100.1
交通、通信用品	**Transportation and Communication Appliances**	**96.4**	**96.6**	**95.4**
交通运输机械	Machinery of Communications and Transportation	96.8	96.8	96.9
小型汽车	Compact Cars	95.0	95.1	94.7
大中型客车	Large and Medium Passenger Vehicle	99.4	99.3	99.5
交通工具零配件	Transportation Accessories	98.8	98.7	99.4
通信器材	Apparatus of Communication	95.7	96.1	92.8
固定电话机	Fixed Telephone Set	100.4	100.3	100.6
移动电话机	Mobile Telephone Set	94.9	95.4	91.1
其他通信器材	Other Communication Equipment	99.6	99.5	100.2
家具	**Furniture**	**99.3**	**99.2**	**100.1**
柜	Cabinet	98.6	98.5	99.6
床	Bed	99.1	99.0	100.1
桌	Table	98.0	97.9	99.9
椅	Chair	98.1	98.0	100.1
沙发	Sofa	100.3	100.3	100.7
其他家具	Other Furniture	101.7	101.8	100.0

4-7 续表 6 continued

（上年=100） (preceding year=100)

指 标	Item	全 区 Province	城 市 Urban Areas	农 村 Rural Areas
化妆品	**Cosmetics**	**101.7**	**101.9**	**100.3**
清洁化妆品	Cleaning Cosmetics	102.3	102.6	100.6
护肤化妆品	Skin Care Cosmetics	101.6	101.7	100.3
彩妆化妆品	Make Up Cosmetics	100.6	100.6	100.6
清洁类护理用品	Cleaning Supplies	101.9	102.0	100.3
护发美发用品	Hair Care Products	101.7	102.0	99.5
金银饰品	**Gold and Silver Ornaments**	**117.2**	**117.7**	**111.7**
金饰品	Gold Jewelry	124.4	125.0	117.1
银饰品	Silver Jewelry	102.8	102.9	101.8
铂金饰品	Platinum Jewelry	102.1	102.2	101.5
中西药品及医疗保健用品	**Traditional Chinese and Western Medicines and Health Care Articles**	**100.0**	**99.9**	**100.5**
医疗卫生器具	Medical Instrument	100.5	100.2	104.0
中药	Traditional Chinese Medicines	101.5	101.7	100.4
中药材	Chinese Medicinal Materials	102.8	103.6	99.2
中成药	Chinese Patent Medicine	101.0	101.0	101.0
西药	Western Medicines	98.9	98.7	100.3
抗微生物药	Antimicrobial Agents	97.5	97.3	98.4
消化系统用药	Digestive System Drugs	97.6	97.1	101.0
呼吸系统用药	Respiratory System Durgs	100.5	100.4	100.5
解热镇痛药	Antipyretic Analgesics	101.5	101.2	104.0
抗肿瘤药	Antineoplastic Agents	97.0	96.1	102.0
激素及影响内分泌药	Hormones and Endocrine Drugs	92.0	91.5	94.8
心血管系统用药	Cardiovascular System Drugs	96.2	96.1	96.6
血液系统用药	Blood System Drugs	99.1	98.4	101.8
治疗精神障碍药	PSYCHOTHERAPEUTICAGENTS	100.2	100.1	100.5
神经系统用药	Drugs for Nervous System	99.5	99.1	102.4
消毒防腐及创伤外科用药	Antiseptic, Antiseptic and Trauma Surgical Drugs	102.8	103.0	101.7
泌尿系统用药	Urinary System Drugs	100.7	100.4	102.3
维生素、矿物质类药	Vitamins and Minerals	100.0	99.9	100.4
调节水、电解质及酸碱平衡药	Adjust Water, Electrolyte and Acid-base Balance	104.3	104.8	101.0
保健器具及用品	Health Appliances and Supplies	101.0	101.1	100.9
保健器具	Health Care Appliance	100.1	100.2	99.4
滋补保健品	Nourishing Health Care Products	101.5	101.5	101.5

4-7　续表 7　continued

（上年=100）　　　　　　　　　　　　　　　　　　　　（preceding year=100）

指　标	Item	全　区 Province	城　市 Urban Areas	农　村 Rural Areas
书报杂志及电子出版物	**Books, Newspapers, Magazines and Electronic Publications**	**101.6**	**101.5**	**102.7**
教材及参考书	Texts and Reference Books	100.4	100.2	101.6
工具书	Reference Book	100.5	100.5	100.2
教材	Text-book	99.7	99.7	99.7
参考资料	Reference Material	101.0	100.7	103.2
其他教育用品	Other Educational Supplies	98.7	98.6	99.0
书报杂志	Newspapers and Magazines	103.7	103.6	104.6
计算机办公软件	Computer Office Software	100.0	99.9	100.8
燃料	**Fuels**	**89.5**	**89.3**	**90.9**
煤炭及制品	Coal and Its Products	97.5	98.3	94.6
原煤	Coal	91.8	94.3	88.4
煤制品	Coal Products	99.4	99.3	100.0
石油及制品	Oil and Its Products	88.7	88.5	90.1
管道燃气	Pipeline Gas	94.2	93.7	99.8
液化石油气	Liquified Petroleum Gas	91.7	91.3	94.9
汽油	Gasoline	85.9	85.9	85.9
柴油	Kerosene	84.7	84.7	84.7
建筑材料及五金电料	**Building Materials and Hardware**	**100.1**	**100.2**	**99.9**
建筑装潢材料	Building Decoration Materials	100.0	100.0	99.8
木地板	Wood Floor	98.9	99.1	97.3
瓷砖	Ceramic Tile	96.7	96.5	97.7
水泥	Cement	104.4	104.3	104.8
涂料	Coating	101.0	101.1	100.9
板材	Board	100.7	100.6	101.2
管材	Pipe	99.4	99.2	100.1
厨卫设备	Kitchen & Bath Fixtures	101.0	101.2	99.9
门窗	Doors and Windows	99.6	99.5	100.4
其他住房装潢材料	Other Housing Decoration Materials	103.1	104.0	98.5
五金水暖	Hardware Plumbing	100.7	100.7	100.4
家用手工工具	Hand Tools for Household use	101.5	101.6	100.4
配电附件	Distribution Accessories	100.8	100.8	100.5
水暖器材	Plumbing Equipment	100.0	99.9	100.2

4-8 商品零售价格分类指数

Retail Price Indices by Category

（上年=100） (preceding year=100)

指 标	Item	2018	2019
商品零售价格指数	**Retail Price Index**	**101.6**	**103.2**
食品	**Food**	**101.0**	**111.5**
粮食	Grain	101.2	100.7
薯类	Tubers	102.6	106.1
豆类	Beans	103.0	102.5
食用油	Edible Oil and Fats	96.8	100.6
菜	Vegetables	103.4	107.0
畜肉类	Meat of Livestock	93.7	137.0
禽肉类	Meat of Poultry	107.5	112.8
水产品	Aquatic Products	103.5	105.2
蛋类	Eggs	107.7	104.5
奶类	Milk	102.4	101.2
干鲜瓜果类	Dried and Fresh Melons and Fruits	99.6	114.4
糖果糕点类	Candy and Cake	101.6	101.3
调味品	Flavoring	101.8	100.4
其他食品类	Other Foods	100.5	100.4
在外餐饮	Dining Out	103.0	103.8
饮料、烟酒	**Beverages, Tobacco and Liquor**	**101.5**	**101.0**
茶及饮料	Tea and Beverages	102.3	101.6
烟草	Tobacco	100.0	100.0
酒类	Liquor	102.5	101.5
服装、鞋帽	**Garments, Shoes and Hats**	**100.9**	**101.8**
服装	Garments	100.9	102.0
男士服装	Men's Clothing	101.0	102.1
女士服装	Women's Clothing	100.7	101.9
儿童服装	Children's Clothing	101.1	102.2
鞋帽袜	Footgear and Hat	101.2	101.5
鞋	Shoes	101.3	101.4
袜子	Socks	100.7	101.1
帽子	Cap	99.4	104.0
其他衣着配件	Other Clothing and Parts	99.3	97.9
纺织品	**Textiles**	**99.3**	**100.4**
服装材料	Clothing	99.1	99.4
床上用品	Bedding	99.3	101.0

4-8　续表　continued

（上年＝100）　　(preceding year=100)

指　标	Item	2018	2019
家用电器及音像器材	**Household Appliances, Music and Video Equipment**	**99.6**	**98.9**
家庭设备	Household Facilities	100.9	98.7
文娱用耐用消费品	Durable Consumer Goods for Culture and Recreation	98.2	99.1
专业音像器材	Professional Audio and Video Equipment	98.0	98.9
文化办公用品	**Cultural and Office Appliances**	**100.2**	**99.8**
日用品	**Articles for Daily Use**	**100.9**	**101.0**
日用百货	General Merchandise for Daily Use	101.1	101.7
厨具餐具茶具	Kitchen Utensils, Tableware and Tea Set	99.6	100.2
清洗用品	Washing and Cleaning Goods	102.1	101.8
其他日用品	Other Daily-use Goods	100.5	99.7
体育娱乐用品	**Sports and Recreation Articles**	**100.9**	**99.6**
体育户外用品	Sports Outdoor Goods	100.5	98.6
娱乐用品	Recreational Goods	101.2	100.3
交通、通信用品	**Transportation and Communication Appliances**	**98.6**	**98.6**
交通运输机械	Traffic and Transport Machinery	98.4	99.6
通信器材	Communication Equipment	99.0	96.5
家具	**Furniture**	**101.6**	**100.7**
化妆品	**Cosmetics**	**101.3**	**100.5**
金银饰品	**Gold and Silver Ornaments**	**95.7**	**109.4**
中西药品及医疗保健用品	**Traditional Chinese and Western Medicines and Health Care Articles**	**104.9**	**104.7**
医疗卫生器具	Medical Instrument	100.0	100.2
中药	Traditional Chinese Medicines	106.9	105.3
西药	Western Medicines	104.8	105.3
保健器具及用品	Health Apparatus and Supplies	103.2	102.7
书报杂志及电子出版物	**Books, Newspapers, Magazines and Electronic Publications**	**102.7**	**103.5**
教材及参考书	Texts and Reference Books	102.6	102.9
书报杂志	Newspapers and Magazines	103.8	106.1
计算机办公软件	Computer Office Software	100.5	98.7
燃料	**Fuels**	**111.0**	**98.4**
煤炭及制品	Coal and Coal Products	105.4	99.9
石油及制品	Petroleum and Petroleum Products	111.6	98.3
建筑材料及五金电料	**Building Materials and Hardware**	**102.6**	**101.1**
建筑装璜材料	Building Decoration Materials	102.7	101.2
五金水暖	Hardware	102.5	100.7

4-9 各市商品零售价格总指数（1985—2020年）

（上年＝100）

年 份 Year	南宁市 Nanning	柳州市 Liuzhou	桂林市 Guilin	梧州市 Wuzhou	北海市 Beihai	防城港市 Fangchenggang
1985	118.7	115.4	113.5	117.5	117.0	
1986	105.3	105.8	105.0	105.8	104.0	
1987	111.8	108.9	113.6	111.8	112.8	
1988	122.1	126.5	126.1	123.9	126.1	
1989	119.4	118.4	118.1	115.8	120.7	
1990	97.3	98.8	98.5	97.5	96.2	
1991	104.0	102.2	101.6	104.7	104.1	
1992	105.7	105.8	108.6	109.6	105.4	
1993	124.1	123.8	119.8	120.0	134.0	
1994	120.8	124.1	125.5	124.7	122.1	
1995	114.9	116.4	113.8	114.8	113.3	
1996	102.5	104.5	106.3	106.3	103.6	
1997	99.5	99.5	100.5	101.5	99.7	
1998	95.8	98.0	94.8	98.2	98.1	
1999	95.9	96.3	97.6	99.8	96.4	
2000	98.3	97.5	99.2	99.2	97.9	
2001	95.9	97.3	97.5	98.4	98.3	
2002	97.5	99.7	99.7	96.6	97.7	
2003	99.5	99.2	100.1	100.4	99.2	
2004	102.7	104.6	103.7	103.6	103.9	
2005	100.3	100.7	102.0	101.9	101.8	
2006	101.0	100.1	101.0	100.8	101.3	
2007	103.3	105.0	104.8	104.1	103.8	
2008	107.9	107.1	106.8	107.5	107.7	109.4
2009	98.5	97.5	99.6	97.1	97.9	96.7
2010	102.3	104.1	102.5	103.4	103.0	104.9
2011	104.9	105.4	106.2	105.7	105.6	106.7
2012	101.7	102.8	102.4	102.0	102.2	101.9
2013	100.8	100.9	101.7	101.6	101.0	101.4
2014	100.7	102.0	101.4	101.2	102.0	102.1
2015	100.4	100.1	100.1	99.6	99.3	100.6
2016	99.8	100.5	100.9	100.6	100.8	101.0
2017	100.9	100.5	101.1	102.6	101.2	102.1
2018	101.1	101.4	102.1	102.6	100.6	101.9
2019	103.1	102.8	103.2	104.0	102.6	103.5
2020	100.9	102.1	101.4	102.4	101.1	102.6

Retail Price Indices by Cities（1985—2020）

（preceding year=100）

钦州市 Qinzhou	贵港市 Guigang	玉林市 Yulin	百色市 Baise	贺州市 Hezhou	河池市 Hechi	来宾市 Laibin	崇左市 Chongzuo
	114.2		115.6	114.6			
	104.2		110.0	104.9			
	110.8		109.2	114.6			
	125.1		119.3	120.9			
	124.1		121.9	121.1			
	95.5		97.0	95.8			
	102.8		102.8	100.7			
	103.3		107.1	107.4			
	120.5		118.6	119.0			
	127.2		126.1	121.4			
	119.0		120.7	117.3			
	103.3		105.4	105.3			
	98.0		100.9	100.1			
	93.7		97.3	96.4			
	96.3		98.4	96.4			
	99.0		97.7	99.0			
	98.3		99.0	98.3			
	98.9		97.2	98.0			
	101.1		99.4	101.0			
	103.3		102.9	104.6			
	100.8		102.5	100.4			
	99.1		101.6	101.6			
	105.5		104.3	105.1			
109.7	107.5		110.0	108.6	106.6	107.0	109.6
98.8	96.5	96.8	97.9	97.5	98.3	97.1	97.6
103.2	103.8	102.5	103.4	103.8	102.3	102.6	103.2
105.6	106.3	105.7	106.3	107.0	105.1	106.2	105.7
102.3	102.5	102.7	102.5	101.8	102.7	101.9	101.7
101.8	101.5	101.3	101.7	100.5	101.3	100.5	101.3
101.6	101.7	102.3	101.5	100.7	102.2	100.7	101.7
100.0	98.9	100.6	100.8	100.4	99.5	100.3	99.5
100.9	99.7	101.0	100.4	99.2	100.5	101.3	100.9
102.4	101.7	101.8	100.7	100.2	101.0	101.4	101.0
102.5	102.1	101.6	102.4	101.1	101.3	101.9	100.5
103.4	104.1	103.0	103.0	103.0	103.3	103.6	102.7
102.0	102.4	100.8	101.0	102.2	100.8	99.8	101.6

4-10 各市商品零售价格分类指数（2020年）

（上年=100）

指　标	Item	南宁市 Nanning	柳州市 Liuzhou	桂林市 Guilin
商品零售价格指数	**Retail General Price Index**	**100.9**	**102.1**	**101.4**
食品	**Food**	**109.3**	**111.0**	**111.5**
粮食	Grain	100.3	100.4	101.0
薯类	Tubers	102.8	106.8	107.5
豆类	Beans	103.9	107.8	104.1
食用油	Edible Oil and Fats	101.9	102.0	105.8
菜	Vegetables	103.4	107.0	108.1
畜肉类	Meat of Livestock	143.9	139.9	141.5
禽肉类	Meat of Poultry	101.2	101.3	105.5
水产品	Aquatic Products	106.4	102.6	103.5
蛋类	Eggs	93.7	91.6	91.8
奶类	Milk	104.3	102.2	103.6
干鲜瓜果类	Dried and Fresh Melons and Fruits	89.1	88.1	89.5
糖果糕点类	Candy and Cake	100.8	101.6	99.4
调味品	Flavoring	101.9	100.2	103.0
其他食品类	Other Foods	103.4	100.9	104.9
在外餐饮	Dining Out	107.1	102.0	106.0
饮料、烟酒	**Beverages, Tobacco and Liquor**	**100.2**	**102.5**	**102.7**
茶及饮料	Tea and Beverages	99.3	103.0	100.1
烟草	Tobacco	100.0	100.0	100.0
酒类	Liquor	101.2	104.4	107.4
服装、鞋帽	**Garments, Shoes and Hats**	**98.4**	**101.0**	**98.5**
服装	Garments	99.0	101.8	98.1
男士服装	Men's Clothing	100.9	104.0	98.3
女士服装	Women's Clothing	99.1	100.9	98.3
儿童服装	Children's Clothing	95.6	100.8	97.4
鞋帽袜	Footgear and Hat	97.1	98.6	99.6
鞋	Shoes	97.2	98.4	100.3
袜子	Socks	97.5	99.7	98.3
帽子	Cap	95.8	106.1	100.0
其他衣着配件	Other Clothing Accessories	96.0	100.2	97.3
纺织品	**Textiles**	**98.6**	**100.2**	**97.1**
服装材料	Materials for Clothing	100.3	100.5	99.6
床上用品	Bedding Article	97.7	100.1	96.7

Retail Price Indices by Category of Commodities and Cities（2020）

（preceding year=100）

梧州市 Wuzhou	北海市 Beihai	防城港市 Fangchenggang	钦州市 Qinzhou	贵港市 Guigang	玉林市 Yulin	百色市 Baise	贺州市 Hezhou	河池市 Hechi	来宾市 Laibin	崇左市 Chongzuo
102.4	**101.1**	**102.6**	**102.0**	**102.4**	**100.8**	**101.0**	**102.2**	**100.8**	**99.8**	**101.6**
110.2	**108.1**	**114.1**	**109.2**	**111.2**	**109.3**	**107.6**	**111.1**	**110.8**	**106.9**	**112.3**
99.1	99.7	101.4	101.6	99.6	104.6	100.1	100.2	98.2	100.8	101.1
98.5	105.2	105.3	106.0	107.4	101.1	101.3	104.8	105.4	104.4	101.0
109.4	109.4	103.7	105.7	102.6	107.8	111.9	104.0	109.1	109.2	102.1
104.7	102.4	103.4	103.3	106.4	103.3	105.9	104.5	104.4	103.6	105.5
105.7	105.4	108.6	100.7	104.1	94.2	99.7	99.3	104.1	105.7	104.5
140.1	136.5	155.2	143.4	140.2	140.7	134.4	143.6	137.4	141.2	145.5
96.8	101.2	100.1	93.3	102.2	97.0	97.0	97.5	94.6	96.3	98.5
101.6	106.6	101.4	102.1	98.8	100.2	104.4	102.4	104.6	99.5	100.4
95.3	95.9	98.3	96.4	94.9	90.3	96.2	100.5	90.4	97.9	95.1
101.5	102.3	99.4	100.9	101.4	99.9	95.1	98.4	98.9	98.4	101.0
88.7	91.1	103.5	93.0	92.0	95.0	95.8	90.3	90.0	83.4	98.1
102.9	100.1	102.5	103.9	101.5	100.0	100.6	99.7	99.9	101.2	99.9
101.1	98.9	101.0	102.4	101.1	95.6	101.9	100.5	101.6	101.1	99.9
106.0	99.0	101.9	99.6	99.4	96.0	102.4	99.9	101.0	96.4	99.6
106.1	108.8	105.6	104.1	107.1	107.8	103.4	105.2	103.8	103.9	105.9
102.4	**99.7**	**100.8**	**101.8**	**100.5**	**100.1**	**101.5**	**100.3**	**101.1**	**100.8**	**100.4**
102.5	100.8	101.7	101.0	100.5	98.8	100.0	98.9	100.5	100.4	99.9
100.0	100.0	100.0	100.0	100.0	100.0	100.0	100.1	100.0	100.0	100.0
105.5	98.3	100.8	104.3	101.3	101.3	104.2	101.9	102.8	102.0	101.2
99.2	**99.0**	**101.9**	**100.1**	**100.6**	**99.7**	**99.8**	**99.9**	**99.4**	**97.7**	**99.8**
98.9	99.2	101.2	100.0	99.3	99.3	100.1	100.4	99.3	97.4	99.6
100.9	101.0	100.8	98.2	96.6	99.8	100.1	100.3	100.7	97.7	99.3
96.9	99.1	102.2	100.2	100.7	99.1	99.3	100.4	97.5	96.9	99.4
100.6	96.3	99.3	102.1	101.8	98.9	102.3	100.8	101.9	98.0	100.6
99.7	98.9	104.2	100.5	104.1	100.5	99.0	98.5	99.6	98.7	100.8
99.5	98.9	104.8	100.6	104.9	99.8	98.9	98.4	99.5	98.4	101.2
100.0	98.0	102.4	100.0	99.8	104.0	100.6	99.4	101.7	100.3	97.5
100.2	100.0	101.2	99.7	98.5	103.1	100.0	100.4	98.9	99.5	99.8
101.4	95.9	98.7	99.6	98.1	102.1	100.0	98.3	100.5	98.9	100.0
98.3	**98.4**	**103.7**	**102.5**	**99.5**	**99.7**	**99.9**	**102.0**	**97.0**	**99.4**	**99.7**
98.3	100.3	100.0	98.3	100.3	99.4	99.7	105.5	110.1	100.0	100.0
98.3	98.1	104.1	104.5	99.2	99.8	100.0	99.8	96.5	99.3	99.6

4-10 续表

（上年＝100）

指 标	Item	南宁市 Nanning	柳州市 Liuzhou	桂林市 Guilin
家用电器及音像器材	**Household Appliances and Audio and Video Equipment**	**96.4**	**99.2**	**100.5**
家庭设备	Household Equipment	95.7	99.2	100.6
文娱用耐用消费品	Entertainment and Durable Consumer Goods	96.9	99.2	100.8
专业音像器材	Professional Audio and Video Equipment	98.9	99.8	96.1
文化办公用品	**Cultural and Office Appliances**	**99.7**	**98.7**	**100.5**
日用品	**Articles for Daily Use**	**100.6**	**100.2**	**99.8**
日用百货	General Merchandise for Daily Use	100.9	102.1	98.8
厨具餐具茶具	Kitchenware, Tableware, Tea Set	100.1	100.2	101.1
清洗用品	Cleaning Supplies	101.4	99.3	95.7
其他日用品	Other Daily Necessities	99.8	98.9	103.0
体育娱乐用品	**Sports and Recreation Articles**	**99.0**	**98.9**	**99.8**
体育户外用品	Sports Outdoor Products	97.1	100.3	99.0
娱乐用品	Amusement Articles	100.1	98.1	100.1
交通、通信用品	**Transportation and Communication Appliances**	**97.7**	**95.3**	**95.2**
交通运输机械	Machinery of Communications and Transportation	96.6	96.5	96.6
通信器材	Apparatus of Communication	100.7	92.5	91.8
家具	**Furniture**	**98.5**	**98.0**	**99.9**
化妆品	**Cosmetics**	**103.3**	**101.4**	**101.6**
金银饰品	**Gold and Silver Ornaments**	**116.2**	**121.2**	**114.7**
中西药品及医疗保健用品	**Traditional Chinese and Western Medicines and Health Care Articles**	**97.3**	**100.6**	**100.9**
医疗卫生器具	Medical Instrument	99.6	105.4	100.6
中药	Traditional Chinese Medicines	101.5	101.5	102.5
西药	Western Medicines	93.4	99.7	100.1
保健器具及用品	Health Appliances and Supplies	103.2	99.8	100.9
书报杂志及电子出版物	**Books, Newspapers, Magazines and Electronic Publications**	**101.7**	**102.0**	**100.9**
教材及参考书	Texts and Reference Books	99.9	100.6	99.7
书报杂志	Newspapers and Magazines	103.4	104.4	102.3
计算机办公软件	Computer Office Software	100.0	100.0	99.4
燃料	**Fuels**	**89.3**	**90.4**	**85.7**
煤炭及制品	Coal and Its Products	96.9	99.7	94.9
石油及制品	Oil and Its Products	88.6	89.6	84.8
建筑材料及五金电料	**Building Materials and Hardware**	**100.3**	**101.0**	**100.5**
建筑装璜材料	Building Decoration Materials	100.1	100.4	100.9
五金水暖	Hardware Plumbing	101.1	102.8	99.2

continued

(preceding year=100)

梧州市 Wuzhou	北海市 Beihai	防城港市 Fangchenggang	钦州市 Qinzhou	贵港市 Guigang	玉林市 Yulin	百色市 Baise	贺州市 Hezhou	河池市 Hechi	来宾市 Laibin	崇左市 Chongzuo
95.4	**98.2**	**99.7**	**98.8**	**101.0**	**94.3**	**97.0**	**98.5**	**95.0**	**99.9**	**97.7**
95.8	98.0	100.8	98.6	101.0	94.7	97.5	98.5	96.4	100.1	97.7
94.4	98.2	97.8	98.9	101.1	92.2	96.7	98.3	92.3	99.5	97.3
99.8	99.8	99.0	99.7	100.4	101.8	93.5	99.8	99.8	99.8	100.0
99.8	**99.3**	**100.0**	**100.0**	**99.7**	**100.0**	**101.2**	**99.9**	**100.4**	**100.5**	**99.7**
99.3	**98.7**	**99.2**	**100.2**	**99.9**	**99.8**	**100.4**	**98.6**	**99.3**	**97.9**	**98.8**
100.4	98.0	94.7	99.4	96.9	96.5	99.5	97.6	98.5	100.1	97.2
100.0	97.9	101.0	99.2	99.8	98.8	100.9	99.6	100.0	98.2	99.5
98.5	101.1	99.5	103.7	102.1	103.9	101.3	100.0	99.5	94.1	99.0
98.3	98.1	102.4	98.9	102.0	101.5	100.2	98.1	99.6	97.8	100.3
101.8	**99.7**	**101.5**	**99.2**	**103.0**	**99.5**	**100.0**	**98.9**	**98.7**	**99.9**	**99.6**
104.0	99.0	99.8	97.2	106.6	98.0	100.0	98.2	100.2	100.5	100.0
100.1	100.2	102.2	99.9	99.9	100.4	100.0	99.3	97.8	99.5	99.4
101.5	**96.9**	**96.7**	**99.1**	**100.3**	**93.8**	**95.5**	**96.7**	**93.3**	**97.0**	**96.7**
99.9	98.3	97.1	97.8	99.6	95.8	97.0	97.7	95.5	96.6	97.7
104.7	92.6	92.8	101.1	102.3	89.1	92.2	94.3	89.8	97.7	94.5
102.4	**99.2**	**100.1**	**100.4**	**97.8**	**99.1**	**99.6**	**99.6**	**100.6**	**100.3**	**97.1**
102.4	**99.6**	**101.0**	**102.0**	**103.9**	**99.2**	**103.2**	**99.7**	**100.1**	**99.2**	**99.9**
118.2	**122.1**	**110.1**	**121.3**	**113.5**	**115.6**	**120.9**	**124.4**	**108.1**	**109.9**	**115.5**
99.7	**100.5**	**101.1**	**101.9**	**97.0**	**104.4**	**102.3**	**100.0**	**100.2**	**99.1**	**99.5**
105.1	100.8	97.6	99.1	93.7	96.3	99.7	98.5	102.9	100.8	99.4
103.5	100.8	103.3	101.8	95.7	104.4	103.3	101.3	103.3	98.6	100.0
96.2	100.6	100.4	102.2	98.1	105.9	102.4	99.6	98.0	99.5	99.0
103.5	99.4	101.9	102.5	97.6	101.3	100.0	99.4	100.7	97.8	101.1
101.1	**102.1**	**102.5**	**101.7**	**102.6**	**101.2**	**102.5**	**101.1**	**100.0**	**101.4**	**100.5**
99.3	100.3	101.6	100.2	102.3	101.6	99.5	99.4	93.6	99.9	100.4
103.6	105.2	104.4	104.5	104.4	101.4	106.5	103.4	106.4	103.1	100.7
99.8	100.0	99.8	99.6	101.0	99.6	100.0	99.4	99.4	99.8	100.0
93.2	**91.3**	**87.3**	**88.6**	**90.3**	**91.0**	**89.3**	**91.6**	**88.6**	**84.8**	**89.3**
100.0	100.0	108.9	96.2	95.4	99.7	97.3	100.0	99.9	96.9	100.0
92.4	90.6	84.7	87.7	89.8	90.2	88.9	90.7	88.0	83.5	88.5
99.6	**100.4**	**100.6**	**101.5**	**101.0**	**98.2**	**100.0**	**100.4**	**101.0**	**99.6**	**99.8**
99.2	100.4	100.6	101.6	101.1	98.0	99.9	100.4	101.2	100.1	99.7
100.6	100.4	100.0	101.1	100.4	98.9	100.3	100.5	99.9	98.1	100.2

4-11 分月农业生产资料价格分类指数（2020年）

（上年同期=100）

指　标	Item	全　年 Annual Year	1 月 January	2 月 February	3 月 March
农业生产资料价格指数	**Price Index of Means of Agricultural Production**	**109.7**	**114.4**	**114.2**	**114.9**
农用手工工具	Farm Handtools	101.2	101.5	101.4	100.8
饲料	Forage	103.6	100.1	101.0	102.0
混合饲料	Mixed Forage	102.4	100.9	101.3	101.7
其他饲料	Others Forage	107.1	97.8	100.5	102.7
仔畜幼禽及产品畜	Newborn Animals & Poultry, and Commodity Animals	195.7	314.3	315.0	310.5
仔畜	Newborn Animals	217.5	375.7	378.6	351.1
幼禽	New born Poultry	90.8	146.3	143.3	145.2
产品畜	Commodity Animals	236.8	304.5	310.3	375.2
半机械化农具	Semi-Mechanized Farm Tools	100.5	100.7	100.6	100.5
机械化农具	Mechanized Farm Machinery	101.0	102.0	101.7	101.4
化学肥料	Chemical Fertilizer	98.3	98.9	98.9	99.8
氮肥	Nitrogen Fertilizer	96.4	96.7	96.8	99.5
磷肥	Phosphate Fertilizer	99.8	99.5	99.5	100.2
钾肥	Calcium Fertilizer	98.3	101.1	100.9	99.6
复合肥料	Compounded Fertilizer	99.3	99.8	99.7	100.0
农药及农药器械	Pesticide and Its Appliances	100.5	101.2	101.0	101.1
化学农药	Chemical Pesticide	100.3	101.4	101.1	100.9
杀虫剂	Insecticide	101.0	102.1	101.7	101.4
杀菌剂	Disinfectant	100.2	101.4	101.0	100.7
除草剂	Herbicide	98.7	100.6	100.5	100.2
生长调节剂	Growth Regulator	100.8	99.7	99.7	100.0
农药器械	Pesticide Equipment	102.0	100.2	100.0	102.2
农机用油	Oil for Farm Machinery	86.4	107.3	97.8	84.8
农用柴油	Agricultural Diesel Oil	84.6	108.3	97.5	82.8
润滑油	Lube	99.9	100.0	100.1	100.1
其他农用生产资料	Other Means of Agricultural Production	100.0	100.8	100.7	100.1
农用种子	Agricultural Seed	100.4	100.9	100.8	100.8
农用薄膜	Agricultural Membrane	99.1	101.0	100.7	98.5
未列名的其他农用生产资料	Other Agricultural Means of Production Not Listed	100.1	100.5	100.5	100.4
农业生产服务	Service ofr Agricultural Production	102.7	101.8	102.8	102.5
排灌费	Irrigation Costs	100.0	100.0	100.0	100.0
机械作业费	Machinery Operating Costs	100.8	100.8	100.8	102.0
农业用电	Agricultural Use of Electricity	100.1	100.0	100.0	100.0
农业用工	Agricultural Employment	104.3	102.7	104.4	103.5

Price Indices for Means of Agricultural Production by Category and Month（2020）

（preceding year=100）

4 月 April	5 月 May	6 月 June	7 月 July	8 月 August	9 月 September	10 月 October	11 月 November	12 月 December
115.2	**113.2**	**112.3**	**112.1**	**112.1**	**109.5**	**105.5**	**99.1**	**97.4**
101.2	101.7	101.7	101.6	100.8	100.9	100.9	100.9	101.4
102.4	102.8	102.4	103.2	104.5	104.2	106.0	107.1	107.4
102.2	102.4	101.0	101.0	102.1	102.2	103.6	105.1	105.2
103.0	103.7	106.8	109.8	111.5	110.2	113.0	112.8	113.8
318.2	290.6	284.3	263.9	232.8	187.0	140.0	88.6	79.0
362.1	346.8	359.4	321.7	278.7	215.8	152.8	90.3	78.9
136.8	96.7	78.8	82.0	74.7	64.9	63.1	65.2	65.7
390.8	371.1	355.8	335.0	319.6	270.2	185.9	101.7	93.3
100.2	100.2	100.4	100.7	100.6	100.3	100.4	100.4	100.5
101.0	100.8	100.7	100.6	100.8	100.8	100.9	100.9	100.9
99.2	98.5	97.7	97.2	97.9	97.8	97.6	98.2	98.2
97.8	96.1	94.1	93.7	95.3	96.0	96.4	97.0	97.2
99.3	99.1	99.0	99.5	99.9	100.2	100.5	100.4	100.5
99.9	99.2	98.3	97.7	97.8	96.5	96.1	96.1	95.9
100.1	99.7	99.7	98.8	99.2	98.8	98.0	98.9	98.9
100.8	100.7	100.4	100.4	100.0	99.9	100.0	100.2	100.3
100.6	100.5	100.0	100.1	99.6	99.6	99.6	99.9	100.0
101.3	101.8	101.6	101.4	100.4	100.2	100.2	100.1	100.2
100.7	100.2	99.6	99.9	99.7	99.8	99.9	100.0	100.0
99.3	98.1	97.4	97.7	97.4	97.7	97.8	98.9	98.9
100.0	100.7	100.7	101.0	101.5	101.7	101.7	101.7	101.7
102.2	102.4	102.5	102.6	102.5	102.3	102.3	102.3	102.3
80.1	78.5	81.2	84.6	86.2	85.5	83.2	82.7	85.9
77.6	75.8	78.8	82.6	84.4	83.6	81.1	80.5	84.1
100.1	100.1	100.1	100.2	99.5	99.5	99.7	99.7	99.7
99.9	100.0	100.0	100.2	99.7	99.5	99.5	99.5	100.0
100.5	100.5	100.5	100.7	100.0	99.8	99.8	99.8	100.1
98.5	98.6	98.6	98.7	98.8	98.8	98.8	98.8	99.6
100.1	100.2	100.4	100.5	100.1	99.6	99.6	99.5	100.0
102.1	102.8	102.4	102.1	103.2	102.8	102.5	104.4	103.6
100.0	100.0	100.0	100.0	100.0	100.0	100.0	100.0	100.0
102.0	102.0	102.0	98.9	99.2	99.2	100.2	101.0	101.3
100.0	100.0	100.0	100.0	100.0	100.0	100.5	100.5	100.5
102.9	103.9	103.4	103.8	105.7	104.9	104.0	106.9	105.4

4-12 农业生产资料价格分类指数

Price Indices for Means of Agricultural Production by Category

（上年＝100） （preceding year=100）

指　标	Item	2015	2016	2017	2018	2019
农业生产资料价格指数	**Price Index of Means of Agricultural Production**	**100.9**	**100.7**	**101.4**	**101.8**	**104.6**
农用手工工具	Farm Handtools	101.4	100.4	102.3	104.0	102.8
饲料	Forage	96.3	94.1	101.3	100.8	99.5
混合饲料	Mixed Forage	97.6	93.9	99.8	100.9	100.2
其他饲料	Others Forage	91.2	94.5	105.8	100.3	97.5
仔畜幼禽及产品	Newborn Animals & Poultry, and Commodity Animals		138.7	90.4	77.8	156.2
仔畜	Newborn Animals		155.6	86.1	70.8	167.7
幼禽	New born Poultry		91.1	103.7	107.4	127.8
产品畜	Commodity Animals	110.4	128.0	105.4	79.4	145.9
半机械化农具	Semi-Mechanized Farm Tools	99.6	99.9	101.5	101.1	101.0
机械化农具	Mechanized Farm Machinery	99.7	100.0	102.6	103.7	102.6
化学肥料	Chemical Fertilizer	102.2	98.2	103.0	106.7	102.3
氮肥	Nitrogen Fertilizer	103.6	94.6	111.1	114.3	102.7
磷肥	Phosphate Fertilizer	102.7	99.7	105.3	104.5	103.3
钾肥	Calcium Fertilizer	98.9	96.8	98.1	106.1	103.6
复合肥料	Compounded Fertilizer	101.4	100.2	99.2	102.8	101.5
农药及农药械	Pesticide and Its Appliances	100.3	99.5	100.7	103.2	102.6
化学农药	Chemical Pesticide	100.8	99.7	100.6	103.4	103.0
杀虫剂	Insecticide	100.3	99.4	101.1	104.4	104.0
杀菌剂	Disinfectant	101.3	101.5	100.1	101.3	102.5
除草剂	Herbicide	101.6	98.6	100.0	103.6	102.1
生长调节剂	Growth Regulator		99.8	101.9	102.7	100.4
农药器械	Pesticide Equipment	96.8	98.3	100.8	101.7	100.4
农用机油	Oil for Farm Machinery	89.3	95.7	111.5	113.0	94.7
农用柴油	Agricultural Diesel Oil		95.2	111.9	113.5	94.1
润滑油	Lube		99.8	108.6	109.2	100.1
其他农业生产资料	Other Means of Agricultural Production	100.6	99.0	100.6	101.0	101.0
农用种子	Agricultural Seed	101.6	99.4	100.3	101.3	100.8
农用薄膜	Agricultural Membrane	97.7	97.6	100.5	99.2	101.7
未列名的其他农用生产资料	Other Agricultural Means of Production Not Listed		100.0	101.6	102.7	100.5
农业生产服务	Service ofr Agricultural Production	104.1	102.0	104.8	106.5	101.9
排灌费	Irrigation Costs	101.2	100.0	101.9	103.3	101.0
机械作业费	Machinery Operating Costs	104.0	100.8	101.0	101.8	101.7
农业用电	Agricultural Use of Electricity	100.0	100.0	100.0	100.0	100.0
农业用工	Agricultural Employment	106.5	103.3	107.7	110.1	102.5

4-13 工业生产者出厂价格分类指数（1990—2020年）

Producer Price Indices for Industrial Products by Category（1990—2020）

（上年=100） (preceding year=100)

年 份 Year	总指数 General Index	轻工业 Light Industry	以农产品为原料 Agricultural products as raw materials	以非农产品为原料 Non-agricultural Products as Raw Materials	重工业 Heavy Industry	采 掘 Mining & Quarrying Industry	原 料 Raw Materials Industry	加 工 Processing Industry	生产资料 Means of Production	生活资料 Consumer Goods
1990	101.5	101.0	102.6	97.4	102.0	90.1	97.0	108.6	102.0	100.8
1991	103.3	105.8	108.4	98.6	100.9	104.4	98.6	102.1	100.8	106.5
1992	111.3	106.0	106.9	101.9	117.3	109.5	124.4	110.9	116.1	106.1
1993	121.1	110.9	110.4	113.0	132.0	113.3	143.1	127.6	130.1	110.5
1994	118.8	122.1	123.0	118.0	115.5	118.5	115.4	114.1	116.1	122.2
1995	117.2	123.8	126.6	113.1	111.2	126.0	105.3	115.8	114.2	121.4
1996	102.6	103.1	104.4	98.1	102.0	98.8	102.6	102.0	102.2	103.1
1997	97.7	97.1	97.9	95.5	98.1	99.7	99.7	94.8	97.2	98.4
1998	95.4	95.2	94.9	95.8	95.6	93.5	96.0	95.8	95.2	96.0
1999	95.6	94.1	92.9	98.3	96.6	96.7	97.4	95.3	96.5	93.9
2000	105.5	109.0	109.9	100.4	103.1	106.1	106.1	96.0	103.2	110.4
2001	106.3	109.2	110.2	100.1	104.3	104.7	106.9	97.8	103.5	112.3
2002	95.6	90.6	89.8	97.0	98.4	102.5	98.3	98.3	98.2	88.5
2003	102.8	98.8	98.4	99.8	105.7	107.5	107.9	103.1	105.3	96.3
2004	109.7	110.0	112.6	104.6	109.5	121.3	110.3	107.9	110.5	108.1
2005	104.9	105.8	107.5	101.8	104.2	126.5	105.2	101.5	104.0	106.8
2006	109.6	113.3	119.1	100.3	106.7	137.4	111.8	99.5	105.5	119.9
2007	104.5	97.7	95.6	102.9	108.3	117.8	106.9	109.1	107.3	94.5
2008	109.0	104.4	102.4	109.6	111.7	113.0	104.3	119.6	111.3	100.9
2009	93.5	99.4	100.0	97.8	90.5	92.0	93.1	88.6	91.4	101.7
2010	112.0	115.0	118.9	105.6	110.3	129.1	113.0	106.3	110.3	118.2
2011	108.5	114.7	116.1	106.2	106.3	121.2	106.3	105.2	107.2	112.0
2012	97.8	98.6	98.0	102.6	97.5	101.7	98.5	96.6	97.4	99.0
2013	98.2	97.7	97.1	100.9	98.4	96.3	98.9	98.2	98.4	97.5
2014	98.4	97.4	97.0	99.8	98.7	96.6	99.6	98.3	98.7	97.5
2015	97.0	100.6	100.8	99.7	95.7	97.9	96.2	95.3	95.5	101.3
2016	99.1	101.8	102.2	100.0	98.2	100.8	96.7	98.7	98.1	102.4
2017	107.6	104.8	105.1	103.3	108.6	115.9	108.4	108.1	109.1	103.1
2018	103.2	98.8	98.3	101.2	104.7	103.8	105.2	104.6	104.9	97.7
2019	99.3	99.9	99.8	100.0	99.0	97.8	96.7	100.3	98.6	101.2
2020	99.4	102.6	103.2	99.8	98.3	100.2	95.7	99.4	98.2	103.2

注：从2011年起，工业品出厂价格指数改称为工业生产者出厂价格指数。
Note: From 2011, the producer price index for manufactured goods changed to the producer price index for industrial products.

4-14 按工业部门分工业生产者出厂价格指数（1990—2020年）

（上年＝100）

年 份 Year	冶金工业 Metallurgical Industry	电力工业 Power Industry	煤炭及炼焦工业 Coal Industry	石油工业 Petroleum Industry	化学工业 Chemical Industry
1990	97.4	90.2	98.7		100.2
1991	103.1	93.9	100.2		97.5
1992	121.8	101.9	114.8		103.2
1993	140.8	89.9	111.3		113.2
1994	104.2	138.0	126.1		112.0
1995	111.0	107.8	109.4		129.2
1996	98.1	107.5	106.4		104.6
1997	96.7	106.3	109.2		95.4
1998	92.4	102.7	95.3		93.0
1999	97.4	100.5	96.0		95.2
2000	108.5	112.5	104.1		95.6
2001	96.9	129.6	104.7		100.5
2002	94.3	101.8	113.0	104.9	98.2
2003	115.9	100.0	100.9	114.0	102.4
2004	128.9	102.2	109.2	112.2	107.3
2005	106.4	100.9	133.1	120.6	108.0
2006	117.2	102.7	106.1	116.4	101.4
2007	116.5	102.7	99.9	104.4	102.6
2008	117.7	102.0	137.3	120.4	114.8
2009	78.3	102.5	95.1	84.4	92.2
2010	118.1	102.0	111.0	124.1	114.7
2011	110.1	99.3	130.5	117.1	113.4
2012	90.9	106.3	113.6	101.6	95.8
2013	94.3	100.5	99.0	98.5	99.9
2014	94.4	100.4	94.2	97.7	100.3
2015	89.2	99.4	93.1	84.2	97.7
2016	99.0	98.0	94.6	93.7	98.4
2017	123.0	99.4	120.3	116.2	105.3
2018	106.0	99.9	103.9	117.4	105.5
2019	96.4	97.7	101.9	96.7	99.8
2020	97.2	97.5	94.4	91.4	98.5

注：2002年起，石油工业纳入工业生产者出厂价格统计调查范围（以下相关表同）。

Producer Price Indices for Industrial Products by Sector（1990—2020）

（preceding year=100）

机械工业 Machine Manufacturing Industry	建筑材料工业 Building Materials Industry	森林工业 Timber Industry	食品工业 Food Industry	纺织工业 Textile Industry	造纸工业 Paper Industry	其它工业 Other Industry
106.8	97.2	89.0	99.3	104.6	105.8	102.4
102.0	101.1	99.0	117.1	103.5	101.5	108.1
111.6	154.2	104.7	107.3	105.8	106.7	104.7
131.6	162.9	116.0	110.8	114.3	113.3	135.7
113.6	110.5	112.9	117.9	150.7	114.5	126.0
106.3	95.2	99.8	124.4	126.1	146.6	126.0
101.2	94.6	92.2	105.6	85.8	113.4	106.0
98.2	90.0	93.3	98.9	93.4	87.3	100.0
94.8	99.0	90.0	96.3	83.8	92.4	104.5
94.4	96.4	95.9	92.7	103.4	90.8	100.6
95.7	100.6	101.4	111.1	115.5	111.2	98.4
97.7	101.6	103.5	112.8	89.1	100.5	104.0
98.4	99.3	94.9	88.1	88.5	96.8	101.8
96.8	100.9	97.1	96.9	108.9	102.1	102.2
99.7	107.7	103.1	114.6	115.4	103.7	99.9
100.6	98.3	100.5	109.4	99.9	102.0	103.8
101.3	100.2	103.2	124.5	104.0	99.7	103.5
101.5	105.1	108.5	94.3	91.3	102.2	100.3
101.9	113.9	104.1	102.5	96.9	107.0	92.9
100.1	97.7	98.3	101.3	103.7	91.4	101.5
102.3	106.6	106.4	120.3	126.8	113.5	117.0
101.4	110.7	105.7	118.2	118.0	102.7	108.9
100.0	98.1	105.4	97.5	95.2	96.1	102.4
99.7	100.4	102.8	96.0	103.1	96.2	103.6
100.1	103.3	100.6	95.7	98.9	101.1	102.1
99.8	97.4	99.4	101.0	95.3	101.2	98.3
99.0	94.5	101.6	102.9	101.7	100.3	97.6
100.3	107.0	101.5	104.6	115.4	109.2	103.4
100.5	109.1	102.3	96.0	108.0	105.9	103.0
100.7	102.9	100.2	100.4	89.3	99.2	99.6
98.5	100.9	98.1	105.0	90.8	96.3	99.8

Note: From 2002, the petroleum industry has been included in the survey range of producer price of industrial producer.The same applies to the tables following.

4-15 分月工业生产者出厂价格指数（2020年）

（上年同期=100）

类　别	Item	全　年 Annual Year	1 月 January	2 月 February	3 月 March
总指数	**General Index**	**99.4**	**100.9**	**100.6**	**99.1**
# 轻工业	# Light Industry	102.6	104.3	104.2	104.4
以农产品为原料	Using Farm Produces as Raw Materials	103.2	105.4	105.3	105.5
以非农产品为原料	Using Non-farm Produces as Raw Materials	99.8	99.0	98.7	99.2
重工业	Heavy Industry	98.3	99.7	99.4	97.3
采掘	Mining and Quarrying	100.2	99.2	99.2	99.1
原料	Raw Material	95.7	98.0	96.7	93.4
加工	Processing	99.4	100.6	100.6	99.1
# 生产资料	# Means of Production	98.2	99.5	99.1	97.2
采掘	Mining and Quarrying	100.2	99.2	99.2	99.1
原料	Raw Material	95.8	97.8	96.6	93.2
加工	Processing	99.1	100.2	100.2	98.8
生活资料	Life Material	103.2	105.3	105.3	105.3
食品	Food	104.8	108.2	108.1	108.0
衣着	Clothing	100.2	100.2	100.1	100.1
一般日用品	Articles for Daily Use	101.8	101.4	101.3	101.8
耐用消费品	Durable Consumers'Goods	100.4	101.6	101.6	101.6
按工业部门分	**Grouped by Department of Industry**				
冶金工业	Metallurgical Industry	97.2	97.9	97.9	94.3
电力工业	Power Industry	97.5	97.1	96.6	95.9
煤炭及炼焦工业	Coal and Coking Industry	94.4	97.6	97.6	97.8
石油工业	Petroleum Industry	91.4	109.1	102.0	89.0
化学工业	Chemical Industry	98.5	97.5	97.2	97.2
机械工业	Machine Manufacturing Industry	98.5	100.3	100.5	100.3
建筑材料工业	Building Materials Industry	100.9	104.1	103.6	102.1
森林工业	Timber Industry	98.1	98.7	99.7	98.7
食品工业	Food Industry	105.0	107.0	106.9	107.3
纺织工业	Textile Industry	90.8	105.2	105.1	102.8
缝纫工业	Tailoring Industry	99.9	98.9	98.8	99.3
皮革工业	Leather Industry	100.5	101.8	101.6	101.2
造纸工业	Paper Industry	96.3	97.5	97.3	97.8
文教艺术用品工业	Cultural, Educational and Handicraft Articles	103.0	100.8	101.1	101.9
其他工业	Other Industry	99.8	99.5	99.1	100.1

Producer Price Indices for Industrial Products by Month（2020）

（preceding year=100）

4 月 April	5 月 May	6 月 June	7 月 July	8 月 August	9 月 September	10 月 October	11 月 November	12 月 December
97.7	**97.8**	**98.8**	**99.2**	**99.8**	**99.8**	**99.3**	**99.7**	**100.5**
103.0	102.6	102.8	102.7	102.2	101.4	101.4	101.2	101.1
103.9	103.3	103.5	103.3	102.7	101.6	101.6	101.2	101.1
99.0	99.7	99.6	100.0	100.0	100.6	100.4	100.8	101.0
95.8	96.1	97.5	98.0	99.0	99.2	98.6	99.2	100.3
96.5	97.3	98.8	99.7	101.2	102.8	101.8	102.4	104.5
91.9	91.7	93.1	95.1	97.0	97.2	96.9	98.1	99.9
97.7	98.1	99.5	99.2	99.8	99.9	99.2	99.5	100.2
95.7	95.9	97.3	97.7	98.8	99.1	98.5	99.3	100.5
96.5	97.3	98.8	99.7	101.2	102.8	101.8	102.4	104.5
91.6	91.6	93.1	95.2	97.3	97.5	97.2	98.6	100.6
97.5	97.8	99.0	98.7	99.3	99.5	98.9	99.3	100.2
103.8	103.4	103.7	103.6	102.9	101.9	101.8	101.1	100.6
106.1	105.3	105.8	105.4	104.4	102.7	102.6	101.3	100.4
99.6	100.1	99.9	100.9	100.4	100.1	100.1	100.0	100.4
101.6	102.0	101.7	102.4	102.0	102.0	101.6	101.7	101.9
99.7	100.1	100.0	100.0	100.0	100.0	100.0	100.2	100.2
91.8	92.2	94.9	95.2	98.7	100.1	99.5	100.6	103.3
96.0	96.3	97.7	98.1	98.8	98.4	98.7	98.7	98.5
97.5	96.5	95.9	94.9	90.8	90.3	90.9	91.2	91.3
82.1	81.9	86.5	91.5	92.1	92.9	88.4	89.9	93.1
97.7	97.9	97.8	97.4	98.0	97.7	98.8	101.5	103.8
99.8	100.1	100.1	100.4	100.6	100.4	100.4	100.3	100.2
99.9	100.5	103.1	103.2	101.9	101.2	98.2	97.3	96.3
97.9	97.1	96.6	97.9	97.7	97.9	97.2	98.3	99.5
105.8	105.3	105.6	105.3	104.7	103.4	103.6	102.7	102.1
94.8	90.0	91.0	89.4	84.9	82.7	80.5	80.7	84.7
99.1	99.8	98.8	101.0	100.4	100.2	100.6	100.7	101.7
100.3	100.4	101.2	100.9	100.6	100.1	99.6	99.3	99.1
96.8	96.3	96.1	94.5	95.1	94.9	95.7	97.1	96.9
102.3	104.2	104.0	104.2	103.7	104.3	103.4	102.9	102.8
99.2	99.4	99.1	100.3	98.3	100.2	100.4	101.2	101.3

4–16 分行业工业生产者出厂价格指数（2020年）

（上年同期＝100）

类别	Item	全年 Annual Year	1月 January
煤炭开采和洗选业	**Mining and Washing of Coal**	**94.4**	**97.6**
烟煤和无烟煤开采洗选	Mining and Washing of Bituminous and Anthracite	94.0	92.7
褐煤的开采洗选	Mining and Washing of Lignite	94.5	100.9
石油和天然气开采业	**Extraction of Petroleum and Natural Gas**	**70.8**	**112.0**
石油开采	Extraction of Petroleum	70.8	112.0
黑色金属矿采选业	**Mining and Processing of Ferrous Metal Ores**	**101.9**	**101.3**
铁矿采选	Mining and Processing of Iron Ore	103.5	102.2
锰矿、铬矿采选	Mining and Processing of Manganese Mine and Chrome Ore	100.3	100.2
有色金属矿采选业	**Mining and Processing of Non-Ferrous Metal Ores**	**99.4**	**95.7**
常用有色金属矿采选	Mining and Processing of Common Non-Ferrous Metal Ores	99.0	95.3
贵金属矿采选	Mining and Processing of Precious Metal Ores	119.8	123.9
非金属矿采选业	**Mining and Processing of Non-Metal Ores**	**103.9**	**101.9**
土砂石开采	Extraction of Soil Gravel	104.2	103.9
化学矿采选	Mining and Processing of Chemical Ores	104.4	94.4
石棉及其他非金属矿采选	Mining and Processing of Asbestos and Other Non-metallic	102.6	104.8
农副食品加工业	**Processing of Food from Agricultural Products**	**106.6**	**109.1**
谷物磨制	Corn Whetted	101.8	101.8
饲料加工	Forage Processed	103.7	99.7
植物油加工	Planting-Oil Processed	107.4	109.3
制糖业	Sugar Industry	109.4	116.7
屠宰及肉类加工	Slaughtered Meta and Meat Processes	116.2	130.8
水产品加工	Fishery Product Processed	98.2	99.8
蔬菜、菌类、水果和坚果加工	Vegetables, Fungi, Fruits and Nuts Processing	99.6	101.6
其他农副食品加工	Other Farm and Side-line Food Processed	103.6	101.8
食品制造业	**Manufacture of Foods**	**98.9**	**99.8**
焙烤食品制造	Baked Food Manufacturing	99.0	99.5
糖果、巧克力及蜜饯制造	Candy, Chocolate and Candied Fruit Production	94.0	100.0
方便食品制造	Convenient Food Manufacturing	94.1	91.5
乳制品制造	Dairy Products Manufacturing	103.4	104.2
罐头食品制造	Canned Food Manufacturing	103.6	104.9
调味品、发酵制品制造	Condiment, Ferment Product Manufacturing	101.3	103.7
其他食品制造	Other Food Manufacturing	98.0	100.3
酒、饮料和精制茶制造业	**Manufacture of Liquor, Beverages and Refined Tea**	**102.4**	**102.6**
酒的制造	Manufacture of Wine	104.9	102.7
饮料制造	Beverage Manufacturing	100.5	102.0
精制茶加工	Refined-tea Process	100.2	105.3

Producer Price Indices for Industrial Products by Industry（2020）

（preceding year=100）

2 月 February	3 月 March	4 月 April	5 月 May	6 月 June	7 月 July	8 月 August	9 月 September	10 月 October	11 月 November	12 月 December
97.6	**97.8**	**97.5**	**96.5**	**95.9**	**94.9**	**90.8**	**90.3**	**90.9**	**91.2**	**91.3**
93.3	94.0	93.3	92.3	95.2	92.6	95.6	95.2	95.8	95.3	93.0
100.3	100.3	100.3	99.2	96.3	96.3	87.7	87.3	87.8	88.6	90.3
113.4	**96.5**	**51.6**	**29.3**	**48.4**	**70.1**	**73.7**	**77.8**	**65.4**	**64.2**	**61.6**
113.4	96.5	51.6	29.3	48.4	70.1	73.7	77.8	65.4	64.2	61.6
101.3	**101.3**	**101.1**	**101.1**	**101.1**	**101.4**	**101.9**	**103.3**	**103.2**	**103.2**	**102.8**
102.2	102.2	101.9	102.3	102.3	103.0	103.8	105.5	105.5	105.7	104.8
100.3	100.3	100.3	99.8	99.8	99.8	99.8	100.9	100.8	100.6	100.6
95.8	**94.7**	**90.9**	**94.8**	**96.8**	**98.2**	**102.2**	**105.8**	**104.5**	**104.8**	**109.2**
95.4	94.3	90.3	94.2	96.3	97.7	101.9	105.5	104.2	104.8	109.3
118.3	124.0	128.4	132.7	125.3	121.7	120.7	125.5	120.5	101.2	103.2
101.6	**104.9**	**105.5**	**105.5**	**106.4**	**104.5**	**103.8**	**102.1**	**101.6**	**103.5**	**106.1**
103.9	104.1	103.5	103.9	105.9	105.4	104.4	103.8	103.5	104.6	104.1
94.6	105.3	114.8	112.1	112.1	103.8	103.8	96.4	96.3	103.2	119.5
103.2	107.1	102.5	103.5	102.2	102.8	102.0	103.4	101.9	100.5	97.4
108.9	**109.4**	**107.7**	**107.4**	**107.8**	**107.3**	**106.4**	**104.9**	**104.9**	**103.6**	**103.0**
103.3	102.7	101.3	101.4	102.1	102.7	101.8	101.2	101.0	101.7	100.1
99.4	101.5	102.9	103.7	102.8	103.0	104.6	104.4	105.9	107.7	108.4
106.4	102.0	102.6	104.1	109.7	108.7	112.9	108.5	109.4	107.4	108.0
116.9	118.9	113.2	111.2	110.3	109.7	105.0	104.4	105.0	103.5	100.6
132.1	133.1	127.0	125.5	126.3	124.5	117.5	111.4	102.6	91.7	92.8
99.3	104.1	102.4	99.9	99.2	97.9	98.2	95.7	94.9	92.7	94.0
101.6	100.4	101.3	100.8	99.9	99.0	98.8	98.6	96.5	98.6	98.3
104.5	103.2	103.5	104.1	103.8	103.0	103.8	103.4	103.7	103.6	104.4
99.8	**100.1**	**100.1**	**99.0**	**98.1**	**98.2**	**97.3**	**97.2**	**98.4**	**99.9**	**99.3**
99.5	99.5	99.5	97.6	97.6	97.6	97.8	97.7	100.7	100.6	100.5
100.0	100.0	93.8	93.8	93.8	91.1	91.1	91.1	91.1	91.1	91.1
91.4	90.8	92.6	92.8	93.4	93.5	92.0	91.7	95.7	102.9	102.4
105.1	106.4	105.5	105.5	102.7	102.4	101.6	101.7	102.4	102.4	101.1
104.4	106.0	106.7	105.0	103.3	104.4	103.6	101.0	103.2	100.5	100.3
103.5	103.8	101.9	102.1	101.3	101.0	100.1	100.3	100.5	99.8	97.3
100.3	100.2	100.5	97.7	96.7	96.9	96.2	97.2	96.2	97.3	97.1
102.6	**102.5**	**101.1**	**100.9**	**101.0**	**102.3**	**103.2**	**102.5**	**103.0**	**103.4**	**103.9**
102.4	102.7	101.9	102.8	102.8	104.7	106.2	106.1	107.1	108.9	110.6
102.3	101.8	99.9	98.7	99.1	100.1	100.5	100.4	100.7	100.3	99.9
105.4	104.9	103.2	103.2	102.2	102.0	101.8	95.3	95.0	92.6	92.6

4-16 续表 1

（上年同期＝100）

类 别	Item	全 年 Annual Year	1 月 January
烟草制品业	**Manufacture of Tobacco**	**100.7**	**102.4**
卷烟制造	Cigarette Manufacturing	100.7	102.4
纺织业	**Manufacture of Textile**	**90.8**	**105.2**
棉纺织及印染精加工	Cotton and Textile Printing and Dyeing Finishing	94.3	98.1
麻纺织及染整精加工	Finishing of Linen Textile and Dyeing and Finishing	99.5	100.7
丝绢纺织及印染精加工	Silk and Textile Printing and Dyeing Finishing	89.5	107.9
家用纺织制成品制造	Manufacture of Household Textile Products	100.6	100.5
纺织服装、服饰业	**Manufacture of Textile, Wearing Apparel and Accessories**	**99.9**	**98.9**
机织服装制造	Manufacture of Woven Garment	99.4	98.0
针织或钩针编织服装制造	Manufacture of Knitted or Crocheted Garment	105.4	107.9
皮革、毛皮、羽毛及其制品和制鞋业	**Manufacture of Leather, Fur, Feather and Related Products and Footware**	**100.0**	**101.9**
皮革鞣制加工	Leather Processing	101.3	102.8
皮革制品制造	Leather Product Processing	101.1	102.4
羽毛（绒）加工及制品制造	Feather Processing and Its Products Manufacturing	97.1	102.1
制鞋业	Shoemaking Industry	99.2	100.6
木材加工和木、竹、藤、棕、草制品业	**Processing of Timber, Manufacture of Wood, Bamboo, Rattan, Palm and Straw Products**	**98.1**	**98.6**
木材加工	Manufacture of Wood	96.2	99.9
人造板制造	Artificial Plank Manufacturing	96.3	97.0
木制品制造	Timber Product Manufacturing	104.8	104.0
竹、藤、棕、草等制品制造	Bamboo, Ratten, Palm and Grass Product Manufacturing	106.0	102.8
家具制造业	**Manufacture of Furniture**	**98.9**	**100.1**
木质家具制造	Manufacture of Wooden Furniture	98.5	99.9
其他家具制造	Manufacture of Other Furniture	100.9	100.8
造纸和纸制品业	**Manufacture of Paper and Paper Products**	**96.3**	**97.5**
纸浆制造	Paper Pulp Manufacturing	80.8	74.9
造纸	Paper Making	95.8	99.1
纸制品制造	Paper Products Manufacturing	98.9	97.6
印刷和记录媒介的复制	**Printing and Reproduction of Recording Media**	**101.5**	**100.5**
印刷	Painting	101.5	100.5
装订及印刷相关服务	Bookbinding and Printing Related Services	100.8	102.5
文教、工美、体育和娱乐用品制造业	**Manufacture of Articles for Culture, Education, Arts and Crafts, Sport and Entertainment Activities**	**104.4**	**100.6**
文教办公用品制造	Manufacture of Articles for Culture, Education	100.7	101.5
工艺美术品制造	Manufacture of Arts and Crafts	102.9	100.1
玩具制造	Manufacture of Toys	111.8	102.2
石油、煤炭及其他燃料加工业	**Petroleum, Coal & Other Fuel Processing Industry**	**91.7**	**109.4**
精炼石油产品制造	Refined Coking Petroleum Manufacturing	91.7	109.5

continued

(preceding year=100)

2 月 February	3 月 March	4 月 April	5 月 May	6 月 June	7 月 July	8 月 August	9 月 September	10 月 October	11 月 November	12 月 December
102.4	**102.4**	**101.3**	**100.0**	**100.0**	**100.0**	**100.0**	**100.0**	**100.0**	**100.0**	**100.0**
102.4	102.4	101.3	100.0	100.0	100.0	100.0	100.0	100.0	100.0	100.0
105.1	**102.8**	**94.8**	**90.0**	**91.0**	**89.4**	**84.9**	**82.7**	**80.5**	**80.7**	**84.7**
98.2	97.3	96.7	94.7	91.5	91.9	92.6	91.1	91.9	93.3	94.4
100.7	100.7	100.1	100.1	98.6	97.0	99.0	100.0	100.0	98.7	98.9
107.8	104.9	94.3	88.5	90.7	88.5	82.1	79.6	76.5	76.5	81.4
100.5	100.5	100.5	100.5	100.5	100.6	100.7	100.5	101.1	101.1	100.7
98.8	**99.3**	**99.1**	**99.8**	**98.8**	**101.0**	**100.4**	**100.2**	**100.6**	**100.7**	**101.7**
97.9	98.4	98.1	98.9	97.7	100.2	99.6	100.0	100.7	100.9	102.2
108.2	108.1	108.7	108.8	109.7	109.2	108.3	101.9	99.6	98.6	97.0
101.6	**101.3**	**100.4**	**100.3**	**101.0**	**100.8**	**99.9**	**98.7**	**98.1**	**98.2**	**97.9**
102.0	102.4	101.1	100.8	101.6	101.3	100.9	100.9	99.9	100.9	100.9
102.1	101.4	99.7	100.3	101.8	101.5	101.8	101.5	100.8	100.2	100.2
101.8	102.1	101.2	99.7	99.6	100.4	96.0	90.3	89.5	91.5	91.0
100.5	100.4	101.1	100.5	100.2	99.7	98.3	97.6	97.4	97.2	96.6
99.7	**98.6**	**97.7**	**96.8**	**96.3**	**97.9**	**97.6**	**97.9**	**97.3**	**98.4**	**99.8**
99.2	99.0	96.3	94.5	95.2	94.7	93.7	94.8	95.6	94.6	96.5
98.7	97.3	96.4	95.2	94.4	95.9	95.5	95.8	95.0	96.5	98.2
104.0	104.0	104.5	103.9	104.1	104.2	105.6	106.1	105.0	105.8	105.9
102.4	101.7	101.0	103.9	104.1	109.9	109.7	109.1	108.7	109.1	108.9
100.2	**99.9**	**100.2**	**100.5**	**99.5**	**99.8**	**98.7**	**98.3**	**96.9**	**97.4**	**95.9**
99.9	99.2	99.8	100.1	98.8	98.9	98.3	97.9	96.8	96.9	96.0
102.1	103.1	102.0	102.3	103.0	104.6	100.8	99.9	97.5	99.8	95.3
97.3	**97.8**	**96.8**	**96.3**	**96.1**	**94.5**	**95.1**	**94.9**	**95.7**	**97.1**	**96.9**
75.4	74.7	73.3	74.3	77.7	81.3	79.8	81.7	86.3	93.9	105.2
98.5	98.6	97.0	96.1	95.4	92.2	93.5	93.7	94.6	96.2	95.2
98.2	99.3	99.5	99.5	99.5	99.8	99.5	98.4	98.3	98.9	98.7
100.7	**101.8**	**102.1**	**101.9**	**101.9**	**102.1**	**101.6**	**102.2**	**101.3**	**100.9**	**100.7**
100.7	101.8	102.1	101.9	102.0	102.2	101.6	102.3	101.4	100.9	100.8
102.5	102.5	102.5	100.0	100.0	100.0	100.0	100.0	100.0	100.0	100.0
100.7	**102.2**	**102.4**	**105.1**	**104.0**	**106.3**	**106.6**	**106.8**	**106.2**	**106.3**	**105.9**
102.3	103.6	104.4	104.0	103.3	102.9	101.3	98.0	97.9	96.3	93.7
100.1	102.2	102.3	102.3	101.3	104.2	104.7	104.7	104.3	104.7	104.0
102.8	102.2	102.7	117.2	116.0	116.2	116.0	117.7	116.0	115.8	116.3
101.9	**88.5**	**82.3**	**82.7**	**87.2**	**91.9**	**92.6**	**93.3**	**88.9**	**90.4**	**93.9**
101.9	88.4	82.2	82.6	87.1	91.9	92.6	93.3	88.8	90.4	93.8

4-16 续表 2

（上年同期＝100）

类 别	Item	全 年 Annual Year	1 月 January
化学原料和化学制品制造业	**Manufacture of Raw Chemical Materials and Chemical Products**	**96.3**	**94.1**
基础化学原料制造	Basic Chemical Material Manufacturing	91.4	91.3
肥料制造	Fertilizer Manufacture	98.7	97.8
农药制造	Pesticide Manufacturing	95.4	100.9
涂料、油墨、颜料及类似产品制造	Coating, Printing Ink, Pigment and The Similar Products Manufacture	97.1	94.0
合成材料制造	Compounded Material Manufacture	93.7	95.7
专用化学产品制造	Specialized Chemical Product Manufacture	97.1	89.1
炸药、火工及焰火产品制造	Manufacture of Explosive, Firer and Fireworks Products	99.7	100.4
日用化学产品制造	Daily Chemical Product Manufacture	100.6	100.9
医药制造业	**Manufacture of Medicines**	**101.3**	**104.2**
化学药品原料药制造	Manufacture of Chemical Raw Material Medicine	102.3	107.3
化学药品制剂制造	Chemical Medicine Agent Manufacture	101.8	103.1
中药饮片加工	Processing of Chinese Herbal Pieces	97.6	96.7
中成药生产	Chines Patent Medicine's Production	102.0	105.4
兽用药品制造	Medicine in Herbs Manufacture	97.4	101.2
生物药品制造	Biopharmaceutical Manufacturing	100.8	107.5
卫生材料及医药用品制造	Sanitary Materials and Medical Supplies Manufacturing	100.3	100.7
橡胶和塑料制品业	**Manufacture of Rubber and Plastics Products**	**99.0**	**99.5**
橡胶制品业	Rubber Products Industry	103.9	97.0
塑料制品业	Plastic Products Industry	98.2	99.9
非金属矿物制品业	**Manufacture of Non-metallic Mineral Products**	**100.5**	**103.7**
水泥、石灰和石膏制造	Manufacture of Cement, Lime and Gesso	99.6	110.8
石膏、水泥制品及类似制品制造	Manufacture of Gesso, Cement and Similar Products	103.1	104.4
砖瓦、石材等建筑材料制造	Manufacture of Tile and Dimension Stone	99.4	99.8
玻璃制造	Manufacture of Glass	107.8	115.5
玻璃制品制造	Manufacture of Glass Products	100.1	101.3
陶瓷制品制造	Manufacture of Ceramics Products	100.8	97.3
耐火材料制品制造	Manufacture of Refractory Products	82.2	77.3
石墨及其他非金属矿物制品制造	Manufacture of Graphite and Other Non-metallic Mineral Products	97.3	95.9
黑色金属冶炼和压延加工业	**Smelting and Pressing of Ferrous Metals**	**95.9**	**98.3**
钢压延加工	Steel Rolling Processing	96.9	100.6
铁合金冶炼	Ferroalloy Smelting	90.5	87.3

continued

(preceding year=100)

2 月 February	3 月 March	4 月 April	5 月 May	6 月 June	7 月 July	8 月 August	9 月 September	10 月 October	11 月 November	12 月 December
93.9	**93.3**	**94.1**	**94.8**	**94.7**	**94.1**	**95.1**	**96.3**	**98.1**	**102.3**	**105.7**
92.0	87.0	88.0	91.7	90.7	88.0	90.0	91.6	92.6	95.8	99.0
97.8	100.4	100.9	98.3	98.1	97.9	98.0	98.0	98.0	98.3	100.7
97.0	96.8	98.8	97.7	92.9	93.7	91.3	92.1	94.1	94.0	95.6
94.5	97.1	94.5	93.9	93.4	93.7	97.2	98.1	100.2	103.9	105.3
95.0	95.3	91.1	91.1	89.6	92.9	91.7	92.8	92.2	94.3	102.4
89.0	89.3	90.8	92.0	94.6	94.4	96.2	98.3	102.3	113.5	120.6
100.4	100.4	100.0	100.0	100.0	99.2	99.2	99.2	99.2	99.2	99.2
100.2	100.0	100.4	100.2	99.8	100.2	100.5	101.0	101.7	101.4	101.0
103.8	**103.8**	**103.4**	**102.3**	**102.4**	**102.4**	**101.8**	**98.3**	**98.1**	**98.1**	**96.9**
104.6	104.6	104.1	102.7	102.3	102.3	100.1	100.1	100.0	100.0	100.0
103.4	104.0	103.0	102.2	101.9	101.9	101.8	101.7	99.9	99.4	100.0
97.4	97.7	98.2	97.9	98.3	98.8	99.1	96.2	97.1	97.9	95.6
105.0	104.9	104.7	103.6	103.8	103.8	103.0	98.0	97.8	97.7	96.2
101.2	101.2	98.9	95.4	95.8	94.7	95.7	96.4	96.1	96.1	95.7
103.6	99.2	99.8	100.0	100.0	100.0	100.0	100.0	100.0	100.0	100.0
100.7	100.5	100.5	100.5	100.5	100.5	100.0	100.0	100.0	100.0	100.0
99.1	**100.0**	**99.8**	**100.0**	**99.8**	**99.3**	**99.3**	**98.4**	**98.4**	**97.3**	**97.4**
96.8	105.1	104.8	104.6	104.7	104.7	104.6	103.7	103.5	108.4	108.6
99.6	99.1	99.0	99.2	99.0	98.4	98.4	97.5	97.6	95.5	95.6
103.2	**101.6**	**99.4**	**100.0**	**102.5**	**102.7**	**101.1**	**100.8**	**97.8**	**96.8**	**96.1**
109.7	104.0	96.9	100.1	104.9	100.7	97.4	97.2	93.4	92.1	89.0
104.4	104.5	104.7	103.6	103.8	103.8	102.8	102.2	102.1	101.3	99.7
100.0	99.2	99.1	99.4	101.7	101.6	101.2	99.2	97.4	96.7	97.5
113.4	113.5	85.3	87.7	97.7	99.1	112.9	119.3	117.2	103.5	123.4
101.3	100.5	100.2	99.6	99.6	99.5	99.5	99.9	100.3	99.6	99.7
96.9	97.9	99.5	98.6	101.2	109.0	107.9	106.2	98.2	97.8	98.9
77.3	77.3	77.6	77.6	76.8	75.9	83.0	89.9	93.7	95.0	94.3
95.9	98.0	96.3	97.3	96.8	96.5	89.7	98.9	99.4	100.7	102.8
98.8	**93.2**	**90.2**	**91.1**	**95.2**	**92.9**	**95.6**	**98.0**	**96.8**	**98.7**	**101.8**
100.4	93.9	90.0	90.4	95.6	94.2	97.6	100.0	98.1	99.5	102.5
90.6	89.5	91.2	94.5	92.8	86.5	85.3	88.1	89.6	94.7	97.3

4-16 续表 3

（上年同期＝100）

类 别	Item	全 年 Annual Year	1 月 January
有色金属冶炼和压延加工业	**Smelting and Pressing of Non-ferrous Metals**	**96.1**	**96.0**
常用有色金属冶炼	General Non-ferrous Metal Coking	94.7	94.9
贵金属冶炼	Precious Metal Smelting	109.6	108.2
稀有稀土金属冶炼	Smelting of Rare and Rare Earth Metals	80.3	66.0
有色金属合金制造	Non-ferrous Metal Alloy Manufacture	98.8	97.1
有色金属压延加工	Non-ferrous Metal Rolling Processing	100.8	102.4
金属制品业	**Manufacture of Metal Products**	**100.7**	**99.4**
结构性金属制品制造	Structural Metal Product	102.2	100.9
金属工具制造	Manufacture of Metal Tools	101.6	101.8
建筑、安全用金属制品制造	Manufacture of Building and Safe Use Metal Products	100.0	100.0
金属表面处理及热处理加工	Metal Surface Treatment and Heat Treatment	100.8	100.8
金属制日用品制造	Manufacture of Metal Commodity	101.9	100.0
锻造及其他金属制品制造	Forging and Other Metal Products Manufacturing	99.7	98.1
通用设备制造业	**Manufacture of General Purpose Machinery**	**100.3**	**100.6**
锅炉及原动设备制造	Boiler and Original Equipment Manufacturing	101.1	101.5
金属加工机械制造	Metal Process and Machinery Manufacture	94.7	94.9
物料搬运设备制造	Manufacture of Material Handling Equipment	97.1	98.1
泵、阀门、压缩机及类似机械制造	Pump, Valve, Compressor and Its Similar Mechanical Manufacture	100.9	100.3
轴承、齿轮和传动部件制造	Bearings, Gears and Transmission Components Manufacturing	100.4	100.6
烘炉、风机、衡器、包装等设备制造	Ovens, Fans, Weighing, Packaging Equipment Manufacturing	108.9	108.9
通用零部件制造	Metal Casting and Forging	100.1	99.7
专用设备制造业	**Manufacture of Special Purpose Machinery**	**100.6**	**100.4**
采矿、冶金、建筑专用设备制造	Mining, Metallurgy, Building Special Equipment Manufacture	98.8	99.9
化工、木材、非金属加工专用设备制造	Chemical Engineering, Timber, Non-Metal Processed Special Equipments Manufacture	100.0	100.0
食品、饮料、烟草及饲料生产专用设备制造	The Food, Beverage, Tobacco and Fodder Production Special Equipments Manufacture	101.5	101.6
农、林、牧、渔专用机械制造	Agriculture, Forestry Animal Husbandry and Fishery Specific Machinery Manufacture	102.9	100.2
医疗仪器设备及器械制造	Medical Equipment and Device Manufacturers	106.2	101.5
环保、社会公共安全及其他专用设备制造	Environment Protection, Social Public Security and Other Specific Equipment Manufacturer	113.2	107.9
汽车制造业	**Manufacture of Automobiles**	**100.1**	**100.5**
汽车整车制造	Manufacture of Automobiles	100.3	101.5
改装汽车制造	Manufacture of Automobile Making	102.4	100.3
低速汽车制造	Manufacture of Low Speed Automobile	98.3	95.0
汽车零部件及配件制造	Manufacture of Auto Parts and Accessories	99.8	99.1

continued

(preceding year=100)

2 月 February	3 月 March	4 月 April	5 月 May	6 月 June	7 月 July	8 月 August	9 月 September	10 月 October	11 月 November	12 月 December
95.0	**92.5**	**89.5**	**88.7**	**90.4**	**95.0**	**100.6**	**99.6**	**100.6**	**101.0**	**104.7**
94.0	91.6	88.8	87.3	88.1	93.2	100.3	99.7	99.2	99.4	101.6
108.2	101.9	94.0	93.2	103.1	108.8	137.0	131.0	98.9	123.3	106.5
69.2	72.8	75.1	72.8	83.3	81.4	75.9	71.4	104.5	88.5	114.0
97.1	97.1	97.1	97.1	100.0	100.0	100.0	100.0	100.0	100.0	100.0
100.5	96.8	92.7	93.7	97.2	101.0	103.3	101.8	102.8	105.7	111.9
99.4	**99.4**	**101.0**	**101.3**	**101.1**	**101.4**	**101.6**	**101.5**	**100.9**	**100.8**	**101.1**
101.0	101.0	103.5	104.7	104.1	102.2	102.5	102.5	101.1	100.9	101.8
102.3	102.3	101.0	101.0	102.1	101.0	103.4	102.5	100.6	100.7	100.7
100.0	100.0	100.0	100.0	100.0	100.0	100.0	100.0	100.0	100.0	100.0
100.8	101.0	101.0	101.0	101.0	101.0	101.1	101.1	100.2	100.2	100.2
100.0	101.2	103.0	102.5	102.5	102.6	102.4	101.7	102.4	101.9	102.7
98.2	98.0	99.4	99.3	99.2	100.9	100.9	100.8	100.7	100.6	100.7
102.0	**100.8**	**100.3**	**100.3**	**100.5**	**100.5**	**100.4**	**100.0**	**99.3**	**99.5**	**99.6**
103.9	101.5	101.1	101.1	101.2	101.1	101.1	100.5	100.0	100.0	100.0
94.9	94.9	92.4	92.4	93.2	93.2	93.2	93.2	93.2	100.8	100.8
98.6	97.8	95.7	95.7	97.4	98.2	96.9	97.9	96.5	95.8	97.1
100.6	100.8	101.9	102.4	101.6	101.6	102.0	101.7	100.0	99.6	98.5
101.1	101.1	101.1	100.9	101.0	101.0	100.4	100.4	99.3	99.1	99.2
108.9	108.9	108.9	108.9	108.9	108.9	108.9	108.9	108.9	108.9	108.9
99.7	101.2	100.8	100.5	100.1	101.0	101.3	100.0	99.2	98.6	98.9
100.2	**99.6**	**100.0**	**100.7**	**101.3**	**100.6**	**101.4**	**101.5**	**100.8**	**100.7**	**99.6**
99.5	98.1	98.7	98.1	98.9	97.9	99.2	99.5	98.9	99.3	97.6
100.0	100.0	100.0	100.0	100.0	100.0	100.0	100.0	100.0	100.0	100.0
101.6	101.2	102.7	103.1	103.1	103.5	101.1	100.0	100.1	100.1	99.8
100.8	101.3	101.4	103.9	104.2	104.3	105.5	105.5	105.1	102.8	100.6
101.5	101.5	101.5	110.8	110.8	110.8	108.4	108.4	105.0	105.0	108.4
107.9	112.6	111.5	115.4	116.2	116.7	114.4	113.9	114.5	112.7	113.9
100.6	**100.6**	**99.7**	**99.8**	**99.8**	**99.8**	**100.0**	**100.0**	**100.3**	**100.3**	**100.3**
101.6	101.8	100.0	100.0	100.1	100.1	99.4	99.6	99.9	99.8	99.9
100.6	101.4	102.0	101.8	102.2	102.9	103.9	105.0	103.3	103.1	102.7
93.9	95.2	96.4	98.4	95.2	93.9	98.3	103.4	105.7	102.6	102.4
99.1	98.8	99.3	99.3	99.3	99.3	100.7	100.5	100.7	100.8	100.7

4-16 续表 4

（上年同期＝100）

类 别	Item	全 年 Annual Year	1 月 January
铁路、船舶、航空航天和其他运输设备制造业	**Manufacture of Railway, Ship, Aerospace and Other Transport Equipments**	**100.0**	**100.0**
铁路运输设备制造	Rail Transportation Equipment Manufacture	100.0	100.0
电气机械和器材制造业	**Manufacture of Electrical Machinery and Apparatus**	**99.2**	**99.1**
电机制造	Manufacture of Motor	98.2	101.0
输配电及控制设备制造	Electricity Mixed and Control Equipments Manufacture	99.7	98.4
电线、电缆、光缆及电工器材制造	Manufacture of Wire, Cable, Optical Cable and Electrical Equipment	100.6	101.3
电池制造	Manufacture of Battery	90.7	87.1
家用电力器具制造	Manufacture of Household Electric Appliance	100.9	99.4
照明器具制造	Manufacture of Lighting Fixtures	101.8	103.8
计算机、通信和其他电子设备制造业	**Manufacture of Computers, Communication and Other Electronic Equipment**	**101.7**	**101.4**
计算机制造	Manufacture of Computers	99.9	101.4
通信设备制造	Manufacture of Communication Equipment	100.4	98.6
广播电视设备制造	Manufacture of Radio and Television Equipment	100.0	99.5
视听设备制造	Manufacture of Audiovisual Equipment	100.3	100.0
智能消费设备制造	Manufacturing of Intelligent Consumer Device	91.3	87.8
电子器件制造	Manufacture of Electronic Device	98.8	101.8
电子元件及电子专用材料制造	Manufacture of Electronic Components and Special Materials	111.2	106.4
其他电子设备制造	Manufacture of Other Electronic Equipment	91.3	87.8
仪器仪表制造业	**Manufacture of Measuring Instruments and Machinery**	**100.3**	**101.6**
通用仪器仪表制造	Manufacture of General Instrument	99.4	99.7
钟表与计时仪器制造	Manufacture of Timepiece and Time Keeping Instrument	109.5	121.4
光学仪器及眼镜制造	Manufacture of Optical Instrument and Glasses	101.0	103.0
其他制造业	**Other Manufacture**	**97.7**	**101.0**
日用杂品制造	Manufacture of Daily Sundry Goods	96.8	99.7
废弃资源综合利用业	**Utilization of Waste Resources**	**103.0**	**99.3**
金属废料和碎屑加工处理	Metal Waste and Scrap Processing	103.0	99.3
电力、热力生产和供应业	**Production and Supply of Electric Power and Heat Power**	**97.5**	**97.1**
电力生产	Electric Power Production	99.3	99.0
电力供应	Electric Power Supply	96.4	95.9
热力生产和供应	Thermal Production and Supply	97.8	99.6
燃气生产和供应业	**Production and Supply of Gas**	**94.6**	**98.6**
水的生产和供应业	**Production and Supply of Water**	**98.5**	**98.2**
自来水的生产和供应	Tapping-water Production and Supply	97.7	97.7
污水处理及其再生利用	Sewage Treatment and Recycled Use	103.6	101.6

continued

(preceding year=100)

2 月 February	3 月 March	4 月 April	5 月 May	6 月 June	7 月 July	8 月 August	9 月 September	10 月 October	11 月 November	12 月 December
100.0	**100.0**	**100.0**	**100.0**	**100.0**	**100.0**	**100.0**	**100.0**	**100.0**	**100.0**	**100.0**
100.0	100.0	100.0	100.0	100.0	100.0	100.0	100.0	100.0	100.0	100.0
99.6	**98.9**	**97.8**	**97.2**	**97.4**	**99.6**	**100.5**	**99.3**	**100.2**	**100.0**	**100.5**
101.6	101.6	103.2	102.2	102.4	103.5	97.7	91.8	91.5	91.2	90.7
99.1	98.4	98.0	98.8	98.4	99.5	100.0	100.7	101.8	101.1	102.4
101.5	100.0	96.2	93.9	94.8	99.4	105.0	102.4	104.1	104.1	104.3
87.9	88.6	87.8	87.9	88.6	89.4	90.4	96.0	94.5	95.8	95.7
99.4	99.6	99.6	98.9	98.9	101.4	101.4	101.4	101.4	102.6	107.0
103.8	104.0	104.0	104.0	103.9	103.9	98.9	98.9	98.9	98.9	98.9
101.3	**101.4**	**101.2**	**103.3**	**102.9**	**102.5**	**102.4**	**101.8**	**100.6**	**100.7**	**100.4**
101.2	101.4	100.7	101.2	100.4	100.1	99.7	98.6	98.3	98.1	97.6
98.6	98.6	100.2	101.2	101.4	101.1	101.0	101.1	101.1	101.0	101.1
99.4	99.7	99.0	100.2	101.3	101.1	101.3	99.5	99.3	99.5	99.5
100.0	100.0	100.1	100.3	100.7	100.4	100.4	100.4	100.4	100.4	100.4
87.8	87.8	87.2	87.4	86.7	86.7	90.6	94.8	97.0	102.9	102.0
104.1	104.1	103.9	103.9	102.2	97.0	94.2	94.0	93.5	93.6	93.6
106.5	106.3	106.3	116.2	116.0	116.3	116.6	116.3	109.4	109.4	109.3
87.8	87.8	87.2	87.4	86.7	86.7	90.6	94.8	97.0	102.9	102.0
100.7	**100.9**	**100.5**	**99.8**	**100.4**	**99.4**	**100.4**	**100.4**	**99.7**	**100.3**	**99.8**
99.4	99.4	99.3	98.5	98.9	98.5	99.9	99.8	99.8	99.8	99.7
112.0	112.0	111.3	111.3	113.8	106.9	106.9	106.9	106.9	107.0	99.7
103.0	103.8	101.9	101.0	102.4	100.7	100.0	100.7	96.0	99.8	100.5
99.1	**99.2**	**95.9**	**97.0**	**97.2**	**97.2**	**93.0**	**94.9**	**97.7**	**99.1**	**101.1**
97.9	98.0	94.7	95.8	96.1	96.1	92.0	93.8	98.3	97.9	101.1
100.7	**100.7**	**100.0**	**97.6**	**98.8**	**100.9**	**107.7**	**108.8**	**108.4**	**108.0**	**106.3**
100.7	100.7	100.0	97.6	98.8	100.9	107.7	108.8	108.4	108.0	106.3
96.6	**95.9**	**96.0**	**96.3**	**97.7**	**98.1**	**98.8**	**98.4**	**98.7**	**98.7**	**98.5**
98.2	98.2	98.8	100.5	99.6	99.9	100.1	98.8	99.8	99.8	99.3
95.4	94.4	94.2	93.7	96.4	96.9	98.0	98.0	98.0	98.0	98.0
99.6	96.9	96.8	96.8	96.4	99.3	99.5	99.5	96.3	96.2	96.0
98.9	**98.7**	**94.5**	**95.5**	**94.4**	**93.9**	**92.3**	**91.3**	**90.8**	**91.2**	**94.6**
95.9	**95.0**	**94.8**	**95.0**	**95.4**	**98.0**	**101.5**	**101.2**	**102.4**	**102.7**	**102.7**
95.1	94.0	94.0	94.2	94.7	96.7	100.7	100.4	101.8	102.2	102.2
101.6	101.6	100.0	100.0	100.0	106.3	106.3	106.3	106.3	106.3	106.3

4-17 分月工业生产者出厂价格环比指数（2020年）

（上月＝100）

类　别	Item	全　年 Annual Year	1 月 January	2 月 February	3 月 March
总指数	**General Index**	**100.5**	**100.0**	**99.6**	**98.7**
# 轻工业	# Light Industry	101.1	100.5	100.2	100.2
以农产品为原料	Using Farm Produces as Raw Materials	101.1	100.6	100.3	100.1
以非农产品为原料	Using Non-farm Produces as Raw Materials	101.0	100.0	99.7	100.5
重工业	Heavy Industry	100.3	99.8	99.4	98.2
采掘	Mining and Quarrying	104.5	100.4	100.0	98.9
原料	Raw Material	99.9	100.3	98.9	97.3
加工	Processing	100.2	99.6	99.6	98.5
# 生产资料	# Means of Production	100.5	99.8	99.4	98.2
采掘	Mining and Quarrying	104.5	100.4	100.0	98.9
原料	Raw Material	100.6	100.3	98.8	97.3
加工	Processing	100.2	99.5	99.6	98.6
生活资料	Life Material	100.6	100.7	100.3	100.2
食品	Food	100.4	101.0	100.5	100.2
衣着	Clothing	100.4	100.0	100.1	100.1
一般日用品	Articles for Daily Use	101.9	100.5	99.9	100.4
耐用消费品	Durable Consumers' Goods	100.2	99.9	100.0	100.0
按工业部门分	**Grouped by Department of Industry**				
冶金工业	Metallurgical Industry	103.3	98.8	99.0	96.5
电力工业	Power Industry	98.5	99.8	99.6	99.3
煤炭及炼焦工业	Coal and Coking Industry	91.3	99.6	99.9	100.2
石油工业	Petroleum Industry	93.1	102.7	97.0	90.3
化学工业	Chemical Industry	103.8	99.8	99.8	99.8
机械工业	Machine Manufacturing Industry	100.2	99.9	99.9	99.9
建筑材料工业	Building Materials Industry	96.3	101.1	99.2	98.2
森林工业	Timber Industry	99.5	99.9	99.9	100.0
食品工业	Food Industry	102.1	100.9	100.4	100.2
纺织工业	Textile Industry	84.7	97.4	99.7	98.4
缝纫工业	Tailoring Industry	101.7	100.1	100.0	100.5
皮革工业	Leather Industry	99.1	100.0	100.1	99.8
造纸工业	Paper Industry	96.9	100.2	99.4	100.5
文教艺术用品工业	Cultural, Educational and Handicraft Articles	102.8	99.8	100.1	100.9
其他工业	Other Industry	101.3	100.6	99.5	100.8

Producer Price Chain Indices for Industrial Products by Month（2020）

（preceding month=100）

4 月 April	5 月 May	6 月 June	7 月 July	8 月 August	9 月 September	10 月 October	11 月 November	12 月 December
99.3	**100.2**	**100.6**	**100.1**	**100.5**	**100.0**	**100.0**	**100.6**	**101.0**
99.3	99.6	100.2	100.0	100.4	100.1	100.5	100.3	99.9
99.2	99.4	100.2	99.9	100.5	100.1	100.7	100.3	99.8
99.9	100.6	99.7	100.3	100.0	100.3	99.8	100.3	100.1
99.3	100.4	100.7	100.2	100.5	99.9	99.8	100.7	101.4
97.0	101.1	101.0	100.6	101.8	102.1	99.5	100.6	101.8
99.2	99.7	100.6	100.6	101.1	99.9	99.9	100.8	101.7
99.6	100.7	100.8	99.9	100.2	99.8	99.7	100.6	101.2
99.2	100.3	100.7	100.1	100.6	100.1	99.9	100.8	101.5
97.0	101.1	101.0	100.6	101.8	102.1	99.5	100.6	101.8
99.1	99.8	100.7	100.7	101.2	99.9	99.9	101.0	101.8
99.4	100.5	100.7	99.9	100.2	100.0	99.9	100.8	101.3
99.8	99.9	100.2	100.1	100.2	99.7	100.3	99.8	99.5
99.6	99.5	100.4	99.8	100.4	99.5	100.5	99.7	99.2
99.9	100.1	99.9	101.0	100.0	99.8	100.0	99.7	100.0
100.0	100.5	99.9	100.8	99.9	100.3	99.7	100.1	99.9
100.0	100.3	99.9	100.0	100.0	100.0	100.0	100.0	100.0
98.8	101.2	101.6	100.3	102.4	100.4	99.9	101.7	102.9
100.4	100.1	99.4	99.9	100.2	99.4	100.2	100.4	99.9
99.7	99.4	99.4	98.9	94.3	100.7	100.4	100.0	98.5
95.6	99.0	103.1	102.5	101.3	99.9	97.0	100.5	105.1
100.4	100.2	99.8	99.5	99.9	99.4	101.0	102.0	102.0
99.9	100.4	100.1	100.1	100.2	99.9	100.1	99.9	99.9
98.4	100.7	102.1	100.1	98.2	99.6	98.3	100.0	100.5
99.5	99.3	100.1	100.8	99.5	100.2	99.3	99.8	101.2
99.6	99.6	100.4	99.9	100.7	100.0	100.7	100.1	99.5
91.3	92.8	101.3	98.3	98.5	101.1	100.5	101.6	103.3
99.9	100.0	99.1	101.8	100.1	99.9	100.4	99.9	100.1
99.8	100.0	100.7	100.0	100.0	99.7	99.5	99.5	100.0
99.8	99.8	98.6	98.2	99.6	100.1	100.8	100.4	99.3
100.3	102.0	99.9	100.0	99.9	100.7	99.2	99.9	100.2
99.2	100.1	99.6	101.0	98.0	101.9	99.8	100.7	100.1

4-18 分行业工业生产者出厂价格环比指数（2020年）

（上月＝100）

类 别	Item	全 年 Annual Year	1 月 January
煤炭开采和洗选业	**Mining and Washing of Coal**	**91.3**	**99.6**
烟煤和无烟煤开采洗选	Mining and Washing of Bituminous and Anthracite	93.0	99.7
褐煤的开采洗选	Mining and Washing of Lignite	90.3	99.5
石油和天然气开采业	**Extraction of Petroleum and Natural Gas**	**61.6**	**97.5**
石油开采	Extraction of Petroleum	61.6	97.5
黑色金属矿采选业	**Mining and Processing of Ferrous Metal Ores**	**102.8**	**100.4**
铁矿采选	Mining and Processing of Iron Ore	104.8	101.2
锰矿、铬矿采选	Mining and Processing of Manganese Mine and Chrome Ore	100.6	99.5
有色金属矿采选业	**Mining and Processing of Non-Ferrous Metal Ores**	**109.2**	**100.5**
常用有色金属矿采选	Mining and Processing of Common Non-Ferrous Metal Ores	109.3	100.5
贵金属矿采选	Mining and Processing of Precious Metal Ores	103.2	100.8
非金属矿采选业	**Mining and Processing of Non-Metal Ores**	**106.1**	**100.6**
土砂石开采	Extraction of Soil Gravel	104.1	100.7
化学矿采选	Mining and Processing of Chemical Ores	119.5	100.0
石棉及其他非金属矿采选	Mining and Processing of Asbestos and Other Non-metallic	97.4	101.1
农副食品加工业	**Processing of Food from Agricultural Products**	**103.0**	**101.2**
谷物磨制	Corn Whetted	100.1	99.7
饲料加工	Forage Processed	108.4	100.1
植物油加工	Planting-Oil Processed	108.0	102.1
制糖业	Sugar Industry	100.6	103.0
屠宰及肉类加工	Slaughtered Meta and Meat Processes	92.8	97.2
水产品加工	Fishery Product Processed	94.0	99.7
蔬菜、水果和坚果加工	Vegetables, Fruits and Nuts Processing	98.3	100.4
其他农副食品加工	Other Farm and Side-line Food Processed	104.4	99.8
食品制造业	**Manufacture of Foods**	**99.3**	**100.0**
焙烤食品制造	Baked Food Manufacturing	100.5	100.0
糖果、巧克力及蜜饯制造	Candy, Chocolate and Candied Fruit Production	91.1	100.0
方便食品制造	Convenient Food Manufacturing	102.4	99.8
乳制品制造	Dairy Products Manufacturing	101.1	100.0
罐头食品制造	Canned Food Manufacturing	100.3	100.4
调味品、发酵制品制造	Condiment, Ferment Product Manufacturing	97.3	100.1
其他食品制造	Other Food Manufacturing	97.1	99.8
酒、饮料和精制茶制造业	**Manufacture of Liquor, Beverages and Refined Tea**	**103.9**	**100.1**
酒的制造	Manufacture of Wine	110.6	100.8
饮料制造	Beverage Manufacturing	99.9	99.2
精制茶加工	Refined-tea Process	92.6	100.6

Producer Price Chain Indices for Industrial Products by Industry（2020）

（preceding month=100）

2 月 February	3 月 March	4 月 April	5 月 May	6 月 June	7 月 July	8 月 August	9 月 September	10 月 October	11 月 November	12 月 December
99.9	**100.2**	**99.7**	**99.4**	**99.4**	**98.9**	**94.3**	**100.7**	**100.4**	**100.0**	**98.5**
99.6	100.6	99.2	98.9	100.6	97.3	99.8	100.4	100.2	100.1	96.3
100.0	100.0	100.0	99.8	98.7	100.0	90.9	100.9	100.6	99.9	100.0
100.7	**90.2**	**55.5**	**61.0**	**169.1**	**132.1**	**104.3**	**101.3**	**88.7**	**95.1**	**103.2**
100.7	90.2	55.5	61.0	169.1	132.1	104.3	101.3	88.7	95.1	103.2
100.2	**100.0**	**99.8**	**100.2**	**100.0**	**100.4**	**101.2**	**100.4**	**100.0**	**100.1**	**100.0**
100.0	100.0	99.6	100.0	100.0	100.6	102.3	100.8	100.0	100.2	100.0
100.5	100.0	100.0	100.5	100.0	100.1	100.0	100.0	100.0	100.0	100.0
99.7	**97.3**	**95.5**	**103.5**	**100.5**	**101.1**	**104.3**	**104.0**	**99.3**	**100.9**	**102.5**
99.7	97.3	95.4	103.5	100.5	101.1	104.3	104.1	99.3	101.0	102.6
101.0	99.1	103.7	103.0	101.4	103.2	103.0	100.6	96.1	93.6	98.2
100.0	**100.9**	**99.5**	**100.7**	**100.9**	**98.5**	**99.8**	**101.0**	**99.9**	**101.1**	**103.2**
100.2	100.4	100.3	101.1	101.6	99.7	99.9	99.8	100.1	99.7	100.6
100.0	100.0	100.0	100.0	100.0	92.6	100.0	104.1	100.0	107.1	115.8
99.6	103.1	96.7	100.2	99.7	101.1	99.4	101.5	99.3	99.0	96.8
100.5	**100.3**	**99.5**	**99.5**	**100.5**	**99.8**	**100.9**	**100.2**	**100.9**	**100.2**	**99.4**
101.0	99.5	99.8	100.0	100.8	100.4	99.8	99.4	99.7	100.6	99.4
99.5	100.0	100.6	100.2	100.2	100.6	101.6	100.6	101.5	101.8	101.2
99.3	97.9	99.0	100.1	104.7	98.1	104.7	99.2	100.7	100.8	101.3
101.4	102.1	99.3	98.9	99.0	99.7	99.0	100.8	101.8	99.3	96.6
101.4	98.8	96.8	98.8	100.1	101.8	102.0	99.1	98.6	97.5	100.5
100.1	101.8	99.8	97.8	99.9	99.0	98.3	98.7	98.8	98.2	101.8
100.0	98.7	100.8	99.9	99.2	99.7	100.0	100.4	99.5	100.3	99.4
102.6	99.9	100.4	101.1	99.6	100.0	99.9	99.9	100.2	100.1	100.8
100.2	**99.8**	**100.5**	**99.4**	**99.9**	**100.1**	**99.6**	**100.0**	**99.9**	**100.3**	**99.6**
100.0	100.0	100.0	100.0	100.0	100.0	100.6	100.0	100.0	99.9	100.0
100.0	100.0	93.8	100.0	100.0	97.1	100.0	100.0	100.0	100.0	100.0
100.1	99.4	102.5	100.2	100.5	100.0	100.0	99.6	99.9	100.6	99.8
100.8	101.2	100.0	100.0	100.0	99.7	99.3	100.7	100.7	100.0	98.8
100.3	99.1	100.7	100.3	99.8	101.7	99.0	97.8	101.1	99.6	100.5
99.8	99.6	99.1	100.4	98.0	100.2	99.2	101.3	100.2	99.9	99.6
100.2	99.6	100.4	97.8	100.0	99.9	99.5	100.5	98.8	100.9	99.5
100.1	**99.8**	**99.5**	**100.2**	**100.5**	**101.1**	**100.9**	**99.5**	**100.6**	**100.8**	**100.8**
99.9	100.0	99.9	100.7	100.5	101.9	101.8	100.1	101.2	101.9	101.5
100.2	99.6	99.1	99.8	100.6	100.6	100.2	99.9	100.1	100.2	100.3
100.1	100.1	99.6	100.0	100.1	100.1	100.0	94.1	99.7	98.0	100.0

4-18 续表 1

（上月＝100）

类 别	Item	全 年 Annual Year	1 月 January
烟草制品业	**Manufacture of Tobacco**	**100.0**	**100.0**
卷烟制造	Cigarette Manufacturing	100.0	100.0
纺织业	**Manufacture of Textile**	**84.7**	**97.4**
棉纺织及印染精加工	Cotton and Textile Printing and Dyeing Finishing	94.4	99.9
麻纺织及染整精加工	Finishing of Linen Textile and Dyeing and Finishing	98.9	100.2
丝绢纺织及印染精加工	Silk and Textile Printing and Dyeing Finishing	81.4	96.6
家用纺织制成品制造	Manufacture of Household Textile Products	100.7	101.8
纺织服装、服饰业	**Manufacture of Textile, Wearing Apparel and Accessories**	**101.7**	**100.1**
机织服装制造	Manufacture of Woven Garment	102.2	100.1
针织或钩针编织服装制造	Manufacture of Knitted or Crocheted Garment	97.0	99.7
皮革、毛皮、羽毛及其制品和制鞋业	**Manufacture of Leather, Fur, Feather and Related Products and Footware**	**97.9**	**100.0**
皮革鞣制加工	Leather Processing	100.9	100.3
皮革制品制造	Leather Product Processing	100.2	100.8
羽毛（绒）加工及制品制造	Feather Processing and Its Products Manufacturing	91.0	100.1
制鞋业	Shoemaking Industry	96.6	98.5
木材加工和木、竹、藤、棕、草制品业	**Processing of Timber, Manufacture of Wood, Bamboo, Rattan, Palm and Straw Products**	**99.8**	**100.0**
木材加工	Manufacture of Wood	96.5	100.1
人造板制造	Artificial Plank Manufacturing	98.2	99.4
木制品制造	Timber Product Manufacturing	105.9	103.6
竹、藤、棕、草等制品制造	Bamboo, Ratten, Palm and Grass Product Manufacturing	108.9	99.9
家具制造业	**Manufacture of Furniture**	**95.9**	**99.2**
木质家具制造	Manufacture of Wooden Furniture	96.0	99.0
其他家具制造	Manufacture of Other Furniture	95.3	100.1
造纸和纸制品业	**Manufacture of Paper and Paper Products**	**96.9**	**100.2**
纸浆制造	Paper Pulp Manufacturing	105.2	98.2
造纸	Paper Making	95.2	100.8
纸制品制造	Paper Products Manufacturing	98.7	99.5
印刷和记录媒介的复制	**Printing and Reproduction of Recording Media**	**100.7**	**99.9**
印刷	Painting	100.8	99.9
装订及印刷相关服务	Bookbinding and Printing Related Services	100.0	100.0
文教、工美、体育和娱乐用品制造业	**Manufacture of Articles for Culture, Education, Arts and Crafts, Sport and Entertainment Activities**	**105.9**	**100.1**
文教办公用品制造	Manufacture of Articles for Culture, Education	93.7	99.6
工艺美术品制造	Manufacture of Arts and Crafts	104.0	100.2
玩具制造	Manufacture of Toys	116.3	99.6
石油、煤炭及其他燃料加工业	**Petroleum, Coal & Other Fuel Processing Industry**	**93.9**	**102.9**
精炼石油产品制造	Refined Coking Petroleum Manufacturing	93.8	103.0

continued

(preceding month=100)

2 月 February	3 月 March	4 月 April	5 月 May	6 月 June	7 月 July	8 月 August	9 月 September	10 月 October	11 月 November	12 月 December
100.0	**100.0**	**100.0**	**100.0**	**100.0**	**100.0**	**100.0**	**100.0**	**100.0**	**100.0**	**100.0**
100.0	100.0	100.0	100.0	100.0	100.0	100.0	100.0	100.0	100.0	100.0
99.7	**98.4**	**91.3**	**92.8**	**101.3**	**98.3**	**98.5**	**101.1**	**100.5**	**101.6**	**103.3**
100.0	99.5	99.5	98.4	96.6	99.8	99.7	98.9	100.7	100.3	101.0
100.0	100.0	100.0	100.0	98.5	98.4	101.9	100.0	100.0	100.0	100.0
99.6	98.0	88.7	90.7	102.8	97.7	98.1	101.8	100.5	102.1	104.2
100.0	100.0	100.0	100.0	100.0	100.1	98.8	100.0	100.0	100.0	100.0
100.0	**100.5**	**99.9**	**100.0**	**99.1**	**101.8**	**100.1**	**99.9**	**100.4**	**99.9**	**100.1**
99.9	100.5	99.8	100.0	98.9	102.1	99.9	100.1	100.6	100.0	100.3
100.3	100.3	100.6	100.4	100.9	99.2	101.7	97.9	99.0	98.9	98.3
100.1	**99.9**	**99.9**	**100.0**	**100.6**	**100.0**	**99.5**	**98.8**	**99.5**	**99.7**	**99.9**
100.1	100.5	99.6	99.2	100.4	99.9	100.9	99.6	99.5	100.2	100.7
100.0	99.3	99.4	100.6	101.3	100.1	100.1	100.0	99.3	99.3	100.0
100.0	100.1	100.0	100.0	100.0	100.0	96.6	93.5	100.0	101.1	99.4
100.4	100.5	100.7	99.3	99.8	99.7	99.4	99.3	99.7	99.6	99.6
99.9	**100.1**	**99.4**	**99.2**	**100.2**	**100.8**	**99.4**	**100.2**	**99.3**	**99.8**	**101.3**
100.2	100.0	98.5	98.9	100.5	99.5	96.3	100.4	101.6	99.1	101.6
99.9	100.1	99.4	98.8	100.3	100.5	99.5	100.0	98.8	99.9	101.8
100.0	100.0	100.1	99.8	99.8	100.1	100.8	101.5	100.0	100.0	100.0
100.0	100.0	99.4	102.6	100.5	106.9	99.9	99.6	99.9	100.2	99.8
100.0	**99.2**	**100.3**	**99.8**	**99.4**	**100.4**	**100.2**	**99.8**	**98.7**	**99.7**	**99.2**
100.0	99.0	100.6	100.0	99.3	100.4	100.3	99.8	98.9	99.7	99.2
100.0	100.0	98.6	99.1	100.2	100.2	99.9	99.8	97.6	100.1	99.5
99.4	**100.5**	**99.8**	**99.8**	**98.6**	**98.2**	**99.6**	**100.1**	**100.8**	**100.4**	**99.3**
100.0	99.8	102.0	100.2	99.3	100.5	98.6	101.1	102.0	100.4	103.2
99.1	100.8	99.3	99.7	97.6	96.8	99.7	100.4	101.3	100.7	99.0
99.9	100.2	100.3	99.9	100.2	100.2	99.7	99.6	99.9	99.9	99.4
100.0	**101.1**	**100.2**	**99.9**	**100.1**	**100.0**	**100.0**	**100.6**	**99.1**	**99.9**	**100.0**
100.0	101.1	100.2	99.9	100.1	100.0	100.0	100.6	99.1	99.9	100.0
100.0	100.0	100.0	100.0	100.0	100.0	100.0	100.0	100.0	100.0	100.0
100.1	**101.6**	**100.2**	**102.6**	**99.1**	**102.1**	**100.0**	**100.4**	**99.7**	**99.8**	**100.0**
100.0	100.1	101.0	99.7	101.0	99.6	98.3	98.1	99.7	98.4	98.1
100.0	102.0	100.1	100.1	99.0	102.8	100.1	100.2	99.8	99.9	99.8
100.6	100.2	100.7	114.1	98.9	100.0	100.0	101.5	99.2	99.8	101.4
96.8	**89.9**	**96.6**	**99.5**	**102.7**	**102.2**	**101.4**	**99.9**	**97.1**	**100.6**	**105.1**
96.7	89.8	96.6	99.5	102.7	102.2	101.4	99.9	97.1	100.6	105.1

4-18 续表 2

（上月＝100）

类 别	Item	全 年 Annual Year	1 月 January
化学原料和化学制品制造业	**Manufacture of Raw Chemical Materials and Chemical Products**	**105.7**	**99.7**
基础化学原料制造	Basic Chemical Material Manufacturing	99.0	98.2
肥料制造	Fertilizer Manufacture	100.7	99.5
农药制造	Pesticide Manufacturing	95.6	99.2
涂料、油墨、颜料及类似产品制造	Coating, Printing Ink, Pigment and The Similar Products Manufacture	105.3	100.1
合成材料制造	Compounded Material Manufacture	102.4	97.8
专用化学产品制造	Specialized Chemical Product Manufacture	120.6	101.0
炸药、火工及焰火产品制造	Manufacture of Explosive, Firer and Fireworks Products	99.2	100.0
日用化学产品制造	Daily Chemical Product Manufacture	101.0	100.0
医药制造业	**Manufacture of Medicines**	**96.9**	**100.0**
化学药品原料药制造	Manufacture of Chemical Raw Material Medicine	100.0	100.0
化学药品制剂制造	Chemical Medicine Agent Manufacture	100.0	99.6
中药饮片加工	Processing of Chinese herbal Pieces	95.6	100.2
中成药生产	Chines Patent Medicine's Production	96.2	100.0
兽用药品制造	Medicine in Herbs Manufacture	95.7	101.0
生物药品制造	Biopharmaceutical Manufacturing	100.0	100.0
卫生材料及医药用品制造	Sanitary Materials and Medical Supplies Manufacturing	100.0	100.0
橡胶和塑料制品业	**Manufacture of Rubber and Plastics Products**	**97.4**	**99.9**
橡胶制品业	Rubber Products Industry	108.6	100.1
塑料制品业	Plastic Products Industry	95.6	99.9
非金属矿物制品业	**Manufacture of Non-metallic Mineral Products**	**96.1**	**101.1**
水泥、石灰和石膏制造	Manufacture of Cement, Lime and Gesso	89.0	103.3
石膏、水泥制品及类似制品制造	Manufacture of Gesso, Cement and Similar Products	99.7	100.6
砖瓦、石材等建筑材料制造	Manufacture of Tile and Dimension Stone	97.5	99.0
玻璃制造	Manufacture of Glass	123.4	96.8
玻璃制品制造	Manufacture of Glass Products	99.7	99.7
陶瓷制品制造	Manufacture of Ceramics Products	98.9	100.7
耐火材料制品制造	Manufacture of Refractory Products	94.3	97.9
石墨及其他非金属矿物制品制造	Manufacture of Graphite and Other Non-metallic Mineral Products	102.8	99.7
黑色金属冶炼和压延加工业	**Smelting and Pressing of Ferrous Metals**	**101.8**	**97.5**
钢压延加工	Steel Rolling Processing	102.5	96.7
铁合金冶炼	Ferroalloy Smelting	97.3	101.7

continued

(preceding month=100)

2 月 February	3 月 March	4 月 April	5 月 May	6 月 June	7 月 July	8 月 August	9 月 September	10 月 October	11 月 November	12 月 December
99.7	**99.5**	**100.5**	**100.4**	**99.7**	**99.0**	**99.6**	**100.2**	**101.7**	**103.2**	**102.3**
99.1	95.6	99.8	103.4	99.4	97.9	98.6	100.7	101.4	102.0	103.1
100.0	102.3	100.7	97.8	99.7	99.7	99.8	100.0	99.9	100.2	101.3
101.1	99.1	102.1	99.0	94.8	100.0	100.0	99.7	100.9	99.9	99.9
99.9	103.3	98.0	98.3	96.9	99.5	101.6	100.0	102.6	104.3	100.9
97.9	99.9	97.7	99.7	98.0	101.1	100.7	99.5	103.4	102.8	104.1
99.6	99.9	101.2	101.0	102.3	98.8	99.4	100.3	103.4	107.9	104.5
100.0	100.0	100.0	100.0	100.0	99.2	100.0	100.0	100.0	100.0	100.0
99.3	100.0	101.0	100.0	99.9	99.9	100.0	99.8	100.7	100.7	99.6
100.0	**100.1**	**100.7**	**99.6**	**100.0**	**100.2**	**99.8**	**96.7**	**99.9**	**100.0**	**99.8**
100.0	100.0	100.0	100.0	100.0	100.0	100.0	100.0	100.0	100.0	100.0
100.2	100.5	100.0	100.3	99.7	99.9	100.0	99.9	100.0	99.8	100.1
100.4	100.4	100.3	100.0	100.4	100.5	99.6	96.7	99.8	99.7	97.6
100.0	100.0	101.4	99.7	99.9	100.3	99.7	95.3	100.0	100.0	100.0
100.0	100.0	97.5	96.7	100.2	100.3	100.0	100.3	99.7	100.0	100.0
100.0	100.0	100.0	100.0	100.0	100.0	100.0	100.0	100.0	100.0	100.0
100.0	100.0	100.0	100.0	100.0	100.0	100.0	100.0	100.0	100.0	100.0
99.9	**100.9**	**99.7**	**100.1**	**99.6**	**99.6**	**100.2**	**98.9**	**100.2**	**97.9**	**100.5**
99.7	108.4	99.9	100.0	100.0	100.0	100.0	100.0	100.0	100.2	100.2
99.9	99.6	99.7	100.2	99.5	99.6	100.2	98.7	100.3	97.5	100.6
99.2	**98.1**	**98.4**	**100.6**	**102.0**	**100.0**	**97.8**	**100.0**	**98.2**	**100.1**	**100.6**
97.5	93.9	94.7	102.4	102.7	95.4	94.5	100.2	101.0	101.6	101.8
100.0	100.1	100.3	99.7	100.2	100.0	99.4	99.8	100.1	99.8	99.9
100.3	99.9	100.0	100.6	102.3	100.2	99.1	98.4	98.8	99.1	99.9
99.4	93.6	77.9	103.8	111.1	105.3	118.6	108.5	100.0	94.1	119.5
100.2	99.4	99.8	100.2	99.9	99.9	99.5	100.2	100.6	100.0	100.1
99.8	100.5	101.7	99.0	103.4	107.5	99.6	98.9	90.5	99.5	98.7
100.0	100.0	100.9	99.7	99.0	98.8	98.0	98.6	100.0	101.4	100.0
100.3	101.3	98.2	100.4	99.4	99.5	92.7	109.9	100.2	101.1	100.9
99.1	**94.8**	**99.5**	**102.0**	**102.1**	**99.2**	**101.4**	**100.0**	**99.5**	**102.8**	**104.1**
98.5	94.1	98.9	101.9	103.0	100.2	102.0	99.8	99.6	103.6	104.6
102.4	98.2	102.0	102.3	98.1	94.4	97.9	100.9	99.4	98.5	101.7

4-18 续表 3

（上月=100）

类别	Item	全年 Annual Year	1月 January
有色金属冶炼和压延加工业	**Smelting and Pressing of Non-ferrous Metals**	**104.7**	**100.1**
常用有色金属冶炼	General Non-ferrous Metal Coking	101.6	99.8
贵金属冶炼	Precious Metal Smelting	106.5	102.4
稀有稀土金属冶炼	Smelting of Rare and Rare Earth Metals	114.0	99.8
有色金属合金制造	Non-ferrous Metal Alloy Manufacture	100.0	100.0
有色金属压延加工	Non-ferrous Metal Rolling Processing	111.9	100.8
金属制品业	**Manufacture of Metal Products**	**101.1**	**99.7**
结构性金属制品制造	Structural Metal Product	101.8	98.7
金属工具制造	Manufacture of Metal Tools	100.7	100.5
建筑、安全用金属制品制造	Manufacture of Building and Safe Use Metal Products	100.0	100.0
金属表面处理及热处理加工	Metal Surface Treatment and Heat Treatment	100.2	100.0
金属制日用品制造	Manufacture of Metal Commodity	102.7	100.2
锻造及其他金属制品制造	Forging and Other Metal Products Manufacturing	100.7	100.1
通用设备制造业	**Manufacture of General Purpose Machinery**	**99.6**	**100.0**
锅炉及原动设备制造	Boiler and Original Equipment Manufacturing	100.0	100.0
金属加工机械制造	Metal Process and Machinery Manufacture	100.8	100.0
物料搬运设备制造	Manufacture of Material Handling Equipment	97.1	99.4
泵、阀门、压缩机及类似机械制造	Pump, Valve, Compressor and Its Similar Mechanical Manufacture	98.5	99.9
轴承、齿轮和传动部件制造	Bearings, Gears and Transmission Components Manufacturing	99.2	100.1
烘炉、风机、衡器、包装等设备制造	Ovens, Fans, Weighing, Packaging Equipment Manufacturing	108.9	108.9
通用零部件制造	Metal Casting and Forging	98.9	99.2
专用设备制造业	**Manufacture of Special Purpose Machinery**	**99.6**	**99.8**
采矿、冶金、建筑专用设备制造	Mining, Metallurgy, Building Special Equipment Manufacture	97.6	99.5
化工、木材、非金属加工专用设备制造	Chemical Engineering, Timber, Non-Metal Processed Special Equipments Manufacture	100.0	100.0
食品、饮料、烟草及饲料生产专用设备制造	The Food, Beverage, Tobacco and Foddar Production Special Equipments Manufacture	99.8	101.3
农、林、牧、渔专用机械制造	Agriculture, Forestry Animal Husbandry and Fishery Specific Machinery Manufacture	100.6	100.8
医疗仪器设备及器械制造	Medical Equipment and Device Manufacturers	108.4	100.0
环保、社会公共安全及其他专用设备制造	Environment Protection, Social Public Security and Other Specific Equipment Manufacturer	113.9	100.0
汽车制造业	**Manufacture of Automobiles**	**100.3**	**100.0**
汽车整车制造	Manufacture of Automobiles	99.9	99.8
改装汽车制造	Manufacture of Automobile Making	102.7	99.9
低速汽车制造	Manufacture of Low Speed Automobile	102.4	98.0
汽车零部件及配件制造	Manufacture of Auto Parts and Accessories	100.7	100.2

continued

(preceding month=100)

2 月 February	3 月 March	4 月 April	5 月 May	6 月 June	7 月 July	8 月 August	9 月 September	10 月 October	11 月 November	12 月 December
98.0	**97.3**	**97.5**	**99.6**	**102.0**	**102.4**	**103.8**	**100.1**	**100.6**	**100.9**	**102.3**
98.0	97.3	97.6	98.7	102.0	102.4	104.5	100.3	99.5	100.8	101.2
100.0	94.2	92.3	99.1	110.7	105.5	128.2	106.1	84.9	106.4	84.2
96.4	101.2	101.5	98.9	100.4	98.3	98.2	101.9	140.8	88.0	95.2
100.0	100.0	100.0	100.0	100.0	100.0	100.0	100.0	100.0	100.0	100.0
98.4	96.9	96.9	102.1	102.3	103.1	102.4	99.5	99.9	103.0	106.6
100.0	**100.0**	**101.3**	**100.3**	**99.8**	**99.2**	**100.2**	**100.0**	**100.1**	**100.2**	**100.4**
100.0	100.0	102.1	101.1	99.4	97.3	100.4	100.0	100.7	100.7	101.3
100.5	100.0	100.0	100.0	101.1	98.9	102.4	99.1	98.1	100.1	100.0
100.0	100.0	100.0	100.0	100.0	100.0	100.0	100.0	100.0	100.0	100.0
100.0	100.2	100.0	100.0	100.0	100.0	100.0	100.0	100.0	100.0	100.0
100.0	100.7	101.6	100.0	100.0	100.1	99.9	100.0	100.0	100.0	100.1
100.0	99.8	101.0	100.0	99.9	100.0	100.1	100.0	99.9	99.9	100.0
100.0	**100.1**	**99.8**	**99.9**	**100.2**	**100.0**	**99.9**	**99.9**	**99.7**	**100.0**	**100.1**
100.0	100.0	100.0	100.0	100.1	99.9	100.0	100.0	100.0	100.0	100.0
100.0	100.0	100.0	100.0	100.8	100.0	100.0	100.0	100.0	100.0	100.0
100.2	99.1	97.4	100.0	101.8	100.8	98.7	101.0	98.7	99.2	100.8
100.3	100.3	100.9	100.3	99.7	99.4	99.8	99.9	98.8	100.3	98.8
100.0	100.0	100.0	99.9	99.9	100.0	100.0	100.0	99.6	99.7	100.0
100.0	100.0	100.0	100.0	100.0	100.0	100.0	100.0	100.0	100.0	100.0
99.8	100.9	99.1	99.3	100.2	100.9	99.8	98.9	99.8	100.1	100.9
99.6	**99.7**	**100.1**	**100.8**	**100.6**	**99.3**	**100.4**	**100.5**	**99.3**	**99.7**	**99.6**
99.4	99.2	100.2	99.5	100.8	99.1	100.7	100.8	99.1	100.1	99.2
100.0	100.0	100.0	100.0	100.0	100.0	100.0	100.0	100.0	100.0	100.0
100.0	99.6	100.0	100.0	100.0	100.4	99.2	99.7	100.0	100.0	99.7
100.0	100.5	99.7	101.2	100.3	99.2	101.0	100.3	100.9	97.5	99.3
100.0	100.0	100.0	110.8	100.0	100.0	97.8	100.0	96.8	100.0	103.3
100.0	104.4	100.0	107.7	100.7	100.4	99.4	99.6	100.0	100.2	101.2
100.0	**99.9**	**100.1**	**100.0**	**100.0**	**100.0**	**100.3**	**100.1**	**100.1**	**99.9**	**100.0**
100.0	100.0	99.8	100.0	100.0	100.0	100.0	100.3	100.0	100.0	100.0
100.6	100.6	100.6	100.3	100.5	100.3	100.0	100.7	100.0	100.0	99.2
100.0	99.6	102.5	102.1	98.2	96.9	104.5	101.1	103.1	95.5	101.3
99.9	99.7	100.5	100.0	100.0	100.0	100.8	99.7	100.1	99.8	100.0

4-18 续表 4

（上月＝100）

类 别	Item	全 年 Annual Year	1 月 January
铁路、船舶、航空航天和其他运输设备制造业	**Manufacture of Railway, Ship, Aerospace and Other Transport Equipments**	**100.0**	**100.0**
铁路运输设备制造	Rail Transportation Equipment Manufacture	100.0	100.0
电气机械和器材制造业	**Manufacture of Electrical Machinery and Apparatus**	**100.5**	**99.7**
电机制造	Manufacture of Motor	90.7	99.6
输配电及控制设备制造	Electricity Mixed and Control Equipments Manufacture	102.4	99.8
电线、电缆、光缆及电工器材制造	Manufacture of Wire, Cable, Optical Cable and Electrical Equipment	104.3	100.2
电池制造	Manufacture of Battery	95.7	97.8
家用电力器具制造	Manufacture of Household Electric Appliance	107.0	100.0
照明器具制造	Manufacture of Lighting Fixtures	98.9	99.0
计算机、通信和其他电子设备制造业	**Manufacture of Computers, Communication and Other Electronic Equipment**	**100.4**	**99.8**
计算机制造	Manufacture of Computers	97.6	99.8
通信设备制造	Manufacture of Communication Equipment	101.1	100.0
广播电视设备制造	Manufacture of Radio and Television Equipment	99.5	99.4
视听设备制造	Manufacture of Audiovisual Equipment	100.4	100.0
智能消费设备制造	Manufacturing of Intelligent Consumer Device	102.0	100.0
电子器件制造	Manufacture of Electronic Device	93.6	98.7
电子元件及电子专用材料制造	Manufacture of Electronic Components and Special Materials	109.3	100.0
其他电子设备制造	Manufacture of Other Electronic Equipment	102.0	100.0
仪器仪表制造业	**Manufacture of Measuring Instruments and Machinery**	**99.8**	**100.2**
通用仪器仪表制造	Manufacture of General Instrument	99.7	99.9
钟表与计时仪器制造	Manufacture of Timepiece and Time Keeping Instrument	99.7	105.5
光学仪器及眼镜制造	Manufacture of Optical Instrument and Glasses	100.5	99.2
其他制造业	**Other Manufacture**	**101.1**	**103.2**
日用杂品制造	Manufacture of Daily Sundry Goods	101.1	103.2
废弃资源综合利用业	**Utilization of Waste Resources**	**106.3**	**100.3**
金属废料和碎屑加工处理	Metal Waste and Scrap Processing	106.3	100.3
电力、热力生产和供应业	**Production and Supply of Electric Power and Heat Power**	**98.5**	**99.8**
电力生产	Electric Power Production	99.3	99.4
电力供应	Electric Power Supply	98.0	100.0
热力生产和供应	Thermal Production and Supply	96.0	99.3
燃气生产和供应业	**Production and Supply of Gas**	**94.6**	**99.3**
水的生产和供应业	**Production and Supply of Water**	**102.7**	**101.9**
自来水的生产和供应	Tapping-water Production and Supply	102.2	102.2
污水处理及其再生利用	Sewage Treatment and Recycled Use	106.3	100.0

continued

(preceding month=100)

2 月 February	3 月 March	4 月 April	5 月 May	6 月 June	7 月 July	8 月 August	9 月 September	10 月 October	11 月 November	12 月 December
100.0	**100.0**	**100.0**	**100.0**	**100.0**	**100.0**	**100.0**	**100.0**	**100.0**	**100.0**	**100.0**
100.0	100.0	100.0	100.0	100.0	100.0	100.0	100.0	100.0	100.0	100.0
99.8	**99.8**	**99.1**	**99.2**	**100.4**	**101.8**	**100.7**	**99.2**	**100.8**	**99.7**	**100.3**
99.8	100.0	101.7	99.1	101.2	101.1	94.5	95.1	99.6	99.5	99.3
100.0	99.3	99.5	100.1	99.6	100.9	100.6	101.1	101.1	99.4	100.9
99.7	100.4	97.1	98.0	100.9	103.8	104.4	98.1	101.4	100.4	100.0
99.0	98.6	99.7	99.0	100.7	100.9	100.0	102.6	99.1	98.3	100.0
100.0	100.3	100.0	100.0	100.0	102.5	100.0	100.0	100.0	100.0	104.1
100.0	100.0	100.0	100.0	99.9	100.0	100.0	100.0	100.0	100.0	100.0
100.1	**99.9**	**99.7**	**102.4**	**99.6**	**99.7**	**99.7**	**99.8**	**100.2**	**99.8**	**99.7**
100.0	99.9	99.4	101.1	99.3	99.5	99.7	99.7	100.1	99.6	99.5
100.0	100.0	100.0	101.2	99.9	100.1	99.9	100.1	100.0	99.9	100.0
99.9	100.3	100.4	100.0	101.6	99.7	99.7	98.9	99.7	100.1	99.9
100.0	100.0	100.0	100.2	100.4	99.7	100.0	100.0	100.0	100.0	100.0
100.0	100.0	99.3	100.3	99.2	100.0	99.2	100.0	104.1	100.0	100.0
102.0	99.9	100.1	99.6	100.0	97.0	96.3	100.1	99.9	100.0	100.0
100.1	99.8	100.2	109.3	99.9	100.3	100.0	99.8	100.0	100.0	99.9
100.0	100.0	99.3	100.3	99.2	100.0	99.2	100.0	104.1	100.0	100.0
99.4	**100.1**	**100.0**	**99.8**	**100.3**	**99.8**	**100.2**	**100.0**	**99.7**	**100.2**	**100.1**
100.0	100.0	99.9	100.0	100.0	100.0	100.0	99.9	100.0	100.0	100.0
92.3	100.0	100.0	100.0	102.3	100.0	100.0	100.0	100.0	100.0	100.1
100.0	100.8	100.5	98.7	100.7	98.4	101.7	100.7	97.7	101.7	100.7
97.9	**100.0**	**96.8**	**101.1**	**100.0**	**100.0**	**95.7**	**102.3**	**100.0**	**104.4**	**100.0**
97.9	100.0	96.8	101.1	100.0	100.0	95.7	102.3	100.0	104.4	100.0
100.6	**100.0**	**100.0**	**99.4**	**100.0**	**100.6**	**105.3**	**100.0**	**100.0**	**100.0**	**100.0**
100.6	100.0	100.0	99.4	100.0	100.6	105.3	100.0	100.0	100.0	100.0
99.6	**99.3**	**100.4**	**100.1**	**99.4**	**99.9**	**100.2**	**99.4**	**100.2**	**100.4**	**99.9**
99.6	100.0	101.3	100.7	98.4	99.5	100.5	98.5	100.7	101.1	99.7
99.5	98.9	99.8	99.7	100.0	100.0	100.0	100.0	100.0	100.0	100.0
100.0	97.2	100.0	100.0	99.9	103.0	99.9	100.0	96.7	100.0	100.0
100.3	**99.7**	**95.7**	**100.5**	**98.1**	**99.1**	**98.5**	**98.5**	**99.5**	**100.8**	**104.5**
97.7	**99.0**	**100.0**	**99.7**	**100.0**	**102.0**	**102.7**	**99.7**	**100.0**	**100.0**	**100.0**
97.4	98.8	100.0	99.7	100.0	101.3	103.2	99.7	100.0	100.0	100.0
100.0	100.0	100.0	100.0	100.0	106.3	100.0	100.0	100.0	100.0	100.0

4-19 工业生产者购进价格指数（1990—2020年）

（上年＝100）

年 份 Year	总指数 General Index	燃料、动力类 Fuel and Power	黑色金属材料类 Ferrous Metals	钢 材 Rolle Steel	有色金属材料和电线类 Nonferrous Metals and Wires
1990	102.2	107.9	99.9		90.3
1991	107.8	109.0	101.6		115.4
1992	112.5	111.2	123.2	126.6	108.7
1993	141.7	131.1	182.4	182.0	111.6
1994	117.8	123.1	101.7	100.0	112.3
1995	112.9	107.8	94.7	94.4	137.6
1996	103.4	108.6	99.4	100.8	85.6
1997	99.3	108.7	94.6	93.2	94.9
1998	95.2	99.6	93.9	92.2	83.8
1999	93.6	93.1	96.2	96.3	99.8
2000	100.9	98.9	103.0	105.0	123.8
2001	103.7	103.8	107.8	101.1	90.3
2002	95.6	101.8	99.8	98.6	94.6
2003	101.2	101.3	108.7	110.4	110.6
2004	116.3	110.1	135.1	126.3	139.6
2005	108.2	112.1	111.3	105.9	114.5
2006	111.4	103.7	94.3	95.4	131.8
2007	106.1	105.4	108.9	108.3	124.0
2008	110.6	117.7	129.1	122.6	104.7
2009	95.1	100.8	82.8	83.2	81.2
2010	111.2	109.3	103.7	105.7	128.6
2011	110.0	105.5	107.7	109.1	114.5
2012	99.2	104.0	95.2	96.4	95.2
2013	98.9	97.8	97.6	97.4	95.5
2014	98.2	98.4	96.0	96.3	96.7
2015	95.7	95.1	90.9	93.1	95.4
2016	98.3	94.8	96.4	96.1	99.8
2017	106.5	108.2	109.4	108.1	112.5
2018	103.4	106.9	102.0	102.0	99.7
2019	98.4	98.5	97.8	98.9	96.4
2020	98.5	95.0	97.3	98.2	100.0

注：从2011年起，原材料、燃料、动力购进价格指数改称为工业生产者购进价格指数。

Purchasing Price Indices for Industrial Producers（1990—2020）

（preceding year=100）

化工原料类 Raw Chemical Materials	木材及纸浆类 Timber and Paper Pulp	建筑材料及非金属矿类 Building Material and Non-metal Ore	其他工业原材料及半成品类 Other Materials and Semi-finished Category	农副产品类 Agricultural Products	纺织原料类 Textile Materials
101.3	102.1	97.7		100.4	105.8
108.1	113.8			108.2	113.3
102.3	106.6			108.4	97.3
122.1	115.4	170.6	154.8	137.9	104.0
116.2	110.5	103.0	139.0	145.2	142.5
125.2	108.9	88.1	91.7	148.2	150.5
95.1	101.9	97.4	101.5	117.0	99.0
95.3	94.4	94.4	100.4	92.3	91.5
92.6	99.7	98.7	96.4	89.4	88.1
95.9	93.7	95.6	90.7	92.5	102.0
104.5	99.8	92.6	104.7	90.3	106.3
96.9	94.3	96.7	112.0	105.3	95.6
97.9	101.0	98.3	91.4	94.6	89.8
106.3	103.5	98.8	98.2	92.7	119.7
114.8	111.5	109.9	113.5	109.8	117.2
110.0	94.4	103.6	103.7	116.8	90.6
104.0	102.7	98.5	112.2	124.1	102.3
105.3	110.9	101.5	105.8	98.9	101.6
121.3	104.5	114.0	106.9	102.6	102.2
85.8	84.3	96.1	100.2	101.7	94.1
112.3	111.2	114.6	110.3	116.6	121.4
116.5	108.6	109.5	107.0	115.9	119.5
98.3	97.5	98.3	98.5	101.3	92.1
98.1	100.2	98.6	98.6	103.4	98.5
99.6	100.3	100.2	98.2	98.1	99.8
98.0	99.6	95.7	97.9	93.8	99.7
97.6	100.6	98.0	99.5	102.9	98.2
105.8	103.8	107.2	103.5	105.6	101.4
103.8	104.4	109.3	102.1	99.7	101.1
93.5	96.3	102.1	99.5	100.6	99.3
95.5	97.1	102.1	100.6	102.5	95.7

Note: From 2011, the purchasing price index for raw materials, fuel and power changed to the purchasing price index index for industrial producers.

4-20 分月工业生产者购进价格指数（2020年）

（上年同期=100）

类 别	Item	1月 January	2月 February	3月 March
总指数	**General Index**	**99.1**	**99.1**	**98.5**
燃料、动力类	Fuel and Power	100.0	99.7	97.8
黑色金属材料类	Material of Black Metal	97.9	97.5	96.8
# 钢材	# Rolled Steel	99.2	99.1	98.5
其他	Other	95.3	94.2	93.4
有色金属材料和电线类	Nonferrous Metals and Electric Wire	96.6	97.5	96.4
化工原料类	Raw Chemical materials	94.0	94.8	93.9
木材及纸浆类	Timber and Paper Pulp	97.1	96.9	98.3
建筑材料及非金属矿类	Building Material and Non-metal Ore	103.0	103.2	101.4
其他工业原材料及半成品类	Other Industrial Raw Material and Semi-finished Category	100.2	100.4	100.2
农副产品类	Agricultural and Side-line Produces	100.6	100.4	101.2
纺织原料类	Raw Textile Material	98.3	98.1	98.0

4-21 分月工业生产者购进价格环比指数（2020年）

（上月=100）

类 别	Item	1月 January	2月 February	3月 March
总指数	**General Index**	**100.1**	**99.7**	**99.2**
燃料、动力类	Fule and Power	100.6	99.5	98.3
黑色金属材料类	Material of Black Metal	99.8	99.5	99.4
# 钢材	# Rolled Steel	99.9	99.8	99.3
其他	Other	99.7	98.7	99.6
有色金属材料和电线类	Nonferrous Metals and Electric Wire	99.7	99.9	98.4
化工原料类	Raw Chemical Materials	99.5	99.9	99.0
木材及纸浆类	Timber and Paper Pulp	99.0	99.7	100.6
建筑材料及非金属矿类	Building Material and Non-metal Ore	100.6	100.1	97.9
其他工业原材料及半成品类	Other Industrial Raw Material and Semi-finished Category	100.4	100.0	99.8
农副产品类	Agricultural and Side-line Produces	100.0	99.2	100.2
纺织原料类	Raw Textile Material	98.9	100.1	100.0

Purchasing Price Indices for Industrial Producers by Month（2020）

（preceding year=100）

4 月 April	5 月 May	6 月 June	7 月 July	8 月 August	9 月 September	10 月 October	11 月 November	12 月 December
97.2	**96.6**	**97.1**	**97.8**	**98.5**	**99.1**	**99.2**	**99.8**	**100.2**
93.4	91.0	91.6	93.6	93.7	94.5	94.5	95.2	95.3
96.3	95.5	95.7	95.1	96.1	97.9	98.7	99.7	100.6
97.1	96.2	96.8	96.9	97.9	98.5	99.0	99.6	99.6
94.7	94.2	93.6	91.5	92.6	97.0	98.4	99.9	102.8
93.5	92.9	93.9	99.1	102.8	105.3	105.7	106.7	110.5
93.9	95.0	95.7	94.4	94.9	95.6	96.8	97.8	99.8
97.3	96.6	96.4	96.7	97.4	98.2	98.3	98.0	93.7
101.2	101.0	103.9	102.9	102.3	102.7	101.9	102.1	100.1
100.4	100.1	100.0	100.2	100.9	101.2	101.0	101.1	101.5
101.7	102.1	103.0	103.4	104.5	103.2	102.8	103.5	104.1
97.0	96.4	96.8	96.6	93.8	93.1	92.5	93.9	94.3

Chain Index in Purchasing Price Indices for Industrial Producer by Month（2020）

（preceding month=100）

4 月 April	5 月 May	6 月 June	7 月 July	8 月 August	9 月 September	10 月 October	11 月 November	12 月 December
98.7	**99.5**	**100.4**	**100.3**	**100.6**	**100.7**	**100.2**	**100.3**	**100.6**
95.9	98.4	100.1	100.5	100.8	100.5	99.9	99.9	100.9
99.4	99.5	100.1	99.6	100.6	101.5	100.3	99.4	101.6
98.5	99.7	100.0	99.9	100.6	100.3	100.2	100.3	101.2
101.6	99.1	100.4	98.8	100.8	104.0	100.5	97.4	102.4
97.4	99.4	101.4	103.6	102.5	102.6	100.6	101.4	103.2
99.3	100.5	100.4	98.8	99.2	100.2	101.2	100.5	101.3
99.5	99.0	99.6	100.0	100.1	100.1	99.9	100.3	95.7
98.9	99.7	102.6	98.9	98.8	100.1	100.7	101.5	100.4
99.7	99.6	100.1	100.3	100.5	100.5	100.1	100.2	100.2
100.3	100.3	100.7	100.5	101.0	100.3	100.0	101.1	100.5
99.3	99.7	100.2	99.4	97.6	99.4	99.0	100.6	100.1

4-22 南宁市商品住宅销售价格指数（2020年）

（上年同期=100）

类　别	Item	1 月 January	2 月 February	3 月 March
新建商品住宅价格指数	**Housing Price Indices of Newly Constructed Commercial Residential Buildings**	**112.0**	**111.3**	**110.5**
90平方米及以下	90m^2 and Below	110.5	110.1	109.6
90～144平方米	90~144m^2	113.0	112.1	111.2
144平方米以上	Above 144m^2	112.8	111.8	110.8
二手住宅价格指数	**Housing Price Indices of Second-Hand Residential Buildings**	**109.0**	**107.7**	**106.8**
90平方米及以下	90m^2 and Below	109.6	108.2	107.1
90～144平方米	90~144m^2	108.5	107.2	106.4
144平方米以上	Above 144m^2	108.6	107.5	106.9

4-23 南宁市商品住宅销售价格环比指数（2020年）

（上月=100）

类　别	Item	1 月 January	2 月 February	3 月 March
新建商品住宅价格指数	**Housing Price Indices of Newly Constructed Commercial Residential Buildings**	**100.4**	**100.0**	**100.2**
90平方米及以下	90m^2 and Below	100.3	100.0	100.2
90～144平方米	90~144m^2	100.4	100.0	100.0
144平方米以上	Above 144m^2	100.4	100.0	100.6
二手住宅价格指数	**Housing Price Indices of Second-Hand Residential Buildings**	**100.6**	**100.0**	**100.1**
90平方米及以下	90m^2 and Below	100.6	100.0	100.1
90～144平方米	90~144m^2	100.6	100.0	100.2
144平方米以上	Above 144m^2	100.8	100.0	99.8

Price Indices of Commercial Housing Sales of Nanning（2020）

（preceding year=100）

4 月 April	5 月 May	6 月 June	7 月 July	8 月 August	9 月 September	10 月 October	11 月 November	12 月 December
110.0	**110.2**	**110.9**	**111.2**	**109.6**	**108.0**	**106.0**	**105.6**	**105.2**
109.1	109.3	110.1	110.2	109.2	107.6	106.0	105.5	104.8
110.8	111.1	111.8	112.2	109.7	107.8	105.3	105.0	104.8
110.1	110.1	110.3	110.7	110.2	109.4	107.7	107.6	106.7
105.5	**104.4**	**103.9**	**104.1**	**103.7**	**103.2**	**103.6**	**103.7**	**103.7**
105.5	103.6	103.1	103.3	102.9	102.3	103.0	103.1	103.8
105.1	104.4	104.1	104.3	104.8	104.2	104.2	104.3	103.6
106.0	105.8	105.3	105.1	103.6	103.2	103.9	104.1	103.6

Price Chains Indices of Commercial Housing Sales of Nanning（2020）

（preceding month=100）

4 月 April	5 月 May	6 月 June	7 月 July	8 月 August	9 月 September	10 月 October	11 月 November	12 月 December
100.4	**100.6**	**101.1**	**100.7**	**100.9**	**100.6**	**100.2**	**99.9**	**100.2**
100.1	100.6	101.2	100.8	100.8	100.6	100.2	99.9	100.1
100.6	100.6	100.9	100.8	100.9	100.5	100.0	99.9	100.2
100.5	100.7	101.2	100.6	100.9	100.7	100.4	100.1	100.4
100.2	**100.1**	**100.3**	**100.7**	**100.2**	**100.2**	**100.5**	**100.3**	**100.3**
100.2	100.1	100.4	101.0	100.0	100.2	100.6	100.1	100.5
100.4	99.8	100.1	100.8	100.4	100.2	100.2	100.4	100.3
100.0	100.7	100.3	99.9	100.1	100.5	100.7	100.6	100.1

4-24 南宁市商品住宅销售价格指数

（上年同期＝100）

年 份 Year	新建商品住宅价格指数					
	1 月 January	2 月 February	3 月 March	4 月 April	5 月 May	6 月 June
2012	100.3	100.0	98.9	98.3	98.3	98.5
2013	99.7	101.3	103.4	104.1	105.7	106.6
2014	111.2	110.2	108.7	108.0	106.5	104.9
2015	94.8	94.0	93.9	94.2	94.0	95.1
2016	102.7	103.6	104.2	105.2	106.1	106.3
2017	111.2	111.2	111.7	111.5	111.9	112.3
2018	108.4	108.4	107.6	106.6	105.7	106.7
2019	110.0	110.4	110.8	111.5	111.6	110.1
2020	112.0	111.3	110.5	110.0	110.2	110.9

年 份 Year	二手住宅价格指数					
	1 月 January	2 月 February	3 月 March	4 月 April	5 月 May	6 月 June
2012	99.4	99.0	99.8	99.4	99.8	99.7
2013	101.9	101.8	102.1	102.4	102.8	103.0
2014	103.6	103.6	103.5	103.5	101.9	101.6
2015	95.3	95.1	95.6	95.4	97.3	98.0
2016	104.5	105.1	104.1	104.5	103.6	102.9
2017	105.8	106.2	106.8	107.0	107.6	109.4
2018	107.0	107.2	107.1	106.2	105.4	104.3
2019	108.0	109.5	110.1	111.7	113.0	113.0
2020	109.0	107.7	106.8	105.5	104.4	103.9

Price Indices of Commercial Housing Sales of Nanning

(preceding year=100)

Housing Price Indices of Newly Constructed Commercial Residential Buildings					
7 月 July	8 月 August	9 月 September	10 月 October	11 月 November	12 月 December
98.8	98.7	99.0	99.3	99.4	99.5
107.6	108.5	108.9	109.6	109.7	110.3
102.4	100.4	98.5	97.1	96.6	95.6
96.2	97.7	99.2	100.1	100.8	101.7
107.1	107.8	110.0	111.1	110.7	111.2
113.0	112.5	110.4	109.1	109.6	109.2
106.2	107.4	107.6	107.6	107.6	108.9
109.7	110.3	112.2	114.1	113.9	112.7
111.2	109.6	108.0	106.0	105.6	105.2

Housing Price Indices of Second-Hand Residential Buildings					
7 月 July	8 月 August	9 月 September	10 月 October	11 月 November	12 月 December
99.6	100.3	100.5	100.6	100.3	100.6
103.0	103.1	103.4	103.8	103.9	104.6
100.6	99.5	97.0	96.0	97.1	95.7
99.5	100.8	103.0	104.0	103.2	104.2
102.4	102.8	103.6	104.6	104.5	105.0
110.9	110.8	110.1	109.2	109.3	108.8
103.0	104.2	104.4	104.4	104.7	106.7
113.4	112.2	112.6	112.1	111.6	109.8
104.1	103.7	103.2	103.6	103.7	103.7

4-25 桂林市商品住宅销售价格指数（2020年）

（上年同期=100）

类 别	Item	1 月 January	2 月 February	3 月 March
新建商品住宅价格指数	**Housing Price Indices of Newly Constructed Commercial Residential Buildings**	**106.7**	**105.7**	**104.9**
90平方米及以下	90m^2 and Below	105.0	103.8	103.4
90～144平方米	90～144m^2	107.4	106.4	105.0
144平方米以上	Above 144m^2	106.0	105.4	106.1
二手住宅价格指数	**Housing Price Indices of Second-Hand Residential Buildings**	**105.1**	**105.3**	**104.4**
90平方米及以下	90m^2 and Below	105.4	105.8	104.9
90～144平方米	90～144m^2	105.2	105.5	104.6
144平方米以上	Above 144m^2	103.9	103.3	102.3

4-26 桂林市商品住宅销售价格环比指数（2020年）

（上月=100）

类 别	Item	1 月 January	2 月 February	3 月 March
新建商品住宅价格指数	**Housing Price Indices of Newly Constructed Commercial Residential Buildings**	**100.3**	**99.7**	**99.8**
90平方米及以下	90m^2 and Below	100.4	99.7	99.8
90～144平方米	90～144m^2	100.4	99.3	99.5
144平方米以上	Above 144m^2	99.7	100.6	100.7
二手住宅价格指数	**Housing Price Indices of Second-Hand Residential Buildings**	**100.5**	**100.2**	**100.0**
90平方米及以下	90m^2 and Below	100.7	100.3	100.0
90～144平方米	90～144m^2	100.4	100.4	99.9
144平方米以上	Above 144m^2	100.0	99.4	100.3

Price Indices of Commercial Housing Sales of Guilin（2020）

（preceding year=100）

4 月 April	5 月 May	6 月 June	7 月 July	8 月 August	9 月 September	10 月 October	11 月 November	12 月 December
105.5	**105.1**	**104.2**	**103.1**	**101.7**	**101.4**	**101.5**	**100.9**	**100.9**
102.9	102.7	101.4	99.9	99.0	99.1	100.0	99.4	100.0
105.8	105.8	105.3	104.0	102.5	102.1	101.7	101.0	100.7
106.8	105.5	103.8	103.5	102.1	101.5	102.4	102.2	102.4
104.1	**103.9**	**103.6**	**103.6**	**103.0**	**102.7**	**102.1**	**102.5**	**102.5**
104.5	104.5	104.5	104.1	103.3	102.4	102.3	102.5	102.4
104.1	103.7	102.9	103.2	102.8	102.6	101.7	102.4	102.2
102.8	102.8	103.0	103.4	103.1	104.1	102.4	102.5	103.6

Price Chains Indices of Commercial Housing Sales of Guilin（2020）

（preceding month=100）

4 月 April	5 月 May	6 月 June	7 月 July	8 月 August	9 月 September	10 月 October	11 月 November	12 月 December
100.5	**100.4**	**100.3**	**100.0**	**99.0**	**100.7**	**100.3**	**99.8**	**100.2**
99.6	101.0	99.4	100.1	99.3	100.4	100.4	99.3	100.7
100.9	100.4	100.5	99.9	98.8	100.6	100.3	99.8	100.3
100.2	100.1	100.5	100.1	99.3	101.1	100.4	100.2	99.6
100.3	**100.4**	**100.2**	**100.4**	**100.0**	**100.3**	**100.2**	**100.2**	**99.8**
100.1	100.1	100.5	100.4	100.0	100.2	100.3	100.1	99.6
100.0	100.6	99.7	100.4	100.0	100.4	100.2	100.4	99.7
101.6	100.4	100.6	100.1	100.4	100.7	100.0	99.9	100.2

4-27 桂林市商品住宅销售价格指数

（上年同期=100）

年 份 Year	新建商品住宅价格指数					
	1 月 January	2 月 February	3 月 March	4 月 April	5 月 May	6 月 June
2012	101.6	101.0	100.0	100.0	99.8	100.0
2013	99.7	99.8	100.6	101.3	104.3	105.8
2014	112.8	113.1	112.6	111.9	108.8	106.1
2015	91.9	90.9	90.4	90.2	89.9	90.7
2016	97.3	98.1	98.5	99.2	99.5	99.8
2017	103.8	104.4	105.1	105.9	106.8	107.5
2018	107.2	108.7	108.5	107.8	107.5	107.2
2019	109.5	110.1	110.0	109.2	109.5	110.0
2020	106.7	105.7	104.9	105.5	105.1	104.2

年 份 Year	二手住宅价格指数					
	1 月 January	2 月 February	3 月 March	4 月 April	5 月 May	6 月 June
2012	98.9	100.1	100.4	100.4	99.7	99.7
2013	99.8	100.7	101.1	101.4	102.5	103.0
2014	104.5	104.0	103.6	103.0	102.1	101.6
2015	94.2	93.5	92.7	92.6	92.4	92.3
2016	96.9	97.6	98.1	98.3	98.3	98.4
2017	98.3	98.2	98.4	99.0	99.6	100.2
2018	103.1	103.3	103.6	103.4	103.3	103.4
2019	106.6	106.6	107.3	107.7	108.1	107.8
2020	105.1	105.3	104.4	104.1	103.9	103.6

Price Indices of Commercial Housing Sales of Guilin

(preceding year=100)

Housing Price Indices of Newly Constructed Commercial Residential Buildings					
7 月 June	8 月 August	9 月 September	10 月 October	11 月 November	12 月 December
99.8	100.1	99.7	99.6	99.7	99.8
107.8	108.7	108.7	110.1	111.6	112.1
102.8	100.4	98.6	96.4	93.9	92.8
91.8	93.1	94.5	95.4	96.7	97.2
99.8	100.3	102.2	103.2	103.1	103.2
108.9	109.6	108.2	107.6	109.2	109.6
106.4	106.0	106.8	107.0	108.1	108.2
110.6	110.3	110.3	109.7	107.6	107.4
103.1	101.7	101.4	101.5	100.9	100.9

Housing Price Indices of Second-Hand Residential Buildings					
7 月 July	8 月 August	9 月 September	10 月 October	11 月 November	12 月 December
99.5	99.4	99.6	99.5	99.6	99.6
103.2	103.6	104.0	104.3	104.5	104.8
100.4	99.2	97.7	96.3	95.7	94.7
93.0	93.6	94.5	95.6	95.9	96.4
98.4	98.5	98.6	98.4	98.2	98.3
100.7	101.7	101.8	102.3	103.0	103.0
103.4	103.3	104.6	105.2	106.0	106.5
107.6	107.5	106.7	106.8	105.3	104.6
103.6	103.0	102.7	102.1	102.5	102.5

4-28 北海市商品住宅销售价格指数（2020年）

（上年同期＝100）

类 别	Item	1 月 January	2 月 February	3 月 March
新建商品住宅价格指数	**Housing Price Indices of Newly Constructed Commercial Residential Buildings**	**107.7**	**107.2**	**106.0**
90平方米及以下	90m^2 and Below	108.6	107.5	106.4
90～144平方米	90～144m^2	106.1	106.5	105.3
144平方米以上	Above 144m^2	107.7	108.0	106.4
二手住宅价格指数	**Housing Price Indices of Second-Hand Residential Buildings**	**101.7**	**101.0**	**100.0**
90平方米及以下	90m^2 and Below	101.3	100.8	99.5
90～144平方米	90～144m^2	102.7	102.0	101.3
144平方米以上	Above 144m^2	100.3	98.3	97.4

4-29 北海市商品住宅销售价格环比指数（2020年）

（上月＝100）

类 别	Item	1 月 January	2 月 February	3 月 March
新建商品住宅价格指数	**Housing Price Indices of Newly Constructed Commercial Residential Buildings**	**100.4**	**100.1**	**100.0**
90平方米及以下	90m^2 and Below	100.5	99.7	100.0
90～144平方米	90～144m^2	100.3	100.9	100.2
144平方米以上	Above 144m^2	100.5	100.6	99.0
二手住宅价格指数	**Housing Price Indices of Second-Hand Residential Buildings**	**99.7**	**99.8**	**99.9**
90平方米及以下	90m^2 and Below	99.7	99.8	99.9
90～144平方米	90～144m^2	99.6	99.9	100.0
144平方米以上	Above 144m^2	100.5	99.4	99.8

Price Indices of Commercial Housing Sales of Beihai（2020）

（preceding year=100）

4 月 April	5 月 May	6 月 June	7 月 July	8 月 August	9 月 September	10 月 October	11 月 November	12 月 December
104.7	**103.5**	**102.2**	**101.2**	**99.5**	**99.1**	**98.2**	**97.9**	**97.0**
105.7	104.0	102.8	101.7	99.7	99.4	98.4	98.1	97.3
103.0	102.5	100.9	100.1	98.8	98.4	97.6	97.4	96.5
104.8	105.1	104.0	103.2	101.4	100.7	100.3	98.7	97.2
99.0	**98.0**	**97.8**	**97.0**	**96.5**	**96.9**	**96.5**	**96.5**	**96.5**
98.4	97.6	97.5	96.9	96.3	97.1	96.6	96.4	96.4
100.7	99.4	99.1	97.5	97.1	97.0	96.5	96.8	96.5
96.3	94.6	94.9	95.0	95.1	95.5	95.9	95.9	96.7

Price Chains Indices of Commercial Housing Sales of Beihai（2020）

（preceding month=100）

4 月 April	5 月 May	6 月 June	7 月 July	8 月 August	9 月 September	10 月 October	11 月 November	12 月 December
99.9	**99.8**	**99.4**	**99.7**	**99.3**	**99.6**	**99.3**	**99.8**	**99.5**
100.4	99.7	99.6	99.8	99.1	99.6	99.2	99.8	99.8
99.2	99.8	99.1	99.6	99.4	99.6	99.4	99.8	99.1
99.3	100.4	99.7	99.4	99.7	100.0	100.1	99.0	99.5
99.6	**99.5**	**99.7**	**99.5**	**99.9**	**99.7**	**99.5**	**99.7**	**99.9**
99.5	99.5	99.7	99.7	99.8	99.9	99.4	99.6	99.8
99.8	99.6	99.7	99.1	100.1	99.7	99.5	99.8	99.6
99.4	98.4	99.4	99.6	100.0	99.3	100.5	99.6	100.8

4-30 北海市商品住宅销售价格指数

（上年同期=100）

年 份 Year	新建商品住宅价格指数					
	1 月 January	2 月 February	3 月 March	4 月 April	5 月 May	6 月 June
2012	100.8	99.7	98.9	98.2	98.3	98.4
2013	99.6	100.9	102.0	103.1	104.1	105.3
2014	110.7	109.9	109.2	108.3	107.4	105.6
2015	94.5	94.0	93.6	93.1	92.9	93.2
2016	99.1	99.7	100.3	101.1	101.3	101.2
2017	104.6	104.7	105.0	106.7	110.1	112.6
2018	110.5	112.2	112.3	111.1	108.9	108.0
2019	112.5	112.8	113.2	113.6	113.4	112.8
2020	107.7	107.2	106.0	104.7	103.5	102.2

年 份 Year	二手住宅价格指数					
	1 月 January	2 月 February	3 月 March	4 月 April	5 月 May	6 月 June
2012	101.8	99.5	98.3	98.2	98.2	98.5
2013	100.3	101.0	102.3	103.0	103.6	104.4
2014	106.3	105.9	105.0	104.4	103.5	102.4
2015	93.2	92.7	92.7	93.0	93.6	94.2
2016	103.1	103.4	103.5	103.0	103.1	102.6
2017	101.8	102.2	102.4	104.0	105.9	107.8
2018	108.0	107.6	107.3	106.2	104.3	103.5
2019	107.7	108.5	109.4	109.6	109.6	108.5
2020	101.7	101.0	100.0	99.0	98.0	97.8

Price Indices of Commercial Housing Sales of Beihai

(preceding year=100)

Housing Price Indices of Newly Constructed Commercial Residential Buildings					
7 月 July	8 月 August	9 月 September	10 月 October	11 月 November	12 月 December
98.7	98.8	98.8	99.0	99.5	99.4
105.9	106.9	108.2	108.7	109.1	110.0
104.2	101.8	99.6	98.2	96.5	95.9
93.7	95.5	97.0	97.4	98.2	98.5
101.5	101.2	101.8	102.7	103.7	103.9
114.1	114.9	114.2	114.5	114.0	113.2
106.8	109.1	109.5	110.0	110.9	111.8
113.1	110.8	109.9	108.9	107.8	107.6
101.2	99.5	99.1	98.2	97.9	97.0

Housing Price Indices of Second-Hand Residential Buildings					
7 月 July	8 月 August	9 月 September	10 月 October	11 月 November	12 月 December
98.8	99.0	99.1	99.1	99.4	99.6
104.8	105.0	105.3	105.7	106.3	106.3
101.1	99.4	98.0	96.5	95.3	94.1
95.4	96.9	98.5	100.0	101.0	102.2
102.2	102.1	101.7	101.6	101.5	101.7
108.7	109.0	109.1	109.1	108.9	108.4
103.2	104.8	106.6	106.7	107.4	107.9
108.4	106.4	103.7	103.2	102.2	101.8
97.0	96.5	96.9	96.5	96.5	96.5

4-31 农产品生产者价格指数（2020年）

Producers Price Indices for Farm Products（2020）

（上年同期=100） （preceding year=100）

指 标	Item	全 年 Annual Year	一季度 First Quarter	二季度 Second Quarter	三季度 Third Quarter	四季度 Fourth Quarter
农产品生产者价格指数	**Producer Price Indices for Farm Products**	**115.5**	**145.4**	**136.0**	**119.7**	**97.6**
农业产品	**Agriculture Products**	**99.5**	**98.7**	**85.6**	**104.9**	**104.0**
谷物	Cereal	106.1	97.6	104.2	103.8	112.5
稻谷	Rice	103.9	95.6	103.1	101.8	110.8
早籼稻	Early Indica Rice	104.7			102.2	106.9
晚籼稻	Late Indica Rice	103.2	95.6	103.1	100.5	114.1
玉米	Corn	112.7	104.7	109.1	116.3	121.1
薯类	Tubers	100.9	115.0	118.2		93.1
油料	Oil-bearing Crops	105.9			111.4	101.2
花生	Peanut	105.9			111.4	101.2
豆类	Beans	100.4	103.7	100.9	100.0	97.1
大豆	Soybean	100.4	103.7	100.9	100.0	97.1
生麻	Raw Hemp	97.1	102.6	100.0	87.9	97.7
糖料	Sugar	100.0	100.0			100.0
甘蔗	Sugar Cane	100.0	100.0			100.0
未加工烟草	Untreated Tobacco	98.7			98.7	
蔬菜及食用菌	Vegetables and Edible Fungus	104.0	100.3	91.9	105.7	117.3
蔬菜	Vegetables	104.2	100.3	91.6	105.8	117.9
叶菜类蔬菜	Leafy Vegetables	101.8	96.4	105.8	105.7	103.5
芹菜	Celery	74.6	66.7			84.6
油菜	Rape	105.3	109.6	104.9	102.3	108.4
菠菜	Spinach	107.9	116.6	105.7		101.4
空心菜	Water Spinach	101.1		109.0	111.8	86.4
小白菜	Bok Choy	99.4	100.0	93.8	103.3	98.2
白菜类蔬菜	Chinese Cabbage Group	102.3	103.0	93.5	109.1	102.4
大白菜	Napa Cabbage	97.2	101.9	87.7	105.9	94.5
普通白菜	Common Chinese Cabbage	102.8	106.7	76.8		88.8
菜心（菜薹）	Chinese Flowering Cabbage	108.5	104.4	106.1	113.2	110.1
芥菜类蔬菜	Mustard Vegetables	104.4	101.7	106.9	115.8	96.6
叶用芥菜	Leaf Mustard	104.4	101.7	106.9	115.8	96.6
甘蓝类蔬菜	Brassica Vegetables	89.8		80.0		103.6
菜花	Cauliflower	90.6		80.0		105.7
青花菜	Broccoli	75.0				
芥蓝	Cabbage Mustard	100.0				100.0
根茎类蔬菜	Root Vegetables	120.9	120.9			

4-31　续表 1　continued

（上年同期=100）　　　　(preceding year=100)

指　标	Item	全　年 Annual Year	一季度 First Quarter	二季度 Second Quarter	三季度 Third Quarter	四季度 Fourth Quarter
白萝卜	White Radish	120.9	120.9			
胡萝卜	Carrot					
山药	Common Yam Rhizome					
瓜菜类蔬菜	Melons and Vegetables	105.9	110.3	90.5	123.1	113.7
黄瓜	Cucumber	117.2	113.9	92.9	141.0	122.3
冬瓜	Wax Gourd	115.4		90.8	138.5	117.2
西葫芦	Summer Squash	76.2	55.2	85.0		100.0
苦瓜	Balsm Pear	107.0	92.1	88.0	121.8	131.1
南瓜	Pumpkin	88.1	126.4	90.5	60.1	89.8
丝瓜	Luffa	99.2		94.8	107.5	95.2
豆类蔬菜	Leguminous Vegetables	99.8	92.6	87.2	118.4	98.1
豇豆	Cowpea	101.7		84.0	129.2	100.0
四季豆	French Beans	98.4		95.5	100.0	
茄果类蔬菜	Solanaceous Fruit Vegetable	99.5	86.7	80.4	86.6	180.7
茄子	Aubergine	101.2	96.1	102.4	101.4	104.5
青椒	Green Pepper	88.9	117.6	71.0		
辣椒	Capsicum	107.8	62.9	66.9	59.0	252.8
西红柿	Tomato	95.9	92.1	92.4	93.3	107.9
莴苣及菊苣类蔬菜	Lettuce and Chicory Vegetables	131.3	101.5	98.0	129.3	147.8
生菜	Lettuce	107.9	98.2	98.6	129.3	103.7
莴笋	Asparagus Lettuce	144.1	114.7			190.0
葱蒜类蔬菜	Allium Vegetables	93.7	102.3	74.3	91.6	89.7
大葱	Allium Fistulosum					
细香葱	Chive	76.0		56.1	102.6	84.8
大蒜	Garlic					
韭菜	Leek	89.4	91.3	84.1	86.3	94.8
水生蔬菜	Aquatic Vegetables	99.4	98.7	101.6		97.7
莲藕	Lotus Root					
荸荠	Chufa	96.4	98.7	101.6		97.7
食用菌	Edible Fungus	101.0	101.1	98.0	103.5	106.7
平菇	Oyster Mushroon	101.4	98.5	96.9	103.5	106.7
双孢蘑菇	Double Spore Mushroom					
鸡腿菇	Coprinus Comatus					
茶树菇	Glossy Ganoderma					
黑木耳	Black Fungus					
黄背木耳	Auricularia Polytricha	99.6	103.6	95.6		

4-31 续表 2 continued

（上年同期=100） (preceding year=100)

指 标	Item	全 年 Annual Year	一季度 First Quarter	二季度 Second Quarter	三季度 Third Quarter	四季度 Fourth Quarter
水果及坚果	Fruit and Nuts	85.8	92.3	59.2	106.5	85.8
水果（园林水果）	Fruit（Garden Fruit）	85.8	92.3	59.2	106.5	85.8
柑橘类水果	Citrus Fruit	80.0	85.4	67.1	110.4	86.7
柑橘	Citrus	69.6	65.6	60.8		84.7
橙	Orange	90.5	107.6	69.6	113.3	84.2
柚	Pomelo Grapefruit	104.0	111.0		106.3	94.1
葡萄	Grape	101.7			101.7	
巨峰葡萄	Kyoho Grape	102.5			105.9	
热带水果	Tropical Fruits	95.4	99.7	59.5	118.0	85.5
香蕉	Banana	84.9	99.7	71.0	84.5	85.5
龙眼	Longan	145.0			145.0	
荔枝	Lychee	63.8		54.2	69.3	
芒果	Mango	91.8			87.9	
瓜类水果	Melon Fruit	62.4		55.1	79.4	
西瓜	Watermelon	66.6		56.2	79.4	
香瓜	Muskmelon	41.8		41.8		
其他水果	Other Fruit	102.7	136.8		95.1	83.4
柿子	Persimmon	102.7	136.8		95.1	83.4
茶及饮料原料	Tea and Beverage Raw Materials	95.9	100.1	91.3	98.3	101.4
茶叶	Tea	95.9	100.1	91.3	98.3	101.4
绿茶	Green Tea	99.3	100.1	91.3	104.6	105.1
中草药材	Chinese Medicinal Herbs	100.7	109.4	100.0	101.4	66.0
林业产品	**Forestry Products**	**97.6**	**90.5**	**97.3**	**97.7**	**105.2**
育种和育苗	Breeding and Seedling Raising	93.2	84.4	104.2	105.9	106.6
木材采伐产品	Timber Harvesting Products	97.5	96.8	97.1	96.9	98.1
原木	Log	97.5	96.8	97.1	96.9	98.1
针叶原木	Coniferous Log	97.2	94.4	98.0	96.3	
马尾松原木	Ping Log	98.0		97.8	98.2	
杉木原条	Chinese Fir	94.5	94.4	98.6	90.6	
非针叶原木	Non Coniferous Wood	98.3	101.5	95.3	97.9	98.1
桉树原木	Eucalyptus Log	98.3	101.5	95.3	97.9	98.1
竹材采伐产品	Bamboo Cutting Products	99.6	104.6	98.1	99.0	97.5
林产品	Forest Product	99.0	66.0	84.5	105.7	157.1
饲养动物及其产品	**Feeding Animals and Their Products**	**147.1**	**261.5**	**235.5**	**148.6**	**87.5**
活牲畜	Live Cattle	168.0	309.1	284.4	171.2	89.2
猪	Pig	174.0	328.0	303.9	177.1	87.4

4-31 续表 3 continued

（上年同期＝100） (preceding year=100)

指 标	Item	全 年 Annual Year	一季度 First Quarter	二季度 Second Quarter	三季度 Third Quarter	四季度 Fourth Quarter
种猪	Boar	96.0	257.7			77.6
仔猪	Piglet	281.8	641.8	716.1	320.4	82.2
能繁殖母猪	Breeding Sows					
其他活猪	Other Pigs	169.9	294.6	274.1	172.6	87.7
牛	Cattle	109.5	117.4	102.7	112.1	105.9
羊	Sheep	114.6	126.5	116.2	110.7	107.0
活家禽	Live Poultry	81.4	88.7	80.3	77.8	82.7
活鸡	Chickens	81.1	89.5	81.1	73.0	83.5
活鸭	Live ducks	82.3	85.9	77.2	87.4	79.1
畜禽产品	Livestock and Poultry Products	85.0	97.8	91.1	80.9	81.0
禽蛋	Poultry of Eggs	93.2	97.8	92.0	85.7	92.6
鸡蛋	Egg	88.3	97.8	92.0	76.7	87.0
鸭蛋	Duck's Egg	100.0			100.0	100.0
蚕茧	Silkworm Cocoon	80.0		90.4	79.2	73.6
渔业产品	**Fishery Products**	**96.3**	**98.2**	**97.5**	**91.3**	**97.6**
海水养殖产品	Seawater Artificially Cultured Products	93.2	95.4	89.3	85.2	96.8
海水养殖虾	Mariculture of Prawns	80.6	75.0	73.4	78.9	96.6
海水养殖蟹	Mariculture of Crabs	100.5	105.4			95.2
海水养殖贝类	Mariculture of Shellfish	101.1	108.2	100.5	89.6	97.3
海水养殖牡蛎	Mariculture of Oyster	89.8	90.3	89.2	89.6	90.3
海水养殖蛤	Mariculture of Clams	115.2	130.1	114.3		105.9
海水捕捞产品	Seawater Fishing Products	96.7	101.6	103.1	93.3	94.1
海水捕捞鲜鱼	Marine Fishing Fresh Fish	93.5	102.3	103.3	89.4	89.5
海水捕捞虾	Marine Fishing Shrimp	90.6	101.0	103.1	77.3	91.0
海水捕捞蟹	Marine Fishing Crab	103.8				103.8
海水捕捞软体水生动物	Marine Aquatic Animals	97.6	101.3	101.9	92.8	95.9
淡水养殖产品	Fresh Water Farming Products	98.2	98.6	99.5	95.0	100.0
养殖淡水鱼	Cultured Freshwater Fish	99.0	102.1	100.0	95.6	99.0
养殖淡水鲤鱼	Cultured Freshwater Carp	95.8	102.8	90.5	97.6	91.3
养殖淡水草鱼	Cultured Freshwater Grass Carp	104.2	100.7	105.2	105.2	105.7
养殖淡水鳙鱼（胖头鱼）	Cultured Freshwater Bighead	97.2	97.4	98.7	93.7	99.6
养殖淡水罗非鱼	Cultured Freshwater Tilapia	94.7	95.5	96.5	91.4	95.9
养殖淡水鲢鱼	Cultured Freshwater Silver Carp	102.9	115.5	107.1	90.8	99.6
其他淡水养殖产品	Other Cultured Freshwater Products	94.6	85.7	96.2	92.7	103.8
淡水养殖龟	Cultured Freshwater Turtle	86.8	75.0	93.3	86.1	93.4
淡水养殖鳖	Cultured Freshwater Turtles	100.9	94.5	98.6	97.9	112.2

4-32 分季度农产品生产者价格指数

（上年同期＝100）

指 标	Item	2016 一季度 First Quarter	2016 二季度 Second Quarter	2016 三季度 Third Quarter	2016 四季度 Fourth Quarter
农产品生产者价格指数	**Producer Price Indices for Farm Products**	**107.6**	**113.9**	**104.5**	**101.4**
农业产品	**Agriculture Products**	**100.8**	**105.3**	**103.5**	**103.2**
谷物	Cereal	96.9	93.9	98.1	97.3
稻谷	Rice	99.1	97.9	100.2	96.4
早籼稻	Early Indica Rice	96.6		100.0	95.5
晚籼稻	Late Indica Rice	99.8	97.9	101.0	97.1
玉米	Corn	89.1	76.4	83.9	102.2
薯类	Tubers	104.8	134.4		102.3
油料	Oil-bearing Crops			104.5	100.0
花生	Peanut			104.5	100.0
豆类	Beans	100.0	100.0	100.0	100.0
大豆	Soybean	100.0	100.0	100.0	100.0
生麻	Raw Hemp	105.0	117.0	102.6	97.6
糖料	Sugar	107.1	106.8		106.7
甘蔗	Sugar Cane	107.1	106.8		106.7
未加工烟草	Untreated Tobacco			100.4	108.4
蔬菜及食用菌	Vegetables and Edible Fungus	120.7	94.5	97.7	108.6
蔬菜	Vegetables	121.5	93.5	97.2	109.1
叶菜类蔬菜	Leafy Vegetables	148.9	101.8	102.2	104.4
芹菜	Celery	112.4			153.3
油菜	Rape	149.5	96.8	109.1	96.4
菠菜	Spinach	109.5	114.2		117.7
空心菜	Water Spinach		99.1	100.0	132.3
小白菜	Bok Choy	129.3	101.6	100.3	98.3
白菜类蔬菜	Chinese Cabbage Group	144.4	118.8	88.7	101.9
大白菜	Napa Cabbage	116.7	107.2	97.0	120.8
普通白菜	Common Chinese Cabbage	183.6	82.5		104.7
菜心（菜薹）	Chinese Flowering Cabbage	188.8	145.5	78.4	91.0
芥菜类蔬菜	Mustard Vegetables	190.9	89.4	93.0	91.3
叶用芥菜	Leaf Mustard	190.9	89.4	93.0	91.3
甘蓝类蔬菜	Brassica Vegetables	110.5	98.1	101.6	101.9
结球甘蓝	Common Head Cabbage	117.5	95.6	101.6	93.7
菜花	Cauliflower		102.9		
芥蓝	Cabbage Mustard	103.5			115.6

Producers Price Indices for Farm Products by Quarter

(preceding year=100)

2017				2018				2019			
一季度 First Quarter	二季度 Second Quarter	三季度 Third Quarter	四季度 Fourth Quarter	一季度 First Quarter	二季度 Second Quarter	三季度 Third Quarter	四季度 Fourth Quarter	一季度 First Quarter	二季度 Second Quarter	三季度 Third Quarter	四季度 Fourth Quarter
99.7	**98.0**	**96.9**	**101.0**	**98.9**	**94.0**	**96.1**	**100.3**	**95.6**	**110.6**	**122.9**	**137.7**
102.6	**108.4**	**107.2**	**104.7**	**99.6**	**96.9**	**94.2**	**104.2**	**97.7**	**114.0**	**114.1**	**96.7**
94.7	101.6	99.1	108.3	103.5	100.3	99.0	103.9	103.0	94.6	95.0	88.6
94.1	100.3	99.0	109.0	100.6	100.3	98.3	104.0	101.2	93.2	94.1	86.1
		99.0				97.9	108.1			94.1	79.9
94.1	100.3		109.0	100.6	100.3	99.7	100.6	101.2	93.2		91.3
96.5	107.3	100.0	104.9	113.6	100.5	104.0	103.7	109.1	100.5	101.0	101.0
97.0	94.3		105.5	73.1	87.7		98.3	136.7	143.3		98.5
100.0		100.5	100.0	100.0		96.3	98.0	99.3		109.6	123.4
100.0		100.5	100.0	100.0		96.3	98.0	99.3		109.6	123.4
100.0	100.0	100.0	100.0	106.2	100.0	101.9	100.0	100.0	92.5	97.7	95.5
100.0	100.0	100.0	100.0	106.2	100.0	101.9	100.0	100.0	92.5	97.7	95.5
93.5	100.0	97.4	102.6	100.0	97.4	100.0	102.5	100.0	100.0	100.0	100.0
111.1	113.3		102.0	100.0	100.0		98.1	98.1	98.1		100.0
111.1	113.3		102.0	100.0	100.0		98.1	98.1	98.1		100.0
		100.4				101.1	100.0			100.3	98.9
86.0	100.7	109.3	105.5	102.4	97.1	99.9	101.2	102.1	125.4	107.1	101.1
85.3	101.0	109.2	105.7	101.9	97.6	100.1	100.6	102.3	126.7	107.4	100.6
69.5	98.3	112.8	108.1	113.7	100.7	101.7	105.2	106.5	113.8	104.9	93.2
78.0			153.9	162.3							77.8
81.0	81.8	102.7	100.2	111.1	78.7	95.3	100.9	116.0	105.0	101.6	86.3
71.1			115.8	96.4	105.1		98.8	103.3			111.9
	103.2	118.7	99.6		104.9	109.4	91.3		124.9	117.0	
55.1	72.0	103.4	101.5	106.2	95.8	100.2	108.8	103.0	111.1	111.4	99.5
67.0	75.6	113.3	111.0	103.7	108.4	115.7	112.5	107.6	114.1	106.2	99.5
69.5	82.5	98.4	113.5	106.9	102.3	105.6	106.8	109.2	129.3	112.9	104.7
59.2	87.8		93.9	96.3	99.4		91.7	113.0	133.0		88.3
63.5	64.3	132.1	113.9	99.1	117.6	128.3	120.7	103.8	92.8	97.8	99.5
59.7	100.4	106.7	118.8	103.1	103.1	105.6	112.9	105.0	114.1	96.4	96.6
59.7	100.4	106.7	118.8	103.1	103.1	105.6	112.9	105.0	114.1	96.4	96.6
83.2	105.9		93.1	97.2	106.4	96.5	107.4	116.9	110.1	122.7	94.0
77.7	105.9			97.0	106.4	96.5	104.4	112.5	110.1	122.7	
88.6			93.1	97.5			112.3	121.2			94.0

4-32 续表 1

（上年同期＝100）

指 标	Item	2016			
		一季度 First Quarter	二季度 Second Quarter	三季度 Third Quarter	四季度 Fourth Quarter
根茎类蔬菜	Root Vegetables	85.1	104.2	105.6	145.3
白萝卜	White Radish	101.4	105.3		125.2
胡萝卜	Carrot	100.0	103.5		
生姜	Ginger	65.3		105.6	218.5
芋头	Taro	114.8	75.7	85.0	97.9
山药	Common Yam Rhizome		70.8	81.7	99.6
瓜菜类蔬菜	Melons and Vegetables		103.5	42.4	
黄瓜	Cucumber	114.8	102.6		29.0
冬瓜	Wax Gourd		60.9	93.9	107.7
西葫芦	Summer Squash		97.8	69.2	94.7
苦瓜	Balsm Pear		67.4	103.7	106.3
南瓜	Pumpkin	135.3	83.9	98.5	102.2
丝瓜	Luffa		75.7	97.1	102.5
豆类蔬菜	Leguminous Vegetables	150.0	95.7	102.5	100.0
豇豆	Cowpea	106.0	102.2	99.6	117.2
四季豆	French Beans	141.7	79.6	74.7	102.7
茄果类蔬菜	Solanaceous Fruit Vegetable	97.0	116.0	110.8	100.9
茄子	Aubergine	68.0	92.0	34.6	137.4
青椒	Green Pepper	119.4	117.2	233.3	96.7
辣椒	Capsicum	113.8	114.9	88.9	113.9
西红柿	Tomato	115.3	109.4	88.9	97.3
莴苣及菊苣类蔬菜	Lettuce and Chicory Vegetables	110.7	125.5		129.8
生菜	Lettuce	139.8	93.8	102.3	103.4
莴笋	Asparagus Lettuce				
葱蒜类蔬菜	Allium Vegetables				115.5
大葱	Allium Fistulosum	193.8			
细香葱	Chive	114.4	83.1	102.1	93.1
大蒜	Garlic	104.7	103.5	84.1	82.2
韭菜	Leek		103.5	84.1	82.2
水生蔬菜	Aquatic Vegetables	104.7			
莲藕	Lotus Root	106.3	114.1	107.1	99.9
荸荠	Chufa	114.5	104.5	104.4	91.9
食用菌	Edible Fungus	118.1			
双孢蘑菇	Double Spore Mushroom	100.0			
香菇	Mushrooms	109.6			
黑木耳	Black Fungus	95.1	118.0		126.3
黄背木耳	Yellow Back Fungus	94.8	117.1		107.1

continued

(preceding year=100)

2017				2018				2019			
一季度 First Quarter	二季度 Second Quarter	三季度 Third Quarter	四季度 Fourth Quarter	一季度 First Quarter	二季度 Second Quarter	三季度 Third Quarter	四季度 Fourth Quarter	一季度 First Quarter	二季度 Second Quarter	三季度 Third Quarter	四季度 Fourth Quarter
105.1	114.6		98.1	99.7	97.1	101.0	104.0	99.1	100.7	94.9	115.3
104.8	111.3		97.5	99.7	105.3		103.1	99.1	100.7		115.3
103.5	117.0		99.3		90.9						
106.2											
87.7	109.7	122.8	117.7	107.2	97.6	100.8	106.2				
91.8	115.2	123.5	115.2	130.9	99.0	105.0	110.3				
85.4	150.7	139.0	127.7	109.8	109.6	96.7	107.0	102.5	119.3	92.6	95.1
85.0	96.3		123.4	115.9	125.0		63.2		102.4	93.4	107.7
92.2	108.7	119.0	119.1	107.1	94.8	93.4	110.9	100.0	127.7	72.8	86.1
		108.8	109.6	94.2	100.0	112.0	104.5	94.7	111.5		230.7
	85.1	130.1	112.7	122.9	85.1	128.6	113.1		133.2	99.5	72.1
	103.9	110.5	90.3	93.3	89.2	100.0	102.5	106.4	109.4	91.8	119.1
	105.2	112.2	87.5		88.9	100.4	104.6			81.9	71.9
	109.4	111.5			74.0			103.1	140.6	101.4	105.0
93.3	98.6	97.2	111.7	93.8	94.3	94.0	82.9	103.1	130.4	102.2	102.9
80.8	106.6	108.0	108.4	104.0	103.8	87.9	100.0		232.3		111.7
115.9	104.7	108.7	106.0	103.5	98.7	107.9	105.0	98.7	163.8	128.8	99.3
94.0	90.6	69.4	104.3	124.2	91.8	93.8	68.5	115.2	112.3	108.1	89.5
91.4	103.2	106.8	121.4	80.8	92.4	100.0	95.6	100.0	151.7	105.7	
69.7	83.8	119.2	108.9	101.4	99.8	97.0	88.2	66.7	210.9	166.4	93.5
75.5	92.4	121.5	119.6	98.4	91.6	97.0	107.8	109.9	130.1	132.3	107.8
48.6	68.2		98.6	111.2	113.9		69.3	105.1	118.2	97.8	92.0
71.4	56.2	99.1	95.0	93.8	114.0	109.1	87.9	111.4	116.5	97.4	113.3
								84.9	121.2		71.5
	32.0	119.7	93.0	96.7	149.7	110.7	80.6	98.9	112.5	106.7	108.2
71.4	69.4	89.2	97.2	92.4	94.6	108.3	95.3	105.3	117.6	107.0	112.0
103.5	121.0	102.4	100.7	100.0		104.4	103.6				
103.5	121.0	102.4	100.7	100.0		104.4	103.4	98.0	109.7	106.5	104.3
							104.1	99.6	103.5		105.3
99.2	95.3	112.4	102.5	110.8	87.3	95.8	111.0				
100.9	99.6	111.5	97.2	110.5	93.1	101.0	121.8	99.6	103.5		105.3
107.0				142.2	100.0			96.9	99.3	101.9	109.2
100.0	100.0										
99.6	102.8		95.6	82.5	64.2	79.6	106.9	86.6	87.3	94.1	
84.2			116.7	100.6			107.1	107.3	111.2	108.1	

4-32 续表 2

（上年同期=100）

指 标	Item	2016			
		一季度 First Quarter	二季度 Second Quarter	三季度 Third Quarter	四季度 Fourth Quarter
水果及坚果	Fruit and Nuts	75.2	123.4	112.9	114.6
水果（园林水果）	Fruit（Garden Fruit）	75.2	123.4	112.9	114.6
柑橘类水果	Citrus Fruit	78.4	94.5	107.0	109.4
柑橘	Citrus	66.7		104.6	111.0
橙	Orange	94.7	94.5		109.0
柚	Pomelo Grapefruit	90.5		113.0	104.4
葡萄	Grape	98.7		85.6	
巨峰葡萄	Kyoho Grape	99.6		86.5	
热带水果	Tropical Fruits	70.1	142.0	129.8	100.0
香蕉	Banana	70.1	89.6	169.9	100.0
龙眼	Longan			140.7	
荔枝	Lychee		166.2	147.6	
芒果	Mango			88.0	
瓜类水果	Melon Fruit		111.6	104.1	112.8
西瓜	Watermelon		114.5	104.4	114.2
香瓜	Muskmelon		90.6	102.5	
其他水果	Other Fruit	37.1		109.3	150.4
柿子	Persimmon	37.1		109.3	150.4
茶及饮料原料	Tea and Beverage Raw Materials	96.1	100.0	100.2	100.5
茶叶	Tea	96.1	100.0	100.2	100.5
绿茶	Green Tea	96.1	100.0	100.2	100.6
中草药材	Chinese Medicinal Herbs	55.3	126.7	101.1	70.4
林业产品	**Forestry Products**	**92.3**	**96.2**	**97.6**	**97.7**
育种和育苗	Breeding and Seedling Raising	96.3	99.2	121.6	101.1
木材采伐产品	Timber Harvesting Products	91.2	96.0	96.7	96.8
原木	Log	91.0	95.9	96.6	96.8
针叶原木	Coniferous Log	90.2	96.5	98.3	96.7
马尾松原木	Ping Log	89.2	95.5	97.7	96.0
杉木原条	Chinese Fir	91.9	99.4	99.9	98.5
非针叶原木	Non Coniferous Wood	92.6	94.7	93.6	97.0
桉树原木	Eucalyptus Log	92.6	94.7	93.6	96.8
竹材采伐产品	Bamboo Cutting Products	94.3	97.8	97.4	95.4
林产品	Forest Product	88.4	92.0	96.5	105.5

continued

(preceding year=100)

2017				2018				2019			
一季度 First Quarter	二季度 Second Quarter	三季度 Third Quarter	四季度 Fourth Quarter	一季度 First Quarter	二季度 Second Quarter	三季度 Third Quarter	四季度 Fourth Quarter	一季度 First Quarter	二季度 Second Quarter	三季度 Third Quarter	四季度 Fourth Quarter
104.0	115.4	117.2	99.4	95.2	85.8	83.2	112.5	82.6	149.0	142.8	95.6
104.0	115.4	117.2	99.4	95.2	85.8	83.2	112.5	82.6	149.0	142.8	95.6
123.7	108.1	117.4	116.7	92.7	71.8	90.8	91.7	69.6	89.2	198.9	95.6
123.6		117.4	116.7	83.0		100.0	94.5	61.6			97.6
134.4	108.1		147.5	101.8	71.8		106.5	71.2	89.2		78.3
113.7			99.1	106.8		68.0	75.1	86.9		198.9	99.3
		116.7	100.0			95.4				102.2	
		121.7	100.0			91.4				87.1	
66.7	95.7	123.3	67.4	100.3	84.9	65.7	176.8	102.5	168.3	162.1	86.2
66.7	79.0	65.0	67.4	100.3	116.9	159.5	176.8	102.5	134.3	108.8	86.2
		145.4				45.5				156.7	
	103.5	137.3			70.2	32.4			183.9	353.5	
	95.0	102.4				71.2				161.3	
	145.4	102.9	103.0		93.4	111.4	101.0		150.7	114.8	90.9
	151.7	103.2	104.2		92.8	112.9	101.0		150.3	116.8	90.9
	124.6	101.2			101.0	100.0			155.3	100.0	
169.3		82.8	88.9	81.8		98.9	96.6	98.4		104.5	112.1
169.3		82.8	88.9	81.8		98.9	96.6	98.4		104.5	112.1
94.3	102.9	103.1	101.7	104.2	102.3	103.8	102.8	108.8	106.9	102.6	103.0
94.3	102.9	103.1	101.7	104.2	102.3	103.8	102.8	108.8	106.9	102.6	103.0
94.3	102.9	104.5	102.4	104.2	102.3	105.6	103.3	108.8	106.9	103.8	103.7
71.2	104.8	106.0	117.1	118.5	107.5	97.6	135.0	102.3		96.6	110.5
99.4	**103.5**	**100.3**	**101.4**	**104.8**	**100.3**	**100.9**	**101.7**	**98.4**	**99.4**	**98.4**	**100.3**
92.5	100.6	107.2	101.7	115.9	103.3	97.8	108.8	92.7	84.9	75.6	98.4
97.5	103.5	99.8	99.9	99.5	99.0	99.3	100.0	99.5	102.0	99.5	100.8
97.4	103.1	99.9	100.0	99.6	99.0	99.3	100.0	99.5	102.0	99.5	100.8
97.4	106.2	102.0	100.0	98.9	98.6	97.8	98.5	98.2	100.9	96.8	100.6
97.4	108.0	102.5	101.3	97.9	98.0	97.5				95.5	103.2
97.3	101.3	100.3	96.1	100.4	100.2	98.5	98.5	98.2	100.9	101.1	92.5
97.5	97.2	96.1	99.9	101.1	99.9	102.1	104.0	102.0	104.0	104.2	101.3
97.5	97.2	96.1	99.9	101.1	99.9	102.1	104.0	102.0	104.0	104.2	101.3
94.4	100.4	98.9	97.6	97.4	106.8	114.4	102.6	94.9	100.2	102.4	107.6
121.8	111.9	107.7	114.8	112.3	109.0	111.3	110.8	106.3	92.5	85.6	89.5

4-32 续表 3

（上年同期=100）

指 标	Item	2016			
		一季度 First Quarter	二季度 Second Quarter	三季度 Third Quarter	四季度 Fourth Quarter
饲养动物及其产品	**Feeding Animals and Their Products**	**124.7**	**135.3**	**107.9**	**100.9**
活牲畜	Live Cattle	132.6	147.1	110.1	99.6
猪	Pig	136.3	153.1	112.1	100.3
种猪	Boar	116.8	152.7		93.4
仔猪	Piglet	169.7	204.7	153.9	119.2
能繁殖母猪	Breeding Sows	103.0			110.0
其他活猪	Other Pigs	134.3	149.3	110.8	99.5
牛	Cattle	96.6	97.5	93.2	93.6
羊	Sheep	95.0	88.5	82.1	92.6
活家禽	Live Poultry	97.7	102.7	95.4	98.8
活鸡	Chickens	98.4	103.0	94.9	98.0
活鸭	Live ducks	94.9	101.3	96.4	102.4
畜禽产品	Livestock and Poultry Products	93.5	96.7	109.5	115.2
禽蛋	Poultry of Eggs	93.5	86.6	88.6	94.0
鸡蛋	Egg	90.0	86.6	81.3	89.5
鸭蛋	Duck's Egg	100.0		100.0	100.0
蚕茧	Silkworm Cocoon		104.9	117.1	128.5
渔业产品	**Fishery Products**	**104.5**	**104.3**	**103.1**	**102.4**
海水养殖产品	Seawater Artificially Cultured Products	113.1	115.0	106.6	108.2
海水养殖虾	Mariculture of Prawns	107.1	130.0	107.2	105.5
海水养殖蟹	Mariculture of Crabs	112.2	87.8	88.5	
海水养殖贝类	Mariculture of Shellfish	117.4	108.6	108.7	110.1
海水养殖牡蛎	Mariculture of Oyster	126.2	104.9	109.4	114.1
海水养殖蛤	Mariculture of Clams	106.5	113.0	107.8	105.2
海水捕捞产品	Seawater Fishing Products	101.6	99.8	104.0	105.5
海水捕捞鲜鱼	Marine Fishing Fresh Fish	102.2	98.7	102.9	103.5
海水捕捞虾	Marine Fishing Shrimp	99.9	101.8	100.9	102.0
海水捕捞蟹	Marine Fishing Crab	98.8	99.7	103.0	104.3
海水捕捞软体水生动物	Marine Aquatic Animals	96.7	105.1	103.6	111.1
淡水养殖产品	Fresh Water Farming Products	99.6	100.9	99.8	96.7
养殖淡水鱼	Cultured Freshwater Fish	98.7	101.0	100.1	100.8
养殖淡水鲤鱼	Cultured Freshwater Carp	101.9	100.1	99.0	98.9
养殖淡水草鱼	Cultured Freshwater Grass Carp	99.9	99.9	101.0	101.8
养殖淡水鳙鱼（胖头鱼）	Cultured Freshwater Bighead	90.9		96.9	102.7
养殖淡水罗非鱼	Cultured Freshwater Tilapia	101.1	100.7	98.1	100.0
养殖淡水鲢鱼	Cultured Freshwater Silver Carp	97.1	103.8	104.9	100.4
其他淡水养殖产品	Other Cultured Freshwater Products	103.1	100.6	98.6	80.1
淡水养殖龟	Cultured Freshwater Turtle	110.0	110.0	100.0	56.9
淡水养殖鳖	Cultured Freshwater Turtles	97.4	92.9	97.5	99.1

continued

(preceding year=100)

2017				2018				2019			
一季度 First Quarter	二季度 Second Quarter	三季度 Third Quarter	四季度 Fourth Quarter	一季度 First Quarter	二季度 Second Quarter	三季度 Third Quarter	四季度 Fourth Quarter	一季度 First Quarter	二季度 Second Quarter	三季度 Third Quarter	四季度 Fourth Quarter
93.4	**79.3**	**83.0**	**95.0**	**95.6**	**85.2**	**94.4**	**95.5**	**89.9**	**111.1**	**144.0**	**208.6**
96.3	76.5	76.4	86.7	84.8	71.7	92.2	97.0	88.8	116.2	152.5	235.8
96.2	74.7	74.6	85.1	83.4	68.8	91.9	96.1	87.1	116.5	155.6	246.7
99.9	100.8	98.5	97.1	90.8	74.6	89.6	97.2	80.0	89.7	84.2	150.7
107.3	76.7	67.5	73.5	71.0	49.6	66.0	77.5	90.0	127.2	254.3	171.7
104.4											
94.6	74.2	74.6	85.5	84.6	70.1	91.9	96.9	86.9	116.0	153.1	250.8
100.3	89.6	93.2	103.0	97.7	101.8	102.2	106.5	107.6	115.7	121.2	132.6
93.5	96.4	100.3	101.8	101.0	99.4	105.9	104.7	102.4	112.1	124.1	130.1
79.3	73.8	99.3	122.1	137.2	125.8	105.5	93.2	93.0	111.5	125.1	118.8
77.8	69.6	94.5	125.2	142.8	127.9	108.9	89.9	90.9	112.6	128.8	120.2
85.3	89.4	108.7	108.3	115.3	117.9	98.7	108.0	101.0	107.2	117.8	112.6
91.9	98.9	108.8	119.3	126.9	125.5	95.0	86.2	97.4	82.6	107.2	129.0
91.9	71.2	90.7	106.0	126.9	144.9	117.7	105.9	97.4	95.5	107.1	115.3
87.4	71.2	84.8	106.0	126.9	144.9	129.0	110.4	95.5	95.5	102.5	105.5
100.0		100.0				100.0	100.0	100.9		114.4	128.0
	121.6	115.3	127.7		109.6	86.9	73.8		72.0	107.3	137.6
100.0	**100.7**	**106.4**	**107.7**	**105.3**	**105.1**	**104.0**	**100.4**	**101.2**	**100.5**	**103.4**	**100.9**
101.6	106.9	115.9	115.9	111.2	117.5	114.2	99.7	101.1	110.0	102.8	100.8
	102.3	105.3	98.0	103.1	98.5	85.3	101.3	104.6	111.9	99.0	98.9
101.1				110.0	101.2			101.6		100.0	
101.7	110.2	123.1	129.0	117.1	133.3	134.0	98.5	98.5	108.7	105.8	102.2
97.3	106.6	139.1	137.8	88.7	110.9	112.5	104.0	109.3	108.7	105.8	104.0
107.1	114.7	102.7	118.3	151.9	160.6	161.3	91.6	85.2			100.0
106.6	101.8	100.5	105.4	104.1	95.5	95.1	103.8	102.6	102.1	99.9	105.7
107.5	102.1	100.3	106.8	106.4	98.0	96.6	98.8	103.9	100.5	97.2	107.2
101.8	102.0	101.0	102.0	102.2	95.2	85.7	101.9	100.7	100.6	104.9	102.7
99.2	100.0	99.9	106.6	96.3	76.9	93.2	123.0	105.1	111.1	96.1	103.3
116.2	102.0	102.5	99.7	100.4	101.2	99.4	101.1	98.0	104.2	111.0	99.9
95.8	97.8	101.8	102.6	101.4	102.4	100.4	99.3	100.6	96.0	105.6	98.7
97.9	100.2	104.9	103.9	106.0	102.5	101.1	101.7	102.0	96.0	108.3	103.0
94.5	94.5	112.9	100.8	102.1	109.1	108.6	117.9	101.6	103.5	106.8	102.8
101.9	108.2	109.8	105.4	103.6	106.5	100.2	97.2	95.9	97.5	98.3	99.9
98.1	94.1	102.6	103.7	105.9	105.8	99.3	100.6	107.9	107.6	124.6	106.1
98.5	101.5	101.4	99.2	105.2	100.0	102.3	100.2	99.8	102.5	106.1	100.2
94.3	95.2	99.7	111.1	113.0	93.1	95.7	99.6	108.4	66.7	112.4	109.1
88.3	80.3	89.6	97.3	83.8	101.4	97.6	89.6	95.4	96.0	94.7	81.1
73.3	63.6	81.3	90.6	63.4	100.0	96.6	71.6	94.0	88.3	85.3	67.7
100.5	93.9	96.0	102.9	100.5	102.5	98.3	104.3	96.6	102.3	102.1	92.0

4-33 农产品生产者价格指数

Producers Price Indices for Farm Products

（上年＝100） (preceding year=100)

指 标	Item	2015	2016	2017	2018	2019
农产品生产者价格指数	**Producer Price Indices for Farm Products**	**102.0**	**106.1**	**98.2**	**97.3**	**115.5**
农业产品	**Agriculture Products**	**98.8**	**103.2**	**104.4**	**99.2**	**103.5**
谷物	Cereal	99.6	95.3	100.6	102.5	94.2
稻谷	Rice	100.8	98.2	100.1	101.6	91.3
早籼稻	Early Indica Rice	101.0	97.4	99.0	103.3	86.9
晚籼稻	Late Indica Rice	100.7	98.9	101.1	100.2	95.2
玉米	Corn	96.0	86.5	102.1	105.3	102.8
薯类	Tubers	99.5	109.6	99.0	92.7	112.3
油料	Oil-bearing Crops	98.4	102.0	100.1	98.2	109.8
花生	Peanut	98.4	102.0	100.1	98.2	109.8
豆类	Beans	99.8	100.0	100.0	101.9	96.3
大豆	Soybean	99.8	100.0	100.0	101.9	96.3
生麻	Raw Hemp	120.0	106.0	98.2	100.0	100.0
糖料	Sugar	97.6	106.9	108.6	99.4	98.7
甘蔗	Sugar Cane	97.6	106.9	108.6	99.4	98.7
未加工烟草	Untreated Tobacco	104.0	103.6	100.4	100.6	99.6
蔬菜及食用菌	Vegetables and Edible Fungus	103.4	101.9	99.0	101.2	105.9
蔬菜	Vegetables	103.3	101.7	98.9	101.2	106.1
叶菜类蔬菜	Leafy Vegetables	105.9	113.5	94.5	105.3	104.3
芹菜	Celery	107.6	131.2	115.0	162.3	77.8
油菜	Rape	111.7	109.0	92.3	96.2	103.6
菠菜	Spinach	104.2	113.8	85.7	100.1	107.7
空心菜	Water Spinach	98.2	107.0	106.9	102.4	121.3
小白菜	Bok Choy	110.5	106.7	82.8	102.0	107.1
白菜类蔬菜	Chinese Cabbage Group	107.1	112.9	89.6	109.1	106.6
大白菜	Napa Cabbage	109.4	111.0	90.1	105.3	113.8
普通白菜	Common Chinese Cabbage	106.2	104.6	87.5	95.4	103.5
菜心（菜薹）	Chinese Flowering Cabbage	104.2	117.0	89.5	116.4	98.3
芥菜类蔬菜	Mustard Vegetables	102.9	104.3	95.9	105.8	101.1
叶用芥菜	Leaf Mustard	102.9	104.3	95.9	105.8	101.1
甘蓝类蔬菜	Brassica Vegetables	114.5	103.3	90.9	103.6	111.6
结球甘蓝	Common Head Cabbage		101.1	87.2	101.8	
菜花	Cauliflower	123.4	102.9	102.9	108.8	115.2
芥蓝	Cabbage Mustard	113.3	109.8	90.9	104.5	101.5

4-33　续表 1　continued

（上年＝100）　　(preceding year=100)

指　标	Item	2015	2016	2017	2018	2019
根茎类蔬菜	Root Vegetables	70.4	98.5	106.1	101.1	97.9
白萝卜	White Radish	106.0	110.8	105.1	101.9	100.6
胡萝卜	Carrot	61.0	102.6	107.7	90.9	
生姜	Ginger		100.7	106.2		
芋头	Taro		87.0	107.1	104.7	
山药	Common Yam Rhizome	34.4	84.5	107.2	109.4	
瓜菜类蔬菜	Melons and Vegetables	115.7	72.2	121.3	105.4	98.6
黄瓜	Cucumber	120.0	78.5	99.4	111.9	99.8
冬瓜	Wax Gourd	116.0	88.3	104.4	101.9	99.4
西葫芦	Summer Squash	73.4	88.9	109.3	102.1	122.9
苦瓜	Balsm Pear	120.5	94.1	104.9	112.6	99.3
南瓜	Pumpkin	108.2	96.7	102.0	93.6	102.8
丝瓜	Luffa	106.3	91.2	101.1	97.5	76.2
豆类蔬菜	Leguminous Vegetables	107.1	107.7	110.4	74.0	116.7
豇豆	Cowpea	110.1	106.2	100.0	91.3	111.1
四季豆	French Beans	110.0	98.8	97.0	100.2	156.8
茄果类蔬菜	Solanaceous Fruit Vegetable	106.1	104.5	108.8	103.7	114.0
茄子	Aubergine	104.4	74.0	90.6	94.7	107.3
青椒	Green Pepper	108.5	116.8	106.1	91.0	111.9
辣椒	Capsicum	102.5	114.7	82.4	100.0	109.9
西红柿	Tomato	109.1	101.2	104.9	99.7	121.7
莴苣及菊苣类蔬菜	Lettuce and Chicory Vegetables	107.8	121.6	71.3	100.1	101.0
生菜	Lettuce	115.5	120.6	78.1	102.5	108.8
莴笋	Asparagus Lettuce	104.6				97.1
葱蒜类蔬菜	Allium Vegetables	103.7	115.5	73.5	107.9	104.3
大葱	Allium Fistulosum	100.2	193.8			
细香葱	Chive	109.8	100.0	81.4	98.7	109.9
大蒜	Garlic	98.8	94.9	108.9	104.2	
韭菜	Leek	101.9	88.0	108.9	102.4	104.4
水生蔬菜	Aquatic Vegetables	101.4	104.7		106.7	103.3
莲藕	Lotus Root	99.2	105.2	100.8	101.1	
荸荠	Chufa	103.8	104.1	102.0	107.7	103.3
食用菌	Edible Fungus	106.0	118.1	107.0	116.4	100.6
双孢蘑菇	Double Spore Mushroom	104.7	100.0	100.0		
香菇	Mushrooms		109.6			
黑木耳	Black Fungus	115.3	108.8	99.8	81.0	89.1
黄背木耳	Yellow Back Fungus	102.4	107.9	100.0	103.5	108.5

4-33 续表 2 continued

（上年＝100） (preceding year=100)

指 标	Item	2015	2016	2017	2018	2019
水果及坚果	Fruit and Nuts	93.9	103.9	112.0	90.6	118.7
水果（园林水果）	Fruit（Garden Fruit）	93.9	103.9	112.0	90.6	118.7
柑橘类水果	Citrus Fruit	104.8	90.4	120.4	90.0	84.6
柑橘	Citrus	103.4	83.7	120.2	89.9	78.0
橙	Orange	107.2	98.6	129.9	94.9	78.4
柚	Pomelo Grapefruit	106.6	103.1	105.0	82.0	121.3
葡萄	Grape	109.6	91.7	111.7	95.4	102.2
巨峰葡萄	Kyoho Grape	110.6	95.7	110.2	96.2	94.2
热带水果	Tropical Fruits	97.0	120.7	103.9	83.0	155.9
香蕉	Banana	63.7	104.3	70.2	135.3	107.5
龙眼	Longan	105.3	140.7	145.4	45.5	156.7
荔枝	Lychee	119.0	155.9	119.5	47.8	264.0
芒果	Mango	114.1	88.0	99.2	71.8	122.2
瓜类水果	Melon Fruit	81.9	108.9	116.2	101.4	119.0
西瓜	Watermelon	78.4	111.5	119.1	101.5	117.8
香瓜	Muskmelon	101.4	101.7	113.5	100.7	124.7
其他水果	Other Fruit	49.2	88.8	103.6	93.2	105.3
柿子	Persimmon	49.2	88.8	103.6	93.2	105.3
茶及饮料原料	Tea and Beverage Raw Materials	101.7	98.7	99.8	103.1	105.4
茶叶	Tea	101.7	98.7	99.8	103.1	105.4
绿茶	Green Tea	101.9	98.4	99.6	103.8	106.5
中草药材	Chinese Medicinal Herbs	101.1	70.5	94.2	114.4	100.7
林业产品	**Forestry Products**	**97.7**	**95.1**	**101.1**	**102.9**	**99.9**
育种和育苗	Breeding and Seedling Raising	87.0	99.4	98.8	106.4	92.4
木材采伐产品	Timber Harvesting Products	99.7	95.2	100.1	99.3	100.1
原木	Log	99.8	95.2	100.1	99.4	100.1
针叶原木	Coniferous Log	100.7	95.2	101.3	98.2	99.0
马尾松原木	Pine Log	101.1	94.6	102.1	97.8	99.2
杉木原条	Chinese Fir	99.4	97.3	98.7	99.4	98.2
非针叶原木	Non Coniferous Wood	97.5	95.1	97.2	102.4	102.8
桉树原木	Eucalyptus Log	96.8	94.4	97.7	101.8	102.8
竹材采伐产品	Bamboo Cutting Products	96.7	95.9	97.8	105.3	101.4
林产品	Forest Product	93.9	96.4	112.8	110.2	101.7

4-33 续表 3 continued

（上年=100） (preceding year=100)

指 标	Item	2015	2016	2017	2018	2019
饲养动物及其产品	**Feeding Animals and Their Products**	**108.0**	**115.7**	**87.5**	**91.7**	**139.6**
活牲畜	Live Cattle	111.1	120.1	83.4	86.6	149.5
猪	Pig	112.5	123.0	82.0	84.9	152.8
种猪	Boar	108.8	118.7	99.2	87.0	100.3
仔猪	Piglet	116.1	159.0	80.0	65.4	163.6
能繁殖母猪	Breeding Sows	103.5	106.3	104.4		
其他活猪	Other Pigs	112.5	121.5	81.7	85.7	152.8
牛	Cattle	99.1	95.3	97.0	102.1	119.3
羊	Sheep	96.0	89.6	97.4	103.1	117.3
活家禽	Live Poultry	103.6	98.6	92.6	112.9	112.4
活鸡	Chickens	105.6	98.6	91.3	113.8	113.1
活鸭	Live ducks	96.3	98.6	97.5	109.7	109.6
畜禽产品	Livestock and Poultry Products	90.3	107.3	110.6	99.7	104.2
禽蛋	Poultry of Eggs	98.5	92.2	92.6	115.4	105.1
鸡蛋	Egg	97.5	86.7	87.3	126.3	100.0
鸭蛋	Duck's Egg	100.0	100.0	100.0	100.0	112.3
蚕茧	Silkworm Cocoon	85.1	116.7	121.7	89.9	103.6
渔业产品	**Fishery Products**	**99.4**	**103.6**	**103.7**	**103.4**	**101.2**
海水养殖产品	Seawater Artificially Cultured Products	102.6	110.0	109.3	109.1	101.2
海水养殖虾	Mariculture of Prawns	90.0	111.5	101.7	96.7	103.8
海水养殖蟹	Mariculture of Crabs	100.5	95.9	101.1	106.8	101.0
海水养殖贝类	Mariculture of Shellfish	112.0	111.1	116.0	118.4	99.3
海水养殖牡蛎	Mariculture of Oyster	113.9	113.5	119.9	103.8	106.9
海水养殖蛤	Mariculture of Clams	109.5	108.0	111.3	136.5	89.8
海水捕捞产品	Seawater Fishing Products	102.3	101.8	104.4	102.5	102.2
海水捕捞鲜鱼	Marine Fishing Fresh Fish	100.8	99.7	105.2	103.2	101.4
海水捕捞虾	Marine Fishing Shrimp	106.3	101.4	101.7	97.0	102.5
海水捕捞蟹	Marine Fishing Crab	105.2	100.3	101.7	96.5	104.0
海水捕捞软体水生动物	Marine Aquatic Animals	94.0	103.8	104.8	100.6	103.2
淡水养殖产品	Fresh Water Farming Products	95.6	97.8	99.7	100.0	100.7
养殖淡水鱼	Cultured Freshwater Fish	96.6	100.0	102.1	102.9	102.6
养殖淡水鲤鱼	Cultured Freshwater Carp	104.2	100.0	100.7	109.4	103.9
养殖淡水草鱼	Cultured Freshwater Grass Carp	98.4	100.6	106.4	101.8	97.9
养殖淡水鳙鱼（胖头鱼）	Cultured Freshwater Bighead	94.3	96.5	99.6	102.8	111.4
养殖淡水罗非鱼	Cultured Freshwater Tilapia	89.7	99.9	100.2	102.1	102.2
养殖淡水鲢鱼	Cultured Freshwater Silver Carp	100.5	101.8	101.6	100.6	102.9
其他淡水养殖产品	Other Cultured Freshwater Products	91.5	87.9	88.9	86.9	91.9
淡水养殖龟	Cultured Freshwater Turtle	89.3	77.2	77.5	69.4	84.3
淡水养殖鳖	Cultured Freshwater Turtles	93.3	96.7	98.2	101.3	98.1

4-34 农产品集贸市场价格（2020年）

单位：元/公斤

指 标	Item	1 月 January	2 月 February	3 月 March	4 月 April	5 月 May
粮食类	**Grain**					
籼稻	Rice	2.82	2.82	2.79	2.81	2.86
小麦	Wheat	4.53	4.53	4.53	4.53	4.53
玉米	Corn	2.34	2.40	2.46	2.46	2.51
大豆	Soybean	7.33	7.28	7.28	7.45	7.40
籼米	Indica	5.31	5.31	5.31	5.35	5.43
经济作物类	**Economic Crops Category**					
花生仁	Peanuts	13.38	13.50	13.75	15.00	15.13
油菜籽	Rapeseed					
畜产品类	**Animal Products**					
活猪	Live Pig	37.68	39.63	37.75	35.88	30.83
仔猪	Piglets	74.41	86.32	87.43	89.55	84.30
猪肉	Pork	56.13	61.25	56.38	51.63	47.38
活牛	Live Cattle	33.45	34.45	33.57	33.57	33.32
牛肉	Beef	90.00	94.75	90.50	89.75	89.50
活羊	Live Sheep	42.34	42.59	45.98	45.41	43.41
羊肉	Mutton	92.00	97.57	93.50	91.00	89.75
活鸡	Live Chicken	26.25	25.00	26.38	24.25	23.63
鸡蛋	Eggs	13.20	12.54	12.50	12.25	11.63
水产品类	**Aquatic Products**					
草鱼	Grass Carp	16.38	17.00	16.50	16.38	16.50
鲤鱼	Cyprinoid	14.00	14.50	13.88	13.75	13.75
鲢鱼	Silver Carp	11.71	11.57	11.29	11.57	11.43
蔬菜类	**Vegetables**					
大白菜	Chinese Cabbage	3.30	3.58	3.53	3.78	3.73
黄瓜	Cucumber	7.29	8.14	6.29	5.57	5.00
西红柿	Tomato	6.94	7.63	6.63	8.25	5.88
菜椒	Green Pepper	9.13	10.00	9.50	10.50	8.00
四季豆	French Beans	12.00	12.15	10.25	8.75	7.25
水果类	**Fruit Group**					
红富士苹果	Fuji apple	10.63	10.63	10.63	10.75	10.75
香蕉	Banana	5.00	5.06	5.50	5.75	5.63
橙子	Orange	6.71	7.00	6.77	6.00	6.80

Rural Market Fairs Prices of Agricultural Products（2020）

（yuan/kg）

6 月 June	7 月 July	8 月 August	9 月 September	10 月 October	11 月 November	12 月 December
2.92	2.82	2.87	2.87	2.88	2.93	2.93
4.53	4.53	4.53	4.53	4.53	4.53	4.53
2.53	2.54	2.63	2.66	2.68	2.76	2.79
7.40	7.53	7.65	7.68	7.68	7.80	8.03
5.43	5.38	5.38	5.38	5.39	5.39	5.46
15.25	15.25	15.25	14.06	13.94	13.88	14.00
34.70	37.99	38.85	36.58	32.45	30.58	33.60
80.27	85.92	88.55	87.17	83.05	76.30	76.44
52.00	55.13	55.75	52.81	48.25	45.13	48.25
33.39	33.89	34.14	34.39	35.39	35.39	35.77
90.75	90.00	90.75	92.25	93.50	93.00	94.50
41.98	41.83	42.12	42.26	42.83	42.83	43.41
87.50	87.75	88.25	89.25	90.25	90.00	91.50
23.13	23.75	24.25	24.38	24.38	24.13	24.13
11.38	11.88	12.48	12.60	12.35	12.20	12.45
16.50	16.50	16.50	16.50	16.63	16.50	16.50
13.88	13.88	14.13	14.00	14.00	14.00	13.88
11.00	11.00	10.86	11.00	11.14	11.14	11.00
4.45	4.38	4.50	4.45	4.39	4.13	3.68
5.43	5.79	6.57	6.71	6.43	6.29	6.16
5.75	6.63	6.75	7.00	7.06	6.38	6.75
7.69	8.63	8.25	9.13	9.88	10.13	11.75
8.50	10.00	10.75	11.00	10.25	8.00	9.25
10.75	10.75	10.50	10.69	10.63	10.63	10.63
4.93	4.75	4.69	5.01	4.88	4.80	4.63
6.00	6.00	6.00	5.90	6.80	6.40	5.93

4-35 农产品集贸市场价格指数（2020年）

（上年同期＝100）

指　标	Item	1 月 January	2 月 February	3 月 March	4 月 April	5 月 May
粮食类	**Grain**					
籼稻	Rice	99.3	100.0	99.3	99.3	101.8
小麦	Wheat	82.4	82.4	82.4	82.4	82.4
玉米	Corn	101.3	104.8	108.4	107.4	109.6
大豆	Soybean	99.3	98.6	99.0	100.3	99.3
籼米	Indica	99.1	98.5	98.5	99.3	100.7
经济作物类	**Economic Crops Category**					
花生仁	Peanuts	113.3	113.6	117.0	124.4	122.2
油菜籽	Rapeseed					
畜产品类	**Animal Products**					
活猪	Live Pig	300.2	327.5	294.7	286.1	271.6
仔猪	Piglets	327.5	378.1	348.5	354.0	344.8
猪肉	Pork	291.6	335.6	305.7	272.6	282.9
活牛	Live Cattle	113.9	117.0	114.9	115.5	112.2
牛肉	Beef	122.9	128.0	124.8	124.4	117.4
活羊	Live Sheep	114.8	115.0	126.1	122.7	117.7
羊肉	Mutton	116.3	124.3	121.8	118.6	116.9
活鸡	Live Chicken	102.9	100.5	105.5	100.5	85.2
鸡蛋	Eggs	99.6	102.3	102.4	99.9	90.3
水产品类	**Aquatic Products**					
草鱼	Grass Carp	103.1	106.3	103.9	104.0	104.8
鲤鱼	Cyprinoid	102.7	103.6	101.8	100.9	100.0
鲢鱼	Silver Carp	118.8	117.3	116.3	120.9	115.9
蔬菜类	**Vegetables**					
大白菜	Chinese Cabbage	107.1	117.0	95.4	90.0	99.5
黄瓜	Cucumber	92.7	91.2	74.6	97.5	129.5
西红柿	Tomato	112.1	125.9	98.2	124.4	75.9
菜椒	Green Pepper	114.0	108.1	89.4	105.0	95.5
四季豆	French Beans	141.2	115.7	105.1	83.3	87.9
水果类	**Fruit Group**					
红富士苹果	Fuji apple	85.0	85.0	82.5	78.9	71.1
香蕉	Banana	85.0	92.0	95.7	97.8	93.8
橙子	Orange	100.0	97.1	103.8	87.2	84.2

Rural Market Fairs Price Indices of Agricultural Products（2020）

(preceding year=100)

6 月 June	7 月 July	8 月 August	9 月 September	10 月 October	11 月 November	12 月 December
105.0	102.5	102.9	104.0	104.0	104.3	105.0
82.4	82.4	82.4	82.4	82.4	100.0	100.0
111.5	113.9	114.8	114.2	116.0	118.5	120.8
99.6	102.4	103.0	103.4	104.8	106.4	109.5
101.3	101.3	101.3	101.3	101.5	101.5	102.8
118.4	118.4	113.0	107.5	111.5	106.8	106.6
281.4	173.6	135.1	116.1	87.4	87.7	93.6
322.1	280.7	249.0	188.9	124.2	109.9	109.3
288.9	167.7	119.3	105.6	79.1	79.9	89.8
108.0	105.7	103.6	104.4	103.8	101.6	106.1
113.4	109.4	108.7	109.5	107.5	105.7	107.7
113.0	110.8	109.1	107.9	106.3	104.8	105.8
112.9	110.0	108.0	105.9	104.9	102.0	102.8
82.2	83.7	84.0	81.9	82.6	82.5	85.4
89.3	86.4	87.9	87.6	86.7	86.6	89.7
101.5	102.3	101.5	100.7	102.3	100.7	102.3
98.2	99.1	100.0	99.1	101.8	99.1	98.2
106.9	102.7	98.7	97.4	98.7	97.5	97.4
120.3	112.3	126.8	120.9	122.6	116.3	107.3
131.2	108.4	118.0	126.4	104.7	95.7	93.8
106.9	117.8	117.4	127.3	117.7	104.1	80.5
93.2	107.9	104.7	113.0	117.9	135.1	162.1
91.9	102.6	138.7	138.4	110.8	86.5	84.1
60.6	57.3	57.5	69.0	80.2	100.0	102.4
83.8	86.4	87.2	85.9	93.0	94.5	97.5
69.8	82.8	80.0	78.7	81.6	86.1	86.4

4-36 农产品集贸市场价格环比指数（2020年）

（上月=100）

指 标	Item	1 月 January	2 月 February	3 月 March	4 月 April	5 月 May
粮食类	**Grain**					
籼稻	Rice	101.1	100.0	98.9	100.7	101.8
小麦	Wheat	100.0	100.0	100.0	100.0	100.0
玉米	Corn	101.3	102.6	102.5	100.0	102.0
大豆	Soybean	100.0	99.3	100.0	102.3	99.3
籼米	Indica	100.0	100.0	100.0	100.8	101.5
经济作物类	**Economic Crops Category**					
花生仁	Peanuts	101.9	100.9	101.9	109.1	100.9
油菜籽	Rapeseed					
畜产品类	**Animal Products**					
活猪	Live Pig	105.0	105.2	95.3	95.0	85.9
仔猪	Piglets	106.4	116.0	101.3	102.4	94.1
猪肉	Pork	104.4	109.1	92.0	91.6	91.8
活牛	Live Cattle	99.3	103.0	97.4	100.0	99.3
牛肉	Beef	102.6	105.3	95.5	99.2	99.7
活羊	Live Sheep	103.2	100.6	108.0	98.8	95.6
羊肉	Mutton	103.4	106.1	95.8	97.3	98.6
活鸡	Live Chicken	92.9	95.2	105.5	91.9	97.4
鸡蛋	Eggs	95.1	95.0	99.7	98.0	94.9
水产品类	**Aquatic Products**					
草鱼	Grass Carp	101.5	103.8	97.1	99.3	100.7
鲤鱼	Cyprinoid	99.1	103.6	95.7	99.1	100.0
鲢鱼	Silver Carp	103.7	98.8	97.6	102.5	98.8
蔬菜类	**Vegetables**					
大白菜	Chinese Cabbage	96.2	108.5	98.6	107.1	98.7
黄瓜	Cucumber	111.0	111.7	77.3	88.6	89.8
西红柿	Tomato	82.8	109.9	86.9	124.4	71.3
菜椒	Green Pepper	125.9	109.5	95.0	110.5	76.2
四季豆	French Beans	109.1	101.3	84.4	85.4	82.9
水果类	**Fruit Group**					
红富士苹果	Fuji apple	102.4	100.0	100.0	101.1	100.0
香蕉	Banana	105.3	101.2	108.7	104.5	97.9
橙子	Orange	97.8	104.3	96.7	88.6	113.3

Rural Market Fairs Price Chain Index of Agricultural Products（2020）

（preceding month=100）

6 月 June	7 月 July	8 月 August	9 月 September	10 月 October	11 月 November	12 月 December
102.1	96.6	101.8	100.0	100.3	101.7	100.0
100.0	100.0	100.0	100.0	100.0	100.0	100.0
100.8	100.4	103.5	101.1	100.8	103.0	101.1
100.0	101.8	101.6	100.4	100.0	101.6	102.9
100.0	99.1	100.0	100.0	100.2	100.0	101.3
100.8	100.0	100.0	92.2	99.1	99.6	100.9
112.6	109.5	102.3	94.2	88.7	94.2	109.9
95.2	107.0	103.1	98.4	95.3	91.9	100.2
109.8	106.0	101.1	94.7	91.4	93.5	106.9
100.2	101.5	100.7	100.7	102.9	100.0	101.1
101.4	99.2	100.8	101.7	101.4	99.5	101.6
96.7	99.6	100.7	100.3	101.3	100.0	101.4
97.5	100.3	100.6	101.1	101.1	99.7	101.7
97.9	102.7	102.1	100.5	100.0	99.0	100.0
97.9	104.4	105.1	101.0	98.0	98.8	102.0
100.0	100.0	100.0	100.0	100.8	99.2	100.0
100.9	100.0	101.8	99.1	100.0	100.0	99.1
96.2	100.0	98.7	101.3	101.3	100.0	98.7
119.3	98.4	102.7	98.9	98.7	94.1	89.1
108.6	106.6	113.5	102.1	95.8	97.8	97.9
97.8	115.3	101.8	103.7	100.9	90.4	105.8
96.1	112.2	95.6	110.7	108.2	102.5	116.0
117.2	117.6	107.5	102.3	93.2	78.0	115.6
100.0	100.0	97.7	101.8	99.4	100.0	100.0
87.6	96.3	98.7	106.8	97.4	98.4	96.5
88.2	100.0	100.0	98.3	115.3	94.1	92.7

4-37 农产品集贸市场价格

单位：元/公斤

指 标	Item	1 月 January 2017	1 月 January 2018	1 月 January 2019	2 月 February 2017	2 月 February 2018	2 月 February 2019
粮食类	**Grain**						
籼稻	Rice	2.70	3.02	2.84	2.74	3.02	2.82
小麦	Wheat	5.50	5.50	5.50	5.50	5.50	5.50
玉米	Corn	2.55	2.36	2.31	2.49	2.35	2.29
大豆	Soybean	7.88	7.43	7.38	7.78	7.48	7.38
籼米	Indica	5.35	5.39	5.36	5.40	5.44	5.39
经济作物类	**Economic Crops Category**						
花生仁	Peanuts	12.58	12.00	11.81	12.53	12.00	11.88
畜产品类	**Animal Products**						
活猪	Live Pig	17.63	14.45	12.55	17.35	13.95	12.10
仔猪	Piglets	34.29	26.64	22.72	35.79	27.38	22.83
猪肉	Pork	26.50	21.38	19.25	25.50	21.63	18.25
活牛	Live Cattle	26.29	27.68	29.36	28.38	28.30	29.44
牛肉	Beef	68.50	65.75	73.25	66.13	70.50	74.00
活羊	Live Sheep	37.20	31.71	36.88	34.00	34.00	37.02
羊肉	Mutton	72.75	69.75	79.13	71.25	74.88	78.50
活鸡	Live Chicken	26.00	26.50	25.50	22.63	26.88	24.88
鸡蛋	Eggs	12.10	12.88	13.25	11.63	13.00	12.26
水产品类	**Aquatic Products**						
草鱼	Grass Carp	14.25	15.38	15.88	14.25	16.63	16.00
鲤鱼	Cyprinoid	12.88	13.13	13.63	13.13	14.50	14.00
鲢鱼	Silver Carp	8.14	9.57	9.86	8.34	10.14	9.86
蔬菜类	**Vegetables**						
大白菜	Chinese Cabbage	2.85	2.84	3.08	2.30	2.66	3.06
黄瓜	Cucumber	6.40	5.29	7.86	6.23	6.36	8.93
西红柿	Tomato	6.23	4.94	6.19	5.70	5.06	6.06
菜椒	Green Pepper	7.05	7.88	8.01	6.63	9.38	9.25
四季豆	French Beans	7.60	8.75	8.50	8.07	10.25	10.50
水果类	**Fruit Group**						
红富士苹果	Fuji apple	11.31	11.75	12.50	11.25	12.25	12.50
香蕉	Banana	4.08	4.56	5.88	4.14	5.56	5.50
橙子	Orange	4.50	6.53	6.71	4.50	7.19	7.21

Rural Market Fairs Prices of Agricultural Products

(yuan/kg)

3 月 March			4 月 April			5 月 May			6 月 June		
2017	2018	2019	2017	2018	2019	2017	2018	2019	2017	2018	2019
2.78	2.97	2.81	2.81	3.00	2.83	2.88	2.99	2.81	2.85	2.98	2.78
5.50	5.50	5.50	5.00	5.50	5.50	5.20	5.50	5.50	5.30	5.50	5.50
2.46	2.38	2.27	2.41	2.38	2.29	2.46	2.38	2.29	2.43	2.35	2.27
7.70	7.48	7.35	7.63	7.43	7.43	7.60	7.55	7.45	7.53	7.43	7.43
5.03	5.44	5.39	5.37	5.46	5.39	5.37	5.44	5.39	5.40	5.44	5.36
12.50	11.88	11.75	12.38	11.75	12.06	12.38	11.75	12.38	12.25	11.75	12.88
16.43	12.00	12.81	15.60	10.68	12.54	14.73	10.11	11.35	13.96	10.96	12.33
34.74	23.29	25.09	33.78	20.14	25.30	32.25	16.60	24.45	29.89	18.31	24.92
24.63	19.88	18.44	24.00	17.50	18.94	22.88	16.13	16.75	21.63	16.88	18.00
27.75	26.95	29.21	27.38	26.45	29.06	27.38	26.08	29.69	27.63	26.20	30.92
65.63	65.88	72.50	66.00	64.88	72.13	66.00	64.50	76.25	66.00	64.75	80.00
32.43	31.66	36.45	31.43	30.51	37.02	31.29	30.23	36.88	30.86	30.80	37.16
68.13	71.25	76.75	67.25	70.88	76.75	66.00	70.50	76.75	64.50	70.50	77.50
19.63	25.50	25.00	19.38	24.00	24.13	20.13	23.75	27.75	20.75	23.88	28.13
10.88	12.45	12.21	10.80	12.15	12.26	10.88	11.73	12.88	11.13	11.93	12.75
15.00	15.88	15.88	15.63	15.75	15.75	16.14	15.88	15.75	16.71	15.88	16.25
13.13	14.00	13.63	13.25	13.38	13.63	13.25	13.88	13.75	13.63	13.88	14.13
8.56	9.43	9.71	9.00	9.57	9.57	9.29	9.71	9.86	9.29	9.57	10.29
2.23	2.98	3.70	2.93	3.63	4.20	3.30	3.95	3.75	3.48	3.75	3.70
5.71	5.93	8.43	5.37	5.14	5.71	4.49	4.43	3.86	4.66	3.66	4.14
5.58	4.63	6.75	6.00	4.38	6.63	5.50	4.83	7.75	5.95	4.58	5.38
6.83	7.88	10.63	7.50	7.56	10.00	6.25	7.38	8.38	6.48	7.25	8.25
7.80	8.50	9.75	7.40	7.00	10.50	6.38	5.75	8.25	6.75	6.00	9.25
11.25	11.50	12.88	11.25	11.38	13.63	11.25	11.13	15.13	11.38	10.88	17.75
4.95	5.26	5.75	5.33	5.29	5.88	5.58	4.93	6.00	5.20	4.50	5.88
5.33	7.17	6.52	5.60	6.77	6.88	5.80	6.84	8.08	5.50	5.50	8.60

4-37 续表

单位：元/公斤

指 标	Item	7 月 July			8 月 August		
		2017	2018	2019	2017	2018	2019
粮食类	**Grain**						
籼稻	Rice	2.86	2.89	2.75	2.75	2.85	2.79
小麦	Wheat	5.50	5.50	5.50	5.50	5.50	5.50
玉米	Corn	2.41	2.34	2.23	2.41	2.30	2.29
大豆	Soybean	7.48	7.43	7.35	7.48	7.40	7.43
籼米	Indica	5.36	5.39	5.31	5.36	5.36	5.31
经济作物类	**Economic Crops Category**						
花生仁	Peanuts	12.13	11.75	12.88	12.13	12.00	13.50
畜产品类	**Animal Products**						
活猪	Live Pig	14.18	12.34	21.88	14.59	13.59	28.75
仔猪	Piglets	29.59	19.51	30.61	29.58	22.79	35.56
猪肉	Pork	21.25	18.75	32.88	21.45	20.00	46.75
活牛	Live Cattle	27.63	26.20	32.07	27.63	26.45	32.94
牛肉	Beef	65.75	65.25	82.25	65.50	65.25	83.50
活羊	Live Sheep	30.57	30.80	37.74	30.71	30.94	38.59
羊肉	Mutton	63.38	70.38	79.75	63.38	70.25	81.75
活鸡	Live Chicken	20.63	23.94	28.38	21.38	25.00	28.88
鸡蛋	Eggs	11.20	12.38	13.75	12.13	13.58	14.20
水产品类	**Aquatic Products**						
草鱼	Grass Carp	16.86	15.88	16.13	16.86	15.88	16.25
鲤鱼	Cyprinoid	13.75	13.75	14.00	13.75	13.75	14.13
鲢鱼	Silver Carp	9.29	9.57	10.71	9.43	9.86	11.00
蔬菜类	**Vegetables**						
大白菜	Chinese Cabbage	4.15	3.65	3.90	4.20	3.75	3.55
黄瓜	Cucumber	5.37	4.29	5.34	5.86	5.64	5.57
西红柿	Tomato	6.19	5.09	5.63	6.13	5.43	5.75
菜椒	Green Pepper	6.65	7.60	8.00	6.88	7.58	7.88
四季豆	French Beans	8.05	7.50	9.75	8.63	8.50	7.75
水果类	**Fruit Group**						
红富士苹果	Fuji apple	11.50	10.75	18.75	11.50	11.00	18.25
香蕉	Banana	5.00	4.43	5.50	4.30	5.19	5.38
橙子	Orange	5.20	5.50	7.25	5.00	5.50	7.50

continued

(yuan/kg)

9 月 September			10 月 October			11 月 November			12 月 December		
2017	2018	2019	2017	2018	2019	2017	2018	2019	2017	2018	2019
2.80	2.88	2.76	2.79	2.90	2.77	2.90	2.86	2.81	3.01	2.88	2.79
5.50	5.50	5.50	5.50	5.50	5.50	5.50	5.50	4.53	5.50	5.50	4.53
2.36	2.30	2.33	2.34	2.25	2.31	2.36	2.25	2.33	2.39	2.28	2.31
7.50	7.40	7.43	7.49	7.38	7.33	7.50	7.33	7.33	7.50	7.38	7.33
5.35	5.36	5.31	5.35	5.39	5.31	5.38	5.34	5.31	5.38	5.34	5.31
11.88	11.81	13.08	11.75	11.81	12.50	11.88	11.81	13.00	11.88	11.69	13.13
14.58	14.28	31.50	14.48	14.05	37.13	14.40	13.98	34.88	14.38	13.59	35.88
30.05	23.81	46.15	27.74	23.40	66.87	25.89	23.50	69.41	26.26	23.41	69.91
21.50	20.56	50.00	21.25	21.13	61.00	21.13	20.50	56.50	21.63	20.13	53.75
27.25	26.70	32.94	27.25	26.98	34.08	27.43	27.84	34.83	27.55	28.46	33.70
65.75	65.63	84.25	65.50	67.38	87.00	65.50	68.50	88.00	65.75	70.75	87.75
30.86	31.37	39.16	31.00	32.51	40.31	31.71	34.29	40.88	31.43	35.72	41.02
63.38	70.63	84.25	64.13	72.75	86.00	65.50	74.00	88.25	68.00	77.00	89.00
23.25	24.50	29.75	24.38	24.50	29.50	25.25	24.25	29.25	26.25	24.75	28.25
12.63	13.80	14.38	12.70	13.68	14.25	12.38	13.13	14.08	12.80	13.00	13.88
16.57	16.00	16.38	15.86	16.13	16.25	16.00	15.88	16.38	15.63	15.75	16.13
13.38	13.88	14.13	13.25	13.88	13.75	13.25	13.75	14.13	13.25	13.50	14.13
9.43	9.57	11.29	9.36	9.71	11.29	9.50	9.43	11.43	9.57	9.57	11.29
3.85	4.36	3.68	3.71	4.13	3.58	3.85	3.23	3.55	3.34	2.93	3.43
5.30	6.71	5.31	6.29	6.23	6.14	5.71	5.43	6.57	5.86	7.29	6.57
5.19	7.13	5.50	5.88	8.31	6.00	5.28	6.50	6.13	5.38	6.25	8.38
7.13	8.75	8.08	7.00	10.88	8.38	6.88	9.38	7.50	7.64	8.50	7.25
8.00	8.50	7.95	8.75	8.88	9.25	8.00	6.60	9.25	8.25	7.40	11.00
11.88	11.88	15.50	11.75	11.50	13.25	11.51	11.25	10.63	11.58	11.25	10.38
4.25	5.69	5.83	3.70	5.88	5.25	3.80	5.83	5.08	4.14	5.75	4.75
5.00	5.90	7.50	4.50	6.44	8.33	7.00	6.20	7.43	6.50	6.00	6.86

4-38 农产品集贸市场价格指数

（上年同期=100）

指 标	Item	1 月 January			2 月 February		
		2017	2018	2019	2017	2018	2019
粮食类	**Grain**						
籼稻	Rice	95.1	111.9	94.0	96.5	110.2	93.4
小麦	Wheat	110.0	100.0	100.0	110.0	100.0	100.0
玉米	Corn	97.0	92.5	97.9	95.4	94.4	97.4
大豆	Soybean	102.3	94.3	99.3	101.0	96.1	98.7
籼米	Indica	99.4	100.7	99.4	100.4	100.7	99.1
经济作物类	**Economic Crops Category**						
花生仁	Peanuts	100.8	95.4	98.4	99.4	95.8	99.0
畜产品类	**Animal Products**						
活猪	Live Pig	102.2	82.0	86.9	97.8	80.4	86.7
仔猪	Piglets	126.6	77.7	85.3	125.0	76.5	83.4
猪肉	Pork	104.7	80.7	90.0	94.9	84.8	84.4
活牛	Live Cattle	100.6	105.3	106.1	106.8	99.7	104.0
牛肉	Beef	101.1	96.0	111.4	95.2	106.6	105.0
活羊	Live Sheep	97.4	85.2	116.3	87.6	100.0	108.9
羊肉	Mutton	97.3	95.9	113.4	93.4	105.1	104.8
活鸡	Live Chicken	100.0	101.9	96.2	84.2	118.8	92.6
鸡蛋	Eggs	95.2	106.4	102.9	93.5	111.8	94.3
水产品类	**Aquatic Products**						
草鱼	Grass Carp	97.7	107.9	103.3	95.0	116.7	96.2
鲤鱼	Cyprinoid	97.6	101.9	103.8	96.8	110.4	96.6
鲢鱼	Silver Carp	96.2	117.6	103.0	98.6	121.6	97.2
蔬菜类	**Vegetables**						
大白菜	Chinese Cabbage	80.1	99.6	108.5	57.5	115.7	115.0
黄瓜	Cucumber	98.6	82.7	148.6	75.9	102.1	140.4
西红柿	Tomato	108.7	79.3	125.3	85.6	88.8	119.8
菜椒	Green Pepper	101.7	111.8	101.6	73.4	141.5	98.6
四季豆	French Beans	114.3	115.1	97.1	92.2	127.0	102.4
水果类	**Fruit Group**						
红富士苹果	Fuji apple	98.3	103.9	106.4	97.2	108.9	102.0
香蕉	Banana	89.9	111.8	128.9	81.5	134.3	98.9
橙子	Orange	80.6	145.1	102.8	73.2	159.8	100.3

Rural Market Fairs Prices Indices of Agricultural Products

(preceding year=100)

3 月 March			4 月 April			5 月 May			6 月 June		
2017	2018	2019	2017	2018	2019	2017	2018	2019	2017	2018	2019
98.2	106.8	94.6	100.4	106.8	94.3	103.6	103.8	94.0	103.3	104.6	93.3
110.0	100.0	100.0	100.0	110.0	100.0	104.0	105.8	100.0	106.0	103.8	100.0
95.0	96.7	95.4	94.9	98.8	96.2	98.0	96.7	96.2	97.2	96.7	96.6
100.3	97.1	98.3	99.3	97.4	100.0	97.4	99.3	98.7	97.4	98.7	100.0
93.8	108.2	99.1	100.2	101.7	98.7	99.8	101.3	99.1	100.0	100.7	98.5
98.2	95.0	98.9	96.3	94.9	102.6	93.6	94.9	105.4	90.9	95.9	109.6
86.2	73.0	106.8	79.7	68.5	117.4	71.5	68.6	112.3	68.7	78.5	112.5
98.9	67.0	107.7	93.6	59.6	125.6	82.7	51.5	147.3	75.7	61.3	136.1
90.4	80.7	92.8	83.8	72.9	108.2	76.9	70.5	103.8	72.7	78.0	106.6
105.0	97.1	108.4	105.3	96.6	109.9	105.3	95.3	113.8	108.1	94.8	118.0
96.9	100.4	110.0	98.3	98.3	111.2	98.5	97.7	118.2	98.9	98.1	123.6
83.6	97.6	115.1	81.0	97.1	121.3	80.6	96.6	122.0	82.7	99.8	120.6
90.5	104.6	107.7	89.4	105.4	108.3	88.4	106.8	108.9	88.2	109.3	109.9
75.5	129.9	98.0	76.0	123.8	100.5	80.1	118.0	116.8	81.8	115.1	117.8
90.3	114.4	98.1	89.0	112.5	100.9	90.7	107.8	109.8	93.7	107.2	106.9
103.4	105.9	100.0	108.7	100.8	100.0	114.2	98.4	99.2	118.3	95.0	102.3
97.7	106.6	97.4	99.0	101.0	101.9	100.9	104.8	99.1	102.9	101.8	101.8
102.6	110.2	103.0	108.6	106.3	100.0	112.1	104.5	101.5	109.2	103.0	107.5
51.9	133.6	124.2	73.3	123.9	115.7	88.5	119.7	94.9	102.4	107.8	98.7
80.5	103.9	142.2	104.5	95.7	111.1	121.7	98.7	87.1	133.1	78.5	113.1
90.0	83.0	145.8	97.9	73.0	151.4	116.3	87.8	160.5	120.7	77.0	117.5
65.0	115.4	134.9	90.0	100.8	132.3	102.8	118.1	113.6	111.9	111.9	113.8
97.5	109.0	114.7	98.7	94.6	150.0	122.7	90.1	143.5	114.8	88.9	154.2
99.3	102.2	112.0	99.5	101.2	119.8	101.1	98.9	135.9	103.5	95.6	163.1
95.2	106.3	109.3	96.9	99.2	111.2	103.7	88.4	121.7	95.8	86.5	130.7
86.0	134.5	90.9	84.0	120.9	101.6	109.4	117.9	118.1	106.8	100.0	156.4

4-38 续表

（上年同期＝100）

指 标	Item	7月 July			8月 August		
		2017	2018	2019	2017	2018	2019
粮食类	**Grain**						
籼稻	Rice	105.1	101.0	95.2	101.1	103.6	97.9
小麦	Wheat	110.0	100.0	100.0	110.0	100.0	100.0
玉米	Corn	95.3	97.1	95.3	95.3	95.4	99.6
大豆	Soybean	97.1	99.3	98.9	97.1	98.9	100.4
籼米	Indica	99.4	100.6	98.5	99.6	100.0	99.1
经济作物类	**Economic Crops Category**						
花生仁	Peanuts	89.9	96.9	109.6	90.7	98.9	112.5
畜产品类	**Animal Products**						
活猪	Live Pig	73.3	87.0	177.3	76.9	93.1	211.6
仔猪	Piglets	79.3	65.9	156.9	82.4	77.0	156.0
猪肉	Pork	73.6	88.2	175.4	75.6	93.2	233.8
活牛	Live Cattle	109.3	94.8	122.4	109.3	95.7	124.5
牛肉	Beef	99.2	99.2	126.1	99.2	99.6	128.0
活羊	Live Sheep	82.2	100.8	122.5	82.6	100.7	124.7
羊肉	Mutton	86.8	111.0	113.3	87.1	110.8	116.4
活鸡	Live Chicken	82.5	116.0	118.5	85.5	116.9	115.5
鸡蛋	Eggs	95.3	110.5	111.1	100.0	112.0	104.6
水产品类	**Aquatic Products**						
草鱼	Grass Carp	121.5	94.2	101.6	120.6	94.2	102.3
鲤鱼	Cyprinoid	103.8	100.0	101.8	104.7	100.0	102.8
鲢鱼	Silver Carp	110.2	103.0	111.9	113.8	104.6	111.6
蔬菜类	**Vegetables**						
大白菜	Chinese Cabbage	112.8	88.0	106.8	109.1	89.3	94.7
黄瓜	Cucumber	136.3	79.9	124.5	115.6	96.2	98.8
西红柿	Tomato	142.6	82.2	110.6	140.6	88.6	105.9
菜椒	Green Pepper	119.8	114.3	105.3	111.9	110.2	104.0
四季豆	French Beans	123.8	93.2	130.0	120.7	98.5	91.2
水果类	**Fruit Group**						
红富士苹果	Fuji apple	104.5	93.5	174.4	106.2	95.7	165.9
香蕉	Banana	103.1	88.6	124.2	82.7	120.7	103.7
橙子	Orange	105.1	105.8	131.8	96.2	110.0	136.4

continued

(preceding year=100)

9 月 September			10 月 October			11 月 November			12 月 December		
2017	2018	2019	2017	2018	2019	2017	2018	2019	2017	2018	2019
103.3	102.9	95.8	106.5	103.9	95.5	109.0	98.6	98.3	112.7	95.7	96.9
110.0	100.0	100.0	105.8	100.0	100.0	105.8	100.0	82.4	105.8	100.0	82.4
93.3	97.5	101.3	93.2	96.2	102.7	93.3	95.3	103.6	93.7	95.4	101.3
98.0	98.7	100.4	96.3	98.5	99.3	95.2	97.7	100.0	93.8	98.4	99.3
100.0	100.2	99.1	100.9	100.7	98.5	100.9	99.3	99.4	100.6	99.3	99.4
91.4	99.4	110.8	92.2	100.5	105.8	93.2	99.4	110.1	94.1	98.4	112.3
77.6	97.9	220.6	83.6	97.0	264.3	84.3	97.1	249.5	84.1	94.5	264.0
84.3	79.2	193.8	82.1	84.4	285.8	79.3	90.8	295.4	79.3	89.1	298.6
76.8	95.6	243.2	80.6	99.4	288.7	83.3	97.0	275.6	84.8	93.1	267.0
108.4	98.0	123.4	109.0	99.0	126.3	109.7	101.5	125.1	106.5	103.3	118.4
100.0	99.8	128.4	100.0	102.9	129.1	100.0	104.6	128.5	100.4	107.6	124.0
83.0	101.7	124.8	83.3	104.9	124.0	84.8	108.1	119.2	85.4	113.6	114.8
87.4	111.4	119.3	89.4	113.4	118.2	91.9	113.0	119.3	96.1	113.2	115.6
91.6	105.4	121.4	96.6	100.5	120.4	100.5	96.0	120.6	103.4	94.3	114.1
100.0	109.3	104.2	102.6	107.7	104.2	101.6	106.1	107.2	105.5	101.6	106.8
118.4	96.6	102.4	113.3	101.7	100.7	116.4	99.3	103.1	112.6	100.8	102.4
102.1	103.7	101.8	101.9	104.8	99.1	106.0	103.8	102.8	103.9	101.9	104.7
114.2	101.5	118.0	112.0	103.7	116.3	114.6	99.3	121.2	115.4	100.0	118.0
98.0	113.2	84.4	103.1	111.3	86.7	108.5	83.9	109.9	98.8	87.7	117.1
108.8	126.6	79.1	127.6	99.0	98.6	117.5	95.1	121.0	113.3	124.4	90.1
96.3	137.4	77.1	106.9	141.3	72.2	92.6	123.1	94.3	93.6	116.2	134.1
94.4	122.7	92.3	98.2	155.4	77.0	93.2	136.3	80.0	100.1	111.3	85.3
106.7	106.3	93.5	140.0	101.5	104.2	137.9	82.5	140.2	137.5	89.7	148.6
108.5	100.0	130.5	106.8	97.9	115.2	106.1	97.7	94.5	105.9	97.2	92.3
76.2	133.9	102.5	78.9	158.9	89.3	89.8	153.4	87.1	108.1	138.9	82.6
96.2	118.0	127.1	90.0	143.1	129.3	120.7	88.6	119.8	114.6	92.3	114.3

4-39 农产品集贸市场价格环比指数

（上月＝100）

指 标	Item	1 月 January			2 月 February		
		2017	2018	2019	2017	2018	2019
粮食类	**Grain**						
籼稻	Rice	101.1	100.3	98.6	101.5	100.0	99.3
小麦	Wheat	105.8	100.0	100.0	100.0	100.0	100.0
玉米	Corn	100.0	98.7	101.3	97.6	99.6	99.1
大豆	Soybean	98.5	99.1	100.0	98.7	100.7	100.0
籼米	Indica	100.0	100.2	100.4	100.9	100.9	100.6
经济作物类	**Economic Crops Category**						
花生仁	Peanuts	99.6	101.0	101.0	99.6	100.0	100.6
畜产品类	**Animal Products**						
活猪	Live Pig	103.1	100.5	92.3	98.4	96.5	96.4
仔猪	Piglets	103.5	101.4	97.1	104.4	102.8	100.5
猪肉	Pork	103.9	98.8	95.6	96.2	101.2	94.8
活牛	Live Cattle	101.7	100.5	103.2	107.9	102.2	100.3
牛肉	Beef	104.6	100.0	103.5	96.5	107.2	101.0
活羊	Live Sheep	101.1	100.9	103.2	91.4	107.2	100.4
羊肉	Mutton	102.8	102.6	102.8	97.9	107.4	99.2
活鸡	Live Chicken	102.4	101.0	103.0	87.0	101.4	97.6
鸡蛋	Eggs	99.8	100.6	101.9	96.1	100.9	92.5
水产品类	**Aquatic Products**						
草鱼	Grass Carp	102.7	98.4	100.8	100.0	108.1	100.8
鲤鱼	Cyprinoid	101.0	99.1	101.0	101.9	110.4	102.7
鲢鱼	Silver Carp	98.2	100.0	103.0	102.5	106.0	100.0
蔬菜类	**Vegetables**						
大白菜	Chinese Cabbage	84.3	85.0	105.1	80.7	93.7	99.4
黄瓜	Cucumber	123.8	90.3	107.8	97.3	120.2	113.6
西红柿	Tomato	108.3	91.8	99.0	91.5	102.4	97.9
菜椒	Green Pepper	92.4	103.1	94.2	94.0	119.0	115.5
四季豆	French Beans	126.7	106.1	114.9	106.2	117.1	123.5
水果类	**Fruit Group**						
红富士苹果	Fuji apple	103.4	101.5	111.1	99.5	104.3	100.0
香蕉	Banana	106.5	110.1	102.3	101.5	121.9	93.5
橙子	Orange	79.4	100.5	111.8	100.0	110.1	107.5

Rural Market Fairs Prices Chain Indices of Agricultural Products

(preceding month=100)

3 月 March			4 月 April			5 月 May			6 月 June		
2017	2018	2019	2017	2018	2019	2017	2018	2019	2017	2018	2019
101.5	98.3	99.6	101.1	101.0	100.7	102.5	99.7	99.3	99.0	99.7	98.9
100.0	100.0	100.0	90.9	100.0	100.0	104.0	100.0	100.0	101.9	100.0	100.0
98.8	101.3	99.1	98.0	100.0	100.9	102.1	100.0	100.0	98.8	98.7	99.1
99.0	100.0	99.6	99.1	99.3	101.1	99.6	101.6	100.3	99.1	98.4	99.7
93.1	100.0	100.0	106.8	100.4	100.0	100.0	99.6	100.0	100.6	100.0	99.4
99.8	99.0	98.9	99.0	98.9	102.6	100.0	100.0	102.7	98.9	100.0	104.0
94.7	86.0	105.9	94.9	89.0	97.9	94.4	94.7	90.5	94.8	108.4	108.6
97.1	85.1	109.9	97.2	86.5	100.8	95.5	82.4	96.6	92.7	110.3	101.9
96.6	91.9	101.0	97.4	88.0	102.7	95.3	92.2	88.4	94.5	104.6	107.5
97.8	95.2	99.2	98.7	98.1	99.5	100.0	98.6	102.2	100.9	100.5	104.1
99.2	93.4	98.0	100.6	98.5	99.5	100.0	99.4	105.7	100.0	100.4	104.9
95.4	93.1	98.5	96.9	96.4	101.6	99.6	99.1	99.6	98.6	101.9	100.8
95.6	95.2	97.8	98.7	99.5	100.0	98.1	99.5	100.0	97.7	100.0	101.0
86.7	94.9	100.5	98.7	94.1	96.5	103.9	99.0	115.0	103.1	100.5	101.4
93.6	95.8	99.6	99.3	97.6	100.4	100.7	96.5	105.1	102.3	101.7	99.0
105.3	95.5	99.3	104.2	99.2	99.2	103.3	100.8	100.0	103.5	100.0	103.2
100.0	96.6	97.4	100.9	95.6	100.0	100.0	103.7	100.9	102.9	100.0	102.8
102.6	93.0	98.5	105.1	101.5	98.6	103.2	101.5	103.0	100.0	98.6	104.4
97.0	112.0	120.9	131.4	121.8	113.5	112.6	108.8	89.3	105.5	94.9	98.7
91.7	93.2	94.4	94.0	86.7	67.7	83.6	86.2	67.6	103.8	82.6	107.3
97.9	91.5	111.4	107.5	94.6	98.2	91.7	110.3	116.9	108.2	94.8	69.4
103.0	84.0	114.9	109.8	95.9	94.1	83.3	97.6	83.8	103.7	98.2	98.4
96.7	82.9	92.9	94.9	82.4	107.7	86.2	82.1	78.6	105.8	104.3	112.1
100.0	93.9	103.0	100.0	99.0	105.8	100.0	97.8	111.0	101.2	97.8	117.3
119.6	94.6	104.5	107.7	100.6	102.3	104.7	93.2	102.0	93.2	91.3	98.0
118.4	99.7	90.4	105.1	94.4	105.5	103.6	101.0	117.4	94.8	80.4	106.4

4-39 续表

（上月＝100）

指 标	Item	7 月 July			8 月 August		
		2017	2018	2019	2017	2018	2019
粮食类	**Grain**						
籼稻	Rice	100.4	97.0	98.9	96.2	98.6	101.5
小麦	Wheat	103.8	100.0	100.0	100.0	100.0	100.0
玉米	Corn	99.2	99.6	98.2	100.0	98.3	102.7
大豆	Soybean	99.3	100.0	98.9	100.0	99.6	101.1
籼米	Indica	99.3	99.1	99.1	100.0	99.4	100.0
经济作物类	**Economic Crops Category**						
花生仁	Peanuts	99.0	100.0	100.0	100.0	102.1	104.8
畜产品类	**Animal Products**						
活猪	Live Pig	101.6	112.6	177.5	102.9	110.1	131.4
仔猪	Piglets	99.0	106.6	122.8	100.0	116.8	116.2
猪肉	Pork	98.2	111.1	182.7	100.9	106.7	142.2
活牛	Live Cattle	100.0	100.0	103.7	100.0	101.0	102.7
牛肉	Beef	99.6	100.8	102.8	99.6	100.0	101.5
活羊	Live Sheep	99.1	100.0	101.6	100.5	100.5	102.3
羊肉	Mutton	98.3	99.8	102.9	100.0	99.8	102.5
活鸡	Live Chicken	99.4	100.3	100.9	103.6	104.4	101.8
鸡蛋	Eggs	100.6	103.8	107.8	108.3	109.7	103.3
水产品类	**Aquatic Products**						
草鱼	Grass Carp	100.9	100.0	99.3	100.0	100.0	100.7
鲤鱼	Cyprinoid	100.9	99.1	99.1	100.0	100.0	100.9
鲢鱼	Silver Carp	100.0	100.0	104.1	101.5	103.0	102.7
蔬菜类	**Vegetables**						
大白菜	Chinese Cabbage	119.3	97.3	105.4	101.2	102.7	91.0
黄瓜	Cucumber	115.2	117.2	129.0	109.1	131.5	104.3
西红柿	Tomato	104.0	111.1	104.6	99.0	106.7	102.1
菜椒	Green Pepper	102.6	104.8	97.0	103.5	99.7	98.5
四季豆	French Beans	119.3	125.0	105.4	107.2	113.3	79.5
水果类	**Fruit Group**						
红富士苹果	Fuji apple	101.1	98.8	105.6	100.0	102.3	97.3
香蕉	Banana	96.2	98.4	93.5	86.0	117.2	97.8
橙子	Orange	94.5	100.0	84.3	96.2	100.0	103.4

continued

(preceding month=100)

9 月 September			10 月 October			11 月 November			12 月 December		
2017	2018	2019	2017	2018	2019	2017	2018	2019	2017	2018	2019
101.8	101.1	98.9	99.6	100.7	100.4	103.9	98.6	101.4	103.8	100.7	99.3
100.0	100.0	100.0	100.0	100.0	100.0	100.0	100.0	82.4	100.0	100.0	100.0
97.9	100.0	101.7	99.2	97.8	99.1	100.9	100.0	100.9	101.3	101.3	99.1
100.3	100.0	100.0	99.9	99.7	98.7	100.1	99.3	100.0	100.0	100.7	100.0
99.8	100.0	100.0	100.0	100.6	100.0	100.6	99.1	100.0	100.0	100.0	100.0
97.9	98.4	96.9	98.9	100.0	95.6	101.1	100.0	104.0	100.0	99.0	101.0
99.9	105.1	109.6	99.3	98.4	117.9	99.4	99.5	93.9	99.9	97.2	102.9
101.6	104.5	129.8	92.3	98.3	144.9	93.3	100.4	103.8	101.4	99.6	100.7
100.2	102.8	107.0	98.8	102.8	122.0	99.4	97.0	92.6	102.4	98.2	95.1
98.6	100.9	100.0	100.0	101.0	103.5	100.7	103.2	102.2	100.4	102.2	96.8
100.4	100.6	100.9	99.6	102.7	103.3	100.0	101.7	101.1	100.4	103.3	99.7
100.5	101.4	101.5	100.5	103.6	102.9	102.3	105.5	101.4	99.1	104.2	100.3
100.0	100.5	103.1	101.2	103.0	102.1	102.1	101.7	102.6	103.8	104.1	100.8
108.7	98.0	103.0	104.9	100.0	99.2	103.6	99.0	99.2	104.0	102.1	96.6
104.1	101.6	101.3	100.6	99.1	99.1	97.5	96.0	98.8	103.4	99.0	98.6
98.3	100.8	100.8	95.7	100.8	99.2	100.9	98.5	100.8	97.7	99.2	98.5
97.3	100.9	100.0	99.0	100.0	97.3	100.0	99.1	102.8	100.0	98.2	100.0
100.0	97.1	102.6	99.3	101.5	100.0	101.5	97.1	101.2	100.7	101.5	98.8
91.7	116.3	103.7	96.4	94.7	97.3	103.8	78.2	99.2	86.8	90.7	96.6
90.4	119.0	95.3	118.7	92.8	115.6	90.8	87.2	107.0	102.6	134.3	100.0
84.7	131.3	95.7	113.3	116.5	109.1	89.8	78.2	102.2	101.9	96.2	136.7
103.6	115.4	102.5	98.2	124.3	103.7	98.3	86.2	89.5	111.0	90.6	96.7
92.7	100.0	102.6	109.4	104.5	116.4	91.4	74.3	100.0	103.1	112.1	118.9
103.3	108.0	84.9	98.9	96.8	85.5	98.0	97.8	80.2	100.6	100.0	97.6
98.8	109.6	108.4	87.1	103.3	90.1	102.7	99.1	96.8	108.9	98.6	93.5
100.0	107.3	100.0	90.0	109.2	111.1	155.6	96.3	89.2	92.9	96.8	92.3

主要统计指标解释

居民消费价格指数　是反映一定时期内城乡居民所购买的生活消费品和服务项目价格变动趋势和程度的相对数，是对城市居民消费价格指数和农村居民消费价格指数进行综合汇总计算的结果。通过该指数可以观察和分析消费品的零售价格和服务项目价格变动对城乡居民实际生活费支出的影响程度。

城市居民消费价格指数　是反映一定时期内城市居民家庭所购买的生活消费品价格和服务项目价格变动趋势和程度的相对数。通过该指数可以观察和分析消费品的零售价格和服务项目价格变动对城镇居民收入和消费支出的影响。

农村居民消费价格指数　是反映一定时期内农村居民家庭所购买的生活消费品价格和服务项目价格变动趋势和程度的相对数。该指数可以观察农村消费品的零售价格和服务项目价格变动对农村居民收入和生活消费支出的影响。

商品零售价格指数　是反映一定时期内城乡商品零售价格变动趋势和程度的相对数。商品零售价格的变动与国家的财政收入、市场供需的平衡、消费与积累的比例关系有关。因此，该指数可以从一个侧面对上述经济活动进行观察和分析。

农业生产资料价格指数　指反映一定时期内农业生产资料价格变动趋势和程度的相对数。其编制目的是了解农业生产中投入物质资料价格的变动状况，服务于国民经济核算。1994年以前，农业生产资料价格指数仅仅是商品零售价格指数的一个类别，此后，从商品零售价格指数中分离出来，单独编制。

农产品生产价格指数　是反映一定时期内，农产品生产者出售农产品价格水平变动趋势及幅度的相对数。该指数可以客观反映全国农产品生产价格水平和结构变动情况，满足农业与国民经济核算需要。其中某代表品生产价格指数是通过对全部有出售该产品行为的调查单位的个体指数进行几何平均求得的，类价格指数是通过对其所属的类（或代表品）的价格指数进行加权平均求得的。季度累计价格指数的计算方法与分季指数的计算方法相同。

工业生产者出厂价格指数　是反映一定时期内全部工业产品第一次出售时的出厂价格总水平的变动趋势和变动幅度的相对数。

工业生产者出厂价格指数　是反映作为中间投入的原材料、燃料、动力购进价格总水平的变动趋势和变动幅度的相对数。

新建商品住宅销售价格　指新建的、用于居住的进入房地产市场进行交易的房屋，第一次进行产权登记时的实际交易价格（合同价格）。其价格由成本、税金、利润、代收费用等组成，它受地段、层次、朝向、质量、材料差价等因素的影响。

二手住宅销售价格　指用于居住的进入房地产市场进行交易的房屋，再次进行产权登记时的实际交易价格。该指标取自《存量房屋买卖合同》。若合同中含有相关税费，则应将其扣除。

Explanatory Notes on Main Statistical Indicators

Consumer Price Indices reflect the trend and degree of changes in prices of consumer goods and services purchased by urban and rural households during a given period. They are obtained by combining Consumer Price Indices of Urban Household and Consumer Price Indices of Rural Household. The Indices enable the observation and analysis of the degree of impact of the changes in the prices of retailed goods and services on the actual living expenses of urban and rural residents.

Consumer Price Indices of Urban Household reflect the trend and degree of changes in prices of consumer goods and services purchased by urban households during a given period. It can be used to observe and analyze the impact of price changes in consumer goods and services on urban household income and consumption expenditure.

Consumer Price Indices of Rural Household reflect the trend and degree of changes in prices of consumer goods and services purchased by rural households during a given period. It can be used to observe the impact of change in retail prices of consumer goods and service prices on rural household income and consumption expenditure on living.

Retail Price Indices reflect the trend and degree of change in retail prices of commodities during a given period. The change in retail prices of commodities is related to government revenue, the equilibrium of market supply and demand, and the ratio of consumption to accumulation. Therefore, the retail price indices are useful from an oblique perspective for observing and analyzing the changes of the above economic activities.

Price Indices for Means of Agricultural Production reflect the trend and degree of changes in the prices of the means of agricultural production during a given period. Compilation of these indices helps to understand the price changes of material input in agricultural production and facilitate the compilation of national accounts. Before 1994, price indices for means of agricultural production were a sub-category in the retail price indices for commodities, and it has been compiled separately since 1994.

Producer Prices Indices for Farm Products reflect the trend and degree of changes in producers' prices received by farmers when they sell farm products during a given period. These indices depict the change in the level and structure of producer prices for farm products of the country and meet the needs of agricultural statistics and national accounts statistics. The producer price index for a given product is calculated as the geometrical mean of individual indices for all surveyed units which sell such product, and the indices for a product category is obtained as the weighted mean of price indices for all products in the category. Method for calculating accumulative quarterly indices is the same as for calculating the individual quarterly indices.

Producer Price Indices for Industrial Products reflect the trend and degree of changes in general ex-factory prices of all manufactured goods for first sale during a given period,.

Purchasing Price Indices for Industrial Producers reflect changes in the level and degree of purchasing prices such as intermediate input such as raw materials, fuels and power.

At present, close to 1,800 products in 9 categories, including fuels and power, ferrous metals, non-ferrous metals, chemicals, building materials, are covered in China for the survey to produce indices of purchasing prices of raw materials, fuels and power.

New Commodity Residential Houses Selling Price Index refers to the newly built into the real estate market, used to live in trading houses, undertake property right registration for the first time the actual transaction price of (the contract price). Its price by cost, taxes and profits, collecting fees, etc, it is location, level, orientation, quality, the factors of material price difference.

Second-hand Housing Sales price refers to enter the real estate market for residential houses, which trade, undertake property right registration of actual transaction prices again. The index from the stock of the sale and purchase contract. If contract is contained in the relevant taxes, it should be deducted.

第五篇 农业生产

Chapter 5 Agriculture Production

简要说明

一、本篇资料的主要内容及统计范围

本篇资料反映广西农业生产的基本情况，内容主要包括主要粮食作物生产情况、主要畜禽生产情况等方面的统计资料。

（一）粮食作物

统计范围包括全部农业生产经营户，各种经济组织类型、各个系统的全部农业生产单位和非农业单位附属的农业生产活动单位。但不包括农业科学试验机构进行的农业生产。调查内容包括从抽样调查样本取得的各季农作物播种面积和产量资料。

1.农作物播种面积（粮食作物）：包含谷物、豆类、薯类播种面积，由农业生产经营户和农业生产经营单位两部分组成。

2.农作物产量（粮食作物）：包含实测作物（早稻、中稻、晚稻、玉米）和非放样实测作物（薯类、豆类、高粱、小麦、谷子、其他谷物等粮食作物）的单产和产量。

（二）畜禽

主要畜禽监测调查是按照国家统计局相关统计报表制度要求、以猪、牛、羊、禽等主要畜禽产品作为调查主题、由国家统计局广西调查总队统一组织、部署实施开展的国家常规性、制度性调查项目，该项目主要调查内容如下：

1.生猪调查。对于自治区范围内的生猪生产情况进行调查。

2.牛调查。牛包括役用牛和肉牛，对牛的养殖情况和牛奶的生产情况开展季度调查。

3.羊调查。羊包括绵羊和山羊，羊调查主要指对自治区范围内的羊的养殖情况开展调查。

4.禽调查。禽类包括鸡、鸭、鹅三个种类，禽类调查包括鸡蛋和禽类养殖情况的调查。

二、本篇的资料来源及统计调查方法

（一）粮食作物

1.由国家统计局广西调查总队根据国家统计局《农林牧渔业统计报表制度》《农业产值和价格综合统计报表制度》开展抽样调查获得资料整理提供。

2.调查方法：

（1）农作物播种面积：①省级播种面积：在32个国家抽样调查县内抽取调查样方，由市县级国家调查队对样方压盖的全部地块进行实地调查（包含无人机遥感测量调查和掌上电脑<PDA>实地调查方式）获得。调查周期分春播、夏播、秋冬播三个播种季节。②县级播种面积：在38个粮食生产大县中开展以县为总体的播种面积调查，由市县级国家调查队或统计局对样方压盖的全部地块进行实地调查（包含无人机遥感测量调查和PDA实地调查方式）获得。调查周期分春播、夏播、秋冬播三个播种季节。

（2）农作物单位面积产量：①省级产量：在32个国家抽样调查县样本村样方中，由市县级国家调查队对样方压盖的全部地块上种植粮食作物的地块进行放样实测和非放样实测调查获得。调查周期按国家口径分为夏收（广西春收）、早稻、秋收三个收获季节。②县级产量：在38个粮食生产大县样本村样方中，由市县级国家调查队或统计局对样方覆盖的全部地块上种植粮食作物的地块进行放样实测和非放样实测调查获得。调查周期按国家口径分为夏收（广西春收）、早稻、秋收三个收获季节。

（3）粮食生产全面统计：在广西111个县（市、区）统计各季节粮食面积与产量。数据采集从村民委员会一级起报，乡镇、县级逐级汇总。调查周期：粮食面积分为秋冬播、春播、夏播三个播种季节，粮食产量按国家口径分为夏收（广西春收）、早稻、秋收三个收获季节。

（二）畜禽

畜牧业生产基本情况由国家统计局广西调查总队根据每年的调查情况所提供。主要有季报和月报。

调查分为三大块：

1.主要畜禽产品监测调查。即以生猪、牛、羊、禽为调查主题，实行按季度调查和上报调查数据，调查对象：全自治区111个县区所有大型规模养殖户全数调查（大型的标准是：生猪年饲养量5000头以上、肉牛1000头以上和肉禽10万只以上）；14个市、29个国家调查县（区）抽中的中小型养殖户（如生猪年饲养量100～5000头）抽样调查；抽中的调查小区散养户抽样调查。

2.生猪调出大县调查，就是按照国家统计局核定给广西的生猪调出大县，仅以生猪品种的生产情况为调查主题，对县范围内的生猪生产情况进行调查，实行月度调查与季度调查相结合模式，主要数据按照月度上报报表数据。2017年末，生猪大县生猪饲养量占全自治区比重大半。

3.万头猪场联网直报。年饲养量达到万头以上的养猪场（户）（2017年底广西万头猪场联网直报企业共73家）按制度要求，登陆国家统计局统计联网直报平台，报送生猪生产情况。

5-1　主要粮食作物生产情况（1985—2020年）

Basic Statistics on Main Grain Crops（1985—2020）

年　份 Year	粮食作物 Grain Crops			早　稻 Early Rice		
	播种面积（千公顷）Sown Area（1000 hectares）	每公顷产量（公斤/公顷）Per Hectare Output（kg/hectare）	总 产 量（万吨）Total Output（10 000 tons）	播种面积（千公顷）Sown Area（1000 hectares）	每公顷产量（公斤/公顷）Per Hectare Output（kg/hectare）	总 产 量（万吨）Total Output（10 000 tons）
1985	3447.3	3240.5	1117.1	1153.2	4701.7	542.2
1986	3530.6	3166.9	1118.1	1157.9	4556.4	527.6
1987	3539.5	3418.6	1210.0	1145.5	4863.2	557.1
1988	3510.7	2976.6	1045.0	1128.5	4691.9	529.5
1989	3596.9	3533.0	1270.8	1178.4	5070.4	597.5
1990	3639.9	3744.8	1363.1	1190.3	5287.9	629.4
1991	3567.7	3758.7	1341.0	1124.1	5473.9	615.3
1992	3521.8	4028.9	1418.9	1153.6	5710.8	658.8
1993	3538.8	4115.8	1456.5	1137.1	5678.5	645.7
1994	3633.6	3502.0	1272.5	1134.1	4554.3	516.5
1995	3662.7	4117.7	1508.2	1148.4	5846.4	671.4
1996	3708.0	4070.4	1509.3	1152.4	5795.7	667.9
1997	3738.5	4132.1	1544.8	1155.3	5983.7	691.3
1998	3757.7	4143.8	1557.1	1147.9	5551.9	637.3
1999	3725.5	4227.6	1575.0	1116.4	5966.6	666.1
2000	3655.9	4180.9	1528.5	1078.1	5865.9	632.4
2001	3641.9	4150.0	1511.4	1141.5	5148.5	587.7
2002	3556.9	4180.0	1486.8	1130.3	5383.5	608.5
2003	3470.0	4222.2	1465.1	1118.5	5353.6	598.8
2004	3511.2	3983.0	1398.5	1098.9	5217.0	573.3
2005	3496.2	4254.0	1487.3	1131.3	5056.1	572.0
2006	3133.2	4556.4	1427.6	1053.3	5261.6	554.2
2007	2969.4	4670.3	1386.8	985.1	5413.7	533.3
2008	2944.1	4671.4	1375.3	971.7	5307.2	515.7
2009	3023.9	4738.3	1432.8	969.7	5596.6	542.7
2010	3003.7	4568.0	1372.1	940.1	5509.0	517.9
2011	3013.9	4586.4	1382.3	911.2	5635.4	513.5
2012	2978.2	4789.1	1426.3	894.3	5861.6	524.2
2013	2974.1	4877.8	1450.7	886.7	5984.0	530.6
2014	2947.7	4927.9	1452.6	871.2	5921.7	515.9
2015	2950.6	4857.3	1433.2	837.9	5954.2	498.9
2016	2897.1	4898.0	1419.0	828.2	5994.9	496.5
2017	2853.1	4803.5	1370.5	810.7	5799.9	470.2
2018	2802.0	4899.0	1373.0	790.5	5952.0	470.5
2019	2747.0	4849.0	1332.0	767.9	5893.9	452.6
2020	2806.1	4882.3	1370.0	805.2	5921.0	476.8

注：2007—2017年数据根据第三次全国农业普查数据进行了修订（下相关表同）。
Note: Data from 2007 to 2017 have been revised according to the Third Agricultural Census. The same applies to the relevant tables following.

5-1 续表 continued

年 份 Year	晚稻 Late Rice			玉米 Corn		
	播种面积（千公顷） Sown Area (1000 hectares)	每公顷产量（公斤/公顷） Per Hectare Output (kg/hectare)	总产量（万吨） Total Output (10 000 ton)	播种面积（千公顷） Sown Area (1000 hectares)	每公顷产量（公斤/公顷） Per Hectare Output (kg/hectare)	总产量（万吨） Total Output (10 000 ton)
1985	1124.5	3616.7	406.7			
1986	1180.9	3407.6	402.4			
1987	1172.7	3855.2	452.1			
1988	1151.2	3015.1	347.1			
1989	1134.5	3963.0	449.6			
1990	1174.5	4330.4	508.6			
1991	1182.4	4217.7	498.7			
1992	1160.2	4453.5	516.7			
1993	1131.8	4547.6	514.7			
1994	1132.2	3413.7	386.5			
1995	1136.9	4546.6	516.9			
1996	1143.3	4537.7	518.8			
1997	1143.8	4416.0	505.1			
1998	1140.0	5064.0	577.3			
1999	1123.8	4825.6	542.3			
2000	1068.7	4775.9	510.4	610.7	3016.2	184.2
2001	1147.3	4915.9	564.0	556.9	3025.7	168.5
2002	1142.0	4659.4	532.1	520.3	3094.4	161.0
2003	1110.2	4800.0	532.9	531.1	3007.0	159.7
2004	1125.0	4245.3	477.6	586.6	3002.0	176.1
2005	1108.4	4767.2	528.4	575.7	3682.5	212.0
2006	1038.8	4944.2	513.6	516.3	3844.7	198.5
2007	980.3	4969.2	487.1	489.6	4162.4	203.9
2008	971.2	5056.6	491.1	488.7	4228.8	206.7
2009	971.9	5125.4	498.1	533.0	4209.0	224.3
2010	954.6	5200.0	496.4	536.4	3870.4	207.6
2011	954.8	4785.5	456.9	563.0	4318.5	243.2
2012	941.8	5205.8	490.3	577.0	4309.7	248.7
2013	924.5	5252.2	485.5	583.5	4516.3	263.5
2014	911.2	5474.3	498.8	579.3	4551.4	263.7
2015	894.1	5414.2	484.1	617.0	4496.8	277.5
2016	871.8	5495.3	479.1	603.2	4571.6	275.8
2017	849.9	5327.6	452.8	591.2	4594.5	271.6
2018	826.6	5461.2	451.4	584.4	4678.1	273.4
2019	810.9	5485.5	444.8	580.1	4502.5	261.2
2020	821.2	5396.8	443.2	597.0	4578.6	273.3

5-2　粮食作物播种面积

Sown Area of Grain Crops

单位：公顷　　　　(hectares)

年份 地区	Year Item	粮食作物 Grain Crops	谷物 Cereals	稻谷 Rice	#早稻 Early Rice	晚稻 Late Rice	小麦 Wheat
	2016	2897144.4	2482477.7	1836697.9	828177.5	871756.0	3200.0
	2017	2853056.2	2436465.6	1801710.2	810746.2	849919.9	3082.1
	2018	2795305.1	2369233.8	1769002.1	791728.2	834066.4	4732.9
	2019	2747001.3	2325942.1	1726348.0	767905.6	817233.8	4529.1
	2020	2806092.8	2377950.0	1760114.5	805180.0	821197.2	3864.2
南宁市	Nanning	424439.8	380185.3	269548.4	127238.0	139595.6	6.0
柳州市	Liuzhou	146933.5	131610.1	114009.3	53311.0	39057.7	
桂林市	Guilin	337259.1	267661.7	220374.9	101877.0	81210.5	892.0
梧州市	Wuzhou	139739.8	117451.4	103807.9	52319.0	51488.9	131.0
北海市	Beihai	66717.1	49324.4	38048.6	10342.0	27706.6	
防城港市	Fangchenggang	45223.5	35099.2	25407.5	8954.0	15932.1	
钦州市	Qinzhou	188695.8	157833.1	138582.8	59007.0	79575.8	
贵港市	Guigang	275148.5	239272.0	207600.0	102108.0	105492.0	
玉林市	Yulin	290702.4	254896.6	228734.0	113513.0	115221.0	40.0
百色市	Baise	255431.8	212953.3	82436.9	23408.0	28994.9	2168.2
贺州市	Hezhou	117358.6	100375.7	85760.1	44020.0	36223.6	45.0
河池市	Hechi	249205.0	199540.1	85678.2	29701.0	24433.1	280.8
来宾市	Laibin	153457.0	133620.5	102231.9	55143.0	46295.9	269.7
崇左市	Chongzuo	115781.0	98126.2	57894.0	24239.0	29969.5	31.5

5-2 续表 continued

单位：公顷 (hectares)

年份 地区	Year Item	玉米 Corn	其他谷物 Other Cereal	豆类 Beans	薯类 Tubers	# 马铃薯 Potato	甘薯 Sweet Potato
	2016	603246.7	4725.4	145333.3	269333.3	60000.0	209333.3
	2017	591228.1	5420.5	149350.3	267240.3	55335.4	211904.9
	2018	568263.5	27235.3	165780.6	260290.7	57315.1	202975.6
	2019	568739.4	26867.8	163622.7	256923.5	54437.7	202485.8
	2020	596973.8	16997.5	160870.8	267272.0	52811.7	214460.3
南宁市	Nanning	110229.9	401.0	21604.0	22650.5	5876.3	16774.2
柳州市	Liuzhou	17333.5	267.3	4194.0	11129.3	1546.0	9583.3
桂林市	Guilin	42930.8	3464.0	32166.7	37430.8	4147.1	33283.7
梧州市	Wuzhou	10236.5	3276.0	8121.4	14167.0	5640.0	8527.0
北海市	Beihai	11098.8	177.0	1086.0	16306.6	1920.0	14386.6
防城港市	Fangchenggang	9691.7		1584.3	8540.0	1218.3	7321.7
钦州市	Qinzhou	19014.3	236.0	5954.5	24908.2	9072.1	15836.0
贵港市	Guigang	31662.0	10.0	7867.0	28009.5	10458.5	17551.0
玉林市	Yulin	24084.6	2038.0	5739.0	30066.8	10068.8	19998.0
百色市	Baise	125074.2	3274.0	24898.8	17579.7	252.5	17327.1
贺州市	Hezhou	14341.1	229.6	5912.1	11070.7	372.6	10698.1
河池市	Hechi	111527.6	2053.5	23060.7	26604.2	521.4	26082.8
来宾市	Laibin	29669.4	1449.5	7774.5	12062.0	1007.0	11055.0
崇左市	Chongzuo	40078.6	122.1	10908.7	6746.1	711.1	6035.0

5-3　粮食作物产量

Output of Grain Crops

单位：吨　　　　（ton）

年份 地区	Year Item	粮食作物 Grain Crops	谷物 Cereals	稻谷 Rice	# 早稻 Early Rice	晚稻 Late Rice	小麦 Wheat
	2016	14190344.3	13479302.4	10659962.7	4964918.7	4790542.1	5250.0
	2017	13704904.5	12979798.7	10197820.7	4701535.2	4528046.7	5100.0
	2018	13720399.6	12896366.4	10189156.0	4713702.1	4520602.4	7719.6
	2019	13320002.7	12519105.1	9872276.4	4525004.8	4415755.8	7458.9
	2020	13700245.1	12908229.6	10137412.1	4767500.0	4431863.7	6250.8
南宁市	Nanning	2092837.6	2017983.5	1477091.4	747881.2	711127.2	8.5
柳州市	Liuzhou	735718.2	709442.7	634191.1	293456.4	197922.0	
桂林市	Guilin	1769318.5	1606018.7	1372554.3	600571.3	457710.3	1562.0
梧州市	Wuzhou	696114.0	652156.8	606169.4	320044.6	286124.8	211.3
北海市	Beihai	303679.0	267597.9	212883.7	60859.7	152024.0	
防城港市	Fangchenggang	173068.6	152808.3	112457.2	46490.6	62806.7	
钦州市	Qinzhou	921107.5	865142.2	774677.4	339176.0	435501.4	
贵港市	Guigang	1467917.1	1386618.7	1220493.7	614783.4	605710.3	
玉林市	Yulin	1627058.0	1543444.9	1415816.8	713504.5	702312.3	59.2
百色市	Baise	1119148.9	1059494.9	482713.0	144547.1	149207.3	3469.4
贺州市	Hezhou	606884.0	575152.3	508146.2	271207.8	197695.7	78.0
河池市	Hechi	974650.8	917137.8	476193.9	156190.5	115937.7	468.5
来宾市	Laibin	713292.3	685619.6	547207.5	320034.2	222073.1	355.2
崇左市	Chongzuo	499450.7	469611.3	296816.7	138752.8	135710.9	38.8

5-3 续表 continued

单位：吨 (ton)

年份 地区	Year Item	玉米 Corn	其他谷物 Other Cereal	豆类 Beans	薯类 Tubers	# 马铃薯 Potato	甘薯 Sweet Potato
2016		2757800.0	10424.0	230849.1	480192.8	151231.7	328961.1
2017		2716418.6	12508.8	246758.1	478347.7	137591.2	340756.5
2018		2659424.0	40066.8	286191.4	537841.9	150527.5	387314.4
2019		2600845.6	38591.7	278404.3	522614.7	135635.6	386979.1
2020		2733317.9	31248.8	266010.4	526005.2	125528.3	400476.9
南宁市	Nanning	540133.8	749.8	33685.3	41168.8	11780.3	29388.5
柳州市	Liuzhou	74756.1	495.5	6303.8	19971.8	3159.2	16812.6
桂林市	Guilin	223215.1	8687.3	71104.8	92195.1	8324.5	83870.6
梧州市	Wuzhou	42375.1	3401.1	13333.0	30624.1	13202.3	17421.8
北海市	Beihai	54352.1	362.1	1866.4	34214.8	2603.5	31611.2
防城港市	Fangchenggang	40351.1		2875.8	17384.5	2673.8	14710.7
钦州市	Qinzhou	89956.0	508.9	9973.9	45991.5	14928.6	31062.9
贵港市	Guigang	166100.6	24.4	14372.7	66925.6	31833.9	35091.8
玉林市	Yulin	123229.3	4339.7	10956.5	72656.6	31418.7	41237.9
百色市	Baise	568001.8	5310.8	35109.6	24544.4	474.0	24070.4
贺州市	Hezhou	66409.7	518.4	8675.2	23056.6	745.3	22311.3
河池市	Hechi	436370.1	4105.3	29203.7	28309.3	862.0	27447.3
来宾市	Laibin	135487.2	2569.8	12250.9	15421.8	1769.7	13652.1
崇左市	Chongzuo	172580.0	175.7	16299.0	13540.4	1752.6	11787.9

5-4　粮食作物单位面积产量

Yield per Unit Area of Grain Crops

单位：公斤/公顷　　(kg/hectare)

年份 地区	Year Item	粮食作物 Grain Crops	谷物 Cereals	稻谷 Rice	# 早稻 Early Rice	晚稻 Late Rice	小麦 Wheat
	2016	4898.0	5429.8	5803.9	5995.0	5495.3	1640.6
	2017	4803.6	5327.3	5660.1	5799.0	5327.6	1654.7
	2018	4908.4	5443.3	5759.8	5953.7	5420.0	1631.1
	2019	4848.9	5382.4	5718.6	5892.7	5403.3	1646.9
	2020	4882.3	5428.3	5759.5	5921.0	5396.8	1617.6
南宁市	Nanning	4930.8	5307.9	5479.9	5877.8	5094.2	1408.3
柳州市	Liuzhou	5007.2	5390.5	5562.6	5504.6	5067.4	
桂林市	Guilin	5246.2	6000.2	6228.3	5895.1	5636.1	1751.1
梧州市	Wuzhou	4981.5	5552.6	5839.3	6117.2	5557.0	1612.9
北海市	Beihai	4551.7	5425.3	5595.0	5884.7	5486.9	
防城港市	Fangchenggang	3827.0	4353.6	4426.1	5192.2	3942.1	
钦州市	Qinzhou	4881.4	5481.4	5590.0	5748.1	5472.8	
贵港市	Guigang	5335.0	5795.2	5879.1	6020.9	5741.8	
玉林市	Yulin	5597.0	6055.2	6189.8	6285.7	6095.4	1479.0
百色市	Baise	4381.4	4975.2	5855.6	6175.1	5146.0	1600.1
贺州市	Hezhou	5171.2	5730.0	5925.2	6161.0	5457.7	1732.2
河池市	Hechi	3911.0	4596.3	5557.9	5258.8	4745.1	1668.6
来宾市	Laibin	4648.2	5131.1	5352.6	5803.7	4796.8	1317.0
崇左市	Chongzuo	4313.8	4785.8	5126.9	5724.4	4528.3	1233.0

5-4 续表 continued

单位：公斤/公顷 (kg/hectare)

年份 地区	Year Item	玉米 Corn	其他谷物 Other Cereal	豆类 Beans	薯类 Tubers	# 马铃薯 Potato	甘薯 Sweet Potato
	2016	4571.6	2206.0	1588.4	1782.9	2520.5	1571.5
	2017	4594.5	2307.7	1652.2	1790.0	2486.5	1608.1
	2018	4679.9	1471.1	1726.3	2066.3	2626.3	1908.2
	2019	4573.0	1436.4	1701.5	2034.1	2491.6	1911.1
	2020	4578.6	1838.4	1653.6	1968.1	2376.9	1867.4
南 宁 市	Nanning	4900.1	1869.8	1559.2	1817.6	2004.7	1752.0
柳 州 市	Liuzhou	4312.8	1853.5	1503.1	1794.5	2043.5	1754.4
桂 林 市	Guilin	5199.4	2507.9	2210.5	2463.1	2007.3	2519.9
梧 州 市	Wuzhou	4139.6	1038.2	1641.7	2161.7	2340.8	2043.1
北 海 市	Beihai	4897.1	2045.7	1718.6	2098.2	1356.0	2197.3
防城港市	Fangchenggang	4163.5		1815.1	2035.7	2194.7	2009.2
钦 州 市	Qinzhou	4731.0	2156.3	1675.0	1846.4	1645.5	1961.5
贵 港 市	Guigang	5246.1	2443.0	1827.0	2389.4	3043.8	1999.4
玉 林 市	Yulin	5116.5	2129.4	1909.1	2416.5	3120.4	2062.1
百 色 市	Baise	4541.3	1622.1	1410.1	1396.2	1876.8	1389.2
贺 州 市	Hezhou	4630.7	2257.9	1467.4	2082.7	2000.0	2085.6
河 池 市	Hechi	3912.7	1999.1	1266.4	1064.1	1653.3	1052.3
来 宾 市	Laibin	4566.6	1773.0	1575.8	1278.6	1757.5	1234.9
崇 左 市	Chongzuo	4306.0	1439.1	1494.1	2007.2	2464.6	1953.3

5-5　主要畜禽生产情况（1978—2020年）

Basic Statistics of major Livestock and Poultry（1978—2020）

年　份 Year	生　猪　Live Hog			牛　Cattle		
	存　栏 （万头） Number of Hogs （10 000 heads）	出　栏 （万头） Slaughter Hogs （10 000 heads）	肉产量 （万吨） Output of Pork （10 000 tons）	存　栏 （万头） Number of Cattle （10 000 heads）	出　栏 （万头） Slaughter Cattle （10 000 heads）	肉产量 （万吨） Output of Beef （10 000 tons）
1978	1246.3	650.6		413.9	7.4	
1979	1103.0	683.2	36.6	415.5	8.5	0.5
1980	1034.1	564.7	39.7	411.0	5.0	0.3
1981	1125.3	514.7	42.6	428.3	6.5	0.5
1982	1284.2	610.2	50.4	460.4	7.1	0.6
1983	1355.3	691.6	56.4	484.0	7.6	0.6
1984	1350.0	743.5	61.8	522.7	9.1	0.8
1985	1435.7	693.4	60.8	560.2	12.5	1.1
1986	1563.8	733.2	62.1	595.5	14.8	1.3
1987	1564.6	841.0	69.1	627.2	21.3	1.8
1988	1527.2	876.1	71.3	648.0	27.2	2.4
1989	1634.0	939.4	76.9	672.8	28.1	2.4
1990	1742.5	1063.9	87.2	703.9	35.0	3.0
1991	1808.6	1195.0	97.4	708.7	44.2	3.8
1992	1903.9	1349.9	109.8	712.3	55.3	4.8
1993	1923.6	1464.4	118.1	714.8	60.3	5.3
1994	1990.1	1654.3	134.4	724.8	67.1	5.9
1995	2075.7	1905.8	153.6	738.8	73.5	6.5
1996	2137.0	2187.0	175.9	747.4	83.2	7.5
1997	2244.0	2378.4	190.0	759.6	96.9	8.7
1998	2085.2	2424.5	194.0	776.3	105.8	9.5
1999	2309.6	2547.0	202.5	770.7	99.9	8.9
2000	2415.6	2756.9	217.9	775.3	108.9	9.8
2001	3154.6	2768.4	208.1	766.6	115.5	10.4
2002	3029.3	2656.5	190.8	766.5	129.1	11.6
2003	2637.7	2555.1	179.8	760.6	144.4	12.9
2004	2671.0	2462.5	161.7	739.7	163.5	14.6
2005	3015.0	2831.9	186.0	735.6	188.3	16.9
2006	2259.9	2957.2	210.3	403.8	117.1	10.9
2007	2169.3	2767.3	206.2	396.8	125.4	11.7
2008	2307.0	2935.0	218.4	421.8	133.7	12.5
2009	2332.4	3119.9	232.3	448.0	143.0	13.4
2010	2344.0	3230.0	241.5	450.0	146.3	13.7
2011	2412.0	3195.1	239.8	441.7	150.4	14.3
2012	2466.6	3342.1	252.5	453.6	147.7	13.9
2013	2471.5	3456.7	261.3	457.0	148.2	14.3
2014	2360.3	3518.0	266.3	448.6	149.6	14.4
2015	2303.7	3416.8	258.8	445.9	149.3	14.4
2016	2216.1	3280.1	249.8	418.7	149.8	14.7
2017	2293.7	3355.1	255.0	326.6	117.0	11.7
2018	2298.3	3465.8	263.9	328.6	123.6	12.3
2019	1599.6	2505.8	192.1	337.0	124.6	12.4
2020	1828.3	2281.2	174.1	349.1	131.2	13.6

5-5 续表 continued

年 份 Year	羊 Sheep			家 禽 Poultry		
	存 栏（万只）Number of Sheep（10 000 heads）	出 栏（万只）Slaughter Sheep（10 000 heads）	肉产量（万吨）Output of Mutton（10 000 tons）	存 栏（万只）Number of Poultry（10 000 heads）	出 栏（万只）Slaughter Poultry（10 000 heads）	肉产量（万吨）Output of Poultry（10 000 tons）
1978	94.8	17.8				
1979	87.5	16.0	0.3			
1980	80.3	15.1	0.2			
1981	78.0	14.2	0.2			
1982	79.8	12.6	0.2			
1983	76.6	10.3	0.2			
1984	71.8	11.9	0.2			
1985	66.6	14.4	0.2			
1986	63.6	15.7	0.2			
1987	66.7	15.3	0.2			
1988	68.8	17.4	0.2			
1989	74.6	18.2	0.3			
1990	80.6	21.5	0.3			
1991	84.0	25.5	0.4			
1992	89.1	30.3	0.4			
1993	95.4	34.7	0.5			
1994	104.2	38.9	0.6			
1995	131.5	51.5	0.8			
1996	161.6	66.3	1.1			
1997	228.7	102.8	1.6			
1998	239.2	133.1	2.1			
1999	241.1	150.9	2.3			
2000	241.8	165.0	2.5			
2001	237.6	173.8	2.6		24617.3	43.4
2002	232.4	181.5	2.6		22918.3	41.6
2003	246.6	194.4	2.8		21206.9	29.3
2004	278.1	217.7	3.2		20166.1	28.4
2005	260.0	255.0	3.8		27111.6	33.5
2006	151.4	166.5	2.5	23957.5	60123.0	94.5
2007	155.1	176.0	2.7	25938.8	64538.1	105.3
2008	176.4	190.9	2.9	27495.1	69701.1	113.7
2009	190.0	205.0	3.2	28180.0	72834.0	118.4
2010	193.4	212.3	3.3	28501.3	77058.4	124.9
2011	198.2	205.0	3.2	30282.6	79169.8	128.8
2012	203.6	206.0	3.2	31202.6	82631.7	136.0
2013	202.2	205.6	3.2	30625.4	82218.5	135.3
2014	201.6	205.0	3.2	30656.0	78288.1	128.2
2015	202.6	205.3	3.2	31330.4	80825.0	132.5
2016	203.7	207.2	3.3	30860.5	82237.3	135.0
2017	222.4	209.7	3.3	32712.1	86486.3	142.0
2018	223.5	210.9	3.4	33300.9	84929.5	138.8
2019	231.2	217.5	3.5	38296.1	101660.6	162.9
2020	239.2	228.0	3.6	37932.3	114571.5	179.9

主要统计指标解释

粮食产量 指农业生产经营者日历年度内生产的全部粮食数量。按收获季节包括夏收粮食、早稻和秋收粮食，按作物品种包括谷物、薯类和豆类。其产量计算方法：谷物按脱粒后的原粮计算，豆类按去豆荚后的干豆计算；薯类（包括甘薯和马铃薯，不包括芋头和木薯）1963年以前按每4公斤鲜薯折1公斤粮食计算，从1964年开始改为按5公斤鲜薯折1公斤粮食计算，2014年开始按鲜薯计算；城市郊区作为蔬菜的薯类（如马铃薯等）按鲜品计算，并且不作粮食统计。1989年以前全国粮食产量数据主要靠全面报表取得，1989年开始使用抽样调查数据。

猪、牛、羊肉产量 指当年出栏并已屠宰、除去头蹄下水后带骨肉（即胴体重）的重量。包括全社会范围内的产量。1996年以前为全面统计并逐级上报数据。1996年第一次农业普查以后，根据普查结果，对畜牧业主要年报数据进行了修正。1999年以后，国家统计局在部分地区开展了猪、牛、羊、禽等主要畜禽品种的抽样调查，并用抽样数据作为国家定案数据使用。未开展抽样调查的地区和品种，仍使用各级统计部门逐级上报数据。2007年，根据第二次农业普查结果，对2000—2006年畜牧业主要年报数据进行了修正。2008年，建立了主要畜禽监测调查制度，猪、牛、羊、禽等主要畜禽数据均以抽样调查数为法定数据。

期初（末）畜禽存栏头（只）数 指报告期初（末）农村各种合作经济组织和国营农场、农民个人、机关、团体、学校、工矿企业、部队等单位以及城镇居民饲养的大牲畜、猪、羊、家禽等畜禽的存栏数。数据上报方式及数据调整情况同猪、牛、羊肉产量。

当年出栏头数 指农林牧渔企业生产单位饲养的，供屠宰并已出栏的全部牲畜头数。包括交售给国家，集市上出售的部分。

常用耕地 是指耕地总资源中专门种植农作物并经常进行耕种、能够正常收获的土地。包括当年实际耕种的熟地；弃耕、休闲不满三年，随时可以复耕的地；开荒利用三年以上的土地。在统计口径上包括南方小于1米、北方小于2米宽的沟、渠、路和田埂。不包括临时种植农作物的坡度在25度以上的陡坡地；在河套、湖畔、库区临时开发的成片或零星土地；也不包括已列为国家和省（区、市）退耕计划但临时耕种的土地。常用耕地是国家需要重点保护的耕地，是反映我国农业综合生产能力的一个重要指标。

农作物播种面积 指实际播种或移植有农作物的面积。凡是实际种植有农作物的面积，不论种植在耕地上还是种植在非耕地上，均包括在农作物播种面积中。在播种季节基本结束后，因遭灾而重新改种和补种的农作物面积，也包括在内。它是反映我国耕地面积利用情况的一个重要指标。目前，农作物播种面积主要包括粮食、棉花、油料、糖料、麻类、烟叶、蔬菜和瓜类、药材和其他农作物九大类。

Explanatory Notes on Main Statistical Indicators

Grain Output refers to the total output of grains produced by agricultural producers within a calendar year. It includes summer grain, early rice and autumn grain if classified by harvest seasons; it covers cereal, tubers and beans if classified by type of crops. Output of cereal should be limited to husked grain only. Output of beans refers to dry beans without pods. The output of tubers (sweet potatoes and potatoes, not including taros and cassava) are converted into that of grain at the ratio 4:1, i.e. 4 kilograms of fresh tubers were equivalent to 1 kilogram of grain up to 1963. Since 1964 the ratio for conversion has been 5:1, and Starting from 2014, the ratio for conversion has been 1:1. Tubers supplied as vegetables (such as potatoes) in cities and suburbs are calculated as fresh vegetables and their output is not included in the output of grain. Data on grain production before 1989 were obtained through the Comprehensive Statistical Reporting System. Since 1989, data from sample surveys are used.

Output of Pork, Beef, and Mutton refers to the meat of slaughtered hogs, cattle, sheep and goats with head, feet, and offal taken away. Data refers to the production of the whole country. Before 1996, it was a comprehensive reporting from the lower level to the upper one. The First Agricultural Census of China in 1996 revealed some discrepancy between the production of animal products from the annual reports and that from the census. Efforts were made to adjust the output value of animal husbandry to make the figures from the annual reports consistent with the census data. Since 1999, the NBS conducted sample surveys for the major animal husbandry products, such as hogs, cattle, sheep and goats and fowls, and the data from sample surveys are used as national finalized data. Those products, which are not covered by the sample survey, are still reported by statistical agencies level by level. In 2007, the data on animal husbandry from 2000 to 2006 were revised according to the results of the Second Agriculture Census of China. In 2008, A Monitoring and Survey Program was set up on main livestock, the data on the main livestock such as hog, cattle, sheep and poultry became the official data based on the sampling survey.

Number of Livestock or Poultry in Stock at Beginning (or End) refers to the total number of large animals, pigs, sheep, fowls, etc. raised by rural cooperative organizations, state farms, rural individuals, government agencies, schools, industrial and mining enterprises, army, and urban residents at the beginning (or end) of the reference period. Data reporting system and data adjustment are the same as that in the output of pork, beef and mutton.

Number of Livestock Slaughtered refers to the total number of animals for butchering by farming, forestry, animal husbandry and fishery, including parts of selling to country and markets.

Regularly Cultivated Land refers to farmland among the total land resources, which is exclusively used for farming and is under regular cultivation with harvest in normal years. Included are currently cultivated land, land that has been abandoned or put in idle for less than 3 years and could be re-used for cultivation at any time, and new-claimed land that has been put into cultivation for more than 3 years. According to statistical coverage, it includes the gouges, dykes, roads and ridges of field with 1 meter wide in Southern areas and 2 meters wide in Northern areas. Excluded under this category are steep slope land over 25 degrees under temporary cultivation, land (large or small plots) that is claimed along river bends, lake sides or banks of reservoirs, as well as land that has been designated under the "Green for Grain" programme of the state and provincial governments but is still temporarily under cultivation. The regularly cultivated land is the key protection land of the nation, an important indicator reflecting the comprehensive productivity of agriculture of China.

Sown Area of Crops refers to area of land sown or transplanted with crops regardless of being in cultivated area or non-cultivated area. Area of land re-sown due to natural disasters is also included. This is an important indicator that can reflect the utilization condition of the cultivated land in China. At present, the sown area of crops mainly include the following 9 categories of crops: grain, cotton, oil-bearing crops, sugar crops, fiber crops, Tobacco, Vegetables and melons, medicinal materials and other farm crops.

第六篇　分析资料

Chapter 6　Analysis of Data

6-1　2020年广西壮族自治区国民经济和社会发展统计公报

Statistical Communique on Nationa Economic & Social Development of Guangxi Zhuang Autonomous Region in 2019

2020年广西壮族自治区国民经济和社会发展统计公报[1]

广西壮族自治区统计局　国家统计局广西调查总队

2021年3月12日

2020年，面对严峻复杂的国内外形势、艰巨繁重的改革发展稳定任务，特别是新冠肺炎疫情的严重冲击，在以习近平同志为核心的党中央坚强领导下，自治区党委、政府团结带领广西各族人民坚持以习近平新时代中国特色社会主义思想为指导，全面贯彻党的十九大和十九届二中、三中、四中、五中全会精神，深入贯彻落实习近平总书记对广西工作的重要指示精神，统筹疫情防控和经济社会发展，扎实做好“六稳”工作，全面落实“六保”任务，广西经济平稳复苏向好，民生福祉持续改善，脱贫攻坚战取得全面胜利，决胜全面建成小康社会取得决定性成就，“建设壮美广西　共圆复兴梦想”向前迈出了新的一大步。

一、综合[2]

初步核算，全年广西生产总值[3]（GDP）22156.69亿元，按可比价计算，比上年增长3.7%。其中，第一产业增加值3555.82亿元，增长5.0%；第二产业增加值7108.49亿元，增长2.2%；第三产业增加值11492.38亿元，增长4.2%。第一、二、三产业增加值占地区生产总值的比重分别为16.0%、32.1%和51.9%，对经济增长的贡献率分别为21.9%、19.9%和58.2%。

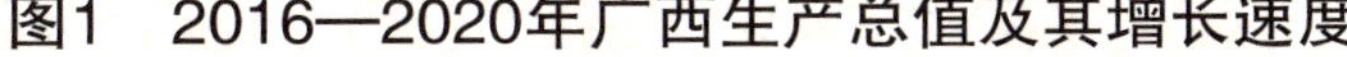
图1　2016—2020年广西生产总值及其增长速度

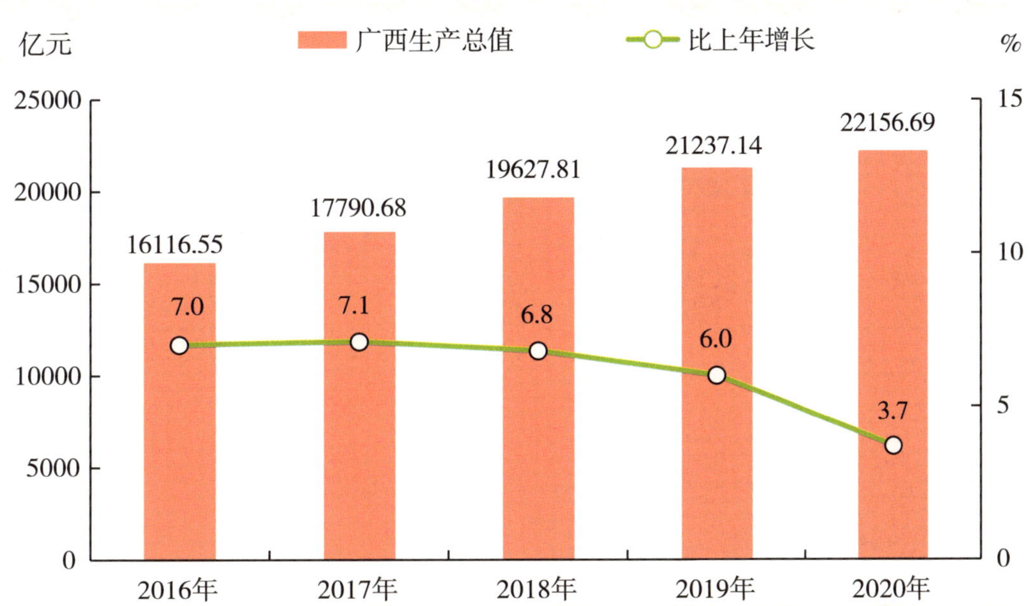

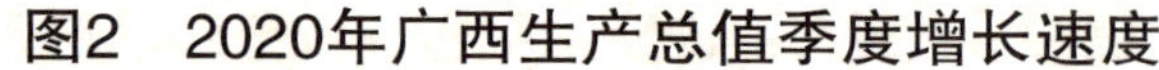
图2　2020年广西生产总值季度增长速度

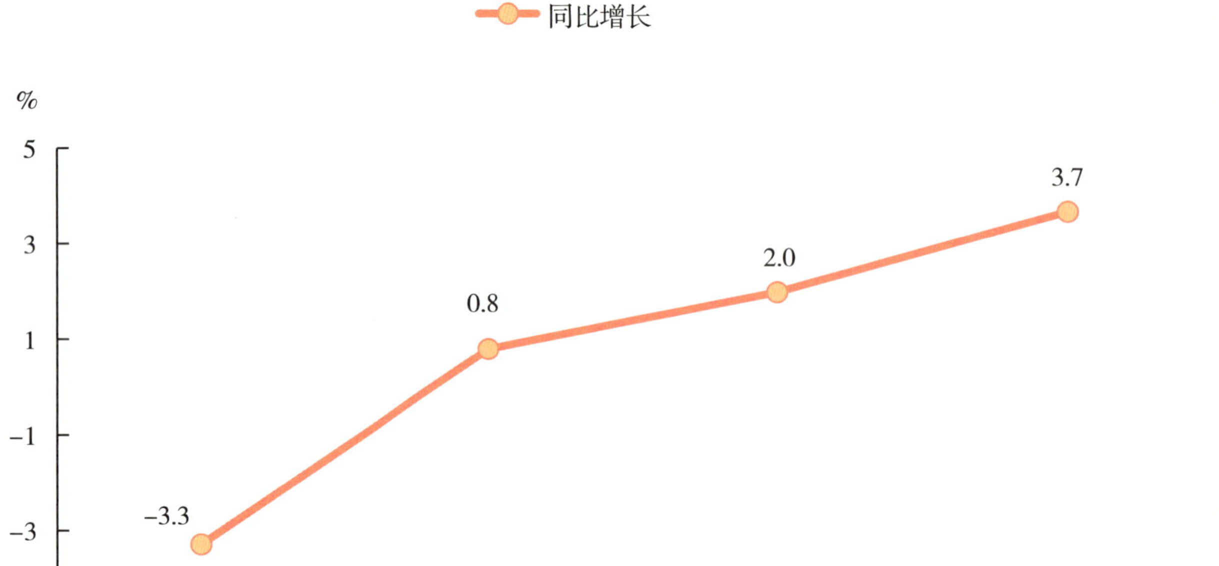

图3　2016—2020年广西三次产业增加值占GDP比重

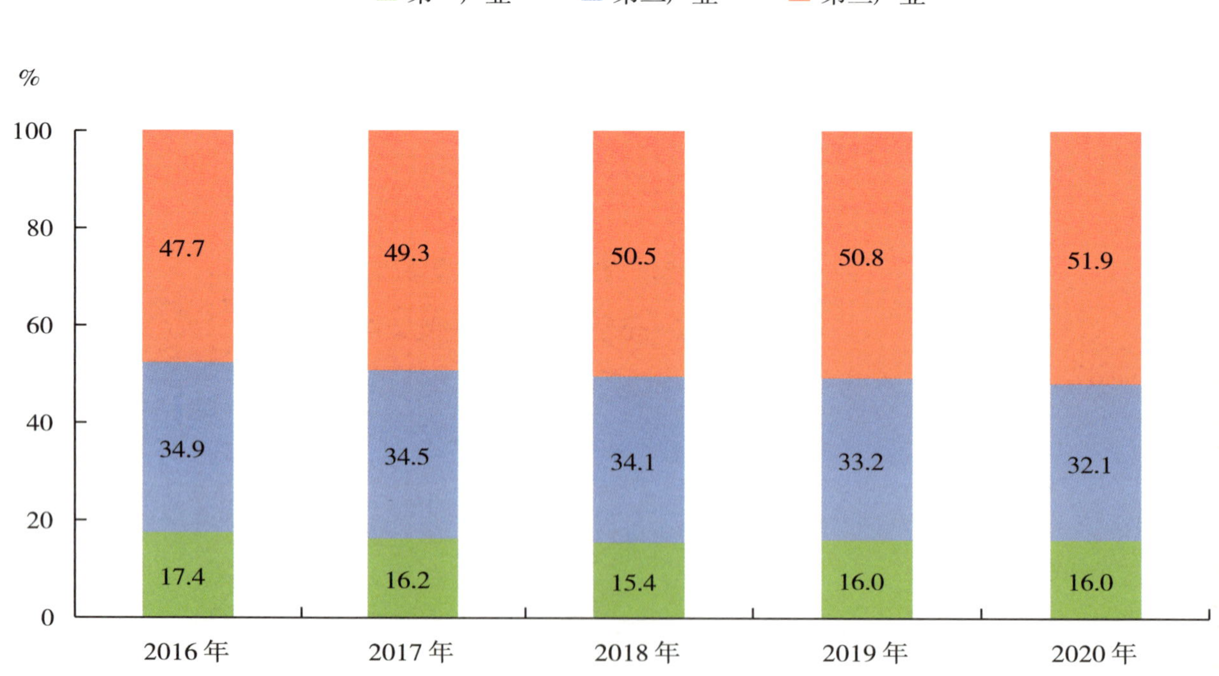

全年广西城镇新增就业36.52万人，比上年少增4.85万人。年末城镇登记失业率为2.77%。广西农民工[4]总量1258.1万人，比上年下降2.3%。其中，外出农民工853.7万人，下降4.5%；本地农民工404.4万人，增长2.9%。

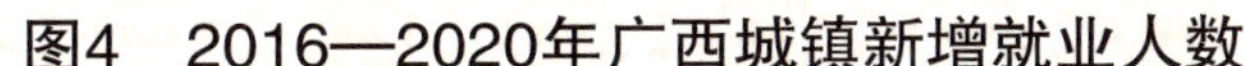

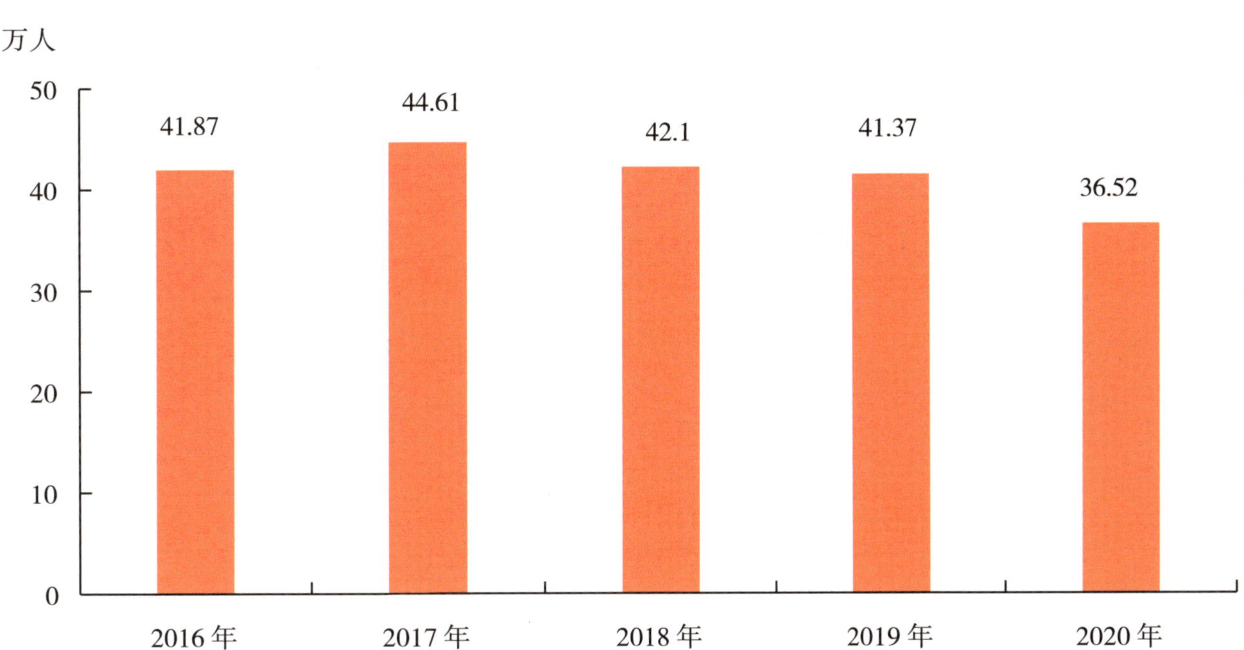

全年广西居民消费价格比上年上涨2.8%。工业生产者出厂价格下降0.6%。工业生产者购进价格下降1.5%。农产品生产者价格[5]上涨15.5%。

图5 2020年广西居民消费价格月度涨跌幅度

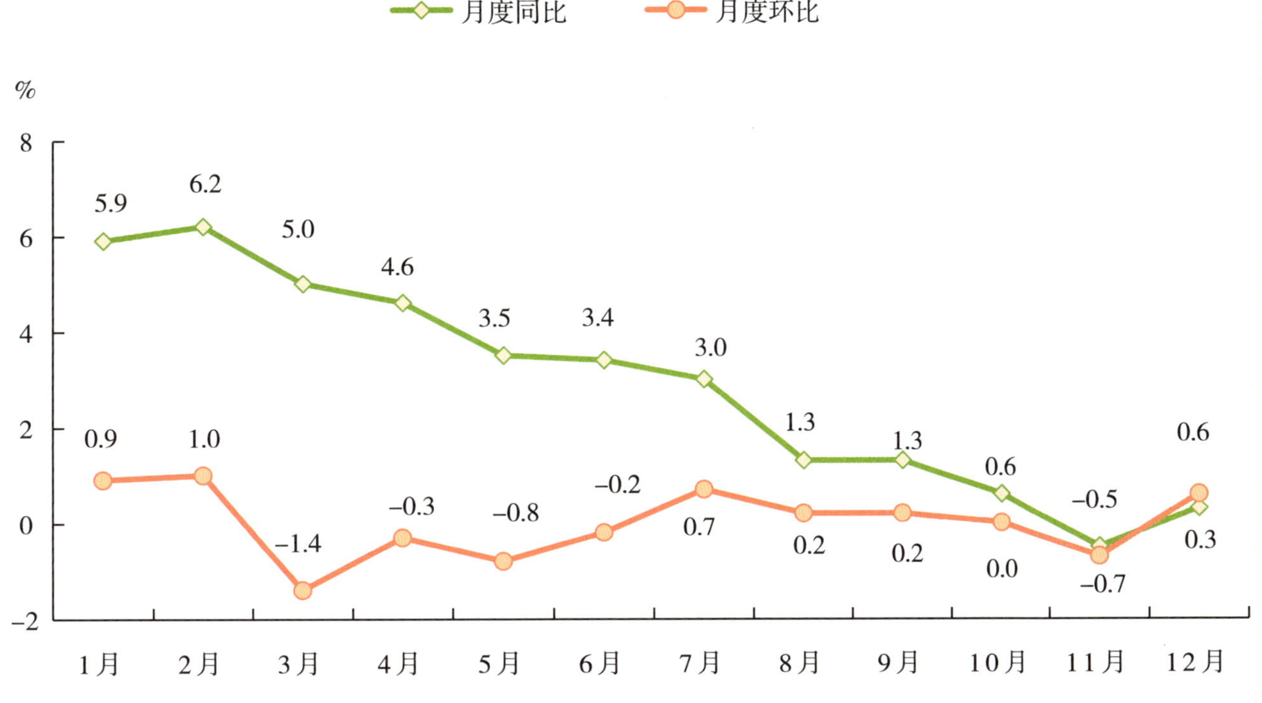

表1　2020年广西居民消费价格比上年涨跌幅度

单位：%

指标	广西		
		城市	农村
居民消费价格	2.8	2.5	3.5
其中：食品烟酒	9.2	8.5	10.4
衣　着	-0.1	-0.4	0.6
居　住[6]	-1.1	-1.3	-0.8
生活用品及服务	-0.3	-0.1	-0.6
交通和通信	-4.0	-4.1	-3.7
教育文化和娱乐	0.5	0.3	1.0
医疗保健	5.5	5.6	5.4
其他用品和服务	2.7	2.9	2.2

三大攻坚战取得决定性成就。广西634万建档立卡贫困人口全部脱贫、5379个贫困村全部出列、54个贫困县全部摘帽，历史性消除了绝对贫困。全年贫困地区（33个原国家贫困县）农村居民人均可支配收入13140.8元，比上年名义增长9.9%，扣除价格因素，实际增长6.2%。全年广西空气质量优良天数比例97.7%，细颗粒物（PM2.5）年平均浓度比上年下降16.1%，地表水考核断面水质优良率100%。年末广西政府法定债务余额控制在自治区人大批准的限额之内。金融风险总体可控。

新产业新业态发展态势良好。全年规模以上工业中，电子及通信设备制造业增加值比上年增长13.2%，医疗仪器设备及仪器仪表制造业增长8.5%。全年规模以上服务业[7]中，软件和信息技术服务业营业收入比上年增长72.5%，专业技术服务业增长35.2%，互联网和相关服务增长23.2%。全年高技术产业投资[8]比上年增长12.4%，其中高技术制造业投资增长20.4%。全年新能源汽车比上年增长1.9倍，光电子器件增长1.5倍，锂离子电池增长13.4%，电子元件增长10.9%。广西限上批发和零售企业实现网上商品零售额109.40亿元，比上年增长47.0%。全年广西新增市场主体89.3万户，比上年增长47.8%。年末广西实有市场主体376.1万户，比上年末增长19.8%。

区域发展活力逐步增强。分区域看[9]，全年北部湾经济区生产总值8124.03亿元，比上年增长2.8%；西江经济带生产总值10962.17亿元，增长3.8%；左右江革命老区生产总值3259.96亿元，增长5.7%。桂林国际旅游胜地、强首府战略等区域重大战略加快实施，北钦防一体化建设稳步推进。

二、农业

全年广西粮食种植面积2806千公顷，比上年增加59千公顷。甘蔗种植面积874.83千公顷，减少15.4千公顷。油料种植面积262.2千公顷，增加8.56千公顷。蔬菜种植面积1535.92千公顷，增加50.76千公顷。木薯种植面积173.77

千公顷，减少4.28千公顷。果园面积1352.57千公顷，增加20.76千公顷。桑园面积198.81千公顷，增加1.92千公顷。

全年广西粮食总产量1370万吨，比上年增加38万吨，增长2.9%。其中，春收粮食产量26.0万吨，增长30.0%；早稻产量476.8万吨，增长5.3%；秋粮产量867.3万吨，增长0.9%。全年谷物产量1290.9万吨，增长2.5%。其中，稻谷产量1013.8万吨，增长2.2%；玉米产量273.3万吨，增长4.6%。

图6　2016—2020年广西粮食产量

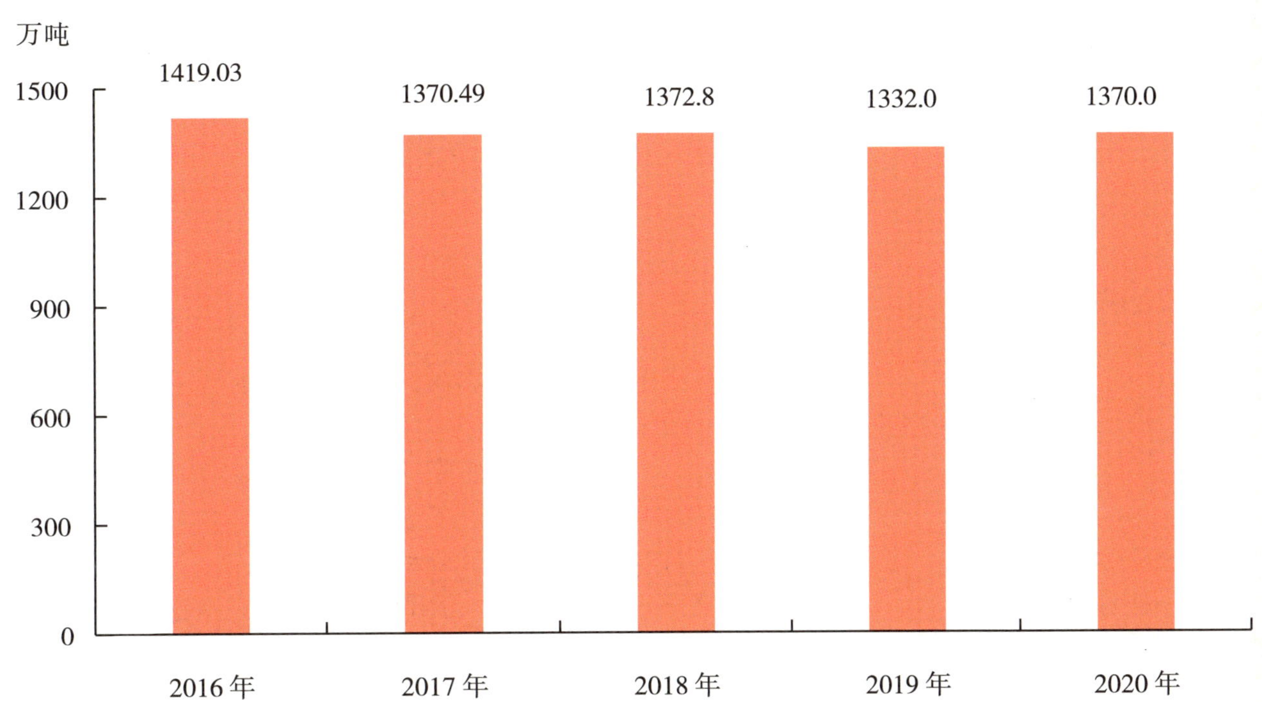

全年广西油料产量73.88万吨，比上年增长3.2%。甘蔗产量7412.47万吨，下降1.0%。蔬菜产量（含食用菌）3830.77万吨，增长5.4%。园林水果产量2461.11万吨，增长15.0%。

全年广西猪牛羊禽肉产量371.3万吨，与上年基本持平。其中，猪肉产量174.1万吨，下降9.4%；牛肉产量13.6万吨，增长9.7%；羊肉产量3.6万吨，增长5.3%；禽肉产量179.9万吨，增长10.5%。禽蛋产量26.7万吨，增长6.4%；牛奶产量11.2万吨，增长28.4%。全年生猪出栏2281.2万头，比上年下降9.0%。年末生猪存栏1828.3万头，比上年末增长14.3%。全年蚕茧产量37.4万吨，比上年下降0.6%。

全年广西水产品产量343.96万吨，比上年增长1.1%。其中，海水产品产量199.07万吨，增长0.7%。

全年广西木材产量3600万立方米，比上年增长2.9%。天然松脂72.41万吨，增长0.4%。油茶籽29.94万吨，增长14.5%。

表2 2020年主要农产品产量及其增长速度

产品名称	产 量（万吨）	比上年增长（%）
粮 食	1370.0	2.9
其中：稻 谷	1013.8	2.2
其中：早 稻	476.8	5.3
晚 稻	443.2	-0.4
玉 米	273.3	4.6
油 料	73.88	3.2
其中：花 生	69.23	3.0
甘 蔗	7412.47	-1.0
其中：果 蔗	301.34	-3.5
蔬 菜（含菌类）	3830.77	5.4
烤 烟	1.53	21.5
木 薯	167.48	-0.6
茶 叶	8.84	6.3
园林水果	2461.11	15.0
其中：柑橘类	1382.09	22.9
香 蕉	303.71	-2.3
菠 萝	3.68	-0.4
荔 枝	64.10	9.9
龙 眼	50.28	-0.9
芒 果	94.66	18.6
火龙果	45.76	30.9
百香果	36.12	15.5
食用坚果	14.65	11.9
肉类总产量	380.3	0.06
猪 肉	174.1	-9.4
禽 肉	179.9	10.5
蚕 茧	37.4	-0.6
水产品	343.96	1.1
其中：海水产品	199.07	0.7

三、工业和建筑业

全年广西全部工业增加值5221.24亿元，比上年增长1.2%。规模以上工业增加值增长1.2%。在规模以上工业中，分经济类型看，国有控股企业增加值增长2.2%；股份制企业增长3.7%，外商及港澳台商投资企业下降5.8%；非公有工业企业增长0.6%。分门类看，采矿业下降6.4%，制造业增长0.9%，电力热力燃气及水生产和供应业增长5.5%。

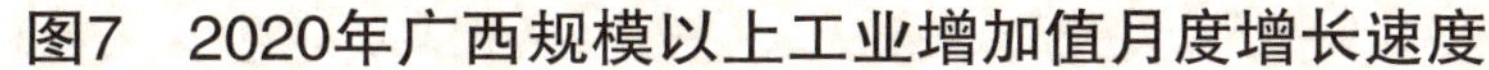
图7　2020年广西规模以上工业增加值月度增长速度

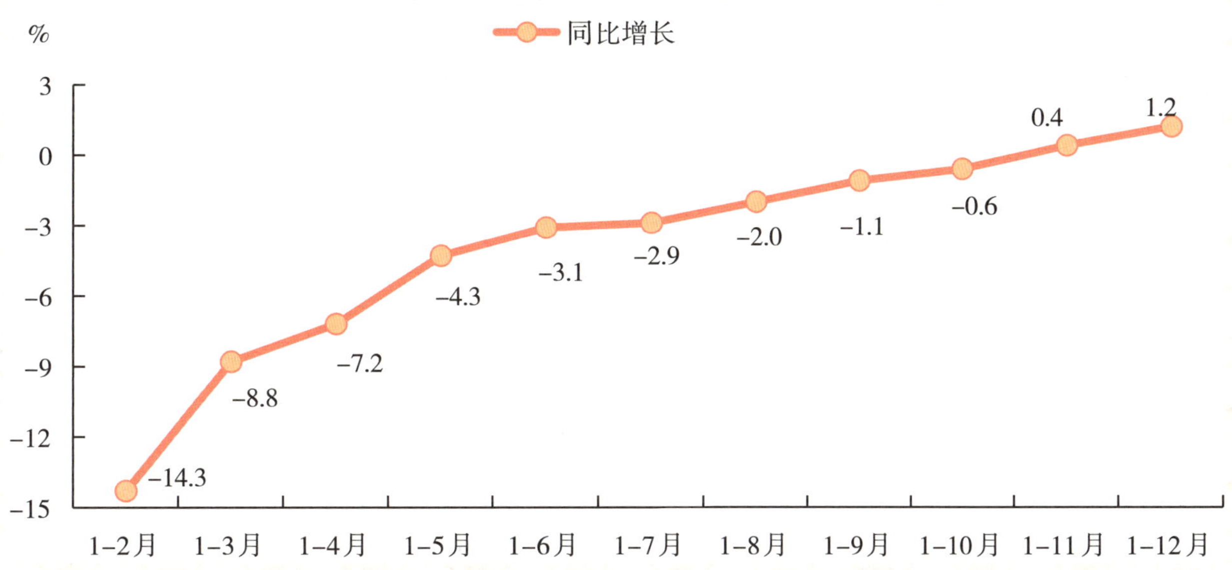

全年广西规模以上工业中，农副食品加工业增加值比上年下降7.8%，木材加工和木竹藤棕草制品业增长5.4%，石油煤炭及其他燃料加工业下降30.6%，非金属矿物制品业增长10.6%，黑色金属冶炼及压延加工业增长34.8%，有色金属冶炼及压延加工业增长21.9%，专用设备制造业下降5.7%，汽车制造业下降13.5%，电气机械及器材制造业增长7.7%，计算机、通信和其他电子设备制造业下降10.7%，电力、热力生产和供应业增长5.6%。

表3　2020年广西规模以上工业主要产品产量及其增长速度[10]

产品名称	单　位	产　量	比上年增长（%）
成品糖	万吨	679.02	-15.3
发酵酒精	万千升	55.14	45.8
卷　烟	万箱	141.34	0.8
机制纸及纸板	万吨	313.38	-4.6
粗　钢	万吨	3452.23	29.7
钢　材	万吨	4731.16	24.4
十种有色金属	万吨	413.66	12.9
其中：电解铝	万吨	217.77	-0.8
氧化铝	万吨	941.06	11.3
水　泥	万吨	12137.06	1.3
显示器	万台	580.44	-51.8
电子元件	亿只	337.12	10.9
化　肥（折100%）	万吨	33.94	39.2
发动机	万千瓦	19938.78	9.8
汽　车	万辆	174.49	-4.7
铁合金	万吨	306.94	-12.8

全年广西规模以上工业企业利润876亿元，比上年增长13.6%[11]。分经济类型看，国有控股企业利润比上年增长8.7%；股份制企业增长19.3%，外商及港澳台商投资企业增长3.8%；非公有制企业增长17.1%。分门类看，采矿业利润比上年下降18.6%，制造业增长14.4%，电力、热力、燃气及水生产和供应业增长18.6%。广西规模以上工业企业营业收入利润率为4.97%，比上年提高0.55个百分点。

全年广西全社会建筑业增加值1903.37亿元，比上年增长4.9%。广西具有资质等级的总承包和专业承包建筑业企业实现总产值5853.24亿元，比上年增长8.2%。其中国有控股企业2679.56亿元，比上年增长14.6%。

四、服务业

全年广西批发和零售业增加值1820.31亿元，比上年增长3.1%；交通运输、仓储和邮政业增加值908.81亿元，下降1.3%；住宿和餐饮业增加值338.8亿元，下降12.9%；金融业增加值1598.0亿元，增长6.8%；房地产业增加值1923.65亿元，增长2.1%；其他服务业增加值4777.80亿元，增长7.6%。全年规模以上服务业企业营业收入比上年增长6.5%，营业利润增长46.1%。

图8　2016—2020年广西服务业增加值及其增长速度

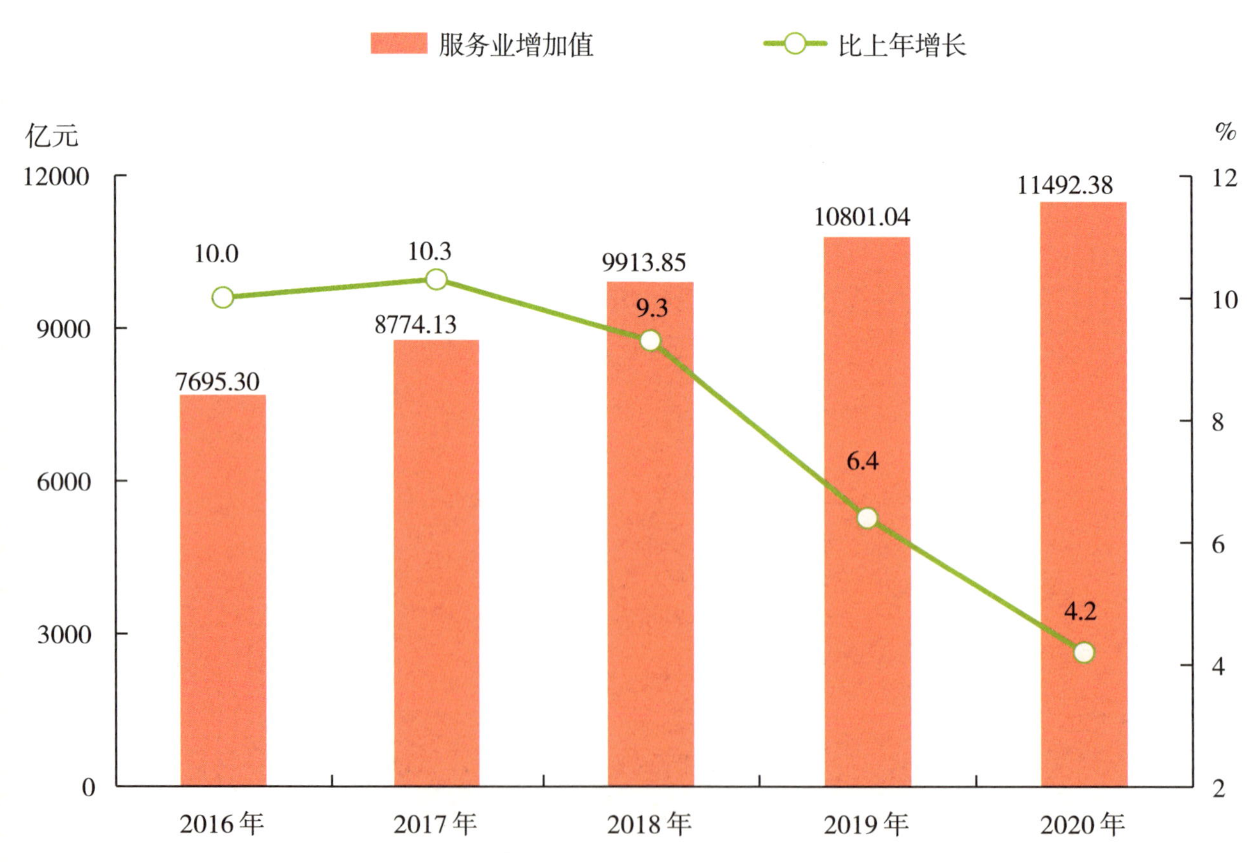

图9　2020年广西服务业增加值季度增长速度

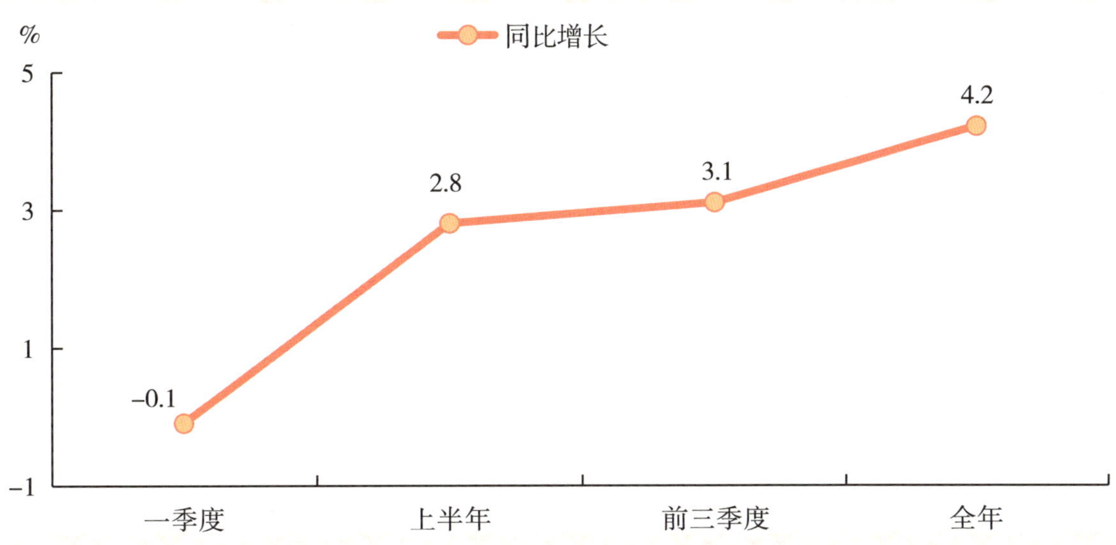

年末广西公路总里程13.16万公里，比上年末新增0.38万公里；其中，高速公路里程6803公里，比上年末新增777公里。年末铁路营业总里程5206公里，其中高速铁路营业里程1792公里。

表4　2020年广西旅客、货物运输量及其增长速度

指　　标	单位	绝对数	比上年增长（%）
旅客运输总量	亿人次	3.68	-26.5
旅客运输周转量	亿人公里	553.96	-32.2
货物运输总量	亿吨	18.75	2.4
货物运输周转量	亿吨公里	4159.61	4.3

全年广西货物运输总量18.75亿吨，比上年增长2.4%。货物运输周转量4159.61亿吨公里，增长4.3%。全年港口货物吞吐量4.69亿吨，比上年增长23.7%，其中外贸货物吞吐量1.39亿吨，增长0.4%。港口集装箱吞吐量616.99万标准箱，增长24.7%。

全年广西旅客运输总量3.68亿人次，比上年下降26.5%。旅客运输周转量553.96亿人公里，下降32.2%。

年末广西民用汽车保有量752.06万辆，比上年末增长11.3%，其中私人汽车保有量688.62万辆，增长11.9%。轿车保有量401.93万辆，增长13.5%，其中私人轿车385.78万辆，增长14.3%。

全年广西完成邮政行业业务总量215.3亿元，比上年增长35.0%。快递业务量7.79亿件，比上年增长38.1%。年末快递服务网点8214个，比上年末增加1225个。已通邮的行政村比重达到100%。全年完成电信业务总量4826.07亿元，比上年增长34.5%。年末广西电话用户总数5667万户，其中移动电话用户5333万户。固定互联网宽带接入用户1651万户，比上年末增加203万户；移动互联网用户4799万户，增加349万户。年末互联网用户6450万户，比上年末增加315万户。全年移动互联网接入流量60.20亿G，比上年增长42.7%。互联网宽带接入通达的行政村比重达到100%。

五、国内贸易

全年广西社会消费品零售总额7831.01亿元，比上年下降4.5%。按经营地统计，城镇消费品零售额6786.70亿元，下降4.6%；乡村消费品零售额1044.31亿元，下降3.8%。按消费类型统计，商品零售额6718.33亿元，下降4.2%；餐饮收入额1112.68亿元，下降6.4%。

图10　2016—2020年广西社会消费品零售总额[12]

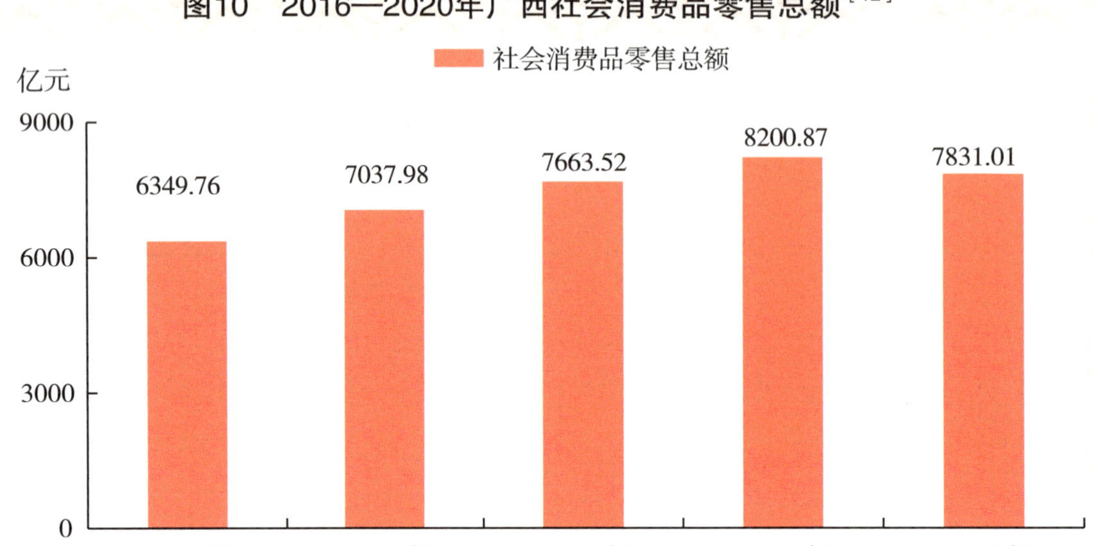

图11　2020年广西社会消费品零售总额季度增长速度

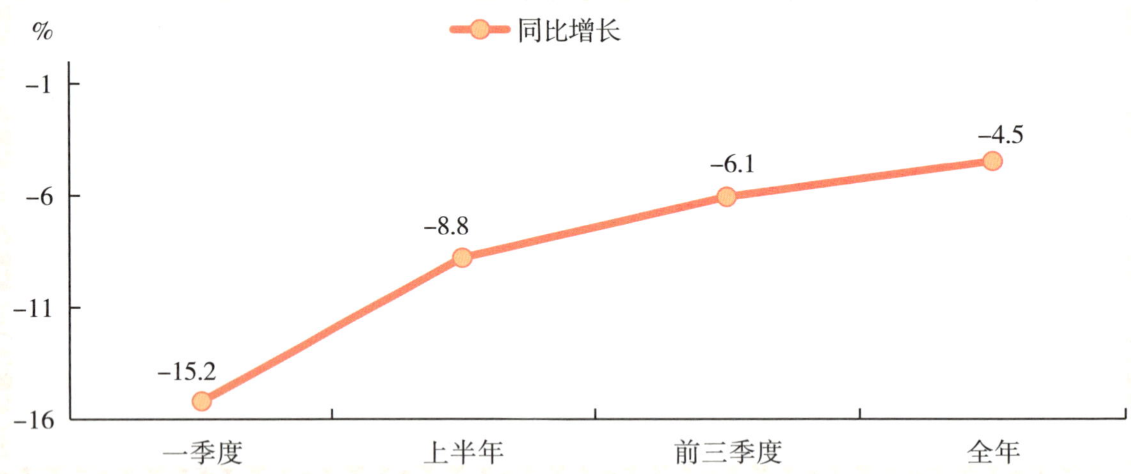

在限额以上单位商品零售额中，粮油、食品、饮料、烟酒类零售额比上年增长19.6%，服装、鞋帽、针纺织品类下降20.1%，化妆品类下降18.7%，金银珠宝类下降28.8%，日用品类下降2.5%，家用电器和音像器材类下降13.4%，中西药品类增长1.3%，文化办公用品类下降10.9%，家具类增长1.8%，通讯器材类下降10.3%，建筑及装潢材料类下降3.1%，石油及制品类下降16.1%，汽车类下降4.8%。

全年广西实物商品网上零售额614.8亿元，按可比口径计算，比上年增长37.7%，占社会消费品零售总额的比重为7.9%，比上年提高2.5个百分点。

六、固定资产投资

全年广西固定资产投资（不含农户）比上年增长4.2%，其中，第一产业投资增长9.9%；第二产业投资增长9.4%，其中工业投资增长7.7%；第三产业投资增长2.6%。基础设施投资增长12.9%。民间固定资产投资下降6.1%。

图12　2020年广西固定资产投资月度增长速度

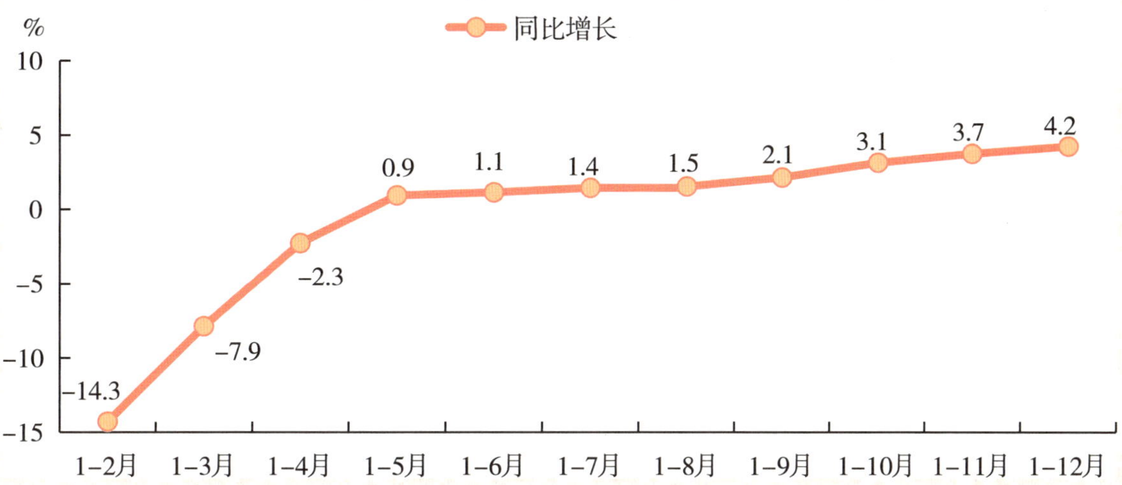

表5　2020年广西分行业固定资产投资（不含农户）增长速度

行　　业	比上年增长（%）
总　计	4.2
农、林、牧、渔业	9.9
采矿业	7.4
制造业	4.2
电力、热力、燃气及水生产和供应业	18.8
建筑业	83.4
交通运输、仓储和邮政业	22.9
信息传输、软件和信息技术服务业	40.9
批发和零售业	-42.3
住宿和餐饮业	-36.4
金融业	-7.1
房地产业	-1.3
租赁和商务服务业	8.4
科学研究和技术服务业	-17.0
水利、环境和公共设施管理业	-0.3
居民服务、修理和其他服务业	-50.6
教育	-2.3
卫生和社会工作	31.4
文化、体育和娱乐业	-7.3
公共管理、社会保障和社会组织	-34.0

全年广西房地产开发投资3845.62亿元，比上年增长0.8%。其中住宅投资2983.51亿元，增长2.0%；办公楼投资71.39亿元，下降32.2%；商业营业用房投资287.59亿元，下降10.7%。商品房销售面积6729.02万平方米，增长0.3%，其中住宅6007.45万平方米，下降1.1%。年末商品房待售面积1281.21万平方米，比上年末增加12.25万平方米。其中，商品住宅待售面积668.82万平方米，减少33.63万平方米。

表6　2020年广西房地产开发和销售主要指标完成情况及其增长速度

指　　标	单　位	绝对数	比上年增长（%）
投资额	亿元	3845.62	0.8
其中：住宅	亿元	2983.51	2.0
其中：90平方米及以下	亿元	543.94	-1.1
房屋施工面积	万平方米	32184.05	8.0
其中：住宅	万平方米	23779.14	7.8
房屋新开工面积	万平方米	7877.62	-4.1
其中：住宅	万平方米	5912.31	-9.5
房屋竣工面积	万平方米	2129.16	4.5
其中：住宅	万平方米	1561.89	3.0
商品房销售面积	万平方米	6729.02	0.3
其中：住宅	万平方米	6007.45	-1.1
本年资金来源	亿元	4979.30	-1.5
其中：国内贷款	亿元	680.75	-1.8
其中：个人按揭贷款	亿元	1010.44	3.2

七、对外经济

全年广西货物进出口总额4861.34亿元，比上年增长3.5%。其中，出口2708.21亿元，增长4.3%；进口2153.14亿元，增长2.6%。进出口顺差（进口小于出口）555.07亿元，比上年增长11.2%。对东盟国家进出口总额2375.70亿元，比上年增长1.7%。其中，出口1533.82亿元，增长9.3%；进口841.88亿元，下降9.8%。

全年广西对外实际投资额（不含银行、证券、保险）4.75亿美元，比上年增长52.2%。全年广西对外承包工程营业额2.70亿美元，比上年下降60.4%；对外劳务合作实际收入总额0.05亿美元，比上年下降18.7%。

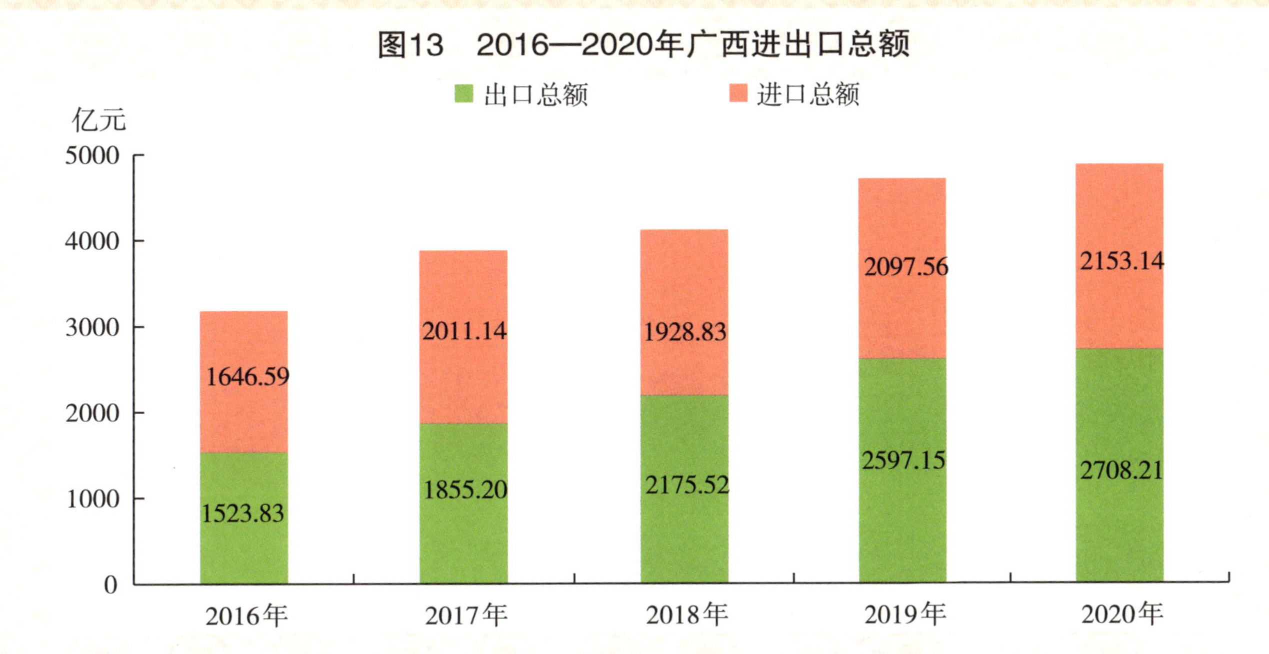

表7　2020年广西货物进出口总额及其增长速度

指　　标	绝对数（亿元）	比上年增长（%）
货物进出口总额	4861.34	3.5
其中：一般贸易	1522.65	-8.1
其中：货物出口额	2708.21	4.3
其中：一般贸易	710.84	-13.0
来料加工	19.02	24.6
进料加工	480.33	10.7
边境小额贸易	1098.18	3.5
货物进口额	2153.14	2.6

表8　2020年广西对主要国家和地区货物进出口总额及其增长速度

国家和地区	货物出口额（亿元）	比上年增长（%）	货物进口额（亿元）	比上年增长（%）
亚洲	2267.36	9.4	1311.39	-1.1
其中：东盟	1533.82	9.3	841.88	-9.8
其中：越南	1343.92	11.6	418.47	-23.8
其中：中国香港	566.52	14.6	72.55	0.2
日本	31.08	11.0	46.60	21.4
韩国	27.65	22.7	45.44	82.8
非洲	42.87	13.5	106.37	-12.5
欧洲	155.57	-20.7	84.67	15.6
其中：欧盟	115.54	-16.6	41.97	14.9
拉丁美洲	44.88	-18.5	399.76	8.1
北美洲	168.52	-17.4	93.32	19.2
其中：美国	150.98	-14.9	33.98	58.5
大洋洲	29.00	-7.2	154.49	22.0

八、财政金融

全年广西财政收入2800.61亿元，比上年下降5.7%；一般公共预算收入1716.94亿元，下降5.2%，其中税收收入1113.22亿元，下降2.9%，占一般公共预算收入的比重为64.8%。广西一般公共预算支出6155.42亿元，比上年增长5.2%，其中，民生重点领域支出4943.95亿元，增长5.4%，占一般公共预算支出的比重为80.3%。

图14 2016—2020年广西财政收入

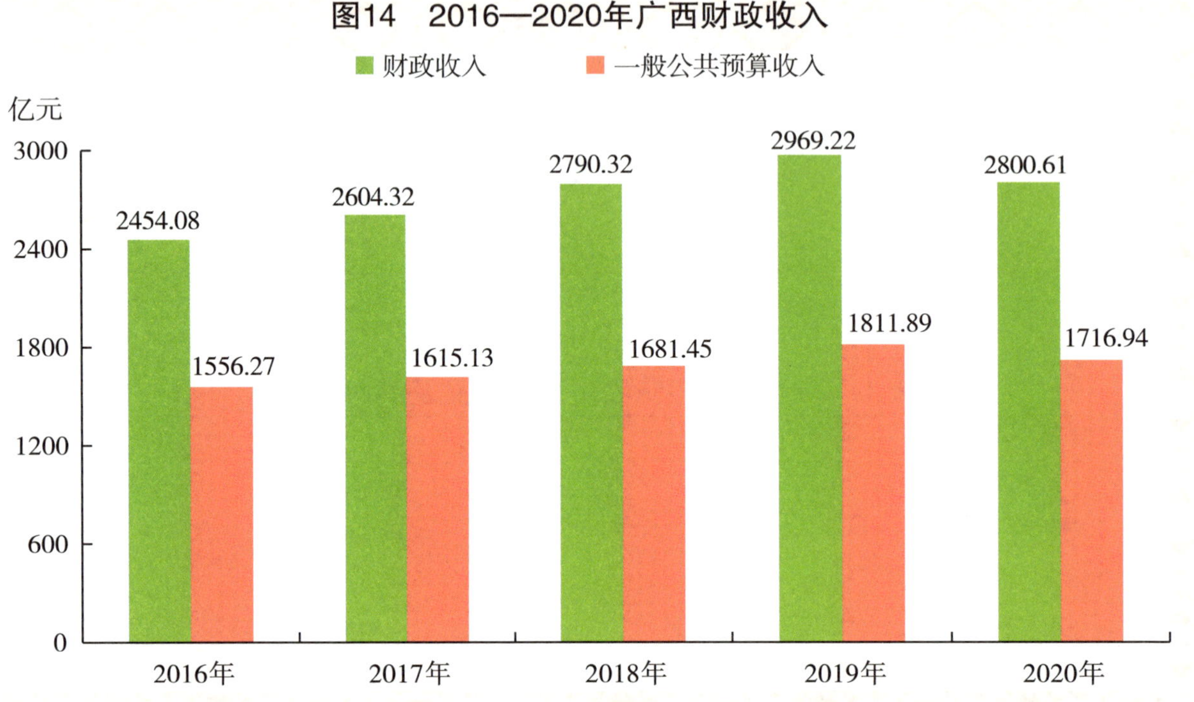

年末广西金融机构本外币各项存款余额34665.55亿元，比年初增加3019.55亿元，其中人民币各项存款余额34515.57亿元，增加3010.59亿元。年末金融机构本外币各项贷款余额35196.77亿元，比年初增加4699.38亿元，其中人民币各项贷款余额34738.99亿元，增加4750.47亿元。

表9 2020年广西金融机构本外币存贷款余额及其增长速度

指　　标	年末数（亿元）	比上年末增长%
各项存款余额	34665.55	9.5
其中：住户存款	18988.16	11.8
其中：人民币	18936.20	11.8
非金融企业存款	9064.74	11.9
各项贷款余额	35196.77	15.4
其中：境内短期贷款	6145.60	7.6
境内中长期贷款	27225.21	16.8

年末广西上市公司（A股）数量38家，市价总值2916.35亿元。

全年广西保险公司原保险保费收入734.33亿元，比上年增长10.4%。其中，财产险业务原保险保费收入233.23亿元，增长7.6%；寿险业务原保险保费收入325.81亿元，增长9.0%；健康险和意外险业务原保险保费收入175.29亿元，增长17.5%。支付各类赔款及给付255.11亿元，增长7.2%。其中，财产险业务赔款129.25亿元，增长8.4%；寿险业务给付47.90亿元，下降7.3%；健康险和意外险业务赔款及给付77.96亿元，增长16.2%。

九、居民收入消费和社会保障

全年广西居民人均可支配收入24562元，比上年名义增长5.3%，扣除价格因素，实际增长2.4%。广西居民人均可支配收入中位数[13]19823元，名义增长3.9%。按常住地分，城镇居民人均可支配收入35859元，比上年名义增长3.2%，扣除价格因素，实际增长0.7%。城镇居民人均可支配收入中位数32995元，增长1.9%。农村居民人均可支配收入14815元，比上年名义增长8.3%，扣除价格因素，实际增长4.6%。农村居民人均可支配收入中位数13523元，增长7.5%。城乡居民人均可支配收入比值为2.42，比上年缩小0.12。

全年广西居民人均消费支出16357元，比上年名义下降0.4%，扣除价格因素，实际下降3.1%。其中，人均服务性消费支出[14]6610元，比上年下降5.5%，占居民人均消费支出的比重为40.4%。按常住地分，城镇居民人均消费支出20907元，名义下降3.2%，扣除价格因素，实际下降5.6%；农村居民人均消费支出12431元，名义增长3.2%，扣除价格因素，实际下降0.3%。广西居民恩格尔系数为34.2%，其中城镇为33.9%，农村为34.6%。

图15　2016—2020年广西城乡居民收入

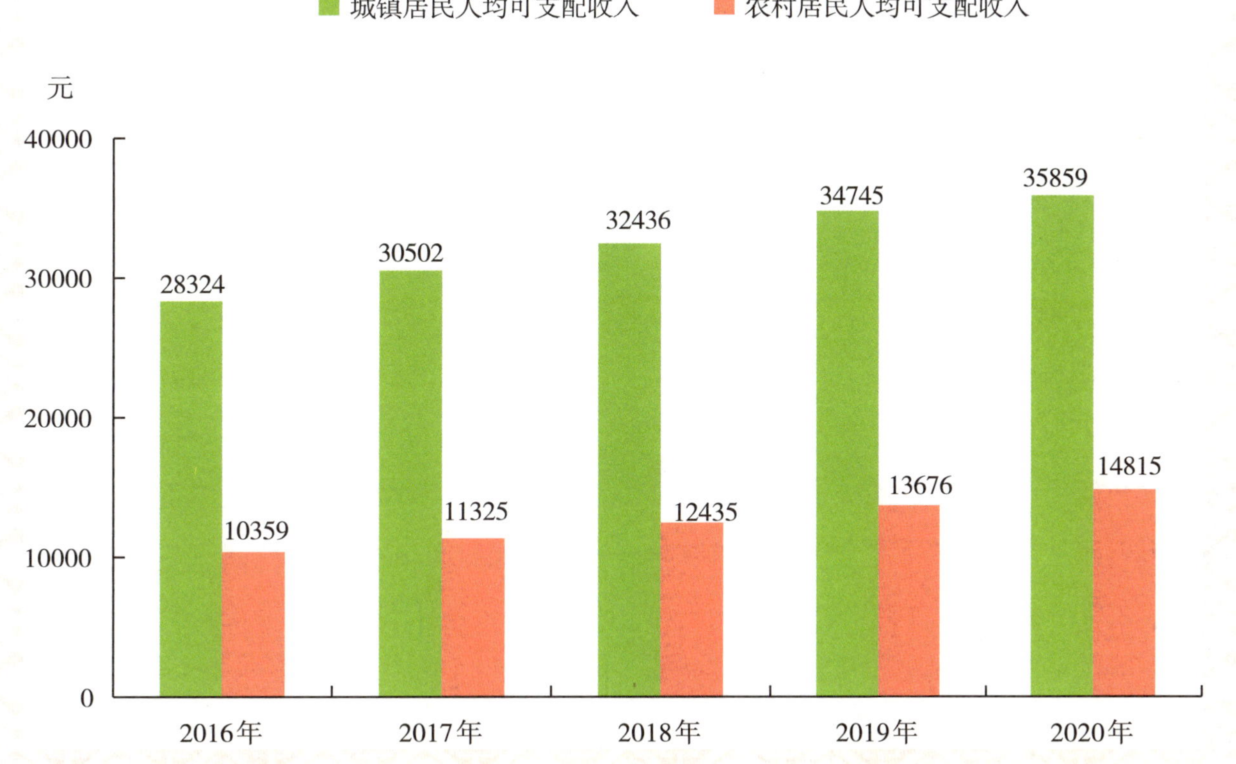

年末广西参加城镇职工（包括企业和机关事业单位）基本养老保险人数919.52万人，比上年末增加50万人。参加城乡居民基本养老保险人数2437.73万人，增加454.05万人。参加基本医疗保险人数5214.75万人，增加7.6万人。其中，参加城镇职工基本医疗保险人数653.75万人，增加33.24万人；参加城乡居民基本医疗保险人数4561万人，减少25.64万人。参加失业保险人数410.58万人，增加47.62万人。年末广西领取失业保险金人数6.66万人。参加工伤保险人数485.57万人，增加43.34万人，其中参加工伤保险的农民工39.25万人。参加生育保险人数475.68万人，增加69.75万人。

年末广西社会保障卡持卡人数4988.66万人，比上年末增加298.54万人。广西共有35万人享受城市居民最低生活保障，268万人享受农村居民最低生活保障，26万人享受特困人员救助供养。全年民政部门资助21万人参加基本医疗保险，医疗救助402万人次。

年末广西共有为儿童提供救助收养服务的机构47个，床位0.40万张，年末收养0.20万人。各类社区服务设施2357个，其中社区服务中心226个，社区服务站2131个。

十、科学技术和教育

全年广西安排科学研究与技术开发计划项目2799项，资助经费71091.90万元。其中，重点研发计划经费17631万元，技术创新引导专项经费14171.50万元，科技基地和人才专项经费23599.35万元，自然科学基金10853万元。取得省部级以上登记科技成果6171项，其中，应用技术成果5571项，软科学研究成果6项，基础理论成果594项。全年广西获广西科技进步奖项目160项，其中，特别贡献奖2项，自然科学奖23项，技术发明奖28项，科学技术进步奖107项。全年广西专利申请量54149件，比上年增长29.0%，其中发明专利申请量13703件，比上年增长10.0%。全年广西授权专利34463件，比上年增长51.9%，其中授权发明专利3518件，比上年增长3.1%。每万人口发明专利拥有量为5.12件，比上年增长11.3%。全年共签订技术合同9742项，技术合同成交金额565.71亿元，比上年增长43.5%。

年末广西共有产品检测实验室（指广西获得省级实验室资质认定的检验检测实验室）1553个，国家级检测中心9个，自治区级检测中心32个。广西累计完成产品认证企业个数（有效期内）1478个。广西共有法定计量技术机构85个，全年强制检定计量器具305.62亿台（件）。累计制、修订地方标准数2229个，共有地理标志保护产品92个。

全年广西研究生教育招生1.99万人，在校研究生4.67万人，毕业生1.11万人。普通高等教育招生38.35万人，在校生118.4万人，毕业生26.30万人。各类中等职业教育（不含技工）招生27.10万人，在校生69.99万人，毕业生19.10万人。普通高中招生40.87万人，在校生115.10万人，毕业生33.70万人。普通初中招生75.50万人，在校生225.50万人，毕业生70.70万人。普通小学招生85.90万人，在校生507.20万人，毕业生74.70万人。特殊教育招生0.75万人，在校生4.20万人，毕业生0.51万人。学前教育在园幼儿226.60万人。九年义务教育巩固率为96%，高中阶段毛入学率为91%。

表10　2020年各类教育发展情况

指　　标	招生人数（万人）	在校生人数（万人）	毕业生人数（万人）
研究生	1.99	4.67	1.11
普通高等教育	38.35	118.40	26.30
中等职业教育（不含技工）	27.10	69.99	19.10
普通高中	40.87	115.10	33.70
普通初中	75.50	225.50	70.70
普通小学	85.90	507.20	74.70
特殊教育	0.75	4.20	0.51

十一、文化旅游和卫生健康

年末广西共有县级以上公共图书馆115个，文化馆124个，博物馆143个，国有艺术表演团体95个。广西共有52个项目列入国家级非物质文化遗产名录，914个项目列入自治区级非物质文化遗产名录。

年末广西共有广播电视台90座。有线广播电视用户831.67万户，数字电视用户743.45万户。年末广播节目综合人口覆盖率为98.2%，电视节目综合人口覆盖率为99.2%。全年出版各类报纸4.66亿份，各类期刊0.35亿册，图书3.19亿册（张）。

全年广西入境过夜游客24.68万人次，比上年下降96.0%；国际旅游（外汇）消费0.79亿美元，下降97.8%。接待国内旅客6.61亿人次，下降24.0%；国内旅游消费7262.08亿元，下降27.4%。旅游总消费7267.53亿元，下降29.0%。

年末广西共有医疗卫生机构33875个，其中医院733个，乡镇卫生院1265个，社区卫生服务中心184个，诊所（卫生所、医务室）10785个，村卫生室19298个，疾病预防控制中心121个，卫生监督所（中心）125个，妇幼保健院（所、站）105个。年末广西卫生技术人员37.21万人，其中执业医师和执业助理医师12.55万人，注册护士16.75万人，乡村医生和卫生员3.01万人。医疗卫生机构床位29.56万张，其中医院20.20万张，乡镇卫生院7.29万张。截至年末，广西累计报告新型冠状病毒肺炎确诊病例266例，累计治愈出院病例264例，累计死亡2人。广西共有320家医疗卫生机构提供新型冠状病毒核酸检测服务，总检测能力达到40万份/天。

十二、资源、环境和应急管理

全年广西国有建设用地供应总量2.8万公顷，比上年增长6.5%。其中，工矿仓储用地0.6万公顷，增长8.5%；住宅用地0.4万公顷，与上年持平；基础设施用地1.6万公顷，增长9.8%。

全年广西原煤产量比上年增长1.8%，发电量增长6.7%，水电、风电、核电等清洁能源发电量增长7.9%。初步核算，全年广西能源消费总量比上年增长4%以上。电力消费量增长6.2%。重点耗能工业企业单位油气产量综合能耗比上年下降1.0%，机制纸及纸板综合能耗下降9.1%，单位水泥熟料综合能耗下降1.1%，单位水泥综合能耗下降1.6%，吨钢综合能耗下降1.5%，单位电解铝综合能耗上升6.4%，每千瓦时火力发电标准煤耗下降0.4%，发电厂用电率减少2.0%。

年末广西共有大型水库60座。全年广西

平均降雨量1653毫米。水资源总量2169亿立方米。用水总量260亿立方米，比上年下降8.3%。其中，生活用水减少14.5%，工业用水减少29.5%，农业用水减少1.6%，生态补水增长0.6%。人均用水量519立方米，比上年下降8.8%。

年末广西建成国家生态文明建设示范市县9个，其中本年新增3个；自然保护区78个，其中国家级自然保护区23个，自然保护区面积125.8万公顷。森林面积1485.0万公顷，森林覆盖率62.5%。活立木总蓄积量9.34亿立方米，森林蓄积量8.92亿立方米。全年完成造林面积223.8千公顷，其中人工造林面积87.8千公顷，占全部造林面积的39.2%。全年新增水土流失治理面积2059平方公里。

全年广西设区市集中式生活饮用水水源地水质达标率97.3%，县级集中式生活饮用水水源地水质达标率90.6%。近岸海域22个海水水质监测点水质优良率95.5%，比上年提高4.6个百分点，四类、劣四类海水占4.5%。

在监测的14个设区市中，空气质量达标率100%。城市区域昼间声环境质量较好的市占64.3%，一般的占35.7%。

全年广西平均气温为21.2℃，比上年升高0.1℃，共有4个热带气旋直接影响广西。

年末广西城镇污水处理厂日集中处理能力523.5万立方米，比上年末增长4.7%；城镇污水处理率96.6%，提高0.2个百分点。城镇生活垃圾无害化处理率100%。城镇建成区绿地率34.9%；人均公园绿地面积13.5平方米，增加0.14平方米。

年末广西共有地震台站529个，地震监测台网3个。

全年广西各级气象台共发布气象预警信号15240次，自治区气象台发布预警81次。

注释：

［1］本公报中2020年数据均为初步统计数。部分数据因四舍五入的原因，存在总计与分项合计不等的情况。

［2］2020年开展第七次全国人口普查，相关数据国家统计局拟于2021年4月份发布，公报中不再单独发布人口和就业人员相关数据。

［3］地区生产总值、三次产业及相关行业增加值绝对数按现价计算，增长速度按不变价格计算。

［4］年度农民工数量包括年内在本乡镇以外从业6个月及以上的外出农民工和在本乡镇内从事非农产业6个月及以上的本地农民工。

［5］农产品生产者价格是指农产品生产者直接出售其产品时的价格。

［6］居住类价格包括租赁房房租、住房保养维修及管理、水电燃料等价格。

［7］规模以上服务业统计范围包括：年营业收入2000万元及以上的交通运输、仓储和邮政业，信息传输、软件和信息技术服务业，水利、环境和公共设施管理业，卫生行业法人单位；年营业收入1000万元及以上的房地产业（不含房地产开发经营），租赁和商务服务业，科学研究和技术服务业，教育行业法人单位；以及年营业收入500万元及以上的居民服务、修理和其他服务业，文化、体育和娱乐业，社会工作行业法人单位。

［8］高技术产业投资包括医药制造、航空航天器及设备制造等六大类高技术制造业投资和信息服务、电子商务服务等九大类高技术服务业投资。

［9］北部湾经济区是指南宁市、北海市、防城港市、钦州市4市；西江经济带是指柳州市、桂林市、梧州市、贵港市、玉林市、贺州市、来宾市7市，左右江革命老区是指百色市、

河池市、崇左市、隆安县、马山县5市（县）。

［10］2019年部分产品产量数据进行了核实调整，2020年产量增速按可比口径计算。

［11］由于统计调查制度规定的口径调整、统计执法、剔除重复数据等因素，2020年规模以上工业企业财务指标增速及变化按可比口径计算。

［12］根据第四次全国经济普查结果及有关制度规定，对2016–2019年社会消费品零售总额数据进行了修订。

［13］人均收入中位数是指将所有调查户按人均收入水平从低到高（或从高到低）顺序排列，处于最中间位置的调查户的人均收入。

［14］服务性消费支出是指住户用于餐饮服务、教育文化娱乐服务和医疗服务等各种生活服务的消费支出。

资料来源：

本公报中城镇新增就业、登记失业率、社会保障数据来自自治区人力资源社会保障厅；医疗保障数据来自自治区医保局；财政数据来自自治区财政厅；物价、城乡居民收入和支出、恩格尔系数、农民工、部分农业数据来自国家统计局广西调查总队；贫困人口数据来自自治区扶贫办；进出口数据来自南宁海关；对外实际投资、对外承包工程和劳务合作等数据来自自治区商务厅；金融数据来自中国人民银行南宁中心支行；证券数据来自中国证券监督管理委员会广西监管局；保险数据来自中国银行保险监督委员会广西监管局；公路里程、港口数据来自自治区交通运输厅；旅客、货物运输量和周转量数据来自自治区交通运输厅、中国铁路南宁局集团有限公司和广西机场集团；铁路营业里程、高速铁路数据来自中国铁路南宁分局集团有限公司；汽车保有量数据来自自治区交警总队；邮政业务数据来自自治区邮政管理局；电信业务数据来自自治区通信管理局；教育数据来自自治区教育厅；安排科技计划课题、技术合同等数据来自自治区科技厅；市场主体、专利数据、质量检验、标准制定修订等数据来自自治区市场监督管理局；艺术表演团体、博物馆、公共图书馆、文化馆、娱乐场所、互联网上网服务营业场所（网吧）、非物质文化遗产、旅游数据来自自治区文化和旅游厅；广播电视、报纸、期刊、图书数据来自自治区新闻出版广电局；医疗卫生数据来自自治区卫生健康委；社会服务及救助数据来自自治区民政厅；国有建设用地供应数据来自自治区自然资源厅；用水量数据来自自治区水利厅；林业、自然保护区数据来自自治区林业局；环境监测数据来自自治区生态环境厅；城市污水处理、建成区绿地覆盖率来自自治区住房城乡建设厅；气象预警、平均气温、热带气旋数据来自自治区气象局；地震数据来自自治区地震局；其他数据均来自自治区统计局。

6-2 2020年广西城镇居民生活调查报告

Urban Residents Living Investigation Report in 2020

2020年广西城镇居民收入增速放缓

据国家统计局广西调查总队抽样调查资料显示，2020年广西城镇居民人均可支配收入为35859元，同比名义增长3.2%，扣除物价因素后实际增长0.7%。受疫情影响，2020年广西城镇居民收入增速放缓。

一、城镇居民收入的主要特点

（一）收入增速明显放慢

2020年，广西城镇居民人均可支配收入为35859元，同比增加1114元，同比增长3.2%。与上年同期相比，增速回落3.9个百分点。受疫情影响，2020年广西城镇居民收入增速放缓。

图1 2020年各季度城镇居民人均可支配收入走势

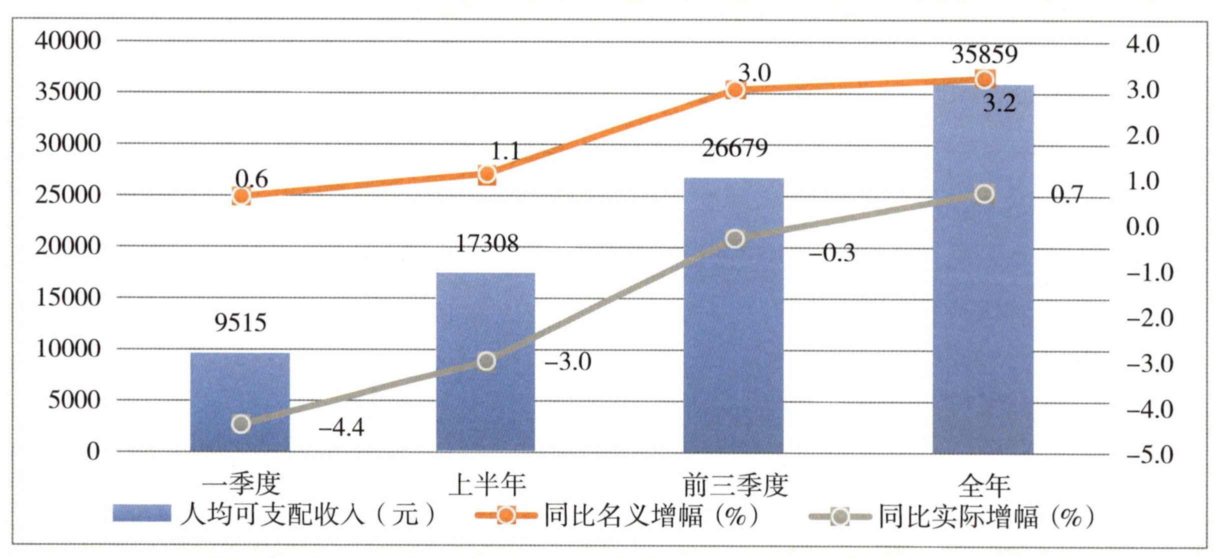

（二）增速低于全国平均

2020年，广西城镇居民收入水平与全国平均水平43834元相差7975元，与2019年相差7614元相比，上涨了361元；增速低于全国平均增速0.3个百分点，位于全国第23位，位次比上年前进了2位。城乡收入比由2019年同期的2.54下降至2.42，城乡居民收入相对差距进一步缩小。

（三）收入构成“三升一降”

城镇居民人均可支配收入的四项构成“三升一降”，人均工资性收入、人均财产净收入、人均转移净收入均呈现增长势态，同比分别增长4.6%、9.7%和8.0%，但人均经营净收入依旧处于负增长，同比下降9.9%。

1.工资性收入增速持续增长。2020年广西城镇居民人均工资性收入20241元，同比增长4.6%，占人均可支配收入的比重为56.4%，拉动可支配收入增长2.6个百分点。工资性收入仍是城镇居民可支配收入主要来源，是收入增长的最大动力。其增长主要得益于经济运行平稳、就业稳定、薪资提高。一是实体经济加快复苏，稳中提质。工业、服务业、消费、投资、外贸等主要指标保持回升态势。二是就业保持稳定。通过减免企业社保费、发放稳岗返还资金、落实重点人群就业援助、加大创业扶持力度等一系列政策措施，优先稳就业保民生。三是增资政策是重要推力。出台了提高绩效奖励标准、发放联防联控人员补助、提高医务人员待遇、统筹义教教师和公务员绩效奖励水平等政策，及时督促落实发放。四是最低工资标准进一步提高。广西月最低工资标准分别上调至1810元、1580元、1430元，在原标准基础上每月增加了130元，分别上涨7.7%、9.0%和10.0%。

2.经营净收入降幅有所收窄。2020年广西城镇居民人均经营净收入5375元，同比下降9.9%，降幅较前三季度收窄3.7个百分点，影响可支配收入下降1.7个百分点。分产业看，第一产业人均经营净收入下降29.6%，第二产业人均经营净收入增长22.2%，第三产业人均经营净收入下降11.6%。由于新冠肺炎疫情影响，批发零售、住宿餐饮、交通运输等经营活动受限，生产成本增加，经营行业遭受了重大冲击，从业者收入也受到一定影响。经营净收入降幅有所收窄主要源于三方面因素：一是持续优化营商环境。企业开办提速，有力促进市场主体发展，为经营收入增长增添新动力。二是实施降低企业成本、强化融资服务等帮扶措施。减免中小微企业税收，首创财政贴息“复工贷”“稳企贷”政策，抓实普惠金融支持政策，激发了经营者的热情。三是促进消费加快回补。通过政府发放消费券、开展节假日热销、夜间消费、地摊经济、消费扶贫等方式，创造良好消费环境，扩大消费促进居民收入提高。

3.财产净收入较快增长。2020年广西城镇居民人均财产净收入3217元，同比增长9.7%，增速较2019年同期提高8.2个百分点，增速领跑四大项收入。城镇居民的财产性收入主要包括存款利息、投资理财、出租房屋等方面。一是疫情改变了居民对未来收入的预期及投资风险偏好，大多数居民更倾向于保守储蓄、稳健理财，以求获取长期可靠的回报。金融机构存贷款数据显示，截至2020年11月末，广西人民币各项存款余额同比增长8.5%，收益稳定增加为财产净收入的增长提供保障。调查数据显示，城镇居民人均利息净收入同比增长3.4倍，人均红利收入同比增长31.7%。二是受疫情影响，租房需求明显不足，租房价格下降，还有部分退租、免租现象，使房租收入增速下降，但房价的温和上涨带动了城镇虚拟租金提高。城镇居民人均出租房屋净收入同比下降4.2%，人均房屋虚拟租金收入同比增长8.4%。

4.转移净收入稳定增长。2020年广西城镇居民人均转移净收入7026元，同比增长8.0%，拉动可支配收入增长1.5个百分点，占可支配收入的比重由上年同期的18.7%增加到19.6%，仅次于工资性收入占比。转移净收入增长与民生保障投入加大、社保待遇提升密切相关：一是继续提高退休人员养老待遇。总体调涨水平为2019年退休人员月人均基本养老金的5%，这也是基本养老金实现的第16连涨。二是落实困难群众基本生活保障。城市低保平均保障标准提高到每人每月720元以上，平均补助水平提高到每人每月390元以上，全面落实特困人员供养制度，启动价格临时补贴。三是抓好基本医疗保障。提高医保各级财政补助标准，巩固大病保险保障水平，实施医疗救助托底。这些相关政策的实施，成为城镇居民转移净收入持续增长的“助推器”。

表1　2020年广西城镇居民人均可支配收入情况

指标名称	2020年（元）	2019年（元）	增量（元）	增幅（%）	占比（%）	贡献率（%）	拉动收入增长百分点（个）
可支配收入	35859	34745	1114	3.2	—	—	—
工资性收入	20241	19344	897	4.6	56.4	80.5	2.6
经营净收入	5375	5965	-590	-9.9	15.0	-52.9	-1.7
财产净收入	3217	2932	285	9.7	9.0	25.6	0.8
转移净收入	7026	6504	522	8.0	19.6	46.8	1.5

二、需要关注的问题

（一）经营净收入恢复仍需提速

总体上看，疫情带来的不利影响正逐步消除，经济运行呈现持续稳定恢复的态势，但也应看到，国际环境不稳定、不确定性仍然客观存在，国内有效需求仍然不足，企业效益虽向好恢复，但扭亏难度较大。三产中的餐饮业、旅游业、零售业等实体经济受疫情冲击较大，将会有一段时间的低位运行，促进经营净收入增长是当前和下阶段城镇居民增收工作的努力方向。

（二）价格上涨影响因素不容忽视

受非洲猪瘟、新冠肺炎疫情等诸多因素影响，2020年以来广西居民消费价格指数（CPI）总体涨幅处于高位，1—12月城镇居民消费价格水平同比上涨2.5%，物价上涨抵消城镇居民收入增速2.5个百分点，拉低收入869元，使居民实际收入增长缩水。特别是猪肉和蔬菜等日常消费品价格上涨，对低收入家庭冲击明显，降低了居民生活质量。不仅如此，价格上涨还使部分餐饮、小吃等个体户经营成本上升，挤压利润空间，加大增收难度。

（三）收入结构不尽合理，增收后劲不足

从结构分布看，城镇居民人均工资性收入、经营净收入、财产净收入和转移净收入占可支配收入的比重分别为56.4%、15.0%、9.0%、19.6%，收入结构总体稳定，但局限性逐步显现。首先，工资性收入占比最大，起着关键性影响作用，但其增长的主要动力政策性增资效应随着收入总量的增加而递减，后续快速增长的可持续性不强；其次，财产净收入占比不足10%，基数小，来源少，对推动居民增收力量薄弱；第三，转移净收入占比较上年同期虽有所增加，但是增幅下降2.8个百分点，惠民政策对提高居民收入的效用呈递减态势。

三、对策建议

（一）扶持就业创业，夯实经济基本面

一是大力拓展就业岗位。在持续做好疫情防控的基础上，加强经济运行监测，形成利于新兴产业成长的政策环境，努力发展就业容量大且有市场需求的商贸、建筑、餐饮、运输仓储等现代服务业，通过优化产业结构带动就业。积极协调帮助化解企业在稳岗和融资方面遇到的困难，推动企业复产增产，增强其吸纳就业和提高工资待遇的能力。二是加速培育创业渠道。加大“双创”政策的宣传力度，在网络创业、电子商务等方面出台新举措，对创业项目提供资金、技术等多方面扶持，扩大财政补贴和税收优惠面，设立创业专项扶助基金

等，进一步夯实创新创业载体。加强创业培训指导，培养和造就更多的创业主体，激发创业活力和创新潜能，充分发挥创业带动就业的倍增效应。

（二）优化收入结构，激发潜在增长点

一是创造条件增加居民财产性收入。开发安全性高且能满足居民需要的金融理财产品，加大金融知识及投资风险宣传力度，引导居民理性规划投资理财、合理利用闲置资金。规范房屋租赁市场，稳定房屋租金水平，维护居民获取长期稳定的租金收益，实现资产财富增值。二是稳定市场主体运行增加经营性收入。加大对中小微企业的政策扶持，进一步将减税降费等优惠措施落实到位。对当前受疫情冲击较大、经营较为困难的行业企业，制定出台针对性、差异化的扶持措施，帮扶企业提质增效，切实解决发展“瓶颈”，助力企业顺利渡过难关。

（三）增加民生投入，筑牢政策保障线

一方面加大财政惠民力度，提升社会保障水平，充分发挥社会救助作用。落实好城乡居民养老金标准调整、保障困难群众基本生活等民生政策，特别对失业人员和中低收入群体给予更多关注，面对不同保障需求，提供更多、更好、更合适的保障服务，保障这部分人群收入增长和生活改善。另一方面要稳固政策性增资成果，夯实收入稳定增长的基础。完善机关事业单位绩效考核制度，拓展机关事业单位职工收入增长有效途径，规范企业用工和薪酬分配制度，提高企业用工最低工资标准，加强法律援助及维权保护，建立健全工资分配集体协商机制和正常增长机制，完善行业工资指导线标准制度，加大对行业收入分配调控力度。

（四）关注稳定物价，助推发展成果显

物价连续上涨限制了居民实际购买力的提升，降低了居民收入的获得感，甚至影响收入翻番目标的实现。应进一步加大市场监管力度，做好价格监测预警，增强调控能力和措施。在供应端，确保各类防疫用品和居民生活必需品价格稳定、质量安全、供应不断，切实维护市场环境有序不乱，猪肉、蔬菜等相关商品价格回归理性，保障居民收入实际增长水平；在消费端，开拓新的消费增长点，推动刺激消费升级，不断释放潜在消费需求，拓宽信息、养老、健康和教育等消费领域，加速城镇居民消费增长，生活质量提高。

6-3 2020年广西农村居民生活调查报告

Urban Residents Living Investigation Report in 2020

2020年广西农村居民收支情况及特点

2020年是具有里程碑意义的一年，是“十三五”规划、决战脱贫攻坚的收官之年，是全面建成小康社会，实现第一个百年奋斗目标的关键之年。在新冠肺炎疫情的考验下，自治区党委和政府统筹全局和科学决策，通过加大转移支付力度，及时出台多项助农、惠农政策措施等，鼓励帮助农民就业、助力农产品销售和扶持农村产业等方式，确保广西脱贫攻坚战取得决定性胜利，2020年广西农村居民人均可支配收入实现翻番目标。

一、广西农村居民人均可支配收入情况及特点

据调查，2020年广西农村居民人均可支配收入14815元，同比增加1139元，名义增长8.3%，比全国平均水平6.9%高1.4个百分点，增速在全国排第4位。扣除物价因素，实际增长4.6%。

表1 2020年广西农村居民可支配收入情况表

单位：元/人

指标名称	2020年	2019年	增幅%	贡献率%	占比%
可支配收入	14815	13676	8.3	—	—
工资性收入	4638	4259	8.9	33.3	31.3
经营净收入	5868	5619	4.4	21.8	39.6
第一产业经营净收入	4066	4016	1.2	—	—
第二产业经营净收入	278	220	26.2	—	—
第三产业经营净收入	1524	1383	10.2	—	—
财产净收入	352	340	3.5	1.1	2.4
转移净收入	3957	3458	14.4	43.8	26.7

（一）农村居民人均可支配收入实现翻番

“十八大”报告提出到2020年城乡居民人均收入比2010年翻一番的目标，而且收入的翻番目标考虑了物价上涨的因素，是货真价实的倍增计划。近年来，自治区党委和政府严格执行中央有关“三农”工作的重大决策部署，着

力开展精准扶贫工作，提振乡村经济，有效地促进了农村居民收入的提高，取得较好效果。据调查，2020年农村居民人均可支配收入较2010年实际增长115.6%，超额完成广西农村居民的收入倍增计划。

（二）农村居民可支配收入加速恢复

在自治区党委、政府的坚强领导下，2020年广西“三农”工作展现出了强大的韧性，迅速从疫情影响中走出来，农村居民的收入水平增速逐季加快。据调查，2020年一季度、上半年、前三季度和全年的农村居民可支配收入增速分别为4.6%、5.5%、7.9%和8.3%，呈逐季恢复态势。

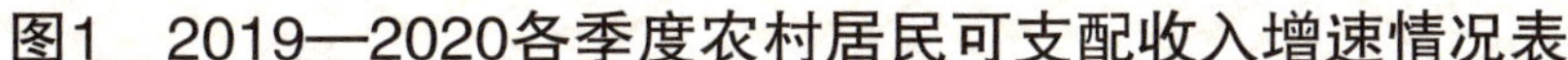
图1 2019—2020各季度农村居民可支配收入增速情况表

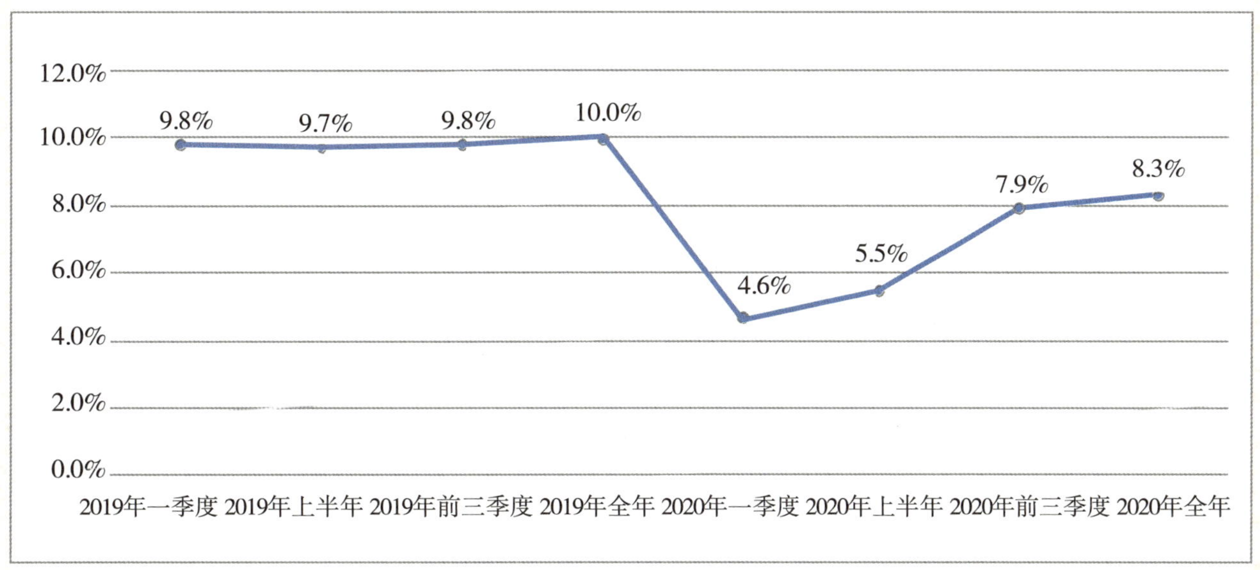

（三）农村居民可支配收入增速高于全国平均水平

据调查，2020年全国农村居民人均可支配收入17131元，同比名义增长6.9%。广西农村居民人均可支配收入14815元，同比名义增长8.3%。

从收入水平看，2020年广西农村居民人均可支配收入绝对值比全国低2316元，在全国排第22位，位次与2019年同期持平。从收入增速看，2020年广西农村居民人均可支配收入名义增速8.3%，比全国高1.4个百分点，增幅排全国第4位，较2019年同期第7位提高3位次。

（四）农村居民收入情况好于城镇居民

受疫情原因影响，一季度广西农村居民人均可支配收入增速同比下降了5.2个百分点。自治区党委和政府高度重视疫情对农民收入影响，相继出台相关政策鼓励稳就业、保民生，推动农村地区尽快复工复产。据调查，2020年广西农村居民收入恢复情况明显好于城镇，农村居民人均可支配收入增速快于城镇居民5.1个百分点；农村居民人均可支配收入增速较一季度回升3.7个百分点，回升幅度高于城镇居民1.1个百分点；城乡收入差距进一步缩小，城乡收入比由2019年同期的2.54缩小至2.42，缩小0.12。

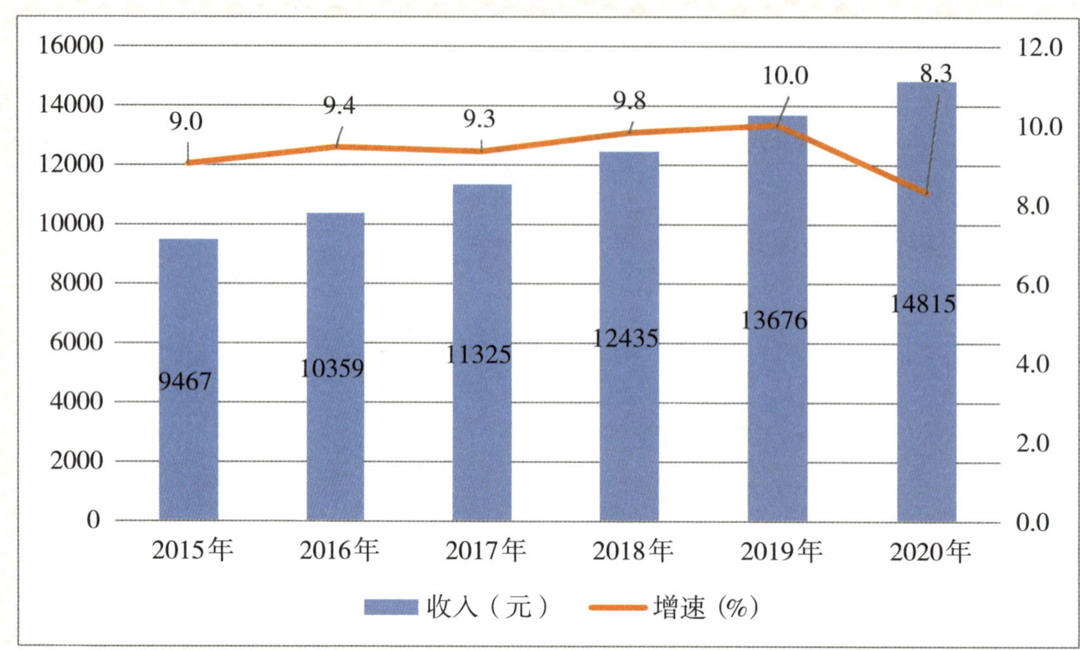

二、农村居民收入影响因素分析

（一）转移净收入增速最高，政策二次分配效果显现

2020年广西农村居民人均转移净收入3957元，较2019年同期增14.4%，占可支配收入比重为26.7%，对可支配收入贡献率为43.8%，拉动可支配收入增速3.6个百分点。

各项政策性补贴是转移净收入增长的主要因素：一是自治区针对各种群体发放就业补贴和对低收入群体发放物价补贴。据调查，2020广西农村居民人均社会救济与补助和政策性生活补贴分别同比增长44.0%和21.2%；二是各项及时兑现扶贫产业奖补。2020年广西农村居民人均现金政策性惠农补贴收入同比增长77.8%；三是退休人员再涨基本养老金。从2020年1月1日起调整退休人员基本养老金，在7月底前发放到位，总体调涨水平为2019年退休人员月人均基本养老金的5%。

（二）工资性收入保持较快增长，是提升农村居民收入的主要因素

2020年广西农村居民人均工资性收入4638元，较2019年同期增8.9%，占可支配收入比重为31.3%，对可支配收入贡献率为33.3%，拉动可支配收入增速2.8个百分点。

本地务工人数增加是工资性收入增长的主要因素：一是精准扶贫就业帮扶政策实行，扶贫车间的顺利运行带动本地务工人员增长；二是受新冠肺炎疫情影响，广西人外出务工较多的长三角、珠三角企业订单数量减少，不少外出务工人员返乡就业；三是因疫情防控需要，越南、贵州等地外来务工人员减少，农业生产雇佣本地人员增加。据调查，2020年农村居民其他雇员从业人数较上年增长4.7%。

（三）经营收入稳步增长，二三产业净收入发挥重要作用

2020年广西农村居民人均经营净收入5868元，较2019年同期增4.4%，占可支配收入比重为39.6%，对可支配收入贡献率为21.8%，拉动可支配收入增速1.8个百分点。

非农产业经营净收入快速恢复是主要原因：一是扶贫攻坚移民搬迁以及危房改造工程的实施，农村地区建房装修需求较多，促进第

二产业净收入大幅增长；二是在2020年二季度疫情得到有效控制后，广西适时出台“山水壮乡·畅游广西”活动，推动农村地区第三产业的快速恢复。

（四）财产净收入增速大幅回落，受疫情影响较为明显

2020年广西农村居民人均财产净收入352元，较2019年同期增3.5%，占可支配收入比重为2.4%，对可支配收入贡献率为1.1%，拉动可支配收入增速0.1个百分点。

红利收入和转让土地租金收入增幅回落导致财产净收入增收乏力：一是受新冠肺炎疫情影响，2020年广西农村居民人均红利收入162元，同比仅增1.6%；二是柑橘类水果特别是砂糖橘价格与2019年同期基本持平，且受疫情影响外地客商收购较少，种植收益下降，土地承包的价格和市场需求有所回落。2020年广西农村居民人均转让承包土地经营权租金净收入106元，较2019年同期下降7.3%。

三、广西农村居民消费支出情况及特点

消费不仅是居民生活质量高低的重要标志，更是经济稳定运行的压舱石，是经济增长的重要动力。据调查，2020年广西农村居民人均消费支出12431元，同比增加386元，名义增幅3.2%，比全国平均水平2.9%高0.3个百分点。扣除物价因素，实际负增长0.3%。

表2 2020年广西农村居民生活消费情况表

单位：元/人

指标名称	2020年	2019年	增幅%	占比%
生活消费支出	12431	12045	3.2	—
食品烟酒	4297	3724	15.4	34.6
衣着	354	373	-5.0	2.8
居住	2659	2669	-0.4	21.4
生活用品及服务	667	680	-1.9	5.4
交通通信	1682	1716	-2.0	13.5
教育文化娱乐	1408	1498	-6.0	11.3
医疗保健	1228	1231	-0.3	9.9
其他用品及服务	136	154	-12.1	1.1

（一）生活消费支出逐步回升

一季度，受新冠肺炎疫情影响，居民外出受限，经济活动基本停滞，农村居民消费增速同比下降1.1%，出现负增长。自治区党委、政府根据疫情防控实际情况，制定了“提振消费信心、促进消费回补”的政策，推出“壮美广西·三月三暖心生活节”，有效对冲新冠肺炎疫情对消费的冲击，农村居民生活消费支出逐步回升，全年同比增3.2%，较一季度提高4.3个百分点。

（二）农村居民消费支出受疫情影响较为明显

受新冠肺炎疫情影响，2020年广西农村居民消费更为谨慎：一是刚性消费分化明显，除

食品烟酒消费同比正增长，其他均呈小幅回落态势。2020年农村居民人均食品烟酒消费支出“一枝独秀”，同比增15.4%，其余衣着、居住、交通通讯和医疗保健消费分别下降5.0%、0.4%、2.0%和0.3%；二是服务性消费均呈下降趋势。2020年农村居民人均教育文化娱乐消费和其他用品及服务消费同比下降6.0%和12.1%，其中文化娱乐消费同比下降11.6%。

四、提升农村居民生活质量的几点建议

（一）持续助推大宗农产品销售，确保“十四五”实现收入增长开门红

甘蔗、柑橘类水果以及冬菜是广西农村居民一季度重要的收入来源。建议有关部门关注甘蔗、柑橘类水果以及冬季蔬菜等大宗农产品的产销情况，掌握大宗农产品销售进度，通过开展线上线下的农产品销售活动、绿色农产品专列以及协助农民与企业超市签订直供协议等措施，促农增收；及时发布降雨降温灾害预警，加大科技助农力度，保障农产品的品质；关注甘蔗砍伐进厂和蔗款兑现进度，保障蔗农权益。

（二）重视返乡农民工的再就业，为乡村振兴战略打基础

优先发展农业农村，全面推进乡村振兴是“十四五”时期国内经济社会发展的主要目标之一。乡村振兴除了需要政府制定各项政策给予支持，也需要大量的人才和充足的劳动力才能贯彻执行。建议有关部门加强对返乡农民工的就业扶持，通过职业再培训、提供就业信息等方式留住农村地区劳动力，为乡村振兴战略打下基础。

（三）提升脱贫人口应对风险能力，巩固扶贫攻坚成果

2020年以来面对新冠肺炎疫情冲击，得益于广西党委和政府持续加大保基本民生力度，困难群体基本生活得到有力保障。但困难群体对社会救济补助依赖性较大。据调查，广西农村低保户中社会救济收入占可支配收入比重高于四成以上的户数，占农村低保户总数的22.3%。建议有关部门可根据低保户的年龄、身体、照顾家庭等情况因人施策，提供强能力、找岗位、树信心“一条龙”帮扶，确保低保户通过克服自身障碍，增强自身能力，找到合适的工作，增加家庭收入，巩固扶贫攻坚成果。

（四）继续增强农村居民消费信心，促进内需良性发展

扩大内需的战略需要深挖农村地区消费潜力，但消费的增速和消费结构的改善是由收入水平来决定的。要发挥消费在拉动经济中的重要作用，需要各级政府加强促农增收政策的制定和落实，保持农村居民收入稳步增长。同时，要持续改善农村地区消费环境，整治农村市场乱象，发放消费券和财政补贴刺激消费，增强农村居民消费信心，挖掘农村消费潜力，促进内需良性发展。

6-4　2020年广西农村贫困监测调查报告

Rural Poverty Monitoring Investigation Report in 2020

2020年广西农村贫困监测调查报告

据国家统计局核定，2020年广西贫困地区（指33个国家贫困监测县，下同）农村居民人均可支配收入13140.8元，比上年增长9.9%，高于广西农村平均水平1.6个百分点，高于全国农村平均水平3.0个百分点。

一、贫困地区农村居民收入持续稳定增长

（一）贫困地区农村居民收入增长9.9%

2020年广西贫困地区农村居民人均可支配收入13140.8元，比上年增加1183.3元，增长9.9%；受新冠疫情的影响，相比往年，贫困地区收入增速有所减缓，但依然保持较高的增长态势。统计资料显示，2013至2020年，广西贫困地区农村人均可支配收入逐年增加，平均增速达到11.4%，人均可支配收入由2013年的6252元增长到2020年的13140.8元，收入增加了6889元，增长幅度为110.2%。

1.从收入结构看，2020年全年工资性收入和转移净收入增长较快，2020年广西贫困地区农村居民人均可支配收入13140.8元，增加1183.3元。其中，转移净收入贡献最大，收入为4171.4元，增幅18.0%，拉动增长5.3%；上半年工资性收入受疫情影响增幅有所减缓，但在下半年增长较快，全年收入为3774.1元，增幅11.8%，拉动增长3.3%；家庭经营净收入略有增长，收入为5042.7元，增长2.9%，拉动增长1.2%；财产净收入152.6元，增长5.1%。

表1　广西贫困地区农村居民人均可支配收入情况

	2020年（元）	2019年（元）	比上年增加（元）	比上年增长（%）	拉动可支配收入增长（%）
可支配收入	13140.8	11957.6	1183.3	9.9	
一、工资性收入	3774.1	3376.6	397.5	11.8	3.3
二、经营净收入	5042.7	4900.9	141.8	2.9	1.2
三、财产经收入	152.6	145.1	7.4	5.1	0.04
四、转移净收入	4171.4	3534.9	636.5	18.0	5.3

2.分季度看，受新冠疫情影响，2020年上半年广西外出务工人员减少、企业工厂停工停产导致工资性收入增长缓慢，对可支配收入的增长造成较大影响，上半年广西贫困地区农村居民人均可支配收入相比上年同期增长6.8%，工资性收入增长5.5%。下半年，随着疫情逐渐稳定，劳动力陆续外出务工，企业复工复产以及各地区稳岗政策的实施，工资性收入和转移

净收入带动可支配收入不断恢复，前三季度贫困地区农村人均可支配收入增速9.4%，全年收入增速扩大到9.9%。

（二）贫困地区农村居民收入与广西农村差距不断缩小

1.党的十八大以来，贫困地区农村居民收入与广西农村平均水平不断拉近。2013年，贫困地区农村居民人均可支配收入为广西农村的80.4%，到2020年该比例提高至88.7%，2013至2020年间该比重逐年提高。

图1 贫困地区农村居民收入占广西农村收入比例

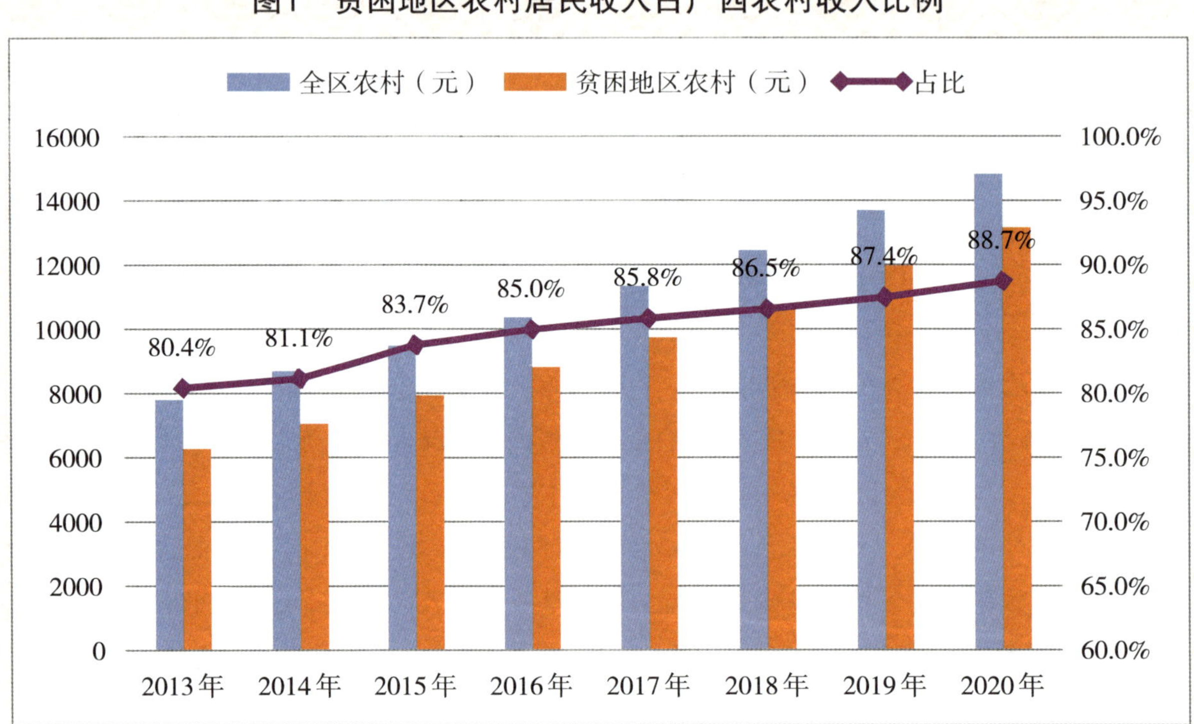

2.贫困地区收入增速持续高于广西水平。从收入增速看，2013—2020年广西贫困地区农村居民收入增速持续高于广西水平。2020年贫困地区农村居民人均可支配收入比上年增长9.9%，广西农村居民人均可支配收入增速较上年增长8.3%，贫困地区农村居民收入增速比广西农村水平高1.6个百分点。

（三）食品消费较快增长，教育文化支出持续恢复

受猪肉价格上涨影响，农村居民食品消费支出大幅增加，对农村居民生活造成了较大影响，2020年上半年贫困地区农村居民食品烟酒消费相比上年增长28.3%，随着猪肉价格回落，下半年食品烟酒消费增速变缓，前三季度增长幅度回落至24.2%，2020年全年增速19.1%。

教育支出方面，因疫情影响2020年学校春季推迟入学导致全年此项支出相比上年同期仅下降3.3个百分点。

其他消费支出中，2020年贫困地区农村居民居住类支出2364.0元，增长1.2%；交通通信类支出1401.3元，增长7.2%；衣着类支出360.5元，增长0.4%；生活用品及服务类支出592.6元，增长0.5%；医疗保健支出1076.4元，增长0.9%；其他用品和服务支出137.8元，下降3.7%。详见下表2：

表2 2020年广西贫困地区农村居民消费情况

单位：元

指标名称	本期	上期	比上期增减	比上期增长（%）
生活消费支出	11065.7	10368.0	697.7	6.7
（一）食品烟酒	3822.3	3211.9	610.4	19.0
（二）衣着	360.5	359.1	1.4	0.4
（三）居住	2364.0	2335.5	28.5	1.2
（四）生活用品及服务	592.6	589.5	3.1	0.5
（五）交通通信	1401.3	1307.1	94.3	7.2
（六）教育文化娱乐	1310.6	1354.8	-44.2	-3.3
（七）医疗保健	1076.4	1067.0	9.4	0.9
（八）其他用品和服务	137.8	143.1	-5.3	-3.7

二、贫困地区农村居民增收有利因素

（一）公益岗位增加和工资标准提高，工资性收入增长

一是公益性岗位等政策帮助贫困群众增收。广西各地积极开发扶贫公益性岗位，助力脱贫攻坚，提高了贫困家庭的收入。2020年疫情期间，自治区出台《坚决打赢疫情防控阻击战保障决胜脱贫攻坚若干措施》文件，鼓励各地因地制宜开发村务助理、道路维护、保洁等公益性岗位，支持复工复产。如来宾市忻城县2020年共开发了扶贫公益性岗位719个，安置贫困劳动力650人，德保县在新冠疫情期间开发770个疫情协防员临时性乡村公益性岗位，每人每月岗位补贴1000元，发放岗位补贴共计300多万元；河池市都安县韦先生是贫困户，2019年担任护林员，工资每月仅有400元，2020年村里重新安排他到公益性岗位工作，在村内做清洁员，每月工资1200元，工资比上年大幅提高。

二是最低工资标准提高。广西于2020年3月1日起调整执行最低工资标准。月最低工资标准由此前的1680元、1450元、1300元分别上调至1810元、1580元、1430元，在原标准基础上每月增加130元，非全日制小时最低工资标准由原来的16元、14元、12.5元分别调整至17.5元、15.3元、14元。

（二）疫情促进就业结构变化，本地务工收入增长

一是本地务工人数增加。监测数据显示，广西本地农民工人数比上年增长2.9%，本地相对灵活的就业环境给工资性收入提供增长空间。如河池市罗城县在疫情期间，砍甘蔗和摘果的人工费比2019年同期上涨20%左右，且中青年劳动力未外出而就近就业，工资性收入增加。环江县欧志望户因疫情影响，种植的砂糖橘价格下跌，以及水果滞销，家庭农业经营收入降低，无奈只能挤出时间在附近打零工补贴家用，务工收入增加7600多元。

二是扶贫项目建设提供本地务工机会。农村产业发展、电网改造、公路建设等基础性建设项目对劳动力的需求增加，农民工在本地务工机会增多。特别是各地加强易地搬迁和后续

项目建设，抓好公共服务配套设施项目建设进度，在一定程度上增加了贫困地区工作岗位，给农民工提供了就近就业机会。

（三）惠民惠农等政策落实，增加转移净收入

一是社会救济和补助收入增加。广西农村低保平均水平每人每年由4480元提高到5279元，扶贫部门资料显示，2020年广西共175万贫困人口纳入农村低保，共发放低保金45.7亿元，广西共4.5万人纳入特困供养，向贫困残疾人发放“两项补贴”共4.1亿元，涉及51.7万人。

二是政策性惠农补贴增加。各地继续加大扶贫政策的实施力度，提高产业奖补等政策性补贴。如百色市西林县提高新冠疫情防控期间奖补标准，贫困户于3月31日前完成验收的产业，奖补标准在原基础上增加50%的补助；贫困户于4月1日至6月30日完成验收的产业，奖补标准在原基础上增加30%的补助；崇左市龙州县农村样本户在2020年共得到的政策性惠农补贴8.6万元，较上年同期增加4.1万元，增幅达到90%。

三是医疗保障不断落实，报销医疗费增加。广西持续落实兜底保障和差异化医疗保障制度，贫困人口住院和门诊医疗费用实际报销比例提高，大大减轻群众经济负担。如百色市西林县贫困户医疗报销比例为90%，非贫困户报销比例为50%。据监测数据显示，全年33个国定县中有11县农村居民人均报销医疗费比上年同期增长1倍以上。

三、贫困地区农民增收不利因素

（一）主要农产品价格下跌，产销压力大

2020年是水果生产大年，柑橘、荔枝、香蕉等水果集中上市，供给量大，另外受新冠疫情影响，收购客商减少，货运不畅，导致滞销和价格下跌。2020年上半年广西水果生产者价格同比下跌29.7%，下半年跌幅虽收窄，四季度水果生产者价格仍下跌14.3%，其中柑橘类水果、热带水果和瓜果类水果价格比上年同期下跌15%左右。柳州市融安县黄先生全年共出售砂糖桔17.6万元，比上年同期收入减少8.4万元，降幅达32.3%。百色市田阳县百育村受疫情影响，交通限制后收购商减少，全村有一万斤左右的西红柿滞销，农民收入大幅度下降，韦先生这一户2020年全年出售西红柿收入1.6万元，比上年同期减少82.3%。

由于蚕种品质不高、桑树受到环境污染以及养殖技术多方面原因导致多地蚕虫生病、蚕茧质量差，另外受疫情影响，丝绸出口受阻，国内绸缎企业订单减少，库存积压，桑蚕收购价格下跌。监测数据显示，2020年广西贫困地区蚕茧出售价格比上年同期下跌18.7%。来宾市2020年9月份干茧收购均价为89元/公斤，同比下跌36.0%，秋茧平均收购价格约为30元/公斤，同比下跌40%，养蚕户增收困难；河池市环江县样本户中有34户种桑养蚕，2020年蚕茧销量共1.5万公斤，收入44.4万元，单价约29元/公斤，而上年蚕茧共1.3万公斤，收入58.8万元，单价约42元/公斤，2020年相比上年蚕茧收入和单价分别降低24.5%和30.1%。

（二）生猪产能恢复仍需时间，养殖户信心不足

非洲猪瘟导致大量生猪养殖户亏损，生猪饲养规模下降。据农村监测数据显示，一季度广西生猪存栏、能繁母猪存栏相比上年减幅均为20%左右，生猪出栏量同比下降近40%；下半年随着猪瘟影响逐渐消退，生猪产能持续恢复，但全年累计出栏率比上年下降9个百分点。住户调查显示，德保县样本户2020年共出售肉猪15.2吨，比上年28.5吨下降87.5%；隆安县生猪养殖户减少，样本户2020年共出售肉猪10.5万元，下降52.9%；罗城县样本户今年共出售肉猪15头比上年59头下降74.6%，该县覃先生户在往年养猪达到80头以上，但2020年生猪存栏数为0。另外，当前养殖用地、建设栏舍、购买防疫设备、购进种猪仔猪等生产成本不断提高，需要较大资金支持，同时养殖户担心非洲猪瘟会再次出现，加之叠加新冠疫情的影响，对疫情下扩产仍有诸多顾虑。

四、几点建议

（一）加大产业培育力度，推动村集体经济发展

脱贫攻坚以来，广西大力助推产业发展，调整产业奖补标准，加大扶贫小额信贷支持，取得了一定效果。但监测数据显示贫困地区集体经济红利收入增长缓慢，村集体经济发展目前仍处于探索阶段，要有针对性地加强村委班子对扶贫产业发展的培训，采取走出去的办法，拓宽村委干部的视野，积极推广专业合作社，把本地或本村有特色、优势的项目发展起来，积极培育新的经济增长点，同时建立完善保障体系，保障村集体经济的平稳发展。

（二）着力提升贫困人口劳动技能，拓宽就业渠道

推动贫困地区劳动力转移就业需要相应的劳动技能和文化知识作为支撑，面对贫困地区劳动力职业技能不足和教育水平偏低的现状，要整合扶贫、卫计、社保等部门的培训项目及职教等培训资源，有针对性的开展技能培训，帮助劳动力掌握一技之长，拓宽就业渠道，为贫困劳动力创造更多的就业机会，增加工资收入。

（三）关注低收入群体返贫风险，提高稳定增收能力

贫困地区低收入群体体量大，抗风险能力弱，已脱贫户或退出户仍存在着返贫风险。调研发现，贫困地区低收入户多面临收入不稳定、家庭负担重等问题，家中多有病人、老人，或承担着较高的子女教育支出，家中劳动力因照顾家庭无法外出务工的现象较为普遍。民政、卫健、医保等部门需要加强对低收入群体重病和大病的救助，教育相关部门需要落实好低收入家庭学前教育、中等职业教育、普通高中、高职高专等免学费和生活费补助政策，要继续开发公益性岗位，优先解决无法离乡、无业可持、无力脱贫等低收入群体的就业，提供就业机会和政策支持，提高工资和转移性收入。

6-5 2020年广西居民消费价格调查报告

Consumer Prices Investigation Report in 2020

2020年广西居民消费价格总体温和上涨

2020年，面对突如其来的新冠肺炎疫情和非洲猪瘟引发的新一轮物价上涨，广西区党委、政府统筹推进疫情防控及保供稳价工作，物价调控取得积极成效，居民消费价格前高后低，总体温和上涨。据国家统计局广西调查总队调查，2020年广西居民消费价格上涨2.8%，涨幅较上年回落0.9个百分点。其中，城市上涨2.5%，农村上涨3.5%；工业品价格下降1.6%，服务业价格上涨1.3%。

一、物价运行基本情况

（一）涨幅在调控目标内

2020年广西居民消费价格同比上涨2.8%，涨幅在年初广西区政府确定的“3.7%左右”的物价调控目标内。

（二）农村涨幅高于城市

2020年广西农村居民消费价格上涨3.5%，城市居民消费价格上涨2.5%，农村涨幅比城市高1.0个百分点。

（三）八大类商品及服务价格“四涨四跌”

2020年八大类价格同比“四涨四跌”。其中，食品烟酒价格上涨9.2%，医疗保健价格上涨5.5%，其他用品和服务价格上涨2.7%，教育文化和娱乐价格上涨0.5%；交通和通信价格下降4.0%，居住价格下降1.1%，生活用品及服务价格下降0.3%，衣着价格下降0.1%。

图1　2020年广西居民消费价格分类别涨跌幅（%）

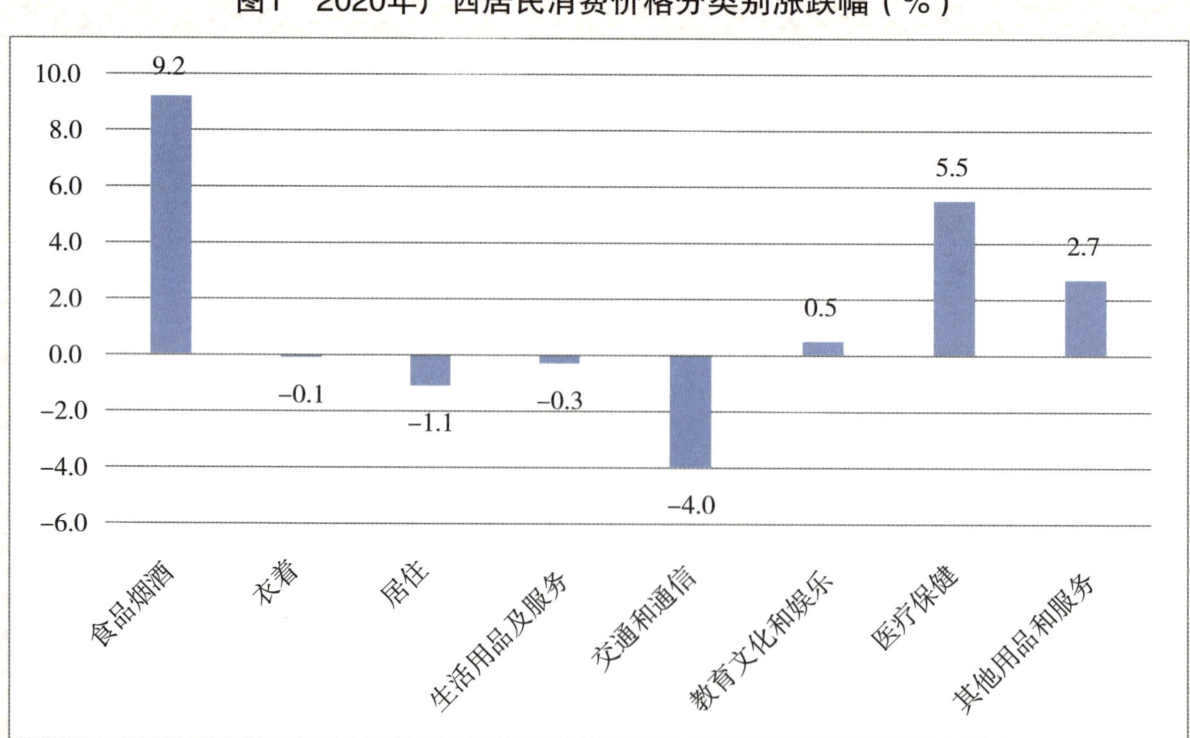

（四）从月度数据看，环比涨多降少，同比涨幅回落态势明显

从月度环比数据看，2020年1—12月居民消费价格有6个月环比上涨，5个月环比下降，1个月环比持平。月度环比涨幅最高的是2月份，上涨1.0%；月度环比降幅最高的是3月份，环比下降1.4%。

从月度同比数据看，2020年1—3月居民消费价格同比分别上涨为5.9%、6.2%、5.0%，同比涨幅连续三个月处于“5以上区间”。随着国内疫情逐步缓解，居民消费价格同比涨幅逐步收窄，物价水平总体恢复平稳，回归温和区间，4—10月，居民消费价格同比分别上涨为4.6%、3.5%、3.4%、3.0%、1.3%、1.3%、0.6%。受猪肉价格回落影响，11月份，居民消费价格同比由升转降，下降0.5%。11月份居民消费价格同比创11年来新低。12月份进入肉类消费旺季，居民消费价格同比上涨0.3%。

图2 2020年1—12月各月广西居民消费价格环比、同比涨跌幅（%）

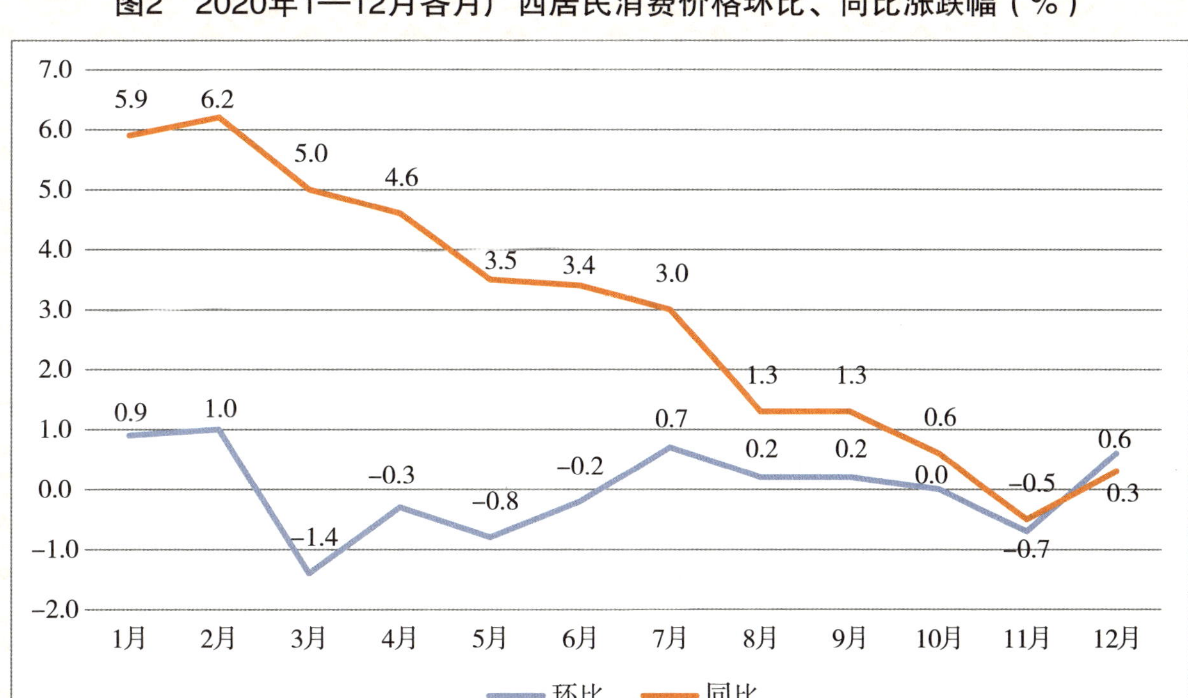

（五）居民消费价格涨幅在全国排名较上年下降

2020年广西居民消费价格涨幅高于全国平均水平（上涨2.5%）0.3个百分点，在全国31个省（区、市）涨幅从高到低的排序中，与山东省、河南省并列全国第4位，较上年排位（第1位）相比，下降3个位次。从结构上看，广西八大类商品和服务价格变动情况与全国趋势基本一致。差距较大是食品烟酒类、医疗保健类和其他用品和服务类，广西食品烟酒类、医疗保健类涨幅分别比全国平均水平高0.9个百分点和3.7个百分点，是广西居民消费价格涨幅高于全国平均水平的主要原因；广西其他用品和服务类涨幅比全国低1.6个百分点。

图3　2020年广西与全国居民消费价格分类别涨跌幅（%）

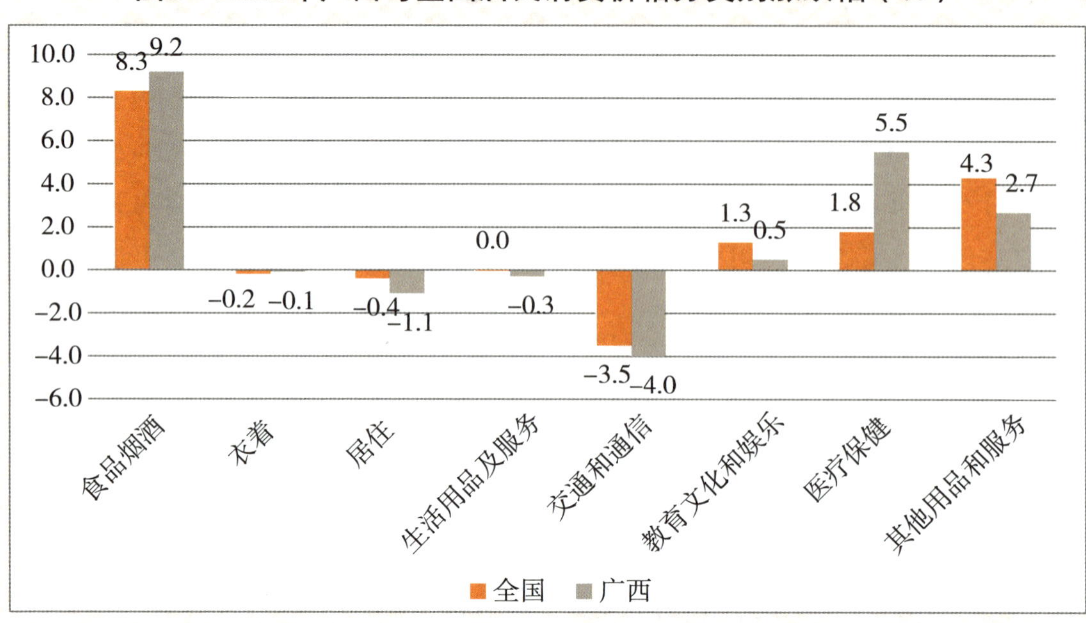

二、2020年消费价格运行的主要特点

（一）结构性上涨特点突出

从构成居民消费价格的食品、工业品及服务价格来看，2020年食品价格上涨11.6%，拉动居民消费价格总水平上涨约2.5个百分点，对居民消费价格的影响程度达到89.3%；服务价格上涨1.3%，拉动居民消费价格总水平上涨约0.5个百分点，对居民消费价格影响程度较弱；工业品价格下降1.6%，对居民消费价格走势起下拉影响。食品价格上涨对居民消费价格影响程度达到接近九成，居民消费价格上涨主要是由食品价格带动的结构性上涨。

（二）食品价格持续回落拉动居民消费价格涨幅回落

2020年1—12月广西食品价格同比分别上涨25.5%，29.1%，23.4%，21.3%，16.3%，15.5%，12.5%，5.2%，4.3%，1.0%，−3.9%，−0.9%，同比涨幅持续回落，拉动居民消费价格涨幅回落。

1.猪肉价格涨幅收窄带动食品价格涨幅回落。随着生猪生产恢复继续保持良好势头，生猪存栏量稳定增长，生猪供应得到改善，市场猪肉供给增多，猪肉价格涨幅显著回落。2020年1—12月广西猪肉价格同比分别上涨138.4%，160.7%，144.2%，128.7%，125.2%，126.6%，75.2%，17.0%，10.5%，−6.0%，−15.4%，−6.9%，并从10月份起由升转降。2020年全年猪肉价格同比上涨48.9%，涨幅较2019年回落4.3个百分点，是2020年广西居民消费价格涨幅较2019年回落的最主要原因。

2.禽肉类价格由涨转降。受2019年生猪疫情影响，2020年各地加大禽类养殖，以缓解猪肉供应短缺的情况，活禽养殖急剧扩张。随着生猪产能逐步恢复后，禽类市场需求有所减少，加上受新冠肺炎疫情影响，冻鸡肉等禽肉类冻品需求减少，价格回落明显。2020年广西禽肉类价格由2019年的上涨12.5%转为下降0.4%，回落幅度达到12.9个百分点。其中，鸡、鸭价格分别下降1.8%和2.6%。

3.鲜菜价格涨幅收窄。2020年广西暴雨、台风等恶劣天气较少，气候条件利于蔬菜的生产和运输，且在广西各级党委、政府疫情防控和保供稳价有力措施下，蔬菜生产受到新冠肺炎疫情影响相对较小，市场上蔬菜供应较为充足，鲜菜价格涨幅较2019年收窄。2020年广西鲜菜价格同比上涨3.6%，涨幅较2019年缩小4.2个百分点。

4.鲜瓜果价格同比下降。2020年广西鲜瓜果价格同比由2019年的上涨15.0%转为下降10.7%，影响居民消费价格总水平下降约0.2个百分点。主要原因是2019年苹果、梨子等家常水果大幅减产，价格较高，而2020年尽管遭受新冠肺炎疫情影响，但苹果、梨等主要水果生产仍然恢复到正常年份水平，市场水果供应较为充足，价格下降。

（三）除食品外的核心居民消费价格涨幅低位运行

2020年1月以来，新冠肺炎疫情对消费领域造成较大冲击，居民非必需品、聚集性、流动性、接触式消费受到严重抑制，除食品外的核心居民消费价格涨幅低位运行。2020年广西非食品价格仅上涨0.4%，为2009年以来最低涨幅；扣除食品和能源的核心价格上涨1.0%，为2010年以来同期最低涨幅。部分商品和服务受疫情影响较大价格下降，如2020年交通类、旅馆住宿类、通信类、文化娱乐类等消费价格同比分别下降5.4%，2.3%，1.5%和0.8%。

（四）医疗服务价格涨幅创十四年来新高

2020年，随着广西医疗服务定价改革推进，根据《广西自治区医保局关于调整我区公立医疗机构部分医疗服务项目价格的通知》（桂医保发〔2020〕13号）和《自治区医保局　自治区卫生健康委关于取消医用耗材加成调整部分医疗服务项目价格的通知》（桂医保规〔2020〕2号）文件要求，全区市县公立医院陆续提高呼吸、护理、病理、麻醉、中医及手术类等部分医疗服务项目价格。受此影响，2020广西医疗服务价格同比上涨8.6%，创2006年以来同期最高涨幅，拉动居民消费价格总水平上涨约0.5个百分点，是除食品类外对居民消费价格的影响程度最高的类别。

三、未来走势研判

影响未来居民消费价格走势的主要因素有以下方面：

一是经济形势回暖，生产、消费逐步恢复，对物价平稳运行形成有力支撑。随着国内经济逐渐摆脱疫情影响持续回暖，保供稳价和促进消费政策不断发力，尤其是广西疫情防控取得长时间无本土新增病例的优异成绩，区内生产供应稳定，居民消费需求稳步释放，消费市场逐步复苏，对物价平稳运行形成有力支撑。

二是食品供给向好，有利于食品价格稳定。本轮物价上涨主要是非洲猪瘟叠加新冠肺炎疫情影响食品供给，食品价格上涨所致。随着新冠肺炎疫情对食品生产的影响大幅降低，国内猪肉供给整体延续改善态势，禽类存栏充足，果蔬供给整体保持平稳，为食品价格稳定运行提供了有利条件。

三是受疫情在全球蔓延影响，全球需求走弱将继续抑制原油等大宗商品价格，交通、旅游等消费需求仍然偏弱，将影响相关消费价格低位运行。

四是物价改革继续推进，部分政策定价消费项目价格将有所上涨。据了解，2021年广西将继续推进物价改革，如公办幼儿园保育费、高中学费、高校学费、机动车安全检测费、生猪屠宰费、充电桩收费等政策性定价的消费项目将有所上调，对整体物价运行产生不同程度影响。

综上所述，随着猪肉供给恢复，高位运行中的猪肉价格仍有一定下降空间，且疫情对消费需求的影响也仍未完全消退，如无意外情况，预计2021年年初广西居民消费价格将延续2020年年末较低位运行态势，并随疫情影响持续消退后逐步回升，全年维持在平稳运行区间。

四、几点建议

一是扩大内需，提高消费能力。坚定实施扩大内需战略，稳步推进收入分配改革，稳步增加居民收入，提升居民消费能力，让广大居民敢消费、愿消费。

二是大力促生产，畅流通。保障人民群众生活必需品供应，做好重要民生商品的储备工作，统筹推进畜禽养殖产业发展，确保我区重要民生商品价格稳定。

三是适时深入推进物价改革，理顺价格关系。当物价从高位回落，保持在平稳运行区间时，应抓住有利时机，适时深入推进物价改革，及时理顺价格关系，为物价平稳运行奠定良好政策基础。

6-6　2020年广西工业生产者出厂价格调查报告

Industrial Producer Prices Investigation Report in 2020

2020年广西工业生产者价格负增长运行

2020年，新冠肺炎疫情全球爆发，国际国内经济环境不稳定不确定因素增多，大宗商品价格波动频繁。受此影响，广西工业生产者价格月间波动较大，全年保持负增长运行。

一、广西工业生产者价格总体运行情况

（一）广西工业生产者价格回升速度较快

2020年，广西工业生产者出厂价格比2019年下降0.6%，处于负增长区间。从2020年广西工业生产者出厂价格月同比和环比变动情况来看，2月份受到疫情影响，价格开始下降，疫情有效控制后，4月价格开始震荡回升，环比很快回正且多数月份处于上涨态势，随后受原料价格上涨及市场需求持续回暖的影响，11—12月回升速度加快，12月同比回正。

2020年，广西工业生产者购进价格比2019年下降1.5%，降幅高于出厂价格0.9个百分点。从2020年广西工业生产者购进价格月同比和环比变动情况来看，2月份受到疫情影响，价格开始下降，疫情有效控制后，4月价格开始平稳回升，6月环比回正，随后保持了7个月的上涨势头，受原料、燃料价格持续上涨的影响，12月同比在年内首次回正。

图1　1—12月广西工业生产者出厂价格同比指数和环比指数变动情况

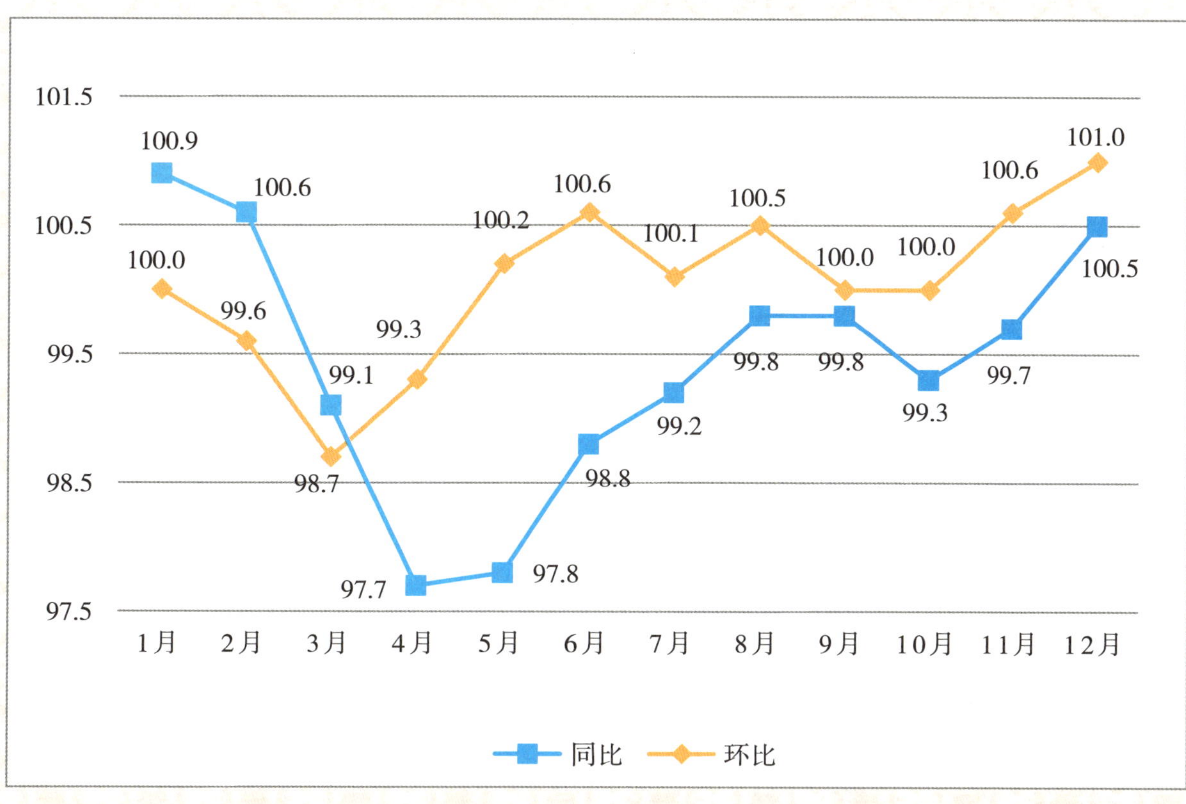

图2 1—12月广西工业生产者购进价格同比指数和环比指数变动情况

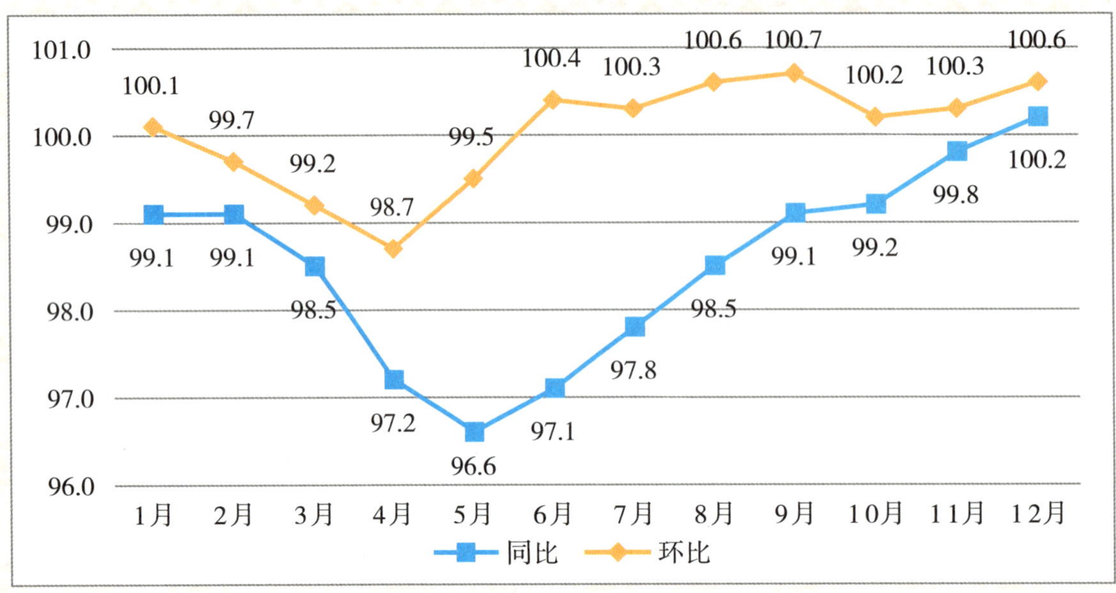

（二）生产资料价格下降，生活资料价格上涨

2020年，广西工业生产者出厂价格中，生产资料产品价格同比下降1.8%，其中原材料工业同比下降4.2%，采掘工业同比上涨0.2%，加工工业同比下降0.9%。

生活资料产品价格同比上涨3.2%，其中食品价格同比上涨4.8%，衣着价格同比上涨0.2%，一般日用品价格同比上涨1.8%，耐用消费品价格同比上涨0.4%。

从月同比指数变动情况来看，生活资料产品价格涨幅不断收窄，生产资料产品价格则在震荡中缓慢回升，直到12月同比实现正增长。

图3 1—12月广西工业生产者出厂价格生产资料和生活资料同比指数变动情况

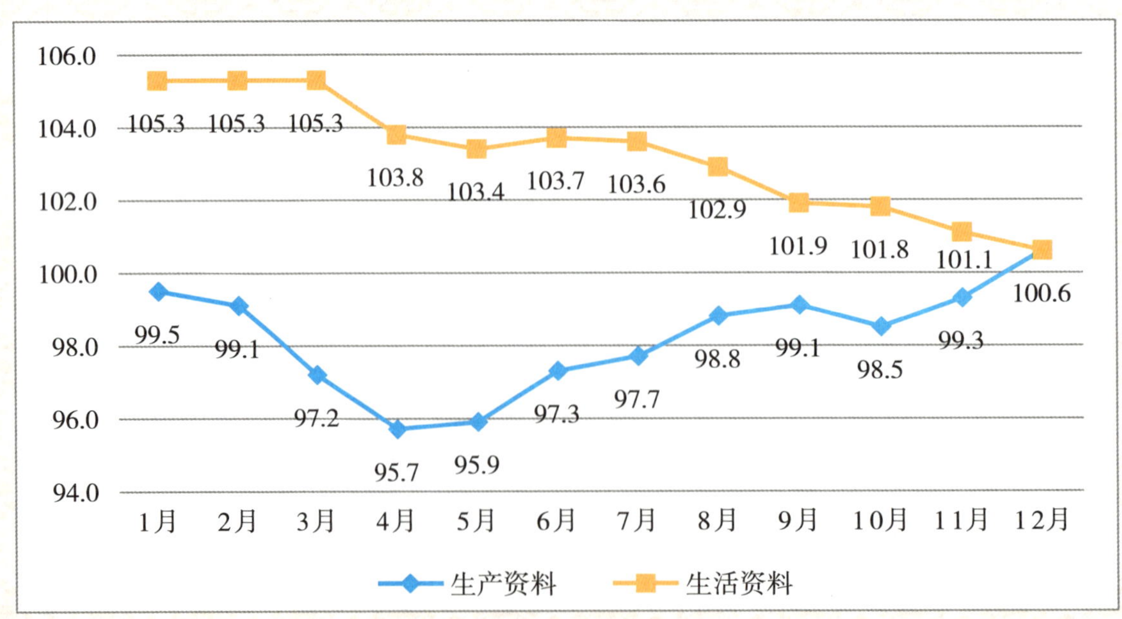

（三）大类行业下降面过半，上涨面缩小

2020年，广西工业生产者价格调查的37个大类行业同比指数呈“16升19降2平”，下降面为51.4%，与前三季度持平，上涨面为43.2%，较前三季度低2.7个百分点。其中，下降幅度较大的行业是石油和天然气开采业（−29.2%）、纺织业（−9.2%）、石油、煤炭及其他燃料加工业（−8.3%）、煤炭开采和洗选业（−5.6%）、燃气生产和供应业（−5.4%）、黑色金属冶炼和压延加工业（−4.1%）、有色金属冶炼和压延加工业（−3.9%）、化学原料和化学制品制造业（−3.7%）、造纸和纸制品业（−3.7%）、电力、热力生产和供应业（−2.5%）；上涨幅度较大的行业是农副食品加工业（6.6%）、文教、工美、体育和娱乐用品制造业（4.4%）、非金属矿采选业（3.9%）、废弃资源综合利用业（3.0%）、酒、饮料及精制茶制造业（2.4%）、黑色金属矿采选业（1.9%）、计算机、通信和其他电子设备制造业（1.7%）。

（四）总指数高于全国平均水平，同比降幅差距逐步缩小

2020年，广西工业生产者出厂价格指数（PPI）同比指数为99.4，比全国98.2高出1.2个百分点，在全国31个省区市中排第二位（按涨幅由高到低）。从月同比指数降幅来看，广西PPI与全国PPI差距逐步缩小，由最高峰的1.9个百分点缩小到1.0个百分点。

（五）新涨价因素的影响高于翘尾因素的影响

2020年全年广西工业生产者出厂价格翘尾因素是0.5，新涨价因素是−1.1。从总体上来看，2020年受到国际国内疫情的影响，市场需求回落，价格弱势运行，新涨价因素的影响高于翘尾因素的影响，从而拉低年度总指数。分月份看，除个别月份外，翘尾因素基本为正数，而2—11月，新涨价因素均为负值，直到12月份，新涨价因素才转为正数。

二、主要行业产品价格总体平稳，但月间波动大

（一）食糖价格逐月回落，总体水平高于2019年

2020年，广西食糖价格同比上涨9.4%。主要是2019年上半年食糖价格较低，从而拉低了2019年食糖价格，使得2020年食糖价格平均水平高于2019年。从月同比指数来看，2020年1月份食糖价格达到高位后，受到新冠肺炎疫情影响，食糖需求减少，同比涨幅逐月回落，下半年在节假日消费需求刺激拉动下，价格略有回升，但随着新榨季来临，部分企业为了迅速回款以便收购新榨季甘蔗，纷纷调低售价来加快清理库存，12月份价格快速走低，同比只是微涨。

（二）黑色金属价格先抑后扬

2020年，广西黑色金属冶炼和压延业产品价格同比下降4.1%。钢材价格和硅锰合金价格均处于下降区间。主要是受疫情影响，致使部分基建项目停工，房地产市场交易较2019年冷淡，钢材需求不旺，价格回升乏力，引起上游硅锰合金价格一起回落。从月同比指数来看，1—2月份疫情影响尚未显现时，钢材价格微涨，硅锰合金价格降幅也有所收窄，但3月份后，疫情影响开始凸显，钢材价格快速下

滑，同比迅速由正转负，硅锰合金价格继续维持下降趋势，直到12月份，因为国内经济持续回暖，市场需求不断回升，叠加原料铁矿石、锰矿石价格上涨，成本上升，钢材价格快速上升，同比由负转正，硅锰合金价格同比降幅也迅速收窄。

（三）有色金属价格下半年回升速度加快

2020年，广西有色金属冶炼和压延业产品价格同比下降3.9%。其中铝冶炼产品价格同比下降7.6%，铝压延加工产品价格同比上涨0.9%。虽然2020年受疫情影响，有色金属需求减弱，尤其是国际市场需求减少，但下半年国家新基建政策的刺激，家电、汽车消费市场的持续回暖，铝材铝棒等铝压延加工产品需求增加，价格上涨，而铝冶炼产品因为供应充足，价格仍维持下降趋势。从月同比指数来看，铝压延加工产品价格虽在3月份受疫情的影响而由正转负，但回升的速度较快，5月份降幅开始收窄，7月份同比由负转正，并保持了6个月的涨势，而铝冶炼产品因为供应充足，每月价格弱势运行，全年月同比均保持降势，但降幅已呈收窄之势。

（四）水泥价格总体平稳，先扬后抑

2020年，广西水泥制造产品价格同比下降0.1%，价格总体比较平稳，价格走势上与2019年水泥价格走势完全相反，上半年除个别月份外，同比基本都处于涨势，下半年则均处于降势，呈现出淡季不淡、旺季不旺的情况。主要是因为疫情突如其来，工地推迟开工，让从2019年下半年以来价格一路上扬的水泥价格瞬间回落，疫情有效控制后，工地开工，水泥需求回升，价格迅速回升，但下半年，受雨季、房地产市场不旺与上年同期水泥价格较高的影响，水泥价格同比回落。从企业数据来看，因为销售区域覆盖的有限性，部分区域水泥销售形势较好，价格平稳，部分区域水泥价格略有下降。

（五）汽车出厂价格表现相对平稳

2020年，广西汽车制造业产品价格同比上涨0.1%，价格表现相对平稳。从月同比指数来看，波动较小。受疫情影响，人们出行减少，对汽车需求减弱，部分月份汽车价格下降，但我国经济持续回暖，向好预期较强，加上广西今年推行消费优惠季，对于购车给予较大补贴，较大的推动了汽车消费，下半年汽车销售形势较好，价格平稳回升。如上汽通用五菱下半年推出的新能源微型车宏光MINI EV，因高性价比销售表现亮眼，连续数月成为新能源汽车月销量冠军，助推上汽通用五菱新能源汽车市场占有率提高。

三、需要关注的问题

（一）出厂价格和购进价格同比变动幅度差距缩小

2020年，广西工业生产者出厂价格同比指数高于购进价格0.9个百分点，但从月同比指数来看，下半年出厂价格与购进价格同比变动差距开始缩小，尤其是四季度，差距缩小速度较快，11月购进价格同比指数甚至高于出厂价格。这表明企业生产所需原料、燃料等价格也在快速回升，甚至回升速度一度超过了出厂产品价格上升速度，在一定程度上将影响企业盈利水平。

图4 1—12月广西工业生产者出厂和购进价格同比指数变动情况

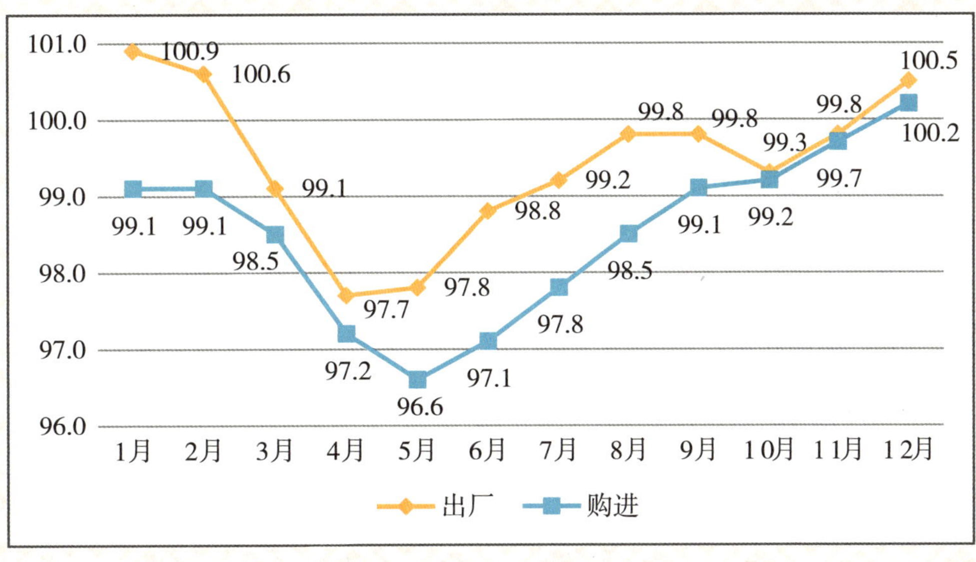

（二）企业经营仍面临一些困难，使得价格月间波动较大

国际上疫情仍未得到控制，大宗商品价格波动较大，如原油、有色金属等。而企业自身经营仍面临一些困难，如电费价格较周边省份高、原料与产品运输难费用高、产业链延伸不够等，这使得产品竞争优势不够强，价格月间波动较大。

（三）运输瓶颈多，运输成本较高制约企业发展

广西目前水运海运发达，但运输瓶颈多。如：北部湾港口装船条件较为严格，依据北部湾港口规定6级风不得装船计算，一年中将近150天货物不能及时装船，货物积压在港口造成各项损失很大。又如：大藤峡水坝通闸时间太长，船只过闸时间由原来的1-2天变成现在8天。陆地运输也存在类似情况，南宁铁路局可获得的车皮数量太少，某企业申请300个运输车皮，最后只获批十几个。陆地运输成本对于企业仍然较高。据企业反映，通往港口的陆地运输基本只能依靠汽车，成本较高，铁路货运成本低，但运力制约大。

6-7　2020年广西农产品生产者价格调查报告

Farm Products Prices Investigation Report in 2020

2020年广西农产品生产者价格上涨15.5%

据国家统计局广西调查总队调查，2020年广西农产品生产者价格比2019年上涨15.5%，总体上延续2019年的大幅上涨的态势，但呈现涨幅逐季下降，四季度转为下跌的特点。其中一至三季度分别上涨45.4%、36.0%和19.7%，四季度下跌2.4%。从主要品种看，生猪价格上涨74.0%，谷物价格上涨6.1%，蔬菜价格上涨4.2%，水果价格下跌14.2%。生猪价格同比大幅上涨是总指数上涨的主要原因。

一、农业产品价格下跌0.5%

2020年广西农业产品生产者价格比上年同期下跌0.5%，其中：谷物、油料、蔬菜及食用菌、薯类、中草药材、豆类价格同比分别上涨6.1%、5.9%、4.0%、0.9%、0.7%和0.3%，糖料价格与上年同期持平，水果、茶及饮料原料、生麻价格同比分别下跌14.2%、4.1%和2.9%。

（一）谷物价格上涨6.1%

2020年广西谷物生产者价格同比上涨6.1%，其中玉米、早籼稻、晚籼稻价格分别上涨12.7%、4.7%和3.2%。玉米价格上涨主要原因：一是2020年广西生猪生产恢复较快，对玉米需求大，价格上涨；二是受国内玉米库存减少影响，进口量增加，导致国内玉米价格上涨。据南宁市马山县反映，该县2019年底年饲养量5000头以上的大型生猪养殖场才有9家，2020年扩增到18家，猪饲料的需求受此影响快速上升，对玉米的需求也大大增加。此外，2020年下半年以来，广西玉米主产区总降水量偏少，总日照时数与历年同期相比偏少，秋玉米收获上市时间延迟，市场供应量不足，加上农户惜售心理，导致玉米价格上涨。早晚籼稻价格上涨的原因：从国际市场来说，2020年发生新冠肺炎疫情以来，部分国家限制粮食出口，国际粮价稳步上扬。从国内情况来说，2020年部分省份早稻受灾，产量下降，广西晚稻受寒露风影响单产同比下降1.6%，产量同比下降0.4%。因此不少农户惜售粮食心理较重，市场供应趋紧，导致早晚稻价格上涨。据来宾市象州县反映，不少农户见到稻谷行情上涨，相对惜售，把早稻推迟到2020年四季度售卖，价格同比上涨。据贵港市平南县、南宁市上林县反映，2020年四季度以来粮食市场交易活跃，不少外省收购商来到当地收购粮食，推高本地粮价。

（二）油料价格上涨5.9%

广西油料作物主要是花生，2020年三季度花生价格上涨11.4%，四季度上涨1.2%。据南宁市、柳州市鹿寨县反映，油料价格上涨主要原因：一是2020年花生种植面积不多，总产量不大，市场需求较好；二是广西部分地区受到干旱影响，花生产量下降，导致市场供应量减少，价格上涨。

（三）甘蔗价格持平

2020年广西甘蔗价格同比持平。据崇左市、来宾市等甘蔗主产区调查地反映，2020年糖料蔗收购价格与2019年持平，即普通糖料蔗收购价为490元/吨，高糖料蔗收购价为

520元/吨。

（四）蔬菜及食用菌价格上涨4.0%

2020年广西蔬菜及食用菌生产者价格上涨4.0%，其中蔬菜价格上涨4.2%，食用菌价格上涨1.0%。分种类看，莴苣及菊苣类蔬菜、根茎类蔬菜、瓜菜类蔬菜、芥菜类蔬菜、白菜类蔬菜、叶菜类蔬菜价格同比分别上涨31.3%、20.9%、5.9%、4.4%、2.3%和1.8%。甘蓝类蔬菜、葱蒜类蔬菜、水生类蔬菜、茄果类蔬菜、豆类蔬菜价格分别下跌10.2%、6.3%、0.7%、0.5%和0.2%。从百色市、桂林市等地调查的情况看，蔬菜价格上涨的主要原因：一是部分蔬菜种植面积减少，导致产量有所下降；二是2020年部分地区出现干旱天气，导致产量下降。

（五）水果价格下跌14.2%

2020年广西水果生产者价格同比下跌14.2%，其中一、二、四季度分别下跌7.8%、40.8%和14.3%，三季度上涨6.5%。主要是瓜类水果、柑橘类水果、热带水果价格同比分别下跌37.6%、20.1%和4.7%。分品种看，荔枝、西瓜、柑橘、香蕉价格分别下跌36.2%、33.4%、30.4%和15.1%。水果价格下跌的原因有：一是受新冠疫情影响，广西传统的水果种植“大户”柑橘、香蕉、西瓜销售不畅，在产量稳定增加的情况下，只能低价上市。据桂林市反映，这两年来，广西各地种植脐橙、沃柑的面积扩大较快，供应量快速增长，造成市场上柑橘类水果供应充足，价格较为低迷。据河池市反映，往年种植蜜柚的调查户一般在附近二级公路旁设立销售点，吸引过往的车辆停车购买，销售有保证。2020年高速公路修通后很多车辆改道不走二级公路了，导致销售行情大跌，还有周边的百色市和贵州省的蜜柚种植面积不断扩大，造成上市量大，价格下跌。据百色市田东县、钦州市灵山县反映，受2019年香蕉价格利好的影响，2020年香蕉种植面积增加，且上市集中，量多价跌。此外受新冠疫情影响，外地收购客商减少跨省收购香蕉，只好以本地销售为主。二是2020年是广西荔枝生产“大年”，气候适宜荔枝生长，主产地荔枝产量增加，价格同比下跌。据钦州市灵山县某农场负责人表示，该场2020年荔枝总产量高达14.5万公斤，与2019年7万公斤的产量相比足足增加了一倍多。受疫情影响，来自外地的收购客商和前来游玩品尝荔枝的外地游客较往年有所下降。

二、林业产品价格下跌2.4%

2020年广西林业产品生产者价格比上年同期下跌2.4%。其中：育种和育苗、木材采伐产品、林产品、竹材采伐产品价格同比分别下跌6.8%、2.5%、1.1%和0.4%。分品种看，果树苗、杉木原条价格分别下跌5.5%和5.5%，毛竹价格下跌1.2%，天然松脂价格上涨5.2%。据桂林市反映，由于柑橘类水果价格持续低，导致该类型苗木销售不畅，销售价格低迷。据桂林市平乐县反映，2020年销售的杉木原条是2019年末砍伐下来的产品，这些堆积在山野外面的木材经过日晒雨淋后品质变差，价格也下降。据百色市田东县反映，天然松脂价格上涨一是受2019年市场价格低迷的影响，2020年全年产量同比减少50%左右。二是随着疫情和复工复产的好转，下游企业需求增加，库存逐日减少，供需矛盾加大。三是传统产地东南亚国家和地区，受疫情影响，未能及时复工采脂，加剧市场材料的减少。据梧州市反映，当地松树老龄化，松脂产量低，导致大幅减产，因为供求关系导致价格上涨。

三、畜禽价格大幅上涨47.1%

2020年广西畜牧业产品价格比2019年同期上涨47.1%，其中一、二、三季度分别上涨161.5%、135.5%和48.6%，四季度下跌12.5%，呈现高开低走，逐季走低的特点。从主要品种看，猪、羊、牛价格同比分别上涨74.0%、14.6%和9.5%。蚕茧、活家禽、畜禽产品和禽蛋的价格同比分别下跌20.0%、18.6%、15.0%和6.8%。

（一）猪价上涨74.0%

2020年广西猪价同比上涨74.0%，其中仔猪价格上涨181.8%，活猪价格上涨69.9%。猪价持续上涨的主要原因：一是2019年受非洲猪瘟影响，生猪存栏出栏量均严重不足，市场供应有限，价格大涨。2020年生猪产能逐步恢复，但是增长速度缓慢，直到四季度效果才较为显现，价格也逐季下降。据南宁市反映，2020年四季度该市生猪存、出栏在不断增加，从11月主要畜禽监测调查情况报表来看，生猪存栏同比增长48.6%，生猪出栏同比上涨1倍多。二是仔猪是恢复产能的基础，但受供求关系影响价格飞涨，甚至有价无市。据玉林市博白县反映，2020年市场上种猪和仔猪供应还是有限，只有少数大型养殖场才有出售，而且价格较贵，多数中小养殖户不敢购买饲养。据南宁市马山县反映，2020年四季度该县15斤重的断奶仔猪仍要1950元/头。

（二）牛羊价格保持缓慢上涨，但家禽供过于求价格下跌

由于生猪价格保持高位，牛、羊本身产量增加有限，市场产销行情普遍看好，价格稳步上涨。禽类方面，由于2020年不少生猪养殖户转养鸡鸭等品种，导致市场供应较为充足，价格走低。据玉林市、桂林市反映，由于2019年价格较高，大部分企业和养殖户2020年资金较为充足，投苗量大，市场供应充足，价格同比下跌。受鸡鸭供应量大价格下跌的影响，禽蛋价格也供应充足，价格下跌。

（三）蚕茧价格下跌20.0%

2020年蚕茧价格下跌20.0%。据河池市宜州区、都安县等地反映，一是由于受新冠疫情影响，丝绸出口量减少，国内绸缎企业订单也不如2019年，蚕丝销售受阻，生产原料桑蚕茧收购价也下跌。二是2020年当地天气干旱，降雨量少，桑叶长势不好，蚕虫也因为酷热导致蚕病，导致品质下降，价格下跌。

四、渔业产品价格下跌3.7%

2020年广西渔业生产者价格下跌3.7%。其中：海水养殖产品、海水捕捞产品、淡水养殖产品价格同比分别下跌6.8%、3.3%和1.8%。分品种看，海鳗、海水养殖虾、虾姑、淡水养殖龟、海水养殖牡蛎、养殖淡水罗飞鱼价格分别下跌24.4%、19.4%、16.3%、13.2%、10.2%和5.3%。据钦州市、防城港市反映，2020年渔业价格整体下降主要受到新冠疫情影响：一是旅游、餐饮人员减少导致消费减少；二是产品往外销售不畅，有货运不出去；三是部分地区检出冷冻海产品有新冠病毒后，群众对食用海产品有顾虑，减少海产品消费。据北海市反映，受新冠疫情影响，来北海市旅游的人数严重下滑，消费力度强的团体游客人数下滑更加明显。高端海鲜市场需求减少，价格明显下跌。此外，很多国家关闭了餐厅等公共场所，国外订单大幅减少，如该市某调查户2020年四季度的出口订单同比减少50%以上，不得已将出口转为内销，国内海产品供给增加，市场消化能力有限，价格下跌。淡水鱼方面，据河池市宜州区反映，一是罗非鱼外销量减少，广东等外地罗非鱼抢占本地市场；二是一些鱼类加工

厂订单减少，导致本地罗非鱼基本是在本地销售，价格下跌。

五、稳定农产品价格亟须解决好四个问题

（一）生猪生产问题

巩固生猪养殖成果，继续加大规模化养殖力度，不断提升生猪产能。规模化养殖是生猪养殖的出路，各地要多措并举扶持规模化养殖，做好防疫措施，减少环保压力。

（二）“菜篮子”稳定供应问题

要多给菜农提供市场信息，引导菜农稳定蔬菜种植品种，种出本地特色，不断提高蔬菜种植效益。

（三）柑橘类水果种植规模问题

近年来广西种植柑橘类水果越来越多，市场供应量较大，价格已经持续走低，各地应该引导农户谨慎扩大柑橘类水果的种植规模。

（四）持续重视“米袋子”问题

2020年广西晚稻受寒露风影响单产下降，产量减少。农户惜售较为普遍，加上不少外地客商来广西“抢粮”，稻谷价格涨幅较大。各地应该继续多措并举稳定粮食种植面积，提升田间管护水平，稳定粮食产量，最大限度保障口粮供应稳定。

6-8 2020年广西畜禽生产调查报告

Liestock Production Investigation Report in 2020

2020年广西主要畜禽生产情况综述

根据国家统计局广西调查总队主要畜禽监测调查数据及相关调研显示，2020年，广西生猪生产持续保持稳定恢复态势，生猪存栏、能繁母猪存栏平稳上涨，生猪出栏形势有所好转，养猪效益良好；家禽存栏、出栏规模均处于较高水平，继续发挥猪肉主要替代品作用。

一、2020年广西生猪生产发展情况

（一）生猪存栏、能繁母猪存栏同比出现较大幅度增长

数据显示，2020年底广西生猪存栏、能繁母猪存栏分别为1828.3万头和211.5万头，同比增长14.3和16.8%，双双呈现较大幅度上涨的趋势。自2019年四季度以来，广西生猪生产保持平稳恢复态势，目前已实现5个季度连续增长；生猪调出大县月度监测数据也显示，广西生猪存栏和能繁母猪存栏已保持15个月连续环比上涨。

图1 广西生猪存栏恢复情况

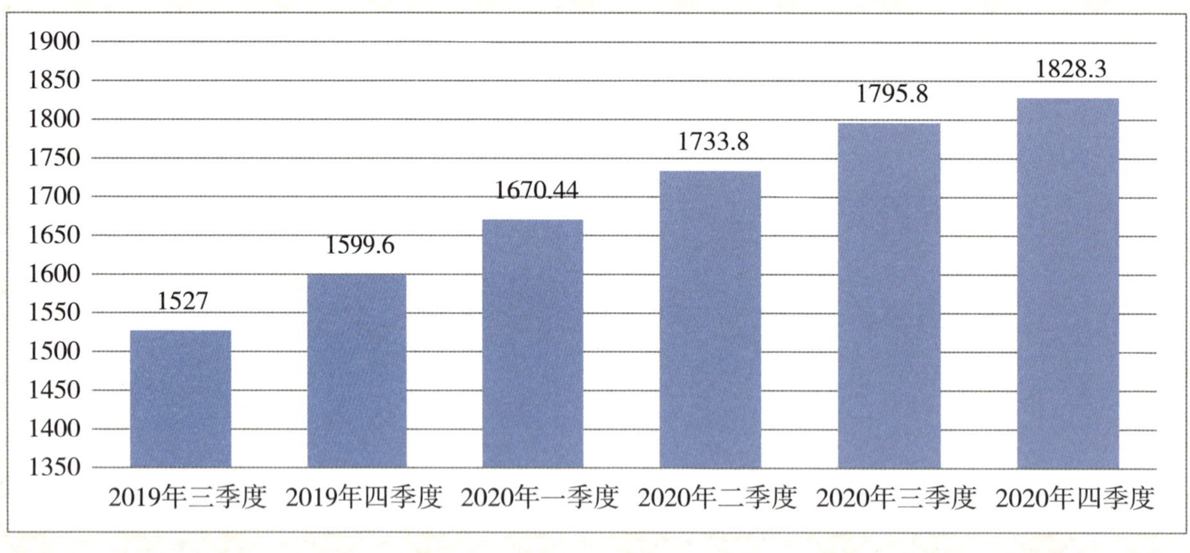

据分析，影响广西生猪平稳恢复的原因主要有：一是广西生猪产能缺口较大。调查数据显示，2019年三季度末广西生猪存栏1527.6万头，同比减少34%，存量不足七成，体现出2020年广西生猪生产存在较大的恢复空间；二是猪价高企，诱使养殖户积极补栏，恢复生产。2020年全年，广西区内生猪价一直处于高位运行区间，高额的养殖收益极大地刺激大型养殖户扩张，部分中小养殖户也积极尝试新养或复养；三是政策扶持。广西各级政策均出台了生猪保价稳供的相关政策措施，实施推广“铁桶计划”，引进扶持大型养殖企业发展等

办法，刺激生猪产能恢复；四是2020年非瘟疫情趋于稳定，全年广西区内没有发生非洲猪瘟复发迹象，养殖户养殖信心有所上升。

（二）生猪出栏减幅继续收窄，但出栏量仍显不足

数据显示，广西全年累计生猪出栏为2281.2万头，同比减少9%，相较前三季度累计减幅19.8%缩窄了10个百分点。分析认为，推进广西出栏减幅不断缩小，形势向好的原因主要有：一是广西生猪生产保持稳定恢复已有较长时间，部分恢复的产能已经开始逐渐转化为出栏；二是上年受非瘟冲击较小的大型养殖户（企业）积极扩大养殖规模，促使全年生猪出栏量出现增长。如灵山县某牧业有限公司反映，该公司去年出栏5000～6000头左右，2020年预计出栏能达到8000头，同比增加33.3%，浦北县某黑猪养殖场也表示，该公司自今年起积极扩大养殖规模，发展势头良好，预计肉猪出栏将达到15000头左右，比去年增长60%。

虽然当前广西生猪生产形势向好，但当前生猪供给仍旧明显偏紧。主要原因：一是2020年生猪生产水平仍处历史低位。虽然2020年广西生猪出栏量达到2019年的91%，但与非洲猪瘟爆发前的年度作历史数据对比来看，2020年广西生猪出栏量不到2017、2018年的七成，生猪存栏量仅达到2017、2018年末的八成，说明生猪生产恢复工作仍然任重道远。二是生猪市场有效供给仍显不足。据农业生产部门检疫数据显示，2020年广西生猪产地检疫量、屠宰场宰前检疫量同比分别下降12%、27.3%，说明生猪市场有效供应仍然不足，成为当前广西区内生猪价格高位运行的主要原因。

（三）生猪养殖成本大幅度提高

一是人工成本上升明显。非洲猪瘟疫情改变了大部分养殖户尤其是大型养殖企业的工人管理模式，养殖企业为降低疫情风险对生猪生产区域进行了全封闭管理，并对生产工人发放了封闭补贴。如贵港市平南县某公司反映该场工人平均工资由去年同期3000元左右上升到了当前5000元以上，梧州市华鑫猪场也表示工人平均工资由去年3200元左右上升到了5000元。

二是防疫成本、栏舍建设成本提高。调研显示，养殖户普遍反映由于防非需要，需要对栏舍进行改造，相应也要进行一定数额的资金投入，使得养猪成本提高。据钦州市某养殖场的管理人员介绍，该公司对现有栏舍为改造后的栏舍，栏舍密封、装有防蚊网，栏舍改造费用全部自费，改造费用为20多万元。

三是饲料成本上涨。主要表现为玉米饲料价格大幅增长。据贵港市桂平陆某养殖户反映，玉米在10月20日前后大幅上涨，比去年最低价水平相比涨价接近1000元/吨，涨幅接近60%。在玉米大幅涨价的大环境下，猪饲料价格也水涨船高。以小猪料为例子，10月20日价格为152元40公斤包，折算为3800元/吨，相较6月份的调研价格3325元/吨上涨近500元/吨，涨幅15%。

（四）生猪价格保持高位运行，养殖效益可观

根据生猪调查大县月度监测数据显示，2020年广西生猪出售价格虽起伏波动，但一直保持在高位运行。分析认为，影响广西生猪价格居高不下的原因有：一是生猪供给不足。如上文所述，2020年年广西生猪出栏总量不足非瘟前年份的七成，较大的生猪供给缺口是生猪价格居高不下的主要原因；二是新冠疫情影响。如2020年一季度，正值春节期间，猪肉需求本就偏大，受新冠疫情影响，广西部分县区出现封村封路等现象，导致畜禽产品调运受阻，在一定程度上再度抬高了市面上生猪

价格。12月也存在相似的情况，部分养殖户反映，12月部分新闻媒体报导其他省份出现进口冷冻猪肉核酸检测异常的消息，促使冷鲜肉类产品销售受到影响，市场上对于新鲜猪肉的需求增加，进而影响生猪出售价格上涨。

图2 2020广西生猪大县月度平均价格

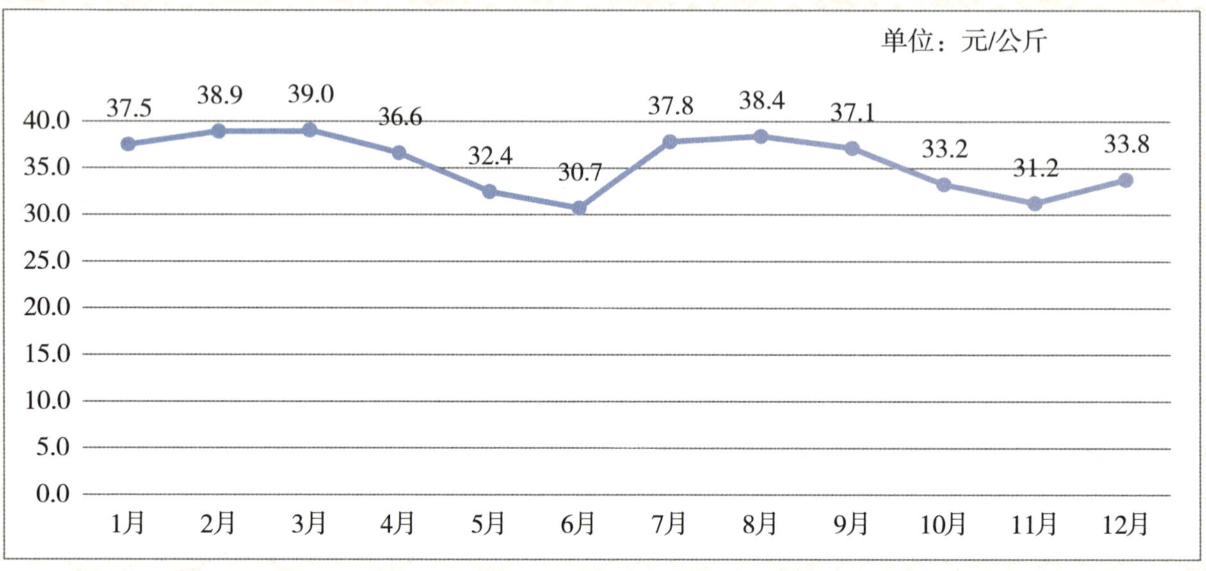

据调研了解，在非洲猪瘟发生之前，各大型养殖企业通过提高规模化程度和管理水平降低养殖成本，如扬翔、农垦集团等大型养猪场的饲养成本控制在12元/公斤左右。非洲猪瘟疫情后，随着人工成本、防疫成本上升，生猪养殖成本上升至15元/公斤左右。根据生猪调出大县监测数据测算，全年生猪出栏平均价格在35.3元/公斤左右，平均出栏重量在126.4公斤左右，折算出当前出售一头生猪的盈利达到了2500元以上。

（五）大型养殖户对行业发展较为乐观

调研了解到，养殖户认为后续猪价会平缓回落，但2021年仍有一定的盈利空间。价格回落的主要原因在于生猪供应增加。随着广西生猪产能持续恢复，出栏生猪数量也将不断增加，生猪市场供应紧张局势会逐渐得到缓解，猪价也会随之缓慢回落。另一方面，生猪行情也不会出现快速、大幅的回落。一是当前春节临近，宴请、酒席增加，猪肉需求呈现明显的上升趋势，价格仍将利好；二是生猪供给恢复速度总体来看还是偏慢，这既有生猪生产周期的限制，也有中小型养殖户受引种难、用地难、成本高导致投产复产难等方面原因。

二、家禽市场趋于饱和，全年养殖效益不高

（一）广西家禽存栏持平略减，家禽全年累计出栏提升

调查数据显示，广西家禽四季度末存栏37932.3万只，同比减少1%，全年家禽累计出栏114571.5万只，同比增加12.7%。分析认为，广西家禽存栏持平略减原因有：一是去年底广西家禽已发展至较高水平。2019年广西非洲猪瘟发生后，由于替代效应，家禽行业快速扩张，至2019年底基本达到存栏最高峰；二是2020年家禽市场行情不景气。2020年春节后，受新冠

疫情影响，加上生猪出栏开始略有好转，家禽行业开始出现产能过剩的现象，活禽价格连续走低，上半年家禽养殖亏损严重，一些抗击市场风险能力、生产和管理成本控制能力较弱的养殖户率先减栏甚至全部清栏，规避后期市场风险。如玉林市北流市某家禽养殖场陆老板反映，2020年家禽养殖行业产能过剩，成本上涨，利润不高且销路不畅，价格也偏低，为减小亏损，打算四季度售完最后一批存栏后看明年市场情况再考虑是否再续养。

（二）全年家禽养殖效益不高

玉林市某集团反映，从2019年12月至2020年10月底，肉鸡出售价格一直处于成本线以下，1—4月，受新冠疫情影响，肉鸡出售均价仅为6～10元/公斤，6月份以来均价为12～16元/公斤，而受成本持续上涨影响，肉鸡成本价就要16～16.4元/公斤。据玉林畜牧协会相关监测数据显示，四季度三黄项鸡均价为15.8元/公斤，环比上涨7.5%。桂林市某养殖有限公司反映，2020年一整年都是亏的，除了三季度9月份行情价格较好，卖12元/公斤，2020年的均价在8元/公斤，四季度均价在3.5～4.5元/斤之间，均价8元/公斤。钦州市某农牧有限公司也反映，自2019年11月鸡价一直下跌，跌至6元，2020年2—3月鸡价下跌最为严重，为4元左右，平均一只鸡亏损20元。鸡价从2020年10月份才回升至平本线附近，11、12月略有盈利，但全年总体养殖效益为亏损。

三、牛、羊生产发展基本平稳

数据显示，广西活牛、活羊年底存栏分别为349.1万头和239.2万只，同比分别增长3.6%和3.5%，全年累计出栏量分别为131.2万头和228.0万只，同比分别增长5.3%和4.8%。虽然近年来市场上牛、羊肉价格一直较高，但广西牛、羊产业规模仍相对较小，产业规模快速发展的各项条件尚不具备，所以整体上生产一直处于平稳发展的态势。

四、当前畜禽生产面临的主要问题

（一）生猪大、中、小型养殖户复产水平不均衡

目前生猪恢复补栏群体主要以大型企业或合作养殖户为主，中小型养殖户复产存在较多难题。根据生猪大县生猪大型养殖企业存在经济基础好，猪源相对稳定等优势，农业部门的扶持政策也向大型企业、规模户倾斜，如“铁桶计划”，龙头企业采取产业化经营模式带动中小养猪场（户）恢复生产等扶持政策，都是以大型企业为主要切入点。而中小型养殖户资金受损严重，加上当前市场上仔猪、种猪量少价高，想要享受政策红利难度又大，恢复生猪养殖道路困难重重。

（二）畜禽行业发展缺乏有效引导，容易盲目跟风

根据近年对广西生猪和家禽行业的监测数据显示，广西畜牧业发展存在明显的“一窝蜂”现象。当量少价高时，民间资金扎堆入行，如2016—2017年期间，生猪迎来较长一段时间盈利期，民间资金开始疯狂投入到生猪行业，使得生猪产能快速上涨，2018年下半年几乎达到了历史最高水平，出现产能过剩迹象，猪价下降至成本线以下，非洲猪瘟疫情发生后更是损失惨重；家禽行业也存在相似状况，2019年下半年，家禽作为主要肉类替代品，价格明显上升，农户又开始扎堆养禽，家禽养殖户（企业）快速扩栏，不少生猪养殖户也改行养禽，致使家禽产能快速膨胀，不少大型养殖企业生产规模半年时间内扩大接近30%，到2020年，随着生猪产能逐步恢复，加之受新冠

疫情影响，家禽消费需求降低，价格下降，家禽市场行情再度陷入了低潮，家禽养殖户也亏损严重。

五、几点意见建议

（一）强化政府对畜牧业发展的调控引导机制

一是建立完善面对广大农户的信息发布机制，及时、准确地发布市场价格和供求的相关信息，引导养殖户了解和掌握市场规律，引导市场产销，稳定养殖户的养殖积极性；二是政府相关部门要做好规划，主动开发与拓展畜禽产品下游产业，扩展畜禽产品消费、屠宰或收储渠道；三是要积极研究制约广西牛、羊养殖产业的壮大发展的“瓶颈”，结合广西实际，及时出台相关的政策措施，做大做强广西畜牧业。

（二）加强政府扶持力度，稳定养殖户生产信心

加大政策扶持力度。相关部门应充分把握市场规律和生猪生产特点，合理利用生猪生产补贴政策激发养殖户养殖积极性；建立灵活的金融贷款政策。加大对规模养殖户的金融扶持力度，特别是对仍在坚持养殖的中小型养殖户，确保养殖户生产资金不断链，坚定养殖户生产信心，确保生产稳定增长。

（三）加强信息技术服务，提高生产管理水平

一是做好非洲猪瘟的疫情防控，进一步健全生猪保育及饲料供应体系，调整优化生猪及其制品的调用政策，严禁层层加码限运禁运，维持正常流通秩序，加强产销对接。二是加强对基层畜牧科技人员、养殖大户的培训指导，畅通龙头企业与农户、专业合作社（协会）与公司、农户之间信息交流、技术协作渠道，建立生猪行业产前、产中、产后技术服务体系，强化行业管理，提高生猪生产规模化水平和疫病防控能力，促进生猪生产保供稳价工作提质增效。

（四）建立健全畜禽生产监测预警机制，合理引导畜禽养殖业扩张

建议有关部门和行业协会积极发挥主观能动性，及时检测跟踪畜禽行业态势并合理预判后市，结合市场化手段和宣传引导进行调控，促进畜禽产业健康有序发展。

国家统计局南宁调查队

2020年，国家统计局南宁调查队（以下简称南宁调查队）在广西调查总队的坚强领导下，坚持以习近平新时代中国特色社会主义思想为指导，深入学习贯彻党的十九大精神，全面落实广西国家调查工作会议决策部署，紧扣“建三高一队伍”创“南宁调查”品牌，推动南宁首府调查事业高质量发展。

一、加强政治教育，提高政治觉悟

2020年坚决贯彻落实国家统计局党组、广西调查总队党组2020年工作的决策部署，举办《习近平谈治国理政》第三卷专题学习班，通过原文领学、党课精学、专家教学，带动辖区调查队系统党员干部掀起学习热潮。第一时间组织中心组学习党的十九届五中全会精神，政治上、思想上、行动上与党中央保持高度一致。

二、创建模范机关，推动党建+业务高质量发展

（一）广泛开展争做“三个表率”、争创“模范机关”活动

一是通过评比表彰，让先进“立”起来。南宁调查队机关第一党支部获得市直机关和市本级两新组织新冠疫情防控工作先进基层党组织；举行首届

2020年7月30日，广西调查总队一级巡视员杨锡虹（左六）出席参加南宁调查队与广西富丰集团有限公司开展“党建+企业调查”联学联建活动

“新时代南宁调查好青年”评比表彰活动，激励青年干事创业；授予青年志愿者“抗击新冠肺炎疫情工作先进个人”称号，表彰他们的忘我逆行精神。

二是深入开展“聚力党建促脱贫”活动。2020年到共建点下楞村开展调研和慰问帮扶3次，帮助解决群众困难问题；通过发动捐款和单位资助的方式，共筹集资金1.2万元，资助12名贫困家庭学生。

（二）“绿城党旗红·调查数据真”党建工作品牌成绩可嘉

全年开展“党建+调查业务”系列主题活动9次，以星火燎原之势推进党建工作品牌建设在全调查业务拓展延伸，继续推进党建与业务深度融合。

2020年7月16日，南宁调查队表彰优秀党员辅助调查员标兵

三、多点发力，提升综合统计工作水平

（一）信息报告工作成效显著

2020年，南宁调查队严抓优质服务，紧紧围绕南宁市稳增长、促改革、惠民生、防风险各项工作，

2020年9月15日，南宁调查队开展“统计开放日”进市场商超活动

密切关注社情民意，深入基层开展调研，及时撰写分析，为各级政府领导科学决策、促进南宁市经济增长和社会大局稳定发挥了积极作用。2020年，南宁调查队撰写调查信息报告249篇。据反馈，共广西调查总队采用207篇次；共获市“两办”采用312篇次。其中，南宁调查队被评为2020年度南宁市政府系统政务信息工作表现优异的单位，位居全市98个市直政务信息考核单位第一名。

（二）统计宣传工作再上新台阶

一是利用媒体合作重视宣传。每月度或季度在南宁主流媒体发布了居民消费价格指数（CPI）、城乡居民收入、房地产价格等调查结果，有效发挥统计新闻宣传在提高统计能力、提高统计数据质量、提高政府统计公信力中的作用，为统计改革发展营造了良好舆论环境。

二是加强微信平台品牌建设，打造“南宁调查”形象。把微信公众号建设作为统计宣传主阵地之一，集中的介绍好南宁调队工作职能、系统性的解读好相关调查指标，分步骤地宣传好《中华人民共和国统计法》等统计法律法规；从平台用户的需求角度出发，进一步强化统计调查的的服务型功能，在统计数据与民生内容融合上面做文章，及时发布有关数据，用数字书写生活的方式服务于民。2020年，“南宁调查”共发布微信176期微信图文，粉丝数量同比增长40%，其中：广西调查总队采用33篇，国家统计局采用7篇，10个月保持在全国统计调查系统市级微信公众号综合影响力TOP50月榜榜单。

三是参加“中国统计开放日”广西主会场现场活动。9月20日，南宁调查队积极参加由自治区统计局、广西调查总队、南宁市人民政府联合主办的“第十一届‘中国统计开放日’暨第七次全国人口普查宣传月启动仪式”主会场现场活动，重点宣传“第七次人口普查”和“住户调查为国记账”有关内容，选派一个节目参加节目演出。

四是贯彻落实《中国信息报》《中国国情国力》《中国统计》《统计研究》和《调研世界》等报刊宣传工作。进一步加大提高统计报刊的社会影响力、构建新时代现代化统计调查体系营造良好的舆论环境。

五是开展“四进”宣传活动。9月14—18日，南宁调查队联合广西调查总队分别进间地头、进调查网点、进企业、进学校以召开座谈会、现场讲解调查业务、发放统计调查宣传资料、开展统计知识问答等丰富活动形式，开展统计调查宣传活动，以生动、直接的方式向公众介绍统计调查业务、源头数据的产生过程，营造良好的统计调查宣传工作氛围。

2020年9月25日，南宁调查队开展“党建+畜牧业统计调查”示范点结对共建联建活动

2020年11月6日，南宁调查队到青秀区刘圩镇麓阳村开展住户调查访户工作

2021年1月26日，南宁调查队到南宁市邕宁商场开展集贸市场价格调查

（三）充分开发统计调查资料

一是充分开发统计调查资料，满足不同服务对象的多样化需求。编印月度统计调查资料。打造“南宁调查”品牌，2020年共编印出版了《南宁调查》12期；特别是将《南宁调查专报》打造成服务党委政府的拳头产品，积极为党委政府决策提供优质统计信息服务。

二是编印年度统计调查资料。2020年发行出版了《南宁调查年鉴2020》，充分利用好、发挥好统计调查数据资源，为各级党政领导和社会搞好服务，及时、准确地提供信息服务于改革，服务于发展，服务于决策。

四、依法治统，统计法治工作水平进一步提升

一是召开辖区市县调查队统计法治视频培训会暨“法治讲堂”，邀请专业法律人士讲解法治内涵，进一步提高干部职工运用法治思维和法治手段解决矛盾和问题的能力。

二是将法治宣传融合贯穿到调查业务全流程，全年开展统计法制集中培训16次，培训人数970余人；走访入户开展法治宣传教育80余次，培训人数650余人，统计调查对象的法治观念进一步增强。

三是积极开展“双随机”抽查和重点执法检查。2020年共“双随机”抽查企业10家、重点检查企业2家，发现涉嫌统计造假案件1起，已移交广西调查总队查处。做到执法必严，有案必查，通过强高压、常震慑的执法力度，绷紧数据质量的“高压线”。

四是做好信用信息公开，推进诚信体系建设。及时公示统计违法案件的行政处罚信息，提升企业违法成本，发挥震慑作用；落实《企业统计信用管理办法》《统计从业人员统计信用档案管理办法》，建立两个“诚信档案”，动态管理企业和统计人员统计信用信息，为联合惩戒工作提供参考依据，使诚实守信蔚然成风。

2020年7月17日，南宁调查队举办2020年南宁市辖区“党建+农业调查”技能竞赛暨主题党日活动

国家统计局柳州调查队

2020年，国家统计局柳州调查队（以下简称柳州调查队）认真贯彻落实广西国家调查队工作会议精神，以习近平新时代中国特色社会主义思想为指导，深入学习贯彻习近平总书记关于统计工作的重要讲话指示批示精神和党的十九大、十九届二中、三中、四中、五中全会精神，按照全国统计工作会议部署，认真谋划、狠抓落实，顺利推进各项统计调查工作。

2020年7月21日，广西调查总队党组成员、副总队长陆奉昌（左二）到柳州市开展价格情况调研

一、党建引领，品牌创建亮点纷呈

2020年以来，柳州调查队不断加强党对统计调查工作的领导，围绕住户、涉农、涉企等专业开展一系列“党建+”主题党日活动，与样本企业和乡村党组织结对共建，形成区、市、县、乡、村“五级结对”共建促提升模式，实现党建与业务融合全覆盖，品牌创建成效显著，获得多项殊荣：一是在2020年度广西国家调查队系统单项工作评比荣获二等奖；二是荣获“柳州市直机关五星级党支部”称号；三是“行动学习进支部”活动成为首批试点单位；“学习强国”平台成绩排名一直名列市直机关前茅，3位党员撰写的文章在市直机关获奖，驻村工作队员获柳州市“百佳工作队员”荣誉称号。

2020年7月20日，柳州市人民政府副市长朱富庭（左三）在脱贫攻坚普查登记现场了解普查问卷内容

二、多点开花，优质服务工作取得新突破

充分运用高质量发展思维，凝心聚力，高位推进优质服务工作。2020年，全队撰写政务信息243篇，广西调查总队采用184篇，国家统计局采用44篇，中国信息报采用2篇，取得历史性突破；撰写调查信息（含约稿信息）168篇，广西调查总队采用160篇，是上年的2.45倍，撰写调查报告19篇，广西调查总队采用13篇，获国家统计局内网采用2篇；微信公众号共发布信息85条，获广西调查总队官方微信公众号采用10条，中国信息报采用3条，自治区政法委微信公众号采用1条。

三、注重监督，党风廉政建设成效显著

一是以“党员集体政治生日”等新形式，认真落实“三会一课”等党内组织生活制度；二是队党组定期召开专题

2020年8月10日，柳州调查队到三江县良口乡开展早稻实割实测调查工作

会议听取汇报和研究部署工作，加强对内网、微信公众号等意识形态阵地的建设和管理，扎实做好统计数据分析、发布和解读工作，注重意识形态教育，积极稳妥做好正面舆论引导和宣传；三是克服疫情影响，利用学习强国APP、QQ群、微信群、视频会议等平台，向辖区干部发送疫情防控工作督促提醒和典型案例；四是采取现场观摩、视频、短信、微信公众号等形式深化党风廉政教育；五是扎实开展三项专项治理“回头看”和“灯下黑”问题专项整治工作。

四、聚焦主业，牢固树立数据质量“生命线”意识

（一）高质量推进住户调查工作

一是首次印发《2020年柳州市住户调查业务考核办法》，强化业务管理和日常工作考评；二是创新组织实施“提高数据质量·先锋结对同行”活动，搭建县区互学互助、共同提高平台，促进各县区住户调查工作高质量均衡发展；三是举办大型专题培训班，首次对柳州市125个样本网点调查员、五县五区业务骨干及分管领导近200人进行系统全面培训，并以业务知识抢答赛形式巩固培训效果；四是电子记账覆盖率由年初的83.9%提升至88.3%，使用e调查PAD设备进行季度问卷数据更新实现全覆盖，做好柳州市住户调查内网平台数据与IHAPS工作库数据衔接，强化住户调查外网平台数据日审工作。

（二）高站位抓实脱贫攻坚普查工作

积极向柳州市领导汇报，加强与有关部门沟通协调，通过成立组织机构、健全制度机制、加强后勤保障、强化人员管理、抓牢数据审核验收等措施，顺利牵头完成柳州市第一批（融安县）脱贫攻坚普查任务。2020年9月份，组织召开柳州市第一批脱贫攻坚普查工作总结暨第二批普查工作推进会议，针对第二批普查任务更重、气候及交通条件更差的情况，周密部署、精心组织、倒排时间，科学有序推进各项工作，确保普查圆满完成。

（三）高标准开展三项业务“样本大轮换”工作

一是居民消费价格调查基期轮换工作稳步推进。作为第二片区组长，协调来宾、河池辖区调查队进行居民消费价格基期轮换权数测算工作，为后续工作打牢基础。二是工业生产者价格基期轮换工作进展顺利。按照方案进行全面细致摸底，对318家样本企业进行分片区集中培训，有效提高权数调查数据质量，为高质量做好权数测算夯实基础。三是扎实抓好住户调查样本轮换工作。及时成立协调小组同步推进柳州市样本轮换，队领导多次带队入户宣传动员，利用办公OA系统向柳州市各机关、社会团体、企事业单位及各县区政府印发配合做好样本轮换工作函，提高居民尤其是党员干部、机关

2020年9月7日，柳州调查队到融水县进行住户调查工作情况调研，深入大浪镇河口村委进行访户并指导记账

2020年9月17日，柳州调查队到融水县四莫村开展劳动力调查入户回访

2020年10月19日，柳州调查队到柳城县古砦乡大岩垌村开展走访贫困户、扶贫捐赠、消费扶贫和主题宣讲等扶贫日系列活动

事业单位工作人员配合度，通过主题党日、开设微课堂、集中培训和“一对一”个别指导相结合等方式提高新户记账水平，有序开展样本代表性评估，并在全区住户调查年报培训会上作典型经验发言。

（四）高要求提升其他常规业务工作质量

粮食畜牧业统计调查数据归口管理工作圆满完成，工作步入正轨；涉农、涉企、劳动力等专业严格按防疫要求召开业务培训会；文明城市实地测评、优化营商环境调研暗访、全面从严治党民意调查等专项调查有序开展；采购经理、新设立小微企业调查等专业在疫情缓解后加强走访力度，全力保障数据质量。

五、紧扣服务，为高质量发展提供保障

（一）紧扣大局意识，毫不放松做好疫情防控工作

一是强化组织领导，成立疫情防控工作领导小组，夯实工作责任。二是各专业按照疫情防控既定方案，强化线上培训和调查，做到防疫业务两不误。三是强化后勤保障，注重防疫物资的投入，优先保障一线调查员、会议、出差等需要，确保各项工作安全有序开展。

（二）紧扣法治意识，多方联动强化统计法治保障

一是首创“每季一主题”法治宣传方式，利用工作部署、业务培训、走访调研、数据质量检查、执法检查等载体，将法治宣传融入日常调查，提高统计人员和调查对象法律底线意识。二是联合融水县人民政府举办第十一届“中国统计开放日”活动，增强广大群众统计法治意识。三是持续推动“双随机”统计执法工作，全年开展“双随机”执法检查7次，检查7家样本企业，立案查处1家。

（三）紧扣服务意识，围绕重点提升行政管理效能

一是制定完善《工作目标管理考核办法》等14项管理制度。二是干部培养选拔成效显著，2020年共提拔任用3名科级干部；4名干部职级晋升；遴选3名干部；2名新公务员试用期满转正。三是继续利用OA办公系统推进行政管理规范化，严抓公文质量，严控审核环节，严督重点任务。四是档案归档工作获评年度档案质量优秀单位。五是开展保密专题培训会，切实提高保密工作的规范性。六是持续规范网络安全和信息化建设管理工作，强化日常网络安全检查和信息化应用。

2020年10月29—30日，柳州调查队联合队工会在柳城县开展无人机驾驶学习培训暨无人机遥感测量野外实操技能竞赛

国家统计局桂林调查队

2020年9月18日，桂林调查队与桂林市统计局联合开展统计开放日活动，并邀请桂林市人民政府副市长彭开元参加

2020年以来，在广西调查总队党组和桂林市委、市政府的坚强领导下，在全队干部职工的共同努力下，国家统计局桂林调查队（以下简称桂林调查队）坚持以习近平新时代中国特色社会主义思想为指导，深入学习贯彻习近平总书记等中央领导同志关于统计工作重要讲话指示批示精神和《关于深化统计管理体制改革 提高统计统计数据真实性的意见》（以下简称《意见》）、《统计违纪违法责任人处分处理建议办法》（以下简称《办法》）、《防范和惩治统计造假、弄虚作假督察工作规定》（以下简称《规定》）等重要统计改革文件精神，紧扣提高数据真实性核心，切实加强党的领导，稳步推动主要工作任务落实。2020年，桂林调查队的主要工作亮点和成效。

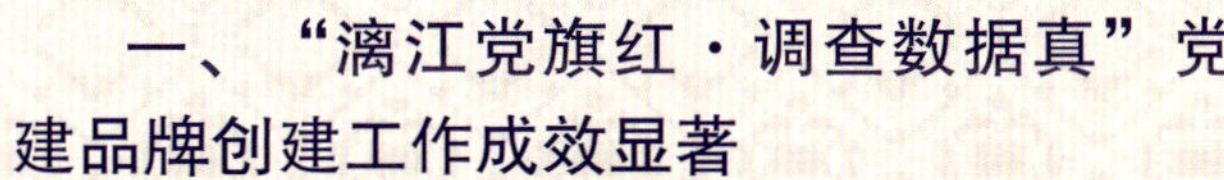

一、“漓江党旗红·调查数据真”党建品牌创建工作成效显著

一是为品牌创建工作铺好“轻轨道”。在品牌创建第三年工作计划基础上，陆续出台创建星级党支部、评选党员先锋岗、评选业务标兵等7个配套方案，推动创建工作向纵深发展。二是为品牌创建工作照好“聚光灯”。下大力气打造标准化党员活动室和党建文化长廊，其中文化长廊以“桂林调查人永远跟党走”为主题，配合灯光效果、讲解员讲解营造了浓厚的宣传教育氛围，桂林市级机关工委多次组织单位参观。三是为品牌创建工作注入“深内涵”。各专业全面铺开“党建+”活动，广泛采用业务培训、讲授党课、红色教育、沟通座谈、以老带新、互帮互助、实景参观、知识竞赛、岗位竞技等形式，持续拓展党建品牌内涵。经努力，7月份荣获2020年桂林市直机关优秀党建品牌称号，10月份经桂林市直机关工委推荐，参选桂林市创新党建品牌评比。

2020年9月18日，桂林调查队与桂林市统计局联合开展统计开放日活动

二、干部队伍建设培优、竞优、奖优效能持续释放

一是克服人手紧任务重的困难，年内派出3人到广西调查总队帮助工作，2人到县队帮助工作，进一步搭建年轻干部成长成才平台。二是修订完善目标管理考核办法、绩效考评工作实施方案、优质服务考核奖励办法、文明科室评比

2020年10月29日，桂林调查队举办“党建+人事”主题党日活动暨第一届职工岗位大比武活动，图为比武人员在参加知识抢答

办法、基层统计调查先进单位和个人考核奖励办法等5个考核评比奖励制度，通过将考核和绩效、晋升相挂钩，引导和激励干部职工争先创优；每月召开例会晒成绩、找差距，推动形成干事创业的氛围。三是组织开展岗位技术比武活动，干部职工“坚守初心扛红旗，勇担使命争第一”的理念进一步筑牢，力争“五个一流”的氛围进一步浓厚。

三、加强统计服务，优质服务水平持续提高

（一）做好主要社会经济指标的统计监测。做好进度监测分析，加强形势分析研判力度，整合住户收支、消价、房价、粮食产量、主要畜禽产品产量等数据信息，全年编发了12期《桂林调查信息月报》，服务党政决策，满足社会公众数据需求。

（二）做好快速反应调查。开展疫情对企业复工复产、扶贫车间经营用工影响等快速反应调查，组织开展社区工作者在疫情防控中面临的困难问题和期盼、“停课不停学”等约稿调研工作，充分发挥“轻骑兵”作用。2020年，上报约稿信息166篇次，较上年增加115篇次；采用157篇次，增加115篇次。

（三）做好调查信息报告和政务信息报送。2020年，桂林调查队共上报广西调查总队调查信息44篇，较上年增加10篇，采用28篇；上报调查调查报告19篇，采用18篇，较上年同期增加6篇次；撰写政务信息348篇，较上年同期增加134篇；获广西调查总队采用269篇，增加84篇；21篇政务信息获国家统计局采用。

（四）做好统计宣传。一是完善微信公众号项目设置，精心推送宣传文章、统计数据，全年共通过微信公众号推送文章124篇，宣传阵地作用不断加强。二是召开2020年上半年和2020全年数据新闻发布会，较好满足对统计调查数据的需求。三是做好《2020年桂林调查年鉴》资料的收集整理

2020年11月10日，桂林调查队到全州县黄沙河镇大路底村委农产量调查点进行晚稻实割实测调查

和排版印刷工作，并正式出版。四是联合市人普办、市统计局、临桂区政府开展“统计开放日”现场宣传活动，在现场发放统计宣传资料、开展有奖知识问答，并精心制作具有桂林特色的方言宣传视频，进一步提升了桂林调查队的影响力和知名度。

2020年11月26日，桂林调查队到平乐县指导住户调查年报收支数据核实工作

四、持续抓严抓实，疫情防控工作平稳有序

一是认真学习贯彻习近平总书记关于疫情防控重要讲话指示批示精神，切实把思想和行动统一到习近平总书记重要指示精神上来，增强战疫必胜信心。二是成立本队疫情防控工作领导机构，多次召开会议专题研究疫情防控工作，压实防疫主体责任和监督责任。三是严格执行“双报告”制度，狠抓重点人群排查管控工作；想方设法筹措物资，落实办公场所安全措施，确保干部职工人身安全。四是积极响应号召，组成7支志愿组，协助社区开展联防联控工作；党员干部累计为抗疫捐款3746元，为联系社区捐助口罩、消毒液、酒精等防护物资；3位同志积极参加系统“抗疫常态化青年勇当先”志愿者活动，获得广西调查总队通报表扬；粟凌燕同志荣获国家统计局抗疫及时奖励个人三等功、优秀共产党员称号。五是统筹抓好疫情防控和统计调查工作，及时制定调查工作方案和应急预案，对调查网点情况进行高中低风险分类，灵活运用好网络调查、电话调查、快速调查等方式，确保数据不乱不断，努力把疫情影响降到最低；发挥主观能动性，加强对疫情影响调研，2—4月份撰写调查信息19篇、调查报告9篇、约稿62篇，其中《桂林市：双重因素影响当前砂糖橘严重滞销》经广西调查总队组稿后被自治区办公厅采用，为打好防疫阻击战助力。六是做好日常体温的监测工作，加强中风险地区返桂干部职工的排查和管理工作，慎终慎始抓好常态化疫情防控。

五、坚持依法统计，数据质量基础持续巩固

坚持法治护航，强化统计监督，夯实数据基础。一是坚持学法普法用法。队党组每季度召开专题会议，对统计法律法规进行集中学习；举办桂林区域调查队法治工作培训班，进一步解读《意见》《办法》《规定》的主要内容；坚持业务培训必讲、企业座谈必讲、先创宣传必讲，营造学法、遵法、守法浓厚氛围。二是加强执法检查。制定年度法治工作计划和“双随机”统计执法检查方案，采取纪法业务联动、市县队联动的“3+2联动”模式，对10家企业开展了“双随机”执法检查。三是严格执行领导干部违规干预统计工作记录制度。定期报送统计执法检查情况，营造不敢假、不能假、不想假的统计生态。

2020年11月13日，桂林调查队到秀峰区琴潭社区开展劳动力调查工作

国家统计局梧州调查队

2020年，在广西调查总队的坚强领导下，国家统计局梧州调查队（以下简称梧州调查队）坚持以习近平新时代中国特色社会主义思想为指引，认真贯彻落实党中央、国务院、国家统计局和广西调查总队党组的重大决策部署，坚持以党的政治建设为统领，团结带领全队干部职工在落实广西调查工作会议精神、防控新冠肺炎疫情、提高数据质量、提升统计优质服务、推进全面从严治党治队等方面攻坚克难、积极作为，推进国家调查事业改革创新发展取得新突破。

2020年9月19日，梧州市统计局、梧州市第七次全国人口普查领导小组办公室、国家统计局梧州调查队在梧州市市政舞台联合主办"大国点名　没你不行"第十一届"中国统计开放日"宣传晚会

一、强化政治意识，贯彻落实习近平总书记关于统计工作指示批示精神和上级重要决策部署坚决到位

（一）坚决贯彻落实中央重大决策部署，增强政治自觉

梧州调查队将学习习近平总书记关于统计工作重要讲话指示批示精神和中央《意见》《办法》《规定》列入2020年党组理论学习中心组学习及支部学习计划，促党员干部深入再学习、再领会，把党员干部的思想和行动统一到上级重要决策部署上来。组织全体干部学习国家统计局党组书记、局长宁吉喆在中纪委网站署名文章《认真开展统计造假专项整治 着力构建不敢假不能假不想假的体制机制》及《国家统计局关于严格依法统计切实保障统计数据质量的通知》，深刻认识防范和惩治统计造

2020年9月29日，梧州调查队联合采购经理调查、工业生产者价格调查样本企业广西壮族自治区梧州茶厂开展"党建+企业调查"主题党日活动，梧州调查队党支部与广西壮族自治区梧州茶厂党支部党员参加活动

2020年11月23日，梧州辖区调查队组织50余名党员、干部在藤县福善村结对开展“精准估测，勇争第一”主题党日暨农业技能竞赛活动。活动邀请梧州市农业农村局、藤县农业农村局、藤县统计局参与

假弄虚作假的必要性和紧迫性，增强遵纪守法、依法统计的自觉性和主动性。

（二）提高政治站位，严格落实新冠疫情防控要求

年初新冠肺炎疫情暴发后，梧州调查队党组迅速部署行动，精准对标国家统计局、广西调查总队及地方党委政府关于疫情防控的通知要求，层层落实疫情防控工作的相关责任、任务举措和进度要求；及时印发《关于加强疫情期间调查工作防控有关事项的通知》《关于疫情期间入户调查有关事项的通知》，成立领导小组靠前指挥，抓严抓实抓细疫情防控的各个环节，确保全过程数据生产不断档、调查人员安全有保障，把做好疫情防控工作作为巩固拓展“不忘初心、牢记使命”主题教育成果重要战场。在新冠肺炎疫情的防控工作中，梧州队涌现出一批奉献担当、舍己为人的党员先锋代表，1名抗疫党员先锋先后获总队、市直机关工委表彰，其抗疫先进典型故事获国家局内网、《中国信息报》刊载。

二、细化目标责任，调查工作提质增效

2020年，梧州调查队紧紧围绕广西国家调查工作会议上的部署要求，牢牢把握提高数据真实性的核心任务，科学制定31项全年重点工作任务，层层细化落实目标责任，促全体干部奋勇担当、做出成绩。

（一）坚持制度先行，规范调查工作细则

全年汇编了农产品生产者价格调查等10个调查专业13项调查工作质量评估办法和实施细则，以制度化规范调查业务全流程管理，加强数据质量控制体系建设，严密把控上报调查数据的真实性、准确性。对开展地方统计调查项目严格按流程进行报批，规范申请材料，得到广西调查总队制度方法处充分肯定。

（二）实现以查促改，有效提高数据质量

坚持问题导向，开展多项短平快数据质量检查，增加检查频率严把数据质量源头关。组织全队学习总队“双随机”执法检查通报，对标对表自查整改，并组织开展各业务规范化检查，汇总整理通报问题清单，制定整改措施，及时堵截数据质量漏洞。开展梧州辖区内住户调查全域交叉检查。组织分市县住户调查业务人员在报表期到梧州队跟班学习，有效夯实分市县住户调查的业务基础。队领导带队对县级统计局开展有针对性的业务检查，提升基础数据质量。

（三）完成基期轮换，归口管理走上轨道

加强组织保障，充分利用行政手段，稳步推进统计业务重点领域改革。成立2020年价格统计调查基期轮换工作领导小组，联合地方各部门科学有序推进流通和消费价格调查规格品基期轮换。对住

2021年2月19日，梧州市委书记全桂寿（右一）等市委市政府领导亲自到梧州调查队看望并慰问了调查队全体干部职工。市委常委、秘书长徐文伟，副市长卢新华陪同

2021年4月21日，梧州调查队党支部与蒙山县统计局党支部、中共长坪瑶族乡委员会联合开展“感党恩 跟党走”主题暨民族团结进步宣传教育活动

户调查第二轮转组样本轮换工作进行全面部署，顺利完成住户调查样本基期轮换工作。加强与地方有关部门沟通协作，共商共研，抓好粮食畜牧业调查数据生产、解读与评估，归口管理逐步走上轨道。

（四）加强统计监测，优质服务实现突破

一是服务地方经济力度加强。定期向地方党委政府报送价格调查、城乡居民人均可支配收入分析报告；2020年组织撰写140余篇统计分析材料上报总队及地方党委政府，以优质的统计服务为地方“六稳六保”任务、乡村振兴战略规划、全面建成小康社会目标测算等重大项目提供科学准确的数据支持和参考依据。二是优质服务工作上新台阶。在优质服务任务上加压、及时通报进度为干部加油，加强科室会商，优质服务成绩实现较大进步。发挥“轻骑兵”作用，聚焦六堡茶产业发展、水路运输货运量精准选题立项，组织精英力量开展了2个梧州特色经济类课题研究，着力把课题科研成果转化为服务党委政府决策的参考，强化成果运用。

三、深化成果运用，管理效能全面提高

2020年，梧州调查队深化行政管理成果运用，采取多项措施深入推进效能建设，通过学先进、补短板、强弱项全面提升内部管理水平，取得明显成效。一是开拓技术应用，业务运行电子化、科学化。二是服务中心工作，行政管理规范化、高效化。

四、优化基础保障，队伍建设持续加强

2020年，梧州调查队党组深入贯彻新时代党的组织路线和干部方针政策，树立重实干、重实绩的用人导向，坚持严管与厚爱结合、激励与约束的用人原则，充分激励干部在新时代有新担当新作为，全力建设一支忠诚担当的调查干部队伍。一是完善目标考核机制，激发干部活力；二是科学选人用人，充实人才梯队；三是加强辅助调查员队伍管理，保障调查工作。

五、党建业务结合，夯实基层党建基础

开展“1+N+X”特色主题党日活动。着力深化党建工作品牌创建成果，围绕一个中心主题、借助“N”种模式、搭建“X”种创新载体先后开展了12个主题党日活动，进一步向涉企调查、劳动力调查、人事教育等专业延伸特色“党建+”。

六、净化政治生态，全面推进从严治党

2020年，梧州调查队党组着力加强党风廉政建设，营造海晏河清的政治生态，实现党风廉政建设与调查业务工作同步走。一是着力压实从严治党“两个责任”；二是借力多项整治，持续正风肃纪，借力“作风兴队”行动深入推进敢于亮丑的作风建设，从“学、查、改、评”四方面深入整改作风存量问题，亮出科室“红黑榜”，以优良作风凝聚起推进梧州调查事业高质量发展的磅礴力量。

2021年5月6日，广西调查总队党组成员、副总队长、党史学习教育第四巡回指导组组长邱洪刚带队到梧州调查队，对党史学习教育工作进行督促检查和指导，为梧州调查队全体党员干部上了一堂生动的党史学习教育专题党课

国家统计局北海调查队

2020年，在广西调查总队的坚强领导下，国家统计局北海调查队（以下简称北海调查队）以习近平新时代中国特色社会主义思想为引领，深入学习贯彻习近平总书记和中央领导关于统计工作的重要讲话指示批示精神，坚决落实全国统计工作会议和广西国家调查工作会议部署，各项工作都取得新的突破。

2020年9月7日，北海市常务副市长黄江（中间）在2020年北海市住户调查样本轮换工作推进暨业务培训会议作动员讲话

一、党建领航，持续推动党建与业务工作融合互促进

（一）大党委联建，打造“珠城先锋”

新冠疫情防控期间，北海调查队主动与社区大党委协调联系，共同研究社区防控工作方案。队领导率全体队员到三无小区连续值守1个多月，为北海市疫情防控工作贡献力量。每月“红色星期六”，组织志愿者服务队员到社区开展卫生清洁、创城创卫综合整治和入户宣传、慰问困难群众等服务活动，践行为民服务宗旨。2020年11月，北海调查队荣获2019年北海市创建文明城市工作先进单位。

（二）多措并举，决胜脱贫攻坚

北海调查队领导多次带队到联系村开展扶贫工作，协调农业技术人员到村开展种植技术培训，为贫困户送化肥，解决其生产难题。开展消费扶贫活动，帮助缓解农产品销售难题。定期听取派出干部的汇报工作情况，多次走访慰问派出干部家属，为其解决后顾之忧。2020年，选派的干部被评为北海市脱贫攻坚（乡村振兴）优秀工作队员和2020年度北海市先进工作者。

2021年3月16日，广西调查总队党组书记、总队长廖金昌（右三）莅临北海调查队调研指导工作

（三）党建与业务深度融合，全面铺开“党旗红·数据真”党建品牌建设

认真总结“党建+住户调查”工作经验，在住户调查、畜牧业调查、CPI调查、工价调查、采购经理调查、人事等专业全面铺开“党建+业务”工作。通过开展选优表彰、党课宣讲，不断加强党建统领。发挥住户调查临时党支部作用，大力推进住户调查“E记账”“E调查”，2020年北海市住户调查电子记账覆盖率达84.5%，手持移动终端信息采集覆盖率100%。畜牧业调查、CPI调查、工价调查、采购经理调查等专业搭建队企交流平台，通过经验分享、座谈交流等方式，进一步探索党建引领提高数据质量发展。

2020年8月6日，北海辖区国家调查队到兴安党校参加“担当作为、争做表率”干部培训班

范围内的党风廉政建设工作，落实对分管科室的监督责任，推动主体责任和监督责任同向发力、贯通协同。

三、狠抓落实，高效推进各项调查顺利开展

（一）顺利完成粮食畜牧业归口管理工作。2020年，根据广西调查总队粮食归口管理方案要求，接收北海市统计局移交2014年至2019年的历史资料、工作文件和历史数据。通过召开粮食畜牧业数据归口管理工作培训班和派员现场学习，掌握直报平台操作。分专业建立资料库管理数据，建立QQ工作群，开展自查、核查，完成粮食畜牧业归口管理工作。

（二）圆满完成各项轮换阶段性工作。召开北海市住户样本轮换动员部署会、CPI权数专项调查工作推进会、工业生产者价格权数调查工作会，对住户样本轮换、CPI基期轮换、PPI基期轮换工作进行宣传、培训和部署，高质量完成了样本轮换、基期轮换工作。

（三）北海调查队圆满完成了采购经理调查、城乡居民收支调查、居民消费价格指数调查和劳动力调查等各项统计调查工作，为北海调查队在2020年度广西国家市县级调查队目标管理考核中获得优秀等次奠定了坚实的基础。

（四）加强宣传教育，抓好意识形态管理

严格按照《北海市党支部建设标准》和“三会一课”制度要求，组织党课学习8次，学习黄景教、梁小霞、黄文秀等先进事迹。积极利用内网、微信公众号、宣传栏等，开展习近平总书记重要讲话、社会主义核心价值观、社会公益等宣传。组织党员干部参观“党建领航促进经济社会发展”纪实摄影作品展，开展“清明诗会”“清香阅读·快乐六一”等活动，评选表彰党员业务先锋标兵、职工模范岗、文明科室、文明家庭、文明志愿者，凝聚正能量。

二、聚焦纪检监察主责主业，推进全面从严治党向纵深发展

梳理制定《国家统计局北海调查队全面从严治党责任清单》，细化落实措施，明确责任分工，强化“一岗双责”，层层传导压力，压紧压实责任，确保“事有人抓、活有人干、责有人担”，以“永远在路上”的执着推动全面从严治党主体责任和监督责任一贯到底。把“两个维护”作为政治监督的根本任务，以夯实党风廉政建设“两个责任”为目标，以“两个责任”工作手册为指引，督促党组认真贯彻《党委（党组）落实全面从严治党主体责任规定》，督促领导班子成员切实履行职责

2020年10月30日，北海调查队到合浦开展“稻香飘香党旗红·实割实测数据真”主题党日活动

2020年10月30日，北海调查队到合浦开展"稻香飘香党旗红·实割实测数据真"主题党日活动

四、以高质量发展发展为核心，持续强化统计法治建设

（一）全面统筹谋划，定好全年法治工作总基调。根据广西调查总队工作部署，制定北海调查队全年法治工作要点，从加强统计执法队伍建设、强化法治培训、规范执法检查、防控风险、提高源头数据真实性等方面作要求部署，有序推进依法统计、依法治统工作。

（二）加大宣传力度，营造良好的统计法治氛围。以"9.20"统计开放日、"12.4"国家宪法日、"12.8"统计法颁布纪念日等节点为契机，开展人口普查、统计法治宣传进乡镇、进社区活动，增强群众对人口普查的支持和理解，进一步扩大统计法律法规的影响力和知晓度，增强公众知法用法依法办事的法治观念。

（三）提升执法检查实效，为统计调查工作保驾护航。根据年度执法检查方案，结合专业科室提供的线索，每季度开展"双随机"统计执法检查。首次实现执法检查重点专业全覆盖，2020年对采购经理调查、农业调查、房地产调查和工业生产者价格调查等专业12家样本企业开展统计执法检查，并对1家统计调查数据失实的企业进行行政处罚。

五、强化统计服务能力，持续提升国家调查队品牌影响力

2020年北海调查队共上报了调研信息186篇（其中调查报告12篇），获广西调查总队采用调查报告10篇、调研信息169篇；获北海市委市政府采用调研信息76篇次；在北海主流报刊媒体刊发信息14篇次；实现《中国信息报》采用零的突破，2020年获中国信息报刊发信息5篇。统计服务水平获市领导高度肯定。《北海调查》被时任北海市市长蔡锦军、常务副市长黄江、副市长李克纯等市领导多次进行批示，其中蔡锦军批示："《北海调查》很好，以后每期均送我阅"。统计调查的传播力和影响力明显提升。

2021年2月1日，北海调查队到银海区东兴村开展"迎春送暖·感恩同行"主题党日活动

国家统计局防城港调查队

2020年，在广西调查总队党组的坚强领导下，国家统计局防城港调查队（以下简称防城港调查队）坚持以习近平新时代中国特色社会主义思想和党的十九大及十九届二中、三中、四中、五中全会精神为指导，认真贯彻中央关于统计工作重大决策部署和国家统计局各项工作安排，以新时代党的建设总要求为根本指引，以“抓党建带队伍促业务”为重要抓手，以推进调查事业高质量发展为奋斗目标，扎实推进各项工作提质增效。

2020年9月3日，防城港调查队深入养殖场开展主要畜禽生产情况调研

一、党建引领，深入推进政治机关建设

一是把牢政治方向，全面推动从严治党。坚持深入学习贯彻习近平新时代中国特色社会主义思想和党的十九大及十九届二中、三中、四中、五中全会精神，深入学习贯彻习近平等中央领导同志关于统计工作重要指示批示精神和党中央、国务院关于统计工作重大决策部署，切实做到增强“四个意识”，坚定“四个自信”，做到“两个维护”，形成了以党组理论学习中心组学习为主体、党支部理论学习为常态、全体干部职工专题学习为基础的三层级学习教育模式。全年共开展4次党组理论学习中心组集中学习，9次党支部理论学习，15次主题党日，邀请法律顾问和市委讲师团讲师到队授课2次，队领导讲党课6次，科级领导讲微党课8次。充分用好用活读书分享会、专题学习会、“学习强国”“青年大学习”等平台载体，扎实推进应知应会学习教育，确保全队各项工作始终沿着正确的政治方向前进。同时，以巡察整改为契机，认真开展“灯下黑”专项整治工作，攻坚克难，精准施策，确保排查整改工作落到实处，全力以赴做好专项整治。针对排查出的3项问题、队党支部排查出的5项问题，现均已整改完毕。

2020年5月13日，防城港调查队在东兴市金滩管业公司开展采购经理调研工作

二是精铸品牌党建，赋能调查事业高质量发展。大力举办党建品牌创建促“党建+业务”深度融合发展的主题党日、主题活动。从活动谋划到活动宣传，各科室各部门在结合自身工作的基础上，涌现出一批创新举措，引发热烈反响。全队业务科室通过“党建+业务”主题党日活动，培育选树示范网点17个、示范标兵36人（户）。通过这

些举措，切实增强了主题党日活动的参与度、吸引力和号召力，极大助力“边海党旗红·调查数据真”党建品牌在各调查领域、各调查对象心中的知名度，创建工作取得新成效。

2020年9月20日，防城港调查队在防城区家乐城广场开展第十一届“中国统计开放日”活动

二、聚焦质量，狠抓国家调查数据真

坚持在防城港国家调查工作全域夯实基层基础建设，筑牢数据质量根基，筑起防范和惩治统计造假、弄虚作假防线。住户调查专业高效完成调查样本年人均收支低于4000元的记账户情况核实工作，对重点户、边缘户等进行认真排查，不断防范和消除风险点；对2019年以来的住户调查基础工作资料进行了整理归档完善，夯实调查工作基础；扎实推进内网数据与IHAPS工作库数据进行差异对比，完成修改和数据衔接操作，为住户调查数据审核平台化奠定基础。农业调查专业扎实做好粮食、畜牧业统计调查数据归口管理工作，与市统计局、农村农业局建立粮食畜牧业会商协商机制，共召开5次粮食畜牧业生产形势座谈会，多部门联合分析研判形势，为统计调查部门全面了解粮食畜牧业有关信息提供有力依据。聚焦重要民生商品做好价格监控，加强“菜篮子”和“米袋子”商品价格监控，切实加强数据采集和审核工作，确保源头数据质量。加强采购经理调查样本核查和维护，及时对关、停、并、转等企业严格按照“同行业、同规模”的原则进行替换，并使用年报辅助程序，验证样本核查的准确性，提高样本核查工作质量。每月做好月度劳动力调查50%样本的换户工作，科学指导辅调员做好统计调查工作，确保样本基本信息的正确性和样本有效性，进一步夯实数据基础。

三、多措并举，提升统计调查服务决策能力

依托国家调查任务，积极参与广西调查总队及地方党委政府的约稿并迅速开展调查研究，全年共编发上报广西调查总队并获得采用《调查信息》145篇，上报《调查报告》并获得采用7篇。年内累计向防城港市委、市政府及有关部门报送约稿信息、报告100余篇，报送《调查专报》6期、《调查信息》12期。首次出版《调查年鉴》分送市领导及相关部门。每月向市领导报送《CPI调查专报》，积极分析研究地方热点问题向市委市政府报送信息报告，有力地服务地方经济社会发展。市委主要领导2次对防城港调查队《调查专报》作出批示，为全市开展疫情防控工作提供了强有力的决策参考。在完成国家调查的同时，积极接受市政府、绩效办的委托，连续6年顺利推进2019年绩效考核群众满意度等专项调查。通过微信公众号及时发布CPI、城乡居民收入等调查数据和主要调查工作开展情况，提升数据服务的精细化、多样化。

2020年4月5日，防城港调查队到防城中心市场开展蔬菜价格调研

2020年10月16日，防城港调查队党支部到企业机关党支部开展“国家调查党旗红　企业统计数据真”主题党日活动并作深入调研

四、依法治统，防范调查数据质量风险

扎实开展对习近平总书记关于统计工作重要讲话指示批示精神以及《意见》《办法》《规定》等文件的学习，形成党组带头学、集体跟进学、科室重点学的学习模式。做好《统计法》《统计法实施条例》和相关规章制度的学习宣传工作，制定便携易懂的《统计法治宣传手册》，利用业务培训、调研调查等契机发放给各工作人员及调查对象，并在国家宪法日、统计开放日等重要宣传活动中向社会公众宣传发放。加强辖区内统计执法检查工作。在采购经理调查、工业生产者价格调查2个专业的所有样本企业中开展4次随机抽样统计执法检查共计8家企业，对辖区内各县（市、区）住户调查分市县样本开展全覆盖专项统计执法监督检查，切实排查统计调查数据源头风险隐患。

五、压实责任，营造风清气正的政治生态

队党组坚持把党风廉政建设和反腐败工作纳入全队中心工作，做到与其它各项工作同研究、同部署、同检查，多次召开党组会研究党风廉政建设工作，督促队党组班子成员加强对分管领域党风廉政建设工作的指导监管。建立健全班子成员讲廉政党课工作机制，制定领导班子成员廉政党课讲课时间表，全年廉政党课累计授课6次。全面落实谈心谈话制度，切实加强对班子成员和党员干部的廉政教育、日常管理、监督约束。组织带领全体干部职工深入防城港市廉政教育基地开展现场学习教育活动，节前召开全体干部职工会议开展警示教育，不断增强全体干部职工的纪律意识、规矩意识，督促全体干部职工知敬畏、存戒惧、守底线，时刻做到“心有戒尺，行有所止”。

2020年12月3日，防城港调查队到分市县样本点防城区那梭镇滩浪村邓从汉家核查四季度记账情况

国家统计局钦州调查队

2020年，国家统计局钦州调查队在广西调查总队的坚强领导下，坚持以习近平新时代中国特色社会主义思想为指导，认真学习贯彻党的十九大及十九届二中、三中、四中、五中全会精神，深入贯彻落实全国统计工作会议和广西国家调查工作会议部署，坚持党建引领和绩效目标导向，以提高数据质量为中心，以提高党员干部政治、业务素质和优化内部管理为重点，圆满完成各项工作任务。

2020年9月3日，钦州调查队到钦北区那蒙镇屯里村委开展住户调查电子记账指导工作

一、强化理论武装，政治学习做到常抓不懈

通过队领导班子引学、督学等方式，深入学习贯彻党的十九大和十九届二中、三中、四中、五中全会精神，深入学习贯彻习近平总书记关于统计工作重要讲话和指示批示精神，全年开展党组和党组理论学习中心组学习13次，全体干部集中学习8次，强化了理论武装，把牢了正确政治方向。深入推进“党旗红·数据真”党建工作品牌建设工作，全年开展了“党建+人事”、“党建+农业”等一系列创建活动。人事专业联合辖区县队在钦州市委党校开展了“党建+人事”主题党日活动，荣获2020年广西国家调查队系统“党建+人事”优秀主题党日活动荣誉称号。

2020年10月27日，钦州调查队党支部联合辖区县队党支部在钦州市委党校开展钦州辖区调查队“党建+人事”暨“提升七种能力·勇于担当作为”主题党日活动

二、落实全面从严治党责任，工作质量明显提升

牢固树立“意识形态工作极端重要性”的认识，坚决贯彻落实中央《党委(党组)意识形态工作职责制实施办法》《中共中央关于加强和改进党的新闻舆论工作的意见》等文件精神，将意识形态工作纳入“三会一课”内容，开展习近平总书记关于意识形态工作重要论述专题学习，管理好工作QQ群和微信群，牢牢把握意识形态工作领导权，把意识形态工作主体责任落到实处细处。实施量化考核，积极培树先进典型，对照党支部落实全面从严治党责任清单完成了“灯下黑”专项整治，高质量召开了“厉行勤俭节约、反对餐饮浪费”专题组织生活会，“三会一课”、发展党员、党务公开等工作稳步推进。组织党员干部深入到钦南区东风社区开展双服务双报到活动，共同联谊共建创城、慰问困难党员和群众、疫情防控排查、爱国卫生运动、网格管理员等活动，全年开展志愿服务8次，慰问困难党员群众4人次，协助社区开展疫情防控排查工作3人，协助社区开展巡逻、宣传10多人次。

三、坚持以实绩为目标，高效完成业务调查工作

顺利完成粮食畜牧业统计调查数据归口

2021年1月25日，钦州调查队召开2020年钦州市主要调查数据新闻发布会

管理工作，与钦州市统计局、市农业农村局召开畜牧业生产情况座谈会，共同探讨钦州畜牧业生产形势，有效保障了粮食畜牧业统计调查数据归口管理后调查数据的质量。顺利完成住户调查新一轮样本轮换工作，强化住户调查基础工作和调查过程监督，组织市县区住户调查业务人员开展现场实操演练，住户调查基础数据质量稳步提升，得到总队居民收支处的肯定。各专业建立健全辅调员考评办法，对照制度标准量化考评，形成有绩必奖、有失必罚的工作氛围，推动辅调员队伍管理规范化，形成你追我赶、良性竞争的工作局面。

四、统计调查服务成效显著，政务综合管理水平不断提高

调查信息调研力度加大，2020年获广西调查总队采用信息报告161篇。统计调查服务实现“两个首次”：首次在钦州市新闻发布厅召开新闻发布会，对外发布钦州市主要调查数据，并答记者问；首次印制《统计调查宣传手册》，按季度向相关部门、对公众公布城乡居民收入、居民消费价格指数等数据。传统统计服务不断加强，在本队微信公众号、钦州日报、广西日报等渠道发布CPI、城乡居民收入数据、工作动态等信息83篇次，比去年同期大幅增加。多次组织《意见》《办法》《规定》等重要统计改革文件的再学习再领会，认真梳理和反思调查制度和工作制度在执行过程中容易造成工作质量不高等问题。委托专业档案公司整理1984年以来的历史档案，按照三级档案室建设标准推进档案室建设，荣获三级档案室等级评定。行政后勤管理更加规范，公务用车管理、固定资产管理、办公场所管理、印章证照管理、办公用品领用管理、公务接待等工作规范推进，后勤保障水平逐步提高。

五、疫情防控措施扎实推进，定点扶贫工作成效明显

认真按照广西调查总队以及钦州市应对新型冠状病毒感染肺炎疫情工作指挥部的安排，成立防控新型冠状病毒感染的肺炎疫情工作领导小组，及时在本队和各专业QQ群、微信群发布疫情知识及科学防控措施，开展办公室环境卫生整治和消毒工作，购买近5000个口罩、消毒液酒精20升等防疫物资，派出3名党员干部到文峰街道东风社区开展疫情防控志愿服务。各专业按照总队的相关工作部署，确保在疫情期间按时按质顺利完成各阶段的调查任务。并给予定点帮扶村捐赠口罩400多个，给帮扶村和贫困户，开展送化肥、修水利助力帮扶村贫困户春耕复产活动，开展“爱国卫生运动、助力防疫阻击战”志愿服务，开展“抗疫情促消费助脱贫”活动累计消费7000余元，开展“爱心捐款，扶贫助学”活动为12名贫困户子女捐助了一批学习用品，及时发现并协调帮助救治1名严重烫伤的贫困户幼童，脱贫攻坚工作取得实实在在的成效。

六、精神文明建设成果显现，地方工作支持力度加大

开展了一系列富有统计特色的精神文明创建活动，在全队范围内形成了“人人都是文明建设细胞、人人都是文明单位形象”的浓厚氛围，实现

2020年10月19日，钦州调查队到定点帮扶村钦州市灵山县烟墩镇莲塘村开展“金秋助学送温暖·脱贫攻坚献爱心”活动

了文明单位创建、党建工作品牌创建、统计调查高质量发展工作融合发展、齐头并进的良好局面。2020年2月荣获第十七批钦州市文明单位称号，是唯一的中直单位。2020年7月荣获全市第一批民族团结进步示范单位荣誉称号。争取地方领导对统计调查工作的支持，努力营造良好的统计生态环境。钦州市委政府对钦州调查队的关注度、支持力度不断加强，市委书记许永禄、专职副书记高朴、市长谭丕创、常务副市长林海波、副市长谢立品、组织部长莫锦荣等领导均听取了钦州调查队的工作汇报，并对钦州调查队的工作给予了较大支持，有力补充了业务经费不足的问题，将绩效奖励纳入了地方经费预算项目。

2020年9月10日，钦州调查队全体党员、干部到钦州市中级人民法院党风廉政教育基地参观学习，现场接受廉政教育

七、不断夯实法治基础，统计法治工作质量得到提高

结合各调查业务培训，开展统计法治培训和宣讲10次，积极向统计调查对象、企业统计员以及辅助调查员和乡镇统计员传播统计法治知识，推动统计人员增强统计数据真实性的担当意识和责任意识。全年开展“双随机”执法检查3次，检查企业6家，督促存在问题企业进行整改，切实为调查事业保驾护航。紧紧围绕“12·4”国家宪法日、“12·8”《统计法》颁布纪念日、“9·20”统计开放日等重要节点，到群众聚集多的地方开展普法宣传活动，通过钦州统计调查、钦州发布等微信公众号平台发布活动详情，开展线上、线下多渠道开展宣传，统计普法宣传吸引力得到明显增强。

八、聚焦廉政教育，持之以恒正风肃纪

认真学习领会习近平总书记关于统计工作重要批示指示精神，严格落实十九届中央纪委四次全会、十一届自治区纪委六次全会精神，认真传达学习贯彻2020年全国统计部门全面从严治党工作视频会议精神，加强对《党章》、中央“八项规定”精神的学习和领会，有效提升全体队员的政治敏锐性和底线思维。全年共组织开展8次廉政警示教育活动，日常通过微信、QQ群、本队内网实时转发本系统、本地区最新廉政典型案例，共转发典型违纪违法案例51篇次。选派2人次纪检监察干部参加总队巡察工作，有效增强纪检监察干部履职能力。

2020年12月4日，钦州队调查队在钦州湾广场开展国家宪法日暨统计法治宣传日活动

九、聚焦责任落实，压实“市管县”责任

压实“市管县”责任，队党组成员不定期深入县队检查指导党风廉政建设工作和调查业务数据质量。每半年听取县队党风廉政建设工作和县队纪检监察员履职情况汇报，并进行检查评估，提出意见建议。加强对人、财、物、数等关键岗位和重点领域的监督检查，尤其是严格按《防范现金和实物发放风险的核查制度》要求全年共随机抽查核实20余人次；认真落实廉政审核和廉政审查工作，审查核实干部3人次。组织召开钦州辖区国家调查队党风廉政建设工作会议，总结年度工作，推动党风廉政建设与业务工作同部署、同推进。抓好分析研判，队党组年初召开党风廉政专题会议，认真听取纪检组的工作汇报，党组成员共同分析研判责任范围内的党风廉政建设形势和工作进展情况。抓好谈心谈话，督促相关责任人认真履行党风廉政建设主体责任，落实“一岗双责”，全年廉政谈心谈话30多人次，做到队领导班子、辖区县队领导班子成员、科室负责人全覆盖。

国家统计局贵港调查队

2020年，国家统计局贵港调查队（以下简称贵港调查队）在广西调查总队和贵港市委、市政府的坚强领导下，深入学习贯彻党的十九大、十九届二中、三中、四中、五中全会精神，紧紧围绕2020年工作思路，积极进取，开拓创新，在抓好新冠肺炎疫情防控常态化的同时，保障统计调查工作顺利开展，较好地完成了各项工作任务。

2020年11月3日，广西调查总队一级巡视员梁开光（右二）带队到贵港市开展粮食生产实割实测活动

一、深入推进党建引领，把好把牢政治方向

一是落实“一岗双责”和“双带头人”标准，建立领导班子成员联系指导分管业务科室所在党小组工作机制，进一步促进党建与业务互融互促。严格执行“三会一课”等党组织生活制度，结合组织生活会开展民主评议党员，通过选好“话题”，开展经常性谈心谈话。二是对“党旗红·数据真”党建工作品牌创建工作进行再部署再安排，着力推进党建与业务进一步深度融合。结合各调查专业特点，开展“党建+畜牧业调查”“党建+采购经理调查”“党建+消费价格调查”等主题党日活动共7次，评选出“党建+畜牧业调查”“党建+消费价格调查”“党建+住户调查”示范点共6个。三是严格落实党员领导干部带头上党课制度，定期召开支委会研究制定每月主题党日活动方案，开展“冲锋在前战疫情、勇于担当作表率”“志愿服务党旗红”“荷你阅读·书香贵调”“解放思想淬党性”“践初心、强党性、展风采”等内容丰富的主题党日活动。

2021年3月18日，广西调查总队党组成员、副总队长陆奉昌（左三）到广西金源生物化工实业有限公司开展工业生产者价格工作调研

2020年，贵港调查队获评为第十七批自治区文明单位，党支部荣获“贵港市五星级党支部”称号，一名党员获全区“学习强国”学习积极分子称号。

2020年11月17日，广西调查总队居民收支调查处到贵港市港南区瓦塘镇低收入记账户家中核实家庭收入情况

二、夯实调查业务基础，确保统计调查事业高质量发展

一是统筹推进疫情防控常态化，疫情期间坚持疫情防控和统计调查两手抓、两手硬，实现“线上办公”、加强“线上访户”、组织“线上培训”、开展“线上调研”，做到统计服务不停歇。二是加大对辖区县级统计局及调查队的农业统计调查基础工作检查，利用无人机智能识别系统完成农业调查数据的采集、审核工作，7个调查村全部实现无人机遥感面积调查，提高播种面积遥感调查的覆盖率和精准度，确保数据质量。三是定期召开各业务培训会议，按时按质高效做好价格调查基期轮换工作，切实履行市级住调办职责统筹兼顾辖区住户调查样本轮换工作，加强新设立小微企业和个体经营户跟踪调查网点维护。

三、做好数据审核工作，圆满完成脱贫攻坚普查任务

一是架构以贵港调查队、市扶贫和水库移民局、相关重点行业部门为核心的“1+1+N”横纵格局，实现了市县普查机构“两级联动”，探索形成了普查县的“321”服务保障工作模式、派出县工作组的“345”入户登记工作法，得到国家统计局、自治区普查办领导的高度肯定。二是瞄准登记、初审、问题反馈三个环节，深入一线全覆盖督导到位，严格把关全覆盖检查到位，上下联动全覆盖整改到位，确保原始数据质量，促使普查指导员规范开展村表录入和普查数据初审，督促指导各级普查机构和人员及时就反馈问题落实整改。三是聚焦人员培训、职责分工、进度跟踪、数据审核四个重点，提高数据处理人员业务水平，明确审核验收任务，及时跟踪各普查县现场登记情况和村表、县表录入上报情况，对平台审核公式盲区进行记录，对重点指标逻辑问题进行认真审核。

四、加强法治建设力度，筑牢依法治统根基

一是强化理论学习，做到统计法治宣传“逢会必讲”，在各项统计调查工作培训会上开展中央领导指示批示精神和统计法律法规知识宣讲，抓住“9·20”中国统计开放日、“12·4”全国法制宣传日、“12·8”统计法颁布纪念日等重要时间节点进一步扩大法治宣传范围。二是以统计执法检查为抓手，综合运用“双随机”执法检查、专项检查、规范化检查、风险防控排查等方式，组织开展统计执法监督检查。三是建立贵港辖区调查队执法人才库、统筹市县队力量开展执法检查，组织完成四次“双随机”统计执法检查，涉及住户调查、采

2020年7月22日，自治区脱贫攻坚普查第四督导组到贵港市开展脱贫攻坚普查督导工作

2021年3月31日，贵港调查队到港南区瓦塘镇进行一季度生猪数据核查工作

购经理调查、工业生产者价格调查等专业。四是主动与贵港市组织部门、宣传部门加强联系沟通，积极推动《统计法》进党校，及时把统计法纳入市委党校中青班培训内容。

五、提升解读分析能力，助推优质服务提质进档

一是把优质服务工作成绩和队年终目标管理考核责任制评比直接挂钩，作为个人评先评优的一项重要依据，切实提升优质服务积极性。二是紧抓时政要点、热点，根据总队或地方政府约稿工作安排，认真研究调研提纲和调研方案，对于调研难度大、涉及面广的调研任务，明确分组分工，保证调查信息报告数量和质量。三是与多个地方部门联合组成调研组，针对猪肉产销情况、农业畜禽发展情况、疫情对企业影响等方面开展专题调研，撰写调查信息报告，为地方政府决策施政提供参考依据，得到地方政府领导肯定，扩大了国调品牌影响。四是开展“优质服务季度写作标兵”“金牌专业”“信息写作能手”“共产党员先锋岗”评比等活动，引导党员干部在推进重点工作中创先争优，向4位获评“共产党员先锋岗”的党员颁发桌牌，展示先锋形象，在全队上下营造学先进、赶先进、作贡献、当表率的良好风气。

2020年10月16—17日，贵港辖区调查队党支部到桂林市兴安县开展“爱国主义教育”主题党日活动暨2020年度贵港区域调查队“不忘初心使命·走好新长征路”党员培训活动

国家统计局玉林调查队

2020年，国家统计局玉林调查队（以下简称玉林调查队）在广西调查总队的坚强领导下，认真学习贯彻习近平新时代中国特色社会主义思想和全面贯彻党的十九大和十九届二中、三中、四中、五中全会精神，始终拥护并坚决执行广西调查总队的各项决定，深入贯彻落实2020年广西国家调查工作会议精神，增强“四个意识”、坚定“四个自信”、做到“两个维护”，团结带领全队干部职工锐意进取，真抓实干，狠抓落实，有序推进全年工作任务高标准、高质量开展。

2020年10月20日，玉林调查队到玉林市陆川县英平畜牧业有限责任公司开展生猪生产形势调研

一、加强党建引领，助推党建工作高质量发展

（一）多形式抓好党建工作

统筹抓实“三会一课”理论学习，每月召开支委会研究党建工作，每月集中召开党小组会议，党支部每季度为全体党员上一次党课，2020年，党员领导干部上党课4次，召开支委会12次、三个党小组分别集中学习12次；不断优化党员队伍结构，年内新接收预备党员1名，现有预备党员2名；提交入党申请书1人，积极分子1人，党员队伍年轻化、精良化、骨干化趋势不断加强。

2020年7月9日，玉林调查队到玉林市茂林镇陂耀社区开展“党旗红·数据真”主题党日活动

（二）全面提升“党旗红·数据真”党建品牌创建

深化党建与业务融合发展，继续搭建好“主题党日+”平台，探索深层次发挥党员辅调员作用，打造“党旗红·数据真”党建品牌示范模式。全年共开展慰问战疫一线干部、抗击疫情·献爱心、传承勤廉基因等13次。党建与住户、农业、畜牧业、劳动力、消价、工价等调查业务融合发展持续推进、全面深化。

（三）巩固深化“不忘初心、牢记使命”主题教育成果

结合落实全国统计部门全面从严治党会议精神和广西调查总队巡察工作，

2021年1月19日，玉林调查队到玉林市东成社区现场指导记账户使用电子记账软件进行日常记账

抓实抓好专项整治，开展三项专项治理“回头看”工作，着力解决党建基础工作中存在的问题。要求党员干部自觉学习党章、遵守党章、贯彻党章、维护党章，自觉加强党性修养，增强党的意识、宗旨意识、执政意识、大局意识、责任意识。

二、强化统计法律法规宣传，为数据质量保驾护航

邀请广西调查总队共同到调查点社区开展“弘扬法治耀党旗，诚信统计数据真”诚信统计普法宣传，到挂点社区进行“党建+法制宣传”主题党日活动，组织干部职工参与全国统计法律法规知识竞赛。开展第十一届“中国统计开放日”活动，组织拍摄“人口普查到我家—方言短视频”。每月及时向地方主流报纸提供发布通稿，积极向总队微信公众号投稿，2020年，玉林调查队投稿信息被“广西调查统计”公众号综合采编3条。开通微信公众号“玉林调查”，及时将工作动态、数据发布、统计法规和统计知识宣传、统计开放日和“12.4”“12.8”等特定法制宣传日活动及时上传微信公众号，不断拓展统计调查宣传覆盖面。

三、落实工作重点，全面提升调查业务工作质量

（一）加强基础工作检查，抓牢住户调查数据质量

印发实施《玉林市开展2020年度住户调查基础工作检查实施方案》《关于开展2020年度住户调查基础工作交叉检查的通知》，严格开展基础工作自查，对发现问题逐项进行核实整改。加强辖区县区收入情况调研及基础检查，组织辖区统计局、调查队分组交叉检查，并及时反馈问题，督促做好整改，进一步夯实住户调查工作基础，确保调查数据真实准确。

（二）丰富统计调查措施，保障疫情期间采价工作质量

根据广西调查总队工作要求，疫情期间统筹安排，玉林调查队在严格遵守本地区疫情防控要求、保障采价员的身体健康安全的前提下，采取电话、微信、网络等灵活多样的方式开展居民消费价格采集工作，把疫情对工作影响程度降到最低，确保每个采价日市场采价工作有序开展，保障统计数据采集工作如期完成，并对采集的数据进行综合分析评估，对数据进行横向、纵向对比，确保采集的数据质量，做到疫情期间数据不断，质量不降。

（三）加强部门协调沟通，建立农业横向工作联动机制

粮食畜牧业数据归口管理后，玉林调查队加强与统计、农业农村等部门的协调沟通，建立信息资源共享和工作联动机制，确定业务工作联络员，每季度开展一次部门会商会议，聚焦工作重点难点，分析经济发展形势，预判经济发展态势，提升

2021年3月25日，玉林调查队到陆川县安东村开展劳动力调查回访和数据质量检查

2021年3月25日，玉林调查队到玉林市玉州区南桥市场检查督导居民消费价格采价工作

服务能力，积极为政府做好决策服务。联合市统计局、农业农村局等部门召开季度经济形势运行分析座谈会，加强沟通协作，实现农业生产环节和统计监测环节无缝对接。

四、加强队伍建设，提升干部队伍能力

开展5名科级干部试用期满转正工作，采用竞争上岗的方式开展职级工作，晋升一级主任科员1名，二级主任科员1名，四级主任科员1名，充实中层干部队伍；积极选派干部到总队跟班学习，选派干部参加本系统和地方举办的各类培训班，为干部成长进步提供良好平台，夯实调查事业发展基础；安排人员到贵港队、来宾队实地开展业务交流，学习先进工作经验；开展“党建+人事”主题党日活动，邀请市委组织部负责干部工作的能手到玉林队讲授人事工作专题党课，表彰奖励先进个人，不断加强队伍建设。

五、强化写作能力，提升优质服务质量

通过“统计讲堂”等形式，开展政务信息写作知识培训，定期召开信息联络员小组会议，加强政务信息质量审核把关，提高政务信息写作质量。截至目前，玉林调查队政务信息获广西调查总队采用167篇，比上年增加24%；国家统计局采用8篇，比上年翻一番。年内召开三次优质服务联络员队伍经验交流会，每月通报，鼓励先进、督促后进。全年政务信息获国家统计局采用4篇，广西调查总队采用127篇；调查信息获广西调查总队采用72篇，调查报告获广西调查总队采用11篇、国家统计局采用3篇，采用得分844.6分，向地方党委政府报送信息16篇，提供优质高效的统计分析服务。规范对外提供数据，深入调查点开展执法检查及进行统计法治宣传，举办4次统计法治讲堂，在2019年广西国家调查队系统统计法律法规知识竞赛中荣获二等奖。

六、深化党风廉政建设，为调查事业高质量发展提供纪律保障

积极履行监督职责，2020年2次向党组汇报全面从严治党工作情况，3次到辖区县队开展党风廉政建设工作检查，推动党风廉政建设工作责任全面落实；持续整治“四风”，认真督促开展公务接待和津贴补贴发放不规范及未经审批开展委托调查三项治理“回头看”、差旅费专项自查自纠专项整改等工作；狠抓干部作风建设，坚持每月上中下旬共3次抽查干部职工的工作纪律，对迟到、早退等违反考勤纪律的人员进行批评教育。7月中旬，党组书记、队长宁雄燕代表玉林队在广西国家调查队系统2020年年中工作视频会议上做了关于全面从严治党工作的典型发言。

2021年4月29日，玉林调查队到定点帮扶的玉林市福绵区沙田镇和平村开展“学党史践诺言，我为群众办实事”主题活动

国家统计局百色调查队

2020年，国家统计局百色调查队（以下简称百色调查队）在广西调查总队和百色市委、市人民政府的正确领导下，坚持以习近平新时代中国特色社会主义思想为指导，深入贯彻党的十九大和十九届二中、三中、四中、五中全会精神，认真贯彻落实广西国家调查工作会议精神，聚焦统计调查事业高质量发展，扎实推动各项工作顺利开展。

2020年12月24日上午，广西调查总队党组书记、总队长廖金昌（前排右二）到平果鉴烽铝材有限公司开展工作调研

一、坚持以党的建设为统领，落实全面从严治党治队

（一）不断加强政治理论学习教育。持续深入学习贯彻习近平新时代中国特色社会主义思想，坚决贯彻落实习近平总书记关于统计工作重要讲话指示批示精神和党中央关于统计工作重大决策部署，主动适应新发展阶段、新发展理念、新发展格局要求，进一步增强“四个意识”、坚定“四个自信”、做到“两个维护”。2020年共组织开展各类政策理论学习10次，领导上专题党课3次。

（二）进一步压实管党治党“两个责任”。认真贯彻落实中央关于全面从严治党要求，持续强化管党治党“两个责任”，全力推动从严治党、从严治队。一是深入贯彻落实中央、国家统计局党组以及广西调查总队党组关于党风廉政建设和反腐败工作会议和文件精神。二是严格执行“三重一大”决策制度，坚持集体领导、民主集中、个别酝酿、会议决定的原则，由集体讨论作出决定。三是认真抓好党建工作，制定《2020年国家统计局百色调查队党建工作要点》，严格党内政治生活，形成以队党组具体领导、组织落实、协同发力、直接负责的党建工作领导格局。四是扎实推动党风廉政建设，制定《国家统计局百色辖区调查队2020年纪检工作要点》，编印并发放《百色辖区调查队纪检监察工作实用手册》。五是注重日常提醒与专题教育相结合，做细廉洁教育，紧盯春节、端午、中秋等重要节点，充分利用短信、微信公众号等平台，向干部职工发送廉洁过节提醒信息，筑牢干部职工廉政思想壁垒。

2020年7月7–8日，自治区脱贫攻坚普查领导小组副组长、广西调查总队党组书记、总队长赵太想（右二）赴百色市、德保县、田东县，对脱贫攻坚普查现场登记准备工作情况进行现场督导

（三）深化拓展“党旗红·数据真”党建品牌创建工作。充分利用百色红色资源，结合工作实际，努力争创“革命老区党旗红·国调先锋保数真”

2020年8月10日，百色市人民政府副市长古俊彦（右二）到百色调查队了解脱贫攻坚普查工作进度对数据审核工作现场督导

党建品牌。年内组织开展了齐唱红歌颂祖国、庆祝“七一”纪念建党99周年等活动。同时，积极推进党建与业务相融合，开展了“党旗引航促调查、统计法治保数真”“革命老区党旗红 住户调查数据真”等一系列的“党建+”主题党日活动。

（四）认真落实各项巡察、审计整改。一是深入贯彻落实广西调查总队巡察反馈问题、巡察“回头看”反馈问题整改，切实做好巡察整改“后半篇文章”。二是扎实做好主要领导经济责任审计整改工作，推动主要领导经济责任审计整改工作落实到位。三是认真组织开展“灯下黑”问题专项整治工作，研究制定整治工作方案，建立整改问题台账，明确整改措施和责任人员，扎实推进整治工作取得成效。

二、坚持依法统计，不断夯实调查工作基础

（一）不断提升依法统计意识。一是充分利用全队会议、专题学习会等形式深入学习《意见》《办法》《规定》，进一步强化干部职工防范统计造假、弄虚作假的责任意识。二是结合各调查专业培训、工作布置会议，适时开展多种形式统计调查宣传工作，使干部群众、调查对象充分认识到统计数据质量的重要性，充分认识统计造假、弄虚作假的极大危害性，不断提高依法统计意识。

（二）扎实做好调查业务工作。切实加强国家统计报表制度学习，严格规范开展CPI调查、采购经理调查、工业生产者价格调查、劳动力调查、住户调查、主要畜禽监测调查、农产品生产者价格调查等常规调查业务工作，统筹做好信息化、档案管理等日常管理工作，扎实做好住户调查样本轮换、工业生产者价格调查基期轮换、居民消费价格指数基期轮换等“三大轮换”工作，顺利完成粮食畜牧业归口管理统计调查移交工作。

三、紧扣目标要求，创新做好优质服务工作

（一）信息报告工作取得新突破。认真贯彻广西国家调查工作会议和广西国家调查队系统综合调查工作会议精神，聚焦统计调查事业高质量发展，充分发挥“党旗红 数据真 服务优”党建品牌效应，积极参与广西调查总队约稿任务，不

2020年7月7日，自治区脱贫攻坚普查领导小组办公室主任、广西调查总队党组成员、副总队长邱洪刚（右三）在百色市凌云县脱普办数据审核组开展工作督导

2020年9月16日，百色辖区调查队到乐业县百坭村开展“学习文秀精神，争当调查先锋”主题党日活动

2020年6月29日，百色调查队组织队全体党员、入党积极分子，以及辅助调查员、记账户、采价员等党员代表开展参观红七军军部旧址，走红军路、游红军码头，听党课等庆“七一”活动

2020年9月19日，百色调查队、百色市统计局联合开展统计开放日宣传活动

断提升统计优质服务水平。截至2020年11月30日，百色调查队撰写调查信息、调查报告分别获广西调查总队采用178篇、10篇，人均撰写量排在市级调查队前列。在2020年度广西国家调查队系统调查信息报告考核结果中获市级调查队优秀等次。

（二）信息服务决策不断取得新成效。继续通过编制《百色调查》《调查信息》报送地方党委政府部门。年内向市政府上报信息83条，采用24条，被百色市政府评为信息报送红榜单位，地方党委政府对调查工作的关注度明显提升。

（三）不断扩大调查队品牌宣传力度。一是加强信息对外宣传发布。积极利用微信公众号宣传统计调查数据、工作动态、社会热点等，取得了较好的宣传成效。二是大力开展宣传活动。与百色市统计局联合开展2020年统计法治宣传活动。积极启动第十一届“中国统计开放日”宣传活动，以举办一次“大宣传”、进行一次“大走访”、组织一次“大学习”、开展一次“大讨论”等方式，推动第十一届“中国统计开放日”宣传深入人心。

四、认真履职尽责，高质量完成重大工作任务

（一）抓紧抓牢疫情防控工作。面对突如其来的新型冠状病毒疫情，百色调查队及时成立了新型冠状病毒感染的肺炎疫情联防联控工作领导小组，迅速启动应急预案，制定印发疫情防控工作实施方案。领导班子成员坚守一线、靠前指挥，每日带头值班，实地检查、指导开展防控工作；严格执行疫情“日报告、零报告”制度，对干部职工每日行程及健康状况及时跟踪报告；严格执行进出单位人员身份识别登记、体温检测、佩戴口罩等措施。通过多种渠道采购储备疫情防控所需物资，做好办公室环境消毒和卫生保洁。全队党员干部自愿捐款，开展志愿服务活动，充分发挥基层党组织战斗堡垒作用和党员的先锋模范作用，有效落实疫情防控工作。

（二）圆满完成脱贫攻坚普查任务，助力广西脱贫奔康。从2019年12月启动脱贫普查前期准备工作到2021年1月底通过国家验收，经过一年多的努力，百色调查队严格按照自治区脱贫攻坚普查工作方案要求，认真落实组织及督导责任。普查工作期间，组织选派普查工作队员组成11个派驻普查工作组共计2207人，对除右江区外的11个县（市、区）129个乡镇、1718个行政村的241393市建档立卡户开展现场入户普查（含电话访谈和代答方式）及数据验收工作，现场登记普查数据通过市、自治区、国家三级审核验收，圆满完成两批次脱贫攻坚普查任务。

2020年12月8日，百色调查队、百色市统计局联合开展2020年统计法治宣传活动

国家统计局贺州调查队

2020年6月19日，贺州市人民政府副市长刘洪军（主席台中）出席2020年全市住户调查工作会议并作重要讲话

2020年，国家统计局贺州调查队（以下简称贺州调查队）以习近平新时代中国特色社会主义思想为指导，深入学习贯彻习近平总书记关于统计工作的重要讲话指示批示精神和党的十九大及十九届二中、三中、四中、五中全会精神，认真贯彻落实2020年广西国家调查工作会议以及年中工作会议精神，坚持以党的政治建设为统领，统筹推进疫情防控常态化和统计调查工作，狠抓调查数据质量，扎实推进党建与业务的深度融合，圆满完成全年各项工作任务。

一、提高政治站位，深入贯彻落实上级工作部署

（一）认真研究党的建设工作，巩固和拓展“党旗红·数据真”党建工作品牌。

贺州调查队党组高度重视党的建设工作，深入开展“寿城党旗红”互联互建行动，深入推进机关党支部与地方基层党组织、总队机关党支部的结对共建。2020年贺州调查队党支部作为唯一一个贺州市中小型机关基层党组织代表，在全市“三会一课”现场观摩会上示范演示如何规范开展党组织生活，获得贺州市委组织部、市委机关工委有关领导和与会观摩人员一致好评，市党员教育中心将演示视频制作成规范教材在市直机关党组织中推广。贺州调查队党支部荣获2020年贺州市直机关基层党组织“三会一课”示范点称号。新设立“党建+畜牧业调查”“党建+工业生产者价格调查”“党建+劳动力调查”“党建+价格调查”等示范点9个。完善2019年党建档案材料，对新的党员活动场所—党员先锋站和党建文化长廊进行重新装修布局，全面加强党建工作软硬件基础建设，推动党建工作“提质聚力”。

（二）学深悟透，认真学习贯彻《意见》《办法》《规定》等统计改革文件精神

将习近平总书记对统计工作重要指示批示精神和《意见》《办法》《规定》《统计法》《统计法实施条例》等重要统计改革文件精神作为重点学习内容有计划地在党组理论学习中心组集体学习会、党组会、全体干部职工会议上进行再学习再贯彻再落实。

（三）落细落实，切实抓好疫情防控各项工作

加强疫情防控宣传教育，持续抓好疫情常态化防控，选派党员参加贺州市疫情防控，积极做好

2020年7月28日，贺州调查队到八步区大宁镇大宁村开展早稻实割实测调查

2020年10月20日，贺州调查队到鹅塘镇垌坪村观测点开展“党建+粮食调查”活动

疫情期间各专业统计调查，加强疫情扶贫帮扶工作。做到一手抓疫情防控，一手抓调查工作，“两手抓”“两不误”。

二、突出工作重点，扎实完成各项调查工作

（一）扎实做好脱贫攻坚普查工作。2019年12月广西脱贫攻坚普查工作启动以来，贺州调查队严格按照党中央、国务院、自治区决策部署和深入贯彻习近平总书记关于脱贫攻坚普查工作重要指示精神，在贺州市委市政府的领导下，认真履行牵头单位责任，以高度的责任感和使命感，高质量完成了各阶段普查工作，获得自治区脱普办肯定。其中市普查办、八步区、钟山县派驻普查工作组多篇工作总结经验信息分别获得国家脱普办、自治区脱普办采用，并以简报形式下发各地参考学习。8月1日，贺州市普查办数据审核经验作为广西两个先进单位之一被自治区普查办以通知形式下发各市学习借鉴。贺州脱普办（贺州调查队）派出1人代表广西参加全国脱贫攻坚普查数据核查。

（二）圆满完成住户调查样本轮换工作。严格按照国家局要求和广西调查总队住户调查样本轮换的工作要求，认真组织，细心谋划，扎实做好样本轮换，完成小区替换、补充大样本工作、落实调查户、换户操作、上报摸底调查数据、落实好记账户名单，组织做好新记账户开户和试记账培训等各环节工作，确保住户调查样本轮换工作顺利完成。

（三）电子记账推广取得新成效。全市住户调查电子记账推广工作取得了较好的效果，电子记账率较高，调查数据质量不断提升。截至2020年10月底，全市750户调查户有672户开通了电子记账，电子记账率为89.6%，比年初提高4.1%。

（四）认真做好农业数据归口管理工作。分别向贺州市分管统计工作副市长刘洪军、分管农业农村工作的副市长义芳进行专题汇报，争取地方对数据归口管理工作的支持。建立联络员制度及沟通平台，落实工作有分管、有专人，确保人员到位。

（五）顺利完成流通和消费价格调查新基期轮换工作。根据广西调查总队下发的新一轮基期CPI调查目录（试行），增加相应的采价网点和规格品，并于2020年1月起按要求开展价格采集，确保基础数据的完整性。加强走访调研，了解价格变动规律和走势特征等，把握市场趋势，确保调查样本的代表性。

（六）顺利完成工业生产者价格基期权数调查工作。按照广西调查总队的统一工作部署，贺州调查队加强组织领导，及时召开基期轮换工作会议，明确工作任务与职责，做好调查的培训工作，确保基期轮换工作高质量完成。

（七）认真做好调查业务培训工作。2020年，分别召开了消价、采购经理调查、住户调查、

2020年10月20日，贺州调查队到粮食大县八步区开展晚稻估产并开展党建活动

劳动力调查等专业的业务培训会，加强对调查对象和辅助调查员的指导培训，开展基础知识再学习，细化指标解释，提高填报对象对报表的理解程度，确保源头数据质量。

2021年1月20日，贺州调查队联合农业农村局、市统计局到八步区铺门梁泽煌猪场开展2021年年初畜牧业生产情况调研

（八）强化统计法治建设。习近平总书记对统计工作重要指示批示精神和《意见》《办法》《规定》等统计法律法规纳入全年学习计划。在所有专业培训会、年报会等会议上开展统计法律法规培训课程。完成国家工作人员学法用法考试工作。加强统计法治宣传。2019年12月《贺州日报》刊登了党组书记、队长麦克伦撰写的《巩固统计造假专项整治成果 构建“不能假，不敢假，不想假”统计生态》署名文章。开展好统计开放日等重要节点法制宣传工作。2020年9月17日上午，贺州调查队、贺州市统计局、八步区统计局联合在贺州市灵峰广场开展了第十一届“中国统计开放日”现场宣传活动。深入开展统计执法检查。认真制定好执法检查方案，严格按照规范化流程开展执法检查工作。

（九）统计服务能力不断提升。在地方经济社会研究上，贺州调查队2020年共撰写各类经济调查信息157篇，调查报告9篇，被市政府两办采用信息88篇，共编印13期《统计调查信息》，报送贺州市四大班子及相关部门。

（十）微信号公众影响力不断提升。2020年，贺州队累计发布原创微信信息180余条，转发微信80余条，其中有4条原创微信被广西调查总队微信公众号采用，4条微信素材被广西调查总队微信公众号选用。

三、全面压实“两个责任”，扎实推进党风廉政建设

及时传达学习中央、国家统计局党组及广西调查总队党组有关党风廉政建设部署和要求。研究制定《国家统计局贺州调查队2020年纪检工作要点》。认真落实党风廉政建设“两个责任”。按照党风廉政建设“市管县”工作要求，加强对富川调查队开展党风廉政建设工作的检查指导强化中央八项规定及其实施细则精神的落实，加强对人、财、物、数等进行定期监督检查，提高针对性和有效性。严格落实谈心谈话制度，不定期开展谈心谈话。开展警示教育活动，坚持党课教育和反腐倡廉警示教育不放松，切实增强队员拒腐防变能力。将纪检监察工作与调查业务深度融合。继续坚持纪检监察对各项调查专业数据采集和生产全过程进行监督检查，不断完善各专业关键环节风险防控工作。加强廉政文化建设，倾力打造贺州调查队廉政文化阵地——“党风廉政教育室”宣传阵地建设，把统计调查的廉政文化建设和行风建设进行点面突出、动静结合宣传，提升党风廉政宣传教育效果。

2020年12月30日，贺州调查队到昭平县开展城乡居民全年收入增收亮点工作调研

国家统计局河池调查队

2020年，国家统计局河池调查队（以下简称河池调查队）在广西调查总队党组的坚强领导下，坚持以习近平新时代中国特色社会主义思想为指导，全面贯彻落实党的十九大、十九届二中、三中、四中、五中全会精神，统筹推进疫情防控和调查业务工作的具体要求，强化政治机关建设，切实履行全面从严治党主体责任，攻坚克难勇担当，干事创业创佳绩。

2020年7月28日，广西调查总队党组成员、副总队长邱洪刚（后排右二）到凤山县巴辉屯实地督导脱贫攻坚普查现场登记工作

一、强化党建引领作用，全面推进从严治党从严治队

一是政治机关建设更加突出。深化理论武装，扎实开展理论学习，深入学习习近平新时代中国特色社会主义思想，及时跟进学习习近平总书记最新重要讲话指示批示精神，做到领导干部带头读原著、学原文、悟原理，推动学习热潮在全队持续升温。二是党风廉政建设不断加强。研究制定《2020年纪检工作要点》，明确14项工作重点、35项工作措施，召开党组会议专题研究党风廉政建设工作2次，专题听取队领导班子成员落实全面从严治党主体责任情况汇报2次。三是党建业务融合发展显成效。如“田间一线党旗红 农业调查数据真”主题党日活动评选为广西国家调查队系统“党旗红·数据真”十佳主题党日案例，“党建引领　汇聚合力　促进住户调查新发展”支部共建活动评选为广西国家调查队系统“党旗红·数据真”十佳支部共建案例。同时，党员的先锋模范作用明显。宋首庭获得广西调查队系统抗击新冠肺炎疫情表彰“嘉奖”，王芳姿获得广西国家调查队系统2020年度调查信息报告党员写作标兵。四是统筹推进疫情防控和统计调查工作成效显著。我们坚决贯彻落实党中央关于坚定信心、同舟共济、科学防治、精准施策总要求，始终把干部职工生命安全和身体健康放在第一位。全体党员干部闻令而动，冲锋在前。有的坚守岗位，无私奉献，确保工作不断档；有的下沉社区，捐款捐物，协助基层开展疫情防控；有的发挥专业特长，开展调研，撰写分析，为党委政府献计献策。以实际行动践行初心使命，展现了国调担当，贡献了国调力量。

2020年10月30日，广西调查总队党组书记、总队长廖金昌（右二）到河池市巴马县检查指导电子记账工作

2021年2月18日，河池市人民政府常务副市长韦朝晖（中）到河池调查队开展春节后走访调研，并看望慰问全队干部职工

二、扛起脱贫攻坚普查政治责任，圆满完成脱贫攻坚普查工作任务

脱贫攻坚普查是调查队系统牵头承担的重大国家普查政治任务。河池调查队严格贯彻国家统计局和广西调查总队的决策部署，精锐尽出、全力以赴、攻坚克难，有序推进脱贫攻坚普查各阶段工作。一是强化组织保障。指导组建市、县、乡（镇）三级普查工作领导机构及工作机构，明确工作职责，科学制定市级和指导县级制定了普查工作实施方案、人员选调方案、培训方案、应急保障方案、现场督导方案等。二是强化要素保障。组织协调各县（区）抽选普查人员2166名，落实市级普查经费300万元，协调推进脱贫普查办公室设备和PAD等各项物资采购和调配，确保普查物资按时到位。三是强化业务保障和强化工作推进。市普查办抽调15名业务骨干组成3个讲师团完成对全市普查工作人员的培训，从成员单位抽调10名工作人员到市普查办数据处理组集中办公，组建了2个巡回督导组和3个包县督导组，负责对全市各个普查县的脱贫攻坚普查各阶段工作进行巡回督导和现场全程督导。顺利完成脱贫攻坚普查试点、第一和二批普查现场登记、现场督导、集中审核验收和事后质量抽查等工作。两批共计完成8个县（区）、205587户建档立卡贫困户的现场普查及数据审核验收工作。

三、高质量推进中心工作，统计调查职能得到有效发挥

一是加强样本维护管理和检查指导，基础工作得到进一步加强。强化调查样本的维护管理力度，认真开展价格调查基期轮换，共调整了17个调查网点，做好权数专项调查，联合多部门开展权数评估，牵头完成消价权数审核上报，顺利确定新一轮基期的基本分类和代表规格品；工价专业完成新增19 家企业；劳动力调查按照制度要求每月更换50%样本；扎实做好住户调查样本轮换工作，指导各县区完成共300户的样本轮换工作，电子记账稳步推进，2020年，全市电子记账户比例达89.02%，在广西14个市级调查队中排在第4名。二是统计法治与宣传工作上新高度。继续组织深入学习贯彻《意见》《办法》《规定》等文件精神，定期组织辅助调查员、企业统计员、记账户等学习《统计法》及《统计法实施条例》等重要内容，

2020年10月29日，河池市住调办在巴马县举办河池市“党建+住户调查”“一站到底”知识竞赛

2021年2月4日，河池调查队开展“我们的节日·春节”民族团结创建活动

营造学法、懂法、守法的浓厚氛围，提高全员统计法治意识。创新宣传形式，不断加强微信公众号推广，提高推送文章质量，强化新闻宣传。开设了“共抗疫情”和“两会资讯”两个专题，宣传抗疫知识、抗疫事迹和“两会”有关资讯，共推送信息128篇，其中原创94篇。三是强化主动作为，优质服务效能更加显著。重新修订《目标管理考核办法》，以制度形式将信息任务分解到人，将约稿和政务完成情况纳入绩效考核和年度考核，积极调动干部职工和聘用人员写作积极性。组织开展《河池市异地搬迁的现状和思考》《河池市有色金属行业的现状和思考》2项经济类课题研究，均通过2020年度广西调查总队经济类课题评审，并获得三等奖。在2020年度广西国家调查队系统调查信息报告工作考核评比中获得“良好”等次，其中《河池市：2019年生猪生产恢复缓慢养殖户盼政策扶持》获得2020年度广西国家调查队系统优秀调查报告三等奖。四是管理保障和信息服务工作得到新加强。2020年办公用房条件得到很大改善，有效解决了多年来河池队办公用房极其紧张的问题，并完成了队会议室及党组会议室改造升级，部署安装了高效节能、绿色环保的智能交互式无纸化会议终端系统。地方经费支持得到加强，2020年共落实了业务调查经费120万元，市级脱贫攻坚普查经费300万元和普查办公场所，为全市脱贫普查工作的顺利开展打下良好的基础，为河池调查队更好更快发展提供了保障，不断提高干部职工的幸福感、获得感。五是干部队伍建设进一步优化。加强干部队伍建设的长远规划，2020年新增聘用7名人员，进一步增强了统计调查力量；同时严格落实职务与职级并行制度，充分发挥政策最大最优效应，共提拔4名科级领导干部，对4个科室负责人进行了交流轮岗。加强干部培训，提高调查能力水平，在广西师范大学举办了河池市住户调查干部素质素养提升班，不断提升干部素养，进一步提高工作能力水平。

2021年5月7日，广西调查总队一级巡视员梁开光（后排左二）到河池队开展党史学习教育督导工作

2021年5月26日，广西调查总队党组成员、纪检组长姜永亮（右一）给河池调查队颁发“全区脱贫攻坚先进集体”奖牌

国家统计局来宾调查队

2020年以来，国家统计局来宾调查队（以下简称来宾调查队）深入学习贯彻习近平新时代中国特色社会主义思想，严格落实广西国家调查工作会议精神，以“强党建、抓质量、严管理、谋创新”十二字工作思路为主线，防疫和调查统筹推进，保质保量推进来宾调查各项工作。

2020年7月30日，广西调查总队党组成员、副总队长陆奉昌（右三）到忻城县调研脱贫攻坚普查工作

一、加强学习培训，提高调查综合本领

一是持续加深理论学习，增强理论指导实践能力。将学习党的十九大及十九届三中、四中、五中全会精神和习近平新时代中国特色社会主义思想与业务知识学习、政策法规学习相结合，加强对党员干部的学习教育，增强党性观念。2020年，完成理论中心组集中学习5次，两个党小组集中学习各10次、全体党员集中学习3次，领导班子上党课3次。

二是加强教育培训，提高调查工作能力。制定详细的培训计划，并在培训经费上给予充分保障。2020年，分别举办了行政规范化、季度CPI、统计法制、农民市民化、住户样本轮换、脱贫攻坚、粮食畜牧归口管理等13次培训班，不断提高全体干部和辅助调查员的调查能力。

二、发挥党建引领，增强堡垒战斗力

选优配强支部班子，打造能干实干“带头人”队伍。2020年6月份，完成支部换届选举，形成党组、支委、党建办齐抓共管党建的强大合力。提高组织生活质量，激发党建工作活力。出台《组织生活质量提升实施方案》，推动“三会一课”常态化长效化，开展了“防疫进行时·党员当先锋”、“捐献热血，共抗疫情”等多个主题党日活动。

2020年6月16日，广西调查总队党组书记、总队长赵太想（右二）到来宾市调研上半年生猪生产形势及恢复情况

三、统筹推进，各项工作取得新成效

一是精准发力，推进住户样本轮换科学有序。营造良好的样本轮换工作氛围，提高居民配合度，加强对县区住户调查样本轮换工作的指导。二是积极沟通承接，顺利推进粮食畜牧业归口管理工作。采取强化报表组织、数据审核、数据质量评估、党建引领作用等四项措施，顺利推进粮食畜牧业归口管理工作。三是抓住关键点，扎实推

2020年9月9日，广西调查总队一级巡视员杨锡虹（前排左四）率领总队第二党支部与来宾调查队党支部到华锡冶炼有限公司开展党建品牌创建升级暨“党建+企业调查”深度融合联建活动

动新一轮CPI基期轮换工作。利用“一表多台账一设置”，巩固基础工作，开展权数调查培训班，确保基期轮换各项工作有序推进。四是高质量推进，脱贫攻坚普查前方领跑。争取普查经费150多万元纳入地方年度财政预算，与市扶贫办组成双牵头普查机构，高质量完成全市40443户应普查建档立卡户脱贫攻坚普查现场登记工作，并在广西脱贫攻坚普查工作座谈会上作典型发言。五是强化执法检查，严肃查处违法行为。全年执法检查5家企业和1个县的住户基础工作，对2家采购经理调查样本企业进行立案，并给予警告处罚。六是加强统计研究，促进各项调查制度落到实处。完成制度方法课题《住户调查账页数据质量提升措施研究》，制定《调查基础工作检查方案》，对全部业务进行规范化检查。七是加强新闻宣传，编印调查资料。召开来宾市主要调查数据新闻发布会，通过新媒体、报刊、云直播等平台和渠道，进行数据发布、解读。6月24日，邀请来宾日报社对CPI采价活动进行全程跟踪拍摄，并在新华社云直播平台进行现场直播。2020年，队微信公众号共发布微信文章178篇，其中原创文章为98篇；获得广西调查总队官方微信采用发布信息10篇，获来宾市主流媒体采用新闻通稿10篇。编印历史汇编资料《来宾价格调查资料汇编2008—2019》、年度数据资料《来宾调查年鉴2020》，编发《来宾调查季度资料》4期。向市人民府报送信息110篇，获得自治区采用33篇，市府办采用70多篇，采用量居来宾市直、中直单位第一名。

四、强化选人用人关，不断提升干部队伍建设水平

拓宽提拔晋升通道，做好人才培养规划。统筹规划人才培育发展路线，推进干部提拔晋升渠道双轨畅通。2020年10月，启动2名正科级、2名副科级干部选拔和1名一级主任科员职级晋升工作。加强干部培养，提升干事创业能力。举办辖区国家调查队“党建+人事”主题活动暨“担当作为、勇于争先”演讲比赛，派遣1名年轻干部到基层扶贫挂职，派1名科级干部到总队学习锻炼，千方百计给年轻干部压担子，不断提高年轻干部的担当意识和担当能力。

2020年9月17日，来宾调查队举办第十一届“中国统计开放日”宣传文艺晚会

2020年10月19日，来宾调查队到兴宾区石陵镇陆平村开展晚稻测产工作

2020年12月24日，来宾调查队到扶贫联系点林秀村开展消费助脱贫活动

五、“一岗双责”落地落实，做好日常管理监督

严格执行“一岗双责”。推进纪检监察“三转”工作，减轻纪检干部负担。2020年以来，党组两次听取纪检工作汇报。全面落实专责监督责任，对武宣县统计局局长开展提升数据质量的提醒谈话，首次将提醒谈话延伸到县区统计局。同时针对总队“双随机”执法检查反馈的问题，运用监督执纪“第一种形态”与相关科室负责人开展提醒谈话，并对辖区县级队整改情况开展专项督查。突破传统教育形式，举办了“粽叶飘香诵经典——以诗诵廉·以案明纪”端午节前廉政警示教育活动和“迎‘七一’·扬清风”廉政情景模拟教学比赛、“每逢佳节倍思‘清’、‘廉’花盛开月更圆”党风廉政专题教育活动，并首次开展集体廉政宣誓，发出“保持清正廉洁，正确行使权力，坚持依法统计，自觉接受监督”的最强音，将“廉政誓词”内化于心、外化于行、践行于实。

六、特色工作及亮点成就

一是党建与业务深入融合，党建精品创新提质。印发党建与业务深度融合九个工作方案，由点到面全方位铺开，逐步形成一条党建与业务深度融合常态化发展的新路子，培育具有特色、富有创新的“红水河畔党旗红·统计调查数据真”党建品牌，实现党建与业务“双轮驱动”。如来宾调查队“党建+企业调查”成为广西国家调查队系统“党建+生价业务”唯一党建示范点，其党建品牌案例材料《一名党员撑起一个站，一个站带动一个县》获总队推荐上报国家统计局。

二是守初心担使命，巩固主题教育成果。撰写的调研报告《六招消除漏记全面提升住户调查数据质量》得到国家统计局内刊《工作情况交流》（2020年第3期）采用，并得到广西、广东等总队领导批示和在本省（自治区）学习推广。与总队居民收支调查处联合编制《住户调查电子记账指南》，在减轻基层记账户负担、解决错记漏记问题、提高住户调查工作质量和效率方面取得新进展，切实把主题教育成果转化为调查事业发展动力。“指南”也获得外省同仁高度认可，天津东丽等调查队来电索取“指南”进行参考借鉴。

2021年2月8日，来宾调查队组织志愿者开展志愿服务活动

国家统计局崇左调查队

2020年，国家统计局崇左调查队（以下简称崇左调查队）坚持以习近平新时代中国特色社会主义思想为指导，统筹推进疫情防控和统计调查工作，以“党旗耀边关·国调出实数”推动“党旗红·数据真”党建品牌创建工作，全力助推各项工作高质量发展。

一、持续巩固深化“不忘初心、牢记使命”主题教育，扎实推进“党旗耀边关·国调出实数”党建品牌创建工作

1.加强组织领导，统筹推进全年党建工作。根据《国家统计局2020党建工作要点》《广西国家调查队系统2020年党建工作要点》，研究制定了《国家统计局崇左调查队2020年党建工作要点》，确保全年党建工作有序开展。

2.强化思想建设，推进学习教育常态化。严格按照上级党组织部署，认真开展政治理论学习和主题教育活动，学习贯彻习近平总书记最新重要讲话和指示批示精神，教育引导干部职工在政治上、思想上、行动上始终与党中央保持高度一致。全年开展党组中心组理论学习6次，深入基层宣讲6次，其中到住户调查点宣讲2020年全国两会精神得到《中国信息报》的报道。

2020年5月29日，崇左调查队党支部到宁明县海源镇什八村开展“固定党日+学习贯彻2020年全国两会精神”主题党日活动

3.开展“双培双模”工作取得初步成效。以开展党员与非党干部素质能力提升结对帮扶活动为抓手，通过落实思想帮扶、业务帮扶、信息写作帮扶等具体措施，不断增强帮扶对象的政治定力和综合素质。加大对党员的教育培养，运用“党员红心盒”深入开展“晒业绩、勇担当、争先锋”活动，激励和安排党员干部在重点领域勇挑重担、磨练意志，形成“看我的”“跟我上”“向我学”的思想认识，切实发挥党员先锋模范作用，激励党员干部在统计调查事业中打头阵、当先锋、讲奉献。

4.党内政治生活内容更加丰富。认真落实组织生活会和民主评议党员工作，扎实开展“三会一课”和“固定党日+”活动，每月固定党日形式不同，每次活动内容丰富，并邀请部分群众列席，加强了党组织与群众的联系。

5.积极服务新冠肺炎疫情防控工作大局。一是积极响应崇左市委的号召，迅速组织党员干部到崇左市丽金社区“双报到”，投身疫情防控第一线。二是充分发挥“轻骑兵”作用，助力企业复工复产。

6.扎实推进党组织标准化规范化建设。认真贯彻落实《中国共产党支部工作条例（试行）》，逐一梳理党支部建设基本制度程序标准和内容要求，实行项目式清单管理，推动党支部标准化规范化建设。2020年7月1日，崇左调查队获得市委组织部、市直属机关工委授予第二批“崇左市级机关党建示范单位”荣誉称号，2020年9月通过崇左市基层党支部标准化规范化建设达标验收。

7.持续深化“党旗耀边关·国调出实数”党建品牌创建。开展“讲政治、学制度、强业务”活动，在每个调查专业中创建“党建+业务”示范点。如

住户调查结合2020年样本轮换工作，以江州区板崇村为示范点，通过开展党建与住户调查“七个一”活动，促进党建与住户调查业务深度融合。专项调查科在广西广拓新能源科技有限公司设立“党建+工业生产者价格调查”党建示范点，通过签订学法互助协议书和业务帮扶协议书，发挥党员统计员的示范引领作用，促进统计调查数据质量再提升。农业调查科到大新县桃城镇黎明村开展“党建+畜牧业统计调查”主题党日活动，促进党建与畜牧业统计调查工作深度融合，以党建引领，推动统计调查工作高质量发展。

2020年9月17日，崇左调查队在大新县桃城镇黎明村举办第十一届中国统计开放日文艺演出暨第七次全国人口普查宣传活动

二、强化领导，精心组织，脱贫攻坚普查工作取得全面胜利

2020年，崇左调查队紧紧围绕普查数据质量，尽锐出战、攻坚克难，如期完成现场登记工作和普查数据集中审核工作，经国家数据质量抽查检验，普查取得全面胜利。在自治区规定8月7日前，全面完成4个普查县555个行政村88177户普查现场登记和数据上报。8月29日，对自治区下发12次清单15838条问题数据，全部完成核实或进行修改说明。8月31日，全市数据顺利通过国家验收。9月上旬，龙州县作为广西被抽中的3个县之一，及时组织协调，积极配合，顺利通过了国家脱贫攻坚普查事后质量抽查。

三、注重夯实基础工作，扎实开展数据质量风险防控

结合业务调整和调查方式、调查手段的变化，认真落实广西调查总队《关于进一步提高系统数据质量的实施意见》《关于印发调查业务规范化实施细则的通知》等文件精神，对所有的调查专业的业务流程进行再梳理，对数据质量风险点再排查，并制定严密的防控措施， 全面落实分专业、分岗位的数据质量责任和责任追究，切实防范和杜绝统计造假、弄虚作假行为的发生。同时强化纪检法规对调查数据质量的监督检查，推行基础工作和数据质量追究制，将依法统计各项要求落实到调查业务的各个工作环节中。

2020年7月26日，崇左市脱贫攻坚普查领导小组到龙州县下冻镇开展脱贫攻坚普查工作

四、以“出精品、展作为”为目标，努力提升优质服务质量水平

崇左调查队积极对接上级需求和结合本地特色，围绕国家统计局、广西调查总队约稿要求和崇左市委市政府做好“两篇大文章”、打好“四大攻坚战”中心工作，深入开展调研，撰写调研报告，努力服务党政决策和地方经济社会发展。2020年，撰写上报的调查信息报告（约稿）获广西调查总队采用160篇，写作得分2214分，排在广西14个市级调查队第5位。其中，调研报告《广西崇左加快边境贸易发展的建议》获《中国国情国力》2020年第3期采用，《关于做好脱贫攻坚普查工作的几点思考》获国家统计局内网采用。

五、强化多元化宣传，发出崇左国调工作“好声音”

2020年，崇左调查队认真总结抓好党建与国调业务深度融合的工作经验，通过网络、电视、报纸、基层宣讲、现场讲解、发放传单等多种方式，强化新闻宣传工作，发出国调工作“好声音”。新闻宣传工作取得了三方面成效：一是新闻发布取得新成效。开展活动和提供新闻发布稿得到各层级媒体采用量有所增加。2020年，开展的各项活动，先后得到崇左电视台、左江日报、宁明电视台、大新电视台、扶绥电视台报道或采用；官方微信宣传作用明显增强，全年通过微信公众号发布信息113条，比上年多61条，形式、内容各方面都得到极大提升。二是举办重大宣传活动能力增强。2020年9月17日，深入到大新县桃城镇黎明村开展“中国统计开放日”暨人口普查现场宣传活动，取得良好效果。三是宣传投稿力度不断加大。撰写文章首次得到《中国国情国力》采用，实现零突破。

六、强化“两个责任”落实，切实抓好党风廉政建设

1.深入学习贯彻党中央和上级党组织决策部署，扎实推进从严治党。一是深入学习贯彻党中央和上级党组织各项会议文件精神。二是强化数据质量监督，坚决防范和惩治统计造假、弄虚作假。三是积极服务新冠肺炎疫情防控工作大局。四是认真开展扶贫领域腐败和作风问题专项治理工作。

2.强化“两个责任”落实，切实抓好党风廉政建设。一是切实履行党风廉政建设“市管县”工作。二是召开专题会议部署党风廉政建设工作。三是组织辖区纪检干部专题学习十九届中纪委四次全会精神。四是领导带头上党课。

3.狠抓廉政教育，筑牢思想防线。一是针对疫情防控开展专题警示教育。二是经常性开展“利用身边案警示教育身边人”专题警示教育。三是利用日常提醒教育平台，强化“八小时”之外监督。四是开展廉政谈心谈话。

4.抓好党风廉政制度建设，强化执纪监督检查。一是运用好监督执纪“四种形态”，释放有责必问、问责必严的高压态势。二是强化日常监督检查，确保遵规守纪。三是启动“一单双派、一问双责”工作机制。四是开展公务接待和津贴补贴发放不规范及未经审批开展统计调查问题等三项专项治理工作“回头看”，及时自查自纠。

2021年4月19日，崇左调查队党支部到龙州烈士陵园开展“学党史 祭英烈 守初心 担使命”主题党日活动

国家统计局马山调查队

2020年6月29日，马山调查队到马山县红旗湖农业科普暨党员教育活动基地开展“党建+业务”暨“七一”党建活动

2020年，国家统计局马山调查队（以下简称马山调查队）结合本队实际，不断改革创新，锐意进取，谋实事、创实绩，深入推进统计调查改革与发展，较好地完成各项统计调查任务，在2020年度广西国家调查队系统市县级调查队目标管理考核中获良好等次。

一、以支部标准化建设为抓手，落实全面从严治党两个责任，“党建+”活动全面开花

（一）在组织建设上做递加，支部标准化建设得到提升。马山调查队立足工作实际，针对党建工作突出问题和薄弱环节，深入实施“支部建设升级”行动，重新修订、充实、完善了与党支部工作有关的各项管理制度、工作制度和相关档案资料。加强“三会一课”在内的“三基一化”建设，确保支部班子分工明确、工作制度健全、工作流程标准、资料台账齐全。同时，坚持“三会一课”常开、职工思想常谈、活动阵地常用、业务工作常查、廉政建设常抓的“五经常”制度，全面推进支部队伍建设标准化、制度建设标准化、工作流程标准化、阵地建设标准化的“四个标准化”党支部建设，提升支部标准化建设的整体水平。

（二）加强党风廉政建设，全面从严治党主体责任夯实。马山调查队班子成员切实担负起全面从严治党主体责任和监督责任，紧盯人、财、物、数管理，加大执纪监督问责力度，切实把“两个责任”贯穿于统计调查事业的各项工作中。结合“不忘初心、牢记使命”主题教育专题组织生活会、“书记引航担使命”主题活动、三项专项治理“回头看”“灯下黑”问题专项整治工作中发现的问题，认真排查廉政风险点，不断完善廉政风险防控机制，确保党风廉政建设取得实效，年内高质量完成经济责任审计及政治巡察整改工作。

（三）深化党建品牌建设，深化党建引领。马山调查队以“激发党建强大引领力、建立

2020年7月8日，马山县迎接自治区脱贫攻坚普查办第一督导组督导脱贫攻坚普查工作汇报会

2020年7月15日，马山调查队到联合村开展早稻实割实测调查

部教育培训等制度；每季度及时向县政府汇报调查反馈数据，分析形势利弊，提出下一步工作建议，争取县政府工作支持。2019年12月至2020年11月初，政务信息撰写采用量是2019年的4倍，调查信息撰写采用量在县队中排中上水平，是2019年的3倍，“两个信息”工作得到长足进步，撰写篇数和被广西调查总队采编数量均是建队以来的历史新高。2020年度广西市县级调查队单项工作考核中，政务管理工作、网络安全和信息化工作、法治工作、调查数据综合管理工作、党建工作均获二等奖。

深度融合长效机制”为目标，坚持问题导向、靶向发力，搭建平台、建立机制，积极探索新办法新形式，深化“千山万弄党旗红·调查一线数据真”党建品牌建设，强化党建与业务的深度融合，“党建+住户”“党建+农产调查”“党建+畜牧调查”活动全面开花，推进党建与业务同步发展。2020年，2人荣获2020年度广西住户调查优秀调查员，1人荣获2020年广西国家调查队系统人事教育业务标兵，1人荣获广西国家调查队系统2018—2020年度“党旗红·数据真”党员业务标兵，1人荣获广西国家调查队系统2018—2020年度“党旗红·数据真”优秀青年党员。马山调查队党支部荣获广西调查队系统2018—2020年度三星级党支部称号。

二、以规范日常政务管理为抓手，凝聚工作合力，切实提高政务管理与服务

马山调查队注重发挥办公室窗口、桥梁和纽带的作用，规范日常政务管理，高效推进办公室工作，力促各项决策部署落地见效，确保全队各项工作有序开展。充分运用OA精灵办公软件流转办理公文，提升无纸化办公能力，创建节约型机关；加强档案保密工作，定期开展保密培训，定期对计算机、移动存储介质、办公网络使用管理情况及涉密纸质文件进行全面检查，规范做好档案资料归档整理工作，确保档案保密工作要求落到实处；规范人财物数管理，严格落实考勤、值班安排、干

三、以做好后勤保障为抓手，主动配合沟通，高质高效完成普查任务

马山县脱贫攻坚普查领导小组办公室设在马山调查队，承担领导小组的日常工作，形成了马山县脱贫攻坚普查实施方案、保障、培训、应急、清查摸底等5个工作方案，成立马山县脱贫攻坚普查领导小组，由县委书记、县长担任组长，高位推进落实县乡村三级脱贫攻坚普查机构。整个脱贫攻坚普查共安排480万元的普查工作经费，足额保障普查工作开展所需经费。2020年6—8月，马山调查队牵头组织开展脱贫攻坚普查工作，时间紧任务重，克难攻坚，充分发挥“五加二白加黑”的工作精神，确保脱贫攻坚普查工作有条不紊顺利进行。在上级部门的精心指导下，依靠党政高度重视、部门

2020年7月21日，马山县人民政府县长张自英（中）到县脱普办指导脱贫攻坚普查工作

2020年7月23日，马山县委书记唐咸兴（右二）到县脱普办检查指导脱贫攻坚普查工作

协作配合，周密组织实施，马山县圆满完成了11个乡镇152个行政村3.56万建档立卡户的脱贫攻坚普查艰巨任务。

四、以源头数据质量为抓手，加强部门协作，确保调查业务数据质量

马山调查队严格执行各专业调查制度，加强对调查各个流程的管控，确保源头数据质量。一是在农作物播种面积调查，采用无人机航拍和人工巡察样方相结合的方式，到样方点后人工巡察样方一圈，对难辨清作物的地块、长势较慢难辨认作物的地块等逐一做好人工标注，切实保障春播调查数据质量，为后期粮食测产工作打好基础。二是在粮食产量调查，严格按照方案，踏田估产做到“一深入两把握”，把握当地群众对早稻产量的看法，确保估产数据的准度；实割实测做到“三个到位、两个准确”，确保调查数据质量精度。三是在中间消耗调查和农产品价格调查，严守业务规范，强化基层台账的建立、培训和审核验收，坚持上门调查，现场取数，严格执行现场访问、现场登记、现场核实、现场计算、现场取得、现场签名，确保异常数据在现场查明原因，工作疑问在现场得到解答。四是在主要畜禽监测调查专业，加强对制度的学习与理解，将具体内容学懂吃透，坚持按时入户核实，实地调查的原则，做到第一手数据源于基层源于调查户。五是在住户调查专业通过讲解统计调查制度，解释各类账页指标，解答常见错误，统一记账填写规范等，遵循带着问题访户原则，对于记账户记账中出现的问题，做好详细记录，形成分户问题清单，根据清单进行针对性访点访户，切实提高源头数据质量。2020年度广西市县级调查队单项工作考核中，农业调查获二等奖，农作物单位面积产量调查、县级粮食产量抽样调查、农产品生产者价格调查、农村贫困监测调查均获三等奖。

2020年12月4日，马山调查队开展“新时代文明实践志愿服务活动——普法宣传”，马山县委书记唐咸兴（右三）亲临现场

国家统计局上林调查队

2020年，国家统计局上林调查队（以下简称上林调查队）在广西调查总队坚强领导和地方党委政府大力支持下，深入学习党的十九大和十九届二中、三中、四中、五中全会精神，坚持以习近平新时代中国特色社会主义思想为指导，认真贯彻落实习近平总书记关于统计工作重要批示指示精神，严格执行国家统计局、广西调查总队各项决策部署，创新谋划求发展，担当作为抓实干，高质量完成全年各项工作任务。

一、深化党的建设，推进调查工作高质量发展

一是落实党内制度，确保党建工作有序进行。严格执行"三会一课"制度，加强对年轻干部思想教育。深入县爱国主义教育基地、廉政教育基地、南陔革命旧址等，方式经常性开展廉政教育和爱国主义教育，不断提升党员干部廉政意识和爱国情怀。二是党旗红·数据真"讲习所得到进一步提升。紧紧围绕总队关于"党旗红·数据真"党建品牌创建工作部署，在住户调查专业持续推进"党旗红·数据真"讲习所党建品牌创建，进一步提升讲习所影响力。三是推出"党旗红·数据真"畜禽调查之家品牌。在畜禽监测调查专业创建"党旗红·数据真"畜禽调查之家，扎实推进党建与调查业务深度融合。

二、利用现代科技，各项调查工作顺利完成

利用现代科技，各项调查工作顺利完成。建立完善调查业务风险防控措施，要求队员严格按照方法制度，充分利用现代科技开展统计调查工作，圆满完成了住户调查、农业调查、畜禽监测、新设立小微企业跟踪调查和地方委托的调查项目，保障了调查数据真实准确。疫情期间，采取线上调查模式，充分利用QQ、微信等途径开展调查，发现问题与调查对象进行视频核实。积极

2020年6月29日，上林调查队在大丰镇云城村辅调员家中设立"'党旗红·数据真'畜禽调查之家"

2020年7月1日，上林调查队联合县气象局开展“七一”主题党日活动，前往巷贤镇南陔革命旧址参观爱国主义教育基地，重温入党誓词、重忆入党记忆、重问入党初心

做好痕迹管理，对修改内容进行备案，疫情结束后与调查对象当面核实签字确认，确保疫情期间各项调查工作有序开展。积极配合广西调查总队抽调1名业务骨干，圆满完成全区、全国文明城市测评工作。

三、发挥职能作用，优质服务水平不断提升

始终明确“数据质量就是统计调查生命线”，不断强化对数据管理，持续深化数据宏观、微观分析，让调查数据“活”起来，围绕优质统计服务，以信息约稿为切入点，深耕“数据之田”，结合防疫措施注重形势分析研判，强化社会经济数据解读，用高质量信息体现高质量数据，为当地及上级党委政府有效抗疫、助力复工复产提供数据支撑和科学建议。积极报送政务信息77篇，采用58篇（其中1篇被国家统计局采用），调查信息75篇，采用67篇，及时回应社会公众关切问题，切实发挥舆论正向引导作用，充分发挥优质服务职能。

四、履行牵头职责，脱贫攻坚普查工作圆满完成

严格按照国家脱贫攻坚普查方案要求，牵头组织完成了上林县脱贫攻坚普查任务，确保各项工作顺利推进。谋划制定脱贫攻坚普查实施方案、普查工作保障方案、人员培训方案、普查工作应急预案等。完成了县、乡两级普查机构组建，明确了每一个行政村普查工作负责人，积极开展了普查引导员选配、普查师资培训员培训、建档立卡贫困户清查摸底等工作。现场登记期间提供优质后勤保障服务，保障现场登记顺利完成。积极配合数据审核组完成数据验收工作，确保

2020年7月10日，上林调查队到西燕调查点开展粮食作物实割实测工作

2020年9月20日，上林调查队联合上林县统计局开展第十一届中国统计开放日宣传活动

普查数据真实有效，圆满完成脱贫攻坚普查工作。

五、全力抗击疫情，防控与调查工作同频共振

深入贯彻落实习近平总书记关于疫情防控重要指示批示精神，全力打赢疫情防控阻击战。对内积极做好防控，保障全体干部职工健康安全。对外主动作为，服务群众。疫情期间在县域内率先号召全体党员干部自愿捐款共计2000元用于疫情防控工作，8名党员干部主动到社区执勤，帮助开展人员登记工作。以“以买代帮”的方式为调查对象解决滞销的沃柑和茶叶约1000斤，为16名困难大学生发放送爱心车票共计4800元等，切实帮助受疫情影响的调查对象解决生产生活难题，提升调查对象满意度及对统计调查工作的支持度和配合度，确保调查工作顺利开展。疫情稳定后，对2名表现突出的同志进行了通报表扬。

六、创新方式方法，新闻宣传工作成效显著

一是在日常工作中开展宣传。结合调查访户，将统计调查送入企业、社区、家庭，呼吁广大调查对象支持配合统计调查工作。二是结合重要时间节点开展宣传。结合“9·20”统计开放日、“12·4”宪法宣传日、“12·8”统计法颁布纪念日等时间节点开展宣传活动，加强与统计局等部门之间联动，共同配合开展好宣传活动。三是利用网络媒介开展宣传。充分利用“上林调查”微信公众号开展宣传，及时向社会各界群众宣传调查队工作动态、调查业务知识、统计法律法规等，进一步提升社会各界对调查队和调查业务的认识。

2020年11月26日，上林调查队联合上林县统计局到上林县明亮镇双胞胎饲料店开展第二轮“双随机”执法检查

2020年12月11日，上林调查队在大丰镇云城村“党旗红·数据真”畜禽调查之家开展统计法治培训，为调查点全体辅调员及记账户播放统计法治宣传片

国家统计局横县调查队

2020年，国家统计局横县调查队（以下简称横县调查队）在广西调查总队党组、南宁调查队党组和横县县委、县政府的坚强领导下，深入学习贯彻习近平新时代中国特色社会主义思想和党的十九大及十九届二中、三中、四中、五中全会精神，按照全国统计调查工作会议及广西国家调查工作会议部署，紧紧围绕本队年度工作目标任务，狠抓工作落实，较好地完成了各项工作任务。

2020年7月23日，横县调查队到横州镇周塘村住户调查点开展第三季度住户调查访户工作

一、贯彻落实习近平总书记关于统计工作重要讲话和指示批示精神

认真贯彻落实习近平总书记等中央领导同志关于统计工作重要讲话指示批示精神；学习2020年全国统计法治工作会议和广西国家调查队系统统计法治工作视频会议，始终把防惩统计造假、弄虚作假、确保统计数据真实作为根本使命。

二、深入学习领会《意见》《办法》《规定》等重要统计改革文件和全国统计工作会议精神

一是每季度召开统计法治专题学习会1次。学习中央《意见》《办法》《规定》等法律法规、作统计违纪违法典型案件通报和剖析解读，并开展2020年统计法律法规知识测试，全面提高干部职工的防惩统计造假弄虚作假斗争意识，筑牢防惩统计造假弄虚作假防线。

二是严格做好领导干部违规干预统计工作记录。每个季度全面、如实记录领导干部违规干预统计工作情况，并做好台账记录，切实防范和惩治领导干部违规干预统计工作，确保统计数据真实可靠。

三、贯彻落实2020年广西国家调查工作会议精神，推动横县国家调查事业高质量发展

（一）统筹兼顾，党建工作水平稳步提升

一是建立健全党建工作制度。制定《国家统计局横县调查队党支部党员领导干部谈心谈话制度》《国家统计局横县调查队党支部民主集中制度》等相关制度，严肃党内政治生活，不断提高党内政治生活的规范化、制度化。

二是夯实党内政治生活。认真落实“三会一课”制度，2020年横县调查队党支部共召开党员大会20次，开展主题党日活动9次，上专题党课6次。

三是强化党员教育管理。1.制定《2020年党支部理论学习计划》。明确每月学习计划和学习目的，做到党员教育与业务工作同部署同落实；2.认真组织学习教育。组织党员干部学习《习近

平谈治国理政》（第三卷）、十九届五中全会精神等，深刻领会党中央决策部署精神实质和丰富内涵；3.组织党员干部职工观看电影《秀美人生》，引导他们学习先进榜样、践行初心使命；4.制定方案，组织开展庆祝中国共产党建党99周年系列活动，进一步激励党员干部解放思想、开拓进取，发挥党员干部的先锋模范作用。

2020年9月10日，横县调查队到陶圩镇大塘村指导月度劳动力调查工作

四是精心谋划，“党旗红·数据真”党建品牌创建工作扎实推进。1.制定方案，在全部调查业务中推进“党旗红·数据真”党建品牌创建活动；2.开展“党旗红·数据真”新春走基层活动暨业务培训会，推动调查工作顺利开展。3.召开研讨会，将党建品牌创建工作与横县调查队具体实际紧密结合，确保党建品牌创建活动各项工作落到实处；4.扎实开展“党建+业务”工作。开展“党旗红·数据真”党建活动暨农业统计调查业务培训会1次，“党旗红·数据真”党建活动暨主要畜禽监测调查业务培训会1次，持续推进横县调查队党建与业务工作深度融合。

（二）部门联动，脱贫普查工作圆满完成

一是紧跟上级步伐，积极参与。根据国发办〔2020〕7号、桂政办法〔2020〕29号文件精神和南宁市脱贫攻坚普查工作部署，横县调查队派出曹鸿飞、廖小文和李伽豪3位同志参与脱贫普查工作，并组成一支以横县扶贫办为主、横县调查队为辅、横县各单位参与的232人的脱贫攻坚普查工作组赴上林开展普查工作。

二是高质量完成普查物品发放、回收和普查任务。7月20日—8月10日，共普查上林县11个乡镇、131个行政村，30503户建档立卡贫困户，按质按量完成现场入户普查登记和数据审核工作任务。在普查前，横县调查队与县扶贫办共同完成物品发放工作，普查结束后横县调查队圆满完成PAD设备的回收工作。

（三）强化协调，业务移交调整相关工作顺利完成

2020年9月17日，横县调查队下乡开展第十一届统计开放日主题活动

一是按时完成业务移交工作。横县局队按照《县级调查队与地方统计局业务调整移交工作方案》部署，于2019年10月中旬开展业务资料（物资）交接仪式，完成了历史资料、有关文件、物资等移交和相关手续办理；于2020年1月3日举行了业务移交仪式，顺利实现相关业务调整移交工作；自2020年1月起横县调查队按照调整移交后的职能分工组织实施，各项调查业务稳步推进。

二是抓好基础工作规范化建设。

2020年10月30日，横县调查队到横州镇长寨村住户调查点指导新记账户进行手机记账程序使用

出台《关于开展2020年一季度规范化检查工作的通知》（横调字〔2020〕8号），从一季度开始，扎实做好调查业务规范化工作。对照《调查业务规范化实施细则》和《2019年广西国家调查队系统市县级调查队目标管理考核办法》开展业务规范化和自查工作，对存在问题进行整改；6月中旬出台《关于开展2020年一季度规范化检查发现问题整改情况“回头看”的通知》，对检查中发现的问题整改情况开展“回头看”，将整改情况纳入督办事项予以督查督办及年底绩效考核予以考评。

（四）强化建设，干部队伍素质能力得到提高

一是加强队领导班子建设。通过遴选的方式向社会公开招录副科级领导一名，5月份已经到位，班子建设得到进一步完善。

二是充实调查队伍力量。通过社会公开招聘编外工作人员7名，上报公务员招录考试计划1名，新招录公务员1名于11月份到位，充实了调查队伍力量，为进一步扎实开展调查工作提供人员保障。

三是强化年轻干部培养。通过谈心谈话、邀请年轻干部列席党支部会议、学习党的理论知识和相关文件等方式，积极引导年轻干部向党组织靠拢，认真抓好党员发展和培养工作，进一步提高队伍整体素质。截止到2020年，2019年招录的3名公务员均已向党组织递交了入党申请书，并被吸收为入党积极分子。

四是整顿纪律作风，提升机关效能。制定方案，4月下旬开始在队里开展整顿纪律作风，提升机关效能专项活动。进一步深化了“不忘初心、牢记使命”主题教育成果，转变工作作风，严明工作纪律，强化工作责任，提高工作效率，提升统计服务水平。

（五）长抓不懈，统计优质服务水平得到提升

将统计优质服务纳入本队年度绩效考评考核指标，召开调查信息报告写作培训班，组织学习国家统计局、广西调查总队采用的各类信息，以学促写，提高调查信息报告写作数量和质量。2020年，上报政务信息49篇，其中广西调查总队采用32篇，工作交流1篇；上报信息报告35篇，获广西调查总队采用28篇，统计调查优质服务能力得到进一步提升。

2020年11月3日，横县调查队到六景镇良圻农场开展主要畜禽监测名录库摸底工作

2020年12月4日，横县调查队到横县步行街广场开展“国家宪法日”暨统计法宣传活动

国家统计局鹿寨调查队

2020年11月3日，鹿寨调查队到鹿寨县鹿寨镇龙田村开展粮食产量调查工作

2020年，国家统计局鹿寨调查队（以下简称鹿寨调查队）在广西调查总队及县委、政府的坚强领导下，认真贯彻落实全区调查工作会议精神，以习近平新时代中国特色社会主义思想为指导，全面提升党的建设标准化、规范化，进一步提高数据真实性，圆满完成各项工作任务。

一、深入贯彻新时代党的建设总要求，全面加强党建工作

鹿寨调查队深入贯彻党的十九大和十九届二中、三中、四中、五中全会精神，突出政治统领，扎实做好各项党建工作。一是结合实际制定《2020年党建工作要点》《2020年理论学习计划》，明确学习重点，按计划开展学习，截至10月26日，组织开展理论学习10次，专题学习5次，召开支委会议10次，召开党员大会3次，上党课3次，每次学习有发言、有照片、有记录。二是多形式开展主题党日活动。截至10月26日，共开展主题党日活动10次。新冠肺炎疫情防控时期，开展线上学习、云端上传手抄入党誓词、云端祭奠革命先烈等活动，切实增强组织生活的吸引力、号召力。三是做好日常党建工作。规范党建文档资料管理，及时收集党建工作资料，做到资料齐全、整理规范，及时归档；做好党费核算、收缴、公示工作；对本支部条例执行情况、党组织设置、党员档案三个专项工作开展核查。四是积极创建“星级党支部”，按规范重新梳整工作台账，做好党员活动室建设等工作。五是开展“厉行勤俭节约、反对餐饮浪费”专题组织生活会，对餐饮、日常浪费等行为进行整改。

二、抓好“两个责任”的落实，不断加强党风廉政建设

鹿寨调查队领导班子切实履行党风廉政建设“两个责任”，在日常工作中注重抓早抓小，做到早提醒、早防范。一是及时部署2020年党风廉

2020年11月5日，广西调查总队农业调查处到鹿寨县中渡镇石墨村开展晚稻产量调研工作

2020年11月6日，柳州调查队到鹿寨县四排镇吉云村核实双低户情况

政建设工作。1月20—21日，分别召开队务会和全体会议，传达广西国家调查系统党风廉政建设工作会议精神；制定印发《国家统计局鹿寨调查队2020年纪检工作要点》压实全面从严治党责任；召开2020年度鹿寨调查队党风廉政建设工作会议，总结2019年党风廉政建设工作，并部署2020年党风廉政建设重点工作。二是进一步完善党风廉政建设制度。印发了《国家统计局鹿寨调查队履行全面从严治党主体责任工作清单》，修订《国家统计局鹿寨调查队全面落实党风廉政建设主体责任和监督责任的实施办法（试行）》。三是认真开展各项专项整治工作。开展“灯下黑”问题专项整治、扫黑除恶排查整治等工作。

三、切实做好各项统计调查工作，不断提高数据质量

鹿寨调查队牢固树立国家调查队意识，把统计数据质量放在首位，各专业在工作的部署和培训、报表的收集、审核、上报等全过程中，严格按照制度规范、工作流程开展调查，较好地完成了城乡住户调查、住户调查样本轮换、农民工调查、农作物播种面积调查、粮食产量调查、居民消费价格指数调查等常规调查任务。各专业的报表质量都保持了较好水平，工作质量得到不断提高。

四、努力打造“党旗红·数据真”党建工作品牌，促进党建和业务工作的融合

通过开展系列活动，强化党员的意识，联系服务基层，活跃组织生活，进一步发挥党支部的战斗堡垒作用，打造“党旗红·数据真”党建品牌。

1.深入推进 “党建+住户”系列活动。一是组织各调查网点辅助调查员开展“党建+住户调查”座谈交流活动。二是结合第十一届中国统计开放日，集中宣传住户调查工作。三是队领导到住户调查网点古木村委，给村委党员、调查点党员记账户上党课，并开展了主题党日活动。

2.开展“党建+畜牧业调查”工作。一是邀请畜禽党员调查员开展党课学习，将畜牧业统计调查领域的政治建设向党员延伸。二是深入畜禽调查一线与党员养殖户、养殖场开展畜禽调查，实地查看了养殖户养殖情况，了解了养殖户在养殖过程遇到的困难和问题，推动党建与统计调查业务的深度融合。三是召联合县畜牧工作站支部、波井村委开展“党建+畜牧业调查”主题党日活动，促进了养殖信息的互通互享，党建引领力得以加强。四是选树先进典型，为畜禽统计先进示范网点、示范岗发放了牌匾，先进个人颁发了

2020年12月2日，鹿寨调查队到鹿寨县中渡镇大兆村开展样本轮换工作

"优秀党员辅助调查员"证书。五是精心制作了电子板报1版，树立鹿寨队"党建+畜牧业调查"工作的崭新形象。

2021年3月12日，柳州调查队到鹿寨县鹿寨镇城中社区调研指导劳动力调查工作

五、较好完成各项日常工作

1.进一步加强干部队伍教育管理。鹿寨调查队积极组织干部职工参加系统内外各类岗位培训、政治理论学习，还通过在线学习平台、队内业务培训等方式，提高干部的理论水平和业务能力。

2.做好政务管理与服务工作。一是认真做好公文处理、信息写作、固定资产管理、保密安全和公务接待工作。二是修订目标管理责任制考核办法、建设项目管理制度、差旅费管理办法等制度，从制度建设入手，做到制度管人管事，促进行政办公制度化、规范化。三是逐步完善OA流程，学习公文交换系统操作，提高政务运转的规范性、时效性。四是加快了同广西调查总队业务股室、县内各职能部门的联系，在办文办事主动了解具体工作要求提前报送材料，确保与各职能部门沟通顺畅，建立良好的国家调查队对外形象。

3.做好督查督办工作。一是结合实际制定了《国家统计局鹿寨调查队2020年督查工作计划》，明确了随文督办、随会督办的方向和要求；二是根据本队重点任务，抓好了总队执法检查整改、档案室建设等事项的督查督办，截止10月26日开展督查督办5次；三是启用OA系统进行督查督办。

4.做好档案管理工作。加强档案管理知识学习，通过加强学习，不断提升自身档案资料规范管理能力，为鹿寨调查队档案管理工作的科学化、规范化夯实基础；按照上级文件要求和规范，积极组织力量申报档案室二级标准定级，7月份经向鹿寨县县委办、档案局提请申报，评定本队档案室为"二级档案室"。

2021年4月21日，柳州调查队到鹿寨县平山镇芝山村调研指导住户调查工作

5.强化国家安全和保密宣传教育工作。鹿寨调查队在做好涉密载体管理等日常保密工作的基础上，结合"4.15"全民国家安全教育日这一重要时间节点开展一系列活动，着力加强保密和国家安全的宣传教育工作，通过加大对保密法及配套法规的宣传贯彻力度，观看警示教育片、张贴宣传海报、发送提醒短信等方式，促进保密宣传教育常态化，筑牢国家安全保密防线。

国家统计局阳朔调查队

2020年2月13日，阳朔调查队到扶贫点高田镇桥头村委开展慰问活动

2020年，国家统计局阳朔调查队（以下简称阳朔调查队）在广西调查总队的坚强领导下，在全体队员的辛勤努力下，深入贯彻落实习近平总书记关于统计工作重要讲话和指示批示精神、全国统计工作会议精神、广西国家调查工作会议精神以及《意见》《办法》《规定》等重要统计改革文件精神，在疫情期间抓实新冠肺炎疫情防控工作，保障疫情防控和调查工作两不误，较好的完成了2020年各项基本工作。

一、严明党的纪律，坚决维护党章权威

坚持把维护党章权威、严守党的纪律作为全面从严治党的第一要务，引导党员干部牢固树立党性意识，自觉用党章规范自己的一言一行。严明政治纪律和组织纪律，督促党员干部牢固树立政治理想、正确把握政治方向、坚定站稳政治立场。坚决贯彻落实中央、国家局和总队重大决策部署，自觉在思想上、政治上、行动上同上级党组织保持高度一致，深化“一把手”讲党课、组织开展主题党日活动等活动，引导和督促广大党员干部讲政治、顾大局、守纪律。严格落实党内组织生活制度，健全完善“三会一课”、民主评议党员等制度，努力形成人人遵守纪律、人人执行纪律的良好氛围。

二、守初心、强作为严格落实管党治党政治责任

根据中共国家统计局广西调查总队党组统一

2020年6月29日，阳朔调查队到阳朔县莲峰社区开展“创城有我善作为，文明同行当先锋”主题党日活动

部署，2020年4月13日至18日，广西调查总队党组2020年第一轮巡察第三巡察组对国家统计局阳朔调查队进行了巡察，2020年5月28日，巡察组向阳朔调查队领导班子反馈了巡察意见。阳朔调查队领导班子高度重视，态度端正，对反馈问题照单全收，将整改工作作为一项严肃的政治任务来抓。按照党要管党、从严治党的要求，坚持问题导向，将任务分解细化，明确时间节点、责任领导、牵头部门和责任人，扎实做好反馈意见的整改落实工作。针对反馈意见，队领导班子逐条讨论，剖析根源、反思反省，从思想上进一步提高认识、端正态度，在不折不扣、全面扎实抓好整改落实上形成共识、明确目标。认真制定了《国家统计局阳朔调查队关于落实国家统计局西调查总队党组第三巡察组反馈问题整改工作方案》，对巡察整改反馈意见进行对标对表，围绕六个方面16个问题，建立了问题清单、整改台账，制定了45项具体详实的整改措施。按照“立行立改、限期整改、制度促改”的要求，明确整改时间、进度安排，实行挂图作战，建立销号制度，确保整改到位。

2020年7月10日，阳朔调查队到阳朔镇樟桂村委开展劳动力调查工作

三、党建+业务周密部署，提高数据质量

一是住户调查开展党建“七个一”活动，提高调查数据质量。成立了以队党支部书记为组长，党支部委员和队其他班子成员为成员的“党旗红·数据真”党建工作品牌创建工作领导小组，负责服务保障“党旗红·数据真”党建工作品牌创建工作活动具体开展。住户调查股认真学习《党旗红·数据真》党建品牌创建工作“七个一”工作要求，统一思想认识，把党建工作融入到住户调查工作中去。结合实际需要，制定工作方案、活动流程、培训内容，切实推进住户调查工作开展。开展了“上好一次党课”“开展一次主题党日活动”“开展一轮集中宣传”“开展一次党建与业务培训”“开设一个微讲堂”“开展一次专题调研”等活动。

二是月度劳动力调查实现两个100%，夯实数据基础。两个100%，即辅调员新PDA使用率100%，对6位辅调员培训完成率100%。通过加强多方后勤保障，联系好调查点社区及村委，与地方就业服务中心及时沟通，落实调查补贴及相关

2020年7月23日，阳朔调查队党支部在高田镇蒙村开展“党建+畜牧业统计调查”主题党日活动重温入党誓词

2020年9月23日，阳朔调查队联合县统计局到阳朔公园长廊开展第十一届中国统计开放日活动

经费，制定业务培训班、陪访、回访工作计划，为月度劳动力调查的开展做好充足准备。为更有效的开展劳动力调查工作，阳朔调查队为劳动力调查辅调员配备了新的PDA。通过组织辅调员到各个调查点开展现在业务培训班，集中该调查点全体村居委干部现在培训，强化制度意识，提高劳动力调查业务能力，提高源头数据真实性，确保调查数据的现场录入和上传准确、及时、顺畅。

三是农业面积调查三个到位，确保调查圆满完成。一是高度重视，精心部署到位。阳朔调查队高度重视播种面积无人机遥感测量调查，队领导全程参与、多方协调，全力做好人员、时间、物资、车辆等后勤保障和服务工作。二是规范操作，安全飞行到位。无人机驾驶员要提前关注好天气状况，检查好无人机各部件及遥控器、平板电脑的电量，确保各项技术参数符合安全飞行要求。三是逐块识别，审核把关到位。在广西e农调系统自动识别农作物的基础上，逐块查看自动识别农作物是否有误，系统填报作物和地物实际是否一致，发现与地物实际不一致时立刻手工修正填报，确保调查数据真实客观准确反映农作物种植情况。

四、规范管理，提高综合服务能力

一是严格按照标准和要求，发挥组织协调作用，在流程规范、车辆管理、后勤服务等日常化工作中做到严谨高效，在来电来访、公务接待、会议组织等事务性工作中做到周密细致。2020年来，协助各股室成功举办11次业务培训，52次专题调研、11次主题党日活动，为各股室开展业务培训活动，提供了坚实的服务保障。

二是及时上传下达，发挥中枢作用。广西调查总队及阳朔县委、县政府等重要文件和通知，做到即收即达，让各项政令措施尽快传达落实到位。2020年来，共处理上级来文及阳朔县委、县政府等其他部门来文共751（份/次）。

三是提高综合服务能力。将政务信息、约稿调研写作作为锻炼干部队伍综合能力的抓手，通过量化工作任务、促比促学、以传帮带等手段推进政务信息、约稿调研工作稳步提升，为当地政府提供数据支持及制定政策参考意见。

2020年10月27日，阳朔调查队到葡萄镇周寨村委大林里村开展住户调查记账培训

国家统计局全州调查队

2020年7月9日，全州调查队开展粮产调查“党旗红·数据真”党建品牌创建党日活动

2020年，国家统计局全州调查队（以下简称全州调查队）在广西调查总队的坚强领导下，在全队干部职工的共同努力下，认真贯彻落实习近平总书记关于统计工作的重要讲话指示批示精神，深入学习贯彻党的十九大及十九届二中、三中、四中、五中全会精神，紧紧围绕2020年广西国家调查工作会议的决策部署，真抓实干、狠抓落实，较好地完成了当前各项工作任务。

一、积极推进“党建+业务”党建品牌建设

2020年以来，为持续深入推动“党旗红·数据真”党建品牌创建，不断强化党建引领，高质量推动调查工作开展，全州调查队认真总结创建经验，积极探索方式方法。

2020年7月9日，组织开展粮产调查“党旗红·数据真”党建品牌创建活动，全州县粮产调查点的16名村委党员辅调员和全州调查队党支部、农业农村局相关人员参加，大家在湘海井红军纪念园感受“声光电场景”，沿红军长征湘桂古道追寻红军长征印记，听全州调查队党支部书记周兴俊冒雨讲党课，在朝南村开展测产业务知识现场教学，这一切都让思想认识进一步提高，信念更加坚定，目标更加清晰。

2020年7月27日开展了以“初心映照党旗红 党建引领数据真—党建+业务”为主题的党日活

2020年7月9日，全州调查队开展粮产调查“党旗红·数据真”党建品牌创建活动

2020年7月9日，全州调查队开展粮产调查“党旗红·数据真”党建品牌创建活动

动，住户调查、劳动力调查、消费价格调查所有党员辅助调查员、党员调查户及全州调查队全体党员干部职工共计63人参加了这次活动。活动通过讲话学习、表彰先进、知识竞答、参观红色纪念馆等环节，将老一辈的革命精神和党员模范先锋精神弘扬开来，鼓励大家不忘初心，牢记使命，持续推动全州统计调查事业高质量发展。

二、团体共克时艰，疫情防控平稳有序

新冠肺炎疫情爆发以来，全州队沉着应对疫情给统计调查工作带来的新挑战，充分考虑疫情防控需要和工作实际，统筹做好疫情防控和统计调查工作，认真谋划，严格把好数据审核的关口。并且充分聚焦疫情影响下的复工复产复耕问题，深入基层，察民生、访民情、传民意，积极开展调查信息工作，做好信息服务工作，为党政领导决策提供参考。

三、依法真实统计，服务高质量发展

强化普法宣法，树牢统计法治意识。针对在职在编干部，组织全体会议，通过全文学习、闭卷测试等方式每季度集中学习一次《意见》《办法》《规定》等重要统计改革文件精神，切实把思想和行动统一到党中央关于统计工作的决策部署，切实增强依法统计、依法治统意识。针对辅助调查员及调查对象，围绕统计调查工作主线，采取微课堂、法治宣讲等形式，把统计法治有效融入到工作部署、业务培训、调查研究和访点访户等全过程。有效强化辅助调查员和调查对象统计法治意识，规范调查流程，依法如实填报数据。组织股室之间开展业务规范化交

2020年7月27日，全州调查队开展“初心映照党旗红 党建引领数据真—党建+业务”主题党日活动

2021年1月22日，全州调查队开展“住户+党建”暨“田间地头助桔农 旗红情真解民忧”主题党日活动

性自查，及时发现和纠正异常情况、坚决避免CPI调查僵尸价格和糊涂价格；积极运用无人机遥感技术开展春播面积调查、实现地块样本航拍全覆盖，提高数据准确性和可追溯性。

完善制度机制，强化内部风险防控。全州调查队基于实际工作需要，结合新形势新要求，2020年以来，修订完善了22项制度规定，涉及数据质量管理办法、辅调员管理制度、聘用人员年度考核管理办法、重要事项请示报告制度、会议费管理办法、差旅费管理办法等，不断提高管理科学化、规范化水平。并将所有制度汇编成册，组织干部职工认真学习和执行，通过建章立制，制度的“笼子”越扎越紧。

叉检查，组织对“双随机”执法检查情况进行清查整理，提高统计执法能力水平，并完成统计执法检查发现问题整改“回头看”自查。

强化业务基础，提高统计数据质量。根据广西调查总队统筹安排，全州调查队扎实做好住户调查、劳动力调查、农业调查等常规统计调查工作，并组织开展了青年发展状况调查等专项调查。深入宣传、大力培训、达到住户电子记账网点全覆盖；根据劳动力样本轮换要求，全州队领导班子第一时间和相关乡镇联系辅调员选配情况，明确工作要求，扎实完成劳动力调查扩样工作，实现新老样本数据质量稳步衔接；结合实地走访情况和行业发展趋势对现有采价点和规格品进行规范性和代表

2021年1月22日，全州调查队开展“住户+党建”暨“田间地头助桔农 旗红情真解民忧”主题党日活动

国家统计局兴安县调查队

2020年10月12日，兴安县调查队帮扶专班协助高尚镇东河村委开展脱贫户双认定工作

2020年，国家统计局兴安县调查队（以下简称兴安县调查队）在广西调查总队党组、兴安县委、县政府领导下，在桂林队党组关心下，认真贯彻落实习近平总书记关于统计工作的重要讲话指示批示精神和党的“十九大”、十九届五中全会以及广西国家调查工作会议精神，坚持以习近平新时代中国特色社会主义思想为指导，以“高质量发展”为目标，促进各项工作取得新进展。

一、以党建为引领，全面加强从严治党、从严治队

1.提高政治站位，全面深入学习文件精神。2020年，兴安县调查队结合“三会一课”，开展了4次专题学习活动。深入学习了习近平总书记关于统计工作的重要讲话批示精神，《意见》《办法》《规定》等重要统计改革文件精神。通过对文件精神进行再传达、再学习、再领会，促使干部职工充分认识学习《意见》《办法》的等统计法律法规的重要意义，不断增强“四个意识”，坚定“四个自信”，做到“两个维护”。同时增强了调查队员在在深化统计管理体制改革方面的政治意识、担当意识和责任意识，明确了自身在数据质量方面应担负起的责任，切实发挥一线统计工作者在确保数据质量真实性工作中的重要作用。

2.全面深入推进“党旗红·数据真”党建工作品牌。2020年下半年，兴安县调查队组织开展了“党建+住户”“党建+畜禽”“党建+农业”等“党建+业务”的党建品牌创建活动。兴安队积极创新、积极谋划，通过邀请党支部书记上党课，做统计法律法规知识培训、评选先进记账户及辅调员并颁发证书、邀请种植养殖大户上课传授经验等多种形式开展品牌创建工作，活动形式多样，

2020年10月13日，兴安县调查队到华江水埠开展“党建+住户”党建品牌创建活动

2020年10月30日，兴安县调查队到唐培开养殖有限公司开展畜禽调研

扶，核算贫困户的收入情况，了解贫困户的家庭情况，为贫困户办实事，解决贫困户的实际困难。

2.圆满完成脱贫攻坚普查工作。兴安县调查队充分发挥组织牵头作用，加大和兴安县县委、县政府的沟通，圆满完成了兴安县辖10个乡镇，有建档立卡户的行政村和居委会116个，建档立卡户5271户，17868名建档立卡贫困人口的脱贫普查工作。

三、积极谋划，推动兴安县调查队调查工作取得新成效

干部职工接受度高，品牌创建工作取得实效。

3.组织开展系列“不忘初心，牢记使命”主题教育活动。于2020年6月12日开展了“不忘初心、牢记使命”系列之“踏寻红色足迹，坚定理想信念”主题党日活动。于9月15日组织全体干部职工到兴安县党校开展“伟大思想领航 坚持制度自信”的专题学习，到老山界重走长征路，开展现场红色教育，提高党性意识。通过开展丰富多样的党日活动，使广大党员对整个主题教育活动有了更加深入的了解，进一步增强了党员贯彻落实习近平习近平新时代中国特色社会主义思想的自觉性、坚定性。

1.住户工作水平系统内领先。通过强化队员责任意识，创新工作方式，兴安县调查队住户调查业务获得广西调查总队高度肯定，荣获2020年度广西住户调查先进单位一等奖。2020年11月住户股成员杜娟受邀在北海广西分市县住户调查培训班和其余市县队同志交流工作经验。

2.信息写作上新台阶。兴安县调查队通过完善考评机制，充分调动干部职工的写作积极性。上报调查信息及约稿比去年同期增加31篇，上报政务信息广西调查总队采用比去年同期增加20篇。信息写作与上年同期相比取得较大进步。

二、心系地方，切实做好扶贫帮扶及脱贫普查工作

1.认真做好县脱贫攻坚精准帮扶工作。兴安县调查队成立扶贫工作小组，并下派一名驻村扶贫干部到帮扶点高尚镇东河村委。干部职工多次深入贫困家庭，与贫困户交心谈心，走到田间地头开展调查研究，对致贫原因、存在问题进行分析，研究解决方案，制定脱贫工作计划，共同讨论对他们采取的帮扶措施。按照全县统一要求，兴安县调查队定期到贫困户家中走访帮

2020年6月12日，兴安县调查队到全州红军长征湘江战役纪念馆开展“踏寻红色足迹，坚定理想信念”主题党日活动

国家统计局平乐调查队

2020年以来，在广西调查总队的关心指导下，在领导班子的坚强领导下，国家统计局平乐调查队（以下简称平乐调查队）深入学习贯彻习近平总书记关于统计工作的重要讲话指示批示精神和党的十九大及十九届二中、三中、四中和五中全会精神，认真贯彻落实全国统计工作会议决策部署，扎实党建品牌建设、统计文化宣传、统计法治建设等工作，各方面工作取得了显著成效。

2020年11月17—18日，桂林调查队与平乐调查队一同前往平乐县中关社区、茶林村住户调查点进行入户访问，开展查缺补漏专项工作

一、推动“昭州党旗红·调查数据真”党建品牌建设

平乐调查队以推进党的建设向纵深发展为重点，积极推进“党建+业务”的融合，2020年平乐队围绕“昭州党旗红·调查数据真”党建品牌开展主题党日活动13余次，如7月开展“党建+畜牧业”党建品牌工作座谈会，9月组织全体党员干部及住户调查党员辅助调查员到张家镇香花村青草塘调查点开展“党建+住户调查”主题活动，10月开展“对照号干部标准，我要怎么做”党建+人事主题党日活动，11月开展“厉行勤俭节约、反对餐饮浪费”党建+农业主题党日活动。10月平乐调查队获得广西畜牧业调查“党旗红·数据真”党建工作品牌创建活动十佳电子板报。通过开展各类活动，促进统计调查工作全面提质增效。

促进“党建+单位联建”。为推动党建工作迈向新台阶，平乐调查队与香花村委签订单位联建协议书，实现支部联建，活动共建，信息共享，情况互通，成果共享。通过开展携手共建，夯实基层党组织战斗堡垒作用，在共建过程中提高党员干部的综合素质和工作水平，使两个基层党组织实现党建、业务“双促进”。

2020年6月15日，平乐县脱贫攻坚普查领导小组办公室召平乐县2020年开脱贫攻坚普查专题类培训班

二、深入做好统计宣传工作

一是做好“统计开放日”、宪法宣传日、12.8《中华人民共和国

2020年7月14日，平乐调查队党员干部到平乐县源头兴旺畜牧业有限责任公司开展“党建+畜牧业”党建工作品牌共建座谈会

资料与宣传礼品，讲解七人普基本知识，推进方言征集活动“进乡村”“进民居”。在12月份普法宣传月中，平乐调查队利用住户农产等下乡入户的机会开展普法宣传，在村屯张贴宣传漫画，入户陪访和回访时宣传统计法律法规和宪法精神。

二是用好微信平台，做好宣传工作。平乐调查队7月设立了官方微信公众号，利用公众号开展“线上”宣传工作，设立普法专栏和统计开放日活动专栏，提升了公众对平乐调查队调查工作的了解。同

统计法》颁布纪念日等重大节点的宣传工作。如9月份平乐调查队联合平乐县统计局开展统计开放日活动，在平乐中山公园开展集中宣传活动，队领导紧紧围绕“大国点名，没你不行”的主题发表致辞，积极动员群众参与宣传口号方言征集活动，发动群众参与有奖问答、观看宣传展板，学习统计知识；宣传期间，平乐调查队还赴张家镇调查点开展统计宣传活动，向调查户发放宣传

时，公众号按要求转发广西调查总队关于统计法治宣传、数据解读、统计开放日宣传等内容，将广西调查总队的各项要求落到实处。利用本队官方微信公众号，积极发布统计调查信息，全年共发布公众号文章30余篇，向社会公众与调查对象宣传统计调查工作开展情况。

三是加大与地方融媒体的联系。平乐调查队积极参与地方官方公众号“平乐发布”的投稿和

2020年9月15日，平乐调查队组织干部职工到兴安县老山界开展“重走长征路 开启新征程”主题党日活动

2020年9月18日，平乐调查队与平乐县统计局联合开展第十一届“中国统计开放日”活动

广西调查总队官方微信“广西调查统计”组稿工作，积极向相关媒体平台投稿，在重要活动节点邀请相关媒体平台做专题报道，进一步提升统计调查工作的社会影响力。

三、全力推进依法统计、依法治统

2020年以来，平乐调查队紧紧围绕国家统计局与广西调查总队统计法治工作部署，夯实统计法治基础，创新统计普法方式、加大统计执法力度，全面提高统计法治工作水平。

一是夯实统计法治基础工作。加强法治工作人员配置，积极发动青年队员参与统计法治培训、执法证考试以及相关普法执法工作，为法治工作提供人力保障。推进法治工作制度化建设，按要求落实统计法治规范性文件的制定、修改、清理、公开等工作，为统计执法、统计普法等工作保驾护航。为进一步明确防惩统计造假、弄虚作假的工作目标、责任划分、工作重点、责任追究方式等，为进一步防范统计造假、提高数据质量提供制度保证。

二是从严推进统计执法。全面推进双随机统计执法。精细统筹部署，明确检查方向。修订《“双随机”统计执法检查工作方案》，完善统计执法情况留痕。建立统计执法台账，详细记录年度走访企业名称、数据检查情况、文书发放情况等，做到统计执法全过程记录。

三是推动建立统计信用体系。2020年以来，平乐调查队根据国家统计局与广西调查总队要求，积极探索学习统计信用体系建设，组织专业人员学习相关法律法规，并以调查专业为着手点，分类收集整理调查人员、调查对象的统计信用信息。为完成全体干部职工、辅助调查员、各专业调查企业等信用信息收集与评定工作做准备，为依法统计、依法治统打下基础。

2020年9月21日，平乐调查队组织全体党员干部及住户调查党员辅助调查员到张家镇香花村青草塘调查点开展“党建+住户调查”主题活动

国家统计局藤县调查队

2020年4月12日，藤县调查队到金鸡交口村开展劳动力入户陪访调查

2020年，国家统计局藤县调查队（以下简称藤县调查队）坚持以习近平新时代中国特色社会主义思想为指导，深入贯彻落实中央深化统计改革发展重大决策部署，围绕习近平总书记关于统计工作重要讲话和指示批示精神、2020年全国统计工作会议精神及广西国家调查事业高质量发展的要求，强化党的建设，紧盯数据质量，多举措推进党建与各项工作的高度融合，扎实做好各项工作。

一、强化学习，多形式宣传，筑牢统计思想防线

（一）坚决贯彻落实习近平总书记关于统计工作重要讲话和指示批示精神、《意见》《办法》等重要统计改革文件精神

1.强化学习，筑牢统计思想防线。藤县调查队坚持以学为抓手，以推为措施，以实效为目的的思路，结合统计调查工作实际情况，继续深入学习贯彻习近平总书记关于统计工作重要讲话指示批示精神、《意见》《办法》《规定》等重要统计改革文件精神，进一步坚定全体队员的“四个意识”、牢固“四个自信”，做到“两个维护”，更深刻地理解统计法律法规对统计调查数据的重要意义，压实数据质量责任，筑牢了统计思想防线，促进统计调查事业高质量发展。

2.加强多形式宣传，提高依法统计意识。藤县调查队组织开展“送货上门”活动，将习近平总书记关于统计工作重要讲话和指示批示精神及《统计法》《统计法实施条例》《规定》等相关统计法律法规传达到每一位辅助调查员、调查对象及社会群众。通过组织开展文

2020年6月1日，藤县调查队到民益开展“党建引领，童心向党，情暖童心庆六一”活动

2020年6月11日，藤县调查队到大罗村开展劳动力入户陪访调查

艺晚会、宣传讲座、培训会等活动，切实将统计法律法规知识宣传到位，提高广大群众依法统计意识。

（二）坚决贯彻落实全国统计工作会议及2020年广西国家调查队工作会议精神

藤县调查队集中学习贯彻落实全国统计工作会议精神及广西国家调查工作会议精神，班子成员及各股室负责人结合工作实际互相交流心得体会，提高对会议精神的理解。同时，坚持集中学习与自学相结合，各股室围绕重点工作，强化学习效果，学以致用，进一步明确调查工作方向及计划，确保工作报告中的各项工作落到实处。

二、聚焦数据质量，发挥党建引领作用，扎实推进各项统计调查工作高质量发展

（一）聚焦数据质量，“党旗红·数据真”党建品牌创建活动出成效

藤县调查队紧紧围绕统计调查事业高质量发展目标，聚焦数据质量，充分发挥党员先锋模范作用，“五个一”助推“党旗红·数据真”党建品牌创建活动出成效。一是组建了一支红色战队，突出队伍建设。把政治立场坚定、素质高、能力强的优秀年轻干部充实到党支部中来，为党支部注入新鲜血液，增强班子队伍的凝聚力和战斗力，在职在编干部党员率为100%。二是打造了一批“堡垒”，支部共建融合。藤县调查队与多个乡镇签订了党建推动农业调查数据高质量发展共建协议书，为统计调查工作提供强有力后期保障。三是设立了一批统计示范点，发挥示范效应。在藤县秀安村和东胜村设立了农业调查统计诚信示范点，保障农业调查顺利中发挥出了重要的职能作用。在藤县民益村设立统计调查党建示范点，搭建党建与住户调查业务融合平台，将相关党组织和党员联合起来，凝聚强大的组织合力，为住户调查提供组织保障。四是开展了一些特色“主题党日”活动，学习有收获，思想受洗礼。组织开展了“抗击疫情、党员爱心捐款”“推进党建工作品牌创建”“党建引领，童心向党，情暖童心庆六一”“党建引领住户调查，凝心聚力树立标杆——党建+住户调查”“党建+粮食、畜牧业统计调查”等主题党日活动。五是建设了一个党员政治生活活动室，打造党建新阵地。打造了“廊道文化”“党员活动室”“廉政书屋”“道德讲堂”“新时代讲习所”五大板块，党建文化和统计文化相互交融，全面提升统计干部的政治站位

2020年7月17日，藤县调查队党支部联合梧州调查队、梧州农业农村局、县农业农村局、县统计局深入藤州镇东胜村和金鸡镇秀安村选定样本调查点，组织开展“党旗红、引领农业产量调查、无人机护航数据真实”为主题的农业粮食实测产量调查

和思想境界。

（二）落实意识形态工作责任制

坚持党管意识形态，牢牢掌握党对意识形态工作的领导权主动权。藤县调查队通过组织队员开展谈心谈话、讲党课、集中队员学习会、专题组织生活等对队员在政治思想、意识形态等方面认真开展舆论引导。

（三）加强党风廉政建设，压实“两个责任”

藤县调查队贯彻落实了时任广西调查总队党组书记、总队长赵太想《从严管党治党 持续改进作风 在新起点上不断深化党风廉政建设》的讲话和姜组长讲话精神，对标《国家统计局藤县调查队2020年度落实党风廉政建设主体责任和监督责任分解表》，明确了分工，压实了责任。通过组织召开“春节”“五一”“端午”“国庆”“中秋”期间廉政过节集体谈话、警示教育会并结合“厉行节约、反对餐饮浪费”专题组织生活会，提高党员干部的纪律意识和规矩意识，进一步加强党风廉政建设。

（四）夯实调查基础，创新调查方法，严把数据审核，信息技术护航统计调查数据质量

1.“越是艰难越向前”。在做好疫情防控的同时，藤县调查队始终聚焦数据质量，不断夯实统计调查基础。通过集中学习与视频学习、个别指导等方式，上半年主要利用信息手段，创新培训方式，通过利用QQ、微信、电话等形式组织开展培训工作，对调查制度、指标涵义、疫情期间的实际数据采集方法等进行详细讲解。在藤县疫情风险等级降低后，藤县调查队根据培训计划，及时组织开展集中培训和到点入户个别指导工作，结合问题清单，注重规范化的实操及指标的解释等，对辅助调查员、调查对象开展了业务培训。各调查专业积极组织开展业务自查，根据自查问题完成整改工作，进一步夯实了调查基础。

2.压实责任，明确任务，线上线下严把数据

2020年9月2日，藤县调查队开展“党建引领住户调查,凝心聚力树立标杆——党建+住户调查”主题党日活动

2020年9月20日，藤县调查队联合藤县统计局在藤县文化广场举办“大国点名，没你不行！”第十一届“中国统计开放日”现场宣传活动

审核关。各业务股室明确调查数据审核任务及时间要求，落实专人做好数据审核把关工作。住户调查、月度劳动力调查利用数据审核平台每日实时监控数据报送情况，发现不及时数据可能存在疑问的及时电话沟通处理；农作物面积调查坚持推进无人机航拍技术的应用，按时保质完成面积调查航拍工作；价格调查和畜禽调查坚持“每周汇报”制度，主动与调查对象联系，取得一手资料。同时，结合下乡陪访、入户走访、数据检查等工作，对统计调查数据进行现场审核，确保数据真实、可靠。

（五）两个信息获新高，内部控制愈完善，各项工作进一步提高

1.藤县调查队进一步完善“两个信息”写作的激励机制，明确任务及奖励细则，强化督查督办手段，发挥“以老带新”“小团体作战”作用，推动政务信息及调查信息再创新高。截止到2020年11月10日，政务信息工作撰写87篇，广西调查总队采用60篇，国家统计局采用1篇，广西调查总队采用同比增加24篇；调查信息共撰写92篇，截止到9月底，获采用79篇，撰写同比增加65篇，创“两个信息”写作新高。同时，各项“两个收入”、粮食面积产量等调查数据评估及分析按时保质报送广西调查总队及藤县委县政府，与政府各部门组织开展多次座谈会、支部共建等联合活动，为藤县经济发展提供必要的数据解读及分析材料，优质服务进一步提高。

2.组织开展内部控制自查工作，配合开展离任审计工作，针对各项内部控制制度制定了具体整改措施，完成培训、会议、政府采购、办公用品、固定资产等内部控制管理办法及风险防控流程图的重新制定。并开展了内部控制管理办法专题学习。

（六）文明单位创建工作取得新成绩

2018年以来，藤县队党建品牌创建为抓手，进一步加强精神文明建设，凝心聚力，通过开展职业道德讲堂、学雷锋志愿服务、结对帮扶、爱国主义教育等系列活动，提升创建文明单位的综合实力。2018年12月藤县队荣获2018年度梧州市文明单位。同时立足新起点，积极推进自治区级文明单位创建工作，2019年12月获得自治区级文明单位荣誉。

国家统计局合浦调查队

2020年8月5–7日，合浦调查队参加北海辖区国家调查队“担当作为、争做表率”专题培训班，实地参观了红军长征突破湘江烈士纪念馆、光华铺阻击战战场旧址、湘江战役指挥部旧址

2020年，国家统计局合浦调查队（以下简称合浦调查队）坚持以习近平新时代中国特色社会主义思想为指导，扎实开展各项工作。

一、持续推进党建与业务深度融合，保障党建品牌创建完美收官

一是为优秀党员辅调员和先进辅助调查员颁发荣誉证书，选取合浦县党江镇亚桥村为“党建+农业统计调查”示范点、合浦县畜牧良种场为“党建+畜牧业统计调查”示范点，悬挂示范点牌匾，通过树立典型，充分发挥党员先锋模范作用；二是结合农业调查业务深入田间地头开展“党群联动勘农情，遥感测量数据真”“稻田飘香党旗红，实割实测数据真”主题活动，深入畜禽监测调查网点开展畜牧业统计调查专题学习会暨主题党日活动进一步提高源头数据。

2020年9月10日，合浦调查队到白沙镇振兴社区开展劳动力调查

二、深化党风廉政建设，开展廉政教育系列主题活动

（一）开展廉政教育系列主题活动

深刻领会和认真落实党的十九大关于全面从严治党的战略部署，强化全面从严治党主体责任。加大重点领域重点环节的监督力度。严格贯彻落实八项规定精神，严格控制“三公”经费支出，坚决纠正和制止有关人、财、物、数管理方面的不正之风。加强对干部职工反腐倡廉教育及国家安全教育，通过组织党员干部到廉政教育基地参观学习、观看国家安全教育专题影片、队领导上廉政党课等方式，进一步增强干部的廉政意识和政治素养。

（二）开展“我为群众办实事”系列活动

以习近平新时代中国特色社会主义思想为指导，把学习党史同总结经验、观照现实、推动工作结合起来，从最现实的利益出发，解决群众难题。合浦调查队党支部扎实开展“我为群众办实

2020年10月30日，北海调查队与合浦调查队开展“稻花飘香党旗红，实割实测数据真”主题党日活动

事”活动，先后到车路塘社区、云琅雅居小区开展群众座谈会，在云琅雅居小区设立服务点，深入小区倾听群众的操心事烦心事揪心事，以及到北海银滩开展“我为群众办事”系列活动之护海行动，以“守护海岸线，清洁还大家”为活动主题，用实际行动守卫蔚蓝大海，做保护海洋环境和海洋生态文明的使者。

三、大力推进依法统计

一是不断建立和完善各项调查原始记录、统计台账，筑牢防范干预统计调查工作前端防线。二是多次组织全体队员学习《意见》《办法》《规定》及统计法律法规，坚决惩治“数字上的腐败”和“以数谋私”，营造良好统计环境。三是利用好充分利用“统计开放日”“统计法颁布纪念日”等重要时间节点开展统计法治宣教活动，不断增强社会公众统计法治观念,推动《统计法》的基层宣传。

四、扎实推进统计调查工作高质量发展

一是积极优化农业播种面积调查手段。安排业务骨干参加UTC无人驾驶航空器系统操作手合格证培训，使业务人员熟练掌握无人机遥感测量和软件操作的方法，确保操控技术掌握到位。在农作物播种面积调查中使用无人机航拍、遥感图像拼接等先进调查手段，提高调查精准度。

二是着力提高CPI调查数据质量。一是注重样本代表性。对部分失去代表性的网点及规格品及时进行替换，在满足规格品设置数量标准基础上适当增加部分分类规格品数量。二是压实日常监督工作。认真落实居民消费价格调查数据核查制度，不定期开展网点走访和督查工作。

三是夯实住户调查基础工作。加强电子记账推广工作，认真谋划开展2020年住户调查样本轮换工作，11月完成住户调查新样本户落实、开户、试记账培训工作。

四是扎实推进主要畜禽监测调查工作。强化数据审核，提高源头数据质量。规范辅助调查员数据采集流程，对上报数据逐级审核表内平衡关系和逻辑关系是否出错；对存出栏数、平均重

2020年11月12日，广西调查总队一级巡视员杨锡虹率领总队财务管理处、社会调查处与北海调查队到合浦县爱国主义及廉政教育基地开展“灯塔领航，重走习近平总书记路线”主题党日活动

2020年12月8日，合浦调查队联合北海调查队在合浦县还珠广场开展“全面弘扬宪法精神，深入推进依法治统”宣传活动

量、平均价格等重要指标进行核实与分析。

五是认真抓好劳动力调查工作。学习领会广西调查总队劳动力调查处月度工作注意事项及PAD更新要求，对标要求开展自查自纠，整改工作中存在的不足，提升工作水平；增加入户陪访及电话回访次数和频率，结合调查典型案例做好疫情变化对劳动力就业、失业的影响分析，准确判断本地就业形势；增聘党员辅调员，加强“党建+劳动力”工作。

五、开展“不忘初心，牢记使命”系列活动，贯彻落实党史学习教育

一是参加北海辖区国家调查队“担当作为、争做表率”专题培训班，合浦调查队干部职工13人赴兴安县委党校参加培训，以“担当作为、争做表率”主题，进一步弘扬爱国主义精神，增强干部职工的廉政意识和使命担当。二是组织合浦调查队党员、干部召开党史学习教育动员大会，传达学习习近平总书记在党史学习教育动员大会上重要讲话，对党史学习教育作动员部署。三是在2021年“五四”青年节来临之际，到北海参加北海辖区调查队青年工作委员会“学党史　提能力　开新局　促文明”主题活动，激发青年干部职工学习党史、提高自身的热情。四是开展系列主题党日活动，贯彻落实党的方针政策，进一步扩大宣传“不忘初心，牢记使命”。

六、2020年取得突破性新成绩

2020年年度，在广西国家调查队调查队系统市县级目标管理考核中荣获县级优秀等级，在“党旗红·数据真”党建品牌创建工作中表现优异，荣获广西国家调查队系统2018—2020年度五星级党支部。

七、狠抓信息工作，服务意识进一步提升

加大对农业、畜牧业、企业、物价走势等领域的分析研究，及时反映地方各行各业生产经营情况和经济运行特点。2020年，获采用调查信息138篇，采用政务信息74篇，国家统计局采用3篇，工作情况交流采用1篇，向地方政府编印调查专报4期。

2021年4月29日，合浦调查队党支部到北海银滩开展“我为群众办事”系列活动之护海行动

国家统计局灵山调查队

2020年11月5日，灵山调查队到灵山县灵城街道谭礼村开展农业单位面积产量调查

2020年，国家统计局灵山调查队（以下简称灵山调查队）坚持以习近平新时代中国特色社会主义思想为指导，全面贯彻落实党的十九大及十九届二中、三中、四中、五中全会精神，强化政治建设，坚持高定位、高标准，狠抓工作的落实，不断提高数据质量。

一、以党建为统领，点面结合，推动贯彻落实国家调查事业高质量发展

（一）把党的政治建设摆在首位，扎实推进强化政治机关意识教育工作

1.抓学习教育，提高政治站位。灵山调查队坚持把党的政治建设摆在首位，将学习习近平新时代中国特色社会主义思想作为队务会议第一议题，跟进学习习近平等党中央领导的重要讲话和指示批示精神，做到学习研讨与贯彻中央《意见》《办法》《规定》等7个重要统计改革文件相结合，引导党员干部正确理解统计部门首先是政治机关的重要内涵。

2.以“强化政治机关意识”主题开展系列活动。以庆祝建党99周年重要节点，围绕“强化政治机关意识”主题，开展了系列活动。7月1日，到灵山县新圩镇萍塘村革命斗争史纪念馆，开展“缅怀革命先烈，传承红色基因”七一党建活动；7月8日，开展“过好政治生日，讲好党员故事”活动；7月9日，前往灵山县廉洁家风家训教育基地指导灵山队开展“不忘初心、弘扬优良家风”主题党日活动。

（二）找准切入点，促进党建和业务融合

灵山调查队立足本职工作，分析工作特点，不同调查专业寻找不同党建与业务融合切入点开展“党建+业务”工作。

1.“党建+住户”活动。在住户调查中着重在推行“诚信记账小组”模式、引导老党员记账

2020年12月4日，灵山调查队到灵山县步行街开展统计法治宣传活动

2021年1月20日，灵山调查队到灵山县那隆镇充头村开展住户调查访户工作，调查员在指导记账户电子记账

户宣传带动新记账户配合进行记账工作等方面，切入开展“诚信记账党旗红·住户调查数据真”活动。

2.开展“党建+畜牧业”活动。根据《关于深入推进畜牧业统计调查“党旗红·数据真”党建品牌创建工作的通知》（桂调办字〔2020〕61号）文件要求，结合工作实际，制定《国家统计局灵山调查队党支部2020年“党建+畜牧业”党建活动方案》，着重在统计和畜牧部门为调查对象送技术、送政策和送信息，帮助调查对象发展生产等方面，联合钦州调查队、灵山县统计局以结对共建、开展“学重要讲话，提数据质量”政治理论学习、上了一节题为“学两会精神 践两个维护”的党课、开展“学经验 通信息 促生产”主题党日活动、开展专题调研等方式开展“党建+畜牧业调查”系列活动。

3.开展“党建+劳动力”活动。在全国月度劳动力调查中着重在树立宣传优秀示范党员辅助调查员，辐射带动其他辅助调查员积极工作等方面切入开展“进村入户党旗红·实地调查数据真”活动。

4.开展“党建+农业调查”活动。在农业面积产量调查中着重在发挥党员辅助调查员、老农党员作用，坚持党的实事求是思想路线开展调查等方面切入开展“田间地头党旗红·农业调查数据真”活动。

5.开展“党建+小微企业调查”活动。在小微企业调查中着重在送党的政策进企业，引导小微企业经营者听党话、跟党走等方面切入以送书籍方式开展“入企服务党旗红·小微调查数据真”活动。

6.开展“党建+人事教育”活动。以编制人事教育“操作规程”、评选优秀扶贫干部、开展“学习文秀精神、担当作为、争做表率”主题党日、把非党员人事教育工作负责人纳入党支部教育范围、参加钦州辖区国家调查队“党建+人事”主题党日活动暨“提升七种能力 勇于担当作为”主题教育培训等方式开展“党建+人事教育”活动。

（三）结合主题党日活动，顺利完成县级“文明单位”迎检工作

为进一步深化精神文明建设，大力培育和践行社会主义核心价值观，结合党建活动，精准施策，制定了2020年创建文明单位工作方案，顺利完成县级“文明单位”迎检工作。1月，到灵山县龙垌村委开展预防一氧化碳宣传志愿活动；2月，到灵山县灵城街道附城社区协助社区干部进行疫情防控宣传工作；3月，开展统计职业道德教育、开展“弘扬雷锋精神、争当时代楷模”

2021年2月1日，灵山调查队到灵山县新圩镇佛垌村开展劳动力调查员选聘工作

2021年2月23日，灵山调查队到新圩镇独树村开展春夏意向调查和农户耕地经营情况调研工作

主题党日活动；4月，开展网上祭拜英烈活动；5月，开展“文明出行，礼让斑马线”志愿服务主题党日活动、开展“书香国调·悦读荔乡”活动；6月，开展“读廉洁书籍 扬清风正气”读书活动、开展爱国卫生运动；7月，开展“不忘初心、弘扬优良家风”主题党日活动；8月，开展重温学习宁吉喆同志“七一”专题党课主题党日活动；9月，开展“学习文秀精神、担当作为、争做表率”主题党日活动、开展“厉行勤俭节约、反对餐饮浪费”专题组织生活会、评选“文明家庭”；10月，参加钦州辖区国家调查队“党建+人事”主题党日活动暨“提升七种能力 勇于担当作为”主题教育培训。

（四）创新形式，营造浓厚的廉政文化氛围

为加强党风廉政建设，在队内营造风清气正的良好政治生态，灵山调查队创新形式，丰富载体，制定了《国家统计局灵山调查队“四个一”和“四廉”活动实施方案》，“四个一”活动（读一本廉洁书籍、交一份廉洁承诺、开展一次廉洁谈心谈话、组织一次廉洁知识考试）；“四廉”活动（承诺示廉、检查督廉、个人述廉、组织考廉）。根据方案，3月，组织全体队员和干部职工集中签署《2020年度国家统计局灵山调查队党风廉政建设承诺书》，对本年度党风廉政建设、遵规守纪、防范统计造假和弄虚作假等工作进行个人承诺，向单位“交一份廉洁承诺”，进行“承诺示廉”；6月，开展“读一本廉政书籍”活动，单位购买一本廉政方面的书籍，组织全体干部职工利用业余时间阅读，进行“读书识廉”；7月，组织全体队员开展2020年上半年述职述责述廉汇报会，进行“组织考廉”。

二、主动积极，对外提供优质统计调查服务

（一）加强约稿信息工作

一是将调查信息纳入年度目标管理责任制重要内容，作为干部职工年度考核项目。二是通过调研前讨论写作提纲、分工等，调研后讨论观点提炼及写作重点的方法，实行调查信息完成情况按月通报，提高队员调查信息写作能力。截止到11月10日，灵山调查队约稿调查信息撰写信息102篇，采用96篇，成果斐然。

（二）开展专项统计调查

受灵山县绩效办的委托开展2019年度灵山县机关绩效考评满意度调查，灵山调查队严格按照统计调查项目管理制度要求，坚持先审批后调查原则，将项目调查的请示经OA上报广西调查总队，经同意后再开展调查，确保统计调查工作的合法性，按统计相关法律要求，规范调查流程，圆满完成2019年度灵山县机关绩效考评满意度调查工作。

2021年5月5日，灵山调查队到新圩镇独树村开展2021年春播面积调查

国家统计局浦北调查队

2020年7月27日，浦北调查队到福旺镇中山村委开展早稻实割实测活动

2020年，在广西调查总队、市队的坚强领导下，国家统计局浦北调查队（以下简称浦北调查队）深入贯彻落实全国统计工作会议决策部署和广西国家调查工作会议精神，坚持以习近平新时代中国特色社会主义思想为指导，深入学习贯彻习近平总书记关于统计工作的重要讲话指示批示精神和党的十九大及十九届二中、三中、四中全会精神，克服新冠疫情影响，真抓实干、主动担当，稳步推进各项工作。

一、强化党组织建设，严格落实管党治党政治责任

（一）丰富党内活动，提高党支部活力。2020年以来，浦北调查队党支部规范化、常态化开展主题党日活动，开展了“春节慰问送温暖 浓浓关怀暖人心”等12次主题党日活动，切实丰富党员干部的理论知识和提高群众服务能力。

（二）深入推进“党旗红·数据真”党建工作品牌创建。积极推进“党建+业务调查”深度融合，开展了“党建+住户”、“党建+农业”等主题党日活动，党建引领作用进一步发挥，数据质量得到提高；党员带头深入开展调研分析，积极打造服务型统计，为党委政府决策贡献力量；评选水平高的记账点作为“党建+住户调查”示范点，搭建党建与业务融合平台，强化支部资源共享、互联共建。

二、深化廉政风险防控，提升党风廉政建设工作水平

（一）加强部署，严格落实党风廉政建设“两个责任”。专题研究部署党风廉政工作，修订完善“三重一大”决策等一系列制度，抓好学习及执行，进一步完善制度机制；多次开展廉政学习及警示教育，提高干部职工拒腐防变能力；制订全面从严治党责任清单和措施清单，细化责任内容、任务分工和落实要求，推动领导干部知责、履责、尽责。

（二）抓早抓小，开展廉政谈心谈话。一是强化节前谈话。节假日前，开展廉政集体谈话，敦促干部职工坚决落实中央八项规定精神；

2020年7月27日，浦北调查队到浦北县安石镇安石社区开展“长寿之乡党旗红 畜禽服务质量高”主题党日活动

2020年8月14日，浦北调查队联合县统计局、农业农村局开展浦北县2020年夏播面积无人机遥感测量技术现场观摩交流活动

二是注重日常谈心谈话。将谈心谈话走在前，抓早抓小，提升干部职工的廉政自觉；三是开展谈心谈话月活动，强化沟通，加强提醒，达到凝聚工作合力、压实工作责任、提升干事热情的效果。

（三）强化监督，充分发挥纪检监察职能。纪检员全程参与队内“三重一大”决策，进行廉政风险分析，确保决策科学合理；强化巡察整改落实监督，确保巡察整改落实到位；积极参与疫情防控工作，确保疫情防控工作的有序开展。

三、贯彻落实上级决策部署，有效提高数据质量

（一）努力抓落实，认真贯彻上级决策部署。对《意见》《办法》《规定》进行再学习再落实，结合实际制定贯彻落实措施9项，提高贯彻落实效果；3次开展队内统计法治培训，将统计法治工作融入到各专业的业务培训会，增强干部职工、辅调员和调查对象的统计法治意识。

（二）严格落实统计执法工作，防范数据造假。年内组织开展了两次“双随机”统计执法检查，为防惩统计造假、弄虚作假提供重要保障；建立领导干部违规干预统计工作记录台账，坚决保障统计数据的真实准确；在微信公众号、网站及举报箱上公开统计违纪违法举报方式，发挥群众监督作用。

（三）健全数据质量和责任体制，不断提高数据质量。修订完善《国家统计局浦北调查队数据质量和责任追究制度》，多次组织开展学习，提升干部职工责任感和紧迫感；组织开展业务工作交叉检查，对各项基础资料进行全面检查，夯实调查基础工作，提高基础数据质量。

（四）加强管理和考核，提升辅调员工作水平。加强与县政府、镇政府和村委（社区）的沟通，替换工作能力与调查工作需求不相适应的辅调员，提高辅调员整体素质；完善各专业辅调员考核办法，开展2019年度优秀辅调员的评选和奖励工作。

四、高质量打好脱贫攻坚决胜战

多次召开精准扶贫工作会议，精心制定精准扶贫计划，持续强化产业扶贫、就业扶贫，保障贫困户各项保障政策得到落实。重新选派一名水平高、经验丰富的工作队员充实安石镇坡村村的扶贫力量。队领导带头，积极到村入户开展帮扶工作。划拨扶贫经费帮助村委完善水井等基础设施建设。

五、积极推进粮食和畜牧业调查归口管理工作

主动与县统计局和农业农村局对接、沟通、协作，开展经常性的粮食和畜禽调查工作研讨，

2020年9月22日，浦北调查队联合县统计局开展第十一届“中国统计开放日”宣传活动

实现信息共享，提高数据质量和统计调查分析服务能力。联合县统计局、县农业农村局及福旺镇政府开展浦北县2020年夏播面积无人机遥感测量技术现场观摩交流活动，部门互信互助格局正在形成。

2021年5月24日，浦北调查队到大成镇甘子根村委开展“学党史 忆初心 强信念 勇担当”主题党日活动

六、努力营造干事创业新局面

（一）完善考核办法，激发干部工作热情。制定更新队内度绩效考评办法，完善相关配套制度，将出勤、工作态度、数据质量、信息写作等纳入年度考核范围，明确年度推优办法，定期做好考核，激发干部职工干事创业和争先创优热情。

（二）加强干部综合能力培养。一是加强干部交流培养。派多人参加县委党校各类培训班、文明城市测评以及总队巡察及统计执法检查工作，提升干部素养和能力；二是加强年轻干部岗位锻炼。队内重要工作由年轻干部负责；三是加强“两个信息”写作培训。邀请广西调查总队综合处领导开展调查信息写作培训，队长及办公室主任等也多次开展“两个信息”写作讲解，队员写作热情及写作水平进一步提高。

（三）严格落实信息安全和保密工作。开展4次保密工作培训会议，收看窃密专题新闻报道，加强保密知识学习，切实落实保密安全措施。

（四）统计宣传工作稳定高效。与县统计局联合开展第十一届“中国统计开放日”宣传活动；持续通过微信公众号对外宣传统计法律法规、第七次全国人口普查等知识；通过发放宣传物品、张贴宣传海报等方式，提升调查点群众对于统计调查工作的认识。

（五）档案室建设和文明单位创建工作取得新突破。派人到档案局跟班学习，制定各项文件规定，各类档案基本已入库保存，档案室已建立成型即将验收；2020年底获评浦北县“文明单位”。

七、队伍管理和机关建设水平不断提高

（一）队内工作衔接稳定高效。在各业务股室按照新老搭配、以老带新的方式做好“传帮带”工作；在分工调整时，股室主要负责人监督做好工作交接，有效避免了工作衔接不顺的情况。

（二）“县账省管”工作有序运行。主动与总队“县账省管”主管会计加强沟通，进一步规范报账资料的规范填写，审核通过率、流程的规范性以及手续的完整性得到提高。

2021年5月28日，浦北调查队召开2021年住户类调查业务培训会并对2020年星级辅调员进行表彰

国家统计局平南调查队

2020年，在广西调查总队的坚强领导下，国家统计局平南调查队（以下简称平南调查队）坚持以习近平新时代中国特色社会主义思想为指导，认真学习党的十九届四中、五中全会和全国统计会议精神，深入贯彻落实广西国家调查队工作会议精神，紧紧围绕“高定位、高标准”主题，坚持党建和业务两手抓，积极推进“党旗红·数据真”党建工作品牌创建，牢牢抓住统计数据质量这条生命线，奋发进取，狠抓落实，认真部署谋划，强化工作创新，压实压紧责任，圆满完成各项调查工作任务。

一、坚持不懈抓党建，切实加强党对调查工作的领导

2020年，平南调查队牢固树立“抓好党建是本职，不抓党建是失职，抓不好党建是渎职”的理念，坚持以党建工作为引领，把抓好党建工作当作是最大的政绩，狠抓思想教育，增强党员先锋意识，多方拓宽渠道载体，扎实开展党建活动。一是积极推进“党旗红·数据真”党建工作品牌创建，坚持业务工作推进到哪里，党建工作就覆盖到哪里，各个调查专业通过召开业务培训会、走访入户以及举行支部共建活动等方式，做到党建业务与调查业务同部署、党建知识与业务知识共学习，注重树立党员先锋模范作用，调动其他调查员的积极性，树立国家调查形象，以党建引领业务，荣获广西国家调查队系统“党旗红·数据真”党建工作品牌2018—2020年度三星级党支部、“党建+统计法治工作”示范点、“党建+劳动力调查”示范点等荣誉称号，党建工作取得新成效。二是持续抓好“三会一课”制度落实，先后组织召开“不忘初心、牢记使命”主题教育专题组织生活会、落实中央脱贫攻坚专项巡视“回头看”整改专题组织生活会，按要求组织召开“支部主题党日+”活动、支部委员会、党员大会；积极派员参加广西调查总队、贵港调查队及平南县直机关工委举办组织的各类党建培训活动，多次组织人员到党建示范基地和红色教育基地开展现场学习和教育活动，2020年成功发展和培养了预备党员3名。

二、坚持不懈抓责任，持续推进党风廉政建设

2020年，平南调查队领导班子以身作则，率之以行，充分发挥“领头雁”效应，带头执行党的方针政策，严明政治纪律和政治规矩，形成良好的示范带动效应。一是积极部署推进2020年全面从严治党工作，定期听取班子成员履行全面从严治党主体责任情况汇报，加大对班子成员履行“一岗双责”情况的监督检查，进一步压实从严治党责任。分管领导树立严管就是厚爱的理念，

2020年7月28日，平南调查队到早稻除杂现场开展工作指导

加强对分管股室的管理，健全全方位管理措施，把干部行为管理和思想约束统一起来，把八小时内和八小时外管理贯通起来，让干部时时处处慎独慎微。二是做好日常监督，强化重要节假日“节点”节前谈话、节中监督和节后报告，不断强化党的纪律执行情况、中央八项规定精神落实情况、领导干部履行职责情况和行使权力情况的监督检查；强化廉政宣传教育，坚持以案释纪、震慑警醒，用好专题教育培训、警示教育基地、警示案例手册、警示教育大会等载体，用身边事教育身边人，用典型案例扎实开展警示教育。

2020年8月18日，平南调查队下乡开展主要畜禽监测调研工作

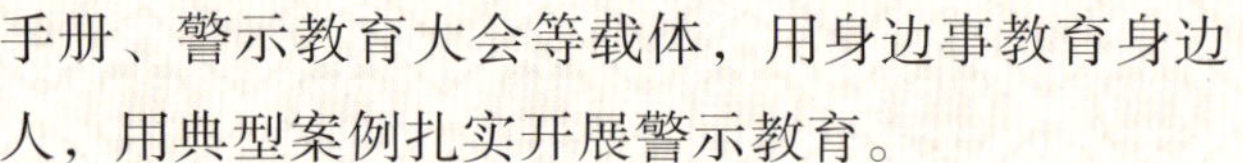

三、坚持不懈抓业务，确保各项调查业务圆满完成

2020年，平南调查队多次组织调查员学习国家统计局和广西调查总队统计调查制度方法和数据质量控制办法，要求调查员熟读调查制度，熟练掌握调查方法，依法依规开展调查，认真排查影响调查数据质量隐患，防范调查数据弄虚作假，切实提高调查数据真实性，稳步有序推进常规调查工作，在做好新冠疫情防控工作的同时，高效完成了2020年城乡居民收支调查等10项常规调查项目工作任务；同时，积极推进住户调查电子记账推广使用，电子记账使用率达到95%以上，增加购买农业调查设备无人机1台，顺利完成秋冬播、春播、夏播种植面积调查无人机航拍工作。顺利完成了2020年农村党员教育培训情况调查、从严治党民意调查工作；年内分别选派1人参加区级、全国文明城市测评工作；受平南县政法委的委托，报广西调查总队审批后开展2020年平南县群众安全感电话调查工作，调查工作赢得了平南县政法委的肯定。积极发挥作用，与平南县扶贫和水库移民管理局通力合作，落实平南县脱贫攻坚普查领导保障、经费保障，积极推进脱贫攻坚普查工作顺利开展，作为广西三个试点县之一在4月份圆满完成国家脱贫攻坚普查综合试点工作，为全面脱贫攻坚普查提供了经验借鉴；7—8月份顺利完成全国脱贫攻坚普查工作，并在9月份配合接受国家脱贫攻坚普查工作组的数据质量抽查工作。

2020年9月18日，平南调查队到平南县江滨广场开展第十一届“中国统计开放日”宣传活动

四、坚持不懈抓日常工作，保障各项工作顺利运转

2020年，平南调查队注重日常工作，发挥办公室枢纽作用，明确分工职责，强化人员配置保障，加强日常规范管理，扎实做好各项工作，确保队内秩序有效运转。一是严把计算机、视频会议

系统等设备管理关，确保全队所有入网计算机均按要求安装实名客户端和金山安全终端，安全上线防火墙，加强办公电脑日常病毒查杀和垃圾清理，确保计算机及辅助设备、软件运转正常，有效堵塞保密管理漏洞。二是利用多方式多渠道开展统计法治宣传，充分利用统计开放日、宪法宣传日、统计法颁布纪念日等重要节点，深入调查点开展“大国点名 没你不行”为主题的统计开放日集中宣传活动，通过多方式向群众宣传人口普查、统计调查制度、统计法律法规等，在群众中引发热烈反响，加深了社会公众对统计工作及统计法律法规的认识，增进了社会群众对统计调查工作的了解，营造了良好的统计法治氛围。三是积极利用单位微信公众号、板报等新老宣传阵地开展宣传，2020年在微信公众号发布平南调查队调查工作纪实、国家时政、道德模范先进事迹和党建与业务调查融合的活动等相关内容原创稿件二十余篇，转载八篇，点击率和阅读量均大大超过往年，进一步增强平南队社会影响力，扩大统计法律法规受众范围。四是始终把政务信息工作和调查信息摆在全队工作的重要位置，积极采取“压担子，领导带头写；传帮带，互促带动写；把政务信息、调查信息写作作为年度考核的一项重要内容，提高队员动脑动笔撰写信息的积极性，扎实推动“两个”信息工作不断进步。2020年，平南调查队上报政务信息广西调查总队采用91篇次，其中国家统计局采用2篇次，工作情况交流4篇；调查信息报告获广西调查总队采用103篇次。

2021年3月12日，平南调查队到丹竹镇罗岑村开展新时代实践志愿服务活动

国家统计局桂平调查队

2020年7月1日，桂平调查队党支部在贵港市覃塘区灵龟山红色主题文化公园开展党日活动

2020年，在广西调查总队党组、桂平市委市政府的坚强领导下，在全队干部职工的共同努力下，国家统计局桂平调查队（以下简称桂平调查队）坚持以习近平新时代中国特色社会主义思想为指导，围绕广西国家调查事业高定位、高标准发展目标，坚持以党的建设为统领，以改革创新为动力，不断提高数据质量，稳步推进各项工作任务落实。

一、坚持党建引领作用，推动党建工作再上新台阶

（一）用理论武装头脑

一是制定2020年党支部学习计划，通过集中学习、专题学习、在线学习与现场参观学习等方式贯彻落实。二是严格落实“三会一课”制度，组织召开“三会一课”专题学习18次。三是积极派员参加党务工作培训，2020年共派出5人次参加桂平市党校、广西师范大学、自治区党校举办的党务工作培训班。四是多形式开展学习，除理论学习外，还通过组织党员观看纪录片，分管领导上微党课、实地参观学习覃塘红色文化以及兴安县红色教育基地等来丰富学习内容，提高党员的党性修养。

（二）加强对群团组织的领导

一是顺利开展并圆满完成第二届工会换届选举工作，要求工会按章程开展有益身心健康的活动，全面发挥好工会职能作用。二是筹措资金18633元修缮了一个集寓教于乐、真善和美的工会职工之家，增强了工会大家庭的凝聚力和向心力。

（三）多专业促党建品牌深入融合

一是推动党建+农业品牌创建，开展“浔调助农党旗红 粮食产量数据真”党建品牌活动。由支部书记李善生带队深入农产调查网点，通过走

2020年7月8日，桂平调查队到中沙镇新宪村开展“不忘初心、重走住户调查路”主题党日活动

2020年7月10日，桂平调查队到石龙镇东岗村核实住户样本第2轮转组情况

访村委与农户座谈，了解粮食种植面积、种植结构变化、存在困难以及在稳粮生产的建议，并与龙塘村委党支部达成结对共建共识。二是推动党建+畜禽党建品牌创建，开展“弘扬‘四干’新作风，‘四比’显本色”主题党日活动。通过组织观看纪录片，听取习近平总书记讲话，开展微党课。弘扬“党员带头”精神，深入农村畜禽企业核实搞准数据，为党政部门决策部署提供有力的依据。三是开展“党建+月度劳动力调查”主题党日活动。通过给调查员上微党课，开展月度劳动力调查知识测试与讲解，进一步提升了调查员新时代月度劳动力调查工作水平，确保调查数据真实、客观、可信。四是开展“党旗在心中，住户调查我先行”主题党日活动。活动围绕强化党员意识，发挥辅助调查员带头示范作用，提高住户调查工作政治能力和业务工作能力为主题，进一步巩固“党建+住户调查”品牌创建工作成果。

二、坚持质量立队，依法统计

（一）坚持法治护航

一是加大法治宣传力度。利用全体会议、业务培训会、队员自学等多种形式深入学习贯彻中央领导同志关于统计工作重要指示批示精神、《意见》《办法》《规定》等重要统计改革文件精神，持续推进学习往深里走、往心里走，往实里走。二是加强执法检查。制定“双随机”统计执法检查方案，对2家生猪大型养殖企业开展了“双随机”执法检查。三是严格执行领导干部违规干预统计工作记录制度，落实专人负责，全面、如实填写报送记录表。四是共派2人次参加广西调查总队与贵港调查队开展的“双随机”统计执法现场检查，提高队员统计执法能力，丰富了统计执法经验。

（二）确保数据真实，高质量完成统计调查任务

一是强化业务培训。通过主要指标讲解、典型案例分析、现场讲解以及知识测试等形式丰富培训的内容，巩固培训效果；利用微信群、QQ群、电话等平台开展线上培训，答疑解惑。二是悉心指导。坚持以问题为导向，有针对性地开展现场指导培训，促进调查员业务能力提升，提高调查员访户工作质量。三是做好样本维护。特别是住户调查样本轮换、主要畜禽监测调查名录库摸底维护、月度劳动力调查等，及时做到早准备、早布置、早摸底、早落实。四是加强数据审

2020年11月2日，桂平调查队到厚禄乡厚禄村、白沙镇思建村调查样方点开展踏田估产工作

核与分析研判。通过层层抓落实，加强对数据的审核，同时积极参与广西调查总队、桂平市委市政府布置的约稿，通过快速调研掌握疫情期间农民工就业情况，经济基本走势等。

三、配优配强，打造高素质调查队伍

（一）注重干部培训

一是鼓励党员干部充分利用学习强国平台自觉学习，实行每月通报机制。二是以赛促学，积极派员参加贵港区域调查队党建和法律法规知识竞赛暨“党建+人事”主题党日活动，并荣获第一名，提高了干部的综合能力。

2020年11月10日，桂平调查队到木乐镇、金田镇开展劳动力调查跟踪陪访工作

（二）强化辅助调查员管理

一是通过组织专业培训会，提高辅调员的专业素质。激励辅助调查员爱岗敬业；二是通过树立优秀辅助调查员典型，对优秀辅助调查员进行表彰并发放奖励金，激励辅助调查员发挥党员带头示范作用。

四、对标高位，强化高效能管理

（一）提升行政管理水平

一是推进OA办公系统规范化。二是实行固定资产条码系统管理，对固定资产进行一次全面大盘点清查，对所有固定资产量身定制“二维码”标签，进一步加强了对固定资产的管理。三是抓严抓实保密工作。通过集中组织队员观看《汇聚

2021年4月1日，桂平调查队到桂平市革命烈士纪念碑开展“学党史，祭先烈”清明节缅怀革命烈士主题活动

人民力量维护国家安全》《焦点访谈》《瞬间》《反间防谍 较量无声》等宣传教育视频，进一步筑牢干部职工保密思想防线与提高国家安全防范意识。

2021年4月28日，桂平调查队到木乐镇农塘村开展劳动力调查培训指导工作

（二）推进财务管理规范化

一是继续推进“县账省管”新模式。严格规范报账，降低财务风险。二是开展内部控制风险防控自查，对制度建设、公务接待、会议培训、津贴补贴等十个方面进行排查，根据排查出来的风险点逐条整改，堵住风险点，完善风险防控。

（三）持续抓好网络安全工作

一是定期开展信息化巡查与抽查工作，并建立台账，消除网络安全隐患；二是通过股室专人负责制来加强网络的日常维护与管理工作，坚持做到“三个100%”。

五、担当作为，全面落实管党治党政治责任

（一）持续巩固深化“不忘初心、牢记使命”主题教育成效

一是持续紧盯主题教育中检视查找出问题的整改落实，坚持当下改与长久立相结合，确保“不忘初心、牢记使命”主题教育取得成效。二是认真分析评估本队党建工作状况，查找短板弱项，制定问题清单，建立工作台账，形成专项整治工作方案，抓紧整改落实。

（二）加强警示教育，落实典型案例学习

在重要节点，组织干部职工学习“廉政宣教”专栏的警示、典型案例，组织观看《爱莲说》《周恩来的故事 两袖清风》，教育干部职工要筑牢廉政思想防线。

国家统计局北流调查队

2020年7月29日，北流调查队开展"党建+畜牧业调查"示范点授牌仪式活动

2020年，在广西调查总队的坚强领导下，国家统计局北流调查队（以下简称北流调查队）深入学习贯彻习近平新时代中国特色社会主义思想和党的十九大及十九届二中、三中、四中、五中全会精神，深入贯彻落实《意见》《办法》《规定》等重要统计改革文件精神，真抓实干、锐意进取，有序推进各项工作。

一、持续加强党的建设，全面从严治队向纵深推进

（一）落实党建主体责任

一是根据队党支部年度党建工作计划、党员理论学习计划，及时跟进学习贯彻习近平总书记最新重要讲话和指示批示精神，始终同以习近平同志为核心的党中央保持高度一致。二是成立了意识形态工作领导小组，召开专题会议研究和部署意识形态相关工作，组织干部职工学习习近平总书记关于意识形态工作的重要论述，抓好抓实意识形态领域各项工作。三是按照总队工作部署，结合实际开展强化政治机关意识教育，持续开展"争做'三个表率'、争创模范机关"活动。

（二）强化党建引领，促进党建与业务深入融合

坚持以党建促进调查事业发展。积极发挥党建引领作用，促进党建融合业务，结合住户、农产量、畜禽、劳动力调查业务开展"党旗红·数据真"品牌活动，通过为辅调员上党课、党员重温入党誓词等形式强化党员教育，夯实支部基础。

二、紧盯结果控制过程，不断提高数据质量

（一）稳步推进住户调查工作

一是先后建立数据质量评估管理办法、辅助调查员管理办法等一系列制度办法，建章立制规范管理。二是利用台账数据有据可依地溯源、审

2020年8月6日，北流调查队开展样方实割稻谷测产称重

核和校正记账数据，对记账户所填报的各种数据进行审核，有效监控源头数据。三是加强电子记账数据核查，对存疑数据实时审核。四是提前谋划部署，持续宣传引导，深入学习研讨，强化基层培训。

（二）做实畜禽监测调查工作

一是健全审核制度，降低异常数据出现频率。二是建立调查户养殖户名录，向养殖户进行核实存疑数据，从数据源头保证数据的可靠性和真实性。三是评选“党建+业务”优秀示范点、党员先锋模范岗和优秀党员辅调员，激励养殖户和辅调员更好地配合工作，提高调查数据质量。四是加强部门联动，与市农业农村局、统计局联合开展畜禽生产形势调研；经常性开展业务交流，畅通协调机制，实现资源共享，确保工作稳步推进。

（三）做细农作物播种面积遥感和产量调查工作

一是从党建引领角度入手，开展“党建+农业”系列活动，切实发挥党建引领作用。二是从依法治统角度入手，组织业务人员和辅调员学习统计法律法规基础知识，压实统计法治的底线思维。三是从加强联动角度入手，注重与调查点所在乡镇党委政府的沟通交流，加强镇村上下联动，畅通沟通渠道，提升各调查点对农产量调查的重视度和配合度。四是从规范业务角度入手，对方案制度重点内容进行精心梳理和分类归纳，对调查工作开展过程中的难点问题及注意事项进行重点强调，保证源头数据质量。

（四）高质量完成月度劳动力调查工作

一是党建引领，开拓思路，紧密结合劳动力调查工作实际，队、镇、村三级联合开展主题党日活动，推动党建与业务工作同步提升。二是统筹协调，建立从市到乡（镇、街道办事处）到村（社区）的层层联系，争取各级的支持配合。三是每月坚持到点到户陪访，检查监督辅调员的调查行为规范以及问卷填报情况，提高数据的真实性以及准确性。四是时刻关注上报进度，做到即报即审，减少出现异常数据的状况。五是张贴和发放劳动力“调查公告”，分发《致调查户的一封信》，加强宣传，提高调查知晓率。

（五）全力做好小微企业和个体经营户跟踪调查工作

一是日常注重与调查样本业主沟通联系，提高调查配合度，进而提高数据的真实性、准确

2020年10月20日，北流市委常委、常务副市长黄聪（前排左4）到山围镇塘头村记账户的百香果加工厂走访，北流调查队等有关同志陪同调研

2021年2月18日，北流调查队到民安镇丰村开展义务植树活动

2021年2月23日，北流调查队召开北流调查队2021年劳动力调查业务培训会

性。二是认真学习有关制度方法，正确理解问卷指标，吃透问卷指标。三是加强数据审核，通过仔细比对来加强现场审核数据，从各项数据中理清逻辑关系，确保数据的合理性、逻辑性。四是时刻关注国家和地方出台的相关优惠政策，及时传达给经营困难的企业和个体户，为他们提供缓解压力的方法途径，有效解决面临的困难。

三、强化内部建设，不断提高服务水平

（一）顺利评定二级档案室

2020年，北流调查队选派人员参加地方档案部门举办的培训班或讲座2次，邀请地方档案部门到队开展指导培训1次，明确各类档案整理工作要求和方法步骤，归档质量得到市档案馆的充分肯定。2020年11月26日，北流市档案局局长伍文霞带领市档案局考评组一行5人到北流调查队开展档案室等级认定考评验收。考评组通过听取汇报、审核验证材料、现场实地查看、综合评议打分等环节，最终认定队档案室达到广西壮族自治区县直机关二级档案室等级认定标准要求，同意国家统计局北流调查队档案室评定为广西壮族自治区县直机关二级档案室。

（二）强化经费保障和财务规范化

一是积极向市委市政府请示汇报，加强与市财政局沟通交流，2020年获得包括工作经费和调查专项经费共计96.17万，比2019年提高了92%，切实保障业务高效开展。此外，还全额解决在编人员的绩效经费。二是北流调查队利用内部控制自查契机，修订并完善了系列财务制度。

（三）加强政务信息工作

抓住“短、频、快、实”四个关键字，强化信息报送工作，制定队内绩效考评管理办法，明确股室和个人年度政务信完成数量和质量，定期通报公示。据统计，北流调查队2020年共有58篇政务信息被广西调查总队以上采用，被采用篇数比2019年增加107%，同比翻了一番。

2021年3月11日，广西调查总队一级巡视员梁开光（右排右四）到北流镇勾漏村吉源养殖公司开展主要畜禽调查调研工作，北流市市委常委、常务副市长黄聪（右排右一）、广西调查总队农业调查处、玉林调查队等同志陪同调研

国家统计局田阳调查队

2020年，国家统计局田阳调查队（以下简称田阳调查队）在广西调查总队的领导和田阳区党委、政府的关心支持下，坚持以习近平新时代中国特色社会主义思想为指导，认真贯彻落实《意见》《办法》《规定》等重要统计改革文件精神，坚持依法统计，狠抓调查数据质量，认真抓好制度建设、队伍建设和业务建设，圆满完成了2020年各项调查工作任务。

一、稳步加强党支部建设，促进调查事业发展

（一）党员发展不断发力，后备力量不断壮大

2020年，冯腾鹤同志任田阳调查队队长，韦沐秋同志到期转为中共正式党员，发展陆富、隆华健和黄静三名入党积极分子。2020年中共国家统计局田阳调查队支部（以下简称田阳调查队党支部）共有6名党员，3名入党积极分子。

（二）抓好专题学习，筑牢理想信念

以讲党课、党日活动等方式，扎实开展学习教育。一是召开专题党课与学习，党支部书记给党员上专题党课，以《习近平谈治国理政》（第三卷）启动开局，并在党支部开展的“党建+业务”理论学习培训班中，将各章节融入党员教育培训重要内容，以理论的坚定夯实信仰的坚定。二是开展形式多样的主题党日活动。2020年，田阳调查队共开展或联合开展了“庆祝中国共产党成立99周年”“农牧献真情 调查数据真”“党员义务劳动·助力扶贫产业发展”“学习文秀先进事迹，争当文秀先锋之星”“传承文秀精神，增强使命担当”、聆听退伍老兵参战故事等主题党日活动，强化党员为人民服务意识，坚定理想信念。

（三）“党建+业务”深度融合，党建引领数据真

将党建和调查业务有机结合，率先在住户调查点铺开，召开2020年住户调查“党旗红·数据

2020年4月14—15日，广西调查总队党组书记、总队长赵太想（左四）一行赴田阳县就脱贫攻坚普查综合试点工作开展督导，百色市副市长古俊彦领导陪同督导

2020年7月21日—22日，自治区脱贫攻坚普查领导小组办公室主任、广西调查总队党组成员、副总队长邱洪刚（中）一行3人到田阳区调研脱贫攻坚普查组织保障落实情况，并实地督导脱贫攻坚普查现场登记情况

真”党建工作品牌提升暨住户业务工作培训会，开展“七个一”活动，创建一批“党建+住户”示范点，全力发挥辅助调查员和调查对象先锋模范作用，不断为提高统计数据质量打下坚实基础。开展“农牧献真情 调查数据真”主题党日活动，党建与农业调查业务深度融合到位，以党建为引领，保障各项调查数据的真实性，助力党建与业务工作同步提升。

（四）发扬打硬仗作风，扎实做好常态化疫情防控工作

1.党建引领，充分发挥党员先锋模范作用。田阳调查队党支部于2020年2月2日成立疫情防控党员先锋队，带头开展防疫宣传。结合统计职能定位，重点抓好调查对象、辅助调查员以及干部职工的宣传教育工作。2月初，深入田阳县家禽市场、药店、农资市场和农贸市场等CPI采价网点开展疫情防控知识宣传教育，同时强调在特殊时期也要保障数据上报的真实、准确和及时。通过广泛宣传，进一步提升了群众对疫情的预警程度，得到了群众的赞扬。

2.开展“学习雷锋精神，助力疫情防控”志愿服务活动。3月5日，积极组织党员、干部来到田阳献血站开展义务献血，经过筛查，三名符合献血条件的队员为疫情防控献上宝贵的红色礼物，为打赢疫情防控阻击战贡献“热血”力量。党员、干部深入遭遇困境果农的田间地头，帮助果农采摘了当日订单所需采摘的400余斤圣女果，为缓解疫情影响给果农带来的复产压力贡献点滴力量。

3.强化监督职责，保持常态化机制。目前，国内疫情防控形式总体趋好，但局部地区零星散发和聚集性疫情还时有发生，加强疫情防控常态化十分重要。为了确保能在全国打赢疫情防控阻击战中贡献自身点滴力量，田阳调查队党支部积极落实上级有关文件精神，队支部强化防控措施落实情况监督，密切联系群众，宣传教育到位，把疫情防控落实到实际行动中。

二、紧盯队伍稳步建设，不断提升队伍整体素质

（一）突出先锋，勇争先获佳绩。在具体工作中，着重突出党员带头，以先锋模范为引领，带动全队干部职工全身心投入统计调查工作，奋力干事获佳绩。2020年度，在国家统计局到广西调查总队开展的执法监督检查工作调研座谈会上当中获邀作典型发言，是唯一的县级队代表；2020年度全队调查信息报告获上级采用138篇，得1900分列全区县级队第一，年度考核中也荣获县级队第一；政务信息采用量为建队以来首次“破百”，在年度考核中也荣获县级队第四；在2020年度广西市县级调查队单项工作考核评比

2020年9月21日，田阳调查队前往田阳区人民广场开展第十一届“中国统计开放日”宣传活动

2020年11月30日，田阳调查队党支部与宝美村党支部开展“结对入田间，共融调查促发展”党支部结对共建主题党日活动

中法治工作、劳动力调查、小微企业调查荣获一等奖，另有四个调查业务获二等奖，十一个调查业务获三等奖。最终，在2020年度广西国家调查队系统市县级调查队目标管理考核中喜获县级调查队第二名，列“优秀”等次的队史最好成绩。

（二）优化干部队伍结构，激发主动作为干劲。进行党支部换届选举，落实主要负责人担任支部书记的要求，并争取获批设立支部副书记，支部班子扩容，战斗力提升；成立队工会，落实相关工作，全队整体组织构建进一步完善；根据干部个人优势和特点，进行合理岗位调整，不断优化干部队伍结构，在重要职责岗位上敢于任用年轻干部，通过岗位锻炼能力、培训提高水平，激发年轻干部在知识技能和接受能力上的优势，从而形成“人尽其才、才尽其用”的整体结构。表现在2020年“两个信息”的飞跃进步工作业绩新突破、业务工作得到总队认可，代表广西到海南参加国家统计局召开的农产品生产价格和中间消耗价格培训班、在广西分市县粮食产量调查暨无人机农作物智能识别系统培训班上做了经验交流和两名干部被广西国家调查队系统聘请为首批现场培训导师。

三、以日常普法执法为载体，打造崇真厌伪统计环境

一是“接地气”的统计普法更见实效。田阳调查队以“不论地点，不拘形式，因地制宜，因材施教，主动宣讲，送法上门，接地气，简明讲，本土化”为主要工作思路，开展“田间地头统计法治微课堂”活动。结合农村住户调查入户访问等工作，主动送法上门。线上线下同发力，双管齐下上新阶。田阳调查队于2020年初开通了微信公众号“田阳调查”，结合业务微信群等渠道开启线上统计法治宣传；在线下，主要采取集中宣传与专业日常宣传相结合的方式。二是常规执法检查强化普法成效。目前，田阳调查队共有统计执法持证人员2名。年内，克服因持证人员之一外派参加脱贫攻坚普查及其他任务的而长期不在岗等困难，开展了2次“双随机”统计执法检查，执法过程严格按照既定制度和流程，严肃认真，不留疑点，对强化普法成效，遏制统计违法行为有一定助益。抓好法治宣传教育，不断提高数据质量。

四、强化廉政建设，从严治党纵深发展

（一）多措并举，抓好廉政教育。一是开展节前廉洁谈话提醒会。紧盯端午节、中秋节、国庆节等重要节日时间节点，强化宣传，抓好廉政教育，并开展节前集体廉政谈话会议。二是组织召开廉政警示教育专题会议，认真学习中央八项规定、廉政自律准则和多起违反中央八项规定精神典型案例。三是不定期通过宣传栏张贴广西调查总队及田阳区纪委相关通报精神文件，进行

2021年2月2日，田阳区人民政府副区长关善丹（左一）到到上镇村记账户进行年前慰问

廉政宣传，教育提醒广大党员干部自觉抵制不正之风，切实强化干部职工的廉政意识。

（二）高标准压实责任。班子成员全面落实“一岗双责”，明确主体责任，细化分工合作，既以身作则、率先垂范，并将任务落实到各个股室，使党风廉政建设层层有责任、人人有担子，扎实推进分管范围内全面从严治党工作。田阳调查队党支部认真召开“厉行勤俭节约、反对餐饮浪费”专题组织生活会，依次查摆自己在厉行节约、反对浪费方面存在的不足，对问题根源深入剖析，并提出整改措施。

（三）压实监督责任，强化督促检查。一是纪检监察员强化履行监督职责，经常多教育、多提醒全体干部职工，时刻关注党员干部思想、工作、作风等基本情况，了解“社交圈”“生活圈”和“朋友圈”，消除监督盲区。二是通过不定期检查和随机抽查等方式，加强对干部生活工作作风的监督检查，强化执纪问责，坚决防止有禁不止、有令不行的现象发生，始终保持正风肃纪的高压态势，营造风清气正良好氛围，以有力监督推动全队作风建设健康发展。四是队领导班子加强对党员干部的监督谈话、任职廉政谈话、批评教育，注重运用谈心谈话防微杜渐、解决苗头性问题。全年共开展谈心谈话12次，涉及人员47人次。扎实抓好监督检查，全年共开展纪检执纪监督7次，始终保持高压态势。

五、精心组织、周密安排，扎实做好脱贫攻坚普查综合试点和正式普查工作

一是在1月迅速成立由区委韦正业书记、区长黄国哲为组长、相关部门领导为成员的脱贫攻坚普查领导小组，办公室设在田阳调查队；2月份，抗疫与筹备两不误，积极与区委、区政府主要领导汇报、争取，在田阳区范围内抽调43人组建普查办，落实了脱贫攻坚普查必需的人员、经费和办公条件。二是4月份，在全国脱贫攻坚普查综合试点中，作为全广西唯一一个既派出工作组，又接受检查的双任务县份，担当好牵头单位职责，在方案设计、人员培训、组织模式方面积极配合自治区关于试点的设想，全力落实相关要求，总结了大量宝贵的普查实践经验，为正式普查顺利开展贡献绵薄之力，普查综合试点期间，共接待二十多个市县共一百多人的观摩团学习交流普查工作经验。三是积极向区委、区政府主要领导汇报，获得有力支持。在正式普查期间，区委书记、区长亲自挂帅，靠前指挥，多次召开工作部署会和协调会议，高质量推进普查综合试点和正式普查现场登记工作，力促各项工作任务圆满完成，得到上级认可。

六、注重与地方政府沟通，促各项工作顺利开展

一是参与地方经济建设。严格按照国家统计局的有关规定，加强工作汇报、建言献策。每季度向县直各职能部门收集关于城乡居民增收和社会经济发展的“亮点”材料，定期反馈居民“两个收入”数据，参加国民经济运行分析会，积极为地方经济发展做贡献。二是开展2019年田阳区绩效考评公众评议和领导评价工作，按照区委、区政府的要求，年初对全区10个乡镇、100多个单位和约3000个评议（评价）对象开展问卷调查，为田阳区开展绩效考评工作提供了重要依据，得到区委、区政府和绩效办相关领导的肯定。

2020年11月30日，田阳调查队组织全体党员干部开展“党建+人事”主题党日活动

国家统计局田东调查队

2020年6月30日，田东调查队到百色市田阳县巴某村开展党建主题活动

2020年，在广西调查总队的坚强领导下，在田东县委、县政府的关心支持下，国家统计局田东调查队（以下简称田东调查队）严格按照广西国家调查工作会议部署，认真贯彻落实《意见》《办法》精神，圆满完成全年目标任务。

一、党建引领，努力提升优质服务水平

2020年以来，田东调查队按照总队"党旗红·数据真"党建品牌创建的工作部署和要求，坚持以"一专业一活动一特色"为着力点，主打"党建+业务"融合主题，积极促进党建工作在各调查专业领域多点开花。办公室积极探索"党建+综合业务"途径，设置"党员先锋岗"，激励党员干部发挥模范作用，处处率先垂范，强化担当作为，促进奋发进取。

1.解决一个"慢"字。统筹抓好优质服务和调查工作，针对人员紧业务量大问题，修订《国家统计局田东调查队绩效考评管理办法》《国家统计局田东调查队聘用人员管理暂行办法》，全面强化队伍管理，激发全队时不我待、只争朝夕的紧迫感。选优配强聘用人员队伍，新选聘2名聘用人员，充实业务力量。调整优化在编干部业务分工，确保干部职工盯住主业的同时聚焦优质服务工作，务实笃行。

2.消除一个"怕"字。继续深化班子建设，"两个班子"一起建、"两项建设"一起抓、"两副担子"一起挑，充分激发班子作用，将班子煅烧成为行动队，而不是清谈馆。由队主要领导主抓优质服务工作，确保优质服务工作数量上大台阶的同时质量不减。队纪检监察员率先垂范、主动作为，年内共有35.5篇调查信息获广西调查总队采用，占全队采用量32.6%；采用分438分，占全队采用分28.2%，表率模范作用显著。

2020年7月8日，广西调查总队党组书记、总队长赵太想（左二）到田东调查队检查指导工作

2020年11月30日，田东调查队到调查点对辅调员进行集中培训指导

3.写好一个“实”字。一是持续深化“不忘初心、牢记使命”主题教育，引导全队成员深入学习贯彻习近平总书记关于加强统计工作的重要思想。积极组织全队成员就如何做好重点工作，广泛调研、建言献策，充分发挥集体智慧。二是认真贯彻落实广西调查总队“一手抓疫情防控，一手抓统计调查”的工作部署，在做好自我防控基础上，高质量完成综合业务工作。在在职在编人员减少2个的局面下，田东调查队全年获采用调查信息109篇，是上年采用量的3.9倍，排县级队第8名。

二、讲好“党旗红、统计蓝”故事

1.把握时期、讲好故事，搞好统计宣传。2020年是中国历史上极不平凡的一年，是全面建成小康社会和“十三五”收官之年，是脱贫攻坚的决胜之年，也是疫情防控攻坚克难的拼搏之年。田东调查队注意运用“党旗红、统计蓝”色彩描绘好新时代波澜壮阔的伟大历史篇章，用真实准确的统计数据述说党带领各族人民无惧风高浪急，无畏艰难险阻，聚精会神搞建设，卯足干劲谋发展，取得脱贫攻坚和疫情防控重大胜利的伟大成就。通过线上线下、全方位、多角度开展好统计宣传工作。

2.积极探索新闻宣传新途径。一是院内公开栏项目的更新工作，更新办公楼依法统计、廉洁从政宣传标语，注重维护调查队做为“国家队”的良好形象。二是利用统计开放日、法制宣传月的有利时机，用好田东调查队微信公众号宣传党

2021年3月5日，田东调查队到田东县祥周镇九合村开展“我为群众办实事”活动，帮助群众摘除影响增收的芒果花

和国家重大历史事、统计调查统计工作和统计调查文化。

三、规范调查数据综合管理工作，确保数据安全

一是严格执行调查数据管理工作规范，规范本队调查数据综合管理工作，明确职责和权限，保证调查数据得到更好的保存与保护，实现数据共享。

二是严格按照总队调查数据综合管理工作规范要求，结合本队实际，认真归档整理电子数据并按照要求规定进行管理。

2021年5月28日，田东调查队到记账户家果园调研主要农作物——芒果收成情况

国家统计局靖西调查队

2020年9月8日，广西调查总队党组书记、总队长廖金昌（前中），党组成员、副总队长王洪琛、邱洪刚一行到靖西调查队调研指导工作

2020年，国家统计局靖西调查队（以下简称靖西调查队）坚持以习近平新时代中国特色社会主义思想为指导，在广西调查总队的坚强领导下，深入学习和贯彻落实党的十九届四中、五中全会和全国统计工作会议精神，明确目标，抓住重点，措施有力，在常态化疫情防控中扎实推进调查各项任务。

一、铁心向党，谋篇共建，党建引领业务形成品牌

靖西调查队以打造“党旗飘扬映边关·数据求真促发展”党建工作子品牌为契机，在各专业全覆盖推广“党建+”模式，通过开展“党建+业务”培训、“党建+业务”主题党日、设置“文秀先锋岗”、建立“党建+业务”示范点等，提升统计服务、数据质量、目标管理、队伍建设，推动党建工作与中心工作、重点任务、日常工作相结合，有效提高源头数据质量。年内与广西调查总队、各党支部联合开展的“传递爱国教育、激发脱贫斗志”主题党日活动、“担当作为做表率、决战决胜当先锋”系列活动、“忠诚担当记真数、知行合一创佳绩”主题党日活动、在脱贫攻坚普查中发挥党支部和党员作用、“党建+住户”培训等党建活动党味浓厚、规范有序，切实提升了党组织的政治领导力和群众凝聚力。

二、敢于担当，握指成拳，脱贫普查任务出色完成

靖西市有19个乡镇292个行政村（街、社区），全市有建档立卡贫困户44815户181633人，是广西脱贫攻坚第一批普查县中贫困户和贫困人口最多的县份。面对光荣艰巨的工作任务，靖西调查队坚决承担牵头责任，充分发挥队党支部战斗堡垒和党员先锋模范作用，举全队之力，

2020年7月1日，靖西调查队组织党员干部职工到靖西市庭毫山开展以“担当作为做表率 决战决胜当先锋”为主题的系列活动纪念中国共产党成立99周年

2020年7月30日，自治区脱贫攻坚普查督导组到靖西市检查指导脱贫普查工作

主动与靖西市委、市政府及各部门形成合力，高质量完成了脱贫攻坚普查各项工作任务。前期清查摸底工作经验得到自治区脱贫攻坚普查办认可，在广西国家调查队系统2020年年中工会会议上就脱贫攻坚普查工作做典型发言，为广西脱贫攻坚清查摸底工作贡献靖西经验。在国家脱贫攻坚普查事后质量抽查中，靖西市作为广西三个被抽检县之一迎接国家质量抽查，普查工作质量经得起考验。

三、盯住主业，务实笃行，调查业务全面取得突破

一是调查流程更加规范，数据质量明显提升。同比去年，2020年所有调查点的记账户对记账操作流程、注意事项更加熟悉，记账更加规范，月记账笔数均有明显增加，错记漏记现象减少，季度数据审核错误明显减少，数据质量明显提升。

二是重点走访更加深入，调查户配合度明显提升。落实基层走访检查工作，明确队领导每年带队走访检查任务，对发现问题领导直接跟踪解决。2020年以来，队领导带队走访样本户、调查点达70户以上，实现对重点行业的全覆盖走访，样本户配合调查度明显提升。

三是统计法治建设向纵深发展。把防范和惩治统计造假、弄虚作假作为重大政治任务，切实履行好了依法统计的责任。年内组织开展统计法治宣传10次，各专业全覆盖开展统计法治宣传，社会各界对统计的支持配合程度得到提高。2020年市县联动开展2次双随机执法检查，向样本户传导统计法治的高压态势。

四、激励担当，考核抓实，干部队伍建设不断加强

一是常态化开展“我的专业我来讲”“书香伴随统计路”、警示教育等学习活动，掀起理论学习新热潮，领导班子学习、团结、统领、谋事、成事、拒腐防变本领得到提升，干部职工愿担当、敢作为意识得到加强。

二是选优配强干部队伍，完成本队1名公务员选调工作，充实调查力量。

三是选派2名干部到总队跟班学习，锤炼干部能力素质。选派两名干部到村担任第一书记和工作队员，在脱贫攻坚一线锤炼干部。

四是进一步完善《2020年岗位责任制》《聘用人员管理办法》《绩效考评管理办法》等管理机制，助推形成追赶比拼态势。五是发展壮大党

2020年10月28日，靖西调查队组织党员干部到住户调查点靖西市利兴村足英国门党校开展“党建+人事”暨“忠诚担当记真数、知行合一创佳绩”主题党日活动

2020年12月8日，靖西调查队在靖西市中山广场组织开展统计法颁布纪念日集中宣传活动

员队伍。精心培养3名业务骨干向党组织靠拢，新发展1名中共预备党员，为党员队伍储备力量。年内，党员农凤情获得广西调查总队抗击新冠肺炎疫情表现突出的嘉奖。

五、积极创新，实绩惠民，统计调查服务优化提升

落实全队目标管理制度，明确由队主要领导亲自抓调查信息工作重点，分管领导对调查信息重点工作负责，落实各股室、个人目标任务量，在严格评价标准、数量及质量的基础上，按季度定期通报完成情况，作为股室和干部考核评比的重要依据。截止到2020年11月，调研信息获广西调查总队采用129篇，采用得分1822分；截止到2020年11月，政务信息累计获得广西调查总队内网采用113篇，获国家统计局内网采用10.5篇，均保持在县级队先进行列。

六、警钟长鸣，筑牢防线，党风廉政建设扎实有效

队领导班子高度重视自身建设，坚持集体领导，贯彻民主集中制，带头检视问题，落实全面从严治党主体责任。针对纪检监察员脱产到村任第一书记的实际，队主要领导扛起责任、分管领导统筹兼顾，以更加扎实有效的措施抓实党风廉政建设。一是巩固“不忘初心、牢记使命”主题教育成果，确保党风廉政建设工作正确方向；二是严格落实总队统一部署三个专项整治“回头看”工作；三是针对总队党组巡察反馈的15个问题，制定巡察整改措施52条逐项销号落实，在2020年巡察整改“回访”反馈已全部整改到位；四是驰而不息抓好干部纪律作风建设，教育和监督并行，打造遵纪守法、清正廉洁的调查队伍；五是结合调查队实际抓好日常谈心谈话、问题线索排查、警示教育等工作，推动调查事业高质量发展。

2021年4月21日，靖西调查队到靖西市禄峒镇农贡村调查对象家中开展劳动力新样本点入户陪访培训

国家统计局富川调查队

2020年7月13日，富川调查队开展小微企业和个体经营户跟踪调查工作

2020年，国家统计局富川调查队（以下简称富川调查队）以习近平新时代中国特色社会主义思想为指导，深入学习贯彻习近平总书记关于统计工作的重要讲话指示批示精神和党的十九大及十九届历次全会精神，在广西调查总队党组的正确领导下，在地方党委政府的大力支持下，富川调查队认真贯彻落实2020年广西国家调查工作会议精神，扎实开展各项工作，圆满完成各项任务。

一、落实全面从严治党要求，进一步加强党建工作

富川调查队深入学习贯彻习近平新时代中国特色社会主义思想，制定《国家统计局富川调查队2020年党建工作要点》《国家统计局富川调查队党支部2020年度理论学习计划》，强化党员干部对习近平新时代中国特色社会主义思想、习近平总书记关于“不忘初心、牢记使命”、意识形态工作、扶贫工作等方面重要论述的学习。组织党员干部积极利用网络、“学习强国”APP等载体及时学习全国“两会”精神和十九届五中全会精神。派员参加党务工作培训班，党建业务水平明显提高。制定《国家统计局富川调查队2020年主题党日活动开展计划表》，严格按照“三会一课”、主题党日、民主评议党

2020年8月6日，富川调查队党支部到广西富川立新畜牧有限公司开展“党旗红·数据真”党建品牌创建主题党日活动

2020年9月22日，富川调查队到富阳镇新建路开展第十一届“中国统计开放日”活动

员等制度执行党内组织生活，领导班子充分发挥带头作用，为年轻干部灌输党性理论知识，积极鼓励年轻干部职工向党组织靠拢，提交入党申请。2020年支部培养了4名入党积极分子。结合“灯下黑”问题专项整治工作，查找出10项问题，并研究相应措施，制定《国家统计局富川调查队党支部“灯下黑”问题专项整治实施方案》，列出检视问题清单做成台账，明确整改责任人和整改时限，对整改措施紧盯不放，持续发力，确保整改措施逐条兑现。

二、强化主体责任，不断推进党风廉政建设向纵深发展

一是强化权力运行监督，结合实际探索加强对本级领导班子成员特别是“一把手”的监督，严格落实发现领导干部违规违纪违法问题、不当用权行为和插手干预重大事项情况报告制度。二是紧盯“关键少数”、关键岗位，修订完善党风廉政建设主体责任和监督责任相关制度，围绕人、财、物、数等权力运行各环节，完善发现问题、纠正偏差、精准问责有效机制。全年制定完善6项风险防控制度。三是督促推动完善权力责任清单，完善廉政风险防控机制，明晰权力边界，规范工作流程，强化权力制约，推动公开用权，压减权力设租寻租空间。四是持续强化对元旦春节、“三月三”、五一、端午、中秋、国庆等重要时间节点教育提醒和监督检查，加强对公务接待、津贴补贴和福利发放、调查点（户）补贴和慰问品发放等重点领域的监督检查，防范查处收送电子红包、私车公养等隐形变异问题。

三、疫情防控和调查工作有力推进

疫情发生以来，富川调查队组织全体干部职工学习广西调查总队、地方党委政府疫情防控相关文件精神，把学习贯彻的具体成效体现在全力以赴做好疫情防控及统计数据上来。成立新型冠状病毒感染的肺炎疫情联防联控工作领导小组，配备防疫物资，定期对办公区域消毒，确保人、物安全；党员干部率先垂范，主动配合属地管理，联合成立辖区管控巡防队，与合属办公单位轮流值守政府大院，加强人员进出管控。召开队务会专题研究疫情期间开展各项调查工作事宜，决定疫情期间避免入户调查，采取电话、QQ、微信的方式进行联系，并做好相关记录。对一些调查项目调整的同时提出明确要求，在做好疫情防控工作的前提下，要严格执行统计调查制度，加

2020年12月3日，富川调查队到塘源调查小区开展2020年度住户调查年报数据核实工作

2021年2月3日，富川调查队到福利镇福利村开展劳动力调查辅调员选聘摸底

强数据质量管理，确保统计数据真实准确。

四、高标准完成脱贫攻坚普查任务

成立富川瑶族自治县脱贫攻坚普查领导小组和领导小组办公室，加强组织领导，落实经费保障，扎实推进富川脱贫攻坚普查各阶段工作。及时选任脱贫攻坚普查引导员工作，为普查做足前期准备。开展建档立卡数据专项清洗工作，组建脱贫攻坚普查数据专项清洗工作专班，指导乡镇做好数据清洗工作。配套制定了普查工作实施方案和培训方案等方案，保障普查顺利进行。共完成富川151个村委（社区）21147户建档立卡贫困户普查工作任务。

五、依法治统水平显著提高

富川调查队严格执行领导干部违规干预统计工作记录制度，每季度按时上报领导干部违规干预统计工作记录台账、领导干部来访信息表；完善富川调查队统计从业人员统计信用档案、企业统计信用档案，加快统计信用建设；组织学法用法考试，队员法治意识进一步提高；积极配合总队执法检查组开展“双随机”统计执法检查，不折不扣做好“双随机”统计执法检查问题整改；派员参加2020年广西国家调查队系统统计执法骨干培训班，组成贺州代表队在2020年统计法律法规知识竞赛上荣获三等奖；邀请贺州调查队到调查点开展统计执法检查，到调查点进行业务培训同时宣传统计法律法规，调查对象统计法治意识明显增强。

国家统计局南丹调查队

2020年，国家统计局南丹调查队（以下简称南丹调查队）坚持以习近平新时代中国特色社会主义思想为指导，深入贯彻全国统计工作会议、广西国家调查工作会议精神，持续落实中央深化统计改革发展重大决策部署，全力以赴推动调查事业高质量发展。

一、以党建为引领全面提升统计调查服务水平

（一）抓思想教育，队伍凝聚力战斗力得到提升。严格按照学习计划有序开展集中学习，并随时对中央提出新理念新思想、习近平总书记重要论述进行学习，确保学习不是任务式走过场。干部队伍思想政治觉悟得到有效提升，党员带头作用得到充分发挥。

（二）抓组织建设，队伍的凝聚力和战斗力得到不断的加强。一是注重党员发展、党费收缴等工作。2020年度吸收了2名中共预备党员，培养了1名入党积极分子，支部力量不断壮大。二是强化党建工作责任落实，制定《国家统计局南丹调查队党支部落实全面从严治党责任清单》《国家统计局南丹调查队强化政治机关意识教育工作方案》，强化党组织领导的责任担当。三是认真研究制定主题党日活动方案，主题包括抗击疫情、庆祝传统节日、学习先进典型、助农增收、志愿者活动、业务提升等内容，主题党日活动意义非凡、丰富多样，广大党员干部身份意识提升，先锋带头作用特得到了提升。

（三）严肃认真，开展“灯下黑”问题专项整治工作。组织学习广西调查总队党组的方案文件，结合“不忘初心、牢记使命”主题教育成果和问题清单，围绕党支部在政治意识淡化、党的领导弱化、党建工作虚化、责任落实软化等问题进行全面排查，结合实际提出整改措施和完成整改时限，并要求纪检监察员充分发挥监督督促的作用，确保整治工作落到实处，整出实效。“灯下黑”问题专项整治检视问题共10项，整改措施23项，目前完成整改8项，当前正在实施并取得阶段性成果的有15项，计划12月底完成整改。

2020年7月17日，南丹调查队召开“党建+畜牧业统计调查”座谈会，广西调查总队党组成员、副总队长王洪琛（前排右二），南丹县委常委、常务副县长龙照国（前排左二）及河池辖区各国家调查队主要领导等出席参加会议

2020年7月31日，南丹调查队到八圩乡塘浪村围绕十九届四中全会精神讲“不忘军魂跟党走·一线调查数据真”党课

在住户调查、农业调查、畜牧调查、劳动力调查、人事教育等工作领域开展“党建+”品牌创建活动。活动通过支部书记到一线上党课、表彰先进、慰问调查对象、支部联建、法治小课堂等形式开展，活动形式多样，提高了辅助调查员的责任担当，也提升了调查对象的荣誉感和使命感，源头数据质量也得到有效提升。系列活动得到总队党组、市队的大力支持和肯定，为推进各项调查业务高质量开展打下坚实基础。

（四）信息服务工作实现“质”与“量”双提升。从日常管理、考核制度等方面着手，充分调动队员撰写信息约稿的积极性和主动性。截至目前，南丹调查队上报政务信息85篇（获采用68篇，其中国家统计局内网采用3篇），上报率比去年同期上升93%；约稿上报66篇，上报率比去年同期上升100%。

二、坚定不移贯彻习近平总书记等中央领导同志关于统计工作重要讲话指示批示精神

1.将贯彻落实习近平新时代中国特色社会主义思想、习近平总书记关于统计工作的重要讲话指示批示精神、中央《意见》《办法》《规定》列入干部培训学习重点内容。

2.推动法治教育宣传，通过“党建+调查业务”活动、业务培训会等组织辅调员、调查对象等学习统计法律法规。组织县11个乡镇分管领导、辅调员以及调查对象对统计法律法规知识进行学习；在调查样本点上开设法治小课堂，向调查对象传授统计法律法规知识有效提升地方统计工作人员统计法治意识及责任意识，为统计调查工作高质量开展奠定坚实的法治基础。

3.党建引领成为服务群众、助推业务“新引擎”。2020年以来，

三、深入贯彻落实上级精神，高质量推动调查事业发展

（一）召开专题会议，抓好贯彻落实。组织召开全体会议，传达学习全国统计工作会议精神及广西国家调查工作会议精神，并结合强化党建引领、狠抓数据质量、加强统计服务能力三点内容对2020年重点工作进行部署，并拟定了本队年度督察督办计划、法治工作要点及干部培训要点等年度计划，为全年工作顺利开展理清思路。

（二）切实抓好党风廉政建设，发挥监督执纪作用。年初，组织召开专题会议，传达广西国家调查队系统党风廉政建设会议精神，布置本队年度党风廉政建设工作，2020年，充分发挥监督执纪作用，定期开展业务督查、严肃开展

2020年9月18日，南丹调查队联合南丹县第七次全国人口普查领导小组办公室成员单位,开展了以“大国点名 没你不行”为主题的第十一届“中国统计开放日”活动

2020年10月27日，南丹调查队开展记账户换户指导培训工作

三项治理排查工作，对总队巡察反馈意见整改落实情况的监督检查，对照整改台账，逐项推动落实，确保件件有落实，事事有回音。

（四）聚焦疫情防控和复工复产热点，发挥统计服务作用。做好政策宣传。住户调查访户从疫情对记账户家庭生产生活影响着手，宣传解读政府相关扶持政策。密切关注疫情援企惠民政策，利用各调查业务入户及时向调查对象普及宣传，助力政策落到基层实处。结合地方实际，深入了解疫情对企业生产、居民就业的影响，开展调研。

（五）推动政务管理服务标准化规范化，切实提升行政效能。落实工作责任，改进工作作风，提升政务服务效能和后勤服务水平。一是积极推行无纸化办公。2020年来，向广西调查总队申请启用公务外出审批、公务接待审批、会议（培训）审批等OA工作流程；使用八桂彩云APP进行考勤打卡、请假审批，规范审批流程、提升工作规范化。二是提升档案管理水平。各办公室定制安装统一文件柜，便于未归档文件收纳整理。三是提升督察实效。根据年初制定督查督办工作计划按照任务和时间节点要求，真督细查，压实责任，狠抓落实，对队内党风廉政建设落实情况、队重要会议及专题会议议定事项、重要工作部署等开展随文督办、随会督办。四是办公室改造升级，打造舒适工作环境。以改善办公环境、提高工作效率为出发点，同单位院内各单位共同出资打造大院风貌环境；在队会议室、办公室统一定制安装档案柜、书柜等，更新办公用椅。工作环境整体面貌焕然一新、卫生整洁、井然有序。

（六）厚植干事氛围，激发干部活力。2020年来，申请获得参照地方标准落实干部职工物业补贴；根据广西调查总队安排推进干部职级晋升工作；发挥工会服务作用，开展春节、妇女节活动，慰问驻村会员家属，为会员购置生日蛋糕卡、“四癌”保险等，提升干部职工的获得感和幸福感。

2021年1月7日，广西调查总队社会调查处到南丹调查队调研指导新设立小微企业跟踪调查工作

2021年3月11日，广西调查总队制度方法处到南丹调查队调研制度方法工作

国家统计局环江调查队

2020年7月10日，环江调查队到明伦社区开展劳动力调查

2020年，国家统计局环江调查队（以下简称环江调查队）在广西调查总队的坚强领导和关心支持下，全队上下认真学习贯彻习近平总书记关于统计工作的重要讲话指示精神和《意见》《办法》《规定》等重要统计改革文件精神，以时任广西调查总队党组书记、总队长赵太想在2020年广西国家调查工作会议上重要讲话精神为指引，认真落实总队各项安排部署，扎实开展疫情防控和业务调查相关工作，年初确定的各项目标任务得以较好完成。

一、深入推进党的建设，充分发挥党建引领作用

常态化坚持好理论学习和“三会一课”制度，领导班子成员以身作则读原著、学原文、悟原理，带头学习习近平新时代中国特色社会主义思想和党的十九届四中全会精神等内容，不断提醒加强“学习强国”平台的学习。按照国家统计局党建办、广西调查总队党建办和地方工委部署，认真研究，召开专题会议研究党建工作，先后制定了《2020年党建工作要点》《2020年理论中心组学习计划》和《2020年主题党日活动计划》。2020年队内有1人提交入党申请书。

二、强化落实基础工作，全力做好脱贫普查工作

环江毛南族自治县深入学习习近平总书记关于毛南族实现整族脱贫的重要指示和关于脱贫普查工作的重要讲话精神，明确任务，细化责任，扎实推进脱贫攻坚普查各项工作顺利完成。一是建立健全机制，制定了《环江县脱贫攻坚普查工作实施方案》《环江县脱贫攻坚昔查保障方案》《环江县脱贫攻坚普查工作应急管理方案》《自治县脱贫攻坚普查保障方案》等方案。安排普查工作经费625万元。购买办公桌椅12套，办公电脑12台，笔记本工作电脑4台等，同时与租车公司达成协议，由公司面向社会征集车况良好，保险等手续齐全的车辆共45辆，加上

2020年8月6日，环江调查队到洛阳镇玉合村开展粮食产量测量工作

公车平台出动交35辆，车辆保障共达80辆，确保普查工作用车有所保障。为提高群众见面率，在普查工作经费中，安排132万元资金对普查对象给予50元/户的误工补助，以保证普查工作的顺利开展。二是强化业务培训。5月10日以来，在县委、县政府的安排下分别举行了各乡镇党委书记、分管扶贫工作领导、排查组长、信息员培训会，培训会上明确了排查目的、工作分工、方法步骤和工作要求，核查"两不愁三保障"，瞄准入户核实26项指标。同时召开了全县脱贫攻坚普查专题业务培训会，观看普查视频，学习经验，对清查摸底、数据审核验收和县表、材表填报业务、引导人员进行了培训。三是加强与被普查县的沟通协调，积极主动与被普查县进行沟通，在工作对接、问题探讨、后勤保障等方面做好协调，确保信息对等，工作衔接顺畅，圆满完成本次脱贫攻坚普查工作。

2020年8月16日，环江调查队到五圩开展秋冬播面调查

三、严格执行调查制度，确保调查业务正常开展

2020年共4次集中深入学习领会习近平总书记等中央领导同志关于统计工作的重要讲话指示批示精神和《意见》《办法》《规定》等重要统计改革文件，对贯彻落实文件精神进一步部署。始终坚持依法治统，依法统计，严格调查业务管理和监督，遵照工作制度，规范开展调查业务工作，严把数据质量关，提升优质服务效能。各个专业业务调查根据新规定、新要求，及时组织辅调员开展培训，及时更新充实辅调员知识技能，保证业务培训全覆盖，同时注重调动基层辅助调查员的工作积极性。住户调查、农业播面与产量调查、劳动力调查、畜禽调查、农产品价格调查、中间消耗等各项专业均能严格按照各自调查方案有条不紊开展，较好地完成了总队各对应处室所安排部署的各项任务要求。

四、抓好党风廉政建设，强化完善监督执纪工作

制定《国家统计局环江调查队落实党风廉政建设主体责任和监督责任分解表（2020）》，进一步明确班子成员的工作职责，把党风廉政建设

2020年9月13日，环江调查队到住户调查点开展住户微讲堂

和反腐败工作任务落到实处，做到责任主体明确、责任范围明确、责任内容明确，做到党风廉政建设与业务工作齐抓共管，使之形成长效机制。加强政治理论学习，牢固树立廉洁自律意识。今年以来，累计召开7次廉洁教育专题会议，带领全体队员深入学习《意见》《中国共产党问责条例》《驻在部门党员干部易发常见的60个纪法风险点》等条例法规，并对违反中央八项规定精神的案例进行通报，不断释放“八项规定”只会越来越严，纠正“四风”永远在路上的信息，进一步提高党员干部的政治站位，不断加强廉洁自律意识。对农业、住户、劳动力等专业都进行了实地监督检查。

2021年2月4日，环江调查队到驻村工作队员家开展春节慰问

五、落实疫情防控小组，扎实做好防疫调查同步

在疫情期间，环江调查队认真贯彻落实认真贯彻落实党中央、国务院、国家统计局和广西调查总队有关疫情防控指示精神，坚决做到“两个维护”。在全力以赴做好疫情防控同时，确保“业务不乱、数据不断”。配备消毒液和洗手液，严格消毒。实行“总队+地方”双报告、双管理制度，要求干部职工积极配合小区的排查、监测和管理。同时狠抓工作落实，保证数据质量，充分运用电话、QQ、微信和视频等网络平台进行数据采集、劳动力调查和住户访户工作，减少入户或取消陪访。从关爱一线干部职工角度出发，领导班子带领全队党员到福龙村一线卡点慰问执勤干部职工开展党日活动，送去水、方便面、牛奶等生活所需品，为打赢抗疫阻击战出一份力，确保疫情防控与调查业务“两手抓、两不误”。同时队支部还组织党员捐款累计金额488元，用于支持新冠肺炎疫情防控工作。

六、不断加强跟踪指导，提高全队优质服务意识

2020年重新修订目标管理责任制，加强聘用人员信息写作奖励机制，调动聘用人员写作的积极性。队领导亲自挂帅、亲自督办、亲自带头，全队信息写作水平获得稳步提高。截止到目前，被广西调查总队采用政务信息33篇，其中国家统计局采用2篇；调查信息目前已获得广西调查总队综合处采用44篇，“两个信息”采用率均高于去年同期。同时开通了“国家统计局环江调查队”统计微信公众号，编辑发布信息累计4条。

2021年3月29日，环江调查队开展“学雷锋——植树护绿”志愿服务活动

国家统计局都安调查队

2020年2月19日，都安调查队驻村工作队员登门入户发放宣传资料，耐心向群众讲解开展疫情防控工作重要性

2020年，国家统计局都安调查队（以下简称都安调查队）以习近平新时代中国特色社会主义思想为指导，深入贯彻落实习近平总书记关于统计工作重要讲话和指示批示精神、《意见》《办法》《规定》等重要统计改革文件精神以及全国统计工作会议精神，按照国家统计局、广西调查总队的各项部署，对照广西国家调查事业高质量发展要求，强化政治引领，狠抓工作落实，顺利完成各项工作任务。

一、坚持党建统领，深入落实管党治党政治责任

1.加强党性锻炼，政治思想觉悟进一步提高。学习贯彻落实习近平总书记重要讲话和关于统计调查的重要指示批示精神、《意见》《办法》《规定》等重要统计改革文件精神以及全国统计工作会议精神，学习贯彻习近平新时代中国特色社会主义思想。推动理想信念教育常态化。认真贯彻落实广西调查总队的各项决策部署。增强“四个意识”，坚定“四个自信”，做到“两个维护”。

2.加强党建统领，党的领导进一步加强。突出党的政治建设，推进党支部工作规范化标准化制度化建设，认真落实“三会一课”，建立“六有”标准“新时代讲习所”党员教育阵地，组建宣讲小组，积极派员参加总队、地方党校的集中轮训、党务培训班，不断强化政治建设引领，通过党员带头、下沉一线、履职尽责，让党的领导更加有力、党员干部更加敬业、调查数据更加真实、调查对象更配合、部门协作更有合力，进一步增强党支部和党员在调查事业发展中的战斗堡垒和先锋模范作用，为提高源头数据提供有力保障。

3.加强党建融合，推进党建与业务同频共振。稳步推进“党支部建设加强年”活动，扎实推进党建工作与调查业务深度融合，实现党建业务融合发展全覆盖。打造系列精品主题党日。精心组织“瑶山党旗红 调查数据真”“诚实守信 奉献有为”“统计猪牛羊 服务大瑶山”“田间地头上党课 坚定不移筑牢粮食安全的统计防线”等一系列与业务深度融合的特色主题党日，激发

2020年2月20日，都安县地苏镇新苏社区记账户自发成立“真实记账 抗疫有我”小分队，在疫情期间开展志愿服务

2020年2月24日，都安调查队到定点帮扶村下坳镇肯友村开展疫情防控工作

业务创新活力。在“1+1+N"创新融合模式的基础上，结合各专业实际情况，深入调查，科学研判，找准融合切入点，把好融合质量关，始终着力于推动党建与业务工作双促进、双提高，始终着力于同部署、同推动、同考核，实现业务水平全面提升。

二、压实工作责任，确保脱贫普查成效经得起检验

1.谋划脱贫大棋局，落子精准提质量。用心用情用力开展定点扶贫工作，选派骨干力量驻村工作，积极谋划下坳镇肯友村脱贫攻坚工作，因村因屯因户施策，主动协调各方解决水、电、路、房以及村委办公楼等基础设施建设，同时推进乡村亮化、丽化、美化工程建设，并组织筹建村级产业，实施贷牛还牛，推动政府引导——民企联营——农户联养——合作共赢的产业发展模式，为联系村找准路子，确保高质量脱贫出列。

2.精细筹备为普查，保障到位促推动。积极谋划，提高认识，高效筹备脱贫普查工作。赴马山县、环江毛南族自治县脱普办开展脱贫攻坚普查工作交流学习，切实提升都安普查领导小组成员对普查工作的认识，同时加强沟通协调，确保人、财、场地设施及时落实到位，为高质量完成普查任务打下坚实基础。

三、以高质量发展为核心，不断提高源头数据真实性

1.深化对《意见》《办法》《规定》的再学习再领会。结合统计违法案例警示教育、统计业务研讨、辅助调查员培训、党支部党课、统计知识大讲堂，组织对习近平总书记关于统计工作的重要讲话指示批示精神、《意见》《办法》《规定》和统计法律法规的再学习再领会，实现了全员学习、全员落实。

2.创新业务培训方式，夯实数据基础。采用“学习典型+剖析问题”现场教学模式，不断提高基层辅助调查员业务能力。落实统计执法检查问题整改，突出问题导向，举一反三，夯实数据基础。

3.强化平台监管效能，提升数据质量。落实专人专管，对照风险清单逐项检查核实，推行数据审核关口前移，深入一线审核把关，形成平台与一线联动机制，切实提高数据质量。

2020年6月13日，都安瑶族自治县人民政府副县长张文达（左二）一行到地苏上节村开展脱贫攻坚普查试点工作

四、落实高质量发展要求，持续提升调查服务影响力

1.加强统计分析服务。完善信息共享机制，充分发挥“轻骑兵”优势，在疫情防控常态化基础上，依托国家抽样调查网点，完成本地企业、农民工复工复产、大中专毕业生就业等多篇涉及“六稳”“六保”等信息撰写，畅通民情民意搭建桥梁，为党和政府科学决策提供统计服务。截至10月底，有105篇调查信息获上级采编，共计919分，在全区县级队排第四名。

2.深化“党建+创新服务”。坚持“倾情调查服务至上”理念，深化为民服务情怀，组建“党建联盟”，整合资源，打造“党建+”便民服务新平台，每季度定期“关爱助学 筑梦未来”服务建档立卡贫困学生活动，截至11月，已为200名贫困生免费派发日常用药，以爱心传递温暖，汇聚服务正能量。及时为调查对象排忧解难，办实事，积极开展党建+业务主题党日活动，协调邀请农技专家、畜牧养殖专家现场指导调查对象、辅调员如何分辨和防治农作物病虫害、畜禽病疫，帮助调查对象协调相关部门落实绿肥种植、牛犊补贴、家庭水柜项目等，获得群众点赞。

3.进一步推进统计新闻宣传。与都安县广电中心建立合作关系，借助“统计开放日”充分利用各种媒体、平台开展统计新闻宣传，不断提高调查队伍的知名度和美誉度。新闻稿获《中国信息报》采用5则，获《河池日报》采用1则，工作经验获国家统计局机关党建网页采用1篇，国家统计局内网采用工作经验交流2篇，政务信息获广西调查总队内网采用42篇，统计调查工作获《都安新闻》采访报道2次。

4.加强品牌创建，打造服务型调查队伍。按照“品牌提升工程年”总体要求，推进党组织标准化、制度化建设，在严格“三会一课”的基础上，高标准、高规格建设新时代讲习所，加强线上线下服务，提高站点服务能力，打造服务型调查队伍，牢固树立高效、及时、精准的统计调查队伍形象。

2020年6月27日，都安调查队举办农业技能大赛

2020年8月20日，菁盛乡三并村辅调员蒙东乐正在认真学习电子记账软件操作方法

五、强化队伍建设，提高新时代干部业务素质水平

1.加强组织建设，提高管理效能。以“党支部建设加强年”活动为契机，不断加强党员干部队伍教育建设，强化监督管理，锻造坚强有力的党组织和忠诚干净担当的干部队伍，切实提高管理效能，全面提升工作效率。

2.压实“两个责任”，强化党

风廉政建设。压实“两个责任”，构建责任传导机制。坚持教育为先、预防为主，开展违纪案件警示教育、廉政集体谈话、专题廉政学习，用身边人和事警示教育党员干部，进一步筑牢干部队伍思想防线。充分运用“四种形态”，开展节后纪律检查、节日期间干部作风检查、数据质量监督、“三公”经费等重点领域监督，持续推进作风建设。狠抓“违反中央八项规定精神”“不担当不作为”“统计造假”“基层党组织软弱涣散”4项专项整治工作，坚决把纪律和规矩挺在前面，为调查事业高质量发展提供坚强纪律保障，打造风清气正的统计调查队伍。

2020年11月29日，都安调查队联合社区开展爱心助学药品发放活动

国家统计局忻城调查队

2020年7月11日，忻城调查队党支部联合忻城县城关镇润华牧业党支部开展“党旗红数据真”主题党日活动

2020年，国家统计局忻城调查队（以下简称忻城调查队）坚持以习近平新时代中国特色社会主义思想为指导，深入学习贯彻习近平总书记关于统计工作的重要讲话及指示批示精神和党的十九大、十九届二中、三中、四中、五中全会精神，认真贯彻落实全国统计工作会议决策部署及广西国家调查工作会议精神，坚持不懈推进各项工作取得新成效。

一、深入贯彻落实习近平总书记关于重要讲话和指示批示精神

（一）强化学习，做到两个维护。忻城调查队党支部提高政治站位，将学习贯彻习近平总书记最新重要讲话和指示批示精神作为支部会议第一议题，做到两个维护。一方面，通过集中学习、个人自学和党课辅导等方式开展学习，年内组织召开学习会11次，学习研讨1次。利用“学习强国”、国家统计局在线学习平台等载体，丰富学习形式手段，使得每位党员丰富理论知识，提高思想认识，坚定理想信念。

（二）多渠道开展统计法治宣传。以定点宣传、下点访户、日常培训为抓手，积极开展统计法治宣传。借忻城县开展国家宪法日暨宪法宣传周集中宣传活动启动仪式的有利契机，在县中心广场以“弘扬法治精神，全面依法治统”为主题设置宣传台。利用统计法治讲堂和全体会议，共同学习《统计违法违纪行为处分规定》《防范和惩治统计造假、弄虚作假督察工作规定》。在辅助调查员工作会议和住户调查座谈会暨统计法知识大讲堂上进行统计法治培训，共同学习《意见》《办法》等，并开展统计法知识有奖抢答活动。

（三）严防统计数据受干扰。认真填报领导干部违规干预统计工作记录台账，牢固树立法治意识、责任意识和风险意识，严守底线，不碰

2020年9月22日，忻城调查队到古蓬镇内联村委会开展统计法治知识讲堂

红线，严格执行制度。积极做好地方党政及有关部门宣传沟通工作，杜绝把调查队作为地方目标完成责任单位的做法，严肃清理纠正违反统计法精神文件坚持不懈清理纠正违反统计法精神文件和做法，确保“三个独立”职权不受侵犯。

（四）落实“统计法进党校”。忻城县委组织部主动发函邀请广西调查总队执法监督处处长温镜忠到忻城县授课。2020年10月13日，在忻城县委党校举办的忻城县2020年县直单位公务员轮训班上，温镜忠以《公务员应知应会统计法治知识——恪守统计法治，共推科学发展》为主题，向忻城县的公务员们贡献了一堂生动的统计法治知识讲座。

2020年11月13日，忻城调查队邀请来宾调查队共同到忻城县中投牧业有限公司开展执法检查

（五）积极开展执法检查。2020年11月13日，克服忻城队执法力量不足的困难，邀请来宾调查队一名统计执法持证人员共同到忻城县中投牧业有限公司开展执法检查，核查从业人员统计工作规范情况，“以查促统”进一步推进统计诚信体系建设工作。

二、多形式开展主题党日活动，持续推进创建“党旗红·数据真”工作品牌

以“致敬·2020清明祭英烈”“春风送暖抗疫情，心手相牵克时艰”“向黄文秀学习，编织秀美人生”“不忘初心、弘扬优良家风”“践初心、学榜样、勇担当”等为主题开展主题党日活动共11次。开展“党旗红·数据真”优秀辅助调查员评比活动，并以形式新颖活泼、参与度高的形式开展“党旗红·数据真”党建+畜牧业统计调查品牌创建活动、“土司古城党旗红、住户调查数据真”主题党日活动暨住户调查培训会、“党建+人事”暨“筑牢思想根基、强化责任担当”主题党日活动，设置“住户调查党员先锋岗”桌牌，授予示范点牌匾，颁发“为国记账优秀记账户”“为国记账党员示范户”门牌。

三、多项措施推动调查事业高质量发展

（一）坚持做好统计分析服务和新闻宣传工作。一是深入基层一线和相关部门开展走访调研，多方收集有用信息，为调查数据提供案例支撑，为分析报告注入充分论据。二是关注社会经济热点问题，积极开展针对性调研，2020年共向广西调查总队报送调查信息共83篇，获得采用76篇次，向地方报送调查信息共51篇。报送、采用篇数均比上年增加50篇，优质服务工作上新台阶。三是打造服务型、创新型统计宣传服务新模式。全年发布微信共87篇，其中《山歌对唱劳动力调查》《两

2021年4月8日，忻城调查队到忻城县遂意乡板江装潢店开展小微企业与个体经营户经营状况调查工作

2021年4月13日，忻城调查队到忻城县新圩乡开展劳动力调查工作

封致谢信》《表白/这些话我只想对您说》《女孩们的逐梦调查故事》《走进农业调查，展示最美调查员风采》获得广西调查总队微信公众号采用。

（二）夯实调查基础工作，高质量完成各项调查业务。一是各专业按照《调查业务规范化实施细则》不定期开展自查自纠工作，由队分管领导牵头，对所负责的业务工作进行梳理，及时发现问题，立行立改。二是按照《辅助调查员职责及管理制度》评选各专业优秀辅助调查员，更好地发挥先进示范作用。辅助调查员签订一句话承诺，诺切实履行各自职责，自觉遵守统计法，坚决抵制和防范数据造假。三是完善业务基础工作，保障数据真实性。各专业如实记录《广西市县队领导指导统计调查业务工作记录表》，制定业务风险防控制度。通过夯实基础、精心组织，忻城队高质量完成了脱贫攻坚普查、住户调查、农业调查等多项调查任务，保障了调查数据质量。

（三）强化队伍管理，推进从严治队。一是深入推进从严治队，以党的建设统领各项工作，将学习规章、知晓纪律、遵守规矩作为自觉行动，将不出假数、真实调查作为政治纪律和政治规矩，不断强化调查人担当意识。二是狠抓业务学习，练就“调查尖兵”，给予干部职工充足的学习时间和空间。三是制定2020年度目标管理责任制，从优质服务、单项工作和调查、遵守工作纪律、信息安全等方面对队员进行考核，科学管理队伍。四是对队员进行人文关怀，2020年6月组织全体在职及退休干部职工到柳州市三甲医院体检。五是建立接待费、会议费培训费、差旅费、公务用车费台账，从预算源头着力践行过“紧日子”。

四、坚持不懈做好党风廉政建设

一方面，学习贯彻2020年广西国家调查队系统党风廉政建设工作会议精神，通报违反中央八项规定精神案例，集中观看地方严重违法违纪案例警示教育片，传达中纪委文件精神和通报典型违纪案例，进一步提高干部职工廉洁意识，提高拒腐防变能力。另一方面，严明各项纪律要求，切实加大日常监督力度，使全体队员思想紧起来、行动快起来，把问题解决在萌芽状态，形成风清气正的廉政建设常态。此外，在办公场所开辟出一间办公室打造党风廉政活动基地，悬挂警示标语，摆放廉政书籍，教育和引导全队党员干部职工筑牢思想道德防线，营造学廉、思廉、崇廉、宣廉良好氛围，切实增强干部职工的廉洁从政意识。

2021年4月13日，忻城县委副书记、县长韦猛（中）到忻城调查队指导调研工作

国家统计局象州调查队

2020年2月12日，象州调查队党员干部主动到象州县象州镇城西社区报到，承担疫情防控城西社区关口守卡工作

2020年，在广西调查总队和地方党委、政府的坚强领导下，国家统计局象州调查队（以下简称象州调查队）深入学习贯彻习近平总书记关于统计工作的重要讲话指示批示精神和党的十九届四中全会及中央经济工作会议精神，认真贯彻落实广西国家调查工作会议决策部署，以党的政治建设为统领，以提高数据真实性为目标，坚守初心，担当作为，全力以赴高质量完成2020年各项工作任务。

一、防疫调查两不误，聚力打好疫情防控阻击战

（一）冲锋在前，筑牢抗疫的党支部战斗堡垒

疫情期间党员干部不讲条件、不计得失，全力投入疫情防控阻击战。有的党员积极主动报名参加“疫情防控守卡”活动，有的党员主动承担防疫服务保障工作，期间象州调查队党支部派出党员及志愿者共8名，陆续到象州县象州镇城西社区报到，与社区共同开展疫情防控宣传、环境卫生整治等活动，切实发挥党员先锋模范作用，为打好疫情防控阻击战提供坚强保障。

（二）攻坚克难，“双轮驱动”保障数据质量

疫情期间时刻绷紧数据质量这根弦，采取“零接触”的调查方式，如通过微信、QQ等线上软件，加强对日常工作质量控制，线上开展业务培训，及时进行答疑解惑等，既能确保调查不乱，数据不断，又能保障统计人员人身安全。加强疫情期间业务跟踪指导、审核。住户调查股在疫情期间，对电子记账户实行动态跟踪，按时进行电话查询，发现异常指标，逐一进行追踪询问；对于纸质记账户，及时通过照片传输方式报送帐页数据。

二、干事创业展新貌，党建工作持续巩固提升

（一）守初心，开展“七一”党建系列活动。6月28日，象州调查队承办来宾辖区“迎‘七一’·扬清风”廉政警示教育专题培训班，来宾辖区3支调查队48人参加培训班。7月1日，象州调查队党支部到帮扶联系点象州县大乐镇那芙村开展支部共建七一活动，象州县大乐镇那芙村党总支共60多名党员参加。“七一”系列活动通过现场实地教学及情景教学，巩固了党员的纪律意识，强化了党风廉政建设效果。

（二）强作为，推进“党建+业务”融合发展创建。7月11日，举办“2020年‘党建+业务’深入融合发展培训班”。培训班对8名优秀（党员）辅助调查员及12名优秀（党员）记账户

2020年7月10日，象州调查队举办“2020年‘党建+业务’深入融合发展培训班”

机，再次组织全体干部学习《意见》《办法》《规定》等重要统计改革文件和《统计法》《统计法实施条例》等统计法律法规，切实把防范统计造假、弄虚作假，提高统计数据真实性作为首要政治任务和根本职责。克服本队因人员调动而无统计执法证人员的困难，邀请来宾调查队两名持证人员对本队随机抽选的企业开展“双随机”检查。建立健全工作责任制，构建起防范数据造假、弄虚作假的前端防线，进一步健全防范和惩治统计造假、弄虚作假长效机制。

进行嘉奖并颁发荣誉证书；选取有代表性的2个住户调查点、1个农业产量调查点、1个主要畜禽监测调查点共4个调查点开展“党建+业务”联合示范共建活动并予以授牌。各相关统计调查辅助调查员、记账户代表等共76人参加了培训班。强化了调查对象参与国家调查的荣誉感与积极性，同时对开展“党建+业务”融合发展作了积极的探索。

三、聚焦重点抓落实，统计调查事业更上一台阶

（一）压实责任，强化法治护航作用。以第一批“双随机”统计执法检查核查整改为契

（二）稳扎稳打，夯实住户调查数据质量基础。一是勤沟通多反馈，发现问题及时追踪处理。对于常规出现的问题反复强调，对于特殊出现的问题特别强调，确保记账质量稳步提升。二是规避调查工作的数据风险：合规采集源头数据，从“根源”防范数据风险；严格审核采集数据，从“路径”规避数据风险；从严上报审核数据，从“末端”杜绝数据风险；切实领会上级反馈意见，从“整体”减少数据风险。三是提前布局，精心完成样本轮换工作。深入摸底调查，制定样本轮换工作计划，完成核实样本存续情况以及补充大样本户工作。目前新记账户的开户、培

2020年12月8日，象州调查队联合象州县统计局在县文化广场举办象州县统计系统法治宣传文艺晚会

2020年6月17日，广西调查总队党组书记、总队长赵太想（右四）到象州县金涛牧业有限公司开展党员实地调研活动

训工作已全部顺利完成，已经开始试记账。

（三）多管齐下，确保全面提升农业调查能力。一是从人员和装备上继续加大投入，新购入一台大疆“御”2pro无人机及选派一名调查员参加UTC无人驾驶航空器系统操作员培训班，并通过了相关考试，充实了农业科技调查后备力量。二是通过开展面对面的业务指导，与室内业务培训相结合，提高辅助调查员的统计业务水平。三是落实检查，确保调查数据质量。自行对农业调查基础工作“回头看”，对检查出的问题进行细致分析，举一反三，做到无死角、全方位整改，在源头上保证调查数据质量。四是扎实推进主要畜禽监测调查工作，规范工作流程，提高源头数据质量，通过学习、走访、审核和交流，不断夯实主要畜禽监测调查工作基础。

四、严谨细致强部署，圆满完成脱贫攻坚普查任务

象州调查队深入贯彻习近平总书记重要指示精神，根据广西国家脱贫攻坚普查工作方案要求，坚持守土有责、守土尽责，主动牵头组建象州县脱贫攻坚普查领导小组办公室，组织单位选优配强外派普查队伍，组织开展业务培训，做足攻坚克难、啃硬骨头的准备。外派普查队伍明确工作职责，坚持严谨细致的工作作风，坚持依法普查，严守调查流程，与忻城县协作配合，切实形成工作合力，保证了普查工作有序推进。象州县外派工作组历经了44天的艰苦奋斗，完成29536户贫困户普查任务，普查工作质量得到较好保证。

2020年10月22日，广西调查总队农业调查处到象州镇龙门村开展寒露风对晚稻生产影响情况调研

国家统计局大新调查队

2020年6月18日，大新县脱贫攻坚普查领导小组办公室正式揭牌成立

2020年，国家统计局大新调查队（以下简称大新调查队）以党建工作为统领，深入贯彻落实习近平总书记等中央领导同志关于统计工作重要指示批示精神、全国统计工作会议和广西国家调查工作会议精神，稳步推进统计调查各项工作。

一、提高政治站位，坚决贯彻落实中央关于统计工作重要指示批示精神

（一）狠抓法治学习教育，将《意见》《办法》纳入县委理论中心组学习。队领导积极向县委汇报沟通，成功将《意见》《办法》等统计法律法规纳入大新县委理论学习中心组2020年理论学习内容。从上至下推动领导干部对统计法及相关法律的学习，提升全县领导干部学习统计法律法规的浓厚氛围。

（二）加大普法宣传，深入基层一线开展统计宣传。一是充分利用各种新闻媒体、微信公众号等开展普法宣传，不断提高统计普法宣传的针对性、实效性。二是将政治理论学习延伸到业务培训及日常访户。6月，队领导在畜牧业调查培训会上讲解《意见》《办法》；9月，在畜牧业调查点举办第十一届“中国统计开放日”文艺演出暨第七次全国人口普查宣传活动，其中以大新民族特色“高腔诗蕾”形式演唱的《山歌唱响七人普》《住户调查三句半》等节目以群众喜闻乐见的形式宣传统计业务、统计法律和七人普，让群众听得懂、记得牢，切实提高宣传实效。

二、科学统筹，强化措施做好脱贫攻坚普查工作

举全队之力高质量完成脱贫普查任务。积极主动向县委县政府汇报工作，落实好双牵头单位责任，经过20多天日夜奋战，大新县146个村有

2020年7月1日，大新调查队党支部联合龙门乡宝山村党总支部开展“听党话、感党恩、跟党走”庆“七一”主题党日活动

2020年7月23日，崇左市委副书记、市人民政府党组书记、市长迟威（中）到大新队普查数据审核组进行调研

普查任务，230多名普查员，1万多名普查工作者齐心协力、砥砺前行，精心服务，于8月8日，顺利完成20835户建档立卡户普查表、146个行政村普查表、1个县普查表的上报、县级验收工作。

三、精准施策，“党旗红·数据真”品牌创建提质增效

（一）聚力抓党建，助推住户调查高质量发展

1.提高政治站位，加强党建引领。结合实际制定和印发《大新县深入推进2020年住户调查“党旗红·数据真”党建品牌创建工作实施方案》，具体落实“七个一”活动，重点创建党建示范点，与调查点龙门乡宝山村党总支结对共建，促进理论共学，共同发展，引领辅调员积极作为、服务群众，指导调查户提升记账水平、准确记账。

2.表彰先进树标杆，激励责任担当。年初召开辅调员业务培训会，表彰2019年度工作突出的优秀辅调员5人，增强政治荣誉感和工作积极性，号召其他辅调员向先进学习，争当先进。

3.创新培训方式，提升综合能力。以“微讲堂”和“争当住户调查能手”为平台，分别到9个调查点现场开展统计法治培训，提高记账户法治意识。同事之间开展业务比拼，互评互比补短板同提高。

4.加强自查整改，压实数据质量责任。5月、8月开展基础工作自查和复检工作，按照总队2020年第一批“双随机”统计执法检查存在问题的通报，对标对表检查，举一反三，列出自查问题清单，逐项核查整改。

5.做实基层调研，提供信息服务。在疫情防控期间，开展16次专项快速调研，及时上报大新县甘蔗款兑现、复工复产、农民工就业创业等社会经济发展的新情况、新问题。

（二）多措并举，切实提高农业调查数据质量

1.以党建引领，提高积极性。组织党员业务员、党员辅调员、党员调查户开展主题党日活动、重温入党誓词、领导上党课、优秀党员经验交流、评选优秀辅调员等一系列“党建+农业”品牌创建工作，充分调动党员的积极性。10月，支部书记为辅调员、业务股室上题为《坚持依法统计，全力保障统计调查数据质量》的专题党课，提高统计人员法治意识，保持党员先进性。

2020年9月17日，与广西调查总队、崇左调查队、桃城镇黎明村委在畜牧业调查点桃城镇黎明村村委举办第十一届“中国统计开放日”文艺演出暨第七次全国人口普查宣传活动

2020年9月28日，大新调查队住户调查党建共建点龙门乡宝山村开展中秋联谊活动

2.强化业务培训，提高业务水平。灵活采用集中、入户、线上等培训方式开展业务指导。集中培训辅调员和调查户共5次，其中农业调查现场培训多达一百余人次。组织辅调员学习调查制度、《广西粮食统计调查数据质量管理办法》（试行）和《广西粮食统计调查数据质量评估指导意见》等内容，不断提高理论水平和调查技能。

3.联合开展调研，提高调研质量。联合县统计局、县农业农村局、水产畜牧兽医站等部门党组织开展专题调研。2020年共开展调研十余次，撰写上报约稿信息12篇，较上年翻倍。

4.充分发挥党员先锋模范作用。为稳步推进无人机智能识别系统应用，大新队采用“实战+理论”的模式加大对无人机飞手的培养，3名持证党员无人机飞手在夏播面积调查中的风采实录获广西调查总队微信公众号展示。

（三）发挥“党建+专项”合力，高效完成专项调查工作

1.党员先行示范，高标准严要求完成2020年广西青年发展状况调查和农村党员教育培训调查。支部书记亲自部署，协调沟通样本群体所在部门单位，指导细化调查工作执行方案。分小组同步开展调查，党员作为小组组长带头推动，发挥党员先行示范作用，提升效率的同时保证问卷质量。

2.开展“党建+专业”培训会，提高政治素养和业务能力。1月和10月，到调查网点硕龙社区开展“党建+月度劳动力调查”培训会，丰富细化培训内容，通过重温入党誓词、分管领导上党课、业务培训、现场入户回访指导等，鼓励党员业务员和辅调员保持工作热情，牢记党员责任担当，保证数据质量。

2020年12月4日，大新调查队在大新县德天广场开展“全面弘扬宪法精神 深入推进依法统计”主题活动，进行宪法和统计法治宣传

附录一　广西主要社会经济指标

APPENDIX Ⅰ　Main Social and Economic Indicators of Guangxi

附录1-1 地区生产总值（1980—2020年）

Gross Domestic Product（1980—2020）

资料来源：《广西统计年鉴》
Source：Guangxi Statistical Yearbook.
（按当年价格计算）（calculated at current prices） 单位：亿元（100 million yuan）

年 份 Year	地区生产总值 Gross Domestic Product	第一产业 Primary Industry	第二产业 Secondary Industry	工业 Industry	建筑业 Construction	第三产业 Tertiary Industry	人均地区生产总值（元/人） Per Capita GDP（yuan/person）
1980	97.33	44.07	30.79	27.78	3.01	22.47	278
1981	113.46	52.58	33.01	29.71	3.30	27.87	317
1982	129.15	63.15	34.72	30.98	3.74	31.28	354
1983	134.60	63.59	37.09	32.39	4.70	33.92	363
1984	150.27	66.26	43.26	36.97	6.29	40.75	399
1985	180.97	77.49	54.69	45.92	8.77	48.79	471
1986	205.46	85.62	69.03	58.41	10.62	50.81	525
1987	241.56	99.94	81.79	70.96	10.83	59.83	607
1988	313.28	118.25	100.69	86.38	14.31	94.34	770
1989	383.44	149.98	109.97	97.11	12.86	123.49	927
1990	449.06	176.77	118.45	104.79	13.66	153.84	1066
1991	518.59	195.17	141.02	123.66	17.36	182.40	1211
1992	646.60	233.03	187.48	161.44	26.04	226.09	1490
1993	871.70	250.11	320.26	273.03	48.07	301.33	1982
1994	1198.29	333.79	468.57	404.59	65.22	395.93	2675
1995	1497.56	453.15	534.45	461.25	74.61	509.96	3304
1996	1697.90	534.88	585.83	503.32	84.05	577.19	3706
1997	1817.25	582.74	612.46	524.49	89.58	622.05	3928
1998	1911.30	586.70	665.57	561.34	105.95	659.03	4346
1999	1971.41	567.72	680.59	570.76	111.58	723.10	4444
2000	2080.04	557.38	730.88	612.33	120.43	791.78	4652
2001	2279.34	576.34	769.22	639.54	131.64	933.78	5058
2002	2523.73	601.99	844.75	699.15	147.74	1076.99	5558
2003	2798.17	659.59	955.14	788.41	169.15	1183.44	6119
2004	3305.12	810.14	1151.14	953.64	200.42	1343.84	7182
2005	3742.14	904.80	1324.25	1098.38	229.24	1513.09	8068
2006	4417.77	1024.31	1604.68	1343.19	265.61	1788.78	9421
2007	5474.79	1214.87	2073.99	1762.12	317.27	2185.93	11542
2008	6455.43	1422.25	2466.03	2088.03	384.40	2567.15	13471
2009	7112.91	1425.54	2715.26	2241.40	480.73	2972.11	14708
2010	8552.44	1639.67	3465.20	2875.51	598.50	3447.57	18070
2011	10299.94	2006.43	4241.18	3504.07	747.85	4052.33	22234
2012	11303.55	2126.41	4503.08	3643.80	870.44	4674.06	24181
2013	12448.36	2290.64	4709.33	3699.72	1013.03	5448.39	26461
2014	13587.82	2413.44	5145.55	4023.83	1125.97	6028.83	28603
2015	14797.80	2565.45	5391.00	4159.05	1232.81	6841.35	30890
2016	16116.55	2800.29	5620.96	4307.32	1315.03	7695.30	33340
2017	17790.68	2878.30	6138.25	4680.06	1465.96	8774.13	36441
2018	19627.81	3021.09	6692.87	5101.92	1606.58	9913.85	39837
2019	21237.14	3389.67	7046.43	5246.57	1816.05	10801.04	42778
2020	22156.69	3555.82	7108.49	5221.24	1903.37	11492.38	44309

注：1. 表中数据行业分类依据《国民经济行业分类》（GB/T4754-2017）确定。三次产业分类依据国家统计局2018年修订的《三次产业划分规定》确定；2. 2003—2018年数据依据全国第四次经济普查结果进行修订；3. 2020年地区生产总值及其相关数据均为快报数。

Note:1.The data in this table has been adjusted by《National Economical Industry Classification》(GB/T4754-2017).Classification of three industries was based on《Regulations on the division of three industries》by National Bureau of statistics 2018; 2.The data 2003—2018 in this chapter was revised with The Fouth National Economic Census; 3.The GDP data of 2020 in this chapter are from quick statistics data.

附录1-2 财政、金融（1980—2020年）

Government Finance & Financial Intermediation（1980—2020）

资料来源：《广西统计年鉴》
Source：Guangxi Statistical Yearbook.
单位：亿元 （100 million yuan）

年 份 Year	财 政 Finance			金 融 Banking		
	公共财政预算收入 Public Budget Income	公共财政预算支出 Public Budget Expenditure	收支差额 Income & Expenditure Balance	各项存款年底余额 Total Saving Deposit Balance	各项贷款年底余额 Total Loan Balance	城乡居民储蓄存款年底余额 Urban and Rural Savings Deposits
1980	12.58	17.44	-4.86			
1981	12.73	16.04	-3.32			
1982	13.03	17.44	-4.41			
1983	13.58	18.84	-5.26			
1984	13.47	23.06	-9.59			
1985	20.18	29.75	-9.57	94.96	118.38	34.23
1986	25.23	42.22	-16.99	124.85	152.47	48.40
1987	30.54	47.70	-17.16	160.54	186.26	67.64
1988	33.89	53.27	-19.39	165.67	210.61	81.73
1989	41.41	57.74	-16.33	211.22	277.75	107.35
1990	46.83	65.00	-18.17	271.17	326.29	152.29
1991	55.92	71.61	-15.69	351.85	389.76	201.39
1992	61.20	78.48	-17.28	501.66	499.20	277.02
1993	95.93	107.49	-11.56	662.74	664.72	406.04
1994	62.26	124.93	-62.67	915.24	835.52	572.34
1995	79.44	140.59	-61.15	1152.32	1055.67	735.50
1996	90.51	157.01	-66.50	1361.17	1203.41	884.55
1997	99.16	170.83	-71.68	1568.83	1423.48	1013.14
1998	119.67	198.36	-78.69	1792.10	1516.49	1150.08
1999	133.56	224.98	-91.41	2010.14	1719.19	1257.26
2000	147.05	258.49	-111.43	2269.06	1613.25	1374.42
2001	178.67	351.65	-172.98	2518.94	1764.05	1538.95
2002	186.73	419.86	-233.13	2784.14	1941.07	1736.60
2003	203.66	443.60	-239.94	3175.34	2320.66	1971.66
2004	237.77	507.47	-269.70	3673.19	2759.65	2240.11
2005	283.04	611.48	-328.44	4202.84	3056.86	2561.34
2006	342.58	729.52	-386.94	4971.86	3595.25	2946.22
2007	418.83	985.94	-567.12	5749.94	4287.79	3185.28
2008	518.42	1297.11	-778.69	7024.10	5066.68	3851.95
2009	620.99	1621.82	-1000.83	9583.13	7268.41	4686.20
2010	771.99	2007.59	-1235.60	11746.77	8867.52	5702.43
2011	947.72	2545.28	-1597.56	13527.97	10646.43	6682.21
2012	1166.06	2985.23	-1819.16	15966.65	12355.52	8042.23
2013	1317.60	3208.67	-1891.06	18400.48	14081.01	9532.48
2014	1422.28	3479.79	-2057.51	20298.54	16070.95	10532.76
2015	1515.16	4065.51	-2550.36	22793.54	18119.30	11434.29
2016	1556.27	4441.70	-2885.44	25477.80	20640.54	12606.56
2017	1615.13	4908.55	-3293.42	27899.64	23226.14	13814.30
2018	1681.45	5310.74	-3629.29	29789.78	26688.31	15334.39
2019	1811.89	5850.96	-4039.07	31646.01	30497.39	16988.67
2020	1716.94	6179.47	-4462.53	34665.55	35196.77	18988.16

注：根据中国人民银行报表调整，2015年起城乡居民储蓄存款改为住户存款。
Note: According to the people's Bank of China to adjust the report, from urban and rural residents in 2015 to household savings deposits.

附录1-3　人口（1980—2020年）

Population（1980—2020）

资料来源：《广西统计年鉴》
Source：Guangxi Statistical Yearbook.
单位：万人　　（10 000 persons）

年 份 Year	总户数（万户） Total Households（10 000 households）	总人口（年末） Total Population（year-end）	按性别分 By Sex 男性 Male	女性 Female	按城乡分 By Residence 城镇人口 Urban Population	乡村人口 Rural Population	常住人口 Permanent Population	人口密度（人/平方公里） Population Density（person/sq.km）
1980	676	3538	1822	1716				149
1981	694	3613	1862	1751				
1982	706	3684	1902	1782				
1983	718	3733	1930	1803				
1984	734	3806	1970	1836				
1985	757	3873	2005	1868				164
1986	783	3946	2044	1902				
1987	808	4016	2082	1934				
1988	831	4088	2119	1969				
1989	867	4150	2152	1998				
1990	896	4242	2205	2037	641	3601		179
1991	918	4324	2250	2074				183
1992	950	4380	2285	2095				185
1993	973	4438	2317	2121				187
1994	997	4493	2346	2147				190
1995	1020	4543	2377	2166	838	3705		192
1996	1040	4589	2398	2191				194
1997	1069	4633	2421	2212				196
1998	1092	4675	2442	2233				198
1999	1110	4713	2463	2250				199
2000	1140	4751	2484	2267	1337	3414		201
2001	1178	4788	2506	2282	1350	3438		202
2002	1197	4822	2521	2301	1365	3457		204
2003	1235	4857	2542	2315	1411	3446		205
2004	1285	4889	2559	2330	1550	3339		206
2005	1329	4925	2587	2338	1567	3093	4660	208
2006	1374	4961	2612	2349	1635	3084	4719	209
2007	1416	5002	2634	2368	1728	3040	4768	201
2008	1459	5049	2659	2390	1838	2978	4816	203
2009	1499	5092	2681	2411	1904	2952	4856	205
2010	1347	5159	2708	2451	1845	2765	4610	195
2011	1359	5199	2730	2469	1950	2705	4655	196
2012	1361	5240	2759	2481	2041	2653	4694	198
2013	1383	5282	2772	2510	2134	2597	4731	199
2014	1567	5475	2891	2584	2220	2550	4770	201
2015	1575	5518	2913	2605	2309	2502	4811	202
2016	1586	5579	2943	2636	2392	2465	4857	204
2017	1586	5600	2951	2649	2482	2425	4907	206
2018	1600	5659	2980	2679	2564	2383	4947	208
2019	1607	5695	2998	2697	2639	2343	4982	210
2020	1620	5718	3009	2709	2721	2298	5019	211

附录1-4 就业和劳动报酬基本情况

Basic Statistics on Employment and Labor Remuneration

资料来源：《广西统计年鉴》
Source: Guangxi Statistical Yearbook.

指 标	Item	2016	2017	2018	2019	2020
劳动力资源总数（万人）	**Total Resource of Labor Force (10 000 persons)**	**3479**	**3514**	**3543**	**3571**	**3604**
占人口总数比重（%）	Proportion in Total Population (%)	71.62	71.61	71.62	71.67	71.90
劳动力资源利用率（%）	Utilization Ratio of Resource of Labor Force (%)	74.25	73.02	72.31	71.63	70.98
从业人员合计（万人）	**Employed Persons (10 000 persons)**	**2583**	**2566**	**2562**	**2558**	**2558**
第一产业	Primary Industry	1207	1110	1024	951	866
第二产业	Secondary Industry	528	556	597	625	655
第三产业	Tertiary Industry	848	900	941	982	1037
从业人员构成（%）	**Composition of Employed Persons (%)**					
第一产业	Primary Industry	46.73	43.26	39.97	37.18	33.85
第二产业	Secondary Industry	20.44	21.67	23.30	24.43	25.61
第三产业	Tertiary Industry	32.83	35.07	36.73	38.39	40.54
按城乡分从业人员（万人）	**Employed Persons by Urban and Rural Areas (10 000 persons)**					
城镇从业人员	Urban Employed Persons	1228	1260	1289	1313	1339
乡村从业人员（万人）	Rural Employed	1355	1306	1273	1245	1219
按登记注册类型分城镇非私营单位就业人员（万人）	**Number of Employed Person in Urban Non-private (10 000 persons)**					
国有单位	State-owned Units	201.82	201.61	199.10	195.52	190.92
城镇集体单位	Urban Collective-owned Units	13.21	12.44	10.85	10.20	7.51
股份合作单位	Cooperative Share-holding Units	1.88	1.67	1.51	1.55	2.67
联营单位	Joint-owned Units	0.11	0.07	0.07	0.04	0.12
有限责任公司	Limited-liability Companies	123.25	125.95	125.28	146.88	152.44
股份有限公司	Share-holding Limited Companies	27.41	24.62	25.41	22.33	23.94
港澳台商投资单位	Units with funds from Hong Kong, Macao and Taiwan	16.17	16.38	11.27	10.06	8.24
外商投资单位	Foreign-funded Enterprises	12.98	11.39	10.49	12.26	17.28
在岗职工人数	Number of Staff and Workers at Post	325.50	316.73	304.44	319.81	325.64
国有单位	State-owned Units	178.36	175.28	173.45	175.55	174.69
城镇集体单位	Urban Collective-owned Units	9.62	8.78	7.45	6.95	4.81
其他类型单位	Others	137.50	132.67	123.54	137.32	146.14
城镇单位从业劳动报酬（元）	**Remuneration of Staff & Workers in Urban Units (yuan)**					
非私营单位从业人员平均劳动报酬	Average Remuneration of Staff and Workers in Non-private Enterprises	57878	63821	70606	76479	82751
国有单位	State-owned Units	63751	70407	76904	82203	90320
城镇集体单位	Urban Collective-owned Units	43064	46457	51855	55747	48952
城镇私营单位从业人员平均劳动报酬（元）	**Average Remuneration of Staff and Workers in Private Enterprises (yuan)**	**36089**	**38227**	**39948**	**42949**	**45238**
城镇登记失业人数（万人）	**Registered Unemployment in Urban Areas (10 000 persons)**	**18.13**	**14.72**	**16.71**	**19.66**	**22.89**
城镇登记失业率（%）	**Registered Unemployment Rate in Urban Areas (%)**	**2.93**	**2.21**	**2.34**	**2.60**	**2.77**

主要统计指标解释

地区生产总值（原国内生产总值） 是指一个地区所有常住单位在一定时期内生产活动的最终成果。地区生产总值有三种表现形态，即价值形态、收入形态和产品形态。从价值形态看，它是所有常住单位在一定时期内所生产的全部货物和服务价值超过同期投入的全部非固定资产货物和服务价值的差额，即所有常住单位的增加值之和；从收入形态看，它是所有常住单位在一定时期内所创造并分配给常住单位和非常住单位的初次分配收入之和；从产品形态看，它是最终使用的货物和服务减去进口货物和服务。在核算中， 地区生产总值的三种表现形态表现为三种计算方法，即生产法、收入法和支出法。三种方法分别从不同的方面反映地区生产总值及其构成。根据国家统计局有关我国GDP核算和数据发布制度的规定，广西国内生产总值自2004年起更名为“广西生产总值”，简称“广西GDP”。

三次产业 是根据社会生产活动历史发展的顺序对产业结构的划分，产品直接取自然界的部门称为第一产业，对初级产品进行再加工的部门称为第二产业，为生产和消费提供各种服务的部门称为第三产业。

我国的三次产业划分是：

第一产业：农业(包括种植业、林业、牧业和渔业)。

第二产业：工业(包括采掘业，制造业，电力、煤气及水的生产和供应业)和建筑业。

第三产业：除第一、第二产业以外的其他各业。由于第三产业包括的行业多，范围广，根据我国的实际情况，第三产业又分为两大部分：一是流通部门，二是服务部门。

财政收入 是指国家财政参与社会产品分配所取得的收入，是实现国家职能的财力保证。财政收入所包括的内容几经变化，目前主要包括：（1）各项税收，包括增值税、营业税、消费税、土地增值税、城市维护建设税、资源税、城市土地使用税、印花税、房产税、车船使用税、屠宰税、个人所得税、企业所得税、关税、契税、农牧业税和耕地占用税等。（2）专项收入：包括征收排污费收入、城市水资源费收入、教育费附加收入、矿产资源补偿费收入。（3）其他收入，包括国有资产经营收益、国有企业计划亏损补贴、基本建设贷款归还收入、基本建设收入、罚没收入、行政性收费收入、其他收入等。

财政支出 是指国家为行使其职能，对筹集的财政资金进行有计划的分配使用的总称。国家财政支出，体现政府的活动范围和方向，反映财政资金的分配关系。财政支出主要包括：（1）基本建设支出；（2）企业挖潜改造资金；（3）地质勘探费；（4）科技三项费用；（5）流动资金；（6）支援农村生产支出；（7）农林水利气象等部门的事业费；（8）工业交通等部门事业费；（9）商业部门事业费；（10）城市维护费；（11）文教卫生事业费；（12）科学事业费；（13）其他部门事业费；（14）抚恤和社会福利救济费；（15）国防支出类；（16）行政管理费；（17）公检法支出；（18）价格补贴支出；（19）支援不发达地区支出；（20）专项支出；（21）农业综合开发支出；（22）行政事业单位离退休经费（23）其他支出等。

存款 指企业、机关、团体或居民根据资金必须收回的原则，把货币资金存入银行或其他信用机构保管并取得一定利息的一种信用活动形式。根据存款对象的不同可划分为企业存款、财政存款、机关团体存款、基本建设存款、城镇储蓄存款、农村存款等科目。它是银行信贷资金的主要来源。

贷款 指银行或其他信用机构根据资金必须归还的原则，按一定利率，为企业、个人等提供资金的一种信用活动形式。我国银行贷款分为流动资金贷款、固定资产贷款、城乡个体工商户贷款以及农业贷款等科目。

户数 包括家庭户(含单身独居)和集体户。

人口数 指一定时点、一定地区范围内有生命的个人的总和。

市镇人口 指市人口和县辖镇人口。

乡村人口 指县辖乡的全部人口。

Explanatory Notes on Main Statistical Indicators

Gross Domestic Product(GDP) refers to the final products of all resident units in a region during a certain period of time. Gross domestic product is expressed in three different forms, i.e. value added, income, and products respectively. The form of value added refers to the total value of all products and services produced by all resident units during a certain period of time minus total value of input of materials and services of the nature of non-fixed assets of the summation of the value added of all resident units; the form of income includes all the income created by all resident units and distributed primarily to all resident and non-resident units; the form of products refers to all final goods and services minus imports of goods and services. In the practice of national accounting, gross domestic product is calculated with three approaches, i.e. product approach, income approach, and expenditure approach respectively to reflect gross domestic product and its composition from different aspects.

Three Industries Industry structure has been classified according to the historical sequence of development. Primary industry refers to extraction of natural resources; secondary industry involves processing of primary products; and tertiary industry provides services of various kinds for production and consumption. Industry in China comprises:

Primary industry: agriculture (including farming, forestry, animal husbandry and fishery).

Secondary industry: industry (including mining and quarrying, manufacturing, and electricity, gas and water production and supply).

Tertiary industry: all other industries not included in primary or secondary industry. Since tertiary industry includes various trades and is with extensive coverage, it is divided into 2 parts according to our country's actual situation: circulation department and service department.

Government Revenue refers to the revenue of the government finance by means of participating in the distribution of the social products, which are the financial resources for ensuring the government to function. The contents of government revenue have been changed several times. Now it includes the following main items: (1) Various tax revenues, including value added taxes, business tax, consumption tax, land value added tax, tax on city maintenance and construction, resources tax, tax on use of urban land, stamp tax, tax on real estate, tax on the use of vehicles and ships, slaughter tax, personal income tax, enterprise income tax, tariff, contract tax, tax on agriculture and animal husbandry and tax on occupancy of cultivated land, etc. (2) Special income: including revenue collected from imposing fee on sewage treatment, revenue collected from imposing fee on urban water resources, extra-charges for education, and revenue collected from imposing fee on mine resources. (3) Other revenues, including profits from management of state-owned assets, subsidies to loss-making state-owned enterprise, revenue from the repayment of capital construction loan, revenue from capital construction, penalty, administration income and other incomes.

Government Expenditure refers to the (1) Expenditure for capital construction; (2) Innovation funds of the enterprises; (3) Geological prospecting expenses; (4) Expenditures for science and technology promotion; (5) Circulating funds; (6) Expenditure for supporting rural production; (7) Operating expenses of the departments of farming, forestry, water conservancy and meteorology etc; (8) Operating expenses of the departments of industry, transport; (9) Operating expenses of the department of commerce; (10) Expenditure for city maintenance; (11) Operating expenses of the departments of culture, education and public health; (12) Operating expenses of the department of science; (13) Operating expenses of the other departments; (14) Pension for the disabled or for the families of the bereaved and relief funds for social welfare; (15) Expenditures for national defense; (16) Administrative expenses (17) Expenditure for public security agency, procurator agency and court of justice; (18) Expenditure for price subsidies; (19) Expenditure for supporting under-developed areas; (20) Special expenditure; (21) Expenditure for comprehensive development of agriculture; (22) Expenditure for retired persons in administrative department; (23) Other expenditures.

Deposit is a form of credit by which enterprises,

institutions, organizations or residents can put money into banks and other credit institutions for safekeeping and interest earning under the principle of free withdrawal. According to different depositors, deposits are divided into enterprise deposits, treasury deposits, deposits of government agencies and organizations, capital construction deposits, urban savings deposits, rural deposits and other deposits. Deposits are major sources of the credit funds of banks.

Loan is a form of credit by which banks and other credit institutions provide funds at certain interest rate to enterprises and individuals in the light of the principle of unconditional repayment. Loans from Chinese banks include circulating capital loans, fixed assets loans, loans to urban and rural individuals engaged in industrial and commercial business and agricultural loans.

Households include family household (including single household) and collective households.

Total Population refers to the total number of people alive at a certain point of time within a given area.

Urban Population refers to city population and town population.

Country Population refers to the total population under the jurisdiction of country.

附录二 全国及各省（直辖市、自治区）主要统计调查指标

APPENDIX Ⅱ Main Statistical Survey Indicators by Region

附录2-1　全国及各省（直辖市、自治区）居民人均可支配收入

Per Capita Disposable Income of Households by Region

单位：元　　　　　　　　　　　　　　　　　　　　（yuan）

地　区	Region	2016	2017	2018	2019	2020
全　国	**National**	**23821**	**25974**	**28228**	**30733**	**32189**
北　京	Beijing	52530	57230	62361	67756	69434
天　津	Tianjin	34075	37022	39506	42404	43854
河　北	Hebei	19725	21484	23446	25665	27136
山　西	Shanxi	19049	20420	21990	23829	25214
内蒙古	Inner Mongolia	24127	26212	28376	30555	31497
辽　宁	Liaoning	26040	27835	29701	31820	32738
吉　林	Jilin	19967	21368	22798	24563	25751
黑龙江	Heilongjiang	19839	21206	22726	24254	24902
上　海	Shanghai	54305	58988	64183	69442	72232
江　苏	Jiangsu	32070	35024	38096	41400	43390
浙　江	Zhejiang	38529	42046	45840	49899	52397
安　徽	Anhui	19998	21863	23984	26415	28103
福　建	Fujian	27608	30048	32644	35616	37202
江　西	Jiangxi	20110	22031	24080	26262	28017
山　东	Shandong	24685	26930	29205	31597	32886
河　南	Henan	18443	20170	21964	23903	24810
湖　北	Hubei	21787	23757	25815	28320	27881
湖　南	Hunan	21115	23103	25241	27680	29380
广　东	Guangdong	30296	33003	35810	39014	41029
广　西	Guangxi	18305	19905	21485	23328	24562
海　南	Hainan	20653	22553	24579	26680	27904
重　庆	Chongqing	22034	24153	26386	28920	30824
四　川	Sichuan	18808	20580	22461	24703	26522
贵　州	Guizhou	15121	16704	18430	20397	21795
云　南	Yunnan	16720	18348	20084	22082	23295
西　藏	Tibet	13639	15457	17286	19501	21744
陕　西	Shaanxi	18874	20635	22528	24666	26226
甘　肃	Gansu	14670	16011	17488	19139	20335
青　海	Qinghai	17302	19001	20757	22618	24037
宁　夏	Ningxia	18832	20562	22400	24412	25735
新　疆	Xinjiang	18355	19975	21500	23103	23845

附录2-2 全国及各省（直辖市、自治区）城镇居民人均收入与支出

Per Capita Income and Expenditure of Urban Households by Region

单位：元 （yuan）

地 区	Region	城镇居民人均可支配收入 Per Capita Disposable Income of Urban Households		城镇居民人均消费支出 Per Capita Consumption Expenditure of Urban Households	
		2019	2020	2019	2020
全 国	**National**	**42359**	**43834**	**28063**	**27007**
北 京	Beijing	73849	75602	46358	41726
天 津	Tianjin	46119	47659	34811	30895
河 北	Hebei	35738	37286	23483	23167
山 西	Shanxi	33262	34793	21159	20332
内蒙古	Inner Mongolia	40782	41353	25383	23888
辽 宁	Liaoning	39777	40376	27355	24849
吉 林	Jilin	32299	33396	23394	21623
黑龙江	Heilongjiang	30945	31115	22165	20397
上 海	Shanghai	73615	76437	48272	44839
江 苏	Jiangsu	51056	53102	31329	30882
浙 江	Zhejiang	60182	62699	37508	36197
安 徽	Anhui	37540	39442	23782	22683
福 建	Fujian	45620	47160	30946	30487
江 西	Jiangxi	36546	38556	22714	22134
山 东	Shandong	42329	43726	26731	27291
河 南	Henan	34201	34750	21972	20645
湖 北	Hubei	37601	36706	26422	22885
湖 南	Hunan	39842	41698	26924	26796
广 东	Guangdong	48118	50257	34424	33511
广 西	Guangxi	34745	35859	21591	20907
海 南	Hainan	36017	37097	25317	23560
重 庆	Chongqing	37939	40006	25785	26464
四 川	Sichuan	36154	38253	25367	25133
贵 州	Guizhou	34404	36096	21402	20587
云 南	Yunnan	36238	37500	23455	24569
西 藏	Tibet	37410	41156	25637	24927
陕 西	Shaanxi	36098	37868	23514	22866
甘 肃	Gansu	32323	33822	24454	24615
青 海	Qinghai	33830	35506	23799	24315
宁 夏	Ningxia	34328	35720	24161	22379
新 疆	Xinjiang	34664	34838	25594	22952

附录2-3 全国及各省（直辖市、自治区）农村居民人均收入与支出

Per Capita Income and Expenditure of Rural Households by Region

单位：元 （yuan）

地区	Region	农村居民人均可支配收入 Per Capita Disposable Income of Rural Households		农村居民人均消费支出 Per Capita Consumption Expenditure of Rural Households	
		2019	2020	2019	2020
全 国	**National**	**16021**	**17131**	**13328**	**13713**
北 京	Beijing	28928	30126	21881	20913
天 津	Tianjin	24804	25691	17843	16844
河 北	Hebei	15373	16467	12372	12644
山 西	Shanxi	12902	13878	9728	10290
内蒙古	Inner Mongolia	15283	16567	13816	13594
辽 宁	Liaoning	16108	17450	12030	12311
吉 林	Jilin	14936	16067	11457	11864
黑龙江	Heilongjiang	14982	16168	12495	12360
上 海	Shanghai	33195	34911	22449	22095
江 苏	Jiangsu	22675	24198	17716	17022
浙 江	Zhejiang	29876	31930	21352	21555
安 徽	Anhui	15416	16620	14546	15024
福 建	Fujian	19568	20880	16281	16339
江 西	Jiangxi	15796	16981	12497	13579
山 东	Shandong	17775	18753	12309	12660
河 南	Henan	15164	16108	11546	12201
湖 北	Hubei	16391	16306	15328	14472
湖 南	Hunan	15395	16585	13969	14974
广 东	Guangdong	18818	20143	16949	17132
广 西	Guangxi	13676	14815	12045	12431
海 南	Hainan	15113	16279	12418	13169
重 庆	Chongqing	15133	16361	13112	14140
四 川	Sichuan	14670	15929	14056	14953
贵 州	Guizhou	10756	11642	10222	10818
云 南	Yunnan	11902	12842	10260	11069
西 藏	Tibet	12951	14598	8418	8917
陕 西	Shaanxi	12326	13316	10935	11376
甘 肃	Gansu	9629	10344	9694	9923
青 海	Qinghai	11499	12342	11343	12134
宁 夏	Ningxia	12858	13889	11465	11724
新 疆	Xinjiang	13122	14056	10318	10778

附录2-4　广西与全国居民消费价格主要分类指数（2020年）

Consumer Price Indices by Category in Country and Guangxi（2020）

（上年=100）　　　　(preceding year=100)

指　标	Item	全国平均 National Average	广　西 Guangxi
居民消费价格指数	**Consumer Price Index**	**102.5**	**102.8**
食品烟酒	Food, Tobacco and Liquor	108.3	109.2
粮食	Grain	101.2	100.9
鲜菜	Fresh Vegetables	107.1	103.3
畜肉	Livestock Meat	138.4	143.1
水产品	Aquatic Products	103.0	103.0
蛋	Eggs	90.6	94.2
鲜果	Fresh Fruits	88.9	89.3
衣着	Clothing	99.8	99.9
居住	Residence	99.6	98.9
生活用品及服务	Household Facilities Articles and Services	100.0	99.7
交通和通信	Transportation and Communication	96.5	96.0
教育文化和服务	Education Culture and Services	101.3	100.5
医疗保健	Health Care and Medical Services	101.8	105.5
其他用品和服务	Other Supplies and Services	104.3	102.7
商品零售价格指数	**Retail Price Index**	**101.4**	**101.4**
食品	Food	109.0	110.2
饮料、烟酒	Beverages, Tobacco and Liquor	101.2	101.1
服装、鞋帽	Garments, Shoes and Hats	99.7	99.4
纺织品	Textiles	99.8	99.4
家用电器及音像器材	Household Appliances, Music and Video Equipment	98.0	97.7
文化办公用品	Cultural and Office Appliances	100.2	99.8
日用品	Articles for Daily Use	100.2	99.8
体育娱乐用品	Sports and Recreation Articles	99.8	99.7
交通、通信用品	Transportation and Communication Appliances	98.6	96.4
家具	Furniture	99.8	99.3
化妆品	Cosmetics	101.3	101.7
金银珠宝	Gold, Silver and Jewelry	117.0	117.2
中西药品及医疗保健用品	Traditional Chinese and Western Medicines and Health Care Articles	100.9	100.0
书报杂志及电子出版物	Books, Newspapers, Magazines and Electronic Publications	101.5	101.6
燃料	Fuels	91.1	89.5
建筑材料及五金电料	Building Materials and Hardware	100.3	100.1
农业生产资料价格指数	**Price Index of Means of Agricultural Production**	**106.1**	**109.7**

附录2-5　全国及各省（直辖市、自治区）居民消费价格指数

Consumer Price Indices by Region

（上年=100）　　(preceding year=100)

地区	Region	2016 指数 Index	2016 排位 Rank	2017 指数 Index	2017 排位 Rank	2018 指数 Index	2018 排位 Rank	2019 指数 Index	2019 排位 Rank	2020 指数 Index	2020 排位 Rank
全国	**National**	**102.0**		**101.6**		**102.1**		**102.9**		**102.5**	
北京	Beijing	101.4	25	101.9	6	102.5	3	102.3	29	101.7	28
天津	Tianjin	102.1	7	102.1	4	102.0	22	102.7	19	102.0	25
河北	Hebei	101.5	22	101.7	8	102.4	6	103.0	10	102.1	24
山西	Shanxi	101.1	31	101.1	28	101.8	25	102.7	17	102.9	3
内蒙古	Inner Mongolia	101.2	30	101.7	9	101.8	24	102.4	25	101.9	27
辽宁	Liaoning	101.6	20	101.4	24	102.5	2	102.4	26	102.4	15
吉林	Jilin	101.6	18	101.6	15	102.1	13	103.0	9	102.3	19
黑龙江	Heilongjiang	101.5	23	101.3	25	102.0	20	102.8	15	102.3	16
上海	Shanghai	103.2	1	101.7	10	101.6	29	102.5	22	101.7	29
江苏	Jiangsu	102.3	5	101.7	7	102.3	9	103.1	6	102.5	14
浙江	Zhejiang	101.9	11	102.1	3	102.3	10	102.9	12	102.3	21
安徽	Anhui	101.8	16	101.2	26	102.0	19	102.7	16	102.7	8
福建	Fujian	101.7	17	101.2	27	101.5	31	102.6	20	102.2	23
江西	Jiangxi	102.0	9	102.0	5	102.1	14	102.9	14	102.6	11
山东	Shandong	102.1	8	101.5	17	102.5	5	103.2	4	102.8	5
河南	Henan	101.9	10	101.4	23	102.3	11	103.0	8	102.8	6
湖北	Hubei	102.2	6	101.5	16	101.9	23	103.1	7	102.7	7
湖南	Hunan	101.9	13	101.4	20	102.0	21	102.9	11	102.3	20
广东	Guangdong	102.3	4	101.5	18	102.2	12	103.4	3	102.6	9
广西	Guangxi	101.6	19	101.6	13	102.3	8	103.7	1	102.8	4
海南	Hainan	102.8	2	102.8	1	102.5	4	103.4	2	102.3	18
重庆	Chongqing	101.8	15	101.0	29	102.0	16	102.7	18	102.3	17
四川	Sichuan	101.9	12	101.4	21	101.7	27	103.2	5	103.2	2
贵州	Guizhou	101.4	27	100.9	31	101.8	26	102.4	24	102.6	12
云南	Yunnan	101.5	21	100.9	30	101.6	30	102.5	21	103.6	1
西藏	Tibet	102.5	3	101.6	11	101.7	28	102.3	27	102.2	22
陕西	Shaanxi	101.3	29	101.6	12	102.1	15	102.9	13	102.5	13
甘肃	Gansu	101.3	28	101.4	22	102.0	17	102.3	28	102.0	26
青海	Qinghai	101.8	14	101.5	19	102.5	1	102.5	23	102.6	10
宁夏	Ningxia	101.5	24	101.6	14	102.3	7	102.1	30	101.5	30
新疆	Xinjiang	101.4	26	102.2	2	102.0	18	101.9	31	101.5	31

附录2-6 全国及各省（直辖市、自治区）商品零售价格指数

Retail Price Indices by Region

（上年=100） (preceding year=100)

地 区	Region	2016 指数 Index	2016 排位 Rank	2017 指数 Index	2017 排位 Rank	2018 指数 Index	2018 排位 Rank	2019 指数 Index	2019 排位 Rank	2020 指数 Index	2020 排位 Rank
全 国	**National**	**100.7**		**101.1**		**101.9**		**102.0**		**101.4**	
北 京	Beijing	98.1	31	99.2	31	101.1	28	100.5	30	101.0	23
天 津	Tianjin	100.5	23	100.8	25	101.6	19	101.7	21	101.0	22
河 北	Hebei	101.2	5	101.4	9	102.2	8	101.8	19	101.4	16
山 西	Shanxi	100.5	25	101.3	14	101.7	15	101.8	20	100.9	26
内蒙古	Inner Mongolia	100.6	21	101.2	17	101.6	18	101.5	26	100.5	31
辽 宁	Liaoning	101.0	10	100.7	26	101.4	24	101.7	23	101.1	21
吉 林	Jilin	101.3	2	101.4	6	102.4	5	102.1	11	100.7	28
黑龙江	Heilongjiang	101.1	6	99.9	30	101.1	29	102.1	12	101.5	14
上 海	Shanghai	100.8	15	100.9	22	101.6	20	100.4	31	100.9	25
江 苏	Jiangsu	100.8	14	101.9	2	102.6	3	102.6	3	101.8	9
浙 江	Zhejiang	101.0	7	101.4	10	102.1	9	102.5	5	101.2	20
安 徽	Anhui	100.8	12	101.7	4	101.9	13	101.9	18	101.6	11
福 建	Fujian	100.7	18	100.6	27	101.5	21	101.9	17	101.3	19
江 西	Jiangxi	100.6	22	101.0	19	101.0	30	101.9	15	101.6	13
山 东	Shandong	101.3	3	100.8	24	102.2	7	102.2	10	102.0	6
河 南	Henan	100.3	29	101.3	11	102.9	1	102.4	7	100.9	24
湖 北	Hubei	100.8	17	100.3	29	101.2	26	102.6	4	102.2	4
湖 南	Hunan	101.0	9	101.3	15	102.3	6	102.3	9	101.3	17
广 东	Guangdong	100.8	16	101.6	5	102.1	12	101.4	27	100.8	27
广 西	Guangxi	100.4	26	101.2	18	101.6	17	103.2	1	101.4	15
海 南	Hainan	101.0	8	102.0	1	102.5	4	102.5	6	101.6	12
重 庆	Chongqing	101.3	4	100.8	23	101.2	27	101.6	24	102.2	5
四 川	Sichuan	100.8	13	100.5	28	101.4	25	102.7	2	102.7	1
贵 州	Guizhou	100.2	30	100.9	20	101.8	14	101.7	22	101.6	10
云 南	Yunnan	100.7	19	101.3	13	101.5	22	101.5	25	102.4	3
西 藏	Tibet	102.1	1	101.4	7	101.5	23	102.0	14	102.0	7
陕 西	Shaanxi	100.3	28	101.3	12	102.1	11	102.4	8	101.9	8
甘 肃	Gansu	100.9	11	101.4	8	101.7	16	101.9	16	101.3	18
青 海	Qinghai	100.4	27	101.2	16	102.1	10	102.0	13	102.4	2
宁 夏	Ningxia	100.7	20	101.8	3	102.9	2	101.1	29	100.6	30
新 疆	Xinjiang	100.5	24	100.9	21	100.9	31	101.3	28	100.6	29

附录2-7 全国和36个大中城市居民消费价格指数

Price Indices of Consumer in China and 36 Large and Medium-sized Cities

（上年=100） (preceding year=100)

地 区	Region	2016		2017		2018		2019		2020	
		指数 Index	排位 Rank	指数 Index	排位 Rank	指数 Index	排位 Rank	指数 Index	排位 Rank	指数 Index	排位 Rank
全　国	**National**	**102.2**		**101.8**		**102.2**		**102.8**		**102.1**	
北　京	Beijing	101.4	31	101.9	14	102.5	8	102.3	32	101.7	32
天　津	Tianjin	102.1	17	102.1	7	102.0	25	102.7	23	102.0	24
石家庄	Shijiazhuang	101.6	27	101.4	30	102.3	13	102.7	19	102.3	17
太　原	Taiyuan	101.2	33	101.8	19	101.8	29	102.7	22	102.6	4
呼和浩特	Hohhot	101.4	30	101.4	29	102.1	20	102.6	24	102.0	26
沈　阳	Shenyang	101.7	25	101.4	27	103.0	2	102.4	30	102.3	20
大　连	Dalian	101.9	19	102.1	8	103.0	1	102.4	29	102.1	22
长　春	Changchun	101.4	32	101.3	33	102.0	22	102.9	13	101.9	29
哈尔滨	Harbin	101.8	22	101.6	23	102.5	7	102.6	25	101.4	35
上　海	Shanghai	103.2	1	101.7	22	101.6	33	102.5	28	101.7	33
南　京	Nanjing	102.7	5	101.9	15	102.4	10	103.1	8	102.4	13
杭　州	Hangzhou	102.6	8	102.5	3	102.3	15	103.1	7	102.1	21
宁　波	Ningbo	102.1	18	101.8	17	102.2	17	103.0	12	101.9	28
合　肥	Hefei	102.6	6	101.4	26	102.0	24	102.9	14	102.3	14
福　州	Fuzhou	102.5	9	101.4	31	101.5	34	102.5	26	102.4	9
厦　门	Xiamen	101.7	23	102.0	10	101.8	28	103.0	11	102.5	6
南　昌	Nanchang	102.1	15	102.1	6	102.3	14	102.8	17	102.5	7
济　南	Jinan	102.7	4	102.0	12	102.6	5	103.3	5	102.4	11
青　岛	Qingdao	102.5	10	102.0	13	102.1	19	103.3	3	102.4	10
郑　州	Zhengzhou	102.3	13	101.8	20	102.4	11	103.1	9	102.3	15
武　汉	Wuhan	102.4	12	101.9	16	101.9	27	103.2	6	102.4	8
长　沙	Changsha	101.9	20	101.3	32	102.0	23	102.9	15	101.8	30
广　州	Guangzhou	102.7	3	102.3	4	102.4	12	103.0	10	102.6	3
深　圳	Shenzhen	102.4	11	101.4	28	102.8	3	103.4	2	102.3	18
南　宁	Nanning	101.4	29	102.3	5	102.5	6	103.4	1	102.3	19
海　口	Haikou	103.0	2	103.3	1	102.4	9	103.3	4	101.6	34
重　庆	Chongqing	101.8	21	101.0	34	102.0	21	102.7	20	102.3	16
成　都	Chengdu	102.2	14	102.0	9	101.4	35	102.8	16	102.5	5
贵　阳	Guiyang	101.1	34	101.0	35	101.7	32	102.7	18	102.4	12
昆　明	Kunming	101.7	24	100.5	36	101.7	31	102.3	31	103.1	1
拉　萨	Lasa	102.6	7	101.4	25	101.1	36	102.2	33	102.0	25
西　安	Xi'an	100.9	35	102.0	11	101.9	26	102.7	21	102.1	23
兰　州	Lanzhou	100.8	36	101.5	24	101.7	30	102.2	34	102.0	27
西　宁	Xining	102.1	16	101.8	18	102.7	4	102.5	27	102.7	2
银　川	Yinchuan	101.7	26	101.7	21	102.2	18	102.2	35	101.8	31
乌鲁木齐	Urumqi	101.5	28	102.8	2	102.2	16	102.0	36	100.9	36

附录2-8 全国和36个大中城市商品零售价格指数

Price Indices of Retail in China and 36 Large and Medium-sized Cities

（上年=100） (preceding year=100)

地区	Region	2016		2017		2018		2019		2020	
		指数 Index	排位 Rank	指数 Index	排位 Rank	指数 Index	排位 Rank	指数 Index	排位 Rank	指数 Index	排位 Rank
全国	**National**	**100.7**		**100.9**		**101.7**		**101.6**		**101.2**	
北京	Beijing	98.1	36	99.2	36	101.1	29	100.5	35	101.0	21
天津	Tianjin	100.5	27	100.8	29	101.6	23	101.7	22	101.0	20
石家庄	Shijiazhuang	101.7	5	100.9	25	101.9	15	101.6	24	101.3	17
太原	Taiyuan	100.8	19	101.7	5	101.7	20	101.5	26	100.5	32
呼和浩特	Hohhot	101.1	12	101.2	17	101.6	22	101.3	29	99.9	36
沈阳	Shenyang	100.6	26	101.0	23	101.7	18	101.4	28	100.8	26
大连	Dalian	102.0	2	101.5	10	101.5	26	102.1	16	101.4	14
长春	Changchun	101.2	11	101.2	16	102.9	2	102.2	14	100.0	35
哈尔滨	Harbin	101.6	6	99.7	34	100.7	34	102.2	13	101.5	11
上海	Shanghai	100.8	18	100.9	24	101.6	24	100.4	36	100.9	23
南京	Nanjing	100.5	28	101.6	8	102.8	3	102.1	15	101.4	13
杭州	Hangzhou	101.5	7	101.0	20	102.0	13	103.1	2	100.9	24
宁波	Ningbo	101.8	4	101.1	19	102.1	11	102.3	10	100.2	34
合肥	Hefei	100.8	15	102.3	1	101.7	21	101.6	25	101.3	18
福州	Fuzhou	100.7	23	100.3	32	101.5	25	101.8	21	100.8	28
厦门	Xiamen	100.0	33	100.8	28	101.8	17	102.5	4	102.1	6
南昌	Nanchang	100.4	29	101.0	21	100.8	33	101.3	30	101.5	10
济南	Jinan	100.8	17	101.0	22	102.6	5	102.5	6	101.9	8
青岛	Qingdao	102.0	3	100.8	30	101.8	16	102.4	7	101.5	12
郑州	Zhengzhou	100.2	31	101.7	7	103.6	1	103.0	3	100.8	27
武汉	Wuhan	101.3	9	100.1	33	101.4	27	102.5	5	102.2	3
长沙	Changsha	100.9	13	101.4	14	102.5	6	102.2	12	100.8	25
广州	Guangzhou	101.2	10	102.0	2	102.2	9	100.6	34	100.6	30
深圳	Shenzhen	100.3	30	101.5	9	102.0	12	101.3	31	100.5	33
南宁	Nanning	99.8	34	100.9	26	101.1	30	103.1	1	100.9	22
海口	Haikou	100.9	14	101.7	4	102.4	7	102.4	8	101.3	16
重庆	Chongqing	101.3	8	100.8	27	101.2	28	101.6	23	102.2	5
成都	Chengdu	100.8	16	99.4	35	100.7	35	101.9	20	102.2	4
贵阳	Guiyang	99.5	35	101.4	13	102.3	8	102.3	11	101.2	19
昆明	Kunming	100.8	21	101.3	15	101.1	32	101.5	27	102.3	2
拉萨	Lasa	102.4	1	101.2	18	101.1	31	102.3	9	102.1	7
西安	Xi'an	100.1	32	101.7	6	102.2	10	102.1	17	101.5	9
兰州	Lanzhou	100.7	22	101.8	3	101.7	19	102.0	18	101.4	15
西宁	Xining	100.6	24	101.4	12	102.0	14	101.9	19	102.4	1
银川	Yinchuan	100.8	20	101.5	11	102.7	4	101.1	33	100.5	31
乌鲁木齐	Urumqi	100.6	25	100.7	31	100.5	36	101.2	32	100.7	29

附录2-9　全国及各省（直辖市、自治区）农产品生产者价格指数

Producer Price Indices for Farm Products by Region

上年=100　　(preceding year=100)

地　区	Region	2016	2017	2018	2019	2020
全　国	**National**	**103.4**	**96.5**	**99.1**	**114.5**	**115.0**
北　京	Beijing	99.7	96.2	103.6	109.9	110.9
天　津	Tianjin	103.0	95.5	104.2	108.8	114.9
河　北	Hebei	96.8	96.2	104.7	107.1	111.5
山　西	Shanxi	95.2	95.9	104.7	115.2	109.4
内蒙古	Inner Mongolia	95.1	95.6	102.0	105.6	111.0
辽　宁	Liaoning	100.7	93.6	103.7	107.6	108.1
吉　林	Jilin	93.1	89.5	106.1	108.7	117.1
黑龙江	Heilongjiang	93.6	95.1	100.8	106.2	118.5
上　海	Shanghai	106.6	98.4	100.5	105.6	106.7
江　苏	Jiangsu	104.0	97.9	100.9	109.3	107.5
浙　江	Zhejiang	104.5	99.1	100.8	109.9	107.3
安　徽	Anhui	101.0	98.4	99.0	109.3	115.6
福　建	Fujian	108.3	98.9	102.6	106.9	102.3
江　西	Jiangxi	104.1	97.3	97.4	113.2	111.0
山　东	Shandong	102.8	98.6	100.5	112.2	108.7
河　南	Henan	103.2	94.9	97.9	119.9	116.8
湖　北	Hubei	106.2	99.3	96.6	110.1	118.1
湖　南	Hunan	104.7	98.0	95.4	118.0	123.3
广　东	Guangdong	106.5	99.4	101.3	107.3	104.7
广　西	Guangxi	106.1	98.2	97.3	115.5	115.5
海　南	Hainan	106.7	101.9	97.3	109.2	112.8
重　庆	Chongqing	109.8	96.8	99.7	112.1	113.6
四　川	Sichuan	105.6	97.8	100.2	115.6	116.1
贵　州	Guizhou	108.7	96.7	92.6	116.2	122.6
云　南	Yunnan	103.9	98.7	96.9	109.6	120.2
西　藏	Tibet					
陕　西	Shaanxi	98.0	98.4	100.9	107.7	112.3
甘　肃	Gansu	99.2	99.1	101.7	109.9	106.6
青　海	Qinghai	104.5	101.0	100.3	109.6	122.6
宁　夏	Ningxia	98.7	99.3	105.0	106.4	113.1
新　疆	Xinjiang	107.6	100.7	106.3	99.6	111.0

附录2-10 全国及各省（直辖市、自治区）工业生产者出厂价格指数

Producer Price Indices for Industrial Products by Region

上年=100 (preceding year=100)

地 区	Region	2016	2017	2018	2019	2020
全 国	**National**	**98.6**	**106.3**	**103.5**	**99.7**	**98.2**
北 京	Beijing	98.1	100.7	100.0	99.6	99.1
天 津	Tianjin	97.9	108.4	105.4	99.3	97.1
河 北	Hebei	99.9	115.0	106.2	100.2	98.5
山 西	Shanxi	96.8	119.4	106.7	99.7	96.7
内蒙古	Inner Mongolia	98.9	110.6	103.2	102.1	99.7
辽 宁	Liaoning	98.8	108.1	104.8	99.5	97.0
吉 林	Jilin	98.4	103.1	102.8	98.9	98.6
黑龙江	Heilongjiang	95.1	109.3	109.0	98.2	93.4
上 海	Shanghai	98.8	103.5	101.7	98.8	98.3
江 苏	Jiangsu	98.1	104.8	102.8	98.9	97.8
浙 江	Zhejiang	98.3	104.8	103.4	98.9	96.9
安 徽	Anhui	98.5	108.0	103.0	100.3	99.1
福 建	Fujian	99.1	104.1	102.8	100.6	98.4
江 西	Jiangxi	98.6	107.9	104.2	98.9	98.3
山 东	Shandong	98.5	105.5	103.7	99.7	98.1
河 南	Henan	99.0	106.8	103.6	100.2	99.2
湖 北	Hubei	99.0	105.6	104.2	100.2	99.1
湖 南	Hunan	98.9	105.8	103.2	99.6	99.0
广 东	Guangdong	99.4	103.3	101.8	100.2	99.0
广 西	Guangxi	99.1	107.6	103.2	99.3	99.4
海 南	Hainan	96.0	108.8	108.2	97.4	93.8
重 庆	Chongqing	98.6	104.1	102.1	99.8	99.1
四 川	Sichuan	98.9	106.5	103.6	100.4	98.8
贵 州	Guizhou	97.9	107.2	101.8	99.8	98.3
云 南	Yunnan	97.6	105.2	102.4	100.0	98.6
西 藏	Tibet	102.9	110.0	100.1	98.9	99.4
陕 西	Shaanxi	97.6	110.8	105.4	100.8	95.1
甘 肃	Gansu	94.9	114.5	109.5	98.3	93.9
青 海	Qinghai	98.5	116.7	104.8	98.5	96.6
宁 夏	Ningxia	99.1	112.1	107.3	99.4	96.9
新 疆	Xinjiang	94.5	113.7	111.2	98.5	91.6

附录2-11　全国及各省（直辖市、自治区）工业生产者购进价格指数

Purchasing Price Indices for Industrial Producers by Region

上年=100　　(preceding year=100)

地　区	Region	2016	2017	2018	2019	2020
全　国	**National**	**98.0**	**108.1**	**104.1**	**99.3**	**97.7**
北　京	Beijing	98.5	104.4	100.8	99.6	99.5
天　津	Tianjin	98.3	111.1	106.2	98.8	96.9
河　北	Hebei	98.3	114.5	104.0	102.1	98.4
山　西	Shanxi	98.1	115.2	105.5	101.1	97.2
内蒙古	Inner Mongolia	97.4	106.3	102.4	101.1	99.5
辽　宁	Liaoning	97.9	108.0	104.5	100.8	98.2
吉　林	Jilin	97.8	103.4	103.5	99.2	98.7
黑龙江	Heilongjiang	96.0	110.2	109.0	100.3	95.1
上　海	Shanghai	97.7	108.9	105.2	98.7	96.9
江　苏	Jiangsu	98.0	109.7	104.6	97.2	96.5
浙　江	Zhejiang	97.8	109.6	105.1	97.1	95.9
安　徽	Anhui	98.4	109.2	105.3	99.9	98.5
福　建	Fujian	98.0	105.3	102.8	99.0	98.6
江　西	Jiangxi	97.7	107.2	103.2	98.2	97.0
山　东	Shandong	98.0	107.3	103.6	99.2	97.5
河　南	Henan	99.2	107.3	104.0	101.2	99.4
湖　北	Hubei	98.3	108.3	104.8	99.3	98.4
湖　南	Hunan	98.0	107.2	103.5	100.2	98.9
广　东	Guangdong	98.0	105.3	102.5	99.2	97.4
广　西	Guangxi	98.3	106.5	103.4	99.5	98.5
海　南	Hainan	94.8	112.4	110.8	103.1	92.0
重　庆	Chongqing	98.4	104.4	102.5	100.1	99.9
四　川	Sichuan	98.8	108.3	105.3	100.6	98.1
贵　州	Guizhou	98.5	109.7	103.4	99.4	98.6
云　南	Yunnan	95.9	106.2	104.4	99.0	97.3
西　藏	Tibet					
陕　西	Shaanxi	95.9	106.4	104.2	100.3	97.6
甘　肃	Gansu	94.6	115.5	109.8	99.0	94.1
青　海	Qinghai	96.2	108.0	104.5	98.2	96.1
宁　夏	Ningxia	96.9	112.9	106.5	97.5	94.7
新　疆	Xinjiang	95.5	112.8	109.2	100.0	93.4

附录2-12　全国70个大中城市住宅销售价格指数（2020年）

（上年同期=100）

地　区	Region	新建商品住宅价格指数				
		1月 January	2月 February	3月 March	4月 April	5月 May
北　京	Beijing	104.1	104.4	104.1	103.3	103.1
天　津	Tianjin	101.3	100.5	100.1	99.6	99.7
石家庄	Shijiazhuang	108.8	107.6	106.5	106.7	105.6
太　原	Taiyuan	102.9	102.1	101.7	101.3	101.4
呼和浩特	Hohhto	114.8	113.9	113.7	113.7	113.8
沈　阳	Shenyang	109.2	109.2	108.7	108.8	108.8
大　连	Dalian	108.4	106.9	106.1	105.9	105.3
长　春	Changchun	108.6	107.8	108.0	107.9	107.8
哈尔滨	Harbin	109.4	108.8	108.1	108.2	107.5
上　海	Shanghai	102.7	102.3	102.4	102.7	103.5
南　京	Nanjing	103.3	103.2	103.3	104.5	105.0
杭　州	Hangzhou	105.0	104.4	105.4	105.2	105.1
宁　波	Ningbo	108.2	107.4	106.5	105.8	106.1
合　肥	Hefei	103.7	102.9	102.3	101.3	101.1
福　州	Fuzhou	103.5	104.0	104.0	103.8	103.4
厦　门	Xiamen	104.4	104.2	103.5	102.8	103.0
南　昌	Nanchang	103.3	103.3	102.3	102.1	101.9
济　南	Jinan	99.7	99.0	97.8	96.8	96.9
青　岛	Qingdao	103.7	103.3	102.3	102.4	101.9
郑　州	Zhengzhou	101.4	101.1	100.5	100.2	99.8
武　汉	Wuhan	111.5	110.3	109.5	108.3	107.4
长　沙	Changsha	104.6	104.7	105.0	105.3	104.8
广　州	Guangzhou	104.2	103.0	101.7	100.7	100.2
深　圳	Shenzhen	104.3	104.3	105.2	104.8	104.9
南　宁	Nanning	112.0	111.3	110.5	110.0	110.2
海　口	Haikou	106.6	106.3	105.8	105.3	103.8
重　庆	Chongqing	107.5	106.5	106.2	106.0	105.0
成　都	Chengdu	110.0	110.6	110.5	110.3	110.4
贵　阳	Guiyang	104.4	103.6	102.6	101.3	100.6
昆　明	Kunming	110.5	109.5	108.6	108.4	108.3
西　安	Xi'an	112.8	111.6	111.0	110.4	108.8
兰　州	Lanzhou	104.7	104.5	104.1	104.6	104.4
西　宁	Xining	114.7	112.7	113.2	113.4	113.9
银　川	Yinchuan	112.8	112.0	112.5	113.0	114.7
乌鲁木齐	Urumqi	101.1	100.3	99.9	100.2	100.6

Residential Sales Price Index in 70 Large-scale and Medium-scale Cities（2020）

（preceding year=100）

Housing Price Indices of Newly Constructed Commercial Residential Buildings						
6月 June	7月 July	8月 August	9月 September	10月 October	11月 November	12月 December
103.6	103.3	103.4	103.8	104.2	102.4	102.3
100.0	100.7	100.9	100.8	100.8	101.1	101.1
104.6	104.9	103.6	103.3	103.1	103.6	102.8
101.4	101.2	100.1	99.3	99.0	98.5	99.0
112.0	111.8	109.9	109.0	107.0	105.9	105.1
108.7	109.0	109.2	108.2	106.8	106.0	105.0
105.0	104.5	104.2	105.0	105.1	104.9	104.8
107.2	107.3	107.0	106.3	104.8	103.4	102.3
106.5	106.0	105.3	104.1	102.8	101.9	100.8
103.7	104.2	104.5	104.5	104.4	104.1	104.2
106.1	104.9	105.1	104.3	104.5	104.8	104.9
105.2	104.9	105.3	105.1	105.2	105.1	104.5
106.0	105.7	105.4	105.1	104.9	104.9	104.4
101.4	101.1	100.6	101.4	102.2	103.1	103.6
103.7	103.6	103.3	103.2	103.1	103.5	104.4
103.1	102.4	101.9	102.8	103.7	104.4	104.5
102.0	101.7	101.0	100.5	100.2	100.4	100.8
96.9	96.8	96.7	97.1	97.9	98.3	99.0
102.5	102.3	102.5	102.9	102.9	102.8	102.8
99.6	99.3	99.6	99.3	98.8	99.0	99.2
107.9	107.4	106.8	106.4	105.8	105.1	104.5
105.4	105.7	106.3	106.5	106.4	105.8	105.0
100.5	101.0	101.6	102.1	102.7	104.1	105.2
105.3	105.9	106.2	105.3	105.1	104.9	104.1
110.9	111.2	109.6	108.0	106.0	105.6	105.2
102.9	102.4	103.2	103.1	102.3	102.8	102.7
105.2	104.6	105.3	105.3	105.4	104.7	104.6
110.0	109.6	109.9	109.5	108.0	107.2	106.3
100.0	99.1	99.4	99.9	100.5	101.5	102.5
108.3	107.5	107.3	106.1	105.4	105.0	105.6
107.8	107.3	108.0	108.0	107.6	107.1	106.9
104.7	104.5	105.3	105.6	105.8	105.3	105.2
114.4	113.2	113.4	112.7	110.3	109.5	109.1
115.7	117.6	117.6	116.8	116.6	115.0	114.2
100.8	101.3	101.7	101.7	102.5	103.7	103.1

附录2-12 续表 1

（上年同期＝100）

地　区	Region	新建商品住宅价格指数				
		1月 January	2月 February	3月 March	4月 April	5月 May
唐　山	Tangshan	113.6	113.2	113.2	114.7	115.0
秦皇岛	Qinhuangdao	110.4	109.1	108.1	106.9	107.0
包　头	Baotou	105.9	105.1	104.4	103.4	103.7
丹　东	Dandong	107.9	107.8	106.2	106.2	106.0
锦　州	Jinzhou	108.5	108.9	107.5	107.9	108.2
吉　林	Jilin	109.2	109.0	108.8	108.9	108.3
牡丹江	Mudanjiang	105.1	104.9	104.5	103.5	102.3
无　锡	Wuxi	109.0	109.5	109.0	109.5	109.1
扬　州	Yangzhou	110.5	110.1	109.5	109.5	109.5
徐　州	Xuzhou	111.5	111.1	111.3	111.6	111.1
温　州	Wenzhou	104.5	103.9	102.4	103.3	103.4
金　华	Jinhua	107.9	107.5	107.1	106.6	105.9
蚌　埠	Bengbu	103.4	103.7	103.8	103.7	103.6
安　庆	Anqing	102.1	101.7	100.0	99.5	98.8
泉　州	Quanzhou	103.5	103.5	103.7	103.6	104.5
九　江	Jiujiang	108.6	108.6	107.7	107.6	107.5
赣　州	Ganzhou	102.7	103.0	103.2	104.0	104.0
烟　台	Yantai	109.7	109.9	109.6	109.2	108.7
济　宁	Jining	109.3	107.9	107.8	107.7	107.3
洛　阳	Luoyang	112.4	111.9	111.5	110.7	109.0
平顶山	Pingdingshan	108.6	107.4	106.2	105.6	105.5
宜　昌	Yichang	100.1	99.3	98.4	98.2	98.2
襄　阳	Xiangyang	110.0	109.2	108.7	107.8	107.1
岳　阳	Yueyang	97.9	97.9	97.7	98.0	98.6
常　德	Changde	103.4	103.7	101.8	100.7	100.7
惠　州	Huizhou	105.0	105.2	104.9	105.1	105.7
湛　江	Zhangjiang	104.1	103.1	101.9	101.5	100.7
韶　关	Shaoguan	99.5	99.1	99.2	99.3	98.0
桂　林	Guilin	106.7	105.7	104.9	105.5	105.1
北　海	The North Sea	107.7	107.2	106.0	104.7	103.5
三　亚	Sanya	106.7	106.6	105.8	105.6	104.6
泸　州	Luzhou	97.9	96.8	96.4	96.2	96.5
南　充	Nanchong	102.0	101.1	100.5	100.7	101.3
遵　义	Zunyi	104.2	102.5	102.2	101.6	101.1
大　理	Dali	114.1	112.1	110.9	110.3	108.2

continued

(preceding year=100)

Housing Price Indices of Newly Constructed Commercial Residential Buildings						
6月 June	7月 July	8月 August	9月 September	10月 October	11月 November	12月 December
115.3	116.1	115.4	115.4	113.4	111.7	111.2
106.6	106.0	105.6	106.0	104.7	103.9	103.5
103.9	104.3	104.0	103.8	103.4	103.2	102.6
106.0	106.7	106.9	106.7	106.3	106.5	106.6
108.7	109.7	111.5	110.6	109.7	108.5	107.5
108.4	108.0	107.7	107.5	106.3	105.1	104.1
102.1	100.8	101.0	101.3	100.3	100.0	99.0
109.0	109.6	110.0	108.7	107.8	107.1	106.3
109.3	109.1	108.3	107.5	107.7	107.1	106.6
111.2	111.6	111.6	111.9	111.9	111.4	110.0
104.5	105.1	106.1	105.6	105.0	104.4	104.3
106.3	105.4	105.7	105.7	105.5	104.9	105.0
104.1	103.8	104.3	104.3	104.5	104.8	105.3
98.0	97.7	96.9	96.5	96.8	97.5	98.0
105.2	105.2	105.6	106.1	105.5	105.6	105.5
107.5	107.3	106.3	106.1	105.2	104.7	104.1
104.7	104.5	105.0	104.3	104.2	104.4	104.2
108.1	107.5	107.7	107.1	106.7	106.3	105.5
106.8	107.4	107.4	107.2	107.2	107.9	108.3
106.6	106.9	106.6	104.8	103.1	102.5	102.1
105.2	103.9	103.9	104.3	103.7	103.8	103.4
98.9	99.3	99.9	100.3	101.3	102.1	102.5
106.9	107.0	106.4	105.9	105.1	104.8	104.0
99.0	99.1	99.7	100.5	100.2	100.4	101.0
100.0	100.3	99.5	99.4	98.4	98.4	98.6
106.8	107.3	108.7	109.2	109.0	108.1	107.6
100.2	100.1	100.1	100.7	100.5	101.4	100.5
97.8	97.1	98.4	98.4	99.0	99.4	99.6
104.2	103.1	101.7	101.4	101.5	100.9	100.9
102.2	101.2	99.5	99.1	98.2	97.9	97.0
104.1	104.6	105.0	105.5	105.9	105.9	105.7
97.2	97.4	98.3	98.7	99.4	99.6	99.8
100.3	100.2	99.6	99.2	98.9	98.7	99.1
100.9	100.5	100.3	99.7	99.8	100.6	100.1
106.0	104.9	104.7	104.2	103.5	102.5	101.7

附录2-12 续表 2

（上年同期＝100）

地 区	Region	二手住宅价格指数				
		1月 January	2月 February	3月 March	4月 April	5月 May
北 京	Beijing	100.0	99.6	99.3	99.8	101.5
天 津	Tianjin	99.2	98.2	97.7	96.7	95.7
石家庄	Shijiazhuang	100.3	99.7	99.1	98.5	97.9
太 原	Taiyuan	103.3	102.4	103.8	101.9	100.4
呼和浩特	Hohhto	109.5	107.9	106.3	104.7	102.3
沈 阳	Shenyang	109.9	109.3	109.0	110.0	110.4
大 连	Dalian	105.0	104.4	103.8	104.0	103.9
长 春	Changchun	107.3	107.3	106.5	105.7	105.3
哈尔滨	Harbin	112.2	111.7	111.5	110.8	110.0
上 海	Shanghai	101.4	101.6	101.6	102.3	102.8
南 京	Nanjing	105.6	105.3	104.6	105.0	105.3
杭 州	Hangzhou	103.0	103.1	103.1	103.2	102.7
宁 波	Ningbo	108.8	108.3	108.1	108.1	108.2
合 肥	Hefei	103.1	103.1	103.1	103.0	103.3
福 州	Fuzhou	103.8	103.5	102.7	103.0	103.4
厦 门	Xiamen	105.9	105.6	104.1	103.3	103.8
南 昌	Nanchang	101.5	101.1	100.0	99.3	99.4
济 南	Jinan	97.2	96.4	95.9	96.1	96.4
青 岛	Qingdao	94.5	94.2	94.1	94.3	94.5
郑 州	Zhengzhou	96.6	97.0	96.6	96.0	95.3
武 汉	Wuhan	97.8	97.8	97.7	97.7	98.0
长 沙	Changsha	98.8	98.7	98.7	98.1	98.3
广 州	Guangzhou	98.7	98.8	99.1	99.5	100.1
深 圳	Shenzhen	108.8	108.8	109.7	110.3	112.0
南 宁	Nanning	109.0	107.7	106.8	105.5	104.4
海 口	Haikou	98.6	98.6	98.2	97.2	97.1
重 庆	Chongqing	100.9	100.1	99.3	98.4	98.1
成 都	Chengdu	100.6	101.0	101.8	104.1	104.9
贵 阳	Guiyang	97.2	96.8	96.6	96.1	95.5
昆 明	Kunming	105.7	105.3	105.5	106.0	105.5
西 安	Xi’an	100.3	100.4	99.0	98.1	97.7
兰 州	Lanzhou	108.6	108.4	107.0	107.4	106.4
西 宁	Xining	112.8	111.7	110.4	109.2	109.1
银 川	Yinchuan	107.0	107.0	106.3	107.2	108.3
乌鲁木齐	Urumqi	101.5	100.3	101.4	100.9	101.0

continued

(preceding year=100)

Housing Price Indices of Second-Hand Residential Buildings						
6月 June	7月 July	8月 August	9月 September	10月 October	11月 November	12月 December
102.2	102.5	103.6	104.5	105.4	106.4	106.3
95.4	95.8	95.5	95.4	95.8	95.6	96.0
97.6	97.5	97.0	97.6	97.5	97.5	97.5
99.1	97.7	97.7	96.6	96.5	96.7	96.9
101.4	101.0	101.0	100.4	99.7	99.3	99.2
110.4	110.3	109.4	108.8	109.1	108.3	107.8
104.1	104.6	104.8	105.1	105.5	105.7	106.1
105.3	104.5	103.8	102.7	101.8	100.9	99.8
108.3	106.7	104.9	102.6	100.4	98.4	97.0
103.3	103.3	104.1	104.6	105.2	105.5	106.3
105.7	105.2	104.9	103.9	103.8	104.0	104.5
103.3	104.6	105.4	105.9	106.4	106.5	106.9
108.6	108.3	107.7	107.7	107.8	107.9	108.5
103.2	102.5	102.6	103.0	103.5	104.4	104.7
103.7	103.5	104.4	104.8	103.6	102.8	102.5
104.3	103.5	103.3	103.3	104.2	104.9	104.8
99.6	99.4	99.1	98.9	99.0	99.7	99.6
96.4	96.7	97.1	96.9	97.3	97.5	97.2
95.4	95.8	96.6	97.0	97.2	97.7	97.9
95.5	95.4	95.6	95.5	95.5	95.7	96.4
98.1	98.8	99.0	100.1	100.5	100.5	100.2
98.9	99.5	99.7	100.0	100.3	100.7	101.3
101.0	102.2	103.9	104.9	105.7	106.7	107.5
114.3	114.9	115.9	115.7	115.5	114.6	114.1
103.9	104.1	103.7	103.2	103.6	103.7	103.7
97.1	98.0	99.5	100.7	101.1	101.9	102.4
97.7	97.7	98.6	99.5	99.4	99.3	99.4
105.4	105.2	107.5	108.1	108.4	109.0	108.2
95.5	95.0	95.3	95.8	95.9	96.2	96.5
105.2	104.8	103.3	103.1	103.3	102.9	103.0
97.7	98.1	99.0	100.2	101.2	101.7	102.4
106.3	106.2	105.5	105.3	104.7	104.4	104.3
109.7	109.5	109.5	108.7	108.3	107.7	107.9
109.2	109.6	109.1	108.9	109.2	108.8	108.5
101.3	101.9	103.0	104.0	104.1	105.0	105.8

附录2-12　续表 3

（上年同期=100）

地　区	Region	二手住宅价格指数				
		1月 January	2月 February	3月 March	4月 April	5月 May
唐　山	Tangshan	116.1	116.6	116.4	115.6	115.2
秦皇岛	Qinhuangdao	108.8	107.6	106.2	104.8	104.9
包　头	Baotou	106.1	105.4	104.3	103.0	103.6
丹　东	Dandong	108.9	108.4	107.8	107.2	106.5
锦　州	Jinzhou	102.5	102.2	102.5	101.5	101.1
吉　林	Jilin	108.0	107.6	106.5	105.7	105.3
牡丹江	Mudanjiang	99.3	98.3	97.8	96.0	94.5
无　锡	Wuxi	109.3	109.1	109.3	110.0	109.8
扬　州	Yangzhou	105.1	104.7	104.9	104.6	104.5
徐　州	Xuzhou	104.8	105.4	105.1	105.8	106.3
温　州	Wenzhou	103.3	103.1	102.7	102.9	103.1
金　华	Jinhua	101.4	101.2	101.3	101.0	100.6
蚌　埠	Bengbu	104.5	104.4	103.9	104.0	104.1
安　庆	Anqing	96.3	96.1	96.4	97.7	97.5
泉　州	Quanzhou	102.3	102.2	101.6	101.7	102.3
九　江	Jiujiang	107.1	107.0	106.5	105.9	105.9
赣　州	Ganzhou	105.4	105.0	104.3	104.1	104.1
烟　台	Yantai	103.4	102.3	101.0	100.0	98.8
济　宁	Jining	108.2	107.6	107.1	106.5	105.9
洛　阳	Luoyang	109.6	109.7	110.2	109.1	108.5
平顶山	Pingdingshan	106.7	106.0	106.1	105.6	105.3
宜　昌	Yichang	96.3	96.1	95.5	95.4	95.3
襄　阳	Xiangyang	104.6	103.7	102.7	101.5	100.8
岳　阳	Yueyang	98.6	98.2	98.2	98.6	98.5
常　德	Changde	98.6	98.6	97.7	97.8	97.5
惠　州	Huizhou	103.4	103.5	103.1	102.6	102.8
湛　江	Zhangjiang	97.6	97.3	96.4	96.0	95.9
韶　关	Shaoguan	99.9	99.3	99.1	98.4	97.9
桂　林	Guilin	105.1	105.3	104.4	104.1	103.9
北　海	The North Sea	101.7	101.0	100.0	99.0	98.0
三　亚	Sanya	99.7	98.9	97.5	96.6	95.6
泸　州	Luzhou	100.0	99.1	98.6	98.8	98.3
南　充	Nanchong	99.7	99.0	99.5	99.2	98.5
遵　义	Zunyi	96.6	95.6	95.6	95.5	95.6
大　理	Dali	110.6	109.2	107.5	106.8	105.9

continued

(preceding year=100)

Housing Price Indices of Second-Hand Residential Buildings						
6月 June	7月 July	8月 August	9月 September	10月 October	11月 November	12月 December
115.0	115.3	114.6	112.2	110.8	109.3	108.3
104.4	104.9	104.5	104.3	103.6	103.2	102.7
103.4	102.5	102.2	102.2	102.7	102.2	101.9
106.1	106.0	106.1	105.9	105.7	105.2	104.7
101.5	100.6	101.0	100.1	100.0	99.6	99.3
105.0	104.6	103.6	102.1	100.5	99.7	98.5
93.0	91.9	90.7	90.9	90.6	90.5	90.0
110.0	109.9	109.2	108.9	107.8	107.6	107.4
103.9	103.5	103.7	104.0	104.6	104.3	104.7
106.5	107.0	107.3	107.7	107.6	108.0	108.5
103.7	104.7	105.2	105.0	104.9	104.6	105.2
100.5	100.7	101.6	102.6	103.0	103.7	104.5
103.8	103.1	103.0	102.8	103.5	103.8	103.9
97.7	97.5	98.3	98.6	98.6	98.4	98.4
102.6	102.4	102.6	103.5	103.7	103.9	104.5
106.0	105.2	104.6	103.7	102.5	102.5	101.8
104.4	104.3	104.4	104.3	104.1	103.6	102.8
97.9	96.8	96.4	96.6	97.1	97.8	98.7
106.0	105.9	105.9	105.5	105.3	105.3	105.3
107.9	107.1	106.9	105.1	104.6	103.7	103.2
105.3	105.2	105.8	105.5	105.1	104.4	103.4
96.1	97.1	97.9	98.6	99.0	99.2	99.2
100.1	99.2	99.1	99.0	98.6	98.7	98.7
98.8	98.5	99.1	99.7	99.9	100.7	100.8
97.7	97.5	97.8	97.9	98.0	98.2	98.5
102.9	102.8	102.9	103.6	104.1	103.7	103.6
95.9	95.8	95.8	96.8	97.0	97.4	97.9
97.9	97.5	97.5	98.0	98.3	99.6	99.2
103.6	103.6	103.0	102.7	102.1	102.5	102.5
97.8	97.0	96.5	96.9	96.5	96.5	96.5
96.5	97.1	97.3	98.3	98.9	99.4	100.0
98.7	98.6	98.1	97.6	97.6	97.6	96.9
97.4	97.0	96.4	95.6	95.4	95.0	94.6
96.1	96.7	97.5	98.0	98.3	98.8	99.0
105.4	104.9	105.2	104.5	104.0	103.3	102.5

附录2-13　全国粮食作物播种面积（1980—2020年）

Sown Area of Grain Crops by Nationwide（1980—2020）

单位：千公顷　　　　（1 000 hectares）

年份 Year	粮食作物播种面积 Sown Area of Grain Crops	稻谷 Rice	小麦 Wheat	玉米 Corn	大豆 Soybean	薯类 Tubers
1980	117234	33878	28844	20087	7226	10153
1981	114958	33295	28307	19425	8024	9620
1982	113462	33071	27955	18543	8419	9370
1983	114047	33136	29050	18824	7567	9402
1984	112884	33178	29576	18537	7286	8988
1985	108845	32070	29218	17694	7718	8572
1986	110933	32266	29616	19124	8295	8685
1987	111268	32193	28798	20212	8445	8868
1988	110123	31987	28785	19692	8120	9054
1989	112205	32700	29841	20353	8057	9097
1990	113466	33064	30753	21401	7560	9121
1991	112314	32590	30948	21574	7041	9078
1992	110560	32090	30496	21044	7221	9057
1993	110509	30355	30235	20694	9454	9220
1994	109544	30171	28981	21152	9222	9270
1995	110060	30744	28860	22776	8127	9519
1996	112548	31406	29611	24498	7471	9797
1997	112912	31765	30057	23775	8346	9785
1998	113787	31214	29774	25239	8500	10000
1999	113161	31283	28855	25904	7962	10355
2000	108463	29962	26653	23056	9307	10538
2001	106080	28812	24664	24282	9482	10217
2002	103891	28202	23908	24634	8720	9881
2003	99410	26508	21997	24068	9313	9702
2004	101606	28379	21626	25446	9589	9457
2005	104278	28847	22793	26358	9591	9503
2006	104958	28938	23613	28463	9304	7877
2007	105999	28973	23770	30024	8801	7902
2008	107545	29350	23715	30921	9225	8057
2009	110255	29793	24442	32948	9339	8088
2010	111695	30097	24459	34977	8700	8021
2011	112980	30338	24523	36767	8103	7998
2012	114368	30476	24576	39109	7405	7821
2013	115908	30710	24470	41299	7050	7727
2014	117455	30765	24472	42997	7098	7544
2015	118963	30784	24596	44968	6827	7305
2016	119230	30746	24694	44178	7599	7241
2017	117989	30747	24508	42399	8245	7173
2018	117038	30189	24266	42130	8413	7180
2019	116064	29694	23727	41284	9332	7142
2020	116770	30080	23380	41260	9883	7210

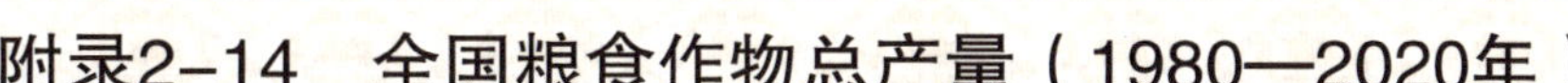

附录2-14 全国粮食作物总产量（1980—2020年）

Total Output of Grain Crops by Nationwide（1980—2020）

单位：万吨 （10 000 tons）

年份 Year	粮食作物总产量 Total Output of Grain Crops	稻谷 Rice	小麦 Wheat	玉米 Corn	大豆 Soybean	薯类 Tubers
1980	32056	13991	5521	6260	794	2873
1981	32502	14396	5964	5921	933	2597
1982	35450	16160	6847	6056	903	2705
1983	38728	16887	8139	6821	976	2925
1984	40731	17826	8782	7341	970	2848
1985	37911	16857	8581	6383	1050	2604
1986	39151	17222	9004	7086	1161	2534
1987	40298	17426	8590	7924	1247	2821
1988	39408	16911	8543	7735	1165	2697
1989	40755	18013	9081	7893	1023	2730
1990	44624	18933	9823	9682	1100	2743
1991	43529	18381	9595	9877	971	2716
1992	44266	18622	10159	9538	1030	2844
1993	45649	17751	10639	10270	1531	3181
1994	44510	17593	9930	9928	1600	3025
1995	46662	18523	10221	11199	1350	3263
1996	50454	19510	11057	12747	1322	3536
1997	49417	20073	12329	10431	1473	3192
1998	51230	19871	10973	13295	1515	3604
1999	50839	19849	11388	12809	1425	3641
2000	46218	18791	9964	10600	1541	3685
2001	45264	17758	9387	11409	1541	3563
2002	45706	17454	9029	12131	1651	3666
2003	43070	16066	8649	11583	1539	3513
2004	46947	17909	9195	13029	1740	3558
2005	48402	18059	9745	13937	1635	3469
2006	49804	18172	10847	15160	1508	2701
2007	50414	18638	10953	15512	1279	2742
2008	53434	19261	11293	17212	1571	2843
2009	53941	19620	11589	17326	1522	2793
2010	55911	19723	11614	19075	1541	2843
2011	58849	20288	11863	21132	1488	2924
2012	61223	20653	12254	22956	1344	2883
2013	63048	20629	12371	24845	1241	2855
2014	63965	20961	12832	24976	1269	2799
2015	66060	21214	13264	26499	1237	2729
2016	66044	21109	13327	26361	1360	2726
2017	66161	21268	13433	25907	1528	2799
2018	65789	21213	13144	25717	1597	2865
2019	66384	20961	13359	26077	1809	2883
2020	66949	21186	13425	26067	1960	2987

附录2-15 全国及各省（直辖市、自治区）粮食作物播种面积

Sown Area of Grain Crops by Region

单位：千公顷 (1 000 hectares)

地　区	Region	2016	2017	2018	2019	2020
全　国	**National**	**119230.1**	**117989.1**	**117038.2**	**116064**	**116768**
北　京	Beijing	85.5	66.8	55.6	47	49
天　津	Tianjin	362.0	351.4	350.2	339	350
河　北	Hebei	6791.4	6658.5	6538.7	6469	6389
山　西	Shanxi	3227.3	3180.9	3137.1	3126	3130
内蒙古	Inner Mongolia	6803.4	6780.9	6789.9	6828	6833
辽　宁	Liaoning	3515.0	3467.5	3484.0	3489	3527
吉　林	Jilin	5542.4	5544.0	5599.7	5645	5682
黑龙江	Heilongjiang	14201.8	14154.3	14214.5	14338	14438
上　海	Shanghai	158.5	133.1	129.9	117	114
江　苏	Jiangsu	5583.3	5527.3	5475.9	5381	5406
浙　江	Zhejiang	951.4	977.2	975.7	977	993
安　徽	Anhui	7359.0	7321.8	7316.3	7287	7290
福　建	Fujian	832.8	833.2	833.5	822	834
江　西	Jiangxi	3807.2	3786.3	3721.3	3665	3772
山　东	Shandong	8517.3	8455.6	8404.8	8313	8282
河　南	Henan	11219.6	10915.1	10906.1	10735	10739
湖　北	Hubei	4816.1	4853.0	4847.0	4609	4645
湖　南	Hunan	5010.7	4978.9	4747.9	4616	4755
广　东	Guangdong	2177.8	2169.7	2151.0	2161	2205
广　西	Guangxi	2897.1	2853.1	2802.1	2747	2806
海　南	Hainan	292.0	282.5	286.1	273	271
重　庆	Chongqing	2039.1	2030.7	2017.8	1999	2003
四　川	Sichuan	6291.3	6292.0	6265.6	6279	6313
贵　州	Guizhou	3122.2	3052.8	2740.2	2709	2754
云　南	Yunnan	4201.3	4169.2	4174.6	4166	4167
西　藏	Tibet	188.5	185.6	184.7	184	182
陕　西	Shaanxi	3144.0	3019.4	3006.0	2999	3001
甘　肃	Gansu	2684.2	2647.2	2645.3	2581	2638
青　海	Qinghai	284.7	282.6	281.3	280	290
宁　夏	Ningxia	717.9	722.5	735.7	677	679
新　疆	Xinjiang	2405.3	2295.9	2219.6	2204	2230
广西居全国位次	**Order of Precedence of Guangxi in the Country**	**18**	**18**	**17**	**17**	**17**

附录2-16　全国及各省（直辖市、自治区）粮食作物总产量

Total Output of Grain Crops by Region

单位：万吨　　（10 000 tons）

地　区	Region	2016	2017	2018	2019	2020
全　国	**National**	**66043.5**	**66160.7**	**65789.2**	**66384.3**	**66949**
北　京	Beijing	52.8	41.1	34.1	28.8	31
天　津	Tianjin	200.4	212.3	209.7	223.3	228
河　北	Hebei	3783.0	3829.2	3700.9	3739.2	3796
山　西	Shanxi	1380.3	1355.1	1380.4	1361.8	1424
内蒙古	Inner Mongolia	3263.3	3254.5	3553.3	3652.5	3664
辽　宁	Liaoning	2315.6	2330.7	2192.4	2430.0	2339
吉　林	Jilin	4150.7	4154.0	3632.7	3877.9	3803
黑龙江	Heilongjiang	7416.1	7410.3	7506.8	7503.0	7541
上　海	Shanghai	111.8	99.8	103.7	95.9	91
江　苏	Jiangsu	3542.4	3610.8	3660.3	3706.2	3729
浙　江	Zhejiang	564.8	580.1	599.1	592.2	606
安　徽	Anhui	3961.8	4019.7	4007.3	4054.0	4019
福　建	Fujian	477.3	487.2	498.6	493.9	502
江　西	Jiangxi	2234.4	2221.7	2190.7	2157.5	2164
山　东	Shandong	5332.3	5374.3	5319.5	5357.0	5447
河　南	Henan	6498.0	6524.2	6648.9	6695.4	6826
湖　北	Hubei	2796.4	2846.1	2839.5	2725.0	2727
湖　南	Hunan	3052.3	3073.6	3022.9	2974.8	3015
广　东	Guangdong	1204.2	1208.6	1193.5	1240.8	1268
广　西	Guangxi	1419.0	1370.5	1372.8	1332.0	1370
海　南	Hainan	146.1	138.1	147.1	145.0	145
重　庆	Chongqing	1078.2	1079.9	1079.3	1075.2	1081
四　川	Sichuan	3469.9	3488.9	3493.7	3498.5	3527
贵　州	Guizhou	1264.3	1242.4	1059.7	1051.2	1058
云　南	Yunnan	1815.1	1843.4	1860.5	1870.0	1896
西　藏	Tibet	103.9	106.5	104.4	103.9	103
陕　西	Shaanxi	1264.0	1194.2	1226.0	1231.1	1275
甘　肃	Gansu	1117.5	1105.9	1151.4	1162.6	1202
青　海	Qinghai	104.8	102.5	103.1	105.5	107
宁　夏	Ningxia	370.7	370.1	392.6	373.2	380
新　疆	Xinjiang	1552.3	1484.7	1504.2	1527.1	1583
广西居全国位次	**Order of Precedence of Guangxi in the Country**	**15**	**15**	**17**	**17**	**17**